Keine Angst vor Microsoft Access!

Andreas Stern

Keine Angst vor Microsoft Access!

Datenbanken verstehen, entwerfen und entwickeln
– Für Access 2007 bis 2019

6. Auflage

Andreas Stern

Lektorat: Ariane Hesse
Korrektorat: Sibylle Feldman, *www.richtiger-text.de*
Satz: Haselier IT Services Übach-Palenberg
Herstellung: Stefanie Weidner
Umschlaggestaltung: Michael Oréal, *www.oreal.de* unter Verwendung eines Fotos von © iStock
by Getty Images, jacoblund
Druck und Bindung: mediaprint solutions GmbH, 33100 Paderborn

Bibliografische Information der Deutschen Nationalbibliothek
Die Deutsche Nationalbibliothek verzeichnet diese Publikation in der
Deutschen Nationalbibliografie; detaillierte bibliografische Daten
sind im Internet über *http://dnb.d-nb.de* abrufbar.

ISBN:
Print   978-3-96009-116-5
PDF   978-3-96010-333-2
epub   978-3-96010-334-9
mobi   978-3-96010-335-6

6. Auflage
Copyright © 2019 dpunkt.verlag GmbH
Wieblinger Weg 17
69123 Heidelberg

Dieses Buch erscheint in Kooperation mit O'Reilly Media, Inc. unter dem Imprint »O'REILLY«. O'REILLY ist ein Markenzeichen und eine eingetragene Marke von O'Reilly Media, Inc. und wird mit Einwilligung des Eigentümers verwendet.

Hinweis:
Dieses Buch wurde auf PEFC-zertifiziertem Papier aus nachhaltiger Waldwirtschaft gedruckt. Der Umwelt zuliebe verzichten wir zusätzlich auf die Einschweißfolie.

PEFC zertifiziert
Das Papier für dieses Buch stammt aus nachhaltig bewirtschafteten Wäldern und kontrollierten Quellen.
PEFC/04-31-0810   www.pefc.de

Schreiben Sie uns:
Falls Sie Anregungen, Wünsche und Kommentare haben, lassen Sie es uns wissen: kommentar@oreilly.de

5 4 3 2 1 0

Inhaltsverzeichnis

Ein Leserbrief 13

Einleitung 15
Warum ist Access anders? 15
Was habe ich mit Ihnen vor? 15
Wer sollte dieses Buch kaufen? 17

1   Ein Blick hinter die Kulissen 21
In diesem Kapitel 22
Technische Voraussetzungen 22
Ist Access eine Datenbank? 23
    Access ohne Access? 26
    Die Access-Anwendung 27
Formulare benutzen 29
    Das Formular frmMitglieder 30
    Das Formular frmMannschaften 36
    Das Formular frmTraining 38
    Das Formular frmTypen 39
    Hilfe! 40
    Benutzerfreundlichkeit 41
Tabellen, Felder und Primärschlüssel 42
Beziehungen und Fremdschlüssel 50
    Datenmodellierung muss sein! 53
Formulare entwerfen 54
    Eigenschaften von Formularelementen 55
    Datensatzquelle 56
    Unterformulare 58
    Datensatzherkunft und Steuerelementinhalt 61
VBA – ganz kurz 65
    VBA-Prozeduren 65
    Schaltflächen starten VBA-Prozeduren 67
Was ist wichtig? 68

2   Datenmodellierung **69**

In diesem Kapitel 70
Ein Unternehmensdatenmodell 70
... und seine Erstellung 74
Überall Bemerkungen 76
Preise – wofür? 76
Kunden ohne Aufträge? 77
Kein Material und keine Leute? 77
Keine Fremdschlüssel? 78
Fragen, fragen, fragen! 79
Anschrift1, Anschrift2 80
Typ 81
Status 82
Material vs. Materialart 82
Mengen und Zeiten in Zwischentabellen 83
Die strukturierte Szenario-Beschreibung 86
Die Überführung in das physische Modell 87
Das Vereinsmodell 89
Das logische Datenmodell 90
Das physische Datenmodell 91
Das Privatmodell 92
Das logische Datenmodell 93
Das physische Datenmodell 95
Hierarchische Ordnungen 97
Modellbesonderheiten und -erweiterungen 99
1:1-Beziehungen 99
Dreifachbeziehungen 102
Rollen in Beziehungen 104
Typ, Art, Status 105
Funktionshinterlegung 106
Listen 107
Benutzerverwaltung 108
Flexible Objekteigenschaften 110
Wie alles zusammenhängt 111
Modellierungswerkzeuge 111
PowerPoint 112
Visio 117
»Richtige« Tools 118
Interviews sind schwierig 119
ADaMo 120
Was ist wichtig? 120

3   Erste Formulare **123**

In diesem Kapitel 124
Tabellen anlegen 124
Beziehungen definieren 128
Referentielle Integrität 128
Beziehung einer Tabelle zu sich selbst 129
Kardinalitäten 130
Löschweitergabe 130

Versionen 131
Testdaten eingeben 132
   Auf die Reihenfolge achten 132
   Aus Fehlern lernen 133
   Nachschlagefelder 134
Ein einfaches Stammdatenformular 134
   Schritt 1: Mit dem Formular-Assistenten Formulare erzeugen 135
   Schritt 2: Text- und Bezeichnungsfelder anordnen 136
   Schritt 3: Listenfeld hinzufügen 138
   Schritt 4: Schaltflächen hinzufügen 140
   Schritt 5: Standardbedienelemente entfernen 142
   Schritt 6: VBA-Code ergänzen 143
   Schritt 7: Layout gestalten 145
Ein Formular mit Unterformular 146
   Schritt 1: Mit dem Formular-Assistenten Formulare erzeugen 146
   Schritt 2: Text- und Bezeichnungsfelder anordnen 148
   Schritt 3: Listenfeld hinzufügen 149
   Schritt 4: Schaltflächen hinzufügen 150
   Schritt 5: Standardbedienelemente entfernen 151
   Schritt 6: VBA-Code ergänzen 151
   Schritt 7: Layout gestalten 151
Einzelzuordnung 152
   Schritte 1 bis 3 153
   Schritt 4: Aktive Bedienelemente hinzufügen 154
   Schritte 5 bis 7 155
Die beiden Grundbausteine 157
Das Startformular 159
Was ist wichtig? 160

4   Daten für die Datenbank 163
In diesem Kapitel 164
Die Ausgangssituation 164
Datenarten 166
   Zahlen 166
   Datumsangaben 167
   Texte 167
   Excel-Funktionen zur Textbearbeitung 169
Generierung von Testdaten 171
   Erzeugung der Daten in Excel 171
   Import der Daten in Access 173
Übernahme von Echtdaten 176
   Datenorganisation: Datenmenge 177
   Formeln eingeben 178
   Datenqualität 179
   Noch einmal: Datenorganisation 184
Was ist wichtig? 190

5 VBA – Grundlagen

5 VBA – Grundlagen	191
In diesem Kapitel	192
Programmieren – muss das sein?	192
Ein Beispiel	192
»Hackermentalität«	193
Fehler finden und korrigieren	194
Das VBA-Fenster	194
Syntaxfehler	196
Laufzeitfehler	198
Logische Fehler	201
Die Entwicklungsumgebung	202
Der Editor	203
Objekte und Ereignisse	205
Der Debugger	207
Symbolleiste anpassen	208
Programmierbefehle	209
Das Drumherum	209
Hallo Welt!	212
If-Then-Else	212
For-Next	216
Do-While-Loop	217
Select-Case	219
MsgBox	220
Laufzeitfehler verhindern	224
Benutzereingaben prüfen	224
Bedienreihenfolge erzwingen	225
Fehlfunktionen vorhersehen	226
OnError	227
Was ist wichtig?	229

6 Steuerelemente

6 Steuerelemente	231
In diesem Kapitel	232
Eigenschaften von Steuerelementen	232
Bezeichnungsfeld	233
Textfeld	234
Schaltfläche	239
Der Befehlsschaltflächen-Assistent	239
Programmierung der Schaltfläche	241
Nachträgliche Namensänderung	241
Listenfeld und Kombinationsfeld	242
Unsichtbare Spalten	243
Gebundene Spalte	243
Spaltennummerierung	244
Verwenden der Assistenten	245
Optionsgruppe	247
Registerkarten	249
Enabled, Visible und Locked	252
Exakte Platzierung	253

Das eigene Menüband 255
    XML in Ten Minutes 256
    Der XML-Code für unser Menüband 257
    1. Schritt: Definition der Struktur 259
    2. Schritt: Bekanntmachen der Definition 261
    3. Schritt: Anzeige des Menübands 262
    4. Schritt: Programmierung der Klicks 262
    Ein letztes Sahnehäubchen 263
Was ist wichtig? 264

7   SQL **265**
In diesem Kapitel 266
Wofür SQL? 266
    Die Übungsdatenbank 267
CREATE, INSERT, UPDATE, DELETE 268
    CREATE TABLE 268
    INSERT INTO 269
    UPDATE 270
    DELETE FROM 270
    Ausprobieren? 270
SELECT 272
    Daten aus einer Tabelle abrufen 272
    Daten aus mehreren Tabellen abrufen 272
    Ausprobieren! 274
    Inner Join 275
Outer Join 278
Schnell soll es gehen! 284
Was fehlt noch? 288
    Abfragen! 289
    Beziehungen in Abfragen 290
    Weil es so wichtig ist 291
    VBA, SQL – und was noch? 292
Was ist wichtig? 292

8   VBA – Anwendungen **295**
In diesem Kapitel 296
Die Datenbank 296
    Gebundene und ungebundene Formulare 297
»Handgeschnitzte« Kommunikation 300
    Recordsets 300
    Direktzugriff mit SQL 302
    Eingebettetes Makro vs. Ereignisprozedur 303
Speichern der Formularinhalte 304
    Mit einem Recordset 304
    Mit SQL 305
    Implizites Speichern 305
    Muss-Felder überprüfen 306
    »Geisterdaten« 307
    Datenauswahl mit Listenfeldern 307

Exkurs: Das Objektmodell 309
Lesen von Werten aus Tabellen 311
    Mit einem Recordset 311
    Mit SQL 312
Neue Datensätze in Tabellen anlegen 313
    Mit einem Recordset 313
    Mit SQL 314
Löschen von Werten in Tabellen 314
    Mit einem Recordset 315
    Mit SQL 316
    Löschen rückgängig machen? 317
Standardlösungen 317
    VBA-Code in Formularentwürfen ergänzen (»Schritt 6«) 318
    Kombinationsfelder absichern (»Einzelzuordnung, Schritt 4«) 320
    Erste Zeile eines Listenfelds anzeigen 321
    Sub-Prozeduren 321
    Text in ein Bezeichnungsfeld schreiben 323
    Prüfen, ob ein bestimmter Datensatz existiert 323
    Disponieren 324
    Bearbeiteten Datensatz nach Requery wieder anzeigen 326
    Formular von einem anderen Formular aus öffnen 327
    Dialogfeld für die Datensuche öffnen 328
    Alle Datensätze eines Recordsets bearbeiten 329
    Alle Textfelder leeren (For Each ...) 330
    Auf das übergeordnete Formular zugreifen (Parent) 330
    Abhängige Listen- und Kombinationsfelder (RowSource) 331
    Zwischen verschiedenen Anzeigemodi umschalten (Umschaltfläche) ... 332
    Mehrere Werte aus einer Liste zuordnen 334
    Mehrere Spalten in einem Kombinationsfeld anzeigen 335
Was ist wichtig? 336

9 Formulargrundtypen **337**
In diesem Kapitel 338
Eine Tabelle 338
Eine Tabelle mit einer 1:n-Beziehung 339
Eine Tabelle mit einer n:1-Beziehung 342
Eine Tabelle mit einer 1:n:1- und einer n:1-Beziehung 344
    Nur Fremdschlüssel in der Zwischentabelle 344
    Daten in der Zwischentabelle 346
Eine Tabelle mit zwei n:1-Beziehungen 348
Eine Tabelle mit einer 1:m:n- und einer 1:n:1-Beziehung 350
Eine Tabelle mit einer 1:n- und einer n:1-Beziehung 351
Eine Tabelle mit zwei 1:n:1-Beziehungen 353
Eine Tabelle mit zwei 1:n- und zwei n:1-Beziehungen 354
Was ist wichtig? 356

10 Datenbankanwendungen **357**
In diesem Kapitel 358
Vorgehensweise 358
    Schrittfolge 358
    Versionen 359
    Entwicklung für andere 360
Aufteilung in Frontend und Backend 361
    Das Problem 361
    Die Lösung 362
    Das verbleibende Problem 365
    Welche Version ist es denn? 367
    Frontend-gesteuertes Backend-Update 369
Schutz der Datenbank 371
    Schutz vor unbefugten Personen 371
    Der Rundumschutz 372
    Schutz vor befugten Personen 373
    ... durch ein VBA-Kennwort 373
    ... durch die Erzeugung einer .accde-Datei 373
    Datenbankaufteilung plus .accde-Datei 374
Access ohne Access? 374
Wie geht's weiter? 377
    Abfragen 377
    Berichte 377
    Makros 378
    Dateien lesen und schreiben 380
    Benutzerberechtigungen 381
    Mehrbenutzerzugriff 381
    DAO und ADO 382
Was ist wichtig? 383

A   Wichtige Standardaktionen durchführen **385**
So geht es mit Access 2016/2019 386
    Datenbank erstellen und öffnen 386
    Tabellen und Beziehungen 386
    Abfragen 387
    Formulare 388
    Makros 389
    VBA 389
So geht es mit Access 2013 389
    Datenbank erstellen und öffnen 389
    Tabellen und Beziehungen 390
    Abfragen 390
    Formulare 391
    Makros 392
    VBA 392
So geht es mit Access 2010 393
    Datenbank erstellen und öffnen 393
    Tabellen und Beziehungen 393
    Abfragen 394
    Formulare 395

Makros *396*

VBA *396*

So geht es mit Access 2007 .... *396*

Datenbank erstellen und öffnen *396*

Tabellen und Beziehungen *397*

Abfragen *397*

Formulare *398*

Makros *399*

VBA *399*

B   Namenskonventionen **401**

Namen für Access-Objekte 401

Namen für Steuerelemente auf dem Formular 401

Namen für Variablen im VBA-Code 402

Namen für Tabellen und Tabellenspalten 402

Stichwortverzeichnis **403**

Ein Leserbrief

Hallo Herr Stern,

meine Buchverwaltung mit Mahnung läuft jetzt, wie ich es wollte. Mein Fehler war, ich habe zu viel im Internet gesucht, anstatt in Ihrem Buch nachzuschlagen.

Nachdem ich mich mehr mit Ihrem Buch beschäftigt habe, konnte ich meine Fehler schnell beseitigen. Ich habe vor dem Kauf des Buches lange in einer hiesigen Buchhandlung in diversen Access-Büchern gelesen. Bei keinem hatte ich den Eindruck, dass es mir richtig weiterhilft. Ganz zum Schluss habe ich dann noch Ihr Buch entdeckt und spontan gekauft.

Jetzt, nachdem ich das Buch schon genauer kenne, muss ich sagen: »Volltreffer.« Vielen Dank noch mal.

Helmut Ebeling

Einleitung

Warum ist Access anders? 15
Was habe ich mit Ihnen vor? 16
Wer sollte dieses Buch kaufen? 17

Warum ist Access anders?

Haben Sie Access auf Ihrem Rechner? Bestimmt!

Haben Sie Access schon einmal gestartet? Bestimmt!

Konnten Sie etwas damit anfangen? Höchstwahrscheinlich nicht!

Sehen Sie – und genau darum habe ich dieses Buch geschrieben: weil ich es furchtbar schade finde, dass diese wunderbare Software ungenutzt auf so vielen Rechnern herumliegt.

Warum ist das so? Wenn Sie Word, PowerPoint oder Excel starten, können Sie sofort auch ohne Übung etwas damit anfangen – nämlich einen Text schreiben, eine Grafik erstellen bzw. etwas berechnen. Wenn Sie dagegen Access starten, können Sie damit erst einmal gar nichts anfangen. Schreiben, zeichnen und rechnen kann jeder.

Bei Access geht es aber um mehr. Access ist eine Datenbank, die Tabellen verwendet, um Daten zu verwalten. Da stellt sich als Erstes die Frage: Welche Tabellen brauche ich denn? Beim Nachdenken darüber müssen Sie erst mal einen Schritt zurückgehen und überlegen: Welche Daten will ich denn überhaupt verwalten? Und beim Nachdenken darüber wiederum müssen Sie noch einmal einen Schritt zurückgehen und überlegen: Welche Problematik will ich denn eigentlich mit Access bearbeiten?

Damit sind Sie mittendrin in einer sogenannten »Systemanalyse« – einer Tätigkeit, die bestimmte Fertigkeiten voraussetzt, bei der Sie bestimmte Methoden brauchen und eventuell Softwaretools benutzen. Sie können also im Gegensatz zu Word, PowerPoint und Excel nicht sofort loslegen. Und das ist genau die große Hemmschwelle beim Einsatz von Access.

Was habe ich mit Ihnen vor?

Mit diesem Buch möchte Ihnen helfen, diese Hemmschwelle zu überwinden.

Dazu habe ich einen relativ bequemen Weg zum Ziel vorbereitet, auf dem ich Sie mitnehmen möchte. Es wird manchmal so aussehen, als wäre eine Abkürzung schneller, und Sie werden geneigt sein, einige Seiten oder Kapitel zu überblättern. Bitte tun Sie das nicht! Bei dem, was ich Ihnen hier zeigen will, kommt es auf große Genauigkeit im Detail an. Wenn Sie also von meinem vorgezeichneten Weg abweichen, kann es passieren, dass Sie ganz woanders im Nirwana landen.

Das Gebiet, das ich Ihnen hier nahebringen möchte, ist sehr umfangreich und zum Teil ziemlich schwierig zu verstehen. Klassischerweise müsste ich Baustein für Baustein die Grundlagen erklären und das Ganze dann am Ende zu einer Datenbankanwendung zusammenbauen. Nach meiner Erfahrung verliere ich auf diesem Weg aber den größten Teil der Zuhörer bzw. Leser, weil das Ziel nicht bekannt ist und aus den einzelnen Bausteinen auch nicht erahnt werden kann. Das ist so, als würden Sie ein Haus bauen wollen und sich daher lange Vorträge über die verschiedenen Arten von Mauersteinen und Dachziegeln anhören müssen. Nein – Sie wollen erst einmal ein Musterhaus besichtigen!

So will ich es auch in diesem Buch machen.

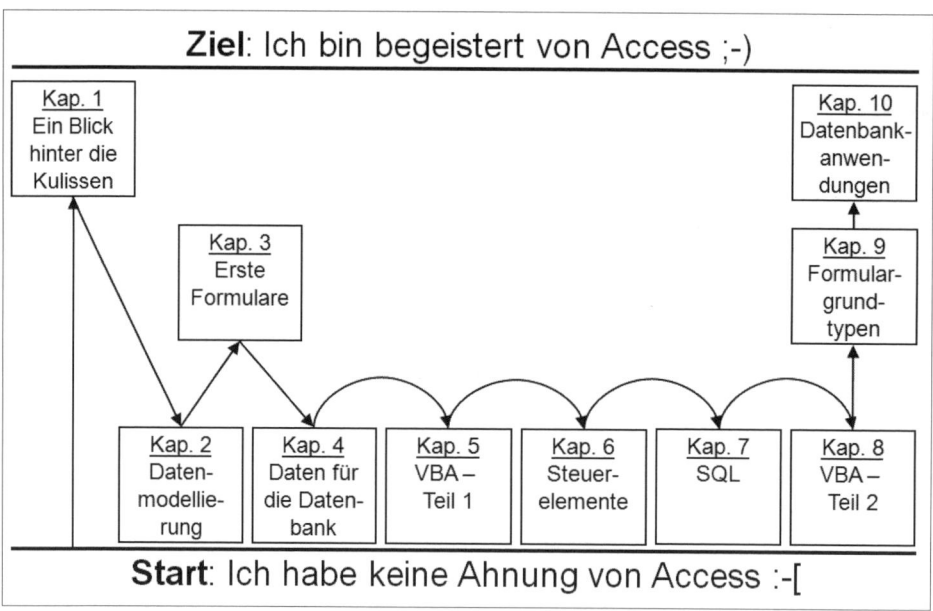

Abbildung 1: Das ist der Weg, den ich gemeinsam mit Ihnen gehen will!

In Kapitel 1 fliegen wir über alle Probleme hinweg gleich vom Start bis ans Ziel und sehen uns gemeinsam eine fertige Datenbankanwendung an. Ich hoffe, dass Sie ihre Nützlichkeit erkennen und danach motiviert sind, einige Anstrengungen auf sich zu nehmen, um selbst solche Anwendungen entwickeln zu können.

In Kapitel 2 gehen wir noch einmal ganz zurück an den Start und legen erste, einfache Grundlagen dafür, den Weg zum Ziel selbst gehen zu können.

In Kapitel 3 schaffen Sie den Weg zum Ziel schon fast aus eigener Kraft. Sie lernen, einfache Access-Formulare selbst zu entwickeln. Mit diesem Kapitel bekommen Sie auch eine Ahnung davon, was man alles an theoretischen Grundlagen und praktischen Fähigkeiten braucht, um Datenbankanwendungen zu entwickeln.

Darum begeben wir uns mit Kapitel 4 erneut zurück an den Start und legen zusammen mit den Kapiteln 5, 6, 7 und 8 erst einmal eine breite Basis für den erneuten Start zum Ziel: die Entwicklung von Datenbankanwendungen. Da Sie in den Kapiteln 1 und 3 schon einmal am Ziel gewesen sind, wissen Sie jetzt, warum die hier erläuterten Themen so wichtig sind.

In den Kapiteln 9 und 10 möchte ich Sie dann befähigen, das Ziel aus eigener Kraft zu erreichen. Sie sind anschließend in der Lage, selbst Datenbankanwendungen zu entwickeln.

Wer sollte dieses Buch kaufen?

Ganz vorn auf dem Buchtitel steht: »Datenbanken verstehen, entwerfen und entwickeln« – also **nicht** nur »Datenbanken benutzen«! Als Zielgruppe für dieses Buch sehe ich daher

- Schüler und Studenten, die etwas über die Entwicklung von Datenbankanwendungen lernen wollen,
- kleine Unternehmen, Handwerksbetriebe und Vereine, die ihre Daten bisher mit Bleistift und Papier oder aber maximal mit Excel verwalten,
- Mitarbeiter größerer Unternehmen, die mit der Funktionalität der »großen Unternehmenssoftware« nicht ganz zufrieden sind und sich eine eigene Datenbank anlegen wollen, und
- Softwareentwickler, die sich bisher nicht an Access-Anwendungen herangetraut haben.

Für die meisten Zwecke gibt es fix und fertige (Branchen-)Software – zum Teil sogar sehr preisgünstig auf dem Sharewaremarkt. Eine »selbst gestrickte« Anwendung hat aber mindestens zwei schwergewichtige Vorteile:

- Sie können sie 100%ig auf Ihre eigenen Bedürfnisse zuschneiden. Branchensoftware hat immer das Problem, dass sie für den »allgemeinen Friseursalon«, für den »allgemeinen Tennisklub« usw. entwickelt wurde. Infolgedessen werden Ihnen einerseits Funktionen fehlen, die Sie benötigen – andererseits gibt es eine Reihe von überflüssigen Dingen, die Sie nicht brauchen, die Sie aber in der Arbeit mit der Software eher behindern.
- Sie sind bezüglich Updates, Fehlerbehebung und Funktionserweiterung nicht von einem Hersteller abhängig, sondern können das alles selbst erledigen.

Die Entwicklung einer Datenbankanwendung erfordert nämlich viel detailliertes Know-how über die Abläufe im Betrieb oder im Verein, d. h., Sie müssen wissen,

- welche Objekte von Bedeutung sind (Kunden, Aufträge, Mitarbeiter, Fahrzeuge usw. oder Mitglieder, Trainer, Wettkämpfe ...),
- wie diese Objekte zusammenhängen (»Kunden erteilen Aufträge«, »Autoren schreiben Bücher«, »Mitglieder nehmen an Wettkämpfen teil« ...) und
- welche Eigenschaften diese Objekte haben (Name, Datum, Preis, Menge ...).

Dieses Wissen lässt sich nicht so schnell erwerben – es wird meist in jahrelanger Tätigkeit in der entsprechenden Umgebung gesammelt. Im Gegensatz dazu lässt sich das EDV-Wissen, das für die Entwicklung einer Datenbankanwendung erforderlich ist, relativ schnell erlernen. Ich will Ihnen dazu eine kurze Geschichte erzählen:

Ich lasse meine Studenten Datenbankanwendungen entwickeln für Gebiete, auf denen sie schon selbst Erfahrungen gesammelt haben. Dabei war einmal eine Studentin, deren Vater einen Bauernhof mit Viehzucht hatte. Sie entwickelte in der Informatikvorlesung eine Datenbankanwendung, in der es darum ging festzuhalten, welche Kuh von wann bis wann in welchem Stall war und wann welches Futter bekommen hatte. Das war gerade zu der Zeit der großen BSE-Krise. Nun hatte diese Studentin zufällig auch noch einen Bekannten, der in der Softwareentwicklung arbeitete – der aber natürlich keine Ahnung davon hatte, wie es auf einem Bauernhof zuging. Er erkannte jedoch sehr schnell das große Potenzial dieser Datenbankanwendung und seine Firma kaufte sie meiner Studentin ab, um sie professionell weiterzuentwickeln. Der Erlös reichte meiner Studentin für die Anschaffung eines gebrauchten Kleinwagens.

Erkennen Sie, was ich meine? Wenn Sie gut Bescheid wissen in einer Firma, einem Verein oder irgendeiner anderen Organisation, in der Menschen zusammenarbeiten, und bisher noch nie auf den Gedanken gekommen sind, dieses Wissen in eine Datenbankanwendung umzusetzen, dann sollten Sie es jetzt vielleicht tun! Es gibt sehr viele potenzielle Kunden, die nur darauf warten!

Die Chance, damit erfolgreich zu sein, ist seit Access 2007 noch einmal gestiegen: Microsoft verteilt nämlich seitdem die sogenannte Access Runtime kostenlos. Das ist eine Software, die es ermöglicht, dass auch Menschen, die gar kein Access auf ihrem Rechner installiert haben, trotzdem Access-Anwendungen benutzen können.

 Ich sehe hier für viele Leute eine Chance, Geld zu verdienen!

Gehen Sie dazu einmal auf die Webseite *www.microsoft.com/downloads* und geben Sie dort den Suchbegriff »Access Runtime« ein. Sie erhalten mehrere Treffer für die verschiedenen Access-Versionen.

Ich wünsche Ihnen daher nicht nur viel Lesevergnügen mit diesem Buch, sondern anschließend auch wirtschaftlichen Erfolg, der sich für Sie in Euro und Cent auszahlt!

Meine Devise beim Schreiben dieses Buchs war:

Alles Notwendige so	**kurz**	wie möglich darstellen!
Schwierige Dinge	**verständlich**	erläutern!
Die Auswahl der Inhalte	**konzentriert**	auf das Wesentliche beschränken!

»So eine Arbeit wird eigentlich nie fertig, man muss sie für fertig erklären, wenn man nach Zeit und Umständen das Möglichste getan hat.«

(J. W. v. Goethe, Italienische Reise, Caserta, 16.3.1787)

Andreas Stern
Rastede, im März 2019

Beispieldatenbanken

Für dieses Buch gibt es einige Beispieldatenbanken und weitere Dateien. Diese finden Sie zum Download im Internet auf *oreilly.de* auf der Webseite zum Buch.

Die Namen der Beispieldatenbanken sind folgendermaßen aufgebaut:

Name-v6xx.accdb bzw. Name-v6xx.mdb

Dabei bezeichnet

- *Name* den Namen der Datenbank,
- *v* die Version,
- 6 die 6. Auflage und
- *xx* die Versionsnummer der Datenbank.

Verein-v601.accdb ist dann also z.B. die Version 1 der Vereinsdatenbank aus der sechsten Auflage dieses Buchs. Ich werde im Buch dann nur auf *Verein* verweisen und die Versionsbezeichnungen weglassen.

Die Beispieldatenbanken sind mit den Access-Versionen 2007, 2010, 2013, 2016 und 2019 benutzbar – aber nicht mit der Version 2003.

Schauen Sie ab und zu einmal auf der Webseite www.buch.andreasstern.de vorbei! Dort werde ich neue Versionen der Beispieldatenbanken und weiteres Material zum Download anbieten.

Access 2003 Auf die Access-Version 2003 wird in dieser Auflage nicht mehr eingegangen. Lesern, die noch mit dieser Version arbeiten wollen, empfehle ich, sich ein Exemplar dieses Buchs aus der dritten Auflage zu besorgen.

Kapitel 1
Ein Blick hinter die Kulissen

In diesem Kapitel	22
Technische Voraussetzungen	22
Ist Access eine Datenbank?	23
Formulare benutzen	29
Tabellen, Felder und Primärschlüssel	42
Beziehungen und Fremdschlüssel	50
Formulare entwerfen	54
VBA – ganz kurz	65
Was ist wichtig?	68

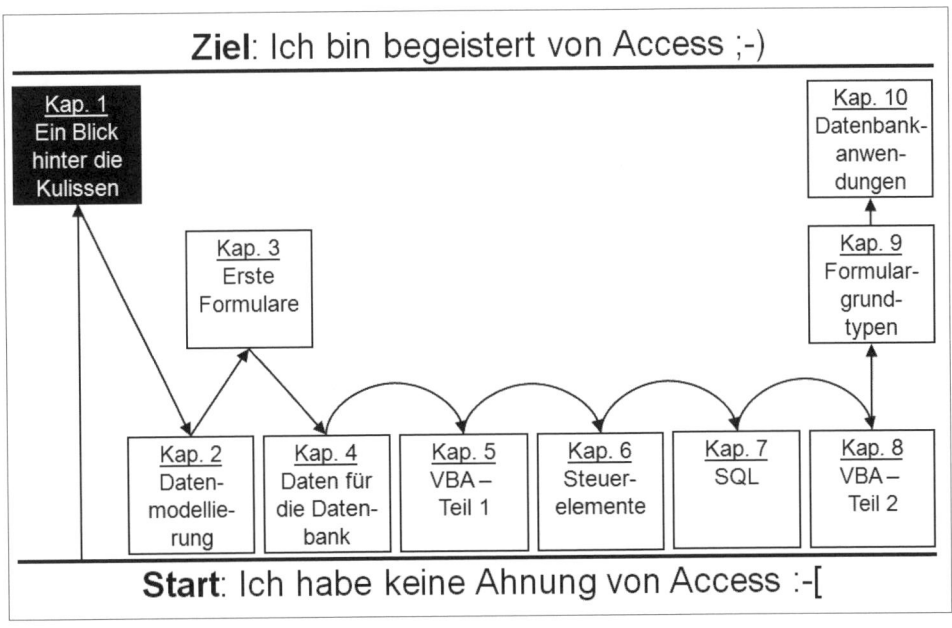

Abbildung 1.1: Das Kapitel 1, »Ein Blick hinter die Kulissen«.

In diesem Kapitel

... beginnen wir mit dem Ende: Ich stelle Ihnen eine fertige Datenbankanwendung vor, und wir schauen uns einmal an, wie das Ganze funktioniert. Das hat einen großen Vorteil: Sie wissen dann, wo wir hinwollen, und gewinnen hoffentlich die Überzeugung, dass es sich lohnt, in den folgenden Kapiteln für dieses Ziel einige Mühen auf sich zu nehmen.

Technische Voraussetzungen

Damit Sie die in diesem Kapitel beschriebenen Aktionen auf Ihrem Computer nachvollziehen können, sind einige technische Voraussetzungen erforderlich.

Zunächst einmal brauchen Sie Access auf Ihrem Computer. Welche Version? Nun – ich habe die Beispiele mit der Version 2010 erstellt, sie lassen sich aber auch mit den Access-Versionen 2007, 2013, 2016 und 2019 öffnen. Daher sollte alles funktionieren, wenn Sie mit einer dieser fünf Versionen arbeiten.

Jetzt kommt aber etwas sehr Wichtiges:

 Damit Access-Datenbanken funktionieren, werden sogenannte Bibliotheken benötigt – das sind Sammlungen von vielen einzelnen kleinen Programmen, die für diverse Aktionen benötigt werden.

Diese Bibliotheken befinden sich schon auf Ihrem Computer – Access hat aber unter Umständen noch nicht den Befehl bekommen, sie auch zu benutzen.

Um diesen Befehl zu erteilen, gehen Sie bitte folgendermaßen vor:

1. Öffnen Sie die Datenbank, mit der Sie arbeiten wollen – z.B. *Verein* –, entweder durch Doppelklick auf die Datei im Explorer oder durch Starten von Access und Aufrufen des Befehls *Öffnen* auf der Registerkarte *Datei* (bzw. im Menü der Schaltfläche *Office* von Access 2007).

 Die Beispieldatenbanken finden Sie im Internet unter der in der Einleitung angegebenen Adresse.

2. Öffnen Sie den Visual Basic-Editor mit der Tastenkombination Alt + F11 .
3. Rufen Sie im Visual Basic-Editor den Menübefehl *Extras/Verweise* auf.

Das Dialogfeld, das sich jetzt öffnet, muss genau so aussehen, wie in Abbildung 1.2 dargestellt. Das bedeutet, es müssen genau die gleichen Einträge in der Liste der Verweise aktiviert (d.h. mit einem Häkchen versehen) sein, und zwar auch in der gleichen **Reihenfolge** wie in Abbildung 1.2. Eventuell ist einer der erforderlichen Einträge bei Ihnen nicht aktiviert. Dann suchen Sie diesen Eintrag bitte in der Liste, aktivieren ihn durch einen Mausklick in das Kontrollkästchen links daneben und klicken auf die Schaltfläche *OK*. Dadurch wird der neu aktivierte Eintrag in den oberen Teil der Liste verschoben – aber noch nicht an die richtige Stelle. Dazu öffnen Sie bitte das Dialogfeld *Verweise* erneut, klicken einmal auf den neu aktivierten Eintrag und benutzen dann die Pfeile rechts neben der Liste, um den

Eintrag so zu verschieben, wie in Abbildung 1.2 dargestellt. So muss das Dialogfeld *Verweise* bei Ihnen aussehen, wenn Sie Access 2016/19 benutzen (in Access 2007, 2010 und 2013 stehen dort statt der Versionsnummer 16.0 bei drei Einträgen die Versionsnummern 12.0, 14.0 bzw. 15.0).

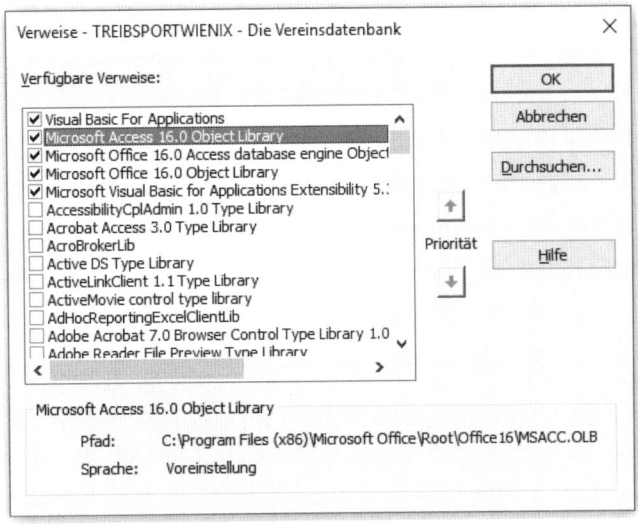

Abbildung 1.2: Das Dialogfeld Verweise *in Access 2016/19*

 Bitte achten Sie unbedingt darauf, dass Ihr Dialogfeld *Verweise* sowohl hinsichtlich der aktivierten Einträge als auch hinsichtlich deren **Reihenfolge** genauso aussieht, wie in Abbildung 1.2 dargestellt.

Ist Access eine Datenbank?

Bevor wir uns mit der Beispieldatenbank beschäftigen, wollen wir uns die zentrale Frage stellen: Eine Datenbank – was ist das überhaupt? Leider ist es so, dass der Begriff »Datenbank« von verschiedenen Leuten in ganz unterschiedlichem Sinne benutzt wird. Um hier Klarheit zu schaffen, schauen Sie sich bitte Abbildung 1.3 an. Sie sehen dort schematisch dargestellt den Aufbau einer Datenbankanwendung. Die Daten selbst befinden sich in Tabellen – das werden wir uns weiter unten in diesem Kapitel noch genauer anschauen.

Der Inhalt dieser Tabellen muss verwaltet werden: Es müssen neue Daten an den richtigen Stellen eingefügt werden, vorhandene Daten müssen gegebenenfalls geändert werden, und ab und zu müssen auch überflüssig gewordene Daten gelöscht werden. All das wird von einer speziellen Software erledigt: dem sogenannten Datenbankmanagementsystem (DBMS, engl. Data Base Management System). Das DBMS arbeitet jedoch für den Benutzer unsichtbar. Er (oder sie ;-)) benötigt eine grafische Benutzeroberfläche (engl. Graphical User Interface, GUI).

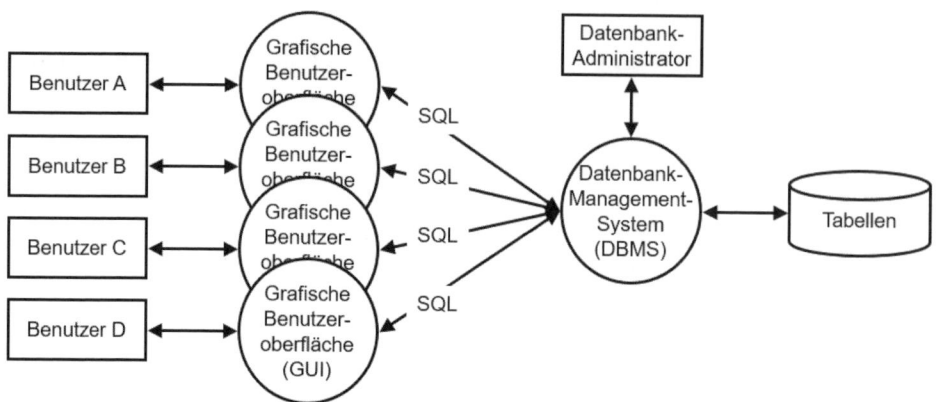

Abbildung 1.3: Die Komponenten einer Datenbankanwendung.

Damit sind die uns allen wohlbekannten Fenster mit Eingabefeldern, Schaltflächen (engl. Buttons), Symbolleisten usw. gemeint.

In einer »richtigen, großen« Unternehmensanwendung ist das so: Das DBMS läuft auf einem eigenen Gerät – dem Datenbankserver – und wird dort vom Datenbank-Administrator verwaltet. Er führt die eventuell notwendigen Korrekturen an der Tabellenstruktur der Datenbank aus, startet das System nach einem Absturz neu, installiert Updates, macht Sicherungen (engl. Backups) der Daten usw.

Über das Netzwerk (engl. Local Area Network, LAN) des Unternehmens sind mehr oder weniger viele Computer (engl. Clients) der Mitarbeiter angeschlossen. Auf ihnen läuft eine weitere Software, die den Benutzern das bereits erwähnte GUI zur Verfügung stellt. Damit können die Benutzer die Daten bearbeiten.

Was bedeutet der letzte Satz: »Die Benutzer können die Daten bearbeiten.« eigentlich genau?

Nehmen wir einmal an, es gibt eine Tabelle mit Kundendaten, und nun will ein Benutzer eine Kundenadresse ändern. Er öffnet ein bestimmtes Fenster seiner Clientanwendung (= GUI) und sucht sich den zu bearbeitenden Kunden heraus. Dazu fordert die Clientanwendung die entsprechenden Daten beim DBMS an. Das kann bedeuten, dass einfach pauschal alle Kundendaten aus der Kundentabelle herausgelesen und an die Clientanwendung übermittelt werden. Das kann aber auch bedeuten, dass der Benutzer in seiner Clientanwendung bestimmte Auswahlkriterien eingibt (z.B. »alle Hamburger Kunden« oder »alle Kunden, die noch offene Rechnungen haben« oder »Hartmut Meier aus 28195 Bremen, Martinistr. 111«) und dass nur solche Kundendaten übermittelt werden, die diese Kriterien erfüllen.

Bei diesem ganzen Prozess kommunizieren also das DBMS und die Clientanwendung über das LAN miteinander. Reden sie dabei eine bestimmte Sprache? Ja, so seltsam es klingt, das ist tatsächlich der Fall. Diese Sprache heißt SQL (engl. Structured Query Language), und wir werden uns damit in einem späteren Kapitel noch näher beschäftigen.

Hier nur so viel: SQL besteht aus einzelnen Befehlen, die das DBMS anweisen, bestimmte Aktionen auszuführen – z.B.:

```
SELECT kun_name FROM tblKunde WHERE kun_anschrift LIKE "Bremen"
```

Wie Sie sehen, ist das einfaches Englisch, das man auch ohne Kenntnisse der SQL-Sprache verstehen kann: Der obige Befehl sucht die Namen aller Bremer Kunden aus der Tabelle *tblKunde* heraus.

Hat der Benutzer die Daten dann mit seiner Clientanwendung bearbeitet (weil sich z. B. die Telefonnummer des Kunden geändert hat), geht etwa ein solcher SQL-Befehl an das DBMS:

```
UPDATE tblKunde SET kun_telefon="(0421) 11 22 33" WHERE kun_id=1423
```

Also: Eine Datenbankanwendung besteht aus

- den eigentlichen Daten, die in Tabellen abgelegt werden,
- dem DBMS, das diese Daten verwaltet, und
- einer grafischen Benutzeroberfläche (GUI), mit deren Hilfe die Benutzer die Daten bearbeiten.

Und jetzt ist es wie gesagt leider so, dass wahlweise eine dieser drei Komponenten oder Kombinationen daraus als »Datenbank« bezeichnet werden. Eine Datenbank kann also sein:

- der reine Datenbestand (»Wir haben jetzt eine europaweite Verbrecherdatenbank.«),
- das DBMS (»Wir haben eine Datenbank von Microsoft gekauft.«),
- der Datenbestand und das DBMS zusammen (»Herr Meier administriert unsere Unternehmensdatenbank.«) oder
- der Datenbestand, das DBMS und das GUI zusammen (»Die Kollegen sind sehr zufrieden mit der neuen Gefahrgutdatenbank.«).

Eine Festlegung darüber, was denn nun »richtig« ist, gibt es nicht. Sie sollten daher beim Thema »Datenbanken« immer hinterfragen, was im konkreten Einzelfall damit gemeint ist. Ich persönlich bevorzuge den Begriff *Datenbank* als Zusammenfassung für den Datenbestand und das DBMS, das diesen verwaltet. Kommt eine Clientanwendung hinzu, so nenne ich das Ganze *Datenbankanwendung*.

Und was ist dann Access? Eine Datenbank?

Access ist ein Softwarewerkzeug (engl. Tool) zur Erstellung von Datenbankanwendungen im oben genannten Sinne. Access enthält zum einen das DBMS (*Microsoft Jet Engine*), das die in separaten Dateien mit der Erweiterung *.accdb* hinterlegten Daten verwaltet. Es enthält jedoch auch Werkzeuge zum Erstellen der grafischen Benutzeroberfläche mit entsprechenden Fenstern zum Bearbeiten der Daten. Der Programmcode für diese grafische Benutzeroberfläche ist ebenfalls in den *.accdb*-Dateien enthalten.

Damit ist Access also wesentlich komplizierter als Word, Excel und PowerPoint. Diese drei Programme ermöglichen es Ihnen, Texte, Tabellen und Präsentationen zu bearbeiten, die in *.docx-*, *.xlsx-* bzw. *.pptx*-Dateien abgelegt sind. Mit einem Doppelklick auf eine solche Datei im Explorer weisen Sie Windows an, die damit verknüpfte Anwendung zu starten, den Inhalt der Datei zu laden und ihn zur Bearbeitung auf dem Bildschirm darzustellen.

Bei einem Doppelklick auf eine Access-Datei mit der Endung *.accdb* passiert dagegen mehr:

1. Das in Access enthaltene DBMS (*MS Jet Engine*) wird gestartet und wartet anschließend auf Befehle zur Bearbeitung der in der Access-Datei enthaltenen Daten.

2. Der in der Access-Datei enthaltene Programmcode der grafischen Benutzeroberfläche wird geladen und ausgeführt, d.h., entsprechende Fenster zur Bearbeitung von Daten erscheinen auf dem Bildschirm.

Darüber hinaus enthält Access Softwarekomponenten, die es Ihnen ermöglichen,

- Programmcode für grafische Benutzeroberflächen zu entwickeln, d.h. Fenster zur Datenbearbeitung (*Formulare* genannt) zu entwerfen, sowie

- das DBMS zu administrieren, d.h. Tabellen anzulegen, zu ändern, zu löschen und miteinander zu verknüpfen (*Beziehungen*).

Das wird alles zusammen auch *Entwicklungsumgebung* genannt. Damit funktioniert Access so, wie in Abbildung 1.4 dargestellt:

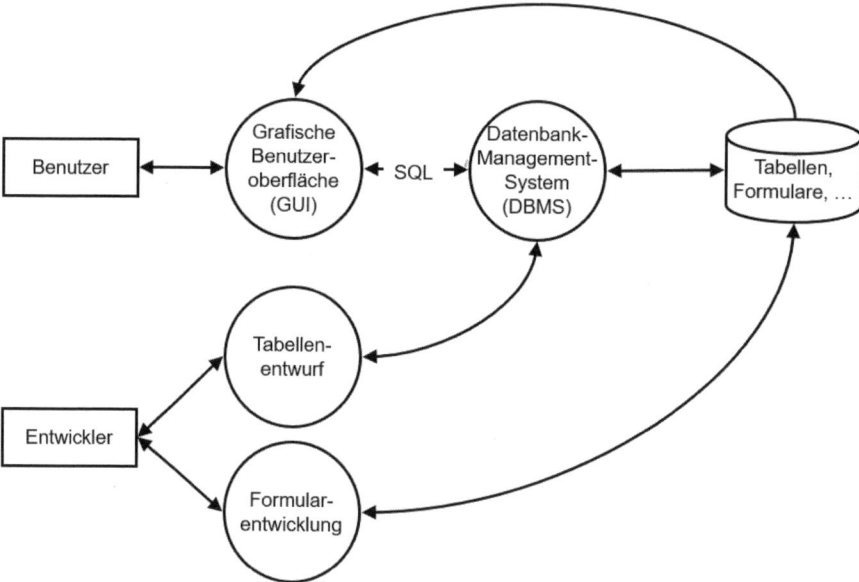

Abbildung 1.4: Access ist ein Werkzeug zur Erstellung von Datenbankanwendungen.

Wenn Sie noch keine Erfahrungen mit Access haben, wird Ihnen das eben Gesagte sicher noch etwas unverständlich erscheinen. Aber dafür ist dieses Kapitel ja auch gedacht: Wir wollen uns die ganze Theorie nun mal praktisch anschauen!

Access ohne Access?

Vorher kommt aber noch eine kurze Erläuterung zu einer besonderen »Variante« von Access. Mit der Version 2007 hat Microsoft nämlich die sogenannte Runtime-Version freigegeben, d.h., diese kann nun kostenlos heruntergeladen und benutzt werden. Da sich die Adressen von Webseiten viel zu schnell ändern, ergibt es keinen Sinn, hier die konkrete Downloadadresse anzugeben. Tippen Sie einfach in einer Internetsuchmaschine »download access runtime« ein, und Sie werden ruck, zuck an der richtigen Stelle sein.

Das können Sie sich so vorstellen wie bei den bereits seit Langem bekannten Viewern für Word, Excel und PowerPoint: Damit können Benutzer sich Word-, Excel- bzw. PowerPoint-

Dateien anschauen, ohne die entsprechende Software auf ihrem Computer installiert zu haben. Die Dateien können mit den Viewern nicht bearbeitet werden.

Bitte verwechseln Sie das aber nicht mit einem Schutz Ihrer Dateien vor Bearbeitung oder Verfälschung. Wer Word, Excel oder PowerPoint auf seinem Computer hat, kann Ihre Datei natürlich öffnen und bearbeiten. Nur wer diese Software nicht hat, sondern lediglich den Viewer, kann sich Ihre Datei nur anschauen und sie nicht bearbeiten.

Die Viewer befinden sich auf Ihrer Microsoft Office-Installations-CD. Sie können sie legal und kostenfrei weitergeben, damit andere, die kein Microsoft Office auf ihrem Computer haben, sich Ihre Word-, Excel- bzw. PowerPoint-Dateien anschauen können.

Genauso funktioniert auch die Access Runtime: Wenn diese Software auf einem Computer installiert ist, können Datenbankanwendungen benutzt werden, ohne dass hierzu Access selbst installiert sein muss.

Zitat von Microsofts Downloadseite (am 12.2.2019; Hervorhebungen von mir):

»Microsoft Access 2016 bietet eine umfassende Plattform zur Entwicklung von Datenbankverwaltungslösungen mit benutzerfreundlichen Anpassungstools. Wenn keine Endbenutzeranpassung erforderlich ist ..., können Sie diese Access 2016-Lösungen verteilen, damit sie **ohne eine vollständige Installation von Access 2016** ausgeführt werden können. Dazu müssen Sie die Anwendung mit der Access 2016-Runtime verteilen ... Sie müssen kein spezielles Produkt erwerben, um die Access 2016-Runtime verteilen zu können. **Sie können sie kostenlos verteilen** oder auf diesen Download verweisen.«

Der kostenlose Zugang zur Access Runtime ist eine große Chance für Softwareentwickler! Sie können damit Datenbankanwendungen entwickeln, die beim Benutzer ohne eine Access-Installation laufen

Wie die Access Runtime zu benutzen ist, erläutere ich im letzten Kapitel.

Die Access-Anwendung

Jetzt wollen wir uns aber – wie versprochen – eine fertige Access-Anwendung ansehen. Ich habe für dieses Buch drei komplette Beispielanwendungen entwickelt:

- eine Firmenanwendung, mit der die Abarbeitung von Kundenaufträgen in einem mittelständischen Unternehmen bzw. einem Handwerksbetrieb verwaltet werden kann,
- eine Vereinsanwendung, mit der Mitglieder, Trainingszeiten und Wettkämpfe eines Sportvereins verwaltet werden können, und
- eine Privatanwendung, mit der eine Sammlung (z. B. Bücher) und deren Ausleihe an Bekannte verwaltet werden kann.

Für die Erläuterungen in diesem Kapitel verwende ich vorrangig die Vereinsanwendung. Beim Namen dieser Datei (z. B. *Verein-v601.accdb*) wird Ihnen auffallen, dass sich darin eine Versionsnummer befindet (z. B. »v601«). Das ist ein Grundprinzip bei der Softwareentwicklung, das ich Ihnen gleich hier wärmstens ans Herz legen möchte: Erreichte Zwischenstände bei der Entwicklung der Anwendung in separaten Dateien mit Versionsnummern sichern!

Wie Sie sicherlich aus leidvoller Erfahrung wissen, geht am Computer immer irgendetwas schief, und das meiste läuft erst einmal nicht so, wie Sie es sich vorgestellt haben. Das gilt erst recht bei der Softwareentwicklung, denn dabei versuchen Sie ja besonders intensiv, den Computer zu bewegen, das zu tun, was Sie wollen. Jeder Programmierer – auch der erfahrenste – macht aber Fehler,

- die nur mit viel Aufwand gefunden und korrigiert werden können,
- die im schlimmsten Fall zum Absturz des Computers und zum Verlust der entwickelten Anwendung führen.

Dann ist derjenige gut dran, der sagen kann: »Macht nichts! Ich habe ja noch eine vorherige Version, die ich gespeichert habe, bevor ich den Fehler gemacht habe.«

 Daher sollten Sie immer, wenn Sie einen bestimmten Stand der Entwicklung erreicht haben (das kann im Minutentakt sein oder aber am Ende des Arbeitstags), die entsprechenden Dateien unter einer Versionsnummer speichern, eine Kopie davon anfertigen, diese mit der nächsthöheren Versionsnummer versehen und dann damit weiterarbeiten.

Bitte öffnen Sie jetzt die Anwendung *Verein*.

 Die Beispieldatenbanken finden Sie im Internet unter der in der Einleitung angegebenen Adresse.

Das kann durch einen Doppelklick mit der linken Maustaste auf den Dateinamen im Explorer geschehen. Sollte das aber aus irgendeinem Grund nicht funktionieren, starten Sie zunächst Access und klicken dann auf *Datei/Öffnen* (bzw. in Access 2007 auf die Office-Schaltfläche und dann auf *Öffnen*). Die weitere Vorgehensweise ist Ihnen sicherlich aus anderen Office-Produkten bekannt.

Jetzt kann schon das erste kleine Problem auftauchen: Im Allgemeinen erhalten Sie eine Sicherheitswarnung, und wenn Sie darauf nicht reagieren, wird die Datenbankanwendung nicht funktionieren.

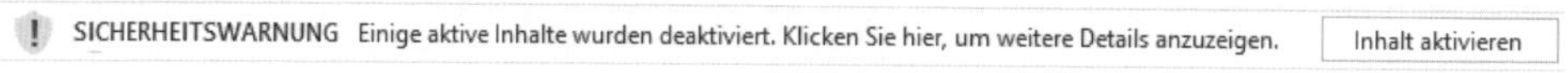

 SICHERHEITSWARNUNG Einige aktive Inhalte wurden deaktiviert. Klicken Sie hier, um weitere Details anzuzeigen. | Inhalt aktivieren |

Abbildung 1.5: Wahrscheinlich bekommen Sie gleich zu Beginn der Arbeit mit der Beispielanwendung diese Sicherheitswarnung von Access zu Gesicht.

In diesem Fall folgen Sie einfach den Anweisungen, die in dem Fenster *Achtung! Was ist beim ersten Start dieser Anwendung zu tun?* erscheinen.

Innerhalb des Access-Fensters sehen Sie jetzt ein Fenster mit dem Titel *Startformular*. Am oberen Rand befindet sich das Menüband (Access 2007: die Multifunktionsleiste), und links sehen Sie den Navigationsbereich. Letzterer ist das »Steuerpult« von Access, von dem aus Sie alle weiteren Fenster erreichen, die Sie für die Anwendungsentwicklung benötigen. Wir wollen diese Bereiche zunächst nicht weiter beachten und uns nur mit dem Fenster *Startformular* beschäftigen.

Formulare benutzen

Das Fenster *Startformular* ist Bestandteil der weiter oben in diesem Kapitel beschriebenen grafischen Benutzeroberfläche (GUI). Diese Fenster werden in Access *Formulare* genannt (von engl. »form«). Das ist für den Access-Neuling immer etwas verwirrend, denn im deutschen Sprachgebrauch ist ein Formular ein Blatt Papier. Ausdrucke der Daten auf Papier heißen aber in Access *Berichte* (von engl. »report«).

Abbildung 1.6: Das Startformular der Vereinsanwendung.

Das Startformular bietet noch keine Möglichkeiten, irgendwelche Daten zu bearbeiten. Es enthält einige Schaltflächen (engl. »Buttons«), auf die Sie klicken und damit weitere Formulare öffnen können. Tun Sie das ruhig einmal und beachten Sie dabei, dass Sie die sich öffnenden Formulare durch einen Klick auf die Schaltfläche rechts oben wieder schließen können.

 Die Schaltfläche mit dem Schließen-Symbol ganz unten in der Mitte des Startformulars schließt nicht nur die Vereinsanwendung, sondern beendet auch Access!

Wie Sie aus der Beschriftung der Schaltflächen unschwer erkennen können, geht es in der Beispielanwendung *Vereinsdatenbank* um Folgendes:

- Es gibt Mitglieder im Verein, die Beiträge bezahlen.
- Die Höhe des Beitrags richtet sich nach dem Mitgliedstyp (»Erwachsener«, »ermäßigt« ...).
- Die Mitglieder können in einer Mannschaft sein.

- Es gibt außerdem Trainer, die sowohl Einzelmitglieder als auch Mannschaften trainieren können.
- Mitglieder können Trainingszeiten auf Plätzen reservieren.
- Es finden Wettkämpfe statt, an denen Einzelmitglieder oder Mannschaften teilnehmen können.

Bevor Sie dieses Kapitel weiter durcharbeiten, möchte ich Sie ausdrücklich ermuntern, einmal etwas mit der Datenbankanwendung herumzuspielen. Tragen Sie einige Personen als Mitglieder ein, teilen Sie alle neu eingetragenen Mitglieder Mannschaften zu, reservieren Sie Trainingszeiten und nominieren Sie die Personen für Wettkämpfe. Dabei verändern Sie natürlich die Daten in der Datenbank. Im weiteren Verlauf dieses Kapitels nehme ich aber immer mal wieder Bezug auf die Version, die Sie sich heruntergeladen haben. Daher empfehle ich Ihnen dringend, sich eine »Spielkopie« der Originaldatei anzulegen. Wenn Sie dann die von mir beschriebenen Aktionen nachvollziehen möchten, können Sie immer wieder auf diese Originaldatei zurückgreifen. Ansonsten haben Sie ja immer noch die Möglichkeit, diese noch einmal herunterzuladen.

Dies ist ein Buch für Anfänger. Daher sollte immer ganz genau beschrieben werden, was wie getan werden muss. Das würde aber zu endlosen Wiederholungen führen und das Buch um etliche Seiten dicker machen. Dann müsste es mehr kosten, und Sie hätten es nicht gekauft. ;-)

Aber mal im Ernst: Die immer wiederkehrenden Standardaktionen erläutere ich nicht immer wieder. Diese sind in Anhang A, »Wichtige Standardaktionen durchführen«, beschrieben.

 Außerdem finden Sie das Dokument *WichtigeStandardaktionen.pdf* zum Ausdrucken im Internet (Adresse in der Einleitung – dort im Ordner *\KapA*)!

Das Formular frmMitglieder

So, jetzt wollen wir uns einmal das Formular *frmMitglieder* etwas genauer ansehen. Es enthält viele Elemente, die wir später selbst erstellen wollen und die uns zeigen, wie praktisch die Arbeit mit einer Datenbankanwendung sein kann.

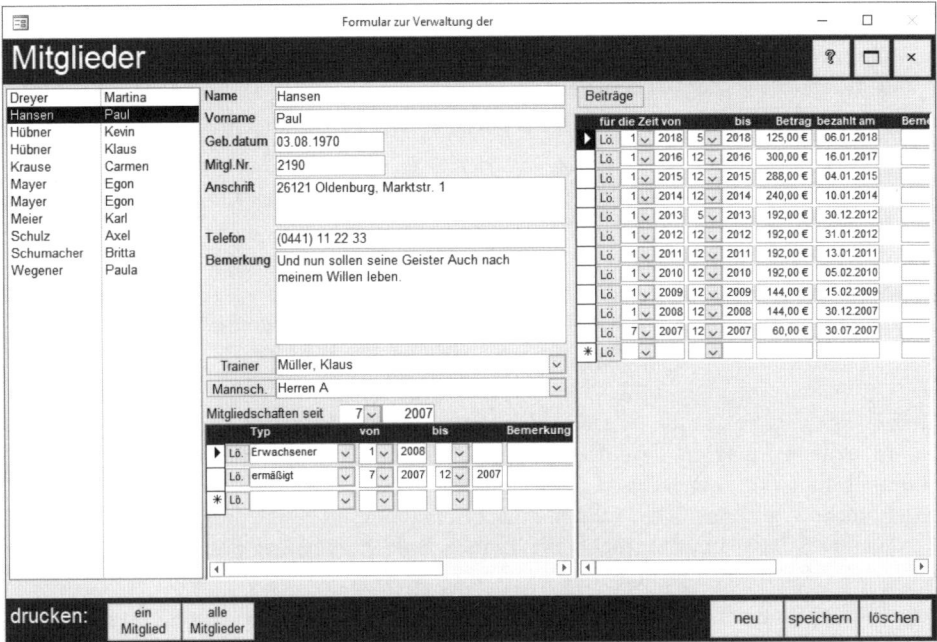

Abbildung 1.7: Das Formular frmMitglieder *enthält viele typische Elemente einer grafischen Benutzeroberfläche.*

Sie sehen links ein Listenfeld mit einer Liste der Mitglieder. Ein Mausklick in diese Liste führt dazu, dass die Daten des ausgewählten Mitglieds im rechten Teil des Formulars angezeigt werden. Wenn Sie einmal in die Liste geklickt haben, können Sie sich anschließend auch mit den Tasten ⬆ und ⬇ in der Liste auf und ab bewegen.

In der Mitte unten und rechts sehen Sie zwei sogenannte Unterformulare – zu erkennen daran, dass deren Inhalt gegenüber dem übergeordneten Formular etwas »eingedrückt« zu sein scheint. Das Unterformular in der Mitte zeigt, welche Art von Mitgliedschaft von wann bis wann bestand. Die Datenfelder mit der kleinen Schaltfläche an ihrem rechten Rand heißen Kombinationsfelder. Nach dem Klick auf diese Schaltfläche öffnet sich eine Liste, aus der Sie per Mausklick einen Eintrag auswählen können.

Versuchen Sie nun einmal, Herrn Hansen eine weitere Mitgliedschaft zuzuweisen. Vielleicht ist er seit Juni 2018 beitragsfrei. Sobald Sie anfangen, neue Daten einzugeben, erscheint links neben der mit *Lö.* (= Löschen) beschrifteten Schaltfläche das Symbol eines Sternchens. Das besagt, dass diese Daten bisher noch nicht in der Datenbank gespeichert wurden.

Denken Sie bitte an dieser Stelle an meine Erläuterungen im Abschnitt »Ist Access eine Datenbank?«: Die grafische Benutzeroberfläche (d.h. das Formular) hat also den SQL-Befehl zum Speichern der eingegebenen Daten noch nicht an das DBMS geschickt.

Noch können Sie Ihre Eingaben jederzeit durch Drücken der Taste [Esc] rückgängig machen. Probieren Sie bitte auch das einmal aus.

Das Speichern der eingegebenen Daten in der Datenbank erfolgt

- entweder durch Mausklick auf das Sternchensymbol am linken Rand der Zeile, in der Sie die Daten eingegeben haben, oder
- indem Sie die Einfügemarke per Maus oder Tastatur in eine andere Zeile bewegen.

Letzteres ist besonders praktisch, wenn Sie viele neue Datenzeilen nacheinander einzugeben haben: Einfach in der nächsten Zeile weitertippen, und die Daten aus der Zeile, die Sie gerade verlassen haben, sind gespeichert.

Für das Löschen von Daten aus der Datenbank gibt es am linken Rand der Liste die bereits erwähnte Schaltfläche mit der Beschriftung *Lö*. Nach dem Klick auf diese Schaltfläche erscheint zunächst eine Warnung: »Wollen Sie die Mitgliedschaft wirklich löschen?«. Bestätigen Sie das, so verschwinden die gelöschten Daten aus der Liste.

Das Erscheinen dieser Warnung ist ein Merkmal guter Software. Der Benutzer sollte niemals in eine Falle gelockt werden (»Ätsch – weg ist weg!«). Das bedeutet, dass Sie als Entwickler immer bedenken müssen, dass der Benutzer Ihre Software unbeabsichtigt falsch bedienen könnte. Damit trotzdem nichts passiert, müssen Sie als Entwickler Vorsorge treffen – z.B. durch solche Warnungen. Wir werden noch öfter auf diesen Punkt zurückkommen, und Sie werden sehen, dass ein ganz erheblicher Teil des Aufwands bei der Softwareentwicklung in solche Vorsorgemaßnahmen fließt!

Bitte klicken Sie noch einmal auf die Schaltfläche *Lö.* und beachten Sie in dem sich öffnenden Warnfenster ein kleines, aber wichtiges Detail: Die Schaltfläche *Nein* ist etwas stärker umrandet als die Schaltfläche *Ja*. Sie ist die sogenannte Standardschaltfläche, die benutzt wird, wenn Sie statt der Maus die Tastatur verwenden und die Taste ⏎ drücken. Wenn also der Benutzer auf *Lö.* klickt und dann in Unkenntnis dessen, was er tut, die ⏎-Taste drückt, ist immer noch nichts Schlimmes passiert. Damit haben wir einen weiteren Grundsatz fürs Programmieren: Die Standardaktion in einem Dialogfeld sollte immer die ungefährlichere sein.

Auf diese Weise muss sich der Benutzer also zweimal explizit fürs Löschen entscheiden: beim Klick auf die Schaltfläche und dann noch einmal durch die Auswahl von *Ja*. Wer hier beide Male falsch handelt, dem ist wohl wirklich nicht mehr zu helfen ...

Dieselben Erläuterungen wie für das mittlere Unterformular gelten auch für das rechte. Hier können Sie ebenfalls neue Daten eingeben und vorhandene ändern oder löschen. Einen kleinen Unterschied gibt es bei der Überschrift des rechten Unterformulars: Diese ist in Form einer Schaltfläche angelegt. Klicken Sie darauf, öffnet sich das Formular *frmBeitragssaetze*. Das hat wieder etwas mit Benutzerfreundlichkeit zu tun: Wenn Sie Beiträge in die Liste eintragen, möchten Sie vielleicht kontrollieren, ob auch der richtige Betrag gezahlt wurde. Damit Sie dafür nicht ins Startformular zurück müssen, gibt es diese Schaltfläche hier. Das bedeutet für Sie als zukünftigen Entwickler von Datenbankanwendungen: Sie müssen sich in die Lage des Benutzers versetzen, sich fragen, was er (oder sie ;-)) in dieser Situation wohl machen möchte, und dann entsprechende Möglichkeiten für ihn schaffen. Auch das ist ein wichtiger Grundsatz der Softwareentwicklung, auf den wir noch öfter zurückkommen werden.

Was fällt Ihnen noch an den beiden Unterformularen auf? Beide enthalten Angaben zu aufeinanderfolgenden Zeiträumen. Diese Zeiträume sollten normalerweise nahtlos aneinanderpassen. Es sollte also keine Zeiträume undefinierter Mitgliedschaft oder ohne Beitragszahlung geben. Das könnte man natürlich softwaretechnisch durch eine entsprechende Programmierung lösen. Sowie ein Zeitraum ohne Mitgliedschaft oder ohne Beitrag entsteht, könnte der Benutzer darüber informiert werden. Das würde aber erheblichen Programmieraufwand erfordern, und ich habe das für diese Beispielanwendung mal gelassen.

Nun zur weiteren Diskussion des Formulars *frmMitglieder*. Schauen wir einmal in die Mitte. Dort befinden sich – ähnlich wie bereits in den Unterformularen – zwei Kombinationsfelder, mit denen dem Mitglied ein Trainer bzw. eine Mannschaft zugewiesen wird. Die Beschriftung dieser beiden Kombinationsfelder ist wiederum als Schaltfläche gestaltet. Was passiert, wenn Sie darauf klicken? Das können Sie aus der Beschriftung der Schaltfläche nicht ableiten – aber der Spieltrieb siegt, und der Benutzer klickt drauf. Ups – das ist ja eine Löschfunktion!

Man kann diese Löschfunktion auch so programmieren, dass sie durch Drücken der Taste `Entf` ausgelöst wird. Ich habe das sogar getan – probieren Sie es ruhig aus! (Die Einfügemarke muss dazu in dem Feld mit dem Nachnamen des Trainers stehen.) Aber: Diese Funktionalität ist auf dem Bildschirm nicht zu erkennen. Der Benutzer kann davon nur durch eine Schulung, durch das Handbuchstudium oder durch erfahrungsgesteuertes Ausprobieren (»Learning by Doing«) erfahren. Dagegen verleitet die Schaltfläche einfach zum Draufklicken – und, schwupp, Sie wissen, wie's geht. Richtig gute Software sollte – wie in der vorliegenden Anwendung geschehen – beide Möglichkeiten bieten, um unterschiedliche Benutzertypen zufriedenzustellen.

Dass die Zuordnung eines Trainers durch Drücken der Taste `Entf` aufgehoben wird, bezeichnet man in der Softwaretechnik übrigens als »erwartungskonform«. Gute Software sollte sich erwartungskonform verhalten, d.h., wenn ich `Entf` drücke, kann ich erwarten, dass etwas entfernt wird, und wenn ich `Einfg` drücke, kann ich erwarten, dass etwas eingefügt wird. Damit haben wir wieder einen Grundsatz, den Sie sich als zukünftiger Anwendungsentwickler merken sollten!

Und weil wir gerade dabei sind – hier noch ein Grundsatz: Die Bedienung von Software sollte gleichförmig sein. Damit ist allerdings nicht »langweilig« gemeint, sondern dass sich die gleichen Bedienelemente immer am gleichen Ort befinden und gleich aussehen. Umgekehrt sollen gleich aussehende Elemente auch die gleiche Funktion haben.

Was damit gemeint ist?

Öffnen Sie dazu bitte neben dem Formular *frmMitglieder* gleichzeitig das Formular *frmMannschaften*. Es sieht auf den ersten Blick ganz anders aus. Aber auf den zweiten Blick fällt Ihnen bestimmt Folgendes auf:

- Beide Formulare haben die gleiche Farbgestaltung: dunkle Hintergrundfarbe mit weißer Schrift oben und unten, heller Hintergrund in der Mitte.

- In beiden Formularen befinden sich die gleichen Schaltflächen fürs Einfügen, Speichern und Löschen von Datensätzen sowie für das Schließen des Formulars an den gleichen Stellen rechts unten bzw. oben.

- In beiden Formularen befindet sich links eine Liste der Objekte (einmal Mitglieder, einmal Mannschaften), und ein Klick in diese Liste führt in beiden Formularen zur Anzeige der Daten rechts daneben.

Kommen wir zu einem weiteren unsichtbaren Merkmal guter Software. Setzen Sie im Formular *frmMitglieder* bitte einmal die Einfügemarke in das Eingabefeld mit dem Nachnamen des Mitglieds, indem Sie mit der Maus dorthin klicken. Jetzt lassen Sie die Maus los und drücken die ⇆-Taste auf Ihrer Tastatur (ganz links). Die Einfügemarke wandert in das Textfeld mit dem Vornamen. Beim nächsten Drücken der ⇆-Taste ist die Einfügemarke im Textfeld *Geb.datum* usw.

Das sieht ziemlich banal aus, nicht wahr? Das ist aber ganz wichtig! Benutzer, die täglich stundenlang am Computer sitzen und deren Haupttätigkeit in der Datenerfassung besteht, benutzen die Maus häufig eher ungern. Das wird nämlich auf die Dauer ziemlich umständlich: Griff zur Maus, Klick in ein Textfeld, Hand zurück zur Tastatur, Daten eintippen, Hand wieder zur Maus, Klick ins nächste Textfeld usw. usw. Da ist es doch viel einfacher, die Finger auf der Tastatur zu lassen und sich mit der ⇥-Taste von Textfeld zu Textfeld zu bewegen! Dass dabei aber nacheinander die richtigen Textfelder angesprungen werden – dafür müssen Sie als Anwendungsentwickler sorgen.

Jetzt kommt wieder ein sichtbares Merkmal guter Software: das Layout des Formulars. Damit ist zum einen die Farbgestaltung gemeint, zum anderen Größe und Platzierung der Textfelder, Listen und Schaltflächen.

- Zur Farbgestaltung ist nicht viel zu sagen. Sie sollte so dezent wie möglich sein – also keine grellen Farben und nicht mehrere verschiedene Farben im selben Formular, sondern besser helle und dunkle Varianten derselben Farbe. Berücksichtigen Sie in diesem Zusammenhang die sogenannte Corporate Identity, d. h., verwenden Sie die für die Zielgruppe (Unternehmen, Verein) typischen Farben!

- Die Textfelder sollten so groß sein, dass der Benutzer alle darin möglicherweise erscheinenden Texte ohne zu scrollen lesen kann.

- Listen sollten so lang wie nötig sein – also weder eine zu lange und damit überwiegend leere Liste für drei Platztypen noch eine zu kurze Liste für die vielen Mitgliedernamen eines großen Vereins.

- Schaltflächen sollten im Allgemeinen ziemlich klein sein – gerade groß genug, dass der Text oder das Bild darauf noch erkennbar ist. Riesige Schaltflächen wirken plump.

- Übereinanderliegende Elemente sollten gleich breit und eventuell auch gleich hoch sein sowie links und rechts bündig angeordnet werden.

- Die Anordnung der Elemente sollte so erfolgen, dass diese von links nach rechts und von oben nach unten abgearbeitet werden können. Das wird natürlich nicht immer gelingen – Sie sollten es aber für den Normalfall anstreben. Auf jeden Fall sollte der Benutzer beim Bearbeiten der Daten nicht mehrfach im Formular hin und her springen müssen.

Alle diese Vorgaben dienen der »Augenfreundlichkeit« Ihrer Anwendung. Wer möglicherweise mehrere Stunden am Tag damit arbeiten muss, wird es Ihnen danken.

Beim Layout des Formulars *frmMitglieder* habe ich mir z. B. Folgendes überlegt:

- Das generelle Schema »links die Liste – rechts die Details« soll eingehalten werden.

- Die Mitgliederliste soll möglichst lang sein, um so viele Mitglieder wie möglich gleichzeitig im Blick zu haben, ohne scrollen zu müssen.

- Die Liste der Mitgliedschaften kann kurz sein, denn der Mitgliedstyp wird nicht so häufig gewechselt.

- Die Liste der gezahlten Beiträge wiederum soll möglichst lang sein, um viele Beiträge gleichzeitig auf dem Bildschirm zu haben.

- Beide Listen (Mitgliedschaften und Beiträge) brauchen nicht in der vollen Breite sichtbar zu sein, denn die Bemerkungsfelder werden häufig leer sein. Hauptsache, die wichtigen Eigenschaften sind auf einen Blick sichtbar.

- Das Bezeichnungsfeld *Mitgliedschaften seit* kann in die Kopfzeile der Liste der Mitgliedschaften, weil sich das vom Sachzusammenhang her anbietet.

Solche Überlegungen sollten Sie auch anstellen, wenn Sie später mal ein eigenes Formular entwerfen. Überlassen Sie dabei nichts dem Zufall. Überlegen Sie immer,

- wie lang und breit ein Element (Textfeld, Kombinationsfeld, Liste) sein muss,
- wo es am besten auf dem Formular platziert werden sollte,
- welche Elemente thematisch zusammenpassen,
- in welcher Reihenfolge ein Benutzer die Elemente wohl zur Datenbearbeitung benutzen wird und
- wie Sie den zur Verfügung stehenden Platz am besten ausnutzen, ohne dass die Elemente unübersichtlich zusammengedrängt werden.

Damit haben wir das Formular *frmMitglieder* fast erledigt. Zu den Schaltflächen rechts unten gibt es nicht mehr viel zu sagen – sie verhalten sich erwartungskonform. Die Schaltfläche *neu* gibt Ihnen die Möglichkeit, die Daten eines neuen Mitglieds einzugeben. Anschließend müssen Sie die Daten mithilfe der Schaltfläche *speichern* speichern. Dabei gibt es wieder einen Grundsatz zur Benutzerfreundlichkeit: Klicken Sie einmal auf die Schaltfläche *speichern* unmittelbar nach dem Klicken auf die Schaltfläche *neu*. Es erscheint die Warnung: »Bitte geben Sie einen Namen ein!« Die Ursache hierfür ist, dass ein Mitglied einen Namen haben muss, denn ein Mitglied ohne Namen ergibt keinen Sinn, und solche Daten sollen gar nicht erst in der Datenbank landen. Also weigert sich Access, zu speichern.

Das kennen Sie sicherlich aus dem Internet. Wenn Sie dort etwas bestellen und die Absenderangaben unvollständig angeben, erscheint das Eingabeformular noch einmal im Browser und fordert Sie auf, die Daten vollständig einzugeben.

Dass bestimmte Daten »Muss-Daten« sind, wird schon bei der Anlage der Tabellen in der Datenbank festgelegt – wir kommen später darauf zurück.

Bitte beachten Sie auch, dass nach dem Klick auf die Schaltfläche *neu* die Schaltflächen *neu* und *löschen* sowie die Mitgliederliste deaktiviert werden. Auch das trägt wieder zur Benutzerfreundlichkeit der Anwendung bei, indem es Fehlbedienungen vorbeugend verhindert. Der Benutzer **muss** jetzt neue Daten eingeben und kann nicht auf *löschen* klicken oder einfach einen anderen Datensatz auswählen.

Mit der dritten Schaltfläche wird ein Datensatz gelöscht. Erstaunlicherweise ist das datenbanktechnisch eine ganz, ganz schwierige Sache. Bei naivem Herangehen sollte man denken: »Wieso denn das? Weg damit und Ruhe is!« Aber: In einer Datenbank gibt es nicht nur die Tabellen, sondern auch vielfältige Abhängigkeiten zwischen den Tabellen. In der Tabelle *tblBeitrag* stehen z. B. nicht nur die Beiträge, sondern auch Vermerke darüber, welches Mitglied diesen Beitrag gezahlt hat. Datenbanktechnisch heißt das: In der entsprechenden Zeile der Tabelle *tblBeitrag* steht, in welcher Zeile der Tabelle *tblMitglied* das dazugehörige Mitglied steht. Lösche ich nun dieses Mitglied, zeigt der Verweis in der Tabelle *tblBeitrag* auf ein nicht mehr existierendes Mitglied. »Okay«, werden Sie sagen. »Dann muss ich diesen Verweis eben auch löschen.« Und genau das ist die Problematik: Man kann eine Löschaktion nicht isoliert für sich ausführen, sondern muss die Auswirkungen auf andere Tabellen berücksichtigen. Mehr dazu im Abschnitt »Beziehungen und Fremdschlüssel« weiter unten in diesem Kapitel.

Abschließend folgt rechts oben noch eine Schaltfläche, mit der Sie das Startformular öffnen können. Bitte beachten Sie Folgendes: Wenn Sie jetzt im Startformular erneut auf *Mitglieder* klicken, wird dieses Formular nicht ein zweites Mal geöffnet – stattdessen wird das bereits geöffnete Formular *Mitglieder* wieder sichtbar.

Auch hier hat die Anordnung dieser Schaltflächen etwas mit Benutzerfreundlichkeit zu tun – und zwar entspricht die Reihenfolge der Schaltflächen der voraussichtlichen Reihenfolge der Benutzung: Zuerst wird ein Datensatz neu angelegt, dann wird er gespeichert und anschließend gegebenenfalls wieder gelöscht.

Warum befinden sich die Schaltflächen *Hilfe, Startformular öffnen* und *Formular schließen* oben statt unten? Nun, ich denke, das sind wir als Windows-Benutzer so gewohnt. Jedes Fenster hat rechts oben eine Schaltfläche zum Schließen des Fensters. Daher erwarten wir diese Schaltfläche auch rechts oben. Zur Hilfe gelangen wir in den allermeisten Softwareprodukten über einen Menübefehl mit dem Fragezeichen – dieser befindet sich meist rechts oben in der Menüleiste.

Ich möchte Ihre Geduld aber jetzt nicht überstrapazieren, indem ich jedes einzelne Formular mit der gleichen Gründlichkeit diskutiere wie das Formular *frmMitglieder*. Bei den weiteren Formularen werde ich immer nur auf bestimmte Besonderheiten eingehen. Einige Formulare werde ich hier gar nicht besprechen – bitte erkunden Sie deren Funktionen selbst!

Das Formular frmMannschaften

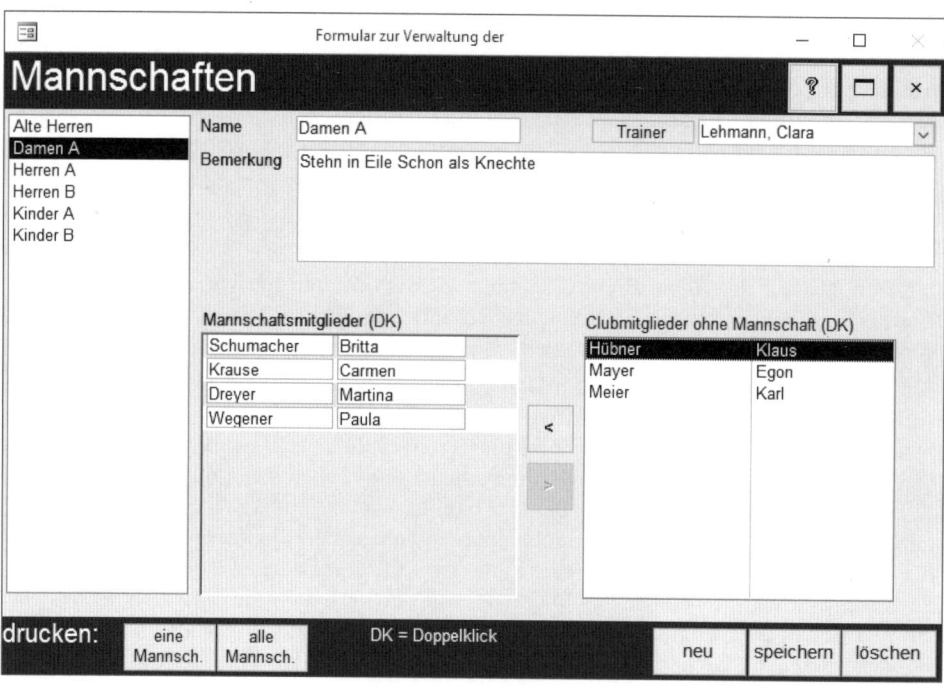

Abbildung 1.8: Mitglieder können zwischen zwei Listen hin- und hergeschoben werden.

Das Besondere an diesem Formular sind die beiden Listen in der Mitte und rechts unten. Dahinter verbirgt sich folgende Problematik: Der Benutzer möchte am Bildschirm genauso wie im echten Leben sagen können: »Frau Schumacher und Frau Krause sind in der Mannschaft Damen A.« Dazu braucht er eine Liste aller Clubmitglieder, aus der er mittels Mausklick einzelne auswählen kann.

Diese sollen dann in die Mannschaft übernommen werden. Außerdem sollen natürlich Mitglieder aus Mannschaften austreten können. Genau das leisten die beiden Schaltflächen zwischen den beiden Listen. Wenn Sie ein Mitglied in der rechten Liste anklicken, wird die Schaltfläche mit dem Pfeil nach links aktiv. Durch Anklicken dieser Schaltfläche können Sie das rechts ausgewählte Mitglied in die Mannschaft übernehmen. Analog können Sie links ein Mannschaftsmitglied auswählen und durch Anklicken der Schaltfläche mit dem nach rechts gerichteten Pfeil aus der Mannschaft entfernen.

Bitte beachten Sie, dass in der rechten Liste immer nur Clubmitglieder auftauchen, die noch in keiner Mannschaft sind. Wenn also ein Mitglied die Mannschaft wechseln soll, müssen Sie es zunächst aus der einen Mannschaft entfernen und dann in die andere Mannschaft aufnehmen. Sollten solche Wechsel häufig vorkommen, kann man natürlich auch ein Formular entwickeln, mit dem direkte Wechsel von Mannschaft zu Mannschaft möglich sind.

Auf eine weitere Besonderheit dieses Formulars weist die Abkürzung *DK* (für »Doppelklick«) in der Überschrift der linken Liste hin. Was das bedeutet? Machen Sie doch mal einen Doppelklick auf einen Nachnamen in der Liste! Und schwupp – öffnet sich das bereits gut bekannte *Mitglieder*-Formular.

Zunächst ein paar Worte zu der Frage: »Warum diese Funktion?« Das ist ähnlich wie mit der kleinen Schaltfläche *Beiträge* im *Mitglieder*-Formular: Es ist eine Frage der Benutzerfreundlichkeit. Vielleicht möchte der Benutzer ja beim Zusammenstellen der Mannschaften noch einmal einen Blick auf die Mitgliederdaten werfen. Der Doppelklick erspart ihm dann den Wechsel zum Startformular. Auch hier ist es wieder die Aufgabe des Anwendungsentwicklers, sich in die Denk- und Arbeitsweise des Benutzers hineinzuversetzen und ihm durch geschickte Programmierung das Arbeiten mit der Anwendung so bequem wie möglich zu machen!

Der Doppelklick zum Öffnen eines anderen Formulars funktioniert übrigens auch im *Mitglieder*-Formular: Ein Doppelklick auf den Namen des Trainers oder auf den Mannschaftsnamen öffnet das *Trainer*- bzw. das *Mannschaften*-Formular. Hier ist noch eine weitere Besonderheit zu beachten: Sind die entsprechenden Felder leer – hat das Mitglied also keinen Trainer bzw. ist es in keiner Mannschaft –, darf sich natürlich kein anderes Formular öffnen.

Das Formular frmTraining

Abbildung 1.9: Zeiten können durch Mausklicks schrittweise geändert werden.

Mit diesem Formular werden Trainingszeiten vergeben. Der Benutzer wählt Datum, Startzeit, Endezeit und Platz sowie gegebenenfalls noch einen Trainer aus und kann diese Kombination dann an mehrere Mitglieder vergeben – mithilfe der gleichen Zwei-Listen-Technik wie im *Mannschaften*-Formular.

Das Besondere an diesem Formular sind zunächst einmal ganz offensichtlich die Plus- und Minusschaltflächen unter den Textfeldern für das Datum und die Zeiten. Sie werden es kaum glauben – aber das ist schon wieder mal eine Sache der Benutzerfreundlichkeit. Datums- und Zeitangaben einzutippen, ist nämlich ziemlich umständlich und vor allen Dingen auch fehleranfällig. Da wollen wir es dem Anwender doch wieder mal etwas bequemer machen. Er kann die genannten Schaltflächen benutzen, um das Datum und die Zeiten, die bereits in den Textfeldern stehen, einfach mit einem Mausklick zu verändern – das Datum um einen Tag, die Uhrzeitangaben um eine Viertelstunde.

Außerdem fällt in Abbildung 1.9 noch ein Detail auf, das Sie zunächst gar nicht sehen – es wird erst sichtbar, wenn Sie in das Textfeld mit dem Trainingsdatum hineinklicken. Dann erscheint nämlich rechts daneben ein kleines Kalendersymbol, und wenn Sie darauf klicken, öffnet sich tatsächlich ein Kalenderblatt (Abbildung 1.9). Ein Klick in dieses Kalenderblatt übernimmt das angeklickte Datum in das Textfeld des Formulars. Dadurch werden Datumseingaben sehr viel bequemer! Sie brauchen dieses Verhalten nicht einmal zu programmieren – sowie Sie ein Textfeld eines Formulars mit dem Format *Datum* versehen, bietet Access automatisch diese Eingabehilfe an.

Vielleicht fragen Sie sich noch, was das Textfeld *Train.Mitglied* bedeutet? Damit können Sie den trainierenden Mitgliedern statt eines Trainers ein weiteres Mitglied zuweisen, damit die Mitglieder sich gegebenenfalls gegenseitig trainieren können. Natürlich können Sie einer Trainingszeit auch einen Trainer und ein Trainermitglied zuweisen.

Mithilfe des Kombinationsfelds *Platz* können Sie eine Trainingszeit auf einen anderen Platz verschieben.

Bitte beachten Sie auch hier wieder, dass die beiden Schaltflächen < und > abwechselnd aktiv werden – je nachdem, in welche der beiden Listen Sie vorher geklickt haben.

Das Formular frmTypen

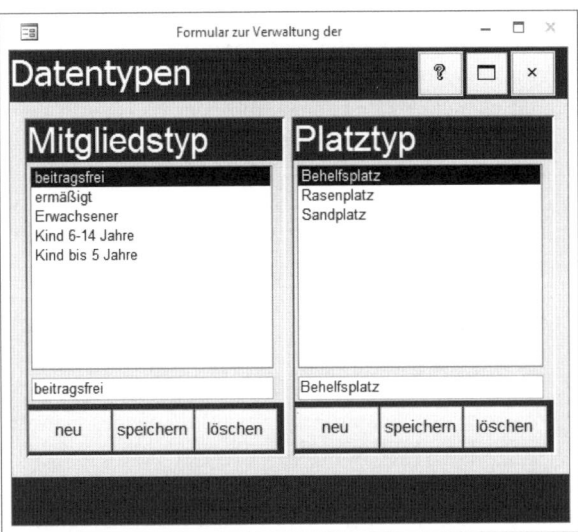

Abbildung 1.10: Datentypen werden in den anderen Formularen benötigt.

Dieses Formular bietet von der Funktionalität her nichts Besonderes – nur die Art der hier verwalteten Daten erscheint mir erwähnenswert. Es handelt sich um Daten, die die Art oder den Typ anderer Daten charakterisieren – im vorliegenden Fall den Mitgliedstyp und den Platztyp. Das sind Daten, die in anderen Formularen in Kombinationsfeldern zur Auswahl bei der Dateneingabe angeboten werden. Der Benutzer kann damit in begrenztem Maße seine Benutzeroberfläche (GUI) selbst gestalten, indem er die Kombinationsfelder mit selbst definierten Daten füllt!

Der Mitgliedstyp ist Ihnen schon im Formular *frmMitglieder* in der Liste der Mitgliedschaften begegnet (bitte noch einmal nachschauen!). Der Platztyp findet im Formular *frmPlaetze* Verwendung. Dort kann der Benutzer neue Plätze anlegen und ihnen einen selbst definierten Platztyp zuweisen. Die im Formular *frmPlaetze* angelegten Plätze finden wiederum im Formular *frmTraining* Verwendung, denn sie füllen dort das Kombinationsfeld *Platz* (bitte nachschauen!).

An dieser Stelle ist der Hinweis auf eine besondere Problematik bei Access angebracht. Dazu machen Sie einmal folgendes Experiment: Öffnen Sie die beiden Formulare *frmTypen* und *frmPlaetze* und ordnen Sie sie nebeneinander auf Ihrem Bildschirm an. Erzeugen Sie mit dem Formular *frmTypen* einen neuen Platztyp (z. B. »Übungsplatz«) und speichern Sie ihn ab, sodass er in der Liste der verfügbaren Platztypen erscheint. Nun wechseln Sie zum Formular *frmPlaetze* und klappen das Kombinationsfeld *Platztyp* auf. Was sehen Sie? Der neue, gerade von Ihnen kreierte Platztyp taucht in dem Kombinationsfeld auf.

»Klar!«, werden Sie sagen. »Ich habe einen neuen Platztyp angelegt, dann muss er auch da sein!« Aber so selbstverständlich ist das leider gar nicht. Wieso?

Dazu rekapitulieren Sie (Nicht kapitulieren! Oder ist es schon so weit ;-)) bitte noch einmal das, was ich im Abschnitt »Ist Access eine Datenbank?« über die Komponenten einer Datenbankanwendung gesagt habe. Ihr Formular *frmTypen* als Bestandteil der Benutzeroberfläche (GUI) hat jetzt das DBMS angewiesen, den neuen Platztyp in der entsprechenden Tabelle zu speichern. Das andere Formular *frmPlaetze* hat aber schon **vorher** bei seinem Erscheinen auf dem Bildschirm das DBMS angewiesen, alle erforderlichen Daten herauszusuchen, damit sie im Formular dargestellt werden können. Die Änderung der auf dem Bildschirm dargestellten Daten (Inhalt des Kombinationsfelds *Platztyp*) erfolgte also »hinter seinem Rücken«! Jetzt stehen somit in der Tabelle *tblPlatztyp* vier Platztypen – im Kombinationsfeld *Platztyp* des Formulars *frmPlaetze* aber nur drei. Das liegt daran, dass das Formular die darzustellenden Daten nur einmal bei seinem Erscheinen auf dem Bildschirm beim DBMS anfordert – danach nicht wieder; jedenfalls nicht automatisch.

Trotzdem sehen Sie aber im Kombinationsfeld *Platztyp* des Formulars *frmPlaetze* **vier** Platztypen. Damit das funktioniert, müssen Sie als Entwickler einen entsprechenden VBA-Befehl an der richtigen Stelle platzieren. Ich komme später in Kapitel 8, »VBA – Teil 2«, im Abschnitt »Standardlösungen« darauf zurück.

Hilfe!

Auf allen Formularen befindet sich rechts oben eine Schaltfläche zum Öffnen eines Fensters mit Hilfeinformationen. Bestimmt haben Sie das schon ausprobiert!

Das Fenster, das sich dann öffnet, sieht nicht ganz so aus wie die Hilfefenster, die Sie von vielen anderen Softwareprodukten kennen. Deren Fenster können nicht nur Text, sondern auch Abbildungen und die aus dem Internet bekannten Hyperlinks enthalten, d.h., Sie können auf ein markiertes Wort klicken, und eine neue Seite mit weiteren Hilfeinformationen wird angezeigt. Solche komfortablen Hilfefenster sind natürlich sehr schön – erfordern aber zu ihrer Erstellung eine spezielle Software, deren Bedienung Sie erst einmal erlernen müssten.

Ich möchte Ihnen hier etwas Einfacheres anbieten, das Sie nicht erst lernen müssen, sondern sofort und ohne spezielle Software einsetzen können. Die Hilfefenster in meinen Beispielanwendungen zeigen Texte an, die sich in separaten Dateien befinden. Wenn Sie also z.B. im Formular *frmMitglieder* auf *Hilfe* klicken, öffnet sich ein Fenster, das den Inhalt der Datei *hilfe-mitglieder.rtf* anzeigt. Das Format dieser Dateien ist RTF (Rich Text Format). Es erlaubt Formatierungen – wie fett, kursiv, unterstrichen, farbige Texte und Aufzählungen. Solche Dateien können Sie mit Word erstellen, indem Sie beim Befehl *Speichern unter* das RTF-Format auswählen.

Es geht aber auch noch einfacher: Auf jedem Windows-Computer finden Sie als Zubehör das kleine Textbearbeitungsprogramm WordPad. Auch damit können Sie auf sehr einfache Weise *.rtf*-Dateien erstellen.

Die Speicherung der Hilfeinformationen in Textdateien hat einen weiteren Vorteil: Der Benutzer der Datenbankanwendung kann die Hilfedateien selbst bearbeiten und für sich oder andere Hilfeinformationen dort hineinschreiben.

Oft ist es ja so, dass man selbst bestimmte Erfahrungen beim Umgang mit einer Software gesammelt hat. Man hat Tricks und Kniffe herausgefunden, sie sich auf einen Zettel geschrieben und findet im entscheidenden Augenblick den Zettel nicht wieder. Hier können Sie dieses gesammelte Know-how jetzt in die Hilfedateien hineinschreiben und für sich und andere bewahren!

Für diejenigen unter Ihnen, die sich mit der Erstellung von Webseiten (.html-Dateien) auskennen, habe ich noch eine Idee. Öffnen Sie doch einmal das Formular *frmPlaetze*. Dort sehen Sie rechts oben drei statt zwei Schaltflächen. Die ganz linke zeigt Ihnen eine weitere Möglichkeit, dem Benutzer Hilfeinformationen zu präsentieren: über eine Webseite. Ein Klick auf diese Schaltfläche öffnet Ihren Standardbrowser und zeigt die Hilfeseite an.

Das funktioniert aber nur, wenn Ihr Standardbrowser mit Dateien mit der Endung *.html* verknüpft ist. Um diese Verknüpfung gegebenenfalls herzustellen,

1. öffnen Sie den Explorer (nicht den Internet Explorer!),
2. suchen sich irgendeine Datei mit der Endung *.html* (z. B. die Hilfedatei *hilfe-plaetze.html* im Ordner mit den Beispielen für dieses Kapitel),
3. klicken mit der rechten Maustaste auf den Dateinamen und
4. wählen den Menübefehl *Öffnen mit/Standardprogramm auswählen*.
5. Wählen Sie nun den Browser in der Liste der Programme aus. Wenn er dort nicht auftaucht, klicken Sie auf die Schaltfläche *Durchsuchen*.
6. Nachdem Sie den Browser gefunden haben, aktivieren Sie das Kontrollkästchen *Dateityp immer mit dem ausgewählten Programm öffnen*.

Anschließend sollte die Schaltfläche *HTML-Hilfe anzeigen* im Formular *frmPlaetze* funktionieren.

Eine weitere Hilfe sind die Steuerelement-Tipps, die auftauchen, wenn Sie den Mauszeiger einige Sekunden lang über ein Steuerelement halten. Betrachten wir z. B. das Formular *frmMannschaften*: Über der Schaltfläche *Trainer* erscheint der Tipp *Trainerzuweisung entfernen* und über dem Nachnamen in der Liste *Mannschaftsmitglieder* der Tipp *Doppelklick öffnet das Mitgliederformular*. Diese Tipps müssen Sie als Anwendungsentwickler selbst einrichten. Die Tipps *Datensatz hinzufügen*, *Datensatz speichern*, *Datensatz löschen* und *Formular schließen* über den entsprechenden Schaltflächen werden hingegen standardmäßig von Access eingerichtet.

Benutzerfreundlichkeit

In den vorigen Abschnitten wurden immer mal wieder Grundsätze für eine gute Anwendungsentwicklung genannt. Diese sind in der Tabelle auf der folgenden Seite kurz zusammengefasst.

Zu diesem Thema gibt es natürlich noch viel mehr zu sagen – ganze Bücher sind dazu erschienen. Wenn Sie nur die in Tabelle 1.1 aufgelisteten Grundsätze befolgen, haben Sie aber schon viel erreicht!

 Eine große Anzahl von Standardlösungen zur Gewährleistung der Benutzerfreundlichkeit finden Sie in der Datei *Checkliste-Formulare.xls* im Internet (Adresse in der Einleitung, dort im Ordner *KapA*). Dort liste ich mehr als drei Dutzend Funktionalitäten auf, die jedes Ihrer Formulare aufweisen sollte, und beschreibe gleichzeitig, wie Sie diese Funktionalitäten realisieren können.

Grundsatz	Erläuterung
Verhindern von Fehlbedienungen	Es öffnet sich z.B. ein Fenster, in dem der Benutzer gefragt wird: »Wollen Sie wirklich löschen?« Bedienelemente (z. B. Schaltflächen), die gerade nicht benötigt werden, werden deaktiviert.
Warnungen vor Falscheingaben	Prüfen Sie durch entsprechende Programmierung, ob ein Datum auch wirklich ein vernünftiges Datum ist (»Sind Sie wirklich 1792 geboren?«), ob ein Geldbetrag in gewissen vernünftigen Grenzen liegt (»Wollen Sie wirklich 1.000.000 Euro überweisen?«) usw.
Muss-Daten prüfen	Prüfen Sie durch entsprechende Programmierung, ob der Benutzer auch alle Muss-Daten eingegeben hat.
Ungefährliche Standardaktionen	Beim Drücken der ⏎-Taste sollte immer die ungefährlichste der angebotenen Optionen ausgeführt werden.
Kurze Wege	Bieten Sie dem Benutzer den Wechsel in ein anderes Formular an, dessen Daten er gebrauchen könnte.
Benutzersicht nachempfinden	Bieten Sie dem Benutzer immer diejenigen Funktionen zur Bearbeitung von Daten an, die er in einer bestimmten Arbeitssituation benötigt.
Learning by Doing ermöglichen	Niemand liest gern dicke Handbücher. Gestalten Sie die Software so, dass der Benutzer sie durch Ausprobieren selbst erkunden kann. Bringen Sie notwendige Hinweise zur Bedienung eventuell gleich auf den Formularen unter.
Erwartungskonformität	Die Software sollte so reagieren, wie es der Benutzer nach allen Regeln des gesunden Menschenverstands erwarten darf.
Gleichförmigkeit	Was gleich aussieht, sollte auch die gleiche Funktion haben. Was die gleiche Funktion hat, sollte auch gleich aussehen.
Tabulatorreihenfolge	Viele Benutzer arbeiten ungern mit der Maus. Bieten Sie ihnen die Möglichkeit, mithilfe der ⇥-Taste von Eingabefeld zu Eingabefeld zu wechseln.
Augenfreundliches Layout	Dezente Farben, bündige Ausrichtung, gleiche Breite und Höhe.
Minimalismus	Ein Ding ist nicht erst gut, wenn man nichts mehr hinzufügen kann, sondern wenn man nichts mehr wegnehmen kann!

Tabelle 1.1: Grundsätze für benutzerfreundliche Anwendungsentwicklung

Tabellen, Felder und Primärschlüssel

Die Überschrift dieses Kapitels verheißt nun einen Blick **hinter** die Kulissen. Bisher haben wir uns lediglich **davor** umgesehen, indem wir die Formulare ausprobiert und ihre Funktionsweise analysiert haben. Nun wollen wir uns mit der dahinterliegenden Softwaretechnik befassen. Dafür steigen wir ganz tief hinab bis auf den Grund der Datenbankanwendung: zu den Tabellen, in denen sich die Daten befinden.

Dazu benutzen wir den Navigationsbereich (Abbildung 1.11). Das ist so etwas wie Ihr »Steuerpult«, weil damit sämtliche Funktionen zur Anwendungsentwicklung aufgerufen werden können.

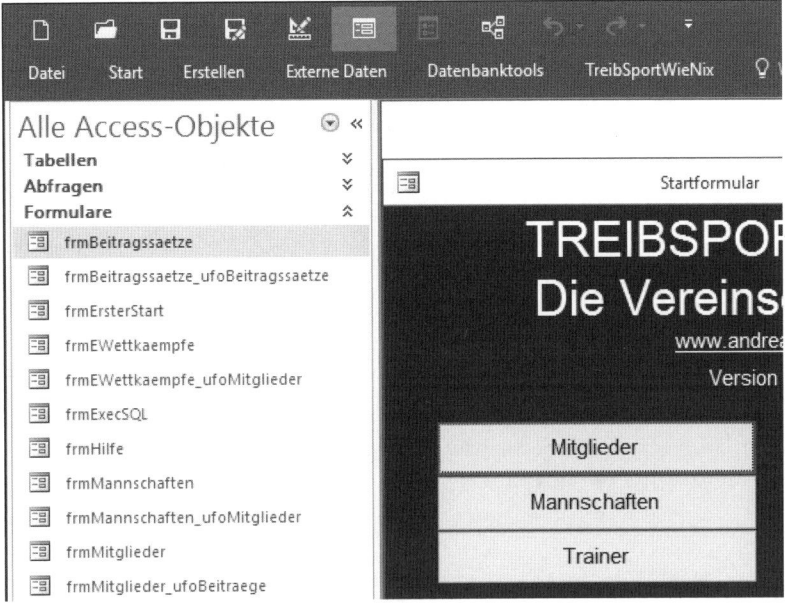

Abbildung 1.11: Der Navigationsbereich ist Ihr »Steuerpult« bei der Anwendungsentwicklung mit Access.

Der größte Teil der Titelleiste des Navigationsbereichs von ganz links bis zu dem Kreissymbol mit dem dunklen Dreieck darin bildet eine Schaltfläche. Wenn Sie darauf klicken, sehen Sie unter *Nach Gruppe filtern* die Einträge *Tabellen, Abfragen, Formulare* usw. Wahrscheinlich steht die Markierung bei Ihnen auf *Formulare*. Wenn nicht, klicken Sie bitte einmal darauf. Unter *Navigieren zur Kategorie* wählen Sie *Objekttyp*. Dann sehen Sie rechts daneben die Liste aller Formulare, die Sie jetzt durch Doppelklick öffnen können. Aber das wollen wir ja gar nicht, denn die Formulare haben wir uns schon zur Genüge angesehen. Wenn noch Formulare geöffnet sind, schließen Sie diese jetzt bitte und klicken unter *Formulare/Nach Gruppe filtern* auf *Tabellen*. Daraufhin wechselt die Beschriftung der Titelleiste des Navigationsbereichs von *Formulare* zu *Tabellen* (Abbildung 1.12).

Sie sehen jetzt im Navigationsbereich die Liste der Tabellen, in denen sich die Daten befinden.

bei_id	mit_id_f	bei_beitrag	bei_datum	bei_vonmo
1	1	240,00 €	31.12.2013	1
2	1	120,00 €	04.01.2015	1
3	2	240,00 €	10.01.2014	1
5	2	88,00 €	04.01.2015	1
6	3	20,00 €	03.02.2014	1
7	3	20,00 €	03.03.2014	2
8	3	100,00 €	08.07.2014	5
9	4	240,00 €	10.01.2014	1
10	4	240,00 €	04.01.2015	1
13	22	240,00 €	10.01.2015	1
14	2	192,00 €	30.12.2012	1
16	2	192,00 €	31.01.2012	1
17	2	192,00 €	13.01.2011	1
18	2	192,00 €	05.02.2010	1
19	2	144,00 €	15.02.2009	1

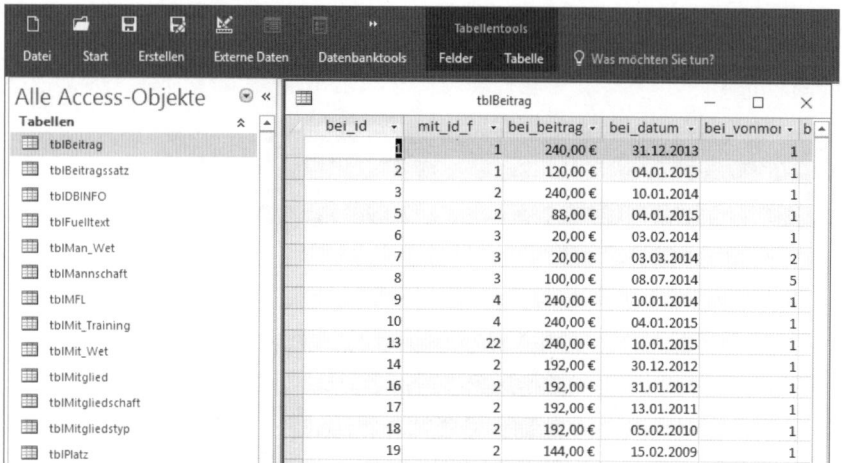

Abbildung 1.12: Im Navigationsbereich wurde zur Liste der Tabellen umgeschaltet.

Ein Doppelklick auf den Namen einer Tabelle öffnet ein weiteres Fenster und zeigt den Inhalt der Tabelle an. Wir beginnen wieder wie bei den Formularen mit den Mitgliedern. Doppelklicken Sie also bitte auf *tblMitglied.*

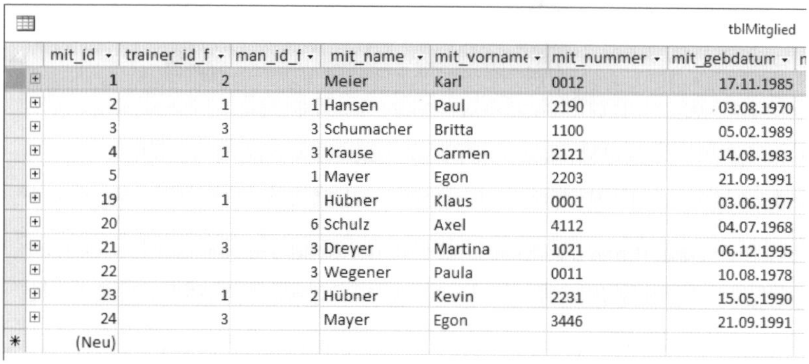

mit_id	trainer_id_f	man_id_f	mit_name	mit_vorname	mit_nummer	mit_gebdatum
1	2		Meier	Karl	0012	17.11.1985
2	1	1	Hansen	Paul	2190	03.08.1970
3	3	3	Schumacher	Britta	1100	05.02.1989
4	1	3	Krause	Carmen	2121	14.08.1983
5		1	Mayer	Egon	2203	21.09.1991
19	1		Hübner	Klaus	0001	03.06.1977
20		6	Schulz	Axel	4112	04.07.1968
21	3	3	Dreyer	Martina	1021	06.12.1995
22		3	Wegener	Paula	0011	10.08.1978
23	1	2	Hübner	Kevin	2231	15.05.1990
24	3		Mayer	Egon	3446	21.09.1991
(Neu)						

Abbildung 1.13: Die Tabelle tblMitglied *enthält die Daten, die im Formular* frmMitglieder *dargestellt werden.*

Sie sehen jetzt die Daten, die im Formular *frmMitglieder* dargestellt werden. Vieles davon wird Ihnen bekannt vorkommen: die Namen und Vornamen, die Geburtsdaten, die Mitgliedsnummern usw. In der Kopfzeile der Tabelle sehen Sie die dazugehörigen Spaltenbezeichnungen: *mit_name, mit_vorname, mit_gebdatum* usw.

Die ersten drei Spalten der Tabelle *tblMitglied* enthalten jedoch Daten, die Ihnen bestimmt noch merkwürdig vorkommen. Sie werden in der Kopfzeile mit *mit_id, trainer_id_f* und *man_id_f* bezeichnet. Dabei handelt es sich um Schlüssel (engl. Key oder ID = Identifier). *mit_id* ist ein sogenannter Primärschlüssel; *trainer_id_f* und *man_id_f* sind sogenannte Fremdschlüssel. Mit Letzteren werden wir uns im nächsten Abschnitt beschäftigen – hier folgen zunächst einige Erläuterungen zum Thema »Primärschlüssel«.

Dazu muss ich zunächst noch einmal an meine Ausführungen zu den drei Komponenten einer Datenbankanwendung erinnern (siehe Abschnitt »Ist Access eine Datenbank?«): Tabellen, DBMS und GUI. Zwischen dem GUI, mit dem der Benutzer arbeitet, und dem DBMS, das für ihn unsichtbar im Hintergrund werkelt, findet ein ständiger SQL-Dialog statt. In menschliche Sprache übersetzt, sagt die Benutzeroberfläche (GUI) etwa zum DBMS:

- »Gib mir mal die Daten von Mitglied Hansen.«
- »Ändere mal Hansens Telefonnummer auf (0441) 11 22 34.«
- »Lösche mal das Mitglied Lehmann.«
- usw. usw.

Aber genau besehen, geht es so nicht, denn was soll das DBMS machen, wenn es zwei Hansens oder sogar drei Lehmanns gibt? Wessen Telefonnummer soll dann geändert werden? Welcher Lehmann soll dann gelöscht werden? Wir haben hier also das Problem, dass im Dialog zwischen GUI und DBMS laufend bestimmte Daten **eindeutig** benannt werden müssen.

Nun könnte man vielleicht meinen, da der eine Lehmann in Oldenburg wohnt und der andere in Bremen, könnte die Anweisung an das DBMS lauten: »Lösche mal das Mitglied Lehmann, das in Bremen wohnt.« Wenn es aber zwei Lehmanns in Bremen gibt? Dann könnte man vielleicht das Geburtsdatum als unterscheidendes Merkmal benutzen. Das wird in 99,9 % aller Fälle gut gehen – aber es **könnte** auch schiefgehen, und mit einem »könnte« kann und will der Anwendungsentwickler nicht leben!

Also muss es eine 100%ig zuverlässige Technik zur eindeutigen Benennung von Daten geben – und das sind genau die bereits erwähnten Primärschlüssel.

Ein Primärschlüssel ist eine Eigenschaft eines Objekts, die es für diesen Objekttyp (d.h. in dieser Tabelle) nur ein einziges Mal gibt.

Der Name einer Person ist sicherlich kein Primärschlüssel, denn zwei Personen können identisch heißen. Auch das Geburtsdatum ist kein Primärschlüssel, denn zwei Personen können am selben Tag Geburtstag haben. Eine Personalausweisnummer dagegen ist ein Primärschlüssel, denn sie wird nur ein einziges Mal an eine Person vergeben. Es gibt also für bestimmte Objekte natürliche Primärschlüssel. Das sind meistens bestimmte Nummern, bei denen bei der Vergabe dafür gesorgt wird, dass sie nicht mehrfach vergeben werden (Passnummer, Autonummer ...). Für die meisten Objekte gibt es aber solche natürlichen Primärschlüssel nicht. Darum verwendet man in der Datenbanktechnik künstliche Primärschlüssel, indem man die Objekte einfach fortlaufend durchnummeriert – siehe Spalte *mit_id* in Abbildung 1.13. Wenn das GUI also die Daten von Meier haben will, fordert es die Daten des Mitglieds mit dem Primärschlüssel »1« an. Das sieht in SQL so aus:

```
SELECT mit_name, mit_vorname, mit_gebdatum FROM tblMitglied WHERE mit_id=1
```

Ich habe mir für die Benennung der einzelnen Spalten einer Tabelle ein bestimmtes Schema ausgedacht, das sich in jahrelanger Nutzung bewährt hat. Dieses Schema möchte ich daher auch Ihnen empfehlen:

- Der Name der Tabellenspalte beginnt mit einer Abkürzung des Tabellennamens – wenn möglich mit dessen ersten drei Buchstaben – gefolgt von einem Unterstrich. In der Tabelle *tblMitglied* beginnen also alle Spaltennamen mit »mit_«, in *tblMannschaft* mit »man_« usw.

- Die Primärschlüsselspalte heißt *id*. Das ist die Abkürzung für das englische Wort »Identifier«, ist kurz und knapp und unterscheidet sich auffällig von »nummer«.

Warum nenne ich den Primärschlüssel von *tblMitglied* nicht *mit_nummer*?

Primärschlüssel sind datenbankinterne »Hilfseigenschaften« der Objekte, die nach außen (auf dem Bildschirm, in Ausdrucken) niemals in Erscheinung treten. Sie werden nur für den Dialog zwischen GUI und DBMS zwecks eindeutiger Benennung von Objekten benötigt.

Nummern sind reale Eigenschaften von Objekten, die auf dem Bildschirm und auf ausgedruckten Dokumenten erscheinen. Auch Sie haben sicher Kundennummern bei diversen Firmen, bei denen Sie schon mal eingekauft haben. Diese Nummern sollten natürlich auch immer eindeutig sein. Es darf nicht zwei Kunden mit derselben Kundennummer geben. Aber der Primärschlüssel wird im Allgemeinen nicht als Kundennummer benutzt, denn Letzterer enthält häufig »sprechende Bestandteile«. Das ist nichts Magisches à la Harry Potter – damit ist z.B. gemeint, dass die Kundennummer das Geburtsdatum oder die Auftragsnummer einen Regional- oder Händlercode enthält. Dadurch können bestimmte Informationen schon aus der Nummer abgelesen werden, sodass man die Kunden oder die Aufträge nach bestimmten Kriterien, die in der Nummer codiert sind, sortieren und suchen kann.

 Auch wenn sich also für bestimmte Objekttypen natürliche Primärschlüssel anbieten, empfehle ich Ihnen aus Gründen der Einfachheit und Sicherheit, generell die automatische fortlaufende Nummerierung vorzuziehen.

Jetzt habe ich so oft »fortlaufende Nummerierung« gesagt – und in Abbildung 1.13 folgt doch auf die »5« die »19«!? Das liegt daran, dass ich mit der Beispielanwendung viel herumprobiert und mehrfach Mitglieder neu angelegt und wieder gelöscht habe. DBMS arbeiten aber so, dass die Primärschlüssel von gelöschten Objekten nicht wieder neu an andere Objekte vergeben werden. Ein gelöschter Primärschlüssel ist für alle Zeiten verloren und wird in derselben Tabelle nie wieder benutzt.

Apropos »in derselben Tabelle« – hatte ich das schon gesagt? Primärschlüssel sind nur innerhalb einer Tabelle eindeutig. Wenn Sie sich z.B. die Tabelle *tblMannschaft* anschauen, werden Sie entdecken, dass es dort auch die Primärschlüssel 1, 2, 3... gibt.

Eine weitere Merkwürdigkeit in Abbildung 1.13 müsste Ihnen auffallen. Ich hatte weiter oben gesagt, die Namen der Tabellenspalten sollten mit einer Abkürzung des Tabellennamens beginnen. Dann müssten in der Tabelle *tblMitglied* also alle Spaltennamen mit »mit_« beginnen. Es gibt aber auch die beiden Spalten *trainer_id_f* und *man_id_f*. Wie Sie richtig vermuten, sind das Fremdkörper in dieser Tabelle, die aus anderen Tabellen stammen – nämlich *trainer_id_f* aus *tblTrainer* und *man_id_f* aus *tblMannschaft*. Das sind die bereits erwähnten Fremdschlüssel, mit denen wir uns im nächsten Abschnitt beschäftigen wollen.

Jetzt klicken Sie bitte im Navigationsbereich mit der rechten Maustaste auf *tblMitglied* und wählen im Kontextmenü den Befehl *Entwurfsansicht*. Sie sehen nun das Fenster mit den Definitionen der Tabellenspalten, die in Access *Felder* heißen (Abbildung 1.14). Dieses Fenster wird ganz am Anfang der Arbeit mit Access benutzt, um festzulegen, welche Tabellen es geben soll und welche Spalten die einzelnen Tabellen haben sollen.

Schauen wir uns dieses Entwurfsfenster einmal näher an.

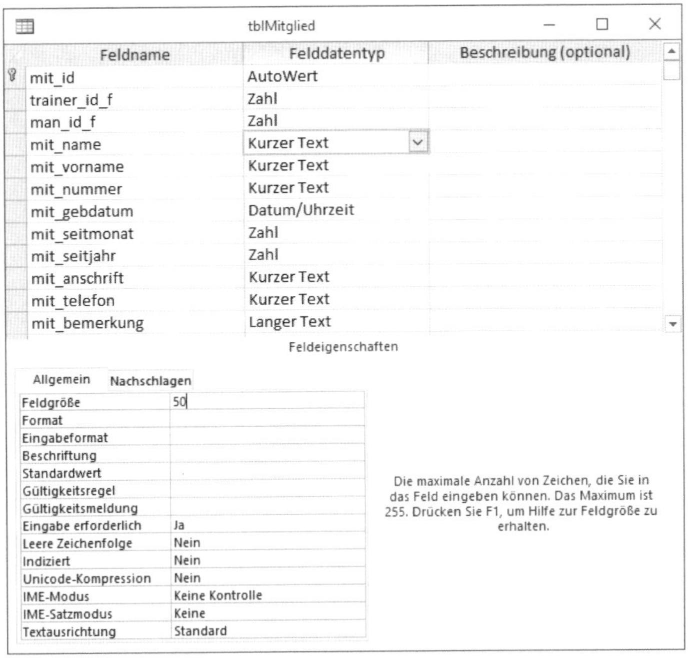

Feldname	Felddatentyp	Beschreibung (optional)
mit_id	AutoWert	
trainer_id_f	Zahl	
man_id_f	Zahl	
mit_name	Kurzer Text	
mit_vorname	Kurzer Text	
mit_nummer	Kurzer Text	
mit_gebdatum	Datum/Uhrzeit	
mit_seitmonat	Zahl	
mit_seitjahr	Zahl	
mit_anschrift	Kurzer Text	
mit_telefon	Kurzer Text	
mit_bemerkung	Langer Text	

Feldeigenschaften

Allgemein Nachschlagen

Feldgröße	50
Format	
Eingabeformat	
Beschriftung	
Standardwert	
Gültigkeitsregel	
Gültigkeitsmeldung	
Eingabe erforderlich	Ja
Leere Zeichenfolge	Nein
Indiziert	Nein
Unicode-Kompression	Nein
IME-Modus	Keine Kontrolle
IME-Satzmodus	Keine
Textausrichtung	Standard

Die maximale Anzahl von Zeichen, die Sie in das Feld eingeben können. Das Maximum ist 255. Drücken Sie F1, um Hilfe zur Feldgröße zu erhalten.

Abbildung 1.14: Jede einzelne Spalte jeder Tabelle muss sorgfältig definiert werden.

Die Bezeichnung »Feld« ist wieder etwas irreführend, denn darunter könnten Sie umgangssprachlich auch ein bestimmtes einzelnes Datenfeld verstehen. »Feld« im Sinne von Access meint aber den Namen einer Tabellenspalte. Die Felder der Tabelle *tblMitglied* sind nun in Abbildung 1.14 tabellarisch aufgelistet – sie stehen dort in den **Zeilen** einer Tabelle. Auch das ist eventuell wieder verwirrend. Das Fenster mit dem Tabellenentwurf zeigt Ihnen also zeilenweise die Namen der Tabellenspalten. Alles klar!?

Die Bezeichnung »Felder« für die Tabellenspalten in Access kann zu Verwechslungen mit den Textfeldern in Formularen führen. Das ist aber der übliche Sprachgebrauch, den ich hier auch verwenden will und muss. Wenn daher im Weiteren von Feldern die Rede ist, sind immer die Tabellenspalten gemeint – Textfelder in Formularen werden ausdrücklich »Textfelder« genannt.

Neben dem Namen haben die Felder auch einen Typ. Sie legen also schon bei der Definition der Tabellen fest, dass später in bestimmte Spalten Daten eines bestimmten Typs kommen: Zahlen, Texte, Uhrzeiten, Geldbeträge. Der Grund hierfür ist, dass Sie dadurch grobe Fehleingaben vermeiden können, denn »120,00 €« ist nun mal kein Datum, und »3.12.2005« ist kein Name.

Für den Felddatentyp gibt es eine Reihe von vordefinierten Werten, die Sie sich anschauen können, wenn Sie einmal in eines der Tabellenfelder in der Spalte *Felddatentyp* klicken und dann das Kombinationsfeld öffnen. Auf diese Weise wird der Felddatentyp grob festgelegt – detailliertere Definitionen erfolgen im unteren Teil auf der Registerkarte *Allgemein*. Dort können Sie z.B. festlegen:

- unter *Feldgröße*, wie lang ein Text maximal sein kann oder ob es sich bei einer Zahl um eine ganze Zahl (Integer, Long Integer) oder um eine Kommazahl (Single, Double) handelt.

- unter *Standardwert*, welcher Wert bei Anlage eines neuen Objekts automatisch in diese Spalte eingetragen werden soll, und

- unter *Eingabe erforderlich* mit *Ja*, dass es sich hierbei um einen Muss-Wert handelt. Diese Tabellenspalte darf also bei der Eingabe von Daten später nicht leer bleiben.

Ein ganz besonderer Felddatentyp ist der *AutoWert*. Dieser hat nichts mit Abgaswerten zu tun, sondern bezeichnet die oben genannte automatische Generierung von Primärschlüsseln. Um die Eingabe von Daten in eine Spalte vom Typ *AutoWert* kümmert sich Access. Sie als Benutzer können dort nichts eingeben. (Probieren Sie das testweise ruhig einmal aus, indem Sie eine beliebige Tabelle öffnen und versuchen, etwas in die Primärschlüsselspalte zu schreiben.)

Dass *mit_id* der Primärschlüssel der Tabelle *tblMitglied* ist, wissen Sie aufgrund unserer Namenskonvention. Das weiß Access deswegen aber noch lange nicht. In Abbildung 1.14 sehen Sie links neben *mit_id* das kleine Bild eines Schlüssels, das *mit_id* als Primärschlüssel charakterisiert. Um diese Markierung zu setzen, müssen Sie in das kleine quadratische Kästchen links neben *mit_id* und dann im Menüband auf der Registerkarte *Entwurf* auf *Primärschlüssel* klicken.

Eine weitere wichtige Funktion im Tabellenentwurfsfenster finden Sie auf der Registerkarte *Nachschlagen*. Klicken Sie dazu bitte einmal auf *mit_seitmonat* und dann auf *Nachschlagen*.

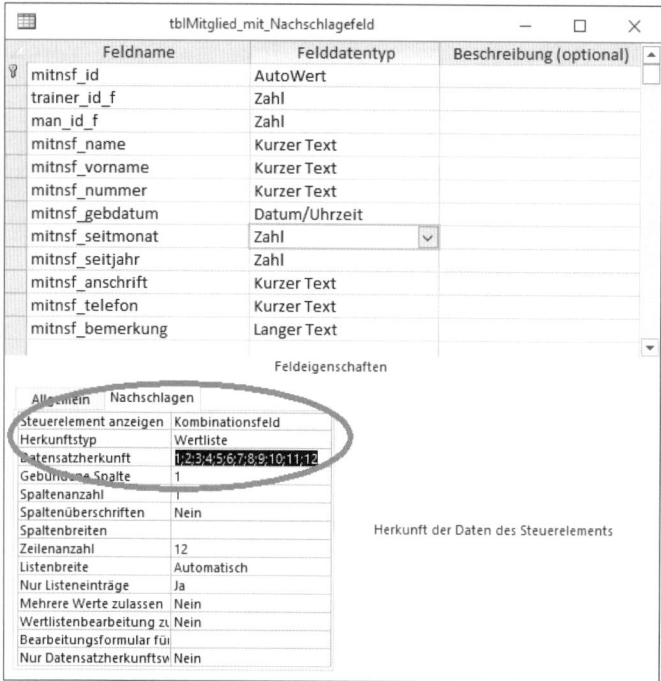

Abbildung 1.15: Definition einer Tabellenspalte als Nachschlagefeld.

Indem Sie in der Zeile *Steuerelement anzeigen* die Option *Kombinationsfeld* statt *Textfeld* auswählen und in der Zeile *Herkunftstyp* die Option *Wertliste* statt *Tabelle/Abfrage*, könnten Sie *mit_seitmonat* in ein Nachschlagefeld verwandeln (Abbildung 1.15). Dann könnten Sie in der Zeile *Datensatzherkunft* eingeben, welche Werte in der Spalte *mit_seitmonat* erlaubt sind.

Könnten ... könnten? Warum »könnten«?

 Ich rate Ihnen ganz dringend davon ab, Nachschlagefelder zu benutzen.

Ich will mich gar nicht lange mit Begründungen für diesen Rat aufhalten. Geben Sie einfach einmal in einer Internetsuchmaschine »Warum sind Nachschlagefelder schlecht?« ein, und Sie werden zahlreiche Argumente finden!

Trotzdem werde ich die Technik des Nachschlagefelds kurz erläutern, damit Sie ganz genau wissen, was Sie **nicht** machen sollen.

Man könnte (!) also *mit_seitmonat* als Nachschlagefeld definieren, d. h., in diese Tabellenspalte kann der Benutzer später nicht einfach beliebige Werte eingeben, weil schon bei der Definition der Tabelle festgelegt wurde, dass nur bestimmte Werte zulässig sind. Diese Werte sehen Sie in Abbildung 1.15 auf der Registerkarte *Nachschlagen* unter *Datensatzherkunft*.

Das wirkt sich dann in der Benutzeroberfläche (GUI) so aus, dass anstelle eines einfachen Textfelds ein Kombinationsfeld erscheint.

Beachten Sie bitte in Abbildung 1.15 auch noch die Zeile: *Nur Listeneinträge = Ja*. Wenn Sie dort *Nein* eingeben, kann der Benutzer später zwar die vordefinierten Werte aus einem Kombinationsfeld auswählen – er kann aber auch andere Werte von Hand eingeben. Das würde z. B. in der Tabelle *tblWettkampf* beim Feld *wet_ort* Sinn ergeben, wenn fast alle Wettkämpfe in einer begrenzten Anzahl von Orten stattfinden – ganz selten aber auch einmal anderswo. Dann könnte der Benutzer den Ort in der Regel ganz bequem aus dem Kombinationsfeld auswählen, könnte aber auch ausnahmsweise mal einen anderen Ort eintippen.

Damit sind wir wieder mal bei der Benutzerfreundlichkeit. Nachschlagefelder haben aber auch noch einen zweiten Zweck: die Sicherheit vor Falscheingaben. Wenn Sie *Nur Listeneinträge = Ja* eingestellt haben, ist der Benutzer später nicht in der Lage, falsche Werte in dieser Tabellenspalte einzugeben.

Abschließend noch ein Hinweis auf die Einstellung *Zeilenanzahl*: Damit legen Sie fest, wie viele Zeilen das Kombinationsfeld in der Tabellenansicht (Abbildung 1.13) anzeigt. Bitte einmal ausprobieren: Ändern Sie den Wert auf »8«, öffnen Sie die Tabelle *tblMitglied*, klicken Sie in ein beliebiges Feld der Spalte *mit_seitmonat* und öffnen Sie dann das Kombinationsfeld. Es wird jetzt acht Zeilen haben. Diese Einstellung ist aber ziemlich belanglos, denn in der Tabellenansicht werden Sie höchstens einmal ganz zu Anfang der Anwendungsentwicklung arbeiten, wenn Sie erste Testdaten eingeben. Später benutzen Sie die Formulare zur Datenbearbeitung, und dort können Sie für die Anzahl der Zeilen des Kombinationsfelds einen beliebigen anderen Wert einstellen.

Beziehungen und Fremdschlüssel

Jetzt kommen wir – wie schon mehrfach angekündigt – zu den Fremdschlüsseln. In Abbildung 1.13 war uns die Spalte *man_id_f* als Fremdkörper in der Tabelle *tblMitglied* aufgefallen. Das soll auch so sein, denn *man_id_f* ist ein Fremdschlüssel.

Damit sind wir beim geheimsten Geheimnis der Datenbanktechnik angekommen: Die einzelnen Tabellen sind nämlich nicht unabhängig voneinander. Was nützt es uns, eine Tabelle mit Mitgliedern zu haben und eine andere mit Mannschaften, wenn wir nicht wissen, welches Mitglied in welcher Mannschaft ist? In der Realität, im wahren Leben also, gehören verschiedene Dinge zusammen: Mitglieder sind in Mannschaften, Mitglieder zahlen Beiträge, Mannschaften nehmen an Wettkämpfen teil, Trainer trainieren Mannschaften usw.

In einer Datenbank werden diese Dinge auseinandergerissen und in separaten Tabellen abgespeichert: Mitglieder in der Tabelle *tblMitglied*, Mannschaften in der Tabelle *tblMannschaft* usw. Man sagt:

- Eine Tabelle repräsentiert einen Objekttyp (z. B. »Mannschaft«).
- Eine Zeile einer Tabelle repräsentiert ein konkretes Objekt (z. B. »Alte Herren«).
- Eine Spalte einer Tabelle repräsentiert eine Objekteigenschaft (z. B. »Name«).

Damit geht zunächst einmal der Zusammenhang zwischen den Objekten verloren. Da eine solche »Datenbank« aber völlig sinnlos wäre, gibt es die Fremdschlüssel.

 Ein Fremdschlüssel ist eine Eigenschaft eines Objekts, die in einer **anderen** Tabelle Primärschlüssel ist.

Ein Fremdschlüssel ist also eine zusätzliche Tabellenspalte, die Werte enthält, die auf Zeilen einer anderen Tabelle verweisen. Hm, klingt verwirrend. Schauen Sie sich dazu bitte noch einmal Abbildung 1.13 an: Dort steht in der Spalte *man_id_f* bei Frau Krause eine 3. Sie ist also in der Mannschaft mit dem Primärschlüssel »3«. Welche Mannschaft das ist, erfahren wir, wenn wir in der Tabelle *tblMannschaft* beim Primärschlüssel »3« nachschauen: Aha, »Damen A« (Abbildung 1.16).

man_ic	trainer_id_f	man_name	man_bemerkung	Zum
1	1	Herren A	Und nun kann ich hoffen, Und	
2		Herren B	Wehe! wehe! Beide Teile	
3	2	Damen A	Stehn in Eile Schon als Knecht	
4	3	Alte Herren	Völlig fertig in die Höhe! Helf	
5	2	Kinder A	Und sie laufen! Naß und nässe	
6	1	Kinder B	Welch entsetzliches Gewässe	
(Neu)				

Abbildung 1.16: Der Fremdschlüssel trainer_id_f *ist Primärschlüssel in der Tabelle* tblTrainer.

Beim Blick in die Tabelle *tblMannschaft* fällt uns auch hier ein Fremdschlüssel auf: *trainer_id_f*. Die Mannschaft »Damen A«, in der Frau Krause ist, wird also vom Trainer mit dem Primärschlüssel »2« trainiert. Also weiter zur Tabelle *tblTrainer*:

tblTrainer

trainer_id	trainer_name	trainer_vorname	trainer_anschrift	trai
1	Müller	Klaus	67189 CV-Stadt, BX-Str. 88	(04
2	Lehmann	Clara	34180 GH-Stadt, KL-Str. 76	(04
3	Schmidt	Helmut	78309 GZ-Stadt, PL-Str. 187	(04
4	Steyer	Rudolf	83112 AY-Stadt, WQ-Str. 6	(04
(Neu)				

Datensatz: 2 von 4 Kein Filter Suchen

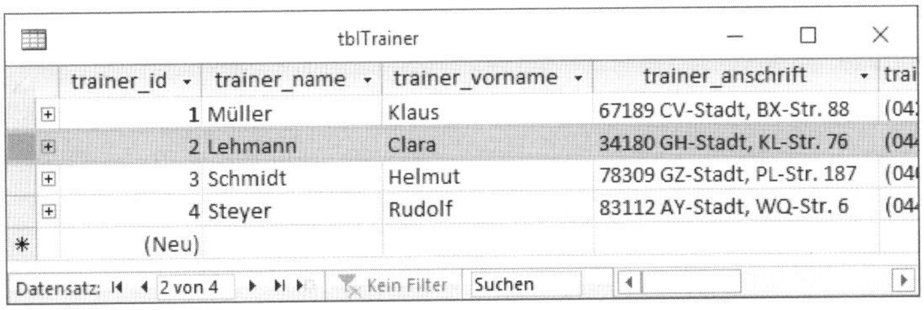

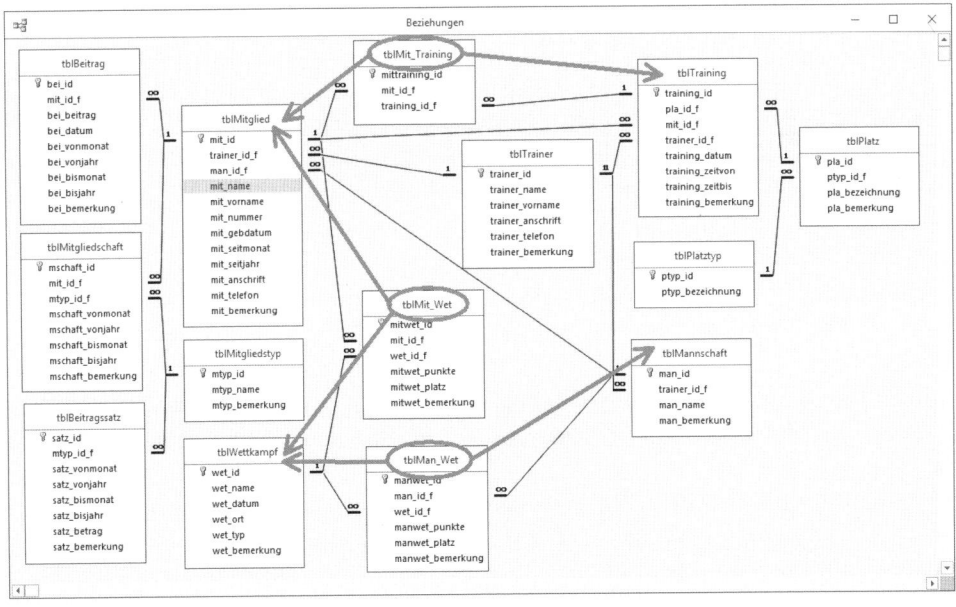

Abbildung 1.17: Der Primärschlüssel trainer_id *ist Fremdschlüssel in der Tabelle* tblMannschaft.

Dort erfahren wir, dass sich hinter dem Primärschlüssel »2« Frau Lehmann verbirgt. Übrigens bewährt sich hier die von mir empfohlene Namenskonvention: Durch die Präfixe mit dem Tabellennamen erkennen Sie Fremdschlüssel sofort am Namen. Eine Spalte *trainer_id_f* in der Tabelle *tblMannschaft* fällt eben als Fremdkörper (bzw. Fremdschlüssel) auf!

Die Fremdschlüssel sind somit »das Salz in der Suppe« der Datenbanktechnik. Ohne Fremdschlüssel würde eine Datenbank überhaupt keinen Sinn ergeben. Sie enthielte nur eine Ansammlung zusammenhangloser Daten.

Da in der Realität jeder Objekttyp mit mehreren anderen in einem Zusammenhang stehen kann, wird das Geflecht der Beziehungen zwischen den Tabellen manchmal ganz schön kompliziert. Der Begriff »Beziehung« umschreibt hier den Zusammenhang zwischen dem Primärschlüssel einer Tabelle und einem Fremdschlüssel in einer anderen Tabelle.

Klicken Sie jetzt bitte im Menüband auf der Registerkarte *Datenbanktools* auf *Beziehungen*. Access zeigt daraufhin das Fenster an, in dem die Beziehungen zwischen den Tabellen dargestellt werden (Abbildung 1.18).

Abbildung 1.18: Das Netz der Beziehungen zwischen den Tabellen kann schon sehr kompliziert aussehen!

Jetzt blicken Sie gewissermaßen ins Herz der Datenbankanwendung. Oder – technisch besser passt eigentlich: »ins Gehirn«. Es gibt eine Reihe von Tabellen (Objekttypen) mit Spalten (Eigenschaften der Objekttypen) und Primärschlüsseln, die in Beziehung zu Fremdschlüsseln in anderen Tabellen stehen.

Weniger technisch gesprochen, können Sie Abbildung 1.18 auch umgangssprachlich interpretieren. Jede Verbindungslinie zwischen zwei Tabellen stellt eine Beziehung dar, die einen realen Zusammenhang widerspiegelt:

- *tblMitglied – tblMannschaft*: »Mitglieder sind in Mannschaften.«
- *tblTrainer – tblMannschaft*: »Trainer trainieren Mannschaften.«
- *tblTraining – tblTrainer*: »An einem Training nimmt ein Trainer teil.«
- *tblTraining – tblPlatz*: »Ein Training findet auf einem Platz statt.«

Durch die Symbole an den Enden der Verbindungslinien werden die realen Zusammenhänge sogar noch detaillierter verdeutlicht. *1* steht dort für »ein« und die liegende Acht (das Unendlich-Symbol) für »mehrere«. Damit liest sich Abbildung 1.18 also so:

- *tblMitglied – tblMannschaft*: »Ein Mitglied ist in **einer** Mannschaft.« und »Eine Mannschaft hat **mehrere** Mitglieder.«
- *tblMannschaft – tblTrainer*: »Eine Mannschaft wird von **einem** Trainer trainiert.« und »Ein Trainer trainiert **mehrere** Mannschaften.«
- *tblTraining – tblPlatz*: »Ein Training findet auf **einem** Platz statt.« und »Auf einem Platz finden **mehrere** Trainings statt.«

Jede Beziehung repräsentiert also zwei reale Zusammenhänge – jeweils aus der Sicht einer der beiden Objekttypen. Bitte schauen Sie sich Abbildung 1.18 in Ruhe an und formulieren Sie dabei in Gedanken die zwei Sätze für jede Beziehung. Dabei wird Ihnen eine Besonderheit auffallen: die Tabellen mit den merkwürdigen Namen *tblMit_Training*, *tblMit_Wet* und *tblMan_Wet*. Sie repräsentieren gewissermaßen eine »Umwegbeziehung« zwischen *tblMitglied* und *tblTraining*, zwischen *tblMitglied* und *tblWettkampf* bzw. zwischen *tblMannschaft* und *tblWettkampf*. Hier wurde keine direkte Verbindungslinie zwischen den beiden Tabellen gezogen, stattdessen wurde ein Umweg über jeweils eine »Zwischentabelle« gemacht (in Abbildung 1.18 durch Kreise und Pfeile besonders hervorgehoben).

Um dieser Sache auf den Grund zu gehen, müssen wir noch einmal ganz genau die realen Zusammenhänge analysieren. Vergleichen Sie bitte:

- *tblMitglied – tblMannschaft*: »Ein Mitglied ist in **einer** Mannschaft.« und »Eine Mannschaft hat **mehrere** Mitglieder.«
- *tblMitglied – tblWettkampf*: »Ein Mitglied nimmt an **mehreren** Wettkämpfen teil.« und »An einem Wettkampf nehmen **mehrere** Mitglieder teil.«

Das bedeutet:

- Bei *tblMitglied – tblMannschaft* gehört in einer Richtung zu einem Objekttyp nur **ein** anderer Objekttyp. Man spricht daher von einer 1:n-Beziehung (gesprochen »eins zu n«).
- Bei *tblMitglied – tblWettkampf* gehören zu einem Objekttyp in **beiden** Richtungen **mehrere** Objekttypen. Man spricht daher von einer m:n-Beziehung (gesprochen »m zu n«).

Schauen Sie sich bitte Abbildung 1.18 noch einmal an und formulieren Sie dabei in Gedanken die Sätze für die m:n-Beziehungen.

1:n-Beziehungen können datenbanktechnisch einfach über Fremdschlüssel in der jeweils anderen Tabelle realisiert werden (z.B. *tblMitglied – tblMannschaft*: *man_id_f* in *tblMitglied*). m:n-Beziehungen zwischen Objekttypen umzusetzen, ist dagegen schwieriger. Das erfordert den Einsatz von »künstlichen« Zwischentabellen, die im Gegensatz zu den anderen Tabellen in der Realität keine Entsprechung haben. Darum verwende ich für diese Tabellen auch künstliche Namen, die ich wiederum aus Abkürzungen der Namen der beteiligten Tabellen bilde. Das sind dieselben Abkürzungen, die ich für die Feldnamen verwende. Damit ist sofort vom Namen her klar, dass *tblMit_Wet* eine künstliche Zwischentabelle zwischen *tblMitglied* und *tblWettkampf* ist. Auch das ist wieder eine Konvention, die ich Ihnen für Ihre eigene Anwendungsentwicklung sehr empfehlen möchte!

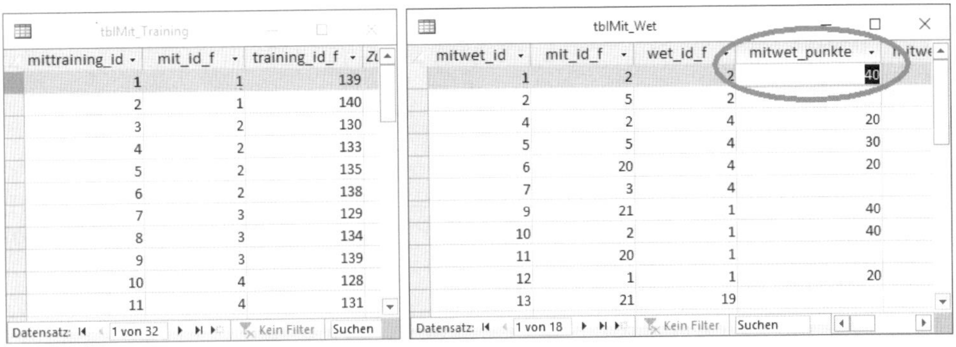

tblMit_Training

mittraining_id	mit_id_f	training_id_f	Zu
1	1	139	
2	1	140	
3	2	130	
4	2	133	
5	2	135	
6	2	138	
7	3	129	
8	3	134	
9	3	139	
10	4	128	
11	4	131	

Datensatz: 1 von 32 Kein Filter Suchen

tblMit_Wet

mitwet_id	mit_id_f	wet_id_f	mitwet_punkte	mitwe
1	2	2	40	
2	5	2		
4	2	4	20	
5	5	4	30	
6	20	4	20	
7	3	4		
9	21	1	40	
10	2	1	40	
11	20	1		
12	1	1	20	
13	21	19		

Datensatz: 1 von 18 Kein Filter Suchen

Abbildung 1.19: Zwischentabellen können entweder (wie tblMit_Training*) nur Fremdschlüssel oder (wie* tblMit_Wet*) auch zusätzliche Daten enthalten.*

Datenmodellierung muss sein!

So – ich hoffe, jetzt habe ich bei Ihnen die panische Reaktion provoziert: »Wie soll ich denn das alles selbst hinkriegen? Woher weiß ich denn, welcher Fremdschlüssel wohin muss? Woher weiß ich denn, welche Zwischentabellen erforderlich sind?«

Genau das ist eines der Hauptanliegen dieses Buchs: Ich möchte Ihnen einen relativ einfachen und sicheren Weg zum Datenmodell zeigen. Ein Datenmodell – das ist das, was Sie in Abbildung 1.18 sehen: ein Schema, das die Tabellen, ihre Spalten und die Beziehungen zwischen den Tabellen zeigt.

Ein Datenmodell spiegelt die Zusammenhänge zwischen den realen Objekten in sehr konzentrierter und streng formalisierter Form wider. Um es zu erstellen, müssen Sie sehr gründlich und sorgfältig über die Problematik nachdenken, für die Sie eine Datenbankanwendung entwickeln wollen. Sie müssen sich fragen:

- Welche Objekttypen gibt es? (Daraus werden dann die Tabellen.)
- Welche Eigenschaften haben diese Objekttypen? (Daraus werden die Tabellenspalten.)
- Welche Zusammenhänge bestehen zwischen den Objekttypen? (Daraus werden dann die Beziehungen zwischen den Tabellen.)

Für die Erstellung von Datenmodellen gibt es

- Methoden, die Ihnen sagen, in welchen Schritten Sie von der verbalen Problembeschreibung zum Datenmodell kommen, und
- Softwarewerkzeuge (Tools), die Ihnen beim Zeichnen des Modells helfen, es auf Fehler analysieren, die Datenbank anlegen und sie mit Testdaten füllen.

Auf die Tools werde ich erst später eingehen, um das Ganze nicht unnötig kompliziert zu machen. Wir werden uns erst einmal auf die Werkzeuge beschränken, die wohl jeder beherrscht: Bleistift und Papier und die einzelnen Programme von Microsoft Office.

Eine Methode zur Datenmodellierung werden Sie dagegen schon im nächsten Kapitel kennenlernen – und zwar nicht rein theoretisch, sondern gleich am praktischen Beispiel. Zunächst aber wollen wir noch einmal zum Thema »Formulare« zurückkehren.

Formulare entwerfen

Wir haben uns bereits am Anfang dieses Kapitels sehr ausführlich mit den Formularen beschäftigt. Dabei haben wir uns aber nur die Funktionsweise der fertigen Formulare angesehen. Hier soll es jetzt wieder um einen Blick hinter die Kulissen gehen – diesmal hinter die Kulissen des Formularentwurfs.

Dazu klicken Sie bitte im Navigationsbereich auf die Titelleiste und wählen *Formulare* (Abbildung 1.11). Dann klicken Sie mit der rechten Maustaste auf *frmMannschaften* und wählen im Kontextmenü *Entwurfsansicht*. Jetzt zeigt das Formular keine Daten mehr an, denn Sie befinden sich in der Entwurfsansicht (Abbildung 1.20).

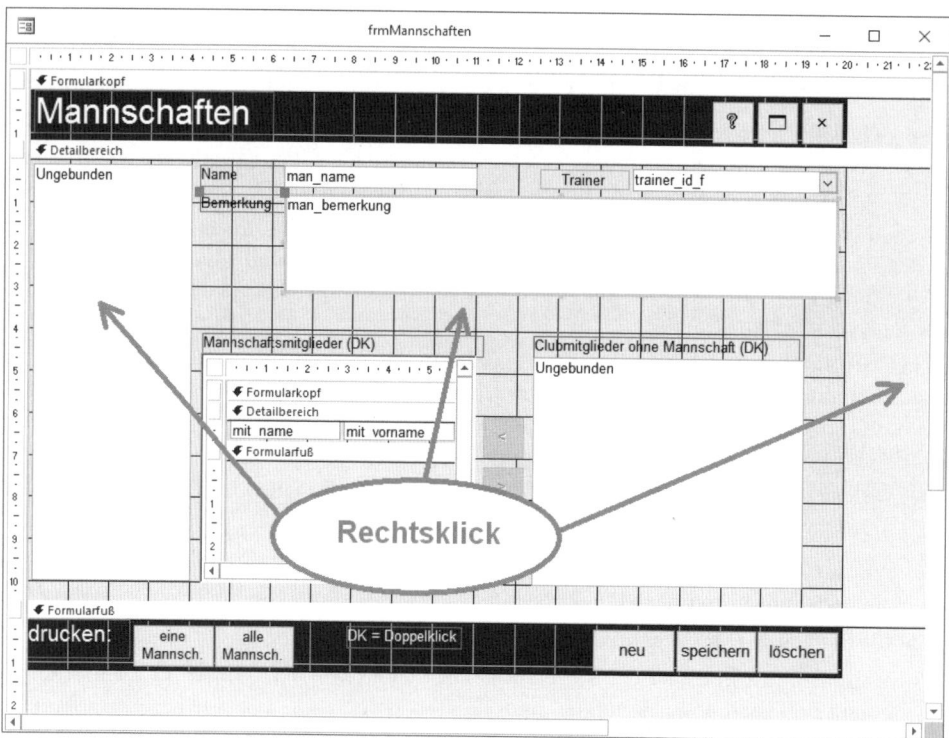

Abbildung 1.20: In der Entwurfsansicht des Formulars können die einzelnen Elemente bearbeitet werden.

Eigenschaften von Formularelementen

Hier können die einzelnen Elemente (Textfelder, Listen, Kombinationsfelder, Schaltflächen) bearbeitet werden, d.h., Sie können sie verschieben, ihre Größe und Farbe ändern, sie beschriften und noch vieles mehr. Die Arbeitsweise kennen Sie vom Arbeiten mit Grafiken: Wenn Sie auf ein Element klicken, erscheinen an den Ecken des Elements kleine Quadrate (zu sehen bei *man_bemerkung* in Abbildung 1.20), mit denen Sie die Größe verändern können. Zum Verschieben klicken Sie einfach mitten in das Element hinein. Der Mauszeiger erhält vier kleine Richtungspfeile, und Sie können das Element verschieben.

Weitere Bearbeitungsfunktionen erreichen Sie über die rechte Maustaste. Das Menü, das sich dann öffnet, heißt »Kontextmenü«, d.h., welche Befehle dieses Menü enthält, hängt davon ab, wo Sie geklickt haben. Probieren Sie das einmal aus: Klicken Sie mit der rechten Maustaste nacheinander zunächst auf die Liste links (mit der Beschriftung *Ungebunden*), dann auf den Formularhintergrund in der Mitte und dann auf den Fensterhintergrund ganz rechts (siehe die Pfeile in Abbildung 1.20). Jedes Mal öffnet sich ein ganz anderes Menü! Die meisten der Befehle darin sind selbsterklärend, und es wäre Platzverschwendung und langweilig, sie hier alle zu erläutern.

Jetzt klicken Sie bitte mit der rechten Maustaste in das Textfeld *man_bemerkung* und wählen den Befehl *Eigenschaften*. Es öffnet sich das *Eigenschaftenblatt* (Abbildung 1.21).

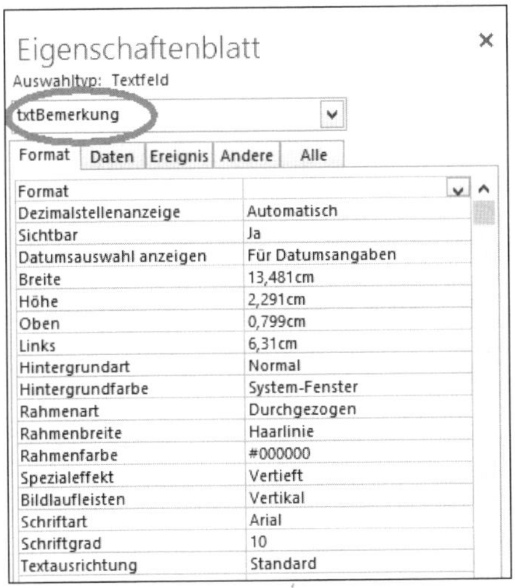

Eigenschaftenblatt				×
Auswahltyp: Textfeld				
txtBemerkung			∨	

Format	Daten	Ereignis	Andere	Alle

Format		∨ ∧
Dezimalstellenanzeige	Automatisch	
Sichtbar	Ja	
Datumsauswahl anzeigen	Für Datumsangaben	
Breite	13,481cm	
Höhe	2,291cm	
Oben	0,799cm	
Links	6,31cm	
Hintergrundart	Normal	
Hintergrundfarbe	System-Fenster	
Rahmenart	Durchgezogen	
Rahmenbreite	Haarlinie	
Rahmenfarbe	#000000	
Spezialeffekt	Vertieft	
Bildlaufleisten	Vertikal	
Schriftart	Arial	
Schriftgrad	10	
Textausrichtung	Standard	

Abbildung 1.21: Die Formateigenschaften des Bemerkungsfelds.

Es kann sein, dass das Eigenschaftenblatt bei Ihnen am rechten Fensterrand »festklebt«, es kann auch sein, dass es sich als Fenster irgendwo auf der Bildschirmfläche befindet. Indem Sie es mit der linken Maustaste an der Titelleiste festhalten, können Sie das Eigenschaftenblatt zwischen beiden Positionen hin- und herschieben. Schwebt es als Fenster irgendwo auf dem Bildschirm, befördert es ein Doppelklick auf das Wort *Eigenschaftenblatt* an den rechten Rand. Dort können Sie es wieder lösen, indem Sie mit der Maus auf das Wort *Eigenschaftenblatt* zeigen, die linke Maustaste drücken (der Mauszeiger ändert seine Form) und dann die Maus mit gedrückter linker Taste nach links bewegen. Damit ziehen Sie das Eigenschaftenblatt praktisch vom rechten Bildschirmrand ab.

Jetzt verschieben Sie bitte das Eigenschaftenblatt etwas seitlich, sodass Sie das Formular-entwurfsfenster und das Eigenschaftenblatt gleichzeitig sehen (vielleicht nicht komplett, aber soweit es Ihre Bildschirmgröße erlaubt). Wenn Sie nun mit der linken Maustaste nacheinander verschiedene Elemente des Formulars anklicken, sehen Sie immer wieder neue Angaben im Eigenschaftenblatt. Alles das sind die von Ihnen als Anwendungsentwickler einstellbaren Eigenschaften der verschiedenen Formularelemente! Das ist einerseits toll – aber andererseits auch erschreckend. Wer soll sich damit zurechtfinden?

Hier sind wir wieder an einem Punkt, an dem ich eine pragmatische Vorgehensweise bevorzuge: Für den Einstieg reicht es meiner Meinung nach aus, wenn ich Ihnen jeweils an der Stelle, an der sie gebraucht werden, die erforderlichen Eigenschaften und deren Einstellung erläutere. Vieles davon ist ohnehin selbsterklärend, und für die letzten Details können Sie sich dann ein Buch für Fortgeschrittene kaufen.

Datensatzquelle

Auf eine wichtige Gruppe von Eigenschaften möchte ich allerdings schon hier eingehen: die Eigenschaften *Datensatzherkunft*, *Datensatzquelle* und *Steuerelementinhalt* auf der Registerkarte *Daten*. Lassen Sie dazu bitte das Eigenschaftenblatt geöffnet und klicken Sie mit der linken Maustaste auf den hellgrauen (bzw. in Access 2007 hellblauen) Fensterhintergrund **neben** dem Formular – aber **im** Formularentwurfsfenster. Im Eigenschaftenblatt sehen Sie jetzt nicht mehr die Eigenschaften eines einzelnen Formularelements, sondern die Eigenschaften des Formulars als Ganzes. Wenn Sie zur Registerkarte *Daten* wechseln, sieht das Eigenschaftenblatt so aus wie in Abbildung 1.22 dargestellt.

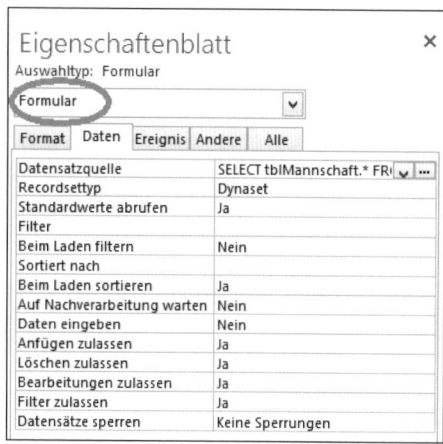

Abbildung 1.22: Die Dateneigenschaften des gesamten Formulars.

In der Zeile *Datensatzquelle* steht eine SQL-Anweisung, die mit *SELECT* beginnt, die Sie aber nicht komplett sehen können, weil sie zu lang ist. Das ist auch erst einmal egal – wichtig ist nur die folgende Erkenntnis:

 Ein Formular »kennt« nicht sämtliche Tabellen der Datenbank, sondern nur eine Auswahl. Welche das sind, bestimmen Sie als Anwendungsentwickler.

Folglich können im Formular auch nur Daten dargestellt werden, die aus Tabellen kommen, die das Formular kennt. Das klingt banal – ist aber die einfach zu behebende Ursache für viele Probleme bei der Entwicklung von Formularen. Oft verzweifelt man dabei an der Frage: »Warum erscheinen diese Daten denn jetzt nicht in diesem Formular?« Meist ist dann die einfache Antwort: »Weil das Formular diese Daten gar nicht kennt.«

Oft werden Sie im ersten Anlauf nicht an alles gedacht haben und möchten noch weitere Daten in einem halb fertigen Formular anzeigen. Dann müssen Sie dem Formular diese Daten vorher bekannt machen. Müssen Sie deshalb SQL lernen, um die Eigenschaft *Datensatzquelle* bearbeiten zu können? Ja, Sie sollten für die Entwicklung von Datenbankanwendungen schon etwas SQL können – aber hier an dieser Stelle ist es dank des Komforts, den Access Ihnen bietet, noch nicht notwendig (Uff!).

Klicken Sie dazu bitte einmal mit der linken Maustaste irgendwo in der Zeile *Datensatzquelle* in die SQL-Anweisung. Dann erscheint sofort ein Pfeil, und da drücken Sie leicht drauf – und schon geht die Sache auf. Nein, das war ein Scherz – dann erscheint rechts neben dem SQL-Befehl eine Schaltfläche mit drei Punkten. Da klicken Sie bitte drauf, und es öffnet sich ein Fenster, in dem Sie die SQL-Anweisung bearbeiten können, ohne SQL zu beherrschen (der *Abfrage-Generator*, siehe Abbildung 1.23).

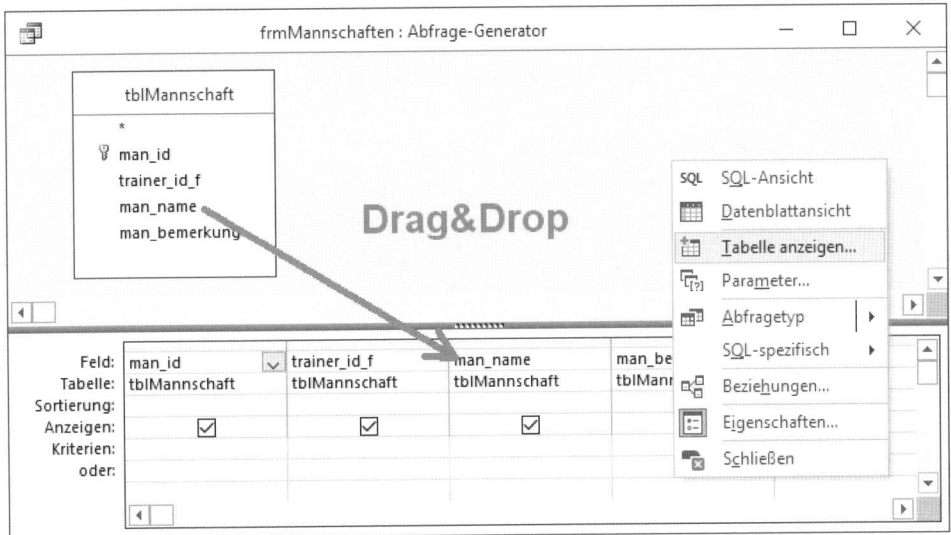

Abbildung 1.23: Hier können Sie SQL-Anweisungen grafisch bearbeiten – ohne SQL beherrschen zu müssen.

Sie sehen jetzt die Daten, die das Formular *frmMannschaften* kennt: die Tabelle *tblMannschaft*. Das Formular kennt aber nun nicht automatisch alle Felder dieser Tabelle, sondern nur diejenigen, die in der horizontalen Liste darunter erscheinen. Weitere Felder können Sie dem Formular einfach durch Drag-and-drop bekannt machen: Ziehen Sie das Feld einfach mit der linken Maustaste aus der Tabelle heraus in eine freie Zelle der **ersten** Zeile im unteren Bereich des Fensters. Alternativ können Sie auch in eine leere Zelle der Zeile *Feld* (ganz nach rechts scrollen!) klicken und das sich dann zeigende Kombinationsfeld benutzen.

Wollen Sie dem Formular so viele Tabellenspalten bekannt machen, dass die vorgegebenen Spalten in der unteren Hälfte des Abfrage-Generators nicht ausreichen? Dann ziehen Sie die Namen von weiteren Tabellenspalten einfach per Drag-and-drop rechts neben die letzte

Spalte in der unteren Hälfte des Abfrage-Generators. Dadurch wird automatisch eine neue Spalte angelegt.

Was aber ist zu tun, wenn Sie dem Formular ein Feld aus einer Tabelle bekannt machen möchten, die im Abfrage-Generator gar nicht angezeigt wird? Nichts leichter als das – klicken Sie einfach mit der rechten Maustaste auf den Hintergrund in der oberen Hälfte des Fensters und wählen Sie im sich dann öffnenden Kontextmenü den Befehl *Tabelle anzeigen* (Abbildung 1.23). Jetzt können Sie weitere Tabellen auswählen, die dann in der oberen Hälfte des Abfrage-Generators erscheinen.

Aber Achtung: Das Formular kennt jetzt nicht etwa sofort alle Felder der gerade hinzugefügten Tabelle. Nein – Sie müssen jetzt wieder, wie oben bereits beschrieben, diejenigen Felder, die Sie dem Formular bekannt machen möchten, per Drag-and-drop in die erste Zeile der Liste ziehen. Wenn Sie möchten, dass das Formular alle Felder einer Tabelle kennt, ziehen Sie einfach statt eines Felds das Sternchen »*« per Drag-and-drop in die Liste.

Alle in der ersten Zeile der horizontalen Liste erscheinenden Felder sind also dem Formular bekannt, d.h., diese Felder können dann auch in Textfeldern, Listen und Kombinationsfeldern des Formulars angezeigt werden. Wenn Sie also bei der Formulargestaltung mal ein Feld vergessen haben, müssen Sie so vorgehen, um dem Formular dieses Feld bekannt zu machen:

1. Formular in der Entwurfsansicht öffnen.
2. Rechtsklick neben das Formular in den Fensterhintergrund.
3. Menübefehl *Eigenschaften* und Registerkarte *Daten* auswählen.
4. Linksklick in die Zeile *Datensatzquelle*.
5. Linksklick auf die daneben erscheinende Schaltfläche mit den drei Punkten.
6. Gegebenenfalls weitere Tabelle hinzufügen durch Rechtsklick in den Hintergrund der oberen Fensterhälfte und Auswahl des Menübefehls *Tabelle anzeigen*.
7. Erforderliche(s) Feld(er) per Drag-and-drop in die erste Zeile der Liste ziehen.
8. Abfrage-Generator schließen.
9. Eigenschaftenblatt schließen.

Unterformulare

Wir bleiben weiter in der Entwurfsansicht des Formulars *frmMannschaften*. Das Element unten in der Mitte (Abbildung 1.20) mit der Überschrift *Mannschaftsmitglieder* ist ein Unterformular – also ein Formular im Formular. Damit kennt natürlich auch das Unterformular bestimmte Daten. Schauen wir uns das einmal an.

Dazu klicken Sie bitte mit der rechten Maustaste in den Hintergrund des **Unter**formulars und wählen dann wieder den Menübefehl *Eigenschaften*. Auf der Registerkarte *Daten* des Eigenschaftsblatts finden Sie dann unter *Datensatzquelle* den Eintrag *tblMitglied*. Das Unterformular kennt also alle Felder der Tabelle *tblMitglied*.

Jetzt müsste bei Ihnen die rote Lampe angehen: »Nanu – dann kennt das Unterformular ja ganz andere Daten als das übergeordnete Formular!? Wie wird das denn koordiniert? Zeigt jetzt jedes Formular irgendwas an?«

Um das zu kontrollieren, öffnen Sie das Formular *frmMannschaften* in der Formularansicht (Rechtsklick im Navigationsbereich und *Öffnen* wählen). Wie funktionierte das Formular noch gleich? Wenn Sie links in der Liste eine Mannschaft auswählen, werden rechts daneben Einzelheiten zu der ausgewählten Mannschaft angezeigt, und das eben diskutierte Unterformular zeigt die Mitglieder der ausgewählten Mannschaft an (siehe Abbildung 1.8).

Wohlgemerkt: der **ausgewählten** Mannschaft – also nicht alle und nicht irgendwelche Mitglieder! Das bedeutet doch, das Unterformular weiß auf irgendeine geheimnisvolle Weise, welche Mannschaft im übergeordneten Formular angezeigt wird, und zeigt daraufhin auch nicht alle Mitglieder an, sondern nur die Mitglieder dieser Mannschaft.

Nun – so geheimnisvoll ist das gar nicht. Wir werden es natürlich gleich aufklären – ich wollte die Sache nur ein wenig spannend machen ;-)

Bitte öffnen Sie jetzt wieder das Formular *frmMannschaften* in der Entwurfsansicht und dann das Eigenschaftenblatt des Unterformulars durch Rechtsklick in den Fensterhintergrund des **Unter**formulars und Auswahl des Menübefehls *Eigenschaften*. Jetzt wird es etwas knifflig: Das Unterformular hat zweimal Eigenschaften – einmal als Formular für sich, einmal in seiner Funktion als Unterformular des übergeordneten Formulars *frmMannschaften*. Um das herauszukriegen, müssen Sie ein wenig herumexperimentieren. Klicken Sie dazu bei geöffnetem Eigenschaftenblatt mit der linken Maustaste auf den Hintergrund des Unterformulars, dann auf ein beliebiges anderes Element des **übergeordneten** Formulars (z.B. auf *man_bemerkung*), dann wieder auf den Hintergrund des Unterformulars und dann **noch einmal** auf den Hintergrund des Unterformulars.

Das klingt sehr verworren – darum sollten Sie es mehrmals hintereinander und langsam machen. Beobachten Sie dabei bitte die Beschriftung des Eigenschaftenblatts ganz oben im Fensterrahmen unter *Auswahltyp*: Beim Klicken in den Hintergrund des Unterformulars steht dort einmal *Unterformular/-bericht* und einmal *Formular*. Das meinte ich, als ich vorhin sagte, dass das Unterformular zweimal Eigenschaften hat: Formulareigenschaften und Unterformulareigenschaften.

Die Formulareigenschaften hatten wir uns schon angesehen und dabei festgestellt, dass das Unterformular alle Felder der Tabelle *tblMitglied* kennt. Wenden wir uns nun also seinen Unterformulareigenschaften zu. Dort finden Sie auf der Registerkarte *Daten* die beiden Zeilen *Verknüpfen von* und *Verknüpfen nach* (Abbildung 1.24). Damit sind wir dem Geheimnis der Verknüpfung zwischen Unterformular und übergeordnetem Formular auf der Spur!

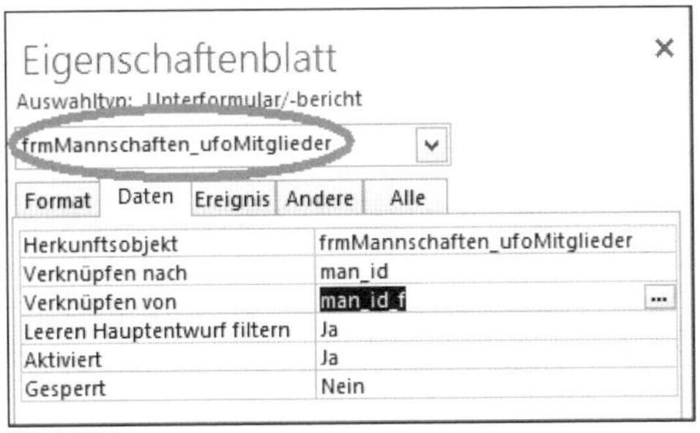

Abbildung 1.24: Übergeordnetes und Unterformular sind über man_id *und* man_id_f *miteinander verknüpft.*

In den beiden Zeilen steht *man_id* bzw. *man_id_f*. Das bedeutet für das Unterformular: »Zeige nur alle diejenigen Mitglieder an, die in der (Fremdschlüssel!-)Spalte *man_id_f* denselben Wert stehen haben wie die im übergeordneten Formular angezeigte Mannschaft in ihrer Primärschlüsselspalte *man_id*.« Damit haben Sie ein sehr anschauliches Beispiel dafür, wie eine Datenbankanwendung den Primärschlüssel-Fremdschlüssel-Mechanismus benutzt!

Im übergeordneten Formular wird eine bestimmte Mannschaft angezeigt, und diese Mannschaft hat einen bestimmten Wert als Primärschlüssel *man_id*. Diesen hat die Tabelle *tblMitglied* aber als Fremdschlüssel *man_id_f* (siehe Abbildung 1.18; schauen Sie dafür gegebenenfalls auch noch einmal in die Tabelle *tblMitglied*). Also schickt das GUI zum Füllen des Unterformulars mit Daten eine SQL-Anweisung an das DBMS, die etwa so aussieht:

```
SELECT mit_name, mit_vorname FROM tblMitglied, tblMannschaft
WHERE tblMitglied.man_id_f = [Formular frmMannschaften].man_id
```

Das heißt: »Suche die Namen und Vornamen aller Mitglieder heraus, die denselben Wert für *man_id_f* haben wie die im Formular *frmMannschaften* angezeigte Mannschaft.«

 Ein Unterformular ist mit seinem übergeordneten Formular über den Primärschlüssel-Fremdschlüssel-Mechanismus verknüpft.

Diese Verknüpfung zwischen Unterformular und übergeordnetem Formular wird meist automatisch erzeugt, wenn Sie zur Formularerstellung den entsprechenden Assistenten benutzen. Sie können das aber auch selbst steuern, indem Sie **zuerst** ein Unterformular entwerfen und **dann** in einem anderen (dem übergeordneten) Formular das Werkzeug *Unterformular/ -bericht* benutzen.

Wenn Sie im Eigenschaftenblatt des Unterformulars (siehe Abbildung 1.24) in die Zeile *Verknüpfen von* klicken, erscheint daneben wieder die bereits bekannte Schaltfläche mit den drei Punkten. Nach einem Klick darauf öffnet sich der Feldverknüpfungs-Assistent für Unterformulare. Die Beschriftungen *Felder in übergeordneter Tabelle* und *Felder in untergeordneter Tabelle* sind etwas irreführend, denn gemeint sind *Felder im übergeordneten **Formular*** und *Felder im untergeordneten **Formular***. Wenn Sie die darunterliegenden Kombinationsfelder öffnen, sehen Sie, was gemeint ist. Die beiden Kombinationsfelder enthalten jeweils eine Liste der Felder, die das jeweilige Formular kennt.

So, jetzt wissen Sie schon eine ganze Menge über die Funktionsweise von Datenbankanwendungen. Ich möchte bei der Gelegenheit noch einmal an das Drei-Komponenten-Konzept erinnern: Tabellen, DBMS und GUI (siehe Abbildung 1.3 und Abbildung 1.4). Wenn Sie sich das immer wieder in Erinnerung rufen, ist vieles einfacher zu verstehen. Dann werden Sie auch akzeptieren, dass vieles, was auf den ersten Blick unnötig kompliziert erscheint, gar nicht anders sein **kann**. Das GUI kann immer nur diejenigen Daten kennen und auf dem Bildschirm darstellen, die es durch entsprechende SQL-Anweisungen beim DBMS angefordert hat. Das zu organisieren – dass immer jedes Formular und jedes Formularelement die richtigen Daten kennt –, ist eigentlich die ganze Kunst der Entwicklung von Datenbanken! Na ja – zumindest die halbe ...

Datensatzherkunft und Steuerelementinhalt

Auch die Elemente eines Formulars (Listen, Textfelder, Kombinationsfelder ...) kennen bestimmte Daten, um sie anzuzeigen, damit der Benutzer sie lesen, bearbeiten und drucken kann.

Textfelder

Für Textfelder wie *txtName* oder *txtBemerkung* in Abbildung 1.20 ist das schnell erklärt. Öffnen Sie dazu bitte das Formular *frmMannschaften* in der Entwurfsansicht, klicken Sie mit der rechten Maustaste auf das Textfeld, das *man_name* anzeigt, und wählen Sie dann im Kontextmenü den Befehl *Eigenschaften*. Auf der Registerkarte *Daten* sehen Sie in der Zeile *Steuerelementinhalt* den Eintrag *man_name*. Wenn Sie in diese Zeile hineinklicken, verwandelt sie sich in ein Kombinationsfeld, in dem alle Felder aufgelistet sind, die das Formular kennt. Hier könnten Sie jetzt also auch ein beliebiges anderes Feld auswählen, um es in dem anfangs ausgewählten Textfeld darstellen zu lassen.

 Bitte beachten Sie den Unterschied zwischen den beiden Begriffen »Textfeld« (Datenbearbeitungsbereich im Formular) und »Feld« (Name einer Tabellenspalte). Das Textfeld heißt z. B. *txtName* und enthält den Inhalt des Felds *man_name*.

In der Entwurfsansicht des Formulars sehen Sie nicht den Namen des Textfelds (z. B. *txtName)*, sondern den Namen des (Tabellen-)Felds, das in diesem Textfeld angezeigt wird (z. B. *man_name*)! Das mag auf den ersten Blick verwirrend erscheinen – auf den zweiten Blick ist es aber äußerst sinnvoll, die Bezeichnungen von Tabellen (*tbl*), Formularen (*frm*), Textfeldern (*txt*) und Tabellenspalten (Feldern) sorgfältig auseinanderzuhalten. Richtig verwirrend wird es nämlich erst, wenn Sie das nicht tun und wenn dann sowohl die Tabelle als auch das Formular *Mannschaft* heißen und dazu auch noch das Textfeld! (»Im Formular *Mannschaft* zeigt das Textfeld *Mannschaft* den Namen aus der Tabelle *Mannschaft*.«)

 Sie finden die Liste der Namenskonventionen in Anhang B und als PDF-Datei zum Ausdrucken im Internet (Adresse in der Einleitung, dort im Ordner *\KapA*).

Kombinationsfelder

Bei einem Kombinationsfeld wie demjenigen rechts neben der Schaltfläche mit der Aufschrift *Trainer* in Abbildung 1.20 ist die Erklärung der Datenherkunft schon etwas schwieriger. Das besagte Kombinationsfeld zeigt ja den Namen des Trainers – also den Inhalt des Felds *trainer_name*. Wenn Sie im Eigenschaftenblatt des Kombinationsfelds mit dem Trainernamen auf der Registerkarte *Daten* unter *Steuerelementinhalt* nachschauen, finden Sie dort allerdings den Eintrag *trainer_id_f* (Abbildung 1.25).

Abbildung 1.25: Steuerelementinhalt, Datensatzherkunft *und* Gebundene Spalte.

Was hat das zu bedeuten? Das Kombinationsfeld zeigt *trainer_name* aus der Tabelle *tbl-Trainer* – als Steuerelementinhalt wird aber *trainer_id_f* aus der Tabelle *tblMannschaft* genannt!?

Zur Erklärung dieser Merkwürdigkeit sehen Sie sich bitte einmal den Eintrag bei *Datensatzherkunft* in Abbildung 1.25 an. Auch wenn Sie SQL noch nicht beherrschen, werden Sie sicher erkennen, dass damit die Felder *trainer_id* und *trainer_name* aus der Tabelle *tblTrainer* beim DBMS angefordert werden. Das Kombinationsfeld enthält also eine Liste mit zwei Spalten: *trainer_id* und *trainer_name*. Wenn Sie sich das Formular in der Formularansicht ansehen und das Kombinationsfeld aufklappen, sehen Sie aber nur den Namen – nicht den Primärschlüssel. Wie kommt das?

Um das herauszufinden, wechseln Sie bitte im Eigenschaftenblatt des Kombinationsfelds mit den Trainernamen einmal zur Registerkarte *Format* und schauen sich dort die Einträge unter *Spaltenanzahl* und *Spaltenbreiten* an. »Aha!«, werden Sie sagen. »Jetzt ist alles klar. Da sind zwar zwei Spalten, aber die eine ist nur 0 cm breit und wird daher nicht angezeigt.« Richtig!

Machen Sie nun wieder ein kleines Experiment: Ändern Sie die Breite der ersten Spalte doch mal auf den Wert »1 cm« und schauen Sie sich das Ergebnis in der Formularansicht an. Sie werden entdecken, dass die Spalte mit dem Primärschlüssel jetzt sichtbar wird. Vergessen Sie anschließend aber nicht, den Wert wieder auf null zurückzusetzen.

Aber warum werden zwei Spalten definiert, wenn doch nur eine angezeigt wird? Was soll eine unsichtbare Spalte?

Wechseln Sie bitte im Eigenschaftenblatt des Kombinationsfelds mit dem Trainernamen zurück zur Registerkarte *Daten* und sehen Sie sich dort die Eigenschaft *Gebundene Spalte* an. Was ist eine gebundene Spalte? Wie wir bereits gesehen haben, können Sie in einem Kombinationsfeld eine Liste mit mehreren Spalten anzeigen. Ich habe z. B. im Formular *frmTraining* beim Kombinationsfeld *cboPlatz* davon Gebrauch gemacht (bitte gleich nachsehen!). Der Benutzer klappt das Kombinationsfeld auf, wählt einen Eintrag aus, und es schließt sich wieder. Und was hat diese Aktion für einen Sinn gehabt? Im Formular *frmMannschaften* (Abbildung 1.20) dient sie z. B. dazu, der Mannschaft einen Trainer zuzuweisen.

Aha, »zuzuweisen«! Was heißt denn das? Datenbanktechnisch bedeutet »Mannschaft x hat Trainer y«, dass in der Tabelle *tblMannschaft* in der Fremdschlüsselspalte *trainer_id_f* der Primärschlüssel des Trainers steht (siehe Abbildung 1.16 und Abbildung 1.17).

Wenn der Benutzer ein Kombinationsfeld verwendet, wird der Wert der gebundenen Spalte der Datensatzherkunft im Steuerelementinhalt eingetragen.

Im vorliegenden Beispiel (Formular *frmMannschaften*, Kombinationsfeld *cboTrainer*) bedeutet das (Abbildung 1.25):

- Gebundene Spalte: *1*
- Datensatzherkunft: *SELECT tblTrainer.trainer_id, tblTrainer.trainer_name FROM tblTrainer* (d. h., die gebundene Spalte ist *tblTrainer.trainer_id*)
- Steuerelementinhalt: *tblMannschaft.trainer_id_f*

Mit der Auswahl eines Trainernamens wählt der Benutzer also eigentlich nicht den Namen, sondern den Primärschlüssel (aus der gebundenen Spalte) aus. Der ausgewählte Primärschlüssel wird daraufhin in das Feld eingetragen, das mit der Eigenschaft *Steuerelementinhalt* festgelegt wurde – im Beispiel in *tblMannschaft.trainer_id_f*.

Uff, das war schwierig, oder!? Vielleicht sollten Sie sich erst mal einen Kaffee oder Tee machen und sich dann sagen: »Eigentlich ist das doch ganz einfach: Ein Objekt einem anderen zuzuweisen, bedeutet datenbanktechnisch nichts anderes, als den Primärschlüssel des einen Objekts als Fremdschlüssel beim anderen Objekt einzutragen. Und nichts anderes macht das Kombinationsfeld!«

Sie sollten sich aber bewusst sein, dass Sie das Kombinationsfeld jetzt für zwei unterschiedliche Zwecke nutzen: zum einen zur **Anzeige** des Trainers, zum anderen aber auch zum **Ändern** des Trainers

Da kann es leicht einmal passieren, dass eine Mannschaft durch einen unüberlegten Klick plötzlich einen neuen Trainer hat. Eine solche Änderung sollte daher durch die Nachfrage »Wollen Sie wirklich ...?« abgesichert werden. Ich komme in Kapitel 8, »VBA – Teil 2«, im Abschnitt »Standardlösungen« darauf zurück.

Listenfelder

In der Entwurfsansicht des Formulars *frmMannschaften* (Abbildung 1.20) sehen Sie in den beiden Listenfeldern ganz links und ganz rechts jeweils das Wort *Ungebunden*. Es steht dort also im Gegensatz zu Text- und Kombinationsfeldern nicht der Name eines Felds aus irgendeiner Tabelle. Wenn Sie sich das dazugehörige Eigenschaftenblatt ansehen (Abbildung 1.26), können Sie sich mit dem Wissen über Kombinationsfelder aus dem vorigen Abschnitt vielleicht schon erklären, was das bedeutet.

Es fehlt nämlich der Eintrag bei *Steuerelementinhalt*. Das bedeutet, nach der Auswahl einer Zeile aus der Liste über deren gebundene Spalte (genau wie beim Kombinationsfeld!) wird nichts irgendwo anders eingetragen (anders als beim Kombinationsfeld!). Welchen Sinn hat es dann aber, wenn der Benutzer in die Liste klickt?

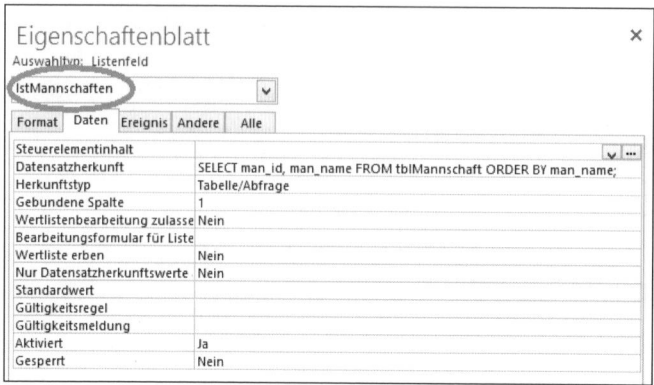

Abbildung 1.26: Die Dateneigenschaften des Listenfelds sehen denen des Kombinationsfelds sehr ähnlich.

Dazu wechseln Sie bitte zur Registerkarte *Ereignis*. Dort sehen Sie Eigenschaften wie *Vor Aktualisierung*, *Nach Aktualisierung*, *Beim Hingehen* usw. Damit sind wir bei einer grundsätzlichen Windows-Funktionalität:

 Bei allen Windows-Programmen warten verschiedene Objekte (Listen, Schaltflächen, Symbolleisten …) ständig auf Ereignisse (wie Mausklicks, Tastatureingaben …), um darauf zu reagieren.

Eine solche Reaktion kann ganz verschieden ausfallen. Schon die Bewegung des Mauszeigers in ein bestimmtes Bildschirmgebiet (ohne zu klicken) ist ein Ereignis, auf das er z. B. reagiert, indem er sein Aussehen ändert. Das passiert ständig bei der Arbeit am Rechner, und es fällt Ihnen überhaupt nicht mehr auf. Fahren Sie doch jetzt mal mit dem Mauszeiger langsam auf dem Bildschirm umher und beobachten Sie dabei ganz bewusst sein Aussehen. Häufig verändert er sich beim Überfahren eines Bildschirmobjekts! Das sind alles Ereignisse, auf die Windows entsprechend reagiert.

Auch in der Entwicklung von Datenbankanwendungen kommt es ganz stark darauf an, auf bestimmte Ereignisse zu reagieren – meistens sind es Mausklicks oder Tastenbedienungen.

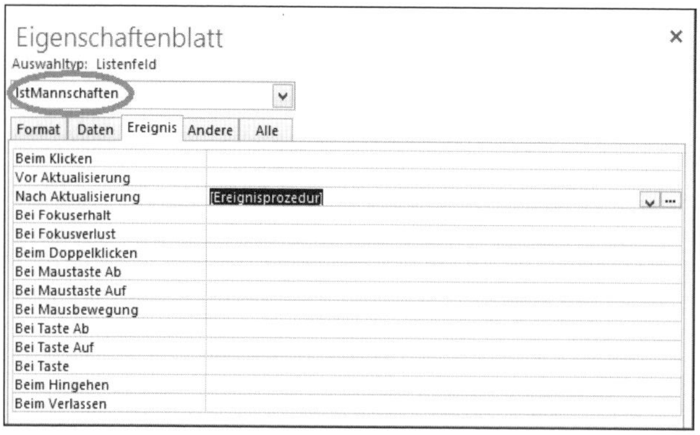

Abbildung 1.27: In einem Listenfeld können viele verschiedene Ereignisse stattfinden.

In Abbildung 1.27 sehen Sie, dass das Listenfeld *lstMannschaften* auf das Ereignis *Nach Aktualisierung* reagiert, weil in der entsprechenden Zeile auf der Registerkarte *Ereignis* steht: *[Ereignisprozedur]*. Was ist das für ein Ereignis? *Nach Aktualisierung* bedeutet, dass die Auswahl einer Zeile in der Liste verändert wurde. In diesem Fall hatten Sie beispielsweise bisher Mannschaft A ausgewählt und haben jetzt Mannschaft B ausgewählt. Der Unterschied zum Ereignis *Beim Klicken* ist, dass das Ereignis *Nach Aktualisierung* auch eintritt, wenn Sie nicht mit der Maus in die Liste klicken, sondern sich mithilfe der Tasten ⬆ und ⬇ in der Liste auf und ab bewegen (Benutzerfreundlichkeit!).

Wenn Sie im Eigenschaftenblatt des Listenfelds auf der Registerkarte *Ereignis* in die Zeile *Nach Aktualisierung* klicken (Abbildung 1.27), erscheint daneben wieder die berühmte Schaltfläche mit den drei Punkten. Klicken Sie diese jetzt an, passiert etwas völlig Neues: Das VBA-Fenster öffnet sich (VBA = Visual Basic for Applications, siehe Abbildung 1.28). Wir wollen hier nur einen ganz kurzen Blick darauf werfen – Genaueres kommt in einem späteren Kapitel.

VBA – ganz kurz

Visual Basic for Applications (VBA) ist eine Programmiersprache, mit der Sie alle Office-Produkte um eigene Funktionen erweitern können. Sie ist also sowohl in Access als auch in Word, PowerPoint und Excel verwendbar. Aber: Es gibt auch Unterschiede. Wenn Sie VBA z.B. in Excel verwenden, brauchen Sie besondere Programmierbefehle, mit denen Sie Daten aus den Zellen von Excel-Blättern herauslesen bzw. wieder hineinschreiben können. Das gibt es in Access nicht. Dafür benötigen Sie hier wieder andere Programmierbefehle, mit denen Sie Daten aus den Tabellen herauslesen bzw. wieder hineinschreiben können.

Es gibt also in VBA eine Reihe von allgemeingültigen Programmierbefehlen, die Sie in allen Microsoft Office-Produkten verwenden können – aber auch spezielle Befehle für Excel, Access usw.

VBA-Prozeduren

In Abbildung 1.28 sehen Sie links die Liste aller Formulare unserer Access-Anwendung. Das Formular *frmMannschaften* wurde angeklickt – also erscheinen in der rechten Hälfte des VBA-Fensters alle VBA-Programme dieses Formulars.

Wann werden diese VBA-Prozeduren ausgeführt? Das können Sie ganz leicht am Namen der jeweiligen Prozedur erkennen: Er besteht immer aus dem Namen des Objekts und dem Ereignis, das die Prozedurausführung auslöst:

- Wenn das Formular (Name: *Form*) geöffnet wird (Ereignis: *Open*), wird die Prozedur *Form_Open* ausgeführt.
- Wenn die linke Liste (siehe Abbildung 1.8) im Formular (Name: *lstMannschaften*) aktualisiert wird (Ereignis: *AfterUpdate*), wird die Prozedur *lstMannschaften_AfterUpdate* ausgeführt.
- Wenn in die rechte Liste im Formular (Name: *lstMitglieder*) geklickt wird (Ereignis: *Click*), wird die Prozedur *lstMitglieder_Click* ausgeführt.

Diese Art der Programmierung heißt daher auch »ereignisgesteuerte Programmierung«.

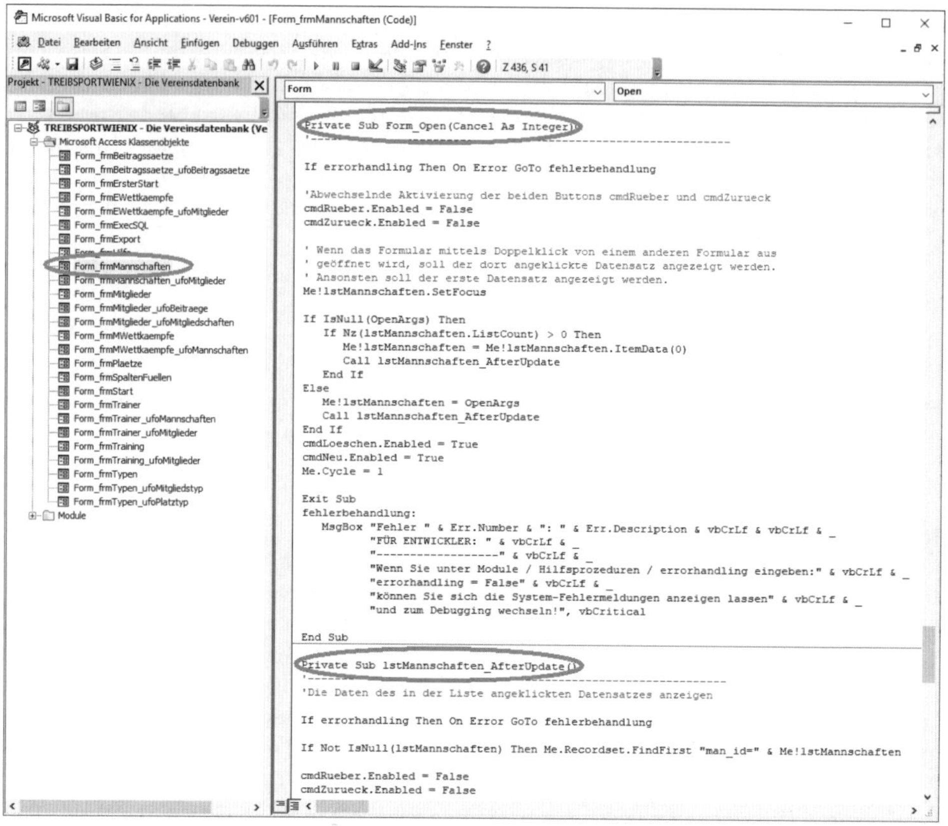

```
Microsoft Visual Basic for Applications - Verein-v601 - [Form_frmMannschaften (Code)]          —    □    ✕
  Datei  Bearbeiten  Ansicht  Einfügen  Debuggen  Ausführen  Extras  Add-Ins  Fenster  ?        _  ✕

  ▶ ‖ ■            Z 436, S 41

Projekt - TREIBSPORTWIENIX - Die Vereinsdatenbank   ✕    Form                       Open

 ⊟ ➿ TREIBSPORTWIENIX - Die Vereinsdatenbank (Ve      Private Sub Form_Open(Cancel As Integer)
   ⊟ 🗀 Microsoft Access Klassenobjekte               '----------------------------------------------
        Form_frmBeitragssaetze
        Form_frmBeitragssaetze_ufoBeitragssaetze      If errorhandling Then On Error GoTo fehlerbehandlung
        Form_frmErsterStart
        Form_frmEWettkaempfe                          'Abwechselnde Aktivierung der beiden Buttons cmdRueber und cmdZurueck
        Form_frmEWettkaempfe_ufoMitglieder            cmdRueber.Enabled = False
        Form_frmExecSQL                               cmdZurueck.Enabled = False
        Form_frmMa...
        Form_frmMannschaften                          ' Wenn das Formular mittels Doppelklick von einem anderen Formular aus
        Form_frmMannschaften_ufoMitglieder            ' geöffnet wird, soll der dort angeklickte Datensatz angezeigt werden.
        Form_frmMitglieder                            ' Ansonsten soll der erste Datensatz angezeigt werden.
        Form_frmMitglieder_ufoBeitraege               Me!lstMannschaften.SetFocus
        Form_frmMitglieder_ufoMitgliedschaften
        Form_frmMWettkaempfe                          If IsNull(OpenArgs) Then
        Form_frmMWettkaempfe_ufoMannschaften              If Nz(lstMannschaften.ListCount) > 0 Then
        Form_frmPlaetze                                   Me!lstMannschaften = Me!lstMannschaften.ItemData(0)
        Form_frmSpaltenFuellen                                Call lstMannschaften_AfterUpdate
        Form_frmStart                                     End If
        Form_frmTrainer_ufoMannschaften               Else
        Form_frmTrainer_ufoMitglieder                     Me!lstMannschaften = OpenArgs
        Form_frmTraining                                  Call lstMannschaften_AfterUpdate
        Form_frmTraining_ufoMitglieder                End If
        Form_frmTypen                                 cmdLoeschen.Enabled = True
        Form_frmTypen_ufoMitgliedstyp                 cmdNeu.Enabled = True
        Form_frmTypen_ufoPlatztyp                     Me.Cycle = 1
   ⊞ 🗀 Module
                                                      Exit Sub
                                                      fehlerbehandlung:
                                                          MsgBox "Fehler " & Err.Number & ": " & Err.Description & vbCrLf & vbCrLf & _
                                                               "FÜR ENTWICKLER: " & vbCrLf & _
                                                               "------------------" & vbCrLf & _
                                                               "Wenn Sie unter Module / Hilfsprozeduren / errorhandling eingeben:" & vbCrLf & _
                                                               "errorhandling = False" & vbCrLf & _
                                                               "können Sie sich die System-Fehlermeldungen anzeigen lassen" & vbCrLf & _
                                                               "und zum Debugging wechseln!", vbCritical

                                                      End Sub

                                                      Private Sub lstMannschaften_AfterUpdate()
                                                      '----------------------------------------------
                                                      'Die Daten des in der Liste angeklickten Datensatzes anzeigen

                                                      If errorhandling Then On Error GoTo fehlerbehandlung

                                                      If Not IsNull(lstMannschaften) Then Me.Recordset.FindFirst "man_id=" & Me!lstMannschaften

                                                      cmdRueber.Enabled = False
                                                      cmdZurueck.Enabled = False
```

Abbildung 1.28: Beim Eintreten von Ereignissen auf Bildschirmobjekten wird ein bestimmter VBA-Code ausgeführt.

 VBA-Programme werden Prozeduren genannt. Alle Prozeduren eines Formulars zusammen bilden ein Modul.

Wir werden uns mit einigen für die Access-Anwendungsentwicklung unbedingt notwendigen Aspekten der VBA-Programmierung in einem späteren Kapitel beschäftigen. Bis dahin werde ich versuchen, ohne VBA auszukommen. Das geht, weil es in Access viele Assistenten gibt, die Ihnen einen Teil der VBA-Programmierung abnehmen. Das wird aber nicht immer 100%ig möglich sein, da es immer wieder Stellen gibt, an denen wir mit ein paar selbst geschriebenen VBA-Zeilen nachhelfen müssen.

Wenn es dann also heißt: »Die VBA-Prozedur für dieses Ereignis müssen wir folgendermaßen korrigieren ...«, bedeutet das:

- Klick mit der rechten Maustaste auf das Bildschirmobjekt, auf dem das Ereignis stattfindet,
- im Kontextmenü den Befehl *Eigenschaften* aufrufen,
- auf der Registerkarte *Ereignis* in die Zeile klicken, in der *[Ereignisprozedur]* steht,
- auf die danebenerscheinende Schaltfläche mit den drei Punkten klicken.

Dann öffnet sich das VBA-Fenster, und der Mauszeiger steht am Anfang der ausgewählten Prozedur. Jetzt müssen wir nur noch die richtige Zeile in der Prozedur finden, in der wir unseren eigenen Code eintippen wollen. Hierauf weise ich Sie an den entsprechenden Stellen dann aber hin.

Schaltflächen starten VBA-Prozeduren

Wir können den Wechsel ins VBA-Fenster gleich einmal an den Schaltflächen des Formulars *frmMannschaften* üben. Im Gegensatz zu einer Liste, die sowohl Daten anzeigt als auch auf Ereignisse reagieren kann, ist es die einzige Aufgabe einer Schaltfläche, zu warten, bis Sie draufklicken – bis also auf ihr das Ereignis *Click* stattfindet.

Falls Sie das VBA-Fenster noch geöffnet haben, schließen Sie es jetzt bitte und lassen nur das Formular *frmMannschaften* in der Entwurfsansicht geöffnet. Jetzt verfahren Sie in der gerade beschriebenen Weise, um die Prozedur zu öffnen, die beim Klicken auf die speichern-Schaltfläche ausgeführt wird. Diese Prozedur sieht ungefähr so aus (ein paar nicht so wichtige Befehle, die Sie jetzt nur verwirren würden, habe ich weggelassen):

```
Private Sub cmdSpeichern_Click()
If IsNull(txtName) Then
    MsgBox "Bitte geben Sie einen Namen ein!"
    txtName.SetFocus
    Exit Sub
End If
DoCmd.RunCommand (acCmdSaveRecord)
lstMannschaften.Requery
cboTrainer.Requery
End Sub
```

Listing 1.1: Diese VBA-Prozedur wird ausgeführt, wenn Sie im Formular frmMannschaften *auf* speichern *klicken.*

Auch wenn Sie noch kein VBA beherrschen, können Sie mit ein paar Englischkenntnissen erschließen, was diese Prozedur macht: Es wird zunächst getestet, ob das Textfeld *txtName* leer ist (IsNull).

- Wenn ja, wird der Benutzer aufgefordert, einen Namen einzugeben, denn *man_name* ist laut Tabellenentwurf ein sogenanntes Muss-Feld (*Eingabe erforderlich = Ja*, siehe Abschnitt »Tabellen, Felder und Primärschlüssel«). Aus Gründen der Benutzerfreundlichkeit (!) setzt die Prozedur die Einfügemarke (SetFocus) danach in das Textfeld *txtName*, sodass der Benutzer gleich losschreiben kann. Anschließend wird die Prozedur verlassen (Exit Sub), denn ohne Mannschaftsnamen ergibt das Speichern keinen Sinn.

- Wenn nein, wird der Datensatz gespeichert (SaveRecord), und die Prozedur aktualisiert die Daten in der Mannschaftsliste und im Kombinationsfeld mit dem Trainernamen (Requery).

Damit ist der Blick hinter die Kulissen beendet, und wir wollen uns im Weiteren damit beschäftigen, selbst Access-Anwendungen zu entwickeln.

Bitte beachten Sie in Listing 1.1 die Namen der Objekte (**cmd**, **txt**, **lst** …)! Ich verweise daher an dieser Stelle noch einmal auf Anhang B und das PDF-Dokument *Namenskonventionen* im Internet (Adresse in der Einleitung, dort im Ordner *KapA*).

Was ist wichtig?

Da Ihnen jetzt sicher ganz schwindelig ist wegen der vielen neuen Begriffe und Zusammenhänge, die ich in diesem Kapitel erklärt habe, finden Sie hier eine Liste der allerwichtigsten Fakten:

1. Stellen Sie die Verweise auf die benötigten Bibliotheken ein (siehe Abbildung 1.2 auf Seite 23).

2. Eine Datenbankanwendung besteht immer aus den Komponenten GUI und DBMS, die miteinander SQL »reden« (siehe Abbildung 1.4 auf Seite 26).

3. Stellen Sie die Makrosicherheitsstufe und die vertrauenswürdigen Speicherorte ein (siehe Anweisungen im ersten Fenster, das nach dem Öffnen der Beispieldatenbank angezeigt wird).

4. Drucken Sie sich die Dateien *Namenskonventionen.pdf*, *WichtigeStandardaktionen.pdf* und *WasIstWichtig.pdf* aus (Internetadresse in der Einleitung, dort im Ordner *KapA*).

5. Ein Primärschlüssel ist eine Eigenschaft eines Objekts, die es für diesen Objekttyp (d.h. in dieser Tabelle) nur ein einziges Mal gibt; er hat den Datentyp *AutoWert* (siehe Abschnitt »Tabellen, Felder und Primärschlüssel« ab Seite 42).

6. Ein Fremdschlüssel ist eine Eigenschaft eines Objekts, die in einer **anderen** Tabelle Primärschlüssel ist; er hat den Datentyp *Zahl/LongInteger* (siehe Abschnitt »Beziehungen und Fremdschlüssel« ab Seite 50).

7. Lesen Sie die Beziehungen immer in Form von zwei Sätzen, die jeweils mit »Ein …« beginnen (siehe Abschnitt »Beziehungen und Fremdschlüssel« ab Seite 50).

8. Ein Formular »kennt« nur diejenigen Daten, die ihm über die Eigenschaft *Datensatzquelle* bekannt gemacht wurden (siehe Abschnitt »Datensatzquelle« ab Seite 56).

9. Ein Unterformular ist mit dem übergeordneten Formular über die Eigenschaften *Verknüpfen von* und *Verknüpfen nach* verbunden (siehe Abschnitt »Unterformulare« ab Seite 58).

10. Kombinations- und Listenfelder beziehen ihren Inhalt aus der *Datensatzherkunft* und schreiben den ausgewählten Wert in den *Steuerelementinhalt* (siehe Abschnitt »Datensatzherkunft und Steuerelementinhalt« ab Seite 61).

11. Windows ist ein ereignisgesteuertes System, das auf die vom Benutzer ausgelösten Ereignisse (z. B. Mausklick) mit bestimmten Aktionen reagiert (z.B. Kombinationsfeld öffnen; siehe Abschnitt »VBA-Prozeduren« ab Seite 65).

Sie finden das Dokument *WasIstWichtig.pdf* zum Ausdrucken im Internet (Adresse in der Einleitung, dort im Ordner *KapA*).

Kapitel 2
Datenmodellierung

In diesem Kapitel	70
Ein Unternehmensdatenmodell	70
Mengen und Zeiten in Zwischentabellen	83
Das Vereinsmodell	89
Das Privatmodell	92
Modellbesonderheiten und -erweiterungen	99
Modellierungswerkzeuge	111
Was ist wichtig?	120

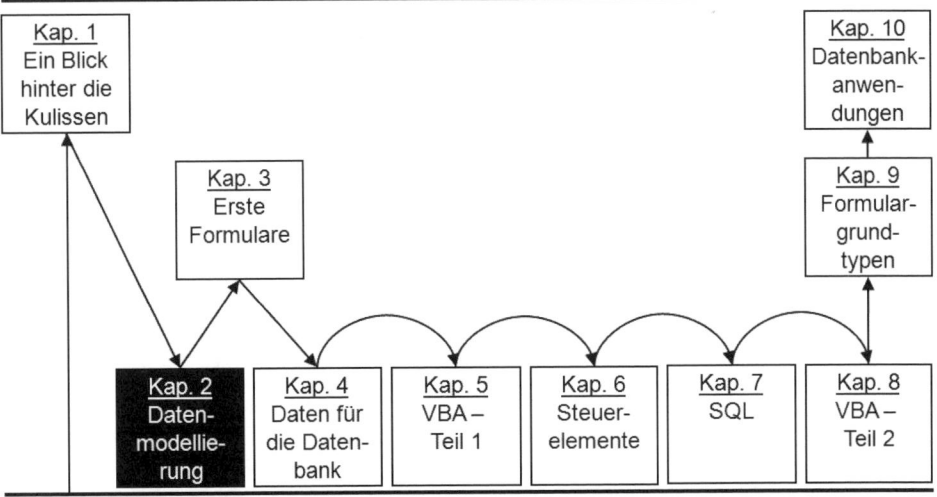

Abbildung 2.1: Das Kapitel 2, »Datenmodellierung«.

In diesem Kapitel

... erläutere ich Ihnen an drei einfachen Beispielen die Vorgehensweise bei der Erstellung von Datenmodellen. Sie lernen dabei, wie Sie die verbale Beschreibung einer Problematik analysieren müssen, um herauszubekommen, welche Tabellen Sie in Ihrer Datenbankanwendung brauchen.

 Es kann durchaus passieren, dass Sie an diesem schwierigen Kapitel verzweifeln und sagen: »Ich schmeiß alles hin!« Bevor Sie das tun, lesen Sie bitte erst noch den letzten Absatz mit dem Titel »ADaMo«. Danach geht's Ihnen vielleicht besser!

Ein Unternehmensdatenmodell...

Im vorigen Kapitel haben wir uns eine fertige Datenbankanwendung angesehen. Wir haben die verschiedenen Funktionen der Formulare ausprobiert und dann hinter die Kulissen geschaut. Dabei haben wir entdeckt, dass die in den Formularen dargestellten Daten in Tabellen abgelegt werden. Der Zusammenhang zwischen den in den verschiedenen Tabellen enthaltenen Daten wird über den Primärschlüssel-Fremdschlüssel-Mechanismus hergestellt. Ohne diesen Mechanismus wäre die Datenbank nur eine völlig zusammenhang- und sinnlose Sammlung von Einzeldaten. Also lautet bei der Entwicklung von Datenbankanwendungen die alles entscheidende Frage:

Woher weiß ich, welche Tabellen mit welchen Spalten ich benötige – und insbesondere: Welche Fremdschlüssel gehören in welche Tabellen?

Damit sind wir beim Thema »Datenmodellierung«. Genau wie im ersten Kapitel möchte ich auch hier das Ergebnis vorwegnehmen und Ihnen gleich zu Beginn ein fertiges Datenmodell zeigen (Abbildung 2.2), damit Sie wissen, wo wir hinwollen. Nach der Vereinsanwendung aus dem ersten Kapitel beginne ich hier mit einem Beispiel für ein kleines Unternehmen.

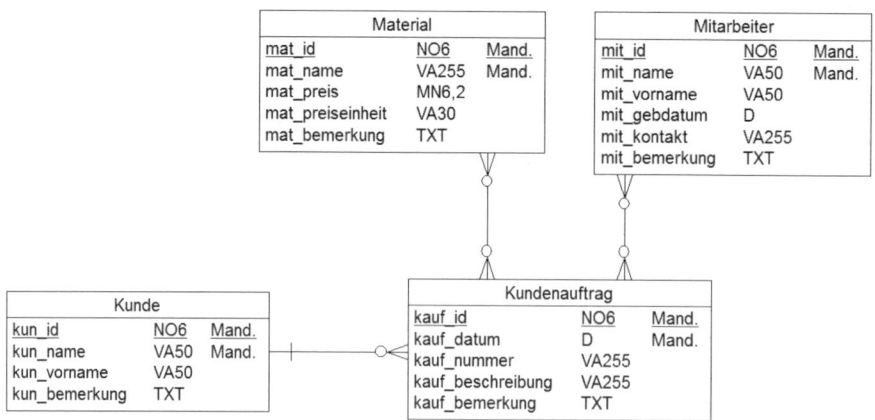

Abbildung 2.2: In einem Datenmodell werden die Objekte mit ihren Eigenschaften und Beziehungen dargestellt.

In Abbildung 2.2 erkennen Sie, dass es offenbar

- eine bestimmte Symbolik gibt, mit der Datenmodelle dargestellt werden, und
- Softwaretools, mit denen man sie erzeugen kann.

Wenn Sie sich selbst im Erstellen von Datenmodellen üben wollen, reicht zunächst eine Handskizze (Abbildung 2.3). Dabei brauchen Sie nicht einmal ein Lineal zu benutzen – entscheidend ist nur der richtige Einsatz der Symbole, auch wenn es ein wenig krumm und schief aussieht.

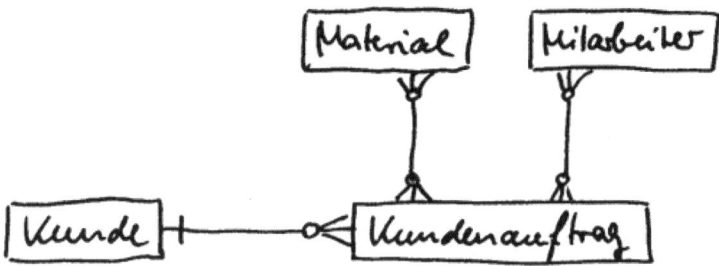

Abbildung 2.3: Fürs Erste reicht eine Handskizze.

Ein großer Nachteil der Handskizze ist natürlich die eingeschränkte Möglichkeit zur Korrektur. Bei der Arbeit am Datenmodell müssen Sie häufig Namen ändern, Begriffe an andere Orte verschieben und neue Relationen ziehen. All das kann mit dem Radiergummi ziemlich nervig werden. Solange Sie noch kein Softwaretool dafür haben, gebe ich Ihnen folgenden Tipp:

 Schreiben Sie die Namen der Objekte auf Klebezettelchen und schieben Sie diese auf einem großen Blatt Papier so lange hin und her, bis Ihnen die Anordnung sinnvoll erscheint. Dann ziehen Sie die Verbindungslinien für die Relationen.

Nun aber zu der Symbolik in Abbildung 2.2.

Die in Abbildung 2.2 angewandte Methode zur Datenmodellierung heißt *Entity-Relationship-Methode* (ERM) – und »Methode« bedeutet: Sie dürfen nicht irgendwelche Symbole zeichnen und sie irgendwie miteinander verbinden. Vielmehr gibt es einen bestimmten Satz von wohldefinierten Symbolen mit bestimmten Namen und wohldefinierten Bedeutungen. Welche das sind, zeigt Ihnen Abbildung 2.4. Dort ist mit den Mitteln der ERM die schlichte Tatsache dargestellt: »Kunden erteilen Kundenaufträge.«

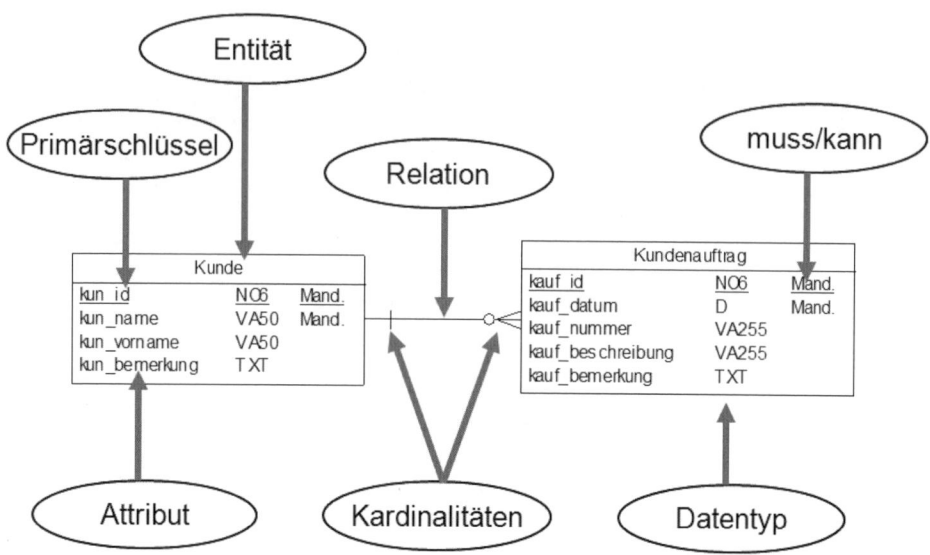

Abbildung 2.4: Jedes grafische Element des Datenmodells hat seine Bedeutung und seinen Namen.

Kunden und *Kundenaufträge* sind bestimmte Objekte der realen Welt, die in der ERM als *Entitäten* bezeichnet werden (engl. »Entity«). Zwischen diesen Objekten der realen Welt gibt es Zusammenhänge – *Relationen* in der Sprache der ERM (engl. »Relationship«). Die Objekte haben bestimmte Eigenschaften: Ein Kunde hat einen Namen, ein Auftrag hat ein Datum usw. In der ERM sind das die *Attribute* der Entitäten. Ein besonderes Attribut ist der Primärschlüssel, den wir schon aus dem vorangegangenen Kapitel kennen.

Des Weiteren werden schon jetzt im Datenmodell zwei Festlegungen getroffen, die erst sehr viel später bei der Benutzung der fertigen Datenbankanwendung zum Tragen kommen:

- Der Datentyp: Er legt z. B. fest, dass in die Spalte *kauf_datum* der späteren Tabelle *tbl-Kundenauftrag* Datumsangaben kommen. Damit werden schon mal grobe Fehleingaben vermieden, denn »Meyer« ist nun mal kein Datum. (*D* bedeutet »Date« – also ein Datum, *VA50* bedeutet »Variable Character 50« – also eine Zeichenkette variabler Länge, maximal 50 Zeichen.)

- Die Muss-/Kann-Eigenschaft: Sie legt z. B. fest, dass ein Kunde einen Namen und ein Auftrag ein Datum haben muss (*Mand.* = »mandatory« = muss). Werden diese Werte nicht eingegeben, erhält der Benutzer eine Fehlermeldung.

Als Letztes kommen noch die *Kardinalitäten*. Sie werden im nächsten Schritt ganz wichtig, wenn es darum geht, die Fremdschlüssel zu definieren. Diese werden Sie zurzeit wohl noch vermissen – hatte ich doch schon mehrfach betont, wie wichtig sie sind. Kommt aber gleich!

Also – erst einmal die Kardinalitäten. In Abbildung 2.4 sagen sie uns:

- »**Ein** Kunde erteilt **keinen oder mehrere** Kundenaufträge.«

- »**Ein** Kundenauftrag wird von **genau einem** Kunden erteilt.«

Sie können also ein Datenmodell regelrecht lesen – aus jeder Relation werden dabei zwei Sätze (Abbildung 2.5).

Beim Lesen eines Datenmodells müssen Sie jeden Satz mit »Ein ...« oder »Zu einem ...« beginnen.

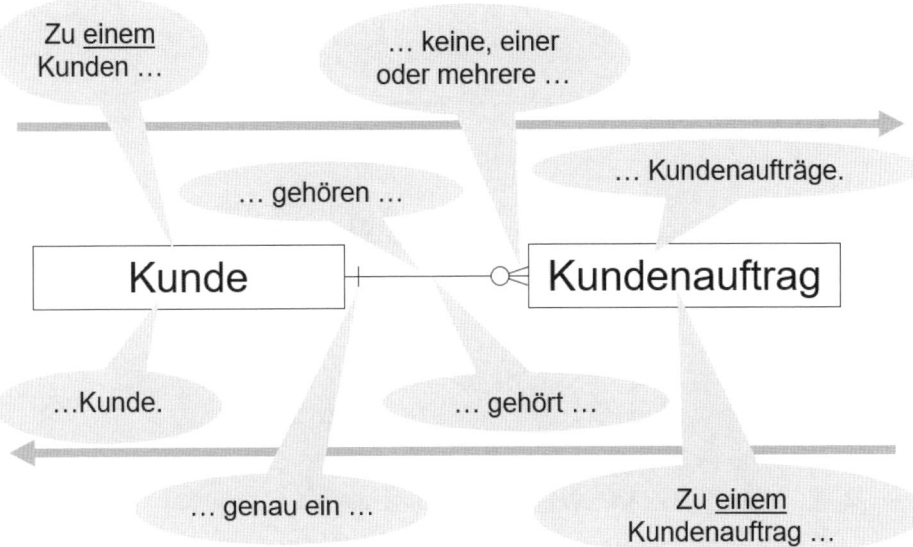

Abbildung 2.5: So »lesen« Sie eine Relation im Datenmodell.

Mithilfe der Kardinalitäten wird also die Relation zwischen Kunden und Kundenaufträgen noch genauer definiert – und zwar einmal aus dem Blickwinkel des Kunden und einmal aus dem Blickwinkel des Kundenauftrags. Die von der ERM dafür vorgeschriebene Symbolik zeigt Abbildung 2.6:

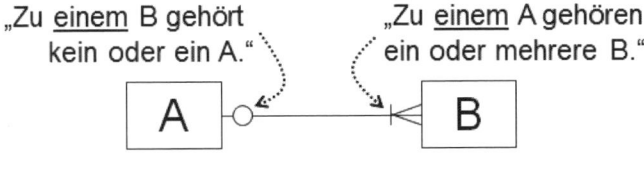

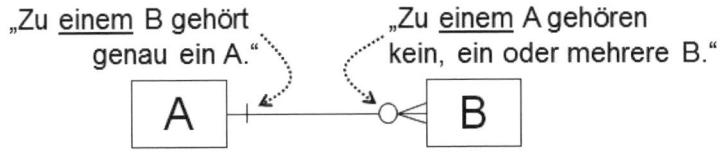

Abbildung 2.6: Die Bedeutung der Kardinalitäten.

Beim Blick in andere Bücher oder in Zeitschriftenartikel werden Sie auch andere Darstellungen finden (siehe Abbildung 2.7). Ich bevorzuge aber die Darstellung mit den »Krähenfüßen«. Bei ihr ist anschaulich klar: Der Kreis heißt »kein«, der kleine Strich heißt »ein«, und der »Krähenfuß« heißt »mehrere«. Ein Kreis ohne Krähenfüße bedeutet dann »kein oder ein«, ein Kreis mit Krähenfüßen »kein, ein oder mehrere« usw. (siehe Abbildung 2.6).

Die mittlere Variante in Abbildung 2.7 fügt der Grafik unnötigerweise ein weiteres Symbol hinzu. Die untere Variante verkürzt sogar den Informationsgehalt, indem dort nur »1« statt »0,1« steht, sodass der Betrachter nicht mehr weiß, ob jetzt zu einem B genau ein oder eventuell auch kein A gehört.

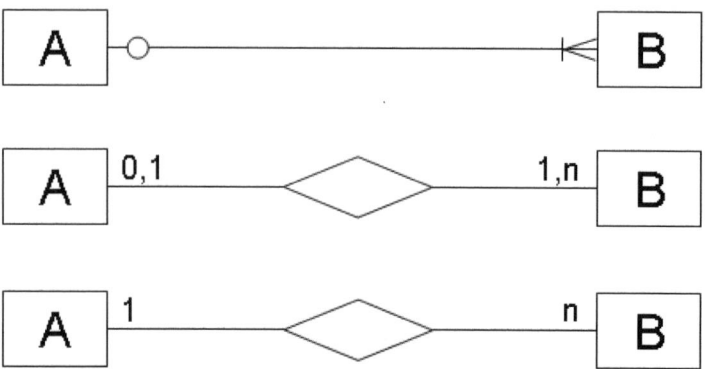

Abbildung 2.7: Alternative Symbolik für die Kardinalitäten.

Jetzt haben wir das erforderliche Wissen beisammen, um das in Abbildung 2.2 dargestellte Datenmodell zu lesen:

- »Ein Kunde erteilt keinen oder mehrere Kundenaufträge.«, »Ein Kundenauftrag wird von genau einem Kunden erteilt.«

- »Ein Kundenauftrag wird von keinem oder mehreren Mitarbeitern bearbeitet.«, »Ein Mitarbeiter bearbeitet keinen oder mehrere Kundenaufträge.«

- »Zu einem Kundenauftrag werden keine oder mehrere Materialien benötigt.«, »Ein Material wird für keinen oder mehrere Kundenaufträge benötigt.«

An dem Datenmodell aus Abbildung 2.2 gibt es noch sehr viel mehr zu erklären und zu lernen – vorher möchte ich jedoch noch etwas zu der Frage sagen: »Wie kommt man denn auf ein solches Modell?«

... und seine Erstellung

Ein Datenmodell zu erstellen, ist einfacher, als Sie glauben, und es ist ein Hauptanliegen dieses Buchs, Ihnen diese Fertigkeit zu vermitteln. Wir haben ja bereits ein fertiges Datenmodell »gelesen« – bei seiner Erstellung gehen wir einfach umgekehrt vor.

Ausgangspunkt sind dabei bestimmte Zusammenhänge und Arbeitsabläufe, die Sie mithilfe einer Datenbank besser organisieren möchten. Im Beispiel dieses Kapitels geht es dabei um ein Unternehmen. Jemand, der sich damit auskennt, würde auf die Bitte »Beschreiben Sie doch mal, was bei Ihnen so abläuft!« vielleicht folgendermaßen antworten:

»Wir sind ein kleines Bauunternehmen und bekommen unsere Aufträge von Privatleuten. Manchmal wird auch nur nach einem Angebot gefragt, und dann hören wir nichts mehr von dem Kunden. Wenn wir einen Auftrag haben, fahren ein paar Mann von uns los und erledigen das. Hinterher müssen sie Materialverbrauchsscheine in der Buchhaltung abgeben. Der Chef plant natürlich anhand der Auftragslage, wer was wann machen soll.«

Gut – er würde das sicher weitschweifiger tun und uns noch einige Geschichten erzählen (»Da ist neulich mal ein Ding passiert ...«). Ich habe die Schilderung hier schon mal auf das Wesentliche reduziert.

Merken Sie etwas, wenn Sie die Schilderungen unseres Fachkundigen mit den Sätzen am Ende des vorigen Abschnitts vergleichen? Das klingt sehr ähnlich! Der Unterschied besteht darin, dass das Lesen eines Datenmodells sehr stark strukturierte Sätze erzeugt, während die verbale Schilderung von Abläufen natürlich in normaler Umgangssprache erfolgt. Aber Sie können daraus ein Datenmodell herauslesen, wenn Sie die Regel beachten:

 Aus Substantiven werden Entitäten. Aus Verben werden Relationen.

Um das zu erkennen, wollen wir die verbalen Schilderungen noch einmal verdichten, indem wir ausschließlich fragen: »Welche Objekte spielen eine Rolle, und wie hängen sie zusammen?« Dann erhalten wir:

- Kunden erteilen Aufträge.
- Mitarbeiter bearbeiten Aufträge.
- Aufträge erfordern Material.

Und wenn Sie jetzt rufen: »Halt mal – stopp! Und was ist mit den Rechnungen? Und mit diesem ... und mit jenem ...«, dann muss ich Ihnen sagen: Sie haben ja recht. In Wirklichkeit ist das alles natürlich komplizierter. Ich möchte aber hier erst einmal ein einfaches Übungsbeispiel konstruieren – näher an die Praxis heran begeben wir uns später.

Wir haben jetzt eine strukturierte Szenario-Beschreibung, die aus Konstrukten der Form Substantiv – Verb – Substantiv besteht. Diese können wir eins zu eins entsprechend der oben genannten Regel in ein Datenmodell umsetzen (siehe Abbildung 2.8). Es enthält die

- Entitäten Kunde, Kundenauftrag, Mitarbeiter und Material sowie
- Relationen zwischen Kunde und Kundenauftrag (»erteilen«), zwischen Mitarbeiter und Kundenauftrag (»bearbeiten«) und zwischen Material und Kundenauftrag (»erfordern«).

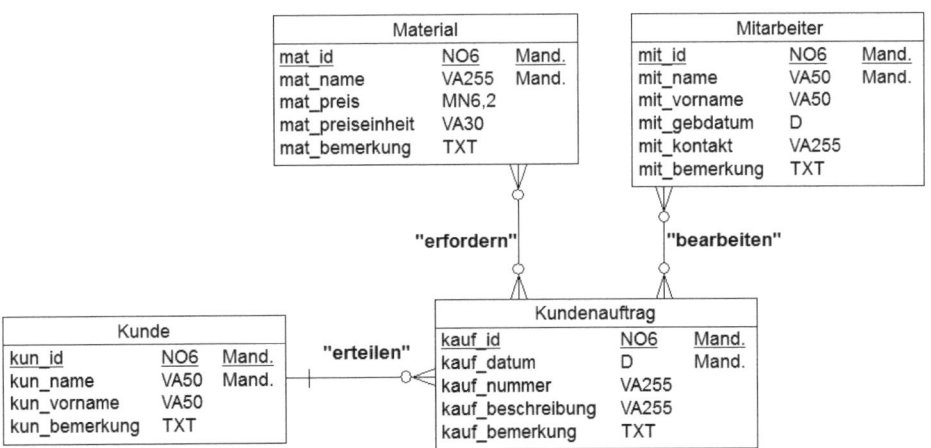

Abbildung 2.8: Ein erster Ansatz für das Unternehmensdatenmodell.

Bitte beachten Sie, dass der Kundenauftrag den Primärschlüssel *kauf_id* (datenbankintern) hat und außerdem das Attribut *kauf_nummer* (erscheint auf Aufträgen und Rechnungen)! Beim Blick auf Abbildung 2.8 möchte ich auch noch einmal an die von mir empfohlene Namenskonvention für die Attribute (die späteren Tabellenspalten) erinnern: eine Abkürzung (meist aus drei Buchstaben) des Namens der Entität (der späteren Tabelle), gefolgt von einem Unterstrich und dem eigentlichen Namen des Attributs (der späteren Tabellenspalte).

In dem in Abbildung 2.8 dargestellten ganz, ganz einfachen Ansatz für ein Datenmodell für einen mittelständischen Handwerksbetrieb sind einige Dinge erklärungsbedürftig.

Überall Bemerkungen

 Sie sollten es sich zum Grundsatz machen, für (fast) jede Entität ein Attribut »Bemerkungen« vorzusehen.

Der spätere Benutzer der Anwendung wird es Ihnen danken. Dann erscheint nämlich in dem entsprechenden Access-Formular auch ein Eingabefeld *Bemerkungen*. Dort kann der Benutzer alles hineinschreiben, was nicht in andere Felder passt.

Das enthebt Sie aber nicht der Verpflichtung, bei der Datenmodellierung gründlich nachzudenken, welche Attribute Ihre Entitäten haben müssen, damit später entsprechende Textfelder auf den Formularen erscheinen. Bemerkungsfelder haben nämlich einen Nachteil: Sie sind unspezifisch. Man kann alles hineinschreiben. In der späteren Anwendung ist es dann unter Umständen schwierig, ihre Inhalte für bestimmte Operationen zu verwenden.

Ein Beispiel: Angenommen, Sie schreiben in *mit_bemerkung* immer den Beruf des Mitarbeiters hinein, weil das Datenmodell dafür leider kein Attribut vorsieht. Dann wird es später in der Anwendung schwierig, nach einem »Tischler« zu suchen, denn

- in dem Bemerkungsfeld steht auch noch alles Mögliche andere bunt durcheinander, aus dem Sie erst einmal das Wort »Tischler« herausfinden müssen (z. B. »hat keinen Führerschein, freitags nur bis mittags einplanen«),

- jemand hat sich bei der Eingabe des Worts »Tischler« verschrieben, sodass in *mit_bemerkung* jetzt »Tischler« steht, oder

- ein anderer hat »Schreiner« statt »Tischler« geschrieben.

Da ist es dann schon besser, ein spezielles Attribut dafür vorzusehen und für die Daten in der späteren Tabellenspalte *mit_beruf* nur bestimmte Werte zuzulassen.

Preise – wofür?

Dass Material einen bestimmten Preis hat, ist klar (*mat_preis*) – aber was ist mit *mat_preiseinheit* gemeint? Nun, Steine kosten pro 1.000 Stück, Zement pro Kilogramm und Maschendrahtzaun pro laufenden Meter. Das müssen Sie zusätzlich zur Preisangabe in *Material* festhalten.

Unser Szenario spielt komplett in Deutschland, daher ist die Währungseinheit selbstverständlich Euro.

Wenn Geschäftsbeziehungen ins Nicht-Euro-Ausland hinzukommen, müssten Sie außerdem noch ein Attribut *mat_waehrung* vorsehen.

Warum nicht *mat_währung*? Das ist eine Vorsichtsmaßnahme, die sich bei mir immer wieder bewährt (und nicht bewaehrt ;-)) hat, denn Access ist trotz der eingedeutschten Menüs, Schaltflächen, Hilfe usw. im Kern immer noch »etwas Amerikanisches«. Und dort gibt es keine Umlaute und kein »ß«. Die Bezeichnung einer Entität oder eines Attributs mit einem »ä« darin kann funktionieren – kann aber auch nicht. Darum gehen Sie besser »auf Nummer sicher« und verwenden keine Umlaute, kein »ß« und vor allen Dingen **keine Leerzeichen**.

Aus demselben Grund schreibe ich übrigens auch fast alles klein. Man kann nämlich nie genau wissen, wann kun_name und Kun_Name dasselbe ist und wann nicht.

Kunden ohne Aufträge?

Warum enthält das Datenmodell aus Abbildung 2.8 die Aussage »Ein Kunde erteilt **keinen** oder mehrere Aufträge.«? Was soll ich denn mit Kunden, die keine Aufträge erteilen?

Hier müssen Sie die Realität und die Zusammenhänge im Datenmodell fein säuberlich auseinanderhalten. Natürlich ergibt es keinen Sinn, die Daten von Kunden abzuspeichern, die **niemals** einen Auftrag erteilen. Dann sind es letzten Endes gar keine Kunden.

Aber: Sie könnten ja den Wunsch verspüren, einfach eine Anzahl von Ihnen bekannten Namen in die Tabelle *tblKunde* einzugeben – in der Hoffnung, dass diese später einmal zu Kunden werden, indem sie Ihnen Aufträge erteilen.

Oder: Sie möchten alte, längst erledigte Aufträge von Kunden löschen, ohne aber die Kunden selbst zu löschen – in der Hoffnung, dass sie Ihnen später wieder Aufträge erteilen.

Das bedeutet: In der Datenbank kann ein Kunde **eine gewisse Zeit lang** ohne Aufträge existieren, denn er hatte früher mal welche erteilt oder wird in Zukunft welche erteilen.

Generell gilt daher:

 Die Kardinalitäten »1,1« und »1,n« sind immer eine Einschränkung der späteren Nutzungsmöglichkeiten der Datenbankanwendung. Diese Einschränkung sollte man nur machen, wenn man sie ausdrücklich bezweckt.

In der Relation zwischen *Kunde* und *Kundenauftrag* gilt das für die umgekehrte Richtung: »Zu einem Kundenauftrag gehört genau ein Kunde.« Damit verfolge ich die Absicht, den späteren Benutzer der Anwendung zu zwingen, zu einem Auftrag auch immer einen Kunden einzutragen. Es soll also keine »kundenlosen« Aufträge geben.

Kein Material und keine Leute?

Das Gleiche gilt für die auf den ersten Blick merkwürdigen Aussagen:

*   »Ein Kundenauftrag wird von **keinem** oder mehreren Mitarbeitern bearbeitet.«, »Ein Mitarbeiter bearbeitet **keinen** oder mehrere Kundenaufträge.«

- »Zu einem Kundenauftrag werden **keine** oder mehrere Materialien benötigt.«, »Ein Material wird für **keinen** oder mehrere Kundenaufträge benötigt.«

Natürlich muss ein Kundenauftrag irgendwann von einem Mitarbeiter bearbeitet werden. Es steht aber sicher nicht sofort mit der Auftragsannahme fest, wer das machen wird. Also tippt jemand den Auftrag erst einmal ein, und etwas später überlegt er oder jemand anderer sich, welcher Mitarbeiter das übernehmen soll.

Die Frage, die Sie sich bei der Datenmodellierung stellen müssen, lautet also nicht: »Gibt es Aufträge, die von keinem Mitarbeiter bearbeitet werden?«, sondern: »Kann es erforderlich sein, dass ein Auftrag in meiner Datenbank **eine gewisse Zeit lang** ohne Zuordnung zu einem Mitarbeiter existiert?«

Allgemein formuliert:

Bei der Festlegung der Kardinalitäten einer Relation zwischen A und B müssen Sie sich fragen: »Kann es erforderlich sein, dass ein Objekt A eine gewisse Zeit lang ohne eine Zuordnung zu einem Objekt B existiert?«

Als kleine Übung können Sie sich ja mal praktische Fälle für die übrigen »0«-Kardinalitäten in Abbildung 2.8 überlegen.

Keine Fremdschlüssel?

Ich hatte immer wieder betont, wie wichtig die Fremdschlüssel für eine Datenbankanwendung sind. Nun enthält das Datenmodell in Abbildung 2.8 aber gar keine Fremdschlüssel. Nach unserem Blick hinter die Kulissen im vorigen Kapitel wissen wir jedoch, dass eigentlich ein Fremdschlüssel *kun_id_f* in *Kundenauftrag* hineingehört, damit wir wissen, von welchem Kunden der Auftrag ist.

Die Fremdschlüssel kommen aber erst etwas später ins Spiel.

Es gibt nämlich genau genommen zwei verschiedene Arten von Datenmodellen: logische und physische. Bisher reden wir nur über das logische?«

Wir werden später sehen, wie es mithilfe von zwei ganz einfachen Regeln in das physische Datenmodell überführt wird. Und das enthält dann auch die Fremdschlüssel.

Das ist gerade die große Stärke der in diesem Buch dargestellten Methodik: Bei der Erstellung des logischen Datenmodells können Sie sich ganz auf die Logik der Problematik konzentrieren, ohne schon an Tabellen, Daten, Datenbanken usw. denken zu müssen. Die Tatsache, dass ein Auftrag von einem Kunden erteilt wird, stellen wir grafisch durch eine Linie zwischen den beiden Entitäten dar – ohne uns jetzt schon um technische Einzelheiten (Fremdschlüssel) zu kümmern.

Die Erstellung des logischen Datenmodells erfordert einen erheblichen Zeit- und Denkaufwand – dessen Überführung in ein physisches Modell und schließlich daraus das Anlegen der Tabellen sind dann Arbeitsschritte rein technischer Natur. Im Idealfall brauchen Sie das nicht einmal selbst zu machen, weil es dafür auch Software gibt – sogenannte CASE-Tools (Computer Aided Software Engineering).

Es ist natürlich ziemlich offensichtlich, dass aus den Entitäten und ihren Attributen im logischen Datenmodell später Tabellen mit ihren Spalten werden. Das stimmt aber nicht eins zu eins, denn es wird später Tabellen geben, die noch nicht als Entitäten im logischen Modell zu sehen sind: die »Zwischentabellen«, die uns im vorigen Kapitel beim Blick hinter die Kulissen der Vereinsanwendung schon aufgefallen waren.

Darum ist es wichtig, die Begriffe »Entität« und »Tabelle« sauber auseinanderzuhalten. Wir reden im jetzigen Stadium der Datenmodellierung nur über Entitäten.

Fragen, fragen, fragen!

Für die Erstellung eines Datenmodells ist detailliertes Fachwissen über die Abläufe erforderlich, die die Datenbankanwendung unterstützen soll. Dieses Wissen kann der Entwickler selbst haben, wenn er die Anwendung für den Eigengebrauch entwickelt – häufig muss man jedoch jemanden befragen, der sich damit auskennt. Bei solchen Befragungen kommt nie im ersten Anlauf alles zur Sprache, was für die Anwendungsentwicklung benötigt wird. Der Befragte wird Dinge, die ihm völlig selbstverständlich erscheinen, nicht sagen. Bei dem Vereinsbeispiel aus dem vorigen Kapitel wird er sicher nicht extra darauf hinweisen, dass die Vereinsmitglieder Beitrag bezahlen, denn das ist ja selbstverständlich. In unserem Unternehmensbeispiel wird er es nicht für erwähnenswert halten, dass jeder Kunde eine Anschrift, eine oder mehrere Telefonnummern, eine oder mehrere E-Mail-Adressen usw. hat, denn das ist ja selbstverständlich.

Dagegen hilft nur:

- fragen, fragen, fragen und
- aufmerksam zuhören.

Lassen Sie den »Fachkundigen« zunächst wahllos aus seinem Fachgebiet erzählen. Hören Sie genau zu und notieren Sie sich Substantive und Substantiv-Verb-Substantiv-Kombinationen. Bei den Substantiven müssen Sie ein feines Ohr dafür haben, ob es sich um eine potenzielle Entität oder um ein Attribut handelt! Die beiden Sätze

- »Unsere Kunden erteilen Aufträge.« und
- »Unsere Aufträge haben fortlaufende Nummern.«

haben eine **völlig** unterschiedliche Qualität! Kunden und Aufträge sind Entitäten. Sie haben selbst Eigenschaften wie Name, Anschrift, Datum. Nummer ist keine Entität, sondern selbst eine Eigenschaft und damit Attribut einer Entität.

 Eine Entität (z. B. Kunde) hat eine oder mehrere Eigenschaften (z. B. Name, Geburtsdatum) und ist nicht selbst eine Eigenschaft.

Bei der Erstellung des Datenmodells sind daher in erster Linie Sätze der Form »Entität hat Relation zu Entität« wichtig – erst in zweiter Linie Sätze der Form »Entität hat Eigenschaft«.

Noch eine Falle, in die Modellieranfänger leicht tappen:

 Eine Entität ist dadurch gekennzeichnet, dass es **mehrere** unterscheidbare Vertreter ihrer Art gibt.

Wenn der Fachkundige sagt: »Unser Lager hat Regale.«, heißt das nicht automatisch, dass Sie im Datenmodell eine Entität *Lager* brauchen. Was würde das bedeuten? Aus der Entität *Lager* würde später eine Tabelle *tblLager* werden. Jede Zeile dieser Tabelle wäre ein Lager – so wie jede Zeile der Tabelle *tblKunde* ein Kunde ist. Aber was hätte das für einen Sinn, wenn Sie nur ein Lager haben? Es ist also nur sinnvoll, eine Entität zu definieren, wenn es in der Realität **mehrere** Vertreter ihrer Art gibt!

Jetzt wollen wir unser Unternehmensmodell (siehe Abbildung 2.8) weiter vervollkommnen. Was hatte der Fachkundige noch gesagt? »Der Chef plant natürlich anhand der Auftragslage, wer was wann machen soll.« Also fügen wir erst einmal bei *Kundenauftrag* einen geplanten Beginn und ein geplantes Ende der Bearbeitung hinzu (*kauf_von* und *kauf_bis*).

Anschrift1, Anschrift2

Dass die Kunden eine oder sogar mehrere Anschriften und Telefonnummern haben, hielt unser Fachkundiger im Gespräch gar nicht für erwähnenswert, so selbstverständlich ist das. Trotzdem sind es natürlich ganz wichtige Daten, für die wir im Datenmodell einen Platz vorsehen müssen.

Auf den ersten Blick könnte man meinen, *Anschrift* und *Telefonnummer* sind Attribute von *Kunde*. Fertig! Wirklich? Mit solchen Kontaktangaben gibt es zwei Probleme:

- Sie können nie im Voraus wissen, **wie viele** Adressen, Telefonnummern und E-Mail-Adressen jemand hat. Da gibt es dann häufig die unschöne Lösung: »Anschrift 1«, »Anschrift 2«. Das haben Sie vielleicht schon mal irgendwo auf dem Bildschirm gesehen. Was ist aber, wenn jemand drei Anschriften hat? Dann wird sie üblicherweise ins Bemerkungsfeld geschrieben – zusammen mit der dritten Telefonnummer und der vierten E-Mail-Adresse. Ein schönes Durcheinander!

- Sie können nie im Voraus wissen, **welche** Kontaktangaben jemand hat. Der klassische Dreiklang »Anschrift, Telefon, Fax« hat ja längst ausgedient. Handynummer und E-Mail-Adresse kommen auf jeden Fall dazu. Vielleicht hat der Kunde ja auch eine eigene Webseite, die Sie sich merken möchten? Oder eine Skypeadresse? Oder, oder, oder?

Damit verwandeln sich die Kontaktangaben vom Attribut der Entität *Kunde* zu einer eigenständigen Entität: »Ein Kunde hat keinen oder mehrere Kontakte«, »Ein Kontakt gehört zu genau einem Kunden« (siehe Abbildung 2.9).

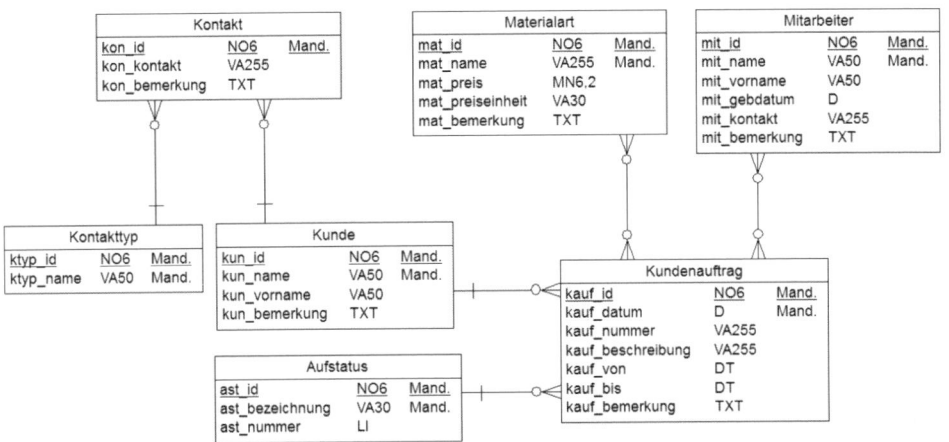

Abbildung 2.9: Die Nachfragen beim Fachkundigen liefern weitere Erkenntnisse.

Typ

Wir haben jetzt also keine Attribute *kun_anschrift*, *kun_telefonnr* usw. der Entität *Kunde* mehr, sondern ein allgemeines Attribut *kon_kontakt* der Entität *Kontakt*. In der entsprechenden Tabellenspalte kann später »Bremen« oder »0170-34 12 67 23« oder die E-Mail-Adresse »schulz@provider.de« stehen. Sie als Mensch wissen, dass es sich dabei um eine Stadt, eine Handynummer oder um eine E-Mail-Adresse handelt. Die Datenbank weiß das nicht automatisch. Darum bekommt der Kontakt zusätzlich einen Typ. Das ist auf den ersten Blick wieder ein Attribut von *Kontakt*, und Sie können das auch so realisieren.

Aus Erfahrung sage ich Ihnen aber: Verwandeln Sie auch den Typ besser in eine eigene Entität: »Ein Kontakt hat genau einen Kontakttyp.«, »Zu einem Kontakttyp gehören keine oder mehrere Kontakte.«. Dann tragen Sie später in die Tabelle *tblKontakttyp* eine Reihe von zugelassenen Werten ein (die Sie übrigens jederzeit erweitern können), und es kann nicht mehr vorkommen, dass in einer Spalte *kon_typ* steht: »Handy«, »Handynummer«, »Handynr.«, »mobil« usw.

Das ist übrigens auch ein sehr beliebter Anfängerfehler bei der Datenmodellierung: mehrere verschiedene Typen einer Entität als Attribute zu definieren. Stellen Sie sich vor, Sie wollen Ihre Filmsammlung per Datenbank verwalten und definieren für die Entität *Film* außer *film_titel* noch die Attribute *film_historisch*, *film_romanze*, *film_sciencefiction* usw. Das kann man so machen. Dann müssten Sie z. B. bei einem historischen Film in der Tabelle *tblFilm* in der Spalte *film_historisch* ein »ja« eintragen und in den übrigen Typspalten ein »nein«. Aber was passiert, wenn Sie plötzlich Ihre Vorliebe für Naturfilme entdecken? Dann müssten Sie der Tabelle *tblFilm* eine Spalte *film_natur* hinzufügen. Und etwas später vielleicht noch eine Spalte *film_krimi*. Und so weiter – nein, nein, so geht das nicht!

Das Hinzufügen einer Tabellenspalte stellt eine Änderung am Datenmodell dar, und das ist immer schlecht, weil es mit hohem Änderungsaufwand in den Formularen verbunden ist.

 Modellieren Sie den Typ einer Entität (z. B. *Film*) immer mithilfe einer gesonderten Entität (z. B. *Filmtyp*).

Das schafft Ihnen die nötige Flexibilität, später beliebig viele Typen hinzuzufügen, ohne die Formulare überarbeiten zu müssen, weil der Typ dann dort nicht mehr als Textfeld auftritt, sondern als beliebig verlängerbare Liste, aus der Sie einen oder mehrere Einträge auswählen können. Um zu erkennen, was ich damit meine, sehen Sie sich bitte in der Vereinsanwendung im Formular *Mitglieder* die Liste der Mitgliedschaften an. Dort ist der Typ der jeweiligen Mitgliedschaft in der gerade beschriebenen Weise realisiert worden!

Status

Technisch gilt für die Entität *Aufstatus* dasselbe, wie oben für *Kontakttyp* bereits gesagt. Die spätere Tabelle *tblAufstatus* enthält in der Spalte *ast_bezeichnung* z. B. die Werte »angefragt«, »angeboten«, »erteilt«, »storniert«, »in Arbeit« und »erledigt«. Alles das sind Zustände, in denen sich ein Auftrag befinden kann. Durch die Entität *Aufstatus* ersparen Sie sich die Anlage von weiteren Entitäten wie z. B. *Anfrage* und *Angebot*. Eine Anfrage ist jetzt ein Auftrag im Status »angefragt«, ein Angebot ist ein Auftrag im Status »angeboten«. Das hat eine Reihe von Vorteilen:

- Sie vermeiden Mehrfacherfassung von Daten, Kopieraufwand und redundante Datenhaltung, denn wenn aus einer Anfrage ein Auftrag wird, müssten Sie die entsprechenden Daten erst in einer Tabelle *tblAngebot* speichern und dann nach *tblAuftrag* hinüberkopieren. Somit lägen sie aber zweimal in Ihrer Datenbank.

- Sie können einfach durch Statusänderung eine Anfrage in ein Angebot und dann in einen Auftrag verwandeln.

- Durch die Erfassung von Anfragen, die aber nie zu Aufträgen werden, entdecken Sie, dass bestimmte Kunden immer nur anfragen, aber nie beauftragen.

- Sie können Aufträge im Status »erledigt« aus der Anzeige auf dem Bildschirm ausblenden, ohne sie löschen zu müssen. Wenn Sie dann die erledigten Aufträge noch einmal durchsehen wollen, erstellen Sie einfach ein Access-Formular, das alle erledigten Aufträge anzeigt.

- Sie können Backups erstellen, indem Sie alle Aufträge im Status »erledigt« aus der Arbeitsdatenbank herauskopieren und dann löschen.

Welchen Sinn hat das Attribut *ast_nummer* in *Aufstatus*? Darauf kann man nur kommen, wenn man schon etwas Erfahrung in der Entwicklung von Datenbanken hat. Der Auftragsstatus wird nämlich später im Formular aus einem Kombinationsfeld ausgewählt. Darin sollen die einzelnen Werte für den Auftragsstatus aber nicht in willkürlicher Reihenfolge aufgelistet sein. Sie sollen auch nicht einfach alphabetisch sortiert werden, denn in der betrieblichen Praxis ist es so, dass ein Auftrag zuerst angefragt wird, dann angeboten, dann beauftragt, dann eventuell storniert ... usw. Durch das Attribut *ast_nummer* hat man jetzt die Möglichkeit, die Auftragsstatus in einer logischen Reihenfolge durchzunummerieren und sie dann später im Kombinationsfeld in dieser Reihenfolge anzuzeigen. »Trick 17«!

Material vs. Materialart

Wenn Sie die Datenmodelle in Abbildung 2.8 und Abbildung 2.9 vergleichen, wird Ihnen vielleicht auffallen, dass ich *Material* ganz unauffällig in *Materialart* verwandelt habe. Auch das ist wieder eine Hürde für Anfänger in der Datenmodellierung, die sie erst einmal als solche erkennen und dann überspringen müssen.

Es geht hier darum, ob Objekte unterscheidbar sind oder nicht. Ein Beispiel: Das Material könnte eine Pumpe sein, die eine Seriennummer trägt. Eine andere Pumpe hat eine andere Seriennummer. Damit sind die beiden Pumpen unterscheidbar. Ein Sack Zement dagegen oder ein Quadratmeter Parkett ist nicht von einem anderen Sack Zement bzw. einem anderen Quadratmeter Parkett zu unterscheiden.

Eine Pumpe ist also im Rahmen der Datenmodellierung ein *Material*, ein Sack Zement ist eine *Materialart*! Es wird entweder **eine ganz bestimmte** Pumpe eingebaut oder **irgendein** Sack Zement verbraucht. Das muss dann auch entsprechend modelliert werden (Abbildung 2.10).

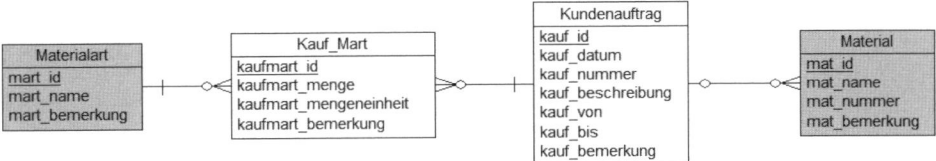

Abbildung 2.10: »Materialart« ist etwas ganz anderes als »Material«!

Ein Material bekommt neben dem Namen noch ein eindeutiges Kennzeichen (z. B. eine Nummer) und wird im Allgemeinen auch nur für einen Auftrag eingesetzt (eine 1:n-Beziehung in Abbildung 2.10). Eine Materialart bekommt nur einen Namen und kann in mehreren Aufträgen eingesetzt werden (eine m:n-Beziehung mit Zwischentabelle in Abbildung 2.10). Deshalb muss bei einer Materialart auch zusätzlich festgehalten werden, **wie viel** davon in einem Auftrag verbraucht wurde, denn der eine Auftrag erfordert 20 Sack Zement und der andere 30, während von einer Pumpe (dem Material!) immer nur eine (bestimmte!) verbaut wird.

In welcher Form sich die Menge der verbrauchten Materialart im Datenmodell wiederfindet, wird im nächsten Abschnitt beschrieben.

Also – wichtig ist zunächst:

 Überlegen Sie immer, ob es sich bei einer Entität wirklich um eine Entität (z. B. Material) oder vielleicht doch um eine Entitätsart (z. B. Materialart) handelt! Erstere modelliert unterscheidbare (z. B. Pumpen), Letztere ununterscheidbare Objekte (z. B. Zementsäcke).

Mengen und Zeiten in Zwischentabellen

Jetzt hat unser Datenmodell schon einen recht akzeptablen Stand erreicht. Es fehlt aber noch etwas ganz Entscheidendes – nämlich bestimmte Zeit- und Mengenangaben. Diese werden Sie dem Interview mit dem Fachkundigen nicht gleich entnehmen. Es ist jetzt vielmehr Ihre Aufgabe als Anwendungsentwickler, sich das Datenmodell vorzunehmen und es aufmerksam zu untersuchen – und zwar in erster Linie die m:n-Relationen. In unserem Beispiel sind das die Relationen zwischen *Kundenauftrag* und *Material(-art!)* und zwischen *Kundenauftrag* und *Mitarbeiter*.

Es wäre doch sicher wichtig, in der Datenbank festzuhalten,

- **wann** der Mitarbeiter an dem Kundenauftrag gearbeitet hat und
- **wie viel** von einer Materialart für den Kundenauftrag verbraucht wurde.

Wo können wir entsprechende Attribute unterbringen? Können wir die Zeit, die ein Mitarbeiter an einem Kundenauftrag gearbeitet hat, als *mit_arbeitszeit* in *Mitarbeiter* oder als *kauf_arbeitszeit* in *Kundenauftrag* anlegen? Nein – beide Varianten sind nicht möglich!

Ein Attribut *mit_arbeitszeit* in *Mitarbeiter* würde es uns unmöglich machen, zu erkennen, für welchen Kundenauftrag dieser Mitarbeiter diese Arbeitszeit aufgewendet hat, denn laut Datenmodell gehören ja zu einem Mitarbeiter mehrere Kundenaufträge. Die Angabe »2 Stunden« in der Zeile mit den Daten des Mitarbeiters »Neumann« wäre völlig wertlos.

Ein Attribut *kauf_arbeitszeit* in *Kundenauftrag* würde es uns unmöglich machen, zu erkennen, welcher Mitarbeiter diese Arbeitszeit aufgewendet hat, denn laut Datenmodell gehören ja zu einem Kundenauftrag mehrere Mitarbeiter. Die Angabe »2 Stunden« in der Zeile mit den Daten des Auftrags »154« wäre völlig wertlos.

Wohin also mit den Attributen *arbeitszeit* und *materialmenge*? Es gibt im Datenmodell in Abbildung 2.9 keine Entität, der man sie zuordnen könnte. Na gut, dann machen wir uns eine:

 Aus einer m:n-Relation werden durch die Umwandlung in eine Entität zwei mit der »1«-Seite nach außen gerichtete 1:n-Relationen.

Dieser Satz ist nicht besonders wissenschaftlich, hat aber den unschätzbaren Vorteil, als Arbeitsanleitung dienen zu können. Wenn Sie ihn auf die beiden m:n-Relationen in Abbildung 2.9 anwenden, entsteht Abbildung 2.11.

Damit entstehen die Entitäten der »Zwischentabellen«, von denen im vorangegangenen Kapitel schon die Rede war. Diesen Entitäten entsprechen im Allgemeinen keine realen Objekte. Darum gebe ich ihnen auch bewusst künstlich klingende Namen, die sich aus den abgekürzten Namen der beiden beteiligten Entitäten zusammensetzen: *Kauf_Mat* und *Kauf_Mit*.

Liest man jetzt das Datenmodell aus Abbildung 2.11, erhält man u. a. die neuen Sätze:

- Zu einem *Kauf_Mat* gehören genau eine *Materialart* und genau ein *Kundenauftrag*.
- Zu einem *Kauf_Mit* gehören genau ein *Mitarbeiter* und genau ein *Kundenauftrag*.

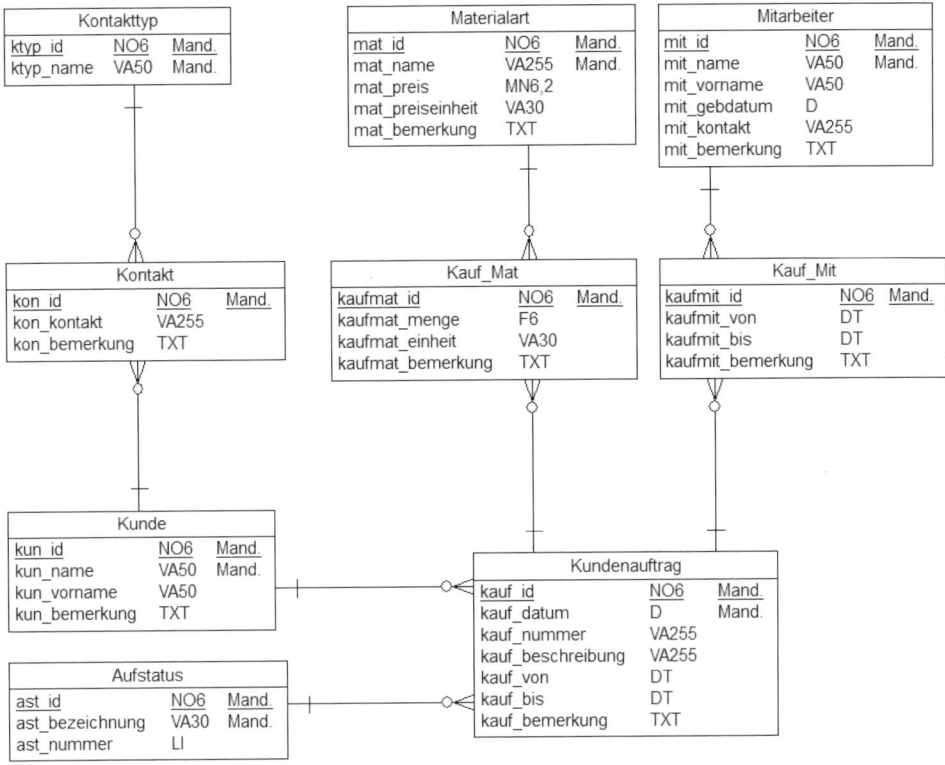

Abbildung 2.11: Zeiten und Mengen gehören häufig in sogenannte Zwischentabellen.

Somit könnten Sie *Kauf_Mat* etwa als »Materialentnahme« und *Kauf_Mit* als »Arbeitsstundennachweis« deuten. Trotzdem habe ich mir angewöhnt, es bei den künstlichen Namen zu belassen, um diese besonderen Entitäten, die später in der Datenbank zu den Zwischentabellen führen, auch als etwas Besonderes zu kennzeichnen.

In *Kauf_Mat* sehen Sie nicht nur das Attribut *kaufmat_menge*, sondern auch *kaufmat_einheit*, denn es kann sich ja um Kilogramm, Liter oder Stück handeln. In *Kauf_Mit* sehen Sie nicht *kaufmit_arbeitszeit*, sondern etwas genauer *kaufmit_von* und *kaufmit_bis*.

Wenn Sie es noch genauer haben wollen, legen Sie in *Kauf_Mit* vier Attribute an: *kaufmit_vonsoll*, *kaufmit_bissoll*, *kaufmit_vonist* und *kaufmit_bisist*. Dann kann der Chef nicht nur grob mit *kauf_von* und *kauf_bis* planen, wann der Kundenauftrag bearbeitet werden soll, sondern eine konkrete Personaleinsatzplanung machen, indem er mittels *kaufmit_vonsoll* und *kaufmit_bissoll* festlegt, wer wann für welchen Kundenauftrag arbeiten soll. Ist der Mitarbeiter dann fertig, meldet er die Arbeitszeit, und sie wird als Istwert in *Kauf_Mit* eingetragen.

Die strukturierte Szenario-Beschreibung

Ausgangspunkt für das mittlerweile doch schon recht komplexe Unternehmensdatenmodell waren die drei unscheinbaren Zeilen:

- Kunden erteilen Aufträge.
- Mitarbeiter bearbeiten Aufträge.
- Aufträge erfordern Material.

Ich nenne das eine strukturierte Szenario-Beschreibung. »Strukturiert« deshalb, weil es eine (einfache!) Regel für die Bildung der einzelnen Sätze gibt: Substantiv – Verb – Substantiv.

Bei den Substantiven muss es sich allerdings um Objekte oder – in der Sprache der ERM – um Entitäten handeln. Sätze der Form »Kunden haben Namen« sind also verboten, denn »Name« ist keine Entität, sondern eine Eigenschaft eines Objekts – in der Sprache der ERM das Attribut einer Entität. Sie sollten daher bei Sätzen, in denen als Verb »haben« steht, grundsätzlich misstrauisch sein und hinterfragen, ob das zweite Substantiv wirklich eine Entität ist.

Mit etwas Übung bringen Sie das Protokoll eines Gesprächs mit einem Fachkundigen gleich in die obige Form. Das erspart Ihnen einerseits viel Schreibarbeit, und andererseits entdecken Sie schneller eventuell noch fehlende Informationen, denn Ihre Mitschrift ist sehr übersichtlich.

Eine **richtig gut** strukturierte Szenario-Beschreibung kann aber noch mehr Informationen enthalten. Am besten fragen Sie sich oder den Fachkundigen bei jedem niedergeschriebenen Satz gleich, ob dabei auch Mengen und Zeiten von Interesse sind:

- Kunden erteilen Aufträge.
- Mitarbeiter bearbeiten Aufträge. (Wann?)
- Aufträge erfordern Material. (Wie viel?)

Sie haben damit auch gleich einen Anhaltspunkt für die oben beschriebene Umwandlung von m:n-Relationen in Entitäten, in denen Sie Mengen- und Zeitangaben unterbringen können.

Vielleicht haben Sie auch Folgendes notiert:

- Kunden erteilen Aufträge. (Wann? Wie viele?)

Das wäre überflüssig gewesen. Macht aber nichts – ich sage Ihnen jetzt, woran Sie das erkennen. Dazu formulieren wir einfach konkrete Sachverhalte als Beispiel:

- »Mitarbeiter A bearbeitet den Kundenauftrag B am 2.5.2018.«

In diesem Satz können Sie weder das Wort »Mitarbeiter« noch das Wort »Kundenauftrag« weglassen, ohne dass er seinen Sinn verliert. Das Datum ist weder eine Eigenschaft von *Mitarbeiter* noch von *Kundenauftrag* – es ist gewissermaßen eine gemeinsame Eigenschaft von beiden. Betrachten wir dagegen den Satz:

- »Kunde A erteilt Kundenauftrag B am 23.4.2018.«

Er könnte genauso gut lauten:

- »Der Kundenauftrag B ist vom 23.4.2018.«

Das Datum ist also eine Eigenschaft des Kundenauftrags oder – in der Sprache der ERM – ein Attribut der Entität *Kundenauftrag*.

Daraus ergibt sich folgende Regel:

Immer wenn in einem Satz zwei Entitäten mit einer Eigenschaft gemeinsam genannt werden und Sie keine der beiden Entitäten weglassen können, ohne dass der Satz seinen Sinn verliert, gehört die Eigenschaft in eine Zwischentabelle zwischen den beiden Entitäten.

Das mag wiederum nicht besonders wissenschaftlich klingen – aber es ist praktisch brauchbar!

Vorsicht bei Sätzen mit »hat« – z. B. »Ein Kunde hat einen Namen«. Wenn Ihnen partout kein anderes Verb als »hat« einfällt, ist das ein deutliches Zeichen dafür, dass der Satz keine Beziehung zwischen zwei Entitäten beschreibt, sondern lediglich feststellt, dass eine bestimmte Entität (z. B. ein Kunde) eine bestimmte Eigenschaft hat (z. B. einen Namen).

Eine gut strukturierte Szenario-Beschreibung können Sie eins zu eins in ein logisches Datenmodell umsetzen. Das ist dann eventuell noch nicht die endgültige Version – aber es ist schon dicht dran!

Die Überführung in das physische Modell

Mit der Fertigstellung des logischen Modells ist der größte Teil der Modellierungsarbeit erledigt. Im logischen Modell steckt – wie der Name schon sagt – die gesamte Logik der Problemstellung. Sie haben Fachkundige befragt, haben Entitäten und Relationen herausgefunden und Kardinalitäten festgelegt. Nun ist es an der Zeit, aus den Entitäten und Attributen Tabellen und Spalten zu machen. Und nun ist es vor allen Dingen an der Zeit, endlich die ach so wichtigen Fremdschlüssel zu erstellen.

Dafür brauchen Sie nur die folgenden beiden einfachen Regeln anzuwenden:

1:n-Relationen werden in das physische Modell überführt, indem man den Primärschlüssel der »1«-Seite als Fremdschlüssel auf der »n«-Seite einträgt.

m:n-Relationen werden in das physische Modell überführt, indem man die Primärschlüssel beider Entitäten in einer »Zwischentabelle« als Fremdschlüssel einträgt.

Sehen Sie sich dazu bitte Abbildung 2.12 an. Sie zeigt das physische Unternehmensdatenmodell.

Die Rechtecke stellen Tabellen dar, die Zeilen innerhalb der Rechtecke bezeichnen die Tabellenspalten. Die Primärschlüssel sind mit <pk> (primary key) gekennzeichnet und unterstrichen. Die Fremdschlüssel sind mit <fk> (foreign key) gekennzeichnet. Aus *Mand.* im logischen Datenmodell ist jetzt *not null* zur Kennzeichnung der Muss-Werte geworden.

Im logischen Datenmodell gab es eine 1:n-Relation zwischen Kunde und Kundenauftrag. Folgerichtig findet sich jetzt der Primärschlüssel *kun_id* von *tblKunde* als Fremdschlüssel *kun_id_f* in *tblKundenauftrag*. An dieser Stelle bewährt sich wieder einmal die von mir empfohlene Namenskonvention für Attribute bzw. Tabellenspalten, denn aufgrund des Präfixes erkennen Sie *kun_id_f* sofort als »Fremdkörper« in der Tabelle *tblKundenauftrag*.

Die Pfeile zwischen den Tabellen zeigen jeweils von der Tabelle mit einem Fremdschlüssel zu der Tabelle mit dem dazugehörigen Primärschlüssel – und **nicht** direkt vom Fremd- zum Primärschlüssel. Das würde bei den senkrechten Pfeilen nicht gehen.

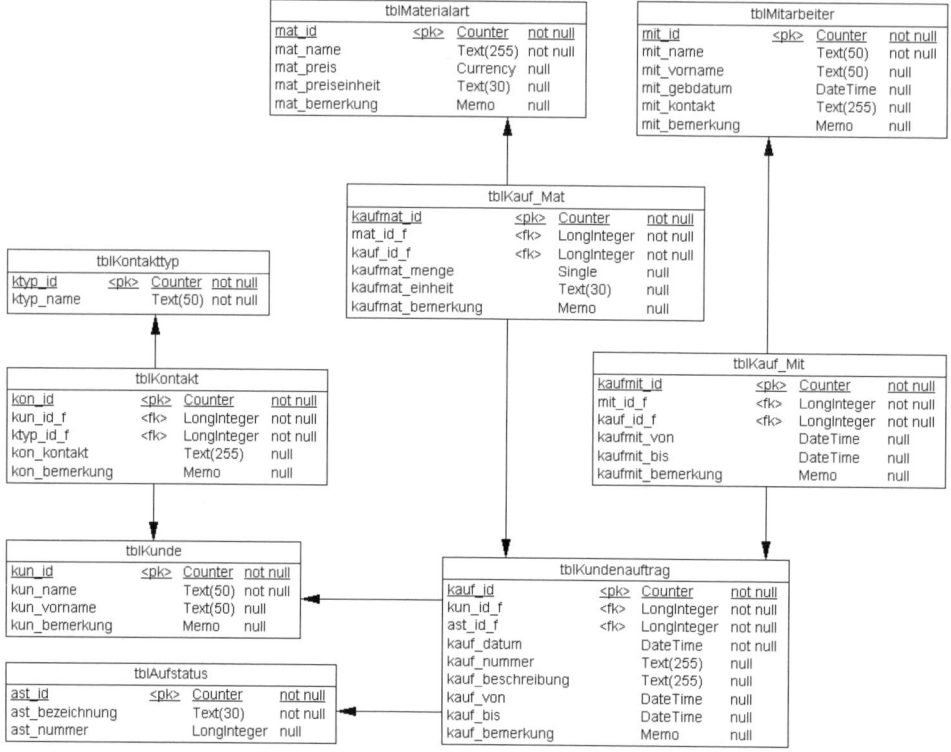

Abbildung 2.12: Das physische Unternehmensdatenmodell mit Fremdschlüsseln (<fk>).

Da wir im logischen Datenmodell keine m:n-Relationen mehr hatten, entstehen jetzt im physischen Datenmodell auch keine zusätzlichen Zwischentabellen. Alle Fremdschlüssel befinden sich in Tabellen, die bereits im logischen Datenmodell als Entitäten existiert haben.

Bitte schauen Sie sich das physische Unternehmensdatenmodell in Abbildung 2.12 gründlich an. Suchen Sie die Fremdschlüssel und vergleichen Sie deren Position mit der Richtung der Relationen im logischen Datenmodell in Abbildung 2.11.

Beachten Sie dabei auch, was sich bei den Datentypen geändert hat: Aus *VA50* wurde *Text(50)*, aus *MN6,2* wurde *Currency* usw. Die Bezeichnungen im logischen Datenmodell sind allgemeine Bezeichnungen, die unabhängig sind von der verwendeten Datenbanksoftware. Die Bezeichnungen im physischen Datenmodell sind datenbankspezifisch. In Access heißt es *Text(50)*, in einer anderen Datenbanksoftware vielleicht *Character(50)* und wieder woanders möglicherweise *Char(50)*.

Das logische Datenmodell ist datenbankunabhängig. Das physische Datenmodell wird für eine bestimmte Datenbanksoftware erstellt und enthält die für diese Software erforderlichen Bezeichnungen der Datentypen.

Sie erstellen also nicht ein physisches Modell schlechthin, sondern ein physisches Modell **für Access**!

Mit dem physischen Datenmodell in der Hand können Sie nun Access starten und loslegen. Sie wissen jetzt, welche Tabellen Sie brauchen, welche Spalten diese Tabellen haben, und vor allen Dingen wissen Sie, welche Fremdschlüssel in welchen Tabellen erforderlich sind.

Wir werden uns im nächsten Kapitel damit beschäftigen. Jetzt kommen aber erst noch weitere Datenmodelle.

Das Vereinsmodell

Wenn Sie einen Fachkundigen fragen, wie es im Sportverein zugeht, wird er vielleicht antworten:

»Ja, was soll ich dazu groß sagen? Unsere Mitglieder trainieren halt auf unseren Plätzen. Die Zeiten müssen sie vorher reservieren. Da ist manchmal ein Trainer dabei, manchmal trainieren sich die Mitglieder aber auch gegenseitig. Die Mitglieder nehmen einzeln oder auch in Mannschaften an Wettkämpfen teil.«

Daraus extrahieren wir als strukturierte Szenario-Beschreibung:

- Mitglieder buchen Trainingszeiten.
- Trainer nehmen an Trainingszeiten teil.
- Mitglieder nehmen als Trainer an Trainingszeiten teil.
- Mitglieder sind in Mannschaften.
- Mitglieder nehmen an Wettkämpfen teil. (Wie viele Punkte? Welcher Platz?)
- Mannschaften nehmen an Wettkämpfen teil. (Wie viele Punkte? Welcher Platz?)

Wenn wir jetzt noch die nicht ausdrücklich erwähnte Selbstverständlichkeit hinzufügen, dass die Mitglieder auch Beiträge zahlen, erhalten wir das in Abbildung 2.13 dargestellte Datenmodell.

Nichts ist zu kompliziert, um es nicht noch komplizierter machen zu können: Beim Satz »Mitglieder sind in Mannschaften.« hätten Sie auch fragen können: »Von wann bis wann?« Es könnte ja sein, dass jemand eine Zeit lang in der Jugendmannschaft war und dann zu den Erwachsenen wechselte. Vielleicht möchten Sie sich genau das merken? Dann hätten Sie zwischen *Mitglied* und *Mannschaft* statt einer 1:n- eine m:n-Relation, die Sie in eine Entität umwandeln müssten, um die Attribute *manmit_von* und *manmit_bis* unterbringen zu können.

Wir wollen es hier aber bei der einfacheren Variante belassen.

Das logische Datenmodell

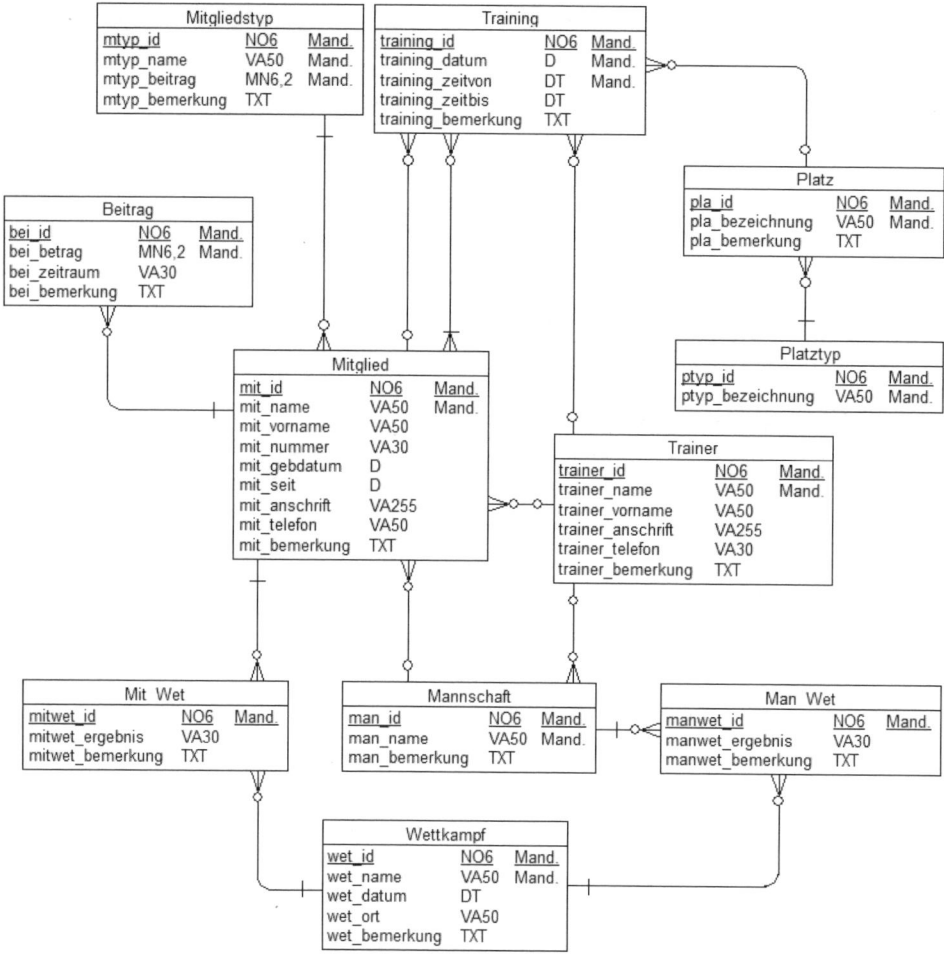

Abbildung 2.13: Das logische Datenmodell der Vereinsanwendung.

Bitte schauen Sie sich das Vereinsdatenmodell aufmerksam an. Sie werden viele der Prinzipien wiederfinden, die ich im Zusammenhang mit dem Unternehmensdatenmodell beschrieben habe.

Die beiden Entitäten *Mit_Wet* und *Man_Wet* sind aus m:n-Relationen zwischen *Mitglied* und *Wettkampf* bzw. zwischen *Mannschaft* und *Wettkampf* hervorgegangen, weil die Ergebnisse, die Mitglieder bzw. Mannschaften in Wettkämpfen erzielt haben, unterzubringen waren. Dabei entstand ein ähnliches Problem wie im Unternehmensdatenmodell mit den Materialmengen und den Arbeitsstunden. Beachten Sie hier die Lage der 1:n- Relationen: mit der »1«-Seite nach außen!

Zwischen *Mitglied* und *Training* gibt es **zwei** Relationen. Ja, auch das gibt es! Die m:n-Relation ermöglicht es, dass mehrere Mitglieder an einem Training teilnehmen. Die zusätzliche 1:n-Relation setzt die Aussage des Fachkundigen: »... manchmal trainieren sich die Mitglieder aber auch gegenseitig« um. Sie können dann also zusätzlich zu den trainierenden Mitgliedern noch ein Mitglied festlegen, das diese trainiert.

Um das Datenmodell nicht zu kompliziert werden zu lassen, wurde die Problematik der Kontakte hier ignoriert. Jedes Mitglied und jeder Trainer hat also nur eine Anschrift und eine Telefonnummer. Das dürfte auch halbwegs realistisch sein.

Zusätzlich wurde noch der *Mitgliedstyp* eingeführt (»Erwachsener«, »Kind«, »ermäßigt« usw.), der jeweils einen bestimmten Beitrag zahlt.

Der Datentyp MN6,2 von *bei_beitrag* und *mtyp_beitrag* bedeutet »monetary« mit insgesamt sechs Dezimalstellen, davon zwei nach dem Komma. Wir können also den Beitrag auf maximal 9.999,99 **Euro** hochschrauben.

Im Datenmodell ist vorgesehen, dass sowohl ein Mitglied als auch eine Mannschaft einen Trainer haben kann. Ein Mitglied kann also allein für sich den Trainer A haben, als Mitglied der Mannschaft X aber den Trainer B.

Das physische Datenmodell

Das Ergebnis der Überführung dieses Datenmodells in das physische Datenmodell sehen Sie in Abbildung 2.14. Es war die Grundlage für die Entwicklung der in Kapitel 1 vorgestellten Vereinsanwendung. Ich drücke mich absichtlich etwas schwammig aus und sage nicht, es zeige die Tabellen der Vereinsanwendung aus Kapitel 1. Wenn Sie diese noch einmal mit Access öffnen, im Navigationsbereich *Tabellen* auswählen und sich ansehen, welche Tabellen es gibt und welche Spalten sie haben, werden Sie einige Unterschiede zum physischen Modell in Abbildung 2.14 feststellen.

Ich hätte das ja auch korrigieren und beides in Übereinstimmung bringen können, bevor ich es veröffentliche. Aber so läuft es in der Realität nicht. Sie können noch so lange am logischen Datenmodell herumbasteln, Leute befragen und stundenlang grübeln – das daraus resultierende physische Datenmodell wird nie hundertprozentig alle Tabellen und Spalten enthalten, die Sie benötigen. Bei der Arbeit mit Access werden Sie immer merken, dass noch Tabellenspalten oder sogar ganze Tabellen fehlen.

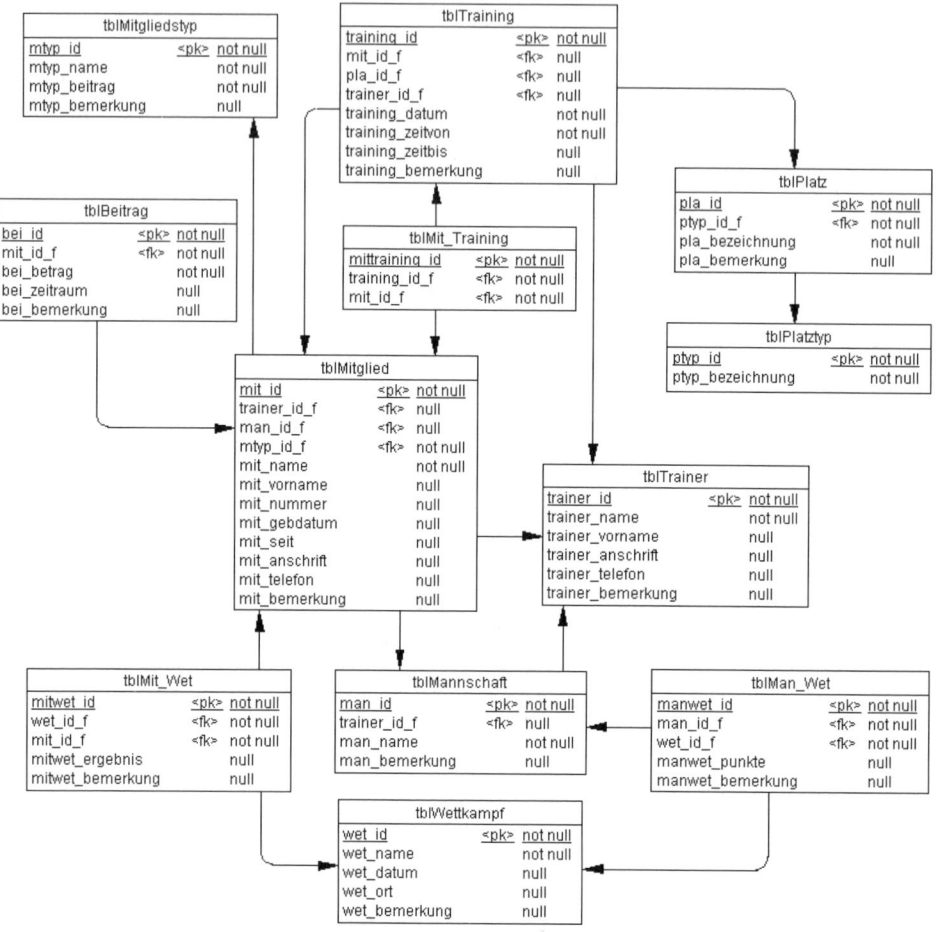

Abbildung 2.14: Das physische Datenmodell für die Vereinsanwendung.

Im physischen Datenmodell in Abbildung 2.14 taucht die Tabelle *tblMit_Training* auf, die im logischen Datenmodell in Abbildung 2.13 noch nicht zu sehen war. Sie entsteht bei der Überführung der m:n-Relation zwischen *Mitglied* und *Training* ins physische Datenmodell.

Die beiden m:n-Relationen zwischen *Wettkampf* und *Mitglied* und zwischen *Wettkampf* und *Mannschaft* hatten wir ja schon im logischen Datenmodell in Entitäten umgewandelt. Sie erscheinen hier jetzt als Tabellen mit je zwei Fremdschlüsseln.

Das Privatmodell

Der Privatanwender gehört meiner Meinung nach nicht zur Zielgruppe von Access. Um dieses Office-Produkt sinnvoll einzusetzen, müssten Sie

- eine Problematik haben, bei der größere Mengen an Daten mit komplexen Zusammenhängen dazwischen zu verwalten sind,

- bereit sein, diese Daten in relativ zeitaufwendiger Weise am Computer einzugeben, und

- den Computer anschalten, Access starten und mit der Anwendung arbeiten.

Alle drei Punkte treffen auf eine Kochrezepte-Sammlung oder Ähnliches nicht zu. Für die allermeisten privaten Datensammlungen gibt es einfachere und effektivere Techniken als Access (Aktenordner, Zettel, Karteikasten). Bevor Sie die Daten am Computer eingetippt haben, ist eine Karteikarte viel schneller geschrieben. Bevor Sie den Computer angeschaltet haben und Access läuft, ist der Aktenordner viel schneller aus dem Schrank gezogen.

Ich konstruiere trotzdem einmal folgendes Beispiel: Sie interessieren sich für Computer (sonst hätten Sie dieses Buch nicht gekauft ;-)), haben schon viel mit Word und/oder PowerPoint und/oder Excel gearbeitet und könnten jetzt beruflich Access-Know-how gebrauchen. Und Sie haben viele Bücher, CDs, Briefmarken oder was auch immer. Sie haben also eine Sammlung, aus der Sie gelegentlich auch Stücke ausleihen. Die Sammlung ist mittlerweile so groß geworden, dass Sie etwas den Überblick verloren haben. Ausgeliehene Stücke kommen öfter mal nicht zurück – einfach weil Sie auch selbst vergessen haben, wem Sie was geliehen haben.

Für diese Problematik lohnt es sich dann vielleicht doch, eine Access-Datenbank anzulegen, denn damit sind praktischer Nutzen **und** Know-how-Gewinn verbunden.

Als Sammelobjekt habe ich die Bücher ausgewählt. Das hat den Vorteil, dass das Beispiel dann auch für eine kleine Firmen- oder Vereinsbibliothek zu gebrauchen ist. Die Problembeschreibung lautet also ungefähr so:

»Ich habe viele Bücher. Sie stehen in mehreren Regalen in mehreren Räumen. Einige lagern auch in Kisten auf dem Boden und im Keller. Ich verborge Bücher an Bekannte.«

Das komprimieren wir zu folgender strukturierter Szenario-Beschreibung:

- Bücher stehen in Regalen.
- Regale stehen in Räumen.
- Bücher liegen in Kisten.
- Kisten stehen auf dem Boden/im Keller.
- Bücher werden an Bekannte verliehen. (Von wann bis wann?)

Nicht erwähnte Selbstverständlichkeiten sind:

- Bücher haben Autoren.
- Verlage verlegen Bücher.
- Bücher gehören zu einem Sachgebiet.

Das logische Datenmodell

Das resultierende logische Datenmodell sehen Sie in Abbildung 2.15. Sie erkennen sicher wieder sehr viel Bekanntes. Das Datenmodell enthält eine bunte Mischung von 1:n- und m:n-Relationen mit den unterschiedlichsten Kardinalitäten. Das meiste davon ist für Sie jetzt schon selbsterklärend. Erläuterungsbedürftig ist höchstens noch Folgendes:

Lager ist der Oberbegriff für die in der Problembeschreibung erwähnten Regale und Kisten. Ob es ein Regal oder eine Kiste oder auch noch etwas anderes ist, steht in *Lagertyp*.

Auch das ist wieder ein typischer Anfängerfehler: das Anlegen von mehreren Tabellen (*tblRegal*, *tblKiste*, *tblSchrank* ...), wenn man eigentlich nur zwei braucht (*tblLager* und *tblLagertyp*). Sie sollten daher Ihren Datenmodellentwurf aufmerksam untersuchen.

Es gibt zwei Hinweise auf einen möglicherweise erforderlichen Oberbegriff:

- Zwei oder mehr Ihrer Entitäten haben (fast) die gleichen Attribute.
- Sie haben das unbestimmte Gefühl, dass zu einer Gruppe von Entitäten noch weitere hinzukommen könnten.

Wenn sich dann später herausstellt, dass es z. B. noch weitere Lagermöglichkeiten gibt, können Sie das in Ihren Datenbestand aufnehmen, **ohne** das Datenmodell ändern oder ergänzen zu müssen – einfach durch einen neuen Eintrag in der Tabelle *tblLagertyp*!

 Überlegen Sie, ob Sie mehrere Entitäten (z. B. Regal, Kiste, Schrank) unter einem Oberbegriff zu einer einzigen Entität (z. B. Lager) zusammenfassen können. Legen Sie dann zusätzlich eine Entität für den Typ an (z. B. Lagertyp).

Zur Entität *Buch* habe ich noch den *Zustand* hinzugefügt. Hier könnten Sie sich z. B. merken: »neu«, »unbeschädigt«, »Einband eingerissen« usw.

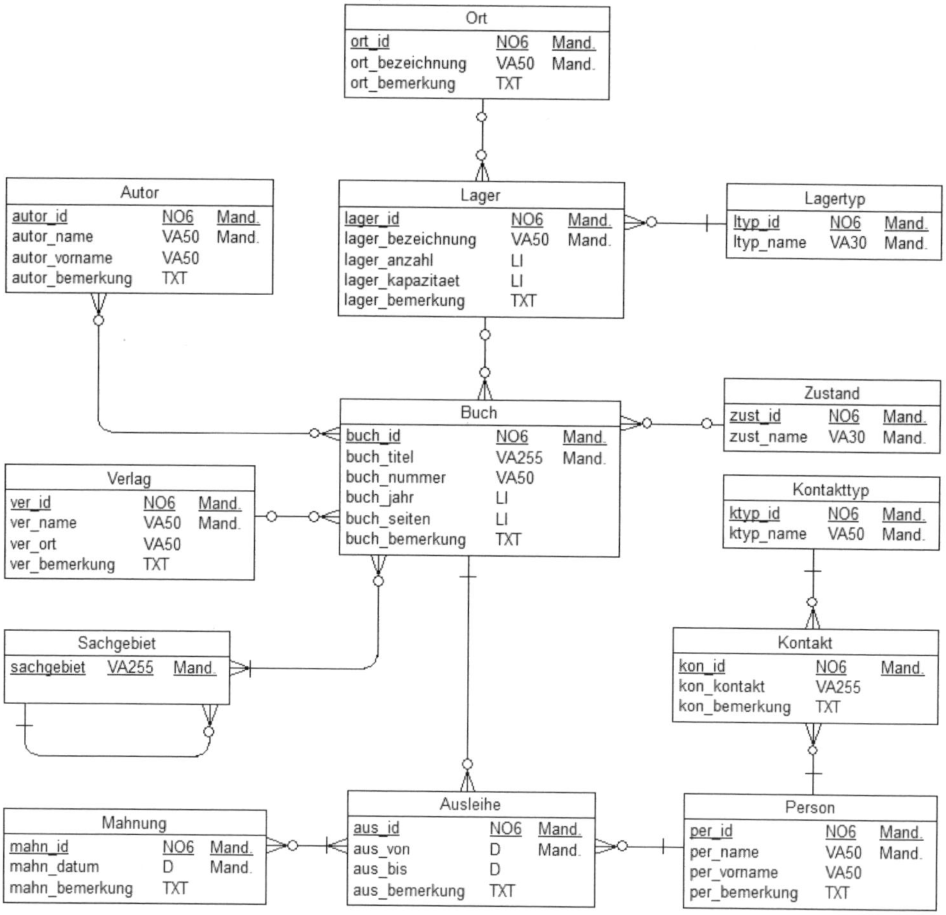

Abbildung 2.15: Das logische Datenmodell für die Büchersammlung.

Die Entität *Ausleihe* ist aus einer m:n-Relation zwischen *Buch* und *Person* hervorgegangen. Sie wurde in eine Entität *Buch_Per* umgewandelt, um sich den Ausleihzeitraum merken zu können, der ja weder in *Buch* noch in *Person* hineinpasst. Anschließend habe ich dann ausnahmsweise *Buch_Per* in *Ausleihe* umbenannt, weil sich das hier geradezu anbietet. An diesem Beispiel sehen Sie, dass die von mir aufgestellten Regeln für die Datenmodellierung keine Dogmen sind. Sie sind nützlich und sinnvoll – aber im begründeten Einzelfall können wir schon mal davon abweichen.

Etwas ganz Besonderes sehen Sie noch bei der Entität *Sachgebiet*: eine Relation zu sich selbst! Ja, auch das ist möglich! Wir lesen diese Relation so:

- »Ein Sachgebiet gehört zu genau einem anderen Sachgebiet.«
- »Zu einem Sachgebiet gehören keine oder mehrere andere Sachgebiete.«

Ich denke, Sie erkennen schon, worauf das hinausläuft: auf eine hierarchische Ordnung der Sachgebiete. Wir haben also z. B. das Sachgebiet »EDV«; dazu gehören die Untersachgebiete »Software« und »Hardware«. Zu »Hardware« gehören die Untersachgebiete »PC«, »Peripherie«, »Netzwerk« usw. Zu »Software« gehören die Untersachgebiete »Office«, »Bildbearbeitung«, »Buchhaltung« usw.

Wenn Sie es ganz komfortabel und kompliziert haben wollen, ziehen Sie zwischen *Buch* und *Sachgebiet* eine m:n-Relation, denn ein Buch könnte ja die Hardware und Software zur Bildbearbeitung behandeln ...

Eine weitere Besonderheit in Abbildung 2.15 ist die Relation zwischen *Ausleihe* und *Mahnung*. Bei der *Ausleihe* handelte es sich ursprünglich um eine m:n-Relation zwischen *Person* und *Buch*. Diese wurde in eine Entität umgewandelt, um die Ausleihzeiten unterbringen zu können. Anschließend wurde eine Relation von der neu entstandenen Entität *Ausleihe* zu einer weiteren Entität (*Mahnung*) gezogen. Wir haben also im Grunde genommen eine Relation zu einer Relation gezogen. Um es noch einmal zu wiederholen: Das ging nur durch die vorherige Umwandlung der Relation zwischen *Person* und *Buch* in eine Entität *Ausleihe*.

Der logische Hintergrund dafür ist, dass sich eine Mahnung weder auf eine Person noch auf ein Buch allein bezieht, sondern auf die **Kombination** aus beiden: Eine bestimmte **Person** wird gemahnt, dass sie bestimmte **Bücher** noch nicht zurückgegeben hat (siehe weiter unten den Abschnitt »Dreifachbeziehungen«!).

Das physische Datenmodell

Das resultierende physische Datenmodell zeigt Abbildung 2.16. Dort entstanden aus den m:n-Relationen zwischen *Autor* und *Buch* sowie *Mahnung* und *Ausleihe* die Zwischentabellen *tblAutor_Buch* und *tblAus_Mahn*. Bitte vergleichen Sie auch hier wieder das logische mit dem physischen Datenmodell und machen Sie sich klar, warum die einzelnen Fremdschlüssel in den Tabellen stehen müssen.

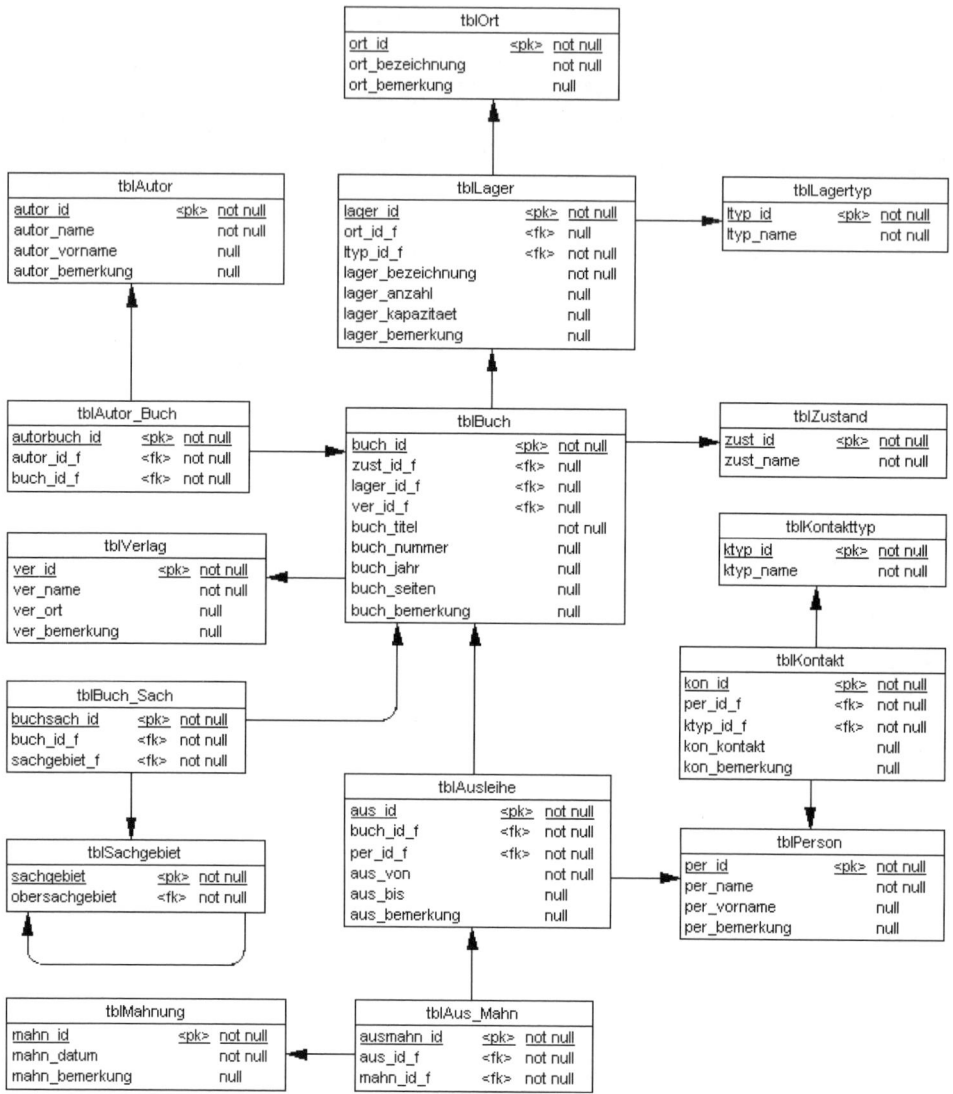

Abbildung 2.16: Das physische Datenmodell für die Büchersammlung.

In Abbildung 2.16 fällt insbesondere die Tabelle *tblSachgebiet* auf, die ja schon im logischen Datenmodell etwas Besonderes war, denn sie hatte eine Relation mit sich selbst. Entsprechend den Regeln für die Überführung des logischen ins physische Datenmodell müsste dort jetzt ein Fremdschlüssel *sachgebiet_f* auftauchen, denn der Primärschlüssel soll ja als Fremdschlüssel auf der »n«-Seite der 1:n-Relation eingetragen werden. Das ist aber wieder die Tabelle *tblSachgebiet* selbst.

Aus logischen Gründen habe ich diesen Fremdschlüssel aber *obersachgebiet* genannt, denn er zeigt ja auf das dem Sachgebiet übergeordnete Sachgebiet. Wenn Ihnen das jetzt unverständlich erscheint, werfen Sie einfach mal einen Blick in die Tabelle *tblSachgebiet* der entsprechenden Beispielanwendung (Abbildung 2.17). Dort sehen Sie z. B., dass das Sachgebiet »Naturwissenschaft« den Fremdschlüssel »Sachbuch« hat. »Sachbuch« ist also der Oberbegriff zu »Naturwissenschaft«, und dieser ist wiederum Oberbegriff für »Chemie«. Das oberste Element dieser Hierarchie ist das »Buch«. Es hat sich selbst als Obersachgebiet.

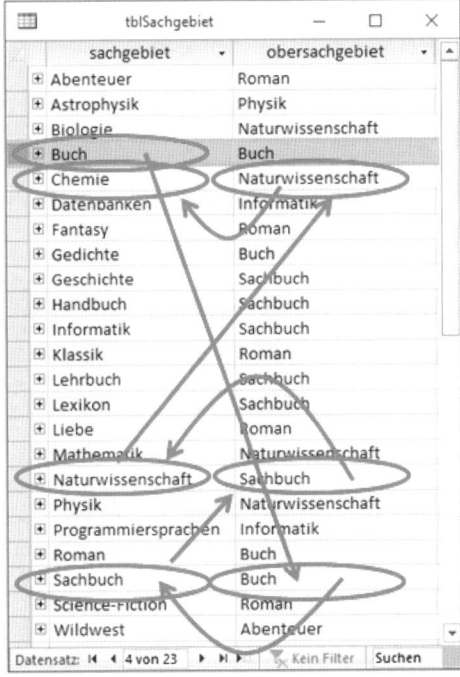

Abbildung 2.17: Inhalt der Tabelle tblSachgebiet *mit Fremdschlüsseln auf sich selbst.*

Hierarchische Ordnungen

An dieser Stelle möchte ich Sie auf eine grundsätzliche Problematik mit solchen hierarchischen Ordnungen aufmerksam machen. Wir hatten im logischen Datenmodell festgelegt:

»Zu einem Sachgebiet gehört genau ein anderes (übergeordnetes) Sachgebiet.«

Was wäre denn die logische Konsequenz daraus, wenn wir festgelegt hätten, dass zu einem Sachgebiet auch **kein** übergeordnetes Sachgebiet gehören kann? Dazu sehen Sie sich bitte Abbildung 2.18 an:

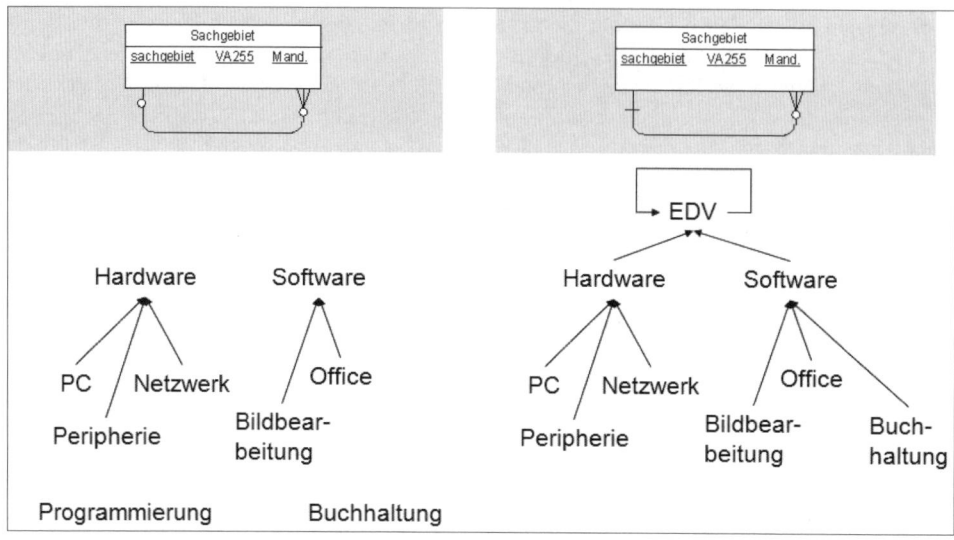

Abbildung 2.18: Hierarchische Ordnungen ohne und mit Zwang zur übergeordneten Einheit.

Wenn zu einem Sachgebiet auch **kein** übergeordnetes Sachgebiet gehören kann (links in Abbildung 2.18), zerfällt der hierarchische Baum in Teilbäume. Es kann dann auch Sachgebiete geben, die ganz für sich allein stehen.

Wenn ich aber durch eine entsprechende Festlegung der Kardinalität fordere, dass zu einem Sachgebiet **immer** ein übergeordnetes Sachgebiet gehören **muss** (auf der rechten Seite in Abbildung 2.18), erhalte ich einen einzigen Baum mit einem »Super-Ober«-Sachgebiet. Dieses muss dann sich selbst als übergeordnetes Sachgebiet haben. Das bedeutet, in der entsprechenden Tabellenzeile ist dann der Fremdschlüsselwert identisch mit dem Primärschlüsselwert (siehe »Buch« in Abbildung 2.17!).

Jetzt haben wir also der anfänglich nicht so sehr wichtig erscheinenden »Privatanwendung« doch noch einen interessanten Aspekt abgewinnen können! Vielleicht können Sie die hier gewonnenen Erkenntnisse über die Abbildung hierarchischer Ordnungen in Datenbanken ja noch einmal in anderem Zusammenhang gebrauchen? Ich denke da z. B. an die Problematik »Einzelteil« (z. B. Schraube) – »Bauteil« (z. B. Vergaser) – »Baugruppe« (z. B. Motor) – »Gerät« (z. B. Auto). Kfz-Spezialisten mögen mir den unsachgemäßen Gebrauch ihrer Fachbegriffe verzeihen!

Wenn Sie jetzt die vier Tabellen *tblEinzelteil*, *tblBauteil*, *tblBaugruppe* und *tblGeraet* anlegen und später vielleicht noch eine Kategorie »Unterbaugruppe« hinzukommt – was dann? Dann ist es besser, Sie legen gleich von vornherein eine einzige Tabelle *tblSystembestandteil* mit einer 1:n-Relation zu sich selbst an. So können Sie hierarchische Ordnungen beliebiger Tiefe abbilden.

 Wie eine solche Beziehung einer Tabelle zu sich selbst in Access praktisch realisiert wird, beschreibe ich im Abschnitt »Beziehungen definieren« in Kapitel 3.

Modellbesonderheiten und -erweiterungen

Jetzt wissen Sie schon eine ganze Menge über Datenmodellierung und können die vorbereitenden Arbeiten zur Benutzung von Access selbst durchführen. Zum Abschluss dieses Kapitels möchte ich Ihnen aber noch einige Besonderheiten und Erweiterungen präsentieren.

1:1-Beziehungen

Bei der Durchführung der Datenmodellierung kann manchmal der Eindruck entstehen, dass zwischen zwei Entitäten eine 1:1-Beziehung besteht. Das ist aber in den allermeisten Fällen **nicht** sinnvoll. Warum sollte man z. B. zwei Entitäten *Rechnung* und *Auftrag* definieren, wenn zu einem Auftrag eine Rechnung gehört und zu einer Rechnung ein Auftrag (Abbildung 2.19)?

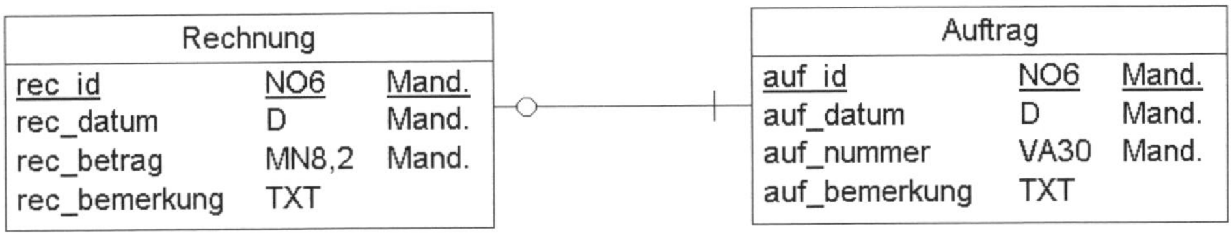

Rechnung		
rec_id	NO6	Mand.
rec_datum	D	Mand.
rec_betrag	MN8,2	Mand.
rec_bemerkung	TXT	

Auftrag		
auf_id	NO6	Mand.
auf_datum	D	Mand.
auf_nummer	VA30	Mand.
auf_bemerkung	TXT	

Abbildung 2.19: 1:1-Beziehungen haben meistens keinen Sinn.

Wenn das wirklich zuträfe, wäre es ja eigentlich nur ein einziges Objekt – z. B. der Auftrag, zu dem dann die Rechnungsdaten als Eigenschaften hinzugehören. In diesem Fall können Sie also darauf verzichten, zwei Entitäten zu definieren (Abbildung 2.20).

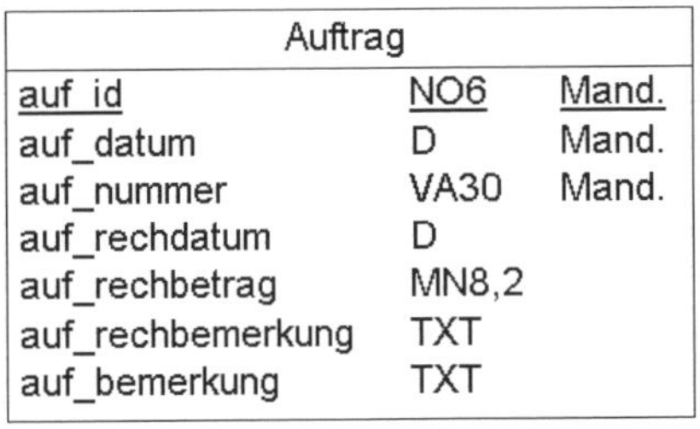

Auftrag		
auf_id	NO6	Mand.
auf_datum	D	Mand.
auf_nummer	VA30	Mand.
auf_rechdatum	D	
auf_rechbetrag	MN8,2	
auf_rechbemerkung	TXT	
auf_bemerkung	TXT	

Abbildung 2.20: Übernahme aller Attribute einer vermeintlichen 1:1-Beziehung in eine einzige Entität.

Häufig ist es aber so, dass man bei genauerem Hinsehen feststellt, dass es sich gar nicht um eine 1:1-Beziehung handelt, sondern um eine 1:n-Beziehung oder sogar um eine m:n-Beziehung. Wenn wir bei dem Beispiel Auftrag/Rechnung bleiben, könnte es sich herausstellen, dass Sie Sammelrechnungen erstellen, d. h., dass zu einer Rechnung mehrere Aufträge gehören. Andersherum könnte es sein, dass Sie Teilrechnungen erstellen, d. h., dass zu einem Auftrag mehrere Rechnungen gehören. In beiden Fällen bestünde zwischen Auftrag und Rechnung keine 1:1-Beziehung, sondern eine 1:n-Beziehung. Wenn Sie sowohl Sammel- als auch Teilrechnungen erstellen, ist es sogar eine m:n-Beziehung (Abbildung 2.21).

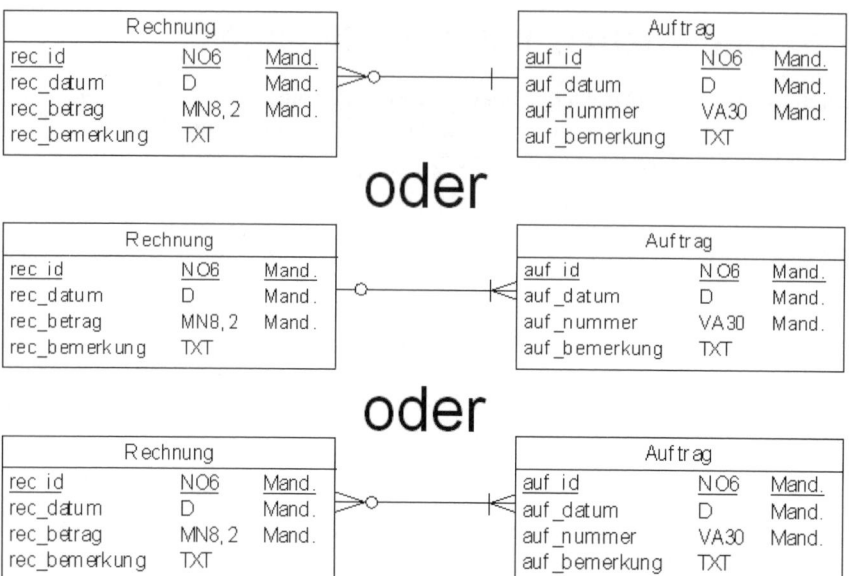

Abbildung 2.21: Eine 1:1-Beziehung entpuppt sich oft als 1:n- oder m:n-Beziehung.

 1:1-Beziehungen haben in den allermeisten Fällen keinen Sinn. Entweder können Sie alle Eigenschaften in einer einzigen Entität zusammenfassen, oder es ist in Wirklichkeit eine 1:n- oder m:n-Beziehung.

Wie machen Sie es nun aber richtig, wenn Sie wirklich eine 1:1-Beziehung brauchen? Ich konstruiere dazu mal ein Beispiel, das nicht gar zu abwegig klingt – wie gesagt, die Fälle, in denen 1:1-Beziehungen wirklich gebraucht werden, sind dünn gesät.

Also: Mal angenommen, Sie wollten die Daten von Personen aus irgendwelchen Gründen in öffentliche und geheime Daten unterteilen und diese jeweils in separaten Tabellen *tblPersonOeffentlich* und *tblPersonGeheim* speichern. Das könnten Sie mit der Datensicherheit begründen, weil Sie die beiden Tabellen dann auf unterschiedlichen Servern ablegen bzw. für die beiden Tabellen unterschiedliche Zugriffsrechte vergeben könnten. Wie auch immer – das würde dann wie in Abbildung 2.22 gezeigt aussehen.

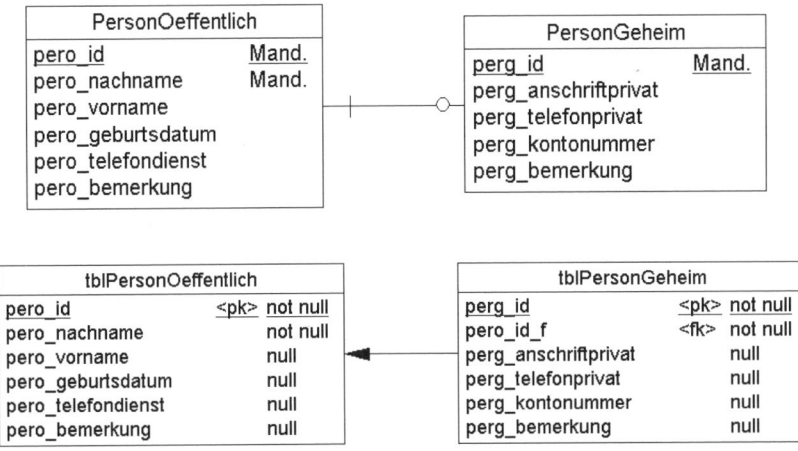

Abbildung 2.22: Eine halbwegs sinnvolle 1:1-Beziehung.

Das heißt: Zu einer *PersonOeffentlich* **kann** eine *PersonGeheim* gehören; zu einer *PersonGeheim* **muss** eine *PersonOeffentlich* gehören. Das allein reicht aber noch nicht aus, denn die Umsetzung dieses Datenmodells in Tabellen würde es zulassen, dass ein und derselbe Wert des Primärschlüssels *pero_id* mehrfach in der Spalte *pero_id_f* auftaucht, dass also **eine** *PersonGeheim* auch zu **mehreren** *PersonOeffentlich* gehören kann – was ja aber nicht sein soll.

Deshalb müssen Sie bei der Umsetzung des Datenmodells in Access-Tabellen eine weitere Vorkehrung treffen: Sie müssen beim Anlegen der Tabelle *tblPersonGeheim* unter *Indiziert* die Option *Ja (Ohne Duplikate) auswählen* (siehe Abbildung 2.23).

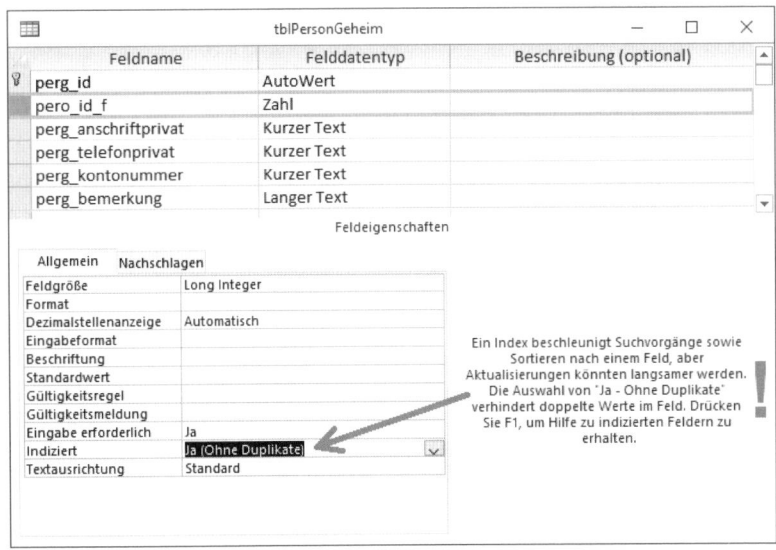

Abbildung 2.23: Die Fremdschlüsselspalte pero_id_f *darf denselben Wert nicht zweimal enthalten.*

Dadurch wird letztendlich sichergestellt, dass zu einer *PersonOeffentlich* nicht mehrere *PersonGeheim* gehören können (Abbildung 2.24).

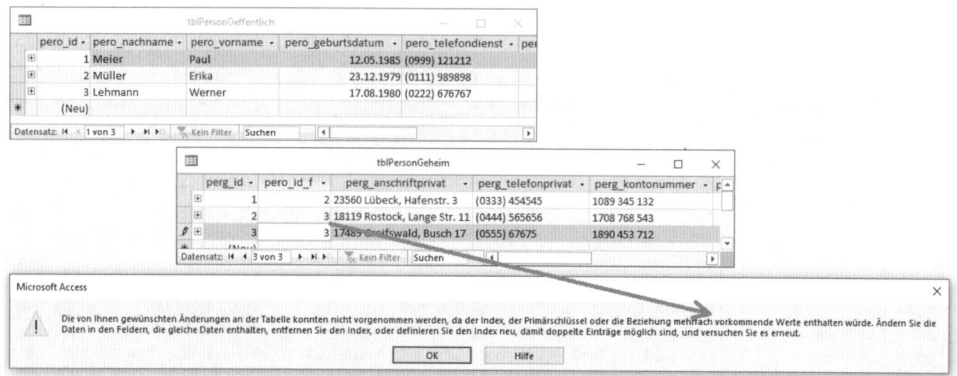

Abbildung 2.24: Tja – wie gesagt – das darf nicht sein!

Dreifachbeziehungen

Manchmal ist es erforderlich, eine Dreifachbeziehung zu definieren. Betrachten wir das Beispiel in Abbildung 2.25. Dort wurde zunächst einmal modelliert, dass eine Person mehrere Bücher ausleihen kann und dass ein Buch von mehreren Personen ausgeliehen werden kann – also eine m:n-Beziehung zwischen *Buch* und *Person*. Außerdem soll es auch Mahnungen geben. Aber von welcher Entität aus kann jetzt eine Beziehung zur Mahnung hergestellt werden?

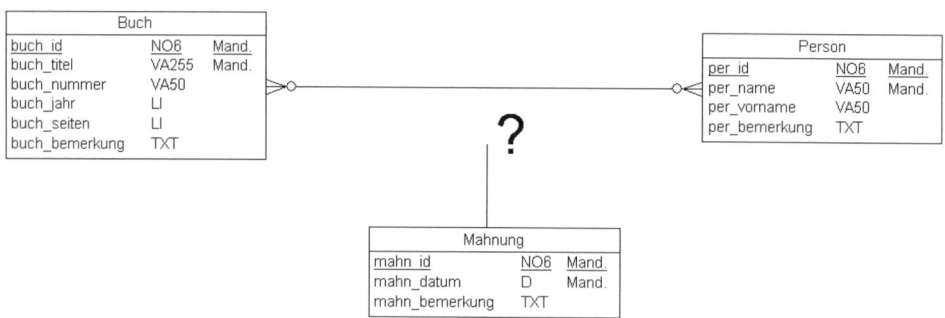

Abbildung 2.25: Es lässt sich zunächst keine Beziehung zur Mahnung herstellen.

In einer Mahnung steht z. B., dass Herr Meier das Buch »Landung auf Darkover« am Soundsovielten ausgeliehen und damit jetzt die Leihfrist überschritten hat. Eine Mahnung bezieht sich also nicht auf ein Buch oder eine Person allein, sondern auf ein Buch **und** eine Person. Wie kann man das aber im Datenmodell abbilden?

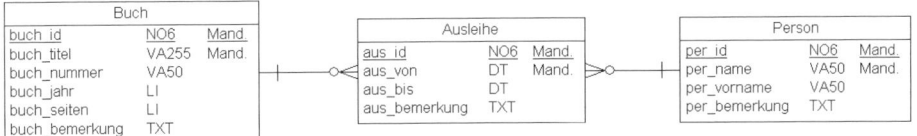

Abbildung 2.26: Die m:n-Beziehung wird in eine Zwischentabelle umgewandelt.

Nun sind wir ja glücklicherweise sowieso gezwungen, die m:n-Beziehung zwischen *Buch* und *Person* in eine Zwischentabelle mit zwei 1:n-Beziehungen umzuwandeln, um eine Entität zu haben, die das Ausleihdatum aufnehmen kann (Abbildung 2.26). Diese neue Entität müsste eigentlich nach meiner Namenskonvention *Buch_Per* heißen – hier bietet sich aber natürlich der Begriff *Ausleihe* an.

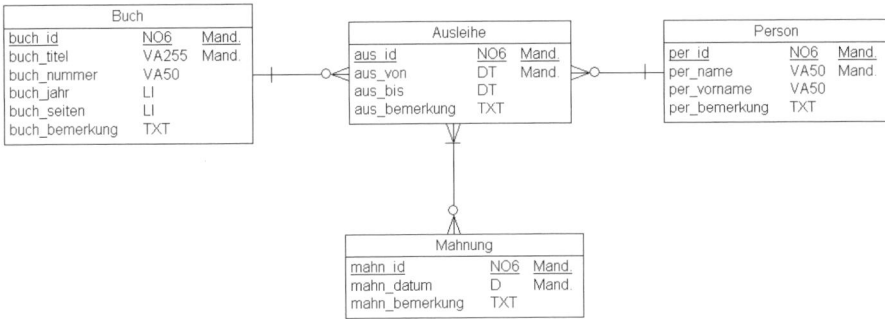

Abbildung 2.27: Jetzt kann eine Beziehung zwischen Mahnung und Ausleihe hergestellt werden.

Damit haben wir auch einen Anknüpfungspunkt für die Beziehung zur Mahnung, denn diese bezieht sich auf eine Ausleihe, die sich wiederum auf Buch **und** Person bezieht. So haben wir jetzt die Aussage: »Zu einer Ausleihe gehören genau ein Buch, genau eine Person und gegebenenfalls mehrere Mahnungen.« Das entspricht ja auch genau der Realität!

Ein solches Datenmodell zu erstellen, ist einfacher, als es zunächst aussieht. Ich gebe Ihnen hierzu einen ähnlichen Rat wie weiter oben in diesem Kapitel im Abschnitt »Die strukturierte Szenario-Beschreibung«, in dem es darum ging, die richtigen Stellen für Zwischentabellen herauszufinden:

 Bilden Sie einfach einen Satz, der die Problematik beschreibt – z. B.: »Eine Mahnung fordert eine bestimmte Person dazu auf, ein bestimmtes Buch wieder abzugeben.« Wenn dieser Satz drei Entitäten enthält und es unmöglich ist, eine davon wegzulassen, ohne dass der Satz seinen Sinn verliert, handelt es sich um eine Dreifachbeziehung. Für deren Umsetzung im Datenmodell müssen Sie eine Zwischentabelle zwischen zwei der beteiligten Entitäten einrichten und dann eine Relation von der dritten Entität zur Zwischentabelle ziehen.

Rollen in Beziehungen

Manchmal ist es erforderlich, zwischen zwei Entitäten mehrere Beziehungen herzustellen. Zum Beispiel gehört auf den ersten Blick zu einem Auftrag ein Kunde. Nun kann es aber sein, dass derjenige, der den Auftrag erteilt hat, gar nicht die dazugehörige Rechnung bezahlt. Es gibt also zusätzlich noch einen Rechnungsempfänger, der eine weitere Beziehung zwischen Auftrag und Kunde erforderlich macht. Darüber hinaus kann es durchaus auch sein, dass weder der Auftraggeber noch der Rechnungsempfänger die bestellte Ware oder Leistung bekommt. (Ich bestelle z. B. Blumen für meine Mutter und lasse sie von meinem Vater bezahlen.) Also brauchen wir noch eine dritte Beziehung zwischen Auftrag und Kunde (Abbildung 2.28). Damit scheinen zunächst alle Eventualitäten abgedeckt zu sein. Aber wer sagt mir, dass es nicht noch kompliziertere Geschäftsbeziehungen gibt, in denen es vier oder fünf oder noch mehr Beteiligte gibt?

Um meine Datenbankanwendung diesbezüglich flexibel zu gestalten, kann ich also gleich von einer m:n-Beziehung zwischen Kunde und Auftrag ausgehen, d. h., zu einem Auftrag können beliebig viele Kunden gehören. Dann geht allerdings die Information verloren, welche Rolle die einzelnen Kunden dabei spielen.

1. Schritt

2. Schritt

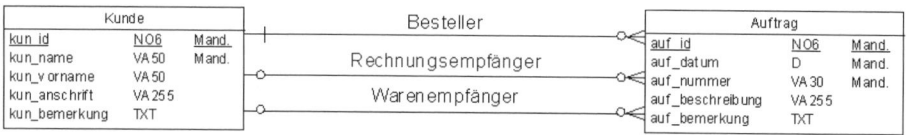

3. Schritt

4. Schritt

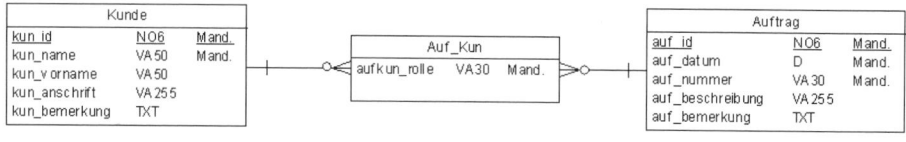

Abbildung 2.28: Ein Kunde kann bezüglich eines Auftrags mehrere verschiedene Rollen einnehmen.

Um auch diese Information in der Datenbank abzuspeichern, wandle ich die m:n-Beziehung zwischen Kunde und Auftrag wieder in eine Zwischentabelle mit zwei 1:n-Beziehungen um. Die Zwischentabelle erhält eine Spalte *aufkun_rolle*. Zusammen mit den beiden Fremdschlüsseln *auf_id_f* und *kun_id_f*, die bei der Überführung in das physische Modell in die

Zwischentabelle hineinkommen, können Sie diese dann nutzen, um abzuspeichern, welcher Kunde bei welchem Auftrag welche Rolle spielt (Abbildung 2.28).

Damit sind Sie jetzt völlig flexibel und können einem Auftrag beliebig viele Kunden mit beliebig vielen verschiedenen Rollen zuordnen.

Typ, Art, Status

Kaum eine Datenbankanwendung kommt ohne Tabellen aus, in denen der Typ eines Objekts bzw. dessen Status festgehalten wird – z. B.:

- in der Vereinsanwendung: Platztyp, Mitgliedstyp
- in der Firmenanwendung: Auftragsstatus, Kontakttyp, Zahlungstyp, Arbeitsart
- in der Privatanwendung: Lagertyp, Kontakttyp

Auch hier gibt es wieder eine Besonderheit bei der Datenmodellierung zu beachten. Eine solche Tabelle enthält nämlich häufig nur eine einzige Spalte – nämlich den jeweiligen Typ bzw. Status. Diesen gibt es dann auch nur ein einziges Mal. Es ergibt daher auf den ersten Blick wenig Sinn, zusätzlich die übliche Primärschlüsselspalte mit der fortlaufenden Durchnummerierung einzuführen. Man nimmt einfach den Typ bzw. Status selbst als Primärschlüssel. Das bedeutet, dass er bei der Überführung in das physische Modell als Fremdschlüssel in einer anderen Tabelle landet (siehe obere Hälfte von Abbildung 2.29).

Dies erscheint vernünftig, und es funktioniert auch – aber Sie müssen sich über folgende Konsequenz im Klaren sein: Sie können die Begriffe, die Sie für den Typ bzw. den Status eingetragen haben, im Nachhinein nicht mehr ändern, denn das würde eine Verletzung der referentiellen Integrität bedeuten.

Typ als Primärschlüssel:

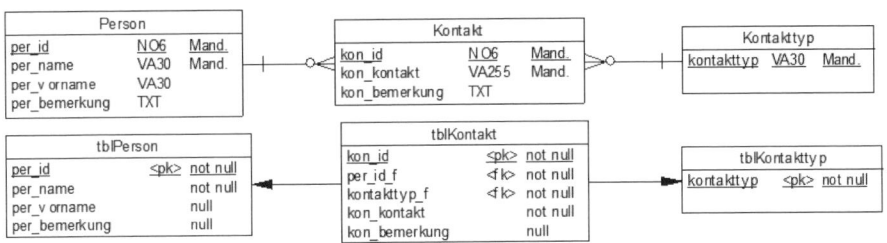

künstlicher Primärschlüssel:

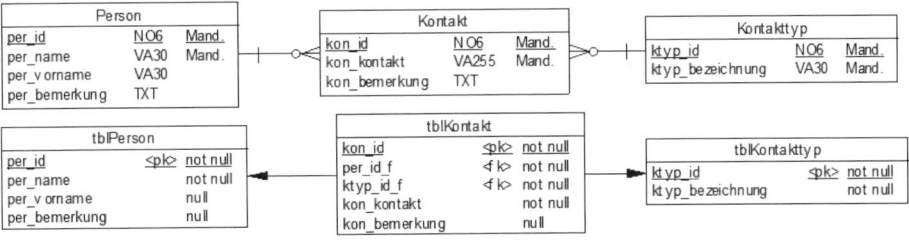

Abbildung 2.29: Ein künstlicher Primärschlüssel ist bei Umbenennungen von Vorteil.

Wenn es z. B. einmal einen Kontakttyp *Handy* gab, stehen Dutzende oder Hunderte solche Fremdschlüsseleinträge in der Tabelle *tblKontakt*. Wenn Sie jetzt in der Tabelle *tblKontakttyp* den Eintrag *Handy* in *Mobil* ändern, gibt es zu den existierenden Fremdschlüsseln *Handy* keinen dazugehörigen Primärschlüssel mehr. Das lässt eine Datenbank aber nicht zu.

Haben Sie dagegen die Tabelle *tblKontakttyp* mit der zusätzlichen Primärschlüsselspalte *ktyp_id* versehen, steht in der Tabelle *tblKontakt* nicht mehr das Wort *Handy*, sondern vielleicht die Zahl »4«. Wenn Sie nun in der Tabelle *tblKontakttyp* die Bezeichnung *Handy* in *Mobil* ändern, bleibt trotzdem *ktyp_id=4*. Dadurch verweist der Fremdschlüssel *ktyp_id_f=4* in der Tabelle *tblKontakt* auf *Mobil* statt auf *Handy*, und Sie können also die Typbezeichnungen nachträglich ändern (Abbildung 2.29).

 Im Allgemeinen ist die zweite Variante (unterer Teil von Abbildung 2.29) zu empfehlen, denn die Notwendigkeit für spätere Änderungen lässt sich ja nie hundertprozentig ausschließen.

Funktionshinterlegung

Ein Datenmodell wird schnell unübersichtlich. Schon ab zehn Entitäten bzw. Tabellen kann man den Überblick verlieren – vor allem wenn man das Datenmodell einer anderen Person erläutern soll. Darum empfehle ich Ihnen, das Datenmodell mit den dazugehörigen Funktionen zu hinterlegen. Damit meine ich, dass Sie eine mehrfach geknickte, aber in sich geschlossene Linie um die sachlich zusammenhängenden Tabellen herum zeichnen, die so entstandene unregelmäßige Fläche mit einer hellen Farbe füllen und sie hinter das Datenmodell legen (siehe Abbildung 2.30). Anschließend geben Sie dieser Fläche einen Namen, der beschreibt, was man mit den darin enthaltenen Daten machen kann. Damit das funktioniert, müssen Sie eventuell die Anordnung der Entitäten auf dem Blatt ändern.

Sollte es nicht möglich sein, alle erforderlichen Funktionsflächen in einem Bild unterzubringen, können Sie natürlich auch mehrere solcher Abbildungen anfertigen.

In Abbildung 2.30 wurde das logische Datenmodell verwendet, denn man bewegt sich ja mit diesen Überlegungen immer noch auf der Ebene der Logik und noch nicht auf der Ebene der Datenbank. Sie können aber natürlich ebenso gut auch das physische Modell benutzen, um es mit Funktionen zu hinterlegen.

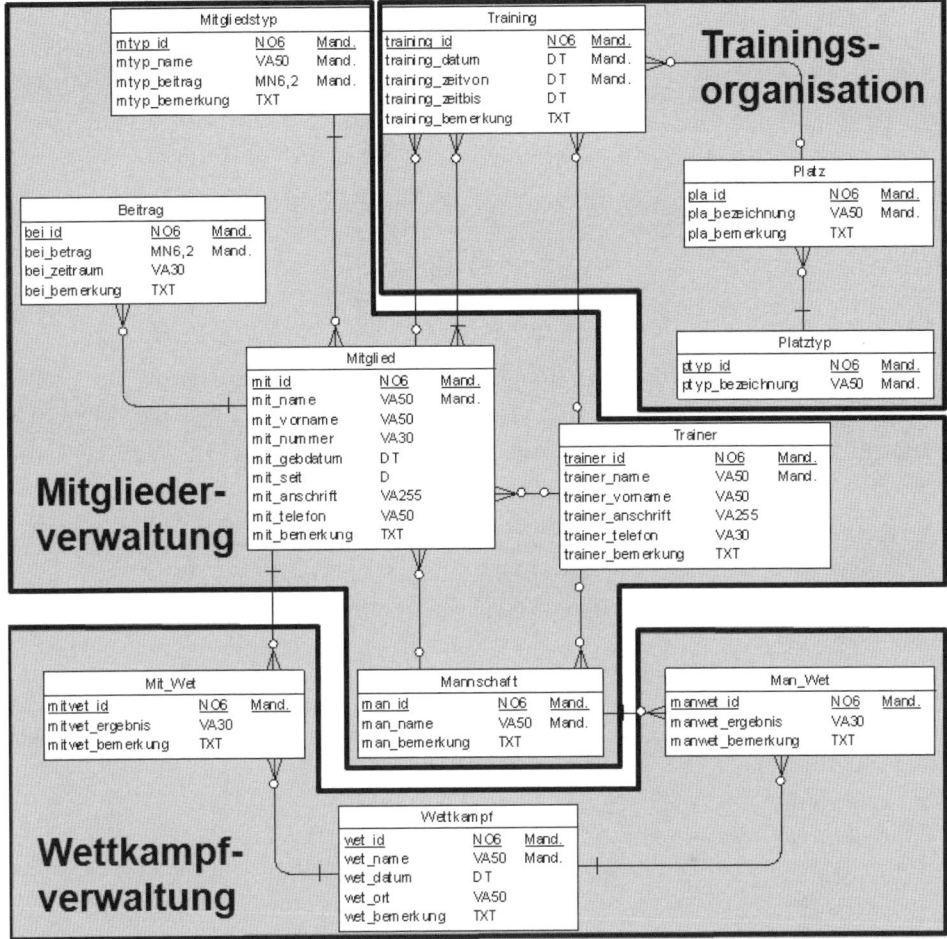

Abbildung 2.30: Eine Hinterlegung des Datenmodells mit Funktionen macht die Zusammenhänge deutlicher.

Die hier beschriebene Vorgehensweise kommt natürlich erst infrage, wenn das Datenmodell schon sehr ausgereift bzw. fast fertig ist. Ansonsten wäre der Aufwand bei Änderungen extrem hoch – Sie müssten nicht nur die Entitäten und Beziehungen neu anordnen, sondern auch die Funktionshinterlegung neu organisieren.

Listen

Ein Hauptinteresse der Benutzer von Datenbankanwendungen besteht darin, aus den in der Datenbank abgelegten Informationen Listen zu erzeugen und zu drucken. Das ist mit Access über die Benutzung sogenannter *Berichte* ohne Weiteres möglich. Dafür werden die benötigten Daten aus verschiedenen Tabellen zusammengesammelt, **ohne** dass es eine besondere Tabelle *tblXYZliste* geben müsste.

1. Schritt

2. Schritt

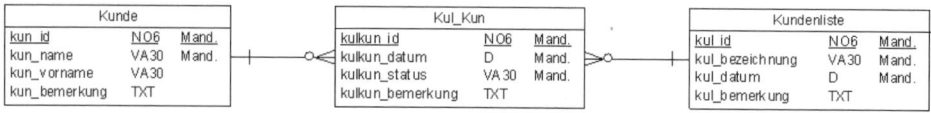

Abbildung 2.31: Manchmal möchte man Listen von Objekten in der Datenbank speichern.

Es gibt aber auch Situationen, in denen Sie eine Zusammenstellung von Objekten – also letzten Endes eine Liste – in der Datenbank selbst abspeichern möchten, z. B. um diese Liste später noch einmal zu benutzen oder um einen Nachweis über einen bestimmten Vorgang zu haben. So ist es z. B. denkbar, dass Sie bestimmte Aktionen für Ihre Kunden durchführen: Weihnachtskalender oder Messeeinladungen verschicken, zum Essen einladen usw. Dann möchten Sie sich sicher merken, wen Sie eingeladen haben, und über den Status der Einladung Buch führen (z. B. »verschickt«, »nicht geantwortet«, »Antwort positiv«, »Antwort negativ«).

Zu diesem Zweck legen Sie eine Entität *Kundenliste* an und verbinden sie über eine m:n-Beziehung mit *Kunde*. Diese wandeln Sie um in eine Zwischentabelle mit zwei 1:n-Beziehungen und bringen darin z. B. unter, wann die Aktion mit dem Kunden stattgefunden hat und welchen Status sie hat (Abbildung 2.31).

Eine Zeile in der Tabelle *Kundenliste* repräsentiert dann eine Kundenliste – z. B. *kul_bezeichnung="Einladung zur CeBit 2015"*. In der Zwischentabelle *tblKul_Kun* können Sie dann abspeichern, wann der einzelne Kunde seine Einladung bekommen und was er geantwortet hat.

Benutzerverwaltung

Es kann sinnvoll bzw. notwendig sein, in der Datenbank auch abzulegen, wer wann welche Eintragungen gemacht hat (Vorsicht – Datenschutz!). Dazu legen Sie eine Entität *Benutzer* an und ziehen 1:n-Beziehungen zu allen relevanten Entitäten (siehe Abbildung 2.32; dort wurden der Einfachheit halber alle übrigen Beziehungen nicht dargestellt). Auf diese Weise erhält z. B. in der Vereinsanwendung jede Zeile in den Tabellen *tblTrainer*, *tblPlatz*, *tblMitglied*, *tblTraining* und *tblWettkampf* einen Fremdschlüssel, der auf den Benutzer verweist, der diese Zeile **angelegt** hat. Wenn Sie sich zusätzlich auch noch merken wollen, wer wann welche Zeile **bearbeitet** hat, müssen Sie zwischen den relevanten Entitäten und *Benutzer* m:n-Beziehungen anlegen.

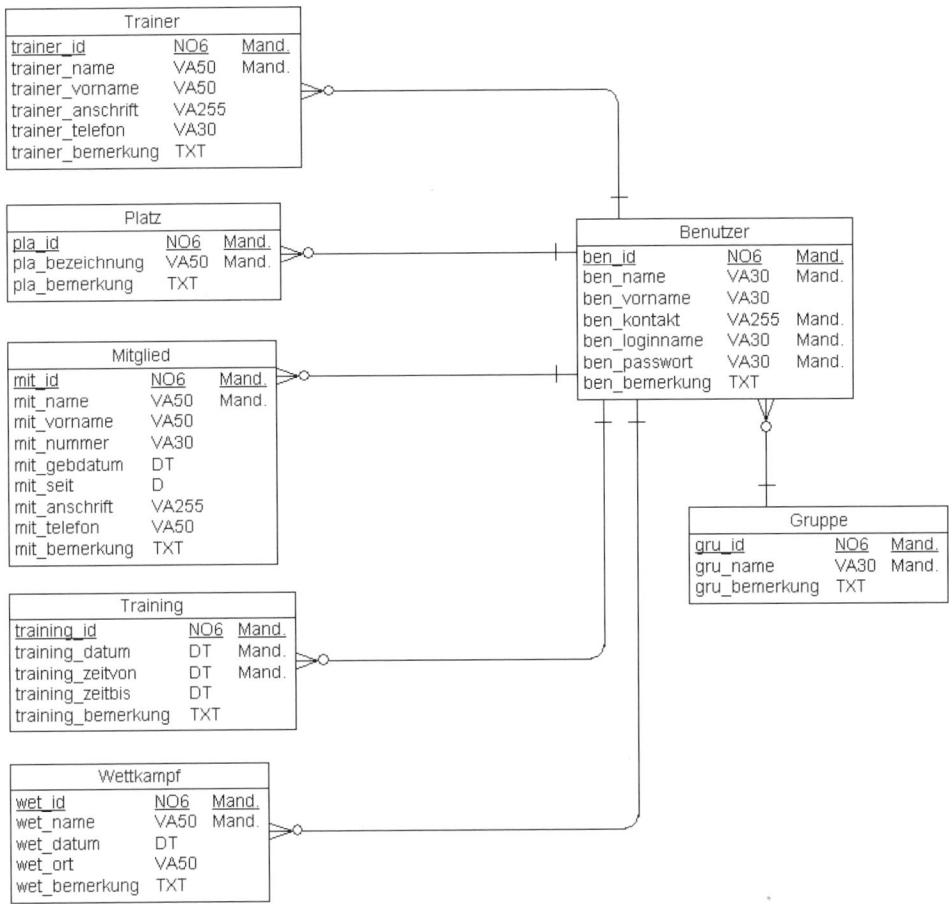

Abbildung 2.32: Bei mehreren Benutzern kann man so speichern, wer die Daten in eine bestimmte Tabellenzeile eingegeben hat.

In Abbildung 2.32 sehen Sie zusätzlich eine Entität *Gruppe*. Sie können nämlich die Eintragungen in der Tabelle *tblBenutzer* auch verwenden, um zu kontrollieren, wer überhaupt mit Ihrer Datenbankanwendung arbeiten darf. Dazu lassen Sie den Benutzer einen Log-in-Namen und ein Passwort eingeben, vergleichen beides mit den Eintragungen in *tblBenutzer* und erlauben bzw. verwehren daraufhin den Zugang zu Ihrer Anwendung.

Üblicherweise gehören Benutzer zu bestimmten Gruppen, die bestimmte Rechte für die Arbeit mit der Datenbankanwendung haben. Darum gibt es in Abbildung 2.32 eine entsprechende Entität mit einer 1:n-Beziehung zu *Benutzer*. Diese Zuordnung trifft die oberste Autorität: der Datenbankadministrator. Nachdem sich der Benutzer dann angemeldet hat und als berechtigter Benutzer identifiziert wurde, wird er automatisch einer Gruppe zugeteilt, die bestimmte Arbeiten mit der Anwendung ausführen darf. So ist es z. B. dem Normalnutzer

- in der Firmenanwendung nicht gestattet, die vollständige Kundenliste anzusehen oder zu drucken,
- in der Vereinsanwendung nicht gestattet, die Beitragssätze zu ändern.

Flexible Objekteigenschaften

Sie sollten relativ viel Zeit in ein gründliches Durchdenken des logischen Datenmodells investieren und es auch immer wieder mit dem oder den Benutzer(n) diskutieren. Trotzdem wird es nie 100%ig komplett sein und alle Eventualitäten abdecken, die Ihnen und/oder den Benutzern später noch einfallen. Wenn es dann notwendig wird, noch Änderungen am Datenmodell vorzunehmen – also zusätzliche Tabellenspalten oder zusätzliche Tabellen einzuführen –, wird das aufwendig und gegebenenfalls auch teuer.

Daher mein Rat: Wenn schon in der Entwurfsphase klar ist, dass für eine bestimmte Entität später noch weitere Attribute erforderlich sein werden, benutzen Sie die in Abbildung 2.33 dargestellte Konstruktion.

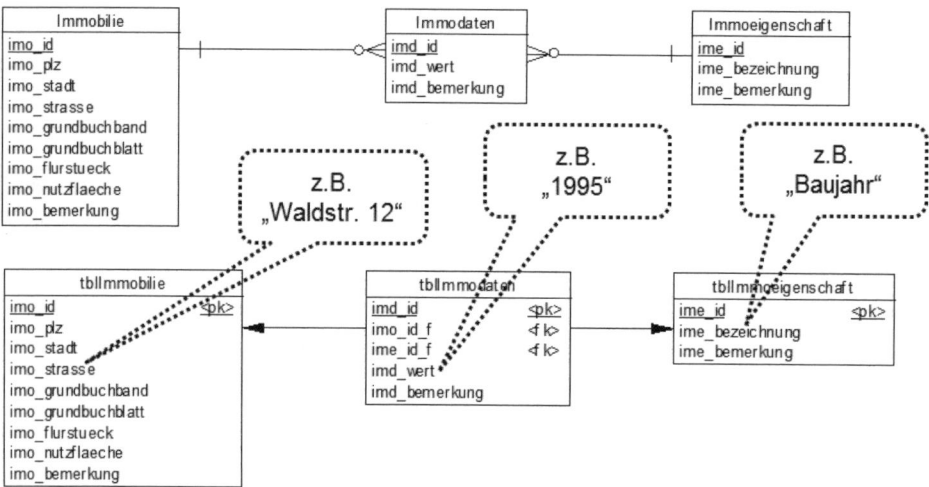

Abbildung 2.33: So können Sie später noch Attribute hinzufügen, ohne das Datenmodell ändern zu müssen.

Eine Immobilie z. B. kann unglaublich viele Eigenschaften haben, die Ihnen beim Erstellen des Datenmodells gar nicht alle einfallen können (Baujahr, umbauter Raum, Größe des Dachausbaus, Kellergröße, vermietet?, Verkehrswert ...). Alle diese Eigenschaften stehen in der Spalte *ime_bezeichnung* einer Tabelle *tblImmoeigenschaft*, die über eine m:n-Beziehung mit der Tabelle *tblImmobilie* verbunden ist. Diese m:n-Beziehung wird aufgelöst durch zwei 1:n-Beziehungen zu einer Zwischentabelle *tblImmodaten*. Diese enthält in einer Spalte *imd_wert* den Wert der Eigenschaft (z. B. »1985« oder »156 qm«), während die beiden Fremdschlüssel *imo_id_f* und *ime_id_f* festlegen, um welche Immobilie bzw. um welche Eigenschaft es sich handelt.

Wenn sich später, nach Fertigstellung der Formulare, herausstellt, dass noch weitere Eigenschaften benötigt werden, müssen Sie das Datenmodell **nicht** ändern, d. h., Sie müssen keine neuen **Spalten** zur Tabelle *tblImmobilie* hinzufügen! Sie brauchen die neuen Eigenschaften nur als weitere **Zeilen** in die Tabelle *tblImmoeigenschaft* einzutragen.

Wie alles zusammenhängt

Die folgende Abbildung stellt die wichtigsten Fachbegriffe dieses Kapitels dar und zeigt, wie sie untereinander zusammenhängen.

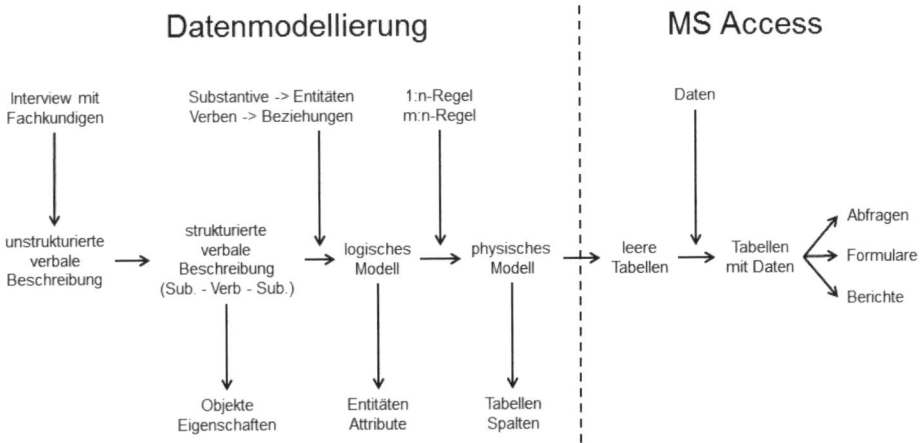

Abbildung 2.34: Der Zusammenhang zwischen den Fachbegriffen dieses Kapitels.

Der rechte Teil der Abbildung greift schon etwas auf das nächste Kapitel vor, indem dort die Umsetzung des Datenmodells in der Access-Datenbank dargestellt wird. Ich denke aber, dass das ohne weitere Erläuterungen unmittelbar verständlich ist.

 Diese Abbildung ist ziemlich wichtig. Vielleicht sollten Sie sich einen Merkzettel auf diese Seite kleben, damit Sie immer mal wieder nachsehen können, wie die Fachbegriffe zusammenhängen!

Modellierungswerkzeuge

Nachdem Sie nun schon viele Abbildungen mit Datenmodellen gesehen haben, möchte ich Ihnen jetzt auch erläutern, wie Sie diese zeichnen können, ohne auf Bleistift und Papier zurückgreifen zu müssen.

Trotzdem wiederhole ich noch einmal meinen Tipp vom Anfang dieses Kapitels, falls Sie zunächst doch ohne Computerunterstützung arbeiten wollen:

 Schreiben Sie die Namen der Entitäten auf Klebezettelchen und schieben Sie diese auf einem großen Blatt Papier so lange hin und her, bis Ihnen die Anordnung sinnvoll erscheint. Dann ziehen Sie die Verbindungslinien für die Beziehungen.

So, jetzt kommen wir aber zu der eleganteren technischen Lösung. Ich bin ein großer Freund von

- einfachen Lösungen, die
- mit wenig Aufwand zu realisieren sind und
- dann auch wirklich funktionieren.

Darum habe ich mir Folgendes überlegt: Die ideale Datenmodellierungssoftware

- trennt die Logik von der Datenbanktechnik, wie Sie es in diesem Kapitel gesehen haben (hier habe ich Ihnen das logische und das physische Modell erläutert), und
- überführt das logische Modell automatisch in das physische Modell.

Das ist einfach (meine erste Forderung) und funktioniert (meine dritte Forderung) – ist aber nicht mit wenig Aufwand (meine zweite Forderung) zu realisieren, weil Sie dafür relativ teure und komplexe Software bräuchten. Genau so, wie in diesem Kapitel dargestellt, werden Sie die Datenmodelle also wohl nicht hinkriegen. Trotzdem habe ich eine praktikable Lösung für Sie – und zwar mit unserer aller Lieblingssoftware:

PowerPoint

Ich habe mir eine einfache Symbolik ausgedacht, mit der Sie ein logisches Datenmodell erstellen können. Dafür brauchen Sie Rechtecke für die Entitäten und Verbindungslinien für die Relationen. Die Verbindungslinien wiederum müssen Symbole für die Kardinalitäten »eine« bzw. »mehrere« haben. Daher sieht meine einfache, unaufwändige und funktionierende Lösung für Sie so aus, wie in Abbildung 2.35 dargestellt.

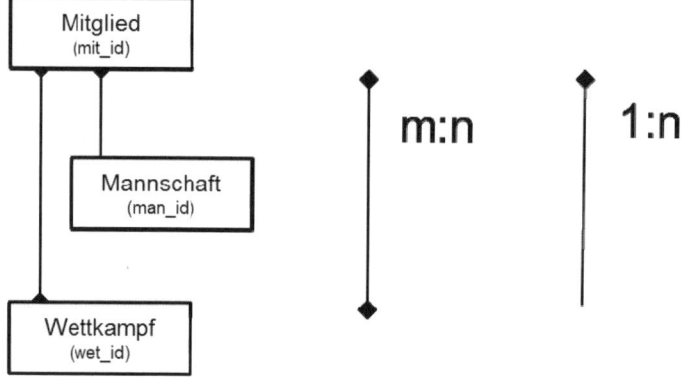

Abbildung 2.35: Eine einfache, unaufwändige und funktionierende PowerPoint-Lösung.

 Sie finden die Datei *Datenmodell-Vorlage.pptx* im Internet (Adresse in der Einleitung, dort im Ordner \Kap02).

Die von mir verwendeten Rechtecke sind ganz besondere Rechtecke – und zwar aus folgendem Grund: Sie wissen bestimmt, dass man in PowerPoint Verbindungslinien an Objekten »festkleben« kann. Dafür hat jedes Objekt eine gewisse Anzahl von »Klebepunkten« – ein Rechteck leider nur vier: oben, unten, links und rechts. Das reicht aber für das Datenmodell nicht, weil Sie oft mehrere Verbindungslinien brauchen, die an einer Kante des Rechtecks »angeklebt« sind (siehe Abbildung 2.35). Daher habe ich mein eigenes Entitätsrechteck konstruiert. Wie ich dabei vorgegangen bin, können Sie in der Datei *Datenmodell-Vorlage.pptx* nachlesen. Dort finden Sie auch eine Schritt-für-Schritt-Anleitung für die Erstellung eigener Datenmodelle am Beispiel meiner Firmendatenbank.

Die Verbindungslinien sind so gestaltet, dass sie an einem Ende ein kleines Quadrat haben. Dann sehen sie nämlich am ehesten so aus wie in der richtigen Notation (siehe z. B. Abbildung 2.5) – aber nur wenn das Quadrat unter dem Rechteck liegt. Beim Zeichnen der Verbindungslinien kann es jedoch passieren, dass das Ergebnis so aussieht wie im linken Teil von Abbildung 2.36. Wenn Sie damit zufrieden sind, können Sie das natürlich so lassen – aber die Ähnlichkeit mit der richtigen Notation ist größer, wenn die Rechtecke im Vordergrund liegen, sodass die kleinen Quadrate am Ende der Verbindungslinien nur halb zu sehen sind. Dafür können Sie die in Abbildung 2.36 beschriebene Korrektur durchführen.

Abbildung 2.36: Die Anordnung der Verbindungslinien muss eventuell korrigiert werden.

Die folgenden Abbildungen zeigen die mit PowerPoint erstellten logischen Datenmodelle für die Beispiele »Verein«, »Firma« und »Verleih«.

 Sie finden die drei Datenmodelle in der Datei *Datenmodell-Vorlage.pptx* im Internet (Adresse in der Einleitung, dort im Ordner *\Kap02*).

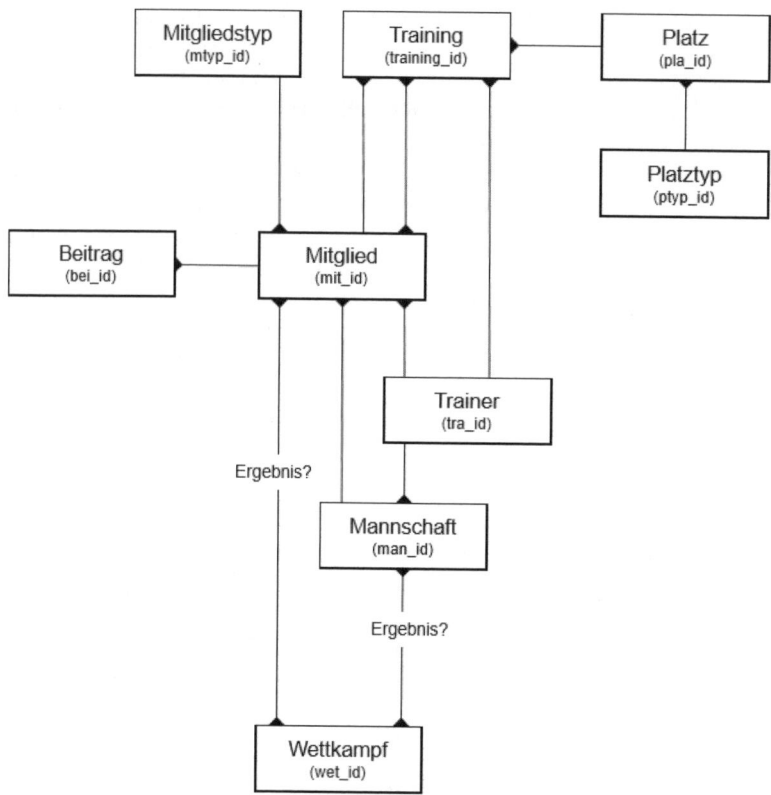

Abbildung 2.37: Das logische Datenmodell »Verein«.

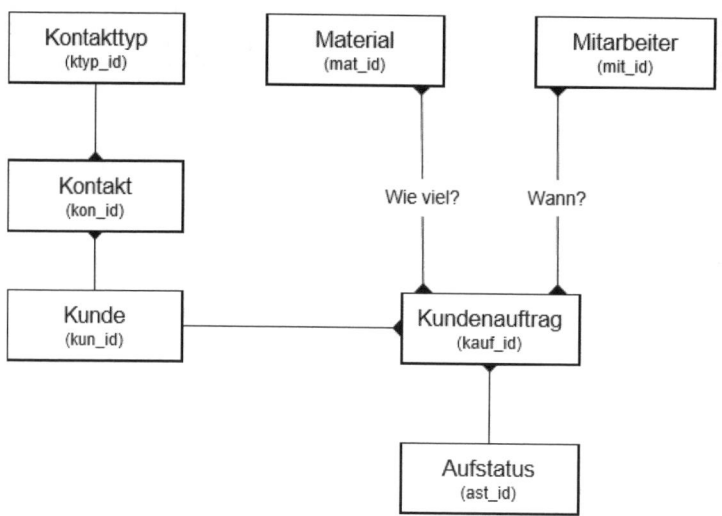

Abbildung 2.38: Das logische Datenmodell »Firma«.

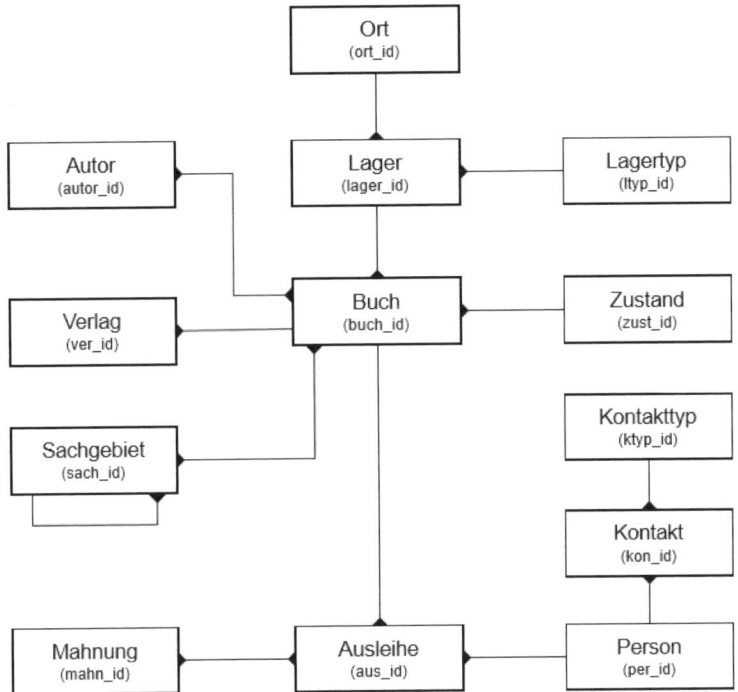

Abbildung 2.39: Das logische Datenmodell »Verleih«.

Im Firmen- und im Vereinsmodell sehen Sie an einigen Relationen noch Beschriftungen. Damit kann das realisiert werden, was ich weiter oben in diesem Kapitel im Abschnitt »Mengen und Zeiten in Zwischentabellen« beschrieben habe. Sie müssen sich nämlich bei jeder m:n-Beziehung fragen: »Möchte ich mir zu dieser Kombination zweier Entitäten etwas merken?« – bei der Material-Kundenauftrag-Kombination z. B.: »Wie viel Material ist für einen bestimmten Kundenauftrag erforderlich?« Dabei handelt es sich – wie gesagt – in den meisten Fällen um Mengen und Zeiten. Aber keine Regel ohne Ausnahme: Im Vereinsmodell möchten Sie sich sicher merken, mit welchem Ergebnis ein Mitglied bzw. eine Mannschaft an einem Wettkampf teilgenommen hat.

Bitte beachten Sie:

 Im logischen Datenmodell spielen datenbanktechnische Begriffe keinerlei Rolle. Es geht ausschließlich um die logischen Zusammenhänge Ihrer Problematik!

Mal ganz platt gesagt: »Wer mit wem und wie oft?«

Erst wenn Sie das logische Datenmodell sehr gründlich durchdacht haben, ist es sinnvoll, weiterzumachen.

Und wie geht es weiter? Natürlich mit der Überführung des logischen Modells in das physische Modell (siehe weiter oben in diesem Kapitel den Abschnitt »Die Überführung in das physische Modell«).

Auch hier denke ich wieder ganz pragmatisch. Das physische Modell wird dann ja eins zu eins in Access realisiert. Also drucken wir uns einfach das logische Modell aus, malen noch etwas mit dem Buntstift darauf herum und benutzen gleich Access für die Überführung in das physische Modell. Das »Herummalen mit dem Buntstift« sieht so aus, wie in Abbildung 2.40 dargestellt:

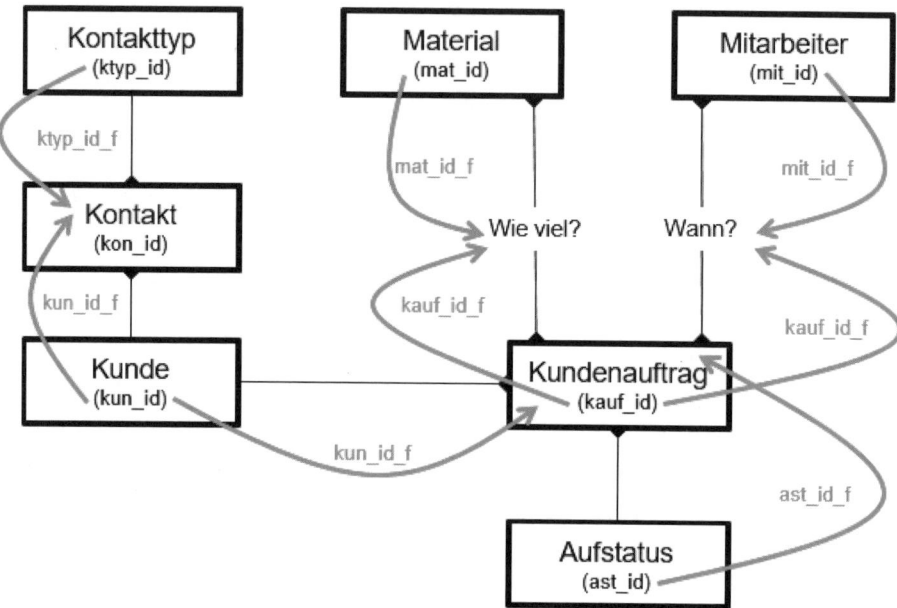

Abbildung 2.40: Die Vorbereitung des logischen Modells auf die Überführung in das physische Modell.

Dafür wenden wir die beiden einfachen Regeln aus dem Abschnitt »Die Überführung in das physische Modell« an:

1:n-Relationen werden in das physische Modell überführt, indem man den Primärschlüssel der »1«-Seite als Fremdschlüssel auf der »n«-Seite einträgt.

m:n-Relationen werden in das physische Modell überführt, indem man die Primärschlüssel beider Entitäten in einer Zwischentabelle als Fremdschlüssel einträgt.

Sie erinnern sich? Die Fremdschlüssel sind das A und O der Datenbanktechnik. Eine Datenbankanwendung kann letzten Endes nur richtig funktionieren, wenn sich die richtigen Fremdschlüssel in den richtigen Tabellen befinden. Die Voraussetzung dafür haben wir mit der Skizze in Abbildung 2.40 geschaffen. Wie dann in Access die Tabellen angelegt werden, erläutere ich im nächsten Kapitel.

Noch eine Bemerkung zum Abschluss dieses Abschnitts: Aus *Wie viel?* in Abbildung 2.40 wird natürlich *kaufmat_menge* in der Zwischentabelle *tblKauf_Mat* (siehe Abbildung 2.12) und aus *Wann?* in wird *kaufmit_von* und *kaufmit_bis* in der Zwischentabelle *tblKauf_Mit* (siehe Abbildung 2.12). Damit übersetzen wir die Logik der Anwendung in die Technik der Datenbank!

Eine komplette Schritt-für-Schritt-Anleitung für die Erstellung des logischen Datenmodells mit PowerPoint finden Sie in der Datei *Datenmodell-Vorlage.pptx* im Internet (Adresse in der Einleitung, dort im Ordner \Kap02).

Visio

Es gibt von Microsoft im Rahmen des Office-Pakets ein anderes Programm, das eigentlich viel besser geeignet sein sollte, um Datenmodelle zu erstellen: Visio. Es befindet sich vielleicht sogar schon auf Ihrem Computer. Mit diesem Programm können Sie eine Vielzahl unterschiedlicher Diagramme zeichnen. Im Unterschied zu PowerPoint handelt es sich aber um ein »intelligentes« Zeichenprogramm. Das bedeutet, Sie wählen zunächst einen Diagrammtyp aus (z. B. *Flussdiagramm*, *Organigramm* oder *Raumplan*) und können dann

- nicht mehr beliebige Symbole (Kreise, Rechtecke usw.) zeichnen, sondern nur noch solche, die für diesen Diagrammtyp zugelassen sind, sowie
- nicht mehr beliebige Verbindungslinien zwischen Symbole zeichnen, sondern nur noch solche, die für diesen Diagrammtyp zugelassen sind.

Die für den jeweiligen Diagrammtyp zugelassenen Symbole und Verbindungslinien heißen in Visio *Shapes*. Ein Datenmodell sieht dann so aus wie das in Abbildung 2.41.

Warum habe ich zu Anfang dieses Abschnitts geschrieben, dass Visio **eigentlich** geeignet sein müsste? Weil Visio 2010 schon mal ganz gut geeignet war, um Datenmodelle zu erstellen. Leider hat Microsoft dann aber einige wichtige Funktionen in den darauffolgenden Versionen entfernt.

Zum Beispiel funktionierte die Sache mit den Fremdschlüsseln in Visio 2010 so: Man zog den Primärschlüssel der einen Tabelle per Drag-and-drop auf die andere Tabelle, und dann wurde dort der Fremdschlüssel automatisch angelegt. Diese Funktionalität ist typisch für CASE-Software (Computer Aided Software Engineering). Microsoft hat sich dann aber wohl entschlossen, Visio zu einem reinen Zeichentool »abzurüsten«.

Einen Eindruck davon, wie man mit Visio 2010 Datenmodelle erstellen kann, vermittelt Ihnen Abbildung 2.41.

 Im Internet (Adresse in der Einleitung, dort im Ordner \Kap02) finden Sie die Datei *Datenmodellierung-mit-Visio2010.pdf* mit einer kurzen Anleitung für die Erstellung von Datenmodellen mit Visio 2010.

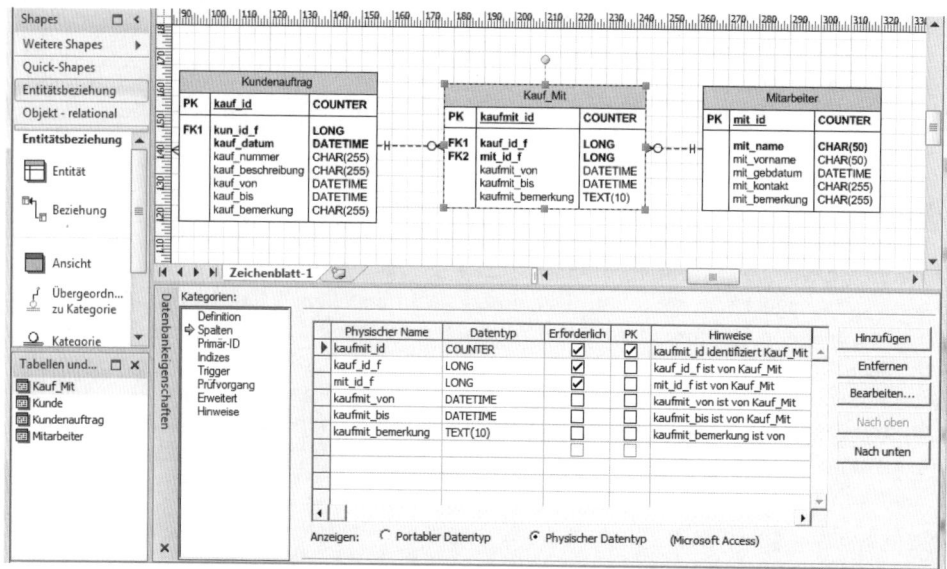

Abbildung 2.41: Das Erstellen eines Datenmodells mit Visio 2010.

Wenn Sie sich Abbildung 2.41 genau anschauen, werden Sie feststellen, dass es sich dabei eigentlich um eine Mischung aus logischem und physischem Datenmodell handelt. Einerseits ist die Symbolik der Beziehungen so wie im logischen Datenmodell – andererseits enthalten die Entitäten bereits die Fremdschlüssel des physischen Datenmodells. Damit ist Visio 2010 noch nicht das optimale Hilfsmittel zur Datenmodellierung, denn bei der Erstellung des logischen Modells sollte der Entwickler Überlegungen zur praktischen Realisierung in der Datenbank noch völlig außer Acht lassen können, um sich ganz auf die Logik der zukünftigen Anwendung zu konzentrieren. Bei der Nutzung von Visio 2010 müssen Sie aber bereits in Datenbankkategorien denken: »Tabellen« statt »Entitäten«. Auch das Fehlen von m:n-Beziehungen ist ein Mangel.

Andererseits muss man aber zugeben, dass Visio 2010 – das ja eigentlich »nur« ein Zeichenprogramm ist – schon nützliche Unterstützung bei der Datenmodellierung geben kann.

»Richtige« Tools

Wenn Sie sich häufiger mit der Erstellung von Datenbankanwendungen beschäftigen wollen oder müssen, sollten Sie sich unbedingt ein »richtiges« Tool zur Datenmodellierung zulegen. Bei der Entscheidung für ein solches Tool müssen Sie darauf achten, dass

- konsequent zwischen logischem Modell (ohne Fremdschlüssel) und physischem Modell (mit Fremdschlüsseln) unterschieden wird,

- das physische Modell für Ihre Datenbanksoftware (z. B. Access) automatisch aus dem logischen Modell generiert werden kann (ganz wichtig – das physische Modell ist produktabhängig!),

- aus dem physischen Modell heraus die Tabellen in Ihrer Datenbanksoftware (z. B. Access) angelegt werden können, damit Sie nicht alles noch einmal abtippen müssen.

Schön wäre es auch, wenn das Tool

- automatisch Testdaten für Ihre Datenbanksoftware (z. B. Access) generieren könnte und
- Reverse Engineering beherrschen würde, um aus fertigen Datenbankanwendungen rückwärts das Datenmodell herauslesen zu können.

Da die Entwicklung auf diesem Gebiet sehr schnelllebig ist, ergibt es keinen Sinn, an dieser Stelle konkrete Links anzugeben. Um Datenmodellierungstools zu finden, empfehle ich Ihnen daher

- mit einer Suchmaschine im Internet nach »Datenmodellierung«, »Datenmodell«, »data modeling«, »data model« oder »entity relationship« zu suchen bzw.
- in der Wikipedia (*de.wikipedia.org*) nach »Datenmodellierung« zu suchen. In dem entsprechenden Artikel gibt es unter *Siehe auch* einen Link *Liste von Datenmodellierungswerkzeugen*.

Na gut – ein sehr schönes und vor allem kostenloses Tool möchte ich aber doch noch explizit erwähnen: »yEd Graph Editor« (*www.yworks.com/products/yed*).

Interviews sind schwierig

Für die Erstellung eines logischen Datenmodells müssen Sie meist Fachkundige interviewen. Wenn es noch kein besonders gefestigtes Vertrauensverhältnis zwischen Ihnen beiden gibt, kann das recht schwierig werden. Hier deshalb einige Tipps von mir:

- Praktiker denken, reden und handeln oft unstrukturiert und »aus dem Bauch heraus« – aber es funktioniert!
- Im Gespräch bauen sich häufig wechselseitige Überheblichkeiten auf: Der Praktiker denkt: »Stellt der aber blöde Fragen! Der hat ja keine Ahnung!« – der Interviewer denkt: »Redet der aber unstrukturiert!« Das lässt sich kaum vermeiden – man sollte es aber wissen und während des Gesprächs in geeigneter Weise gegensteuern.
- Überlegen Sie sich vor einem Interview ganz genau, was Sie herauskriegen möchten. Vereinbaren Sie dann zu Beginn des Interviews ein klares Gesprächsziel (einen »roten Faden«) zusammen mit dem Interviewten. Am besten, Sie schreiben sich Ihr Gesprächsziel auch auf und legen es während des Interviews vor sich hin. »In der Hitze des Gefechts« vergessen Sie es womöglich.
- Sagen Sie dem Interviewten, dass Sie möglichst viele Informationen aus dem Gespräch mitnehmen möchten und darum ab und zu eine kleine Pause brauchen, um sich Notizen zu machen.
- Fragen Sie den Interviewten, wie lange er Zeit hat. Sollte es weniger sein, als Sie gedacht haben, stellen Sie die besonders wichtigen Fragen zuerst. Voraussetzung dafür ist, dass Sie Ihre Fragen mit Prioritäten versehen haben.
- Wenn Sie schon etwas fit mit der ERM sind, sollten Sie gleich während des Interviews ein logisches Datenmodell zeichnen, anstatt Stichpunkte aufzuschreiben. Dann sehen Sie am besten, wo noch Informationen fehlen, und können sofort nachfragen.
- Immer wieder auf das Thema zurücklenken! Nicht durch Abschweifungen irritieren lassen – auch wenn sie noch so interessant sind! Haben Sie keine Scheu, den Interviewten zu unterbrechen!

- Formulieren Sie das Gesprächsergebnis als Protokoll (eventuell inklusive Umsetzung in Diagrammen) und lassen Sie es vom Interviewten überprüfen – entweder bei einem weiteren Treffen oder aus der Ferne per Telefon oder E-Mail.

ADaMo

In diesem Kapitel habe ich versucht, Ihnen eine Menge Wissen über die Datenmodellierung zu vermitteln. Ich habe mich bemüht, alles so anschaulich, verständlich und nachvollziehbar darzustellen wie nur möglich. Trotzdem kann ich es durchaus verstehen, wenn der eine oder andere Leser sagt: »Das ist ja alles gut und schön – aber ich hab's nicht komplett verstanden und traue mir immer noch nicht zu, ein gutes Datenmodell zu entwickeln. Ich habe jetzt auch nicht die Zeit, mich da gründlich einzuarbeiten. Trotzdem muss ich irgendwie eine Access-Datenbank hinkriegen.«

Dann habe ich eine tröstliche Nachricht für Sie: Ich habe (natürlich mithilfe von Access!) ein Tool entwickelt, das Ihnen vielleicht helfen kann: »ADaMo« = »A*s Datenbankmodellierer« – oder auch etwas weltoffener und weniger ichbezogen: »Access Database Modeler«.

 Im Internet (Adresse in der Einleitung, dort im Ordner \Kap02) finden Sie das von mir entwickelte Tool namens »ADaMo«, das Ihnen bei der Datenmodellierung behilflich ist! Die jeweils aktuelle Version gibt es auch unter www.andreasstern.de/buch/adamo.php.

Alle erforderlichen Erläuterungen zur Benutzung des Tools befinden sich direkt auf den einzelnen Formularen. Starten Sie es einfach mal und versuchen Sie, damit zurechtzukommen!

Alles, was Sie tun müssen, ist, Ihre Problematik in den von mir propagierten Substantiv-Verb-Substantiv-Sätzen zu formulieren. ADaMo generiert dann automatisch eine Access-Datei mit den erforderlichen Tabellen und Beziehungen für Sie! Das wird bestimmt noch nicht beim ersten Mal zu Ihrer vollständigen Zufriedenheit funktionieren – beginnen Sie in dem Fall einfach noch einmal von vorn mit ADaMo. Der Lerneffekt dabei ist enorm! Ihre Datenbankversionen werden von Mal zu Mal besser – das kann ich Ihnen beinahe garantieren. Und vielleicht macht Ihnen die trockene Materie »Datenmodellierung« dann sogar ein bisschen Spaß!

Was ist wichtig?

1. Erstellen Sie eine strukturierte verbale Beschreibung Ihrer Problematik in Form von Substantiv-Verb-Substantiv-Sätzen wie »Kunden erteilen Aufträge«, »Mitglieder sind in Mannschaften« und »Leser leihen Bücher aus« (siehe Abschnitt »Die strukturierte Szenario-Beschreibung« ab Seite 86).

2. Erstellen Sie nach dem Grundsatz »Substantive werden zu Entitäten – Verben werden zu Beziehungen« einen ersten Entwurf Ihres Datenmodells (siehe Abschnitt »... und seine Erstellung« ab Seite 74).

3. Überlegen Sie sorgfältig, ob zu einer Entität A keine, eine oder mehrere Entitäten B gehören (Kardinalitäten)! Lösen Sie sich dabei vom Alltagsdenken. Jede unnötige (1,1)- oder (1,n)-Kardinalität schränkt später die Arbeitsmöglichkeiten mit der Datenbank ein (siehe Abschnitt »Kunden ohne Aufträge?« ab Seite 77).

4. Beachten Sie den Unterschied zwischen Entität und Entitätsart (z. B. Material und Materialart) (siehe Abschnitt »Material vs. Materialart« ab Seite 82).

5. Überlegen Sie für jede Beziehung, ob Sie dafür Zeiten bzw. Mengen in Zwischentabellen festhalten wollen (siehe Abschnitt »Mengen und Zeiten in Zwischentabellen« ab Seite 83).

6. Überführen Sie das logische Datenmodell ins physische Datenmodell entsprechend den beiden Regeln für 1:n- und m:n-Beziehungen (siehe Abschnitt »Die Überführung in das physische Modell« ab Seite 87).

7. Überlegen Sie genau, ob eine 1:1-Beziehung wirklich sein muss (im Allgemeinen ist das nicht der Fall!). Wenn ja, modellieren Sie sie richtig (siehe Abschnitt »1:1-Beziehungen« ab Seite 99).

8. Modellieren Sie ggf. Dreifachbeziehungen (siehe Abschnitt »Dreifachbeziehungen« ab Seite 102).

9. Sehen Sie spezielle Tabellen für *Typ*, *Art* und *Status* vor (siehe Abschnitt »Typ, Art, Status« ab Seite 105).

10. Benutzen Sie ADaMo zur Erstellung Ihrer Datenbankanwendung (siehe Abschnitt »ADaMo« ab Seite 120).

 Sie finden das Dokument *WasIstWichtig.pdf* zum Ausdrucken im Internet (Adresse in der Einleitung, dort im Ordner *KapA*).

Kapitel 3
Erste Formulare

In diesem Kapitel 124
Tabellen anlegen 124
Beziehungen definieren 128
Versionen 131
Testdaten eingeben.. 132
Ein einfaches Stammdatenformular 134
Ein Formular mit Unterformular 146
Einzelzuordnung... 152
Die beiden Grundbausteine 157
Das Startformular 159
Was ist wichtig? 160

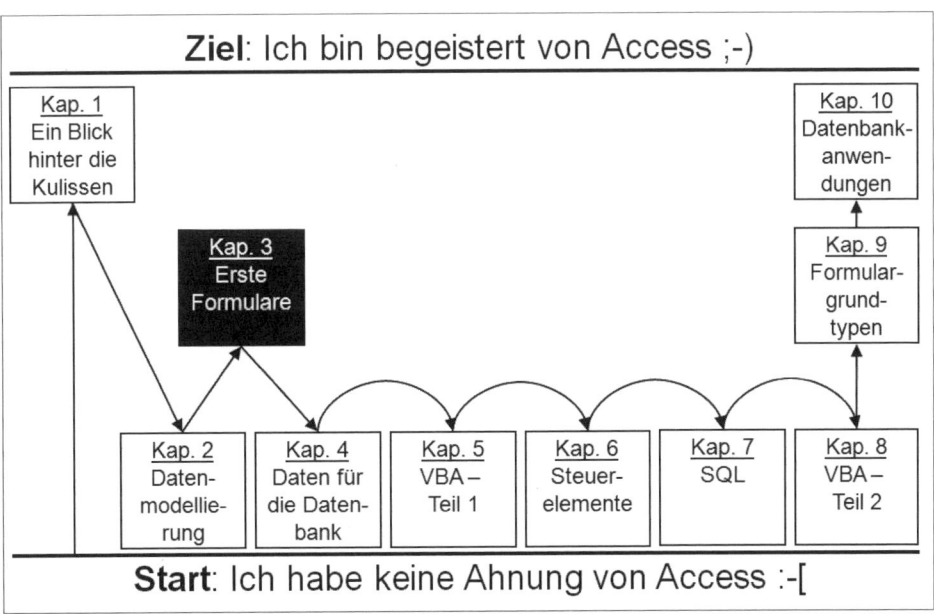

Abbildung 3.1: Das Kapitel 3, »Erste Formulare«.

In diesem Kapitel

... legen wir mithilfe der physischen Datenmodelle aus dem vorangegangenen Kapitel Datenbanktabellen an und füllen sie mit Testdaten. Anschließend erstellen wir einfache Access-Formulare.

Tabellen anlegen

In Kapitel 1 haben wir uns eine fertige Datenbankanwendung am Beispiel eines Sportvereins angesehen; in Kapitel 2 haben wir ganz von vorn angefangen und erst einmal Datenmodelle für ein Unternehmen, für einen Sportverein und für eine private Büchersammlung erstellt. Jetzt wollen wir die Lücke dazwischen schließen und mithilfe der physischen Datenmodelle aus Kapitel 2 Datenbankanwendungen erstellen. Dazu sind folgende Schritte erforderlich:

1. Tabellen anlegen
2. Beziehungen zwischen den Tabellen definieren
3. Testdaten eingeben
4. Formulare entwickeln

Drucken Sie sich bitte als Erstes das physische Unternehmensdatenmodell aus, denn wir werden es bei der weiteren Arbeit ständig brauchen.

 Sie finden die Datenmodelle in Form von jpg-Dateien im Internet (Adresse in der Einleitung, dort im Ordner \Kap02). Außerdem finden Sie im Ordner \KapA den Anhang A dieses Buchs, »Wichtige Standardaktionen durchführen«, als PDF-Datei, die sich ebenfalls zum Ausdrucken empfiehlt.

Jetzt legen Sie bitte eine neue, leere Access-Datenbank an:

1. Klicken Sie unmittelbar nach dem Start von Access auf *Leere Datenbank*. (Access 2010 und 2013: *Datei/Neu/Leere Datenbank*, Access 2007: *Office-Schaltfläche/Neu*).
2. Wählen Sie den Ordner aus, in dem die neue Datenbank gespeichert werden soll.
3. Geben Sie im Eingabefeld *Dateiname* einen sachbezogenen (!) Dateinamen ein – also nicht »Test1«, sondern z.B. »Kegelverein« oder »Bücherverwaltung«.
4. Achtung: Wählen Sie unter *Dateityp Microsoft Access Datenbanken (Format 2002-2003)* aus. Ja, das ist kein Druckfehler! Wir haben zwar schon Access 2019, aber für Anfänger ist es vorteilhaft, zunächst mit dem alten Format zu arbeiten. Sie können Ihre Datenbank dann später immer noch im aktuellen Format speichern.
5. Klicken Sie auf die Schaltfläche *Erstellen*.
6. Es erscheint eine Tabelle mit dem Namen *Tabelle1* in der Datenblattansicht. Schließen Sie sie bitte.

Bevor Sie weitermachen, sollten Sie Folgendes einstellen: Wählen Sie den Menübefehl *Datei/Optionen* (Access 2007: *Office-Schaltfläche/Access-Optionen*). Wählen Sie dann *Aktuelle Datenbank* und aktivieren Sie dort unter *Anwendungsoptionen* die Optionen *Überlappende Fenster* und *Beim Schließen komprimieren*. Anschließend müssen Sie die neu angelegte Datenbank schließen und erneut öffnen.

 Microsoft hat mit Office 2007 die Multifunktionsleiste eingeführt. Diese wurde in Office 2010 in »Menüband« umbenannt. Ich müsste jetzt also immer wieder schreiben: »Klicken Sie im Menüband (Access 2007: in der Multifunktionsleiste) auf …« Um das zu vermeiden, möchte ich mich mit Ihnen einigen, dass ich immer »Menüband« schreibe – und Access 2007-Benutzer mögen das bitte für sich in »Multifunktionsleiste« übersetzen. Herzlichen Dank!

Legen Sie jetzt eine erste Tabelle an:

1. Öffnen Sie im Menüband die Registerkarte *Erstellen* und wählen Sie dort *Tabellenentwurf*. In der Entwurfsansicht wird die Tabelle *Tabelle1* angezeigt.

2. Dort geben Sie unter *Feldname* nacheinander »kun_id«, »kun_name«, »kun_vorname« und »kun_bemerkung« ein. Access stellt den Felddatentyp jedes Mal automatisch auf *Kurzer Text* ein (Access 2007/2010: *Text*). Das kann natürlich nicht so bleiben.

3. Um den Datentyp zu ändern, klicken Sie in das Feld mit dem Wort *Kurzer Text* (Access 2007/2010: *Text*). Daraufhin verwandelt sich dieses Feld in ein Kombinationsfeld, und im unteren Fensterbereich erscheinen die zwei Registerkarten *Allgemein* und *Nachschlagen*.

4. Wählen Sie für *kun_id* den Datentyp *AutoWert*, für *kun_name* und *kun_vorname* den Datentyp *Kurzer Text* und für *kun_bemerkung* den Datentyp *Langer Text*.

 Primärschlüssel haben grundsätzlich den Felddatentyp *AutoWert*. Das bedeutet, dass Access in diese Tabellenspalte fortlaufend ganze Zahlen (1, 2, 3 …) einträgt.

Jetzt teilen Sie Access noch mit, dass *kun_id* der Primärschlüssel ist:

5. Klicken Sie in das Feld mit dem Namen des Primärschlüssels (*kun_id*) und

6. wählen Sie im Menüband auf der Registerkarte *Entwurf* den Befehl *Primärschlüssel*.

Abschließend klicken Sie auf der Registerkarte *Datei* auf *Speichern* und geben unter *Tabellenname* »tblKunde« ein. Dann wollen wir uns die Registerkarte *Allgemein* näher anschauen (siehe Abbildung 3.2).

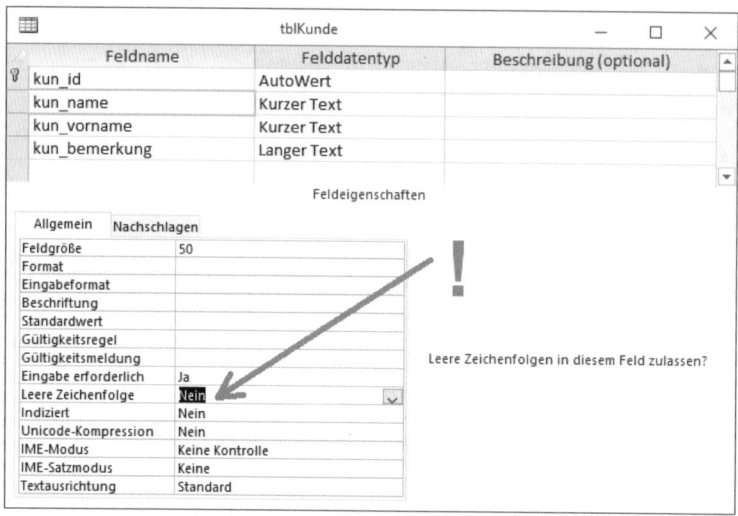

Abbildung 3.2: Die Tabelle tblKunde *in der Entwurfsansicht.*

Die Registerkarte *Allgemein* bietet eine Reihe von Einstellungsmöglichkeiten für das im oberen Bereich ausgewählte Feld. Welche das sind, hängt davon ab, welchen Datentyp das ausgewählte Feld hat. Abbildung 3.2 zeigt die Möglichkeiten für den Datentyp *Kurzer Text* (Access 2007/2010: *Text*). Die meisten können wir erst einmal ignorieren – wichtig sind zunächst folgende:

Eigenschaft	Beschreibung
Feldgröße	Hier können Sie die maximale Länge des Textfelds festlegen. Damit bestimmen Sie, wie viele Zeichen ein Benutzer später in das Eingabefeld des Formulars eintippen kann. Die größtmögliche Textlänge ist 255.
	Bei den numerischen Feldern (Felddatentyp = Zahl) bezeichnet *Feldgröße* nicht die Länge der Zahl, sondern den Zahlentyp: ganze Zahlen (Integer, Long Integer) oder Dezimalzahlen (Single, Double).
Standardwert	Hier können Sie einen Wert eingeben, der automatisch von Access in das Tabellenfeld hineingeschrieben wird, bevor Sie etwas eingeben. Das ist immer dann sinnvoll, wenn in der überwiegenden Zahl der Tabellenzeilen der gleiche Wert stehen soll.
	Beispiel: Sie haben eine Tabelle tblTransport und darin eine Spalte trans_von, in der fast immer »Oldenburg« steht, weil die meisten Ihrer Transporte dort beginnen. Dann können Sie bei *Standardwert* »Oldenburg« eintragen. Dieser Wert kann natürlich jederzeit durch einen anderen Wert überschrieben werden.
	Sie können bei *Standardwert* auch eine Funktion wie *Jetzt()* angeben. Dann wird dort immer das aktuelle Datum eingetragen. Das sollten Sie in der Tabelle tblKundenauftrag beim Feld kauf_datum tun, denn ein neu eingegebener Auftrag wird vermutlich immer das aktuelle Datum bekommen.
Eingabe erforderlich	Hiermit legen Sie Muss-Felder fest. Sie erinnern sich sicher, dass das im logischen Datenmodell »mandatory« hieß und im physischen Datenmodell »not null«. Wenn Sie Eingabe erforderlich auf Ja setzen, zwingen Sie den Benutzer, im entsprechenden Eingabefeld eines Formulars einen Wert einzugeben. Gibt er keinen Wert ein, wird Access mit einer Fehlermeldung antworten und sich weigern, die Daten abzuspeichern.
Leere Zeichenfolge	Wenn Sie Eingabe erforderlich auf Ja stellen, zwingen Sie den Benutzer, in dieses Feld einen Wert einzugeben – das können aber auch Leerzeichen sein, denn auch das sind im datenbanktechnischen Sinne Werte. Für einen menschlichen Benutzer wäre das aber trotzdem nichts. Diese Hintertür können Sie durch Leere Zeichenfolge = Nein schließen oder aber auch durch ein Ja bewusst offen lassen.

Tabelle 3.1: Wichtige Eigenschaften für den Datentyp Kurzer Text

Wenn Sie wirklich und wahrhaftig wollen, dass der Nutzer ein bestimmtes Datenbankfeld (also die betreffende Tabellenspalte) nicht leer lassen **kann**, sondern dort einen Wert eingeben **muss**, achten Sie darauf, die Hintertür *Leere Zeichenfolge* zu schließen (Abbildung 3.2)!

Wenn Sie möchten, können Sie zur Übung mithilfe des physischen Unternehmensdatenmodells nun auch die übrigen Tabellen anlegen. Die meisten Felder sind vom Datentyp *Kurzer Text*; bei *mit_gebdatum, kaufmit_von, kaufmit_bis, kauf_datum, kauf_von* und *kauf_bis* wählen Sie natürlich *Datum/Uhrzeit*. *Mat_preis* bekommt den Datentyp *Währung*. Hier stellen Sie auf der Registerkarte *Allgemein* zusätzlich noch das Euro-Format ein.

 Alle Fremdschlüsselfelder müssen wie normale Datenfelder eingegeben werden! Sie haben grundsätzlich den Datentyp *Zahl* mit der Feldgröße *LongInteger*.

Daran erkennen Sie wieder einmal die von mir immer wieder beschworene Bedeutung der Datenmodellierung: Ohne Datenmodell wüssten Sie gar nicht, welche Fremdschlüssel in welche Tabellen gehören! Aber:

 Vorsicht – Falle! Access stellt beim Datentyp *Zahl/LongInteger* immer automatisch *Standardwert = 0* ein. Das sollten Sie bei Fremdschlüsseln **unbedingt** entfernen, denn es wird später zu Problemen führen, weil es einen dazugehörigen Primärschlüssel mit dem Wert 0 gar nicht geben **kann**!

Kaufmat_menge bekommt den Datentyp *Zahl* mit der Feldgröße *Single*.

 Die Datenbank mit allen Tabellen finden Sie unter dem Namen *Firma-A.mdb* (2003er-Format!) im Internet (Adresse in der Einleitung, dort im Ordner *\Kap03*).

Wenn Sie sich die Tabellendefinitionen in der Beispieldatenbank ansehen wollen, lassen Sie sich die Liste aller Tabellen anzeigen, indem Sie

1. links im Navigationsbereich auf die Titelleiste klicken und unter *Nach Gruppe filtern* die Option *Tabellen* auswählen.

Anschließend öffnen Sie die gewünschte Tabelle in der Entwurfsansicht:

2. im Navigationsbereich Rechtsklick auf den Tabellennamen und

3. Menübefehl *Entwurfsansicht* wählen.

Wenn Sie die Tabellen in der Datenblattansicht öffnen, indem Sie im Navigationsbereich auf den Tabellennamen doppelklicken, werden Sie sehen, dass sie noch keinerlei Daten enthalten – das ist ja auch erst Schritt drei im übernächsten Abschnitt dieses Kapitels. Zunächst müssen wir noch die Beziehungen zwischen den Tabellen definieren.

Beziehungen definieren

Beim Anlegen der Tabellen hatten wir die Fremdschlüsselfelder wie ganz normale Datenfelder angelegt. Dass es sich dabei um Fremdschlüssel handelt, wissen **wir** – aber **Access** muss es ausdrücklich mitgeteilt werden. Dazu lassen Sie sich die Beziehungen anzeigen, indem Sie

1. im Menüband die Registerkarte *Datenbanktools* öffnen und

2. dort den Befehl *Beziehungen* wählen.

Das entsprechende Fenster ist jetzt noch leer. Daher klicken Sie bitte mit der rechten Maustaste auf den leeren Fensterhintergrund und wählen den Kontextmenübefehl *Alle anzeigen*. Manchmal funktioniert das nicht. Dann wählen Sie bitte nach einem Rechtsklick den Befehl *Tabelle anzeigen*. Daraufhin öffnet sich eine Liste aller Tabellen. Klicken Sie auf die erste Tabelle und dann mit gedrückter ⇧-Taste auf die letzte Tabelle. Anschließend klicken Sie auf die Schaltfläche *Hinzufügen*. Spätestens jetzt werden alle Tabellen angezeigt.

Sie können die Tabellen auch per Drag-and-drop aus dem Navigationsbereich in das Beziehungsfenster ziehen.

Die Tabelle *tblDBINFO* ist – wie der Name schon erahnen lässt – eine Tabelle, die inhaltlich nichts mit unserer Unternehmensproblematik zu tun hat. Daher können Sie sie mit dem Kontextmenübefehl *Tabelle ausblenden* aus dem Beziehungsfenster entfernen.

Referentielle Integrität

Zum Herstellen einer Beziehung klicken Sie mit gedrückter Maustaste auf einen Fremdschlüssel und ziehen ihn auf den dazugehörigen Primärschlüssel. Nach dem Loslassen der Maustaste öffnet sich das Dialogfeld *Beziehungen bearbeiten*. Dort aktivieren Sie das Kontrollkästchen *Mit referentieller Integrität* und klicken auf die Schaltfläche *Erstellen*.

 »Referentielle Integrität« bedeutet, dass ein Fremdschlüssel nur Werte annehmen darf, für die es in einer anderen Tabelle dazugehörige Primärschlüsselwerte gibt.

Die Überwachung der referentiellen Integrität durch Access verhindert, dass z. B. in einem Kundenauftrag bei *kun_id_f* der Wert »35« eingetragen wird, wenn dieser Wert in der Spalte *kun_id* der Tabelle *tblKunde* gar nicht existiert, denn dann wäre das ein Auftrag von einem nicht existierenden Kunden.

An dieser Stelle verweise ich noch einmal auf das bereits erwähnte Problem mit den Standardwerten:

 Vorsicht – Falle! Access stellt beim Datentyp *Zahl/LongInteger* immer automatisch *Standardwert = 0* ein. Das sollten Sie bei Fremdschlüsseln unbedingt entfernen, denn es wird später zu Problemen führen, weil es einen dazugehörigen Primärschlüssel mit dem Wert 0 gar nicht geben kann!

Nach der Definition sämtlicher Beziehungen sieht das entsprechende Fenster so aus wie das in Abbildung 3.3.

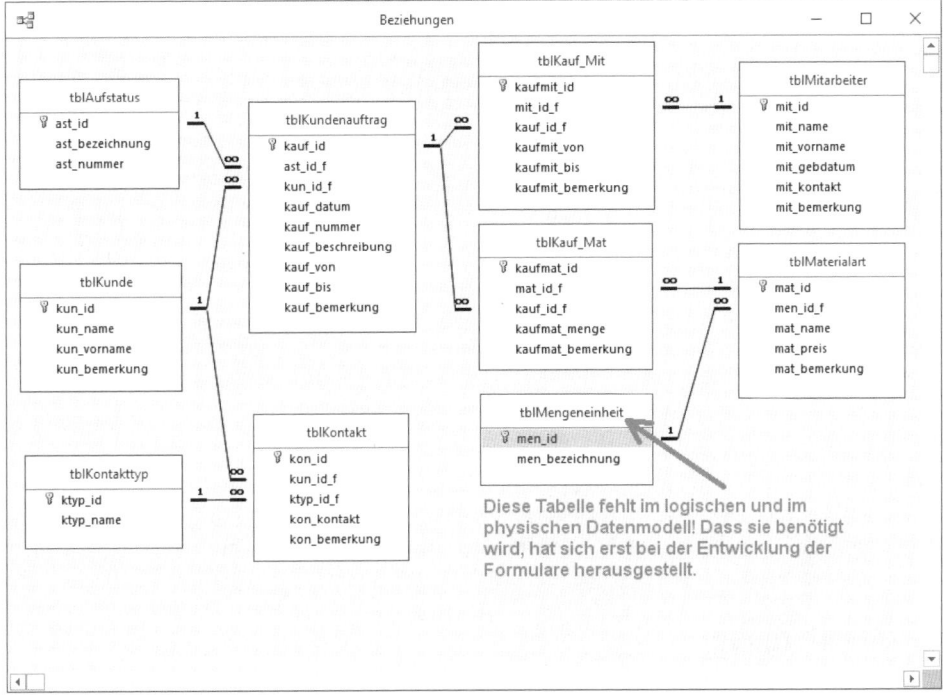

Abbildung 3.3: Die Beziehungen zwischen den Tabellen der Unternehmensdatenbank.

Achten Sie bei der Definition der Beziehungen sehr sorgfältig darauf, dass Sie auch wirklich den richtigen Fremdschlüssel auf den richtigen Primärschlüssel ziehen, denn Access hat z. B. überhaupt nichts dagegen, dass Sie eine Beziehung zwischen *kun_id* in *tblKunde* und *kauf_id* in *tblKundenauftrag* herstellen. Sollten Sie einmal eine falsche Beziehung definiert haben, können Sie sie nach einem Rechtsklick auf die entsprechende Linie zwischen Fremdschlüssel und Primärschlüssel wieder löschen.

Jetzt kennt Access also sämtliche Fremdschlüssel und weiß z. B., dass *kun_id_f* in *tblKundenauftrag* ein Fremdschlüssel ist, der in Beziehung zum Primärschlüssel *kun_id* in *tblKunde* steht.

Beziehung einer Tabelle zu sich selbst

Dies ist eine merkwürdige Sache, die eher selten auftritt. Wir haben einen solchen Fall in der Beispieldatenbank *Verleih*. Dort gibt es eine Beziehung der Tabelle *tblSachgebiet* zu sich selbst (sehen Sie sich dazu den Abschnitt »Hierarchische Ordnungen« in Kapitel 2 an).

Wie wird eine solche Beziehung einer Tabelle zu sich selbst nun in Access umgesetzt?

Dazu ziehen Sie die Tabelle einfach per Drag-and-drop ein zweites Mal aus dem Navigationsbereich in das Beziehungsfenster. Der Name enthält dann am Ende einen Unterstrich und die Ziffer 1 (z. B. *tblSachgebiet_1*). Das bedeutet nicht, dass die Tabelle zweimal vorhanden ist – es ist einfach nur ein Symbol, das es Ihnen ermöglicht, eine Beziehung einer Tabelle zu sich selbst herzustellen. Dazu ziehen Sie nun den Fremdschlüssel aus der einen Tabelle (z. B. *tblSachgebiet_1*) per Drag-and-drop auf den Primärschlüssel der anderen Tabelle (z. B. *tblSachgebiet*). Bitte sehen Sie sich das in der Beispieldatenbank *Verleih* an!

Kardinalitäten

An den Enden der Linien, die die Beziehungen symbolisieren, sehen Sie jeweils eine »1« bzw. eine liegende Acht – das mathematische Zeichen für »unendlich«. Das ist ähnlich zu lesen wie die Symbolik im logischen Datenmodell: »Zu einem Kunden gehören beliebig viele Kundenaufträge«, »Zu einem Kundenauftrag gehört ein Kunde«. Die Information, ob »genau einer« oder »einer oder keiner«, ist hier nicht enthalten.

 Zur richtigen Umsetzung der Kardinalitäten aus dem logischen Datenmodell sehen Sie sich bitte noch einmal das physische Datenmodell an: Dort steht genau wie bei anderen Muss-Werten auch bei den Fremdschlüsseln »not null«! Das müssen Sie in der Tabellenentwurfsansicht beim Felddatentyp des Fremdschlüssels durch *Eingabe erforderlich = Ja* festlegen!

Somit stellt die Grafik in Abbildung 3.3 eine Mischung aus logischem und physischem Datenmodell dar: Sie zeigt – ähnlich wie das logische Datenmodell – die 1:n-Beziehungen an; sie zeigt aber auch – wie das physische Datenmodell – die Fremdschlüssel an.

Löschweitergabe

Beim Thema »Beziehungen« kommt unweigerlich auch wieder das Thema »Löschen« zur Sprache. Das Löschen in Datenbanken ist ja bekanntlich eine ganz schwierige und gefährliche Sache. Sie können z. B. nicht einfach den Kunden Schulz mit dem Primärschlüssel *kun_id*=4 löschen, denn von Herrn Schulz gibt es noch Kundenaufträge und Kontakte. Das bedeutet, in den Tabellen *tblKundenauftrag* und *tblKontakt* gibt es Zeilen, die in der Fremdschlüsselspalte *kun_id_f* eine 4 stehen haben. Würden Sie jetzt den Kunden Schulz löschen, wäre das eine Verletzung der referentiellen Integrität, denn anschließend gäbe es in den Tabellen *tblKundenauftrag* und *tblKontakt* Fremdschlüsselwerte, die auf einen nicht existierenden Kunden verweisen.

Sie können das Problem mithilfe der sogenannten Löschweitergabe lösen. Dazu führen Sie einen Doppelklick auf eine Beziehung aus – z. B. zwischen *tblKunde* und *tblKontakt* (Abbildung 3.3). Es erscheint das Dialogfeld *Beziehungen bearbeiten* mit dem Kontrollkästchen *Löschweitergabe an verwandte Datensätze*. Eine Aktivierung dieses Kontrollkästchens bedeutet: Wenn ein Kunde gelöscht wird, werden auch alle seine Kontakte gelöscht.

Für die Beziehung zwischen *tblKunde* und *tblKontakt* ist das sicher zweckmäßig. Wenn ein Kunde gelöscht wird, brauche ich auch seine Telefonnummer und seine Adresse nicht mehr. Aber gilt das auch für seine Aufträge? Es kann sein, dass das alles alte, schon erledigte Aufträge sind – es kann aber auch sein, dass ich ganz vergessen habe, dass es von dem zu löschenden Kunden noch einen aktuellen Auftrag gibt, der eventuell noch in Arbeit ist. Dann kann ich als Benutzer erwarten, dass die Datenbank das merkt und mich darauf hinweist. Ich möchte also gefragt werden: »Wollen Sie den Kunden X wirklich löschen? Es gibt noch Aufträge von ihm.«

Eine solche Sicherheitsabfrage können Sie mit der Löschweitergabe nicht realisieren. Wenn Sie eine Löschweitergabe einrichten, werden die Daten in der Tabelle mit dem Fremdschlüssel gnadenlos und ohne Nachfrage gelöscht.

Darum sollten Sie

- sehr genau überlegen, für welche Beziehungen Sie Löschweitergaben einrichten, und
- sich die Beziehungen ohne Löschweitergabe merken, denn an diesen Stellen müssen Sie später mithilfe von VBA Sicherheitsabfragen programmieren.

Versionen

Wenn Sie mit Ihrer eigenen Übungsdatenbank den Stand erreicht haben, den wir hier gerade am Beispiel der Unternehmensdatenbank besprechen, sollten Sie folgenden Grundsatz der Softwareentwicklung beherzigen:

Wenn ein Arbeitsschritt beendet ist und das Ergebnis funktioniert, speichern Sie es unter einer bestimmten Versionsnummer ab, erzeugen eine Kopie dieser Datei, erhöhen deren Versionsnummer um eins und arbeiten mit der neuen Version weiter.

Damit verhindern Sie, dass nach einem schlimmen Programmierfehler eventuell Ihre gesamte Arbeit verloren ist. Außerdem können Sie auch mal etwas ausprobieren und anschließend zu der »sauberen« Vorversion zurückkehren.

Und gleich noch ein wichtiger Tipp hinterher:

Denken Sie daran, Ihre Access-Datei regelmäßig zu komprimieren!

Es ist nämlich so, dass sich während der Entwicklungsarbeit eine ganze Menge »Müll« in der Access-Datei ansammelt. Kontrollieren Sie einmal die Größe der .*accdb*-Datei vor und nach einer Stunde Entwicklungsarbeit: Der Unterschied kann schon mal mehr als 100 % ausmachen! Durch die Funktion *Komprimieren und Reparieren* wird dieser Müll entsorgt. Sie können die Komprimierung

- entweder selbst starten über *Datenbanktools/Tools/Datenbank komprimieren und reparieren* (Access 2007: *Office-Schaltfläche/Verwalten/Datenbank komprimieren und reparieren*)
- oder Access so einstellen, dass Ihre Datei automatisch beim Schließen komprimiert wird: *Datei/Optionen/Aktuelle Datenbank/Anwendungsoptionen/Beim Schließen komprimieren* (Access 2007: *Office-Schaltfläche/Access-Optionen/Aktuelle Datenbank/Anwendungsoptionen/Beim Schließen komprimieren*).

Die Datenbank mit allen Tabellen und Beziehungen finden Sie unter dem Namen *Firma-B.mdb* (2003er-Format) im Internet (Adresse in der Einleitung, dort im Ordner \Kap03).

Jetzt sind wir so weit, dass wir Daten in unsere Datenbank eingeben können.

Testdaten eingeben

Da wir im nächsten Schritt Formulare entwickeln wollen, müssen die Tabellen unserer Datenbank Daten enthalten, sonst wären sämtliche Eingabefelder der Formulare leer, und wir könnten nicht überprüfen, ob sie funktionieren. Wir werden jetzt allerdings nur einige wenige Testdaten eingeben. Wie Sie vorgehen, um größere Datenmengen einzugeben, wird in einem späteren Kapitel beschrieben.

Auf die Reihenfolge achten

 Bei der Eingabe von Daten ist die Reihenfolge zu beachten: zuerst in die Tabellen, auf die von anderen Tabellen aus mit Fremdschlüsseln Bezug genommen wird.

Sie können also z. B. keine Daten in die Tabelle *tblKundenauftrag* eingeben, bevor Sie nicht welche in *tblKunde* eingegeben haben, denn zu einem Kundenauftrag muss ein Kunde gehören, d.h., in der Tabellenzeile mit dem Kundenauftrag muss ein Wert im Feld *kun_id_f* stehen. Dazu muss aber wegen der referentiellen Integrität ein identischer Wert in der Spalte *kun_id* in der Tabelle *tblKunde* schon existieren.

In unserer Beispieldatenbank müssen die Daten also in folgender Reihenfolge eingegeben werden:

- zuerst *tblAufstatus*, *tblKontakttyp*, *tblKunde*, *tblMengeneinheit* und *tblMitarbeiter*,
- dann *tblKontakt*, *tblMaterialart* und *tblKundenauftrag* und
- dann erst *tblKauf_Mat* und *tblKauf_Mit*.

Dazu öffnen Sie die jeweilige Tabelle in der Datenblattansicht, indem Sie im Navigationsbereich auf den Tabellennamen doppelklicken, und tippen dann die Daten ein. Dabei erscheint links neben der Zeile ein Stiftsymbol. Solange dieses Symbol sichtbar ist, bedeutet das, dass die Zeile noch nicht gespeichert wurde. Das Speichern können Sie auf zweierlei Art veranlassen: durch einen Klick auf das Stiftsymbol oder durch einen Wechsel in die nächste Tabellenzeile.

Bei der Dateneingabe werden Sie feststellen, dass Sie in _id-Felder, die ja vom Datentyp *AutoWert* sind, keine Daten eingeben können. Vielmehr fügt Access hier automatisch fortlaufende ganze Zahlen 1, 2, 3 ... ein.

	kun_id	kun_name	kun_vorname	kun_bemerkung
⊞	195	Leuschner	Achilleus	Ihn schlugen die Häscher in Bande, Was wolltest du mit dem Dolche? sprich!
⊞	196	Lohmann	Allegra	Entgegnet ihm finster der Wüterich. Die Stadt vom Tyrannen befreien!
⊞	197	Meyer	Aljoscha	Das sollst du am Kreuze bereuen. Ich bin, spricht jener, "zu sterben bereit
⊞	198	Ochsener	Adolf	Und bitte nicht um mein Leben: Doch willst du Gnade mir geben,
⊞	199	Lohmann	Adonija	Ich flehe dich um drei Tage Zeit, Bis ich die Schwester dem Gatten gefreit;
	200	Landmann	Antonia	Ich lasse den Freund dir als Bürgen, Ihn magst du, entrinn' ich, erwürgen."
⊞	201	tern	Andreas	Ich sei, gewährt mir die Bitte, in eurem Bunde der Dritte!
*	(Neu)			

Abbildung 3.4: Die Primärschlüsselspalte kun_id *vom Typ AutoWert füllt Access selbst mit Werten. Zeile 201 ist noch nicht gespeichert.*

Achten Sie bei der Eingabe von Werten in Fremdschlüsselfelder auf die Einhaltung der referentiellen Integrität!

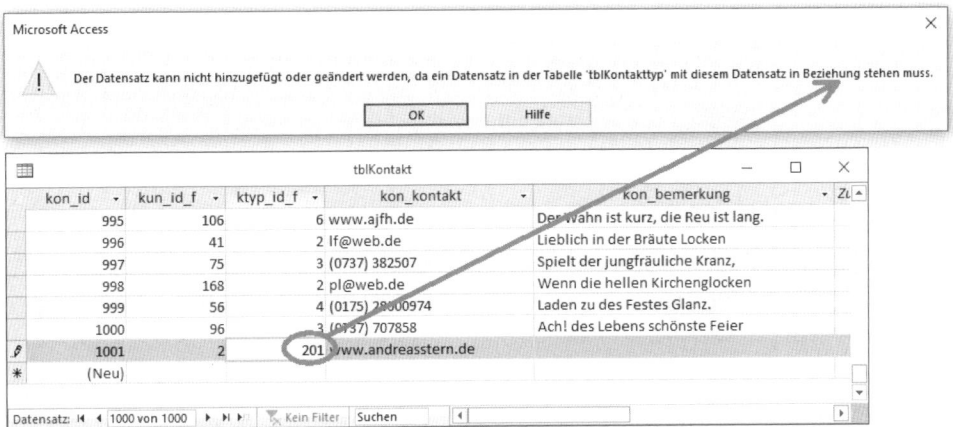

Abbildung 3.5: Bei der Eingabe von Fremdschlüsseln auf die referentielle Integrität achten!

Dabei passiert Anfängern oft folgender Fehler: Man hat zwei Tabellen geöffnet – z.B. *tblKunde* (Abbildung 3.4) und *tblKontakt* (Abbildung 3.5) –, gibt in der ersten einen neuen Datensatz ein, versäumt aber, ihn zu speichern, und versucht dann, in der anderen Tabelle einen Fremdschlüssel einzugeben, der sich auf den eingegebenen, aber noch nicht gespeicherten Datensatz in der anderen Tabelle bezieht. Dann erscheint die in Abbildung 3.5 dargestellte Fehlermeldung, und der Anfänger wundert sich: »Nanu? Ich habe den Datensatz mit dem Primärschlüssel doch eingegeben?« Ja, eingegeben schon, aber nicht gespeichert! Also schnell einmal in der ersten Tabelle auf den kleinen Schreibstift geklickt, und schon klappt es auch mit dem Fremdschlüssel in der anderen Tabelle.

Ein weiteres Problem könnte dadurch entstehen, dass Sie in eine Fremdschlüsselspalte, die Sie mit *Eingabe erforderlich = Ja* definiert haben (Abbildung 3.2), **keinen** Wert eingegeben haben. Beim Versuch, diesen Datensatz zu speichern, erscheint eine Fehlermeldung der Art: »Sie müssen einen Wert in das Feld *tblKontakt.kun_id_f* eingeben.«

Aus Fehlern lernen

Da man aus Fehlern lernen kann, machen Sie bitte einmal bewusst folgende Fehler:

- Geben Sie in ein Muss-Feld (z. B. *kun_name*) keinen Wert ein und versuchen Sie, die Tabellenzeile zu speichern.
- Geben Sie in ein Fremdschlüsselfeld (z. B. *kun_id_f* in *tblKundenauftrag*) einen Wert ein, den es als Primärschlüssel (*kun_id* in *tblKunde*) nicht gibt.
- Geben Sie in ein Fremdschlüsselfeld (z. B. *kun_id_f* in *tblKundenauftrag*) keinen Wert ein und versuchen Sie, die Tabellenzeile zu speichern.

Der erste Fehler wird mit einer Fehlermeldung beantwortet, wenn Sie *Leere Zeichenfolge = Nein* eingestellt haben (siehe Tabelle 3.1 auf Seite 126). Diese ist auch verständlich, und somit haben wir damit weiter kein Problem.

Auch der zweite Fehler wird mit einer Fehlermeldung beantwortet. Diese ist nicht mehr ganz so verständlich, aber mit ein wenig Hintergrundwissen versteht man schon, was gemeint ist: Der Kundenauftrag kann z. B. nicht vom Kunden mit *kun_id=6* sein, wenn es diesen in der Tabelle *tblKunde* gar nicht gibt. Es handelt sich hierbei um eine Verletzung der referentiellen Integrität.

Der dritte Fehler ist nur ein solcher, wenn der von Ihnen nicht eingegebene Fremdschlüssel die Eigenschaft *Eingabe erforderlich = Ja* hat, d. h., wenn es sich um einen Fremdschlüssel aus einer Relation mit einer (1,1)- oder (1,n)-Kardinalität handelt. Es muss also an dieser Stelle ein anderes Objekt mittels Fremdschlüssel zugeordnet werden.

Nachschlagefelder

Bei der Definition der Tabellen sehen Sie in der Entwurfsansicht neben der Registerkarte *Allgemein* noch die Registerkarte *Nachschlagen* (Abbildung 3.2). Damit sind wir bei dem leidigen Thema »Nachschlagefelder«.

Ich rate Ihnen ganz dringend davon ab, Nachschlagefelder zu benutzen.

Ich will mich gar nicht lange mit Begründungen für diesen Rat aufhalten. Geben Sie einfach einmal in einer Internetsuchmaschine »Warum sind Nachschlagefelder schlecht?« ein, und Sie werden zahlreiche Argumente finden!

Die Datenbank mit allen Tabellen, Beziehungen und Daten finden Sie unter dem Namen *Firma-C.mdb* (2003er-Format) im Internet (Adresse in der Einleitung, dort im Ordner *\Kap03*).

Ein einfaches Stammdatenformular

Jetzt kommen wir also endlich zu dem, was in Access am meisten Arbeit, aber auch am meisten Spaß macht: die Entwicklung von Formularen.

Formulare können natürlich ganz verschieden aussehen, je nachdem, welchen Zweck man mit ihnen verfolgt und welche Daten darin dargestellt werden sollen. Sie können Textfelder, Listenfelder, Kombinationsfelder, Schaltflächen und noch vieles andere in den unterschiedlichsten Kombinationen enthalten. Es ist nahezu unmöglich, all das in einem Buch erschöpfend zu behandeln – und das ist auch nicht mein Anliegen. Ich habe mir vielmehr eine Reihe von Standardformularen überlegt, die einen erheblichen Teil dessen abdecken, was man in einer Datenbankanwendung braucht. Zu dem, was dann an letzter Raffinesse noch fehlt, gibt es in diesem Buch einige Anregungen. Ansonsten verweise ich auf die umfangreiche spezialisierte Access-Literatur.

Wir haben ja schon in Kapitel 1 gesehen, dass ein Formular nie die gesamte Datenbank, sondern immer nur einzelne Felder einzelner Tabellen »kennt«. Wir beginnen daher mit einem Formular, das nur die Felder einer einzigen Tabelle kennt – und zwar die der Tabelle *tblMitarbeiter*. In der Überschrift zu diesem Abschnitt wird es Stammdatenformular genannt. Das sind Daten, die sich mittel- und langfristig eher selten ändern und auf die von anderen Tabellen aus mit Fremdschlüsseln verwiesen wird. Im Unternehmensdatenmodell betrifft das die Tabellen *tblMitarbeiter*, *tblKunde*, *tblMaterialart* und *tblKontakt* (Abbildung 3.3).

Schritt 1: Mit dem Formular-Assistenten Formulare erzeugen

Bevor Sie loslegen, müssen Sie noch folgende Option einstellen: Wählen Sie den Menübefehl *Datei/Optionen* (Access 2007: *Office-Schaltfläche/Access-Optionen*). Wählen Sie dann *Aktuelle Datenbank* und aktivieren Sie dort unter *Anwendungsoptionen* die Optionen *Überlappende Fenster* und *Beim Schließen komprimieren*. Anschließend müssen Sie die Datenbank schließen und erneut öffnen. Nur dann sehen die Formulare so aus, wie in diesem Buch dargestellt!

1. Starten Sie nun den Formular-Assistenten: *Erstellen/Formular-Assistent* (Access 2007: *Erstellen/Weitere Formulare/Formular-Assistent*).

2. Unter *Tabellen/Abfragen* wählen Sie *tblMitarbeiter*.

3. Verschieben Sie mit der Schaltfläche > alle verfügbaren Felder in die Liste der ausgewählten Felder – mit Ausnahme des Primärschlüssels *mit_id*. Klicken Sie auf *Weiter*.

4. Wählen Sie das Layout *Einspaltig*. Klicken Sie auf *Weiter*.

5. Access 2007: Wählen Sie ein Format nach Ihrem Geschmack und klicken Sie auf *Weiter*.

6. Nennen Sie Ihr Formular *frmMitarbeiter*. (In der Beispieldatenbank und in Abbildung 3.6 heißt es *frmMitarbeiterNachSchritt1* – aber nur, weil ich alle Bearbeitungsschritte separat abgespeichert habe, damit Sie sich das ansehen können!) Klicken Sie auf *Fertig stellen*.

Als Ergebnis erhalten Sie eine Rohform des gewünschten Formulars (Abbildung 3.6).

Abbildung 3.6: Mit dem Assistenten erzeugen Sie eine erste Rohform des gewünschten Formulars.

Es hat bereits einige Bedienelemente:

- Im unteren Teil befinden sich die sogenannten Navigationsschaltflächen, mit denen Sie zum vorigen, zum nächsten, zum ersten und zum letzten Datensatz navigieren können. Sie können außerdem einen neuen Datensatz (hier also einen neuen Mitarbeiter) anlegen.

- Rechts daneben sehen Sie ein Textfeld, in das Sie einen Suchbegriff eingeben können.
- Am linken Rand des Formulars befindet sich der sogenannte Datensatzmarkierer. Das ist eine Schaltfläche, deren Beschriftung sich in einen kleinen Stift verwandelt, sobald Sie anfangen, ein Textfeld des Formulars zu bearbeiten. Das bedeutet dann, dass diese Daten noch nicht in der Datenbank gespeichert sind. Durch einen Klick auf den Datensatzmarkierer können Sie das Speichern veranlassen.

Als Beschriftung der Textfelder setzt der Formular-Assistent die Namen der Tabellenfelder ein. Das soll natürlich nicht so bleiben, aber:

 Erst richtig, dann schön!

Das bedeutet: Verschwenden Sie keine Zeit mit der Verschönerung des Formulars, bevor Sie sich nicht sicher sind, dass alle Elemente ordnungsgemäß **funktionieren**. Sonst haben Sie nachher viel Zeit in das Layout gesteckt, und anschließend stellt sich heraus, dass Sie das das Formular so gar nicht gebrauchen können. Darum lassen wir die unschönen Feldbezeichnungen erst einmal so stehen.

Schritt 2: Text- und Bezeichnungsfelder anordnen

Öffnen Sie jetzt das Formular in der Entwurfsansicht. Hier können Sie die einzelnen Formularelemente verschieben sowie deren Größe verändern. Das ist eine Funktionalität, die Sie wahrscheinlich von PowerPoint kennen.

 Ein kleines Problem mit **Access 2007** besteht zunächst darin, dass die mit dem Assistenten erzeugten Beschriftungen und die Eingabefelder alle miteinander verbunden sind und sich nur gemeinsam bewegen lassen. Das können Sie aber schnell lösen: Wenn Sie ein beliebiges Textfeld der Gruppe anklicken, erscheint an der linken oberen Ecke der Gruppe ein klitzekleines Quadrat mit vier Pfeilen darin. Wenn Sie dieses Quadrat anklicken, wird die ganze Gruppe markiert. Jetzt können Sie in der Multifunktionsleiste auf der Registerkarte *Anordnen* auf *Entfernen* klicken. Daraufhin werden die Elemente der Gruppe voneinander getrennt.

Nach einem Klick auf ein Formularelement erscheinen daran kleine »Anfasspunkte«, die Sie benutzen können, um die Formularelemente zu verschieben und in der Größe zu verändern. Eine Besonderheit von Access besteht darin, dass ein Textfeld immer mit dem dazugehörigen Bezeichnungsfeld verbunden ist. Wenn Sie eines von beiden bewegen, bewegt sich das andere mit. Das ist auch gut so, denn die beiden Felder gehören ja zusammen. Wenn Sie aber doch eines von beiden allein bewegen wollen, müssen Sie den etwas größeren »Anfasspunkt« in der linken oberen Ecke benutzen (Abbildung 3.7).

Der Formular-Assistent hat bereits einen Formularkopf mit dem Formulartitel darin angelegt. Für die Erzeugung eines Formularfußes bewegen Sie den Mauszeiger an die Unterkante der schmalen horizontalen Fläche, in der *Formularfuß* steht. Er verwandelt sich daraufhin in einen Doppelpfeil mit einem Strich in der Mitte. Jetzt können Sie die Maus mit gedrückter linker Taste nach unten ziehen. Den Formularfuß werden wir später noch benötigen, um dort Schaltflächen unterzubringen.

Die Formulargröße kann außerdem auch am rechten Formularrand und an der rechten unteren Formularecke verändert werden. Das Formular sieht schließlich so aus, wie in Abbildung 3.7 dargestellt.

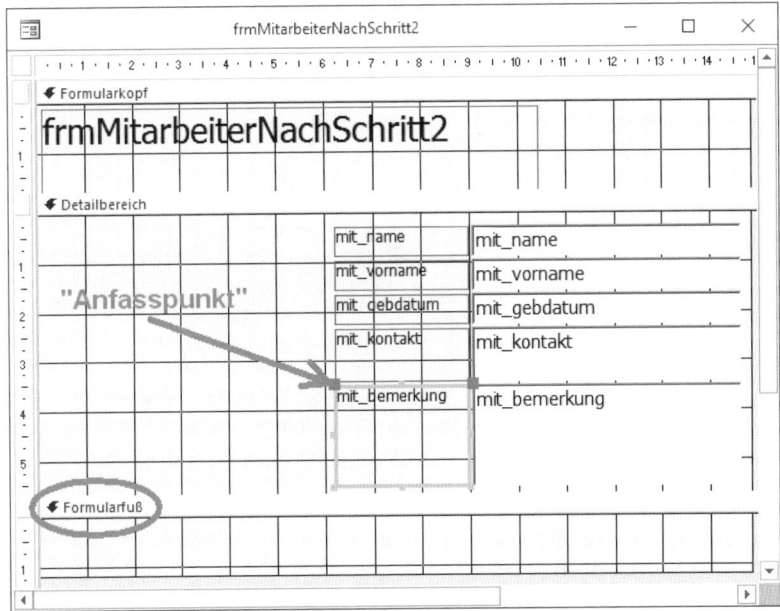

Abbildung 3.7: Die Formularelemente können wie in einem Zeichenprogramm bearbeitet werden.

Als Unterstützung für die genaue Ausrichtung von Hand sollten Sie die Ausrichtung am Raster einschalten: *Anordnen/Anpassung und Anordnung/Größe/Abstand/Am Raster ausrichten* (Access 2010: *Anordnen/Größe/Abstand/Am Raster ausrichten*, Access 2007: *Anordnen/Layout bestimmen/Am Raster ausr.*). Darüber hinaus gibt es drei hilfreiche Funktionen, die Ihnen das Ausrichten und Anordnen von Formularelementen sehr erleichtern. Sie können mehrere Formularelemente

- links/rechts/oben/unten aneinander ausrichten,
- mit gleichem Abstand unter- oder nebeneinander positionieren,
- gleich hoch/gleich breit machen.

Sie finden diese Funktionen auf der Registerkarte *Anordnen* des Menübands: *Anpassung und Anordnung/Größe/Abstand* bzw. *Ausrichten* (Access 2010: *Anordnen/Größe/Abstand* bzw. *Ausrichten*, Access 2007: *Ausrichtung bestimmen*, *Schriftgrad* bzw. *Position*).

Diese Funktionen sind nur aktiviert, wenn Sie vorher **mehrere** Formularobjekte markiert haben!

Schritt 3: Listenfeld hinzufügen

Stammdaten haben es meistens so an sich, dass sie in erheblicher Zahl auftreten. Das heißt, Sie müssen einen bestimmten Kunden, einen Mitarbeiter oder ein Material erst suchen. Dafür die Navigationsschaltflächen (Abbildung 3.6) zu benutzen, ist natürlich sehr unbequem. Wir brauchen etwas Besseres: eine alphabetisch sortierte Liste.

Den Platz dafür haben wir uns in der linken Formularhälfte bereits geschaffen.

 Bevor Sie fortfahren, überprüfen Sie bitte **in der Entwurfsansicht** (!) des Formulars, ob Sie den Steuerelement-Assistenten eingeschaltet haben: *Entwurf/Steuerelemente/Steuerelement-Assistenten verwenden*.

1. Nehmen Sie jetzt also das Werkzeug *Listenfeld* von der Registerkarte *Entwurf* und zeichnen Sie ein solches. Daraufhin öffnet sich der Listenfeld-Assistent – sofern Sie ihn eingeschaltet haben (siehe oben).

2. Wählen Sie die dritte Option: *Einen Datensatz im Formular anhand des Wertes suchen, den ich im Listenfeld ausgewählt habe* (Access 2007/2010: *Einen Datensatz im Formular basierend auf dem im Listenfeld gewählten Wert suchen*). Klicken Sie auf *Weiter*.

3. Von den verfügbaren Feldern wählen Sie *mit_name* und *mit_vorname* aus.

4. Klicken Sie zweimal auf *Weiter* und dann auf *Fertig stellen*.

Damit ist das Listenfeld schon fertig, und wir können seine Funktion ausprobieren. Dazu schalten Sie in die Formularansicht um.

 Ich schreibe einfach »Schalten Sie in die Formularansicht um.«, ohne zu erläutern, wie das geht. Daher verweise ich noch einmal auf das Dokument *WichtigeStandardaktionen.pdf*, das Sie im Internet (Adresse in der Einleitung, dort im Ordner *KapA*) finden. Ich empfehle Ihnen, dieses Dokument auszudrucken und beim Durcharbeiten des Buchs immer griffbereit zu haben.

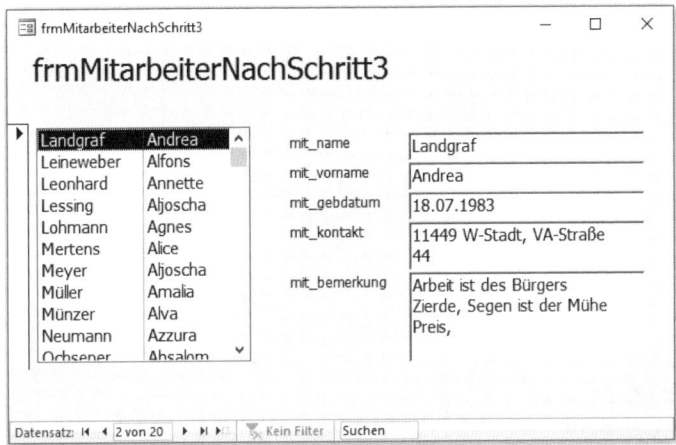

Abbildung 3.8: Ein Klick in das Listenfeld zeigt die ausgewählten Mitarbeiterdaten an.

Bei Ihren eigenen Programmierversuchen werden Sie unter Umständen feststellen, dass die dritte Option im Listenfeld-Assistenten gar nicht angezeigt wird. Das liegt dann daran, dass die Datenquelle des Formulars, das Sie erstellen wollen, zu kompliziert ist. In diesem Fall müssen Sie die gewünschte Funktionalität (*Einen Datensatz im Formular anhand des Wertes suchen, den ich im Listenfeld ausgewählt habe*) mittels VBA selbst programmieren. Wie das geht, finden Sie gleich am Anfang des Abschnitts »Standardlösungen« im achten Kapitel dieses Buchs.

Noch ein ganz wichtiger Hinweis: Wenn Sie in der Entwurfsansicht des Formulars nachsehen, werden Sie feststellen, dass das neu erstellte Listenfeld *Liste5* oder so ähnlich (mit einer anderen Nummer am Ende) heißt. Das ist natürlich total verwerflich und entspricht in keiner Weise meiner Namenskonvention, auf die ich im ersten Kapitel schon einmal hingewiesen habe (siehe auch *Namenskonventionen.pdf* im Ordner \KapA!). Bitte ändern Sie die Namen von neu erstellten Steuerelementen jetzt aber noch nicht, weil sie dann nämlich nicht mehr funktionieren würden. Ich gehe später (im Abschnitt »Nachträgliche Namensänderung« in Kapitel 6) darauf ein.

Ein kleines Problem muss nun aber noch gelöst werden: Die Mitarbeiternamen erscheinen im Listenfeld nicht in alphabetischer Reihenfolge. Dazu schalten wir in die Entwurfsansicht des Formulars um, lassen uns die Eigenschaften des Listenfelds anzeigen und wählen dort auf der Registerkarte *Daten* die Zeile *Datensatzherkunft*. Beim Klick in diese Zeile erscheint ganz rechts eine Schaltfläche mit drei Punkten. Ein Klick darauf öffnet ein Fenster, in dem Sie festlegen können, welche Daten das Listenfeld kennen soll (siehe Abbildung 3.9).

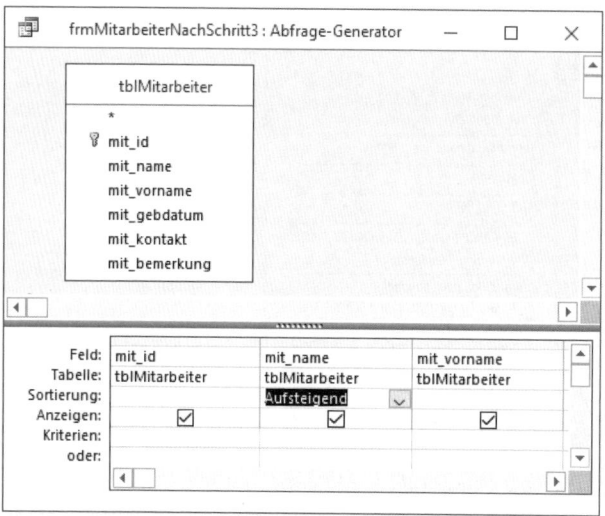

Abbildung 3.9: Das Listenfeld »kennt« mit_id, mit_name und mit_vorname.

Bitte beachten Sie, dass das in diesem Fall *mit_id* und *mit_name* und *mit_vorname* sind, obwohl Sie bei der Erstellung des Listenfelds festgelegt hatten, dass dort **nur** *mit_name* und *mit_vorname* erscheinen sollen. Das ist wieder ein Beweis dafür, dass Datenbanken intern immer mit Primärschlüsseln arbeiten, um Daten eindeutig zu identifizieren. Wenn Sie in der Liste *Landgraf* anklicken, haben Sie für die Datenbank nicht *mit_name=Landgraf* ausgewählt, sondern *mit_id=2*. Dieser Wert wird verwendet, um die Daten von Frau Landgraf in der Datenbank zu suchen und im Formular anzuzeigen.

Der Rest ist einfach: Sie sehen in Abbildung 3.9 eine Zeile *Sortierung*. Ein Klick darauf macht ein Kombinationsfeld sichtbar, aus dem Sie *Aufsteigend* wählen. Anschließend erscheinen die Mitarbeiternamen im Listenfeld in alphabetischer Reihenfolge.

Eine kleine Schönheitsreparatur: Zusammen mit dem Listenfeld hat der Assistent auch das dazugehörige Bezeichnungsfeld erzeugt. Im Sinne von »Weniger ist mehr« sollten Sie dieses löschen, denn dass es sich um eine Liste von Mitarbeitern handelt, sieht der Benutzer auch so. Wenn Sie das Listenfeld ganz am linken Rand des Formulars erstellt haben, ist das Bezeichnungsfeld eventuell ganz oder teilweise dahinter verborgen. Dann müssen Sie das Listenfeld ein klein wenig nach rechts verschieben, indem Sie den etwas größeren »Anfasspunkt« an seiner linken oberen Ecke benutzen. Zum Löschen des Bezeichnungsfelds klicken Sie mit der rechten Maustaste darauf und wählen *Löschen* im Kontextmenü.

Die Datenbank mit den Stammdatenformularen *frmKunde* und *frmMitarbeiter* finden Sie unter dem Namen *Firma-D.mdb* (2003er-Format) im Internet (Adresse in der Einleitung, dort im Ordner \Kap03).

Schritt 4: Schaltflächen hinzufügen

Welche Schaltflächen benötigen wir, um mit den Mitarbeiterdaten arbeiten zu können? Wir möchten

- neue Mitarbeiter hinzufügen. Also brauchen wir eine Schaltfläche *neu*.

- bearbeitete Mitarbeiterdaten speichern. Also brauchen wir eine Schaltfläche *speichern*.

- Mitarbeiter löschen. Also brauchen wir eine Schaltfläche *löschen*.

Außerdem wollen wir

- bei Bedarf Hilfeinformationen aufrufen und

- das Formular nach getaner Arbeit schließen können.

Also brauchen wir noch die Schaltflächen *Hilfe* und *schließen*. Dafür nehmen Sie jetzt bitte in der Entwurfsansicht (!) des Formulars das Werkzeug *Schaltfläche* von der Registerkarte *Entwurf* und zeichnen eine Schaltfläche in den Formularfuß. Daraufhin öffnet sich der Befehlsschaltflächen-Assistent. Er bietet Ihnen eine Fülle von Möglichkeiten, die verschiedensten Schaltflächen zu erzeugen:

Schaltfläche	Kategorie	Aktion	Name
neu	Datensatzoperationen	Neuen Datensatz hinzufügen	cmdNeu
speichern	Datensatzoperationen	Datensatz speichern	cmdSpeichern
löschen	Datensatzoperationen	Datensatz löschen	cmdLoeschen
schließen	Formularoperationen	Formular schließen	cmdSchliessen

Tabelle 3.2: Einige Optionen des Befehlsschaltflächen-Assistenten

Die Schaltfläche *Hilfe* verschieben wir auf später, denn dafür brauchen wir ein Fenster mit Hilfeinformationen, das wir noch nicht haben.

Im dritten Schritt des Befehlsschaltflächen-Assistenten können Sie der Schaltfläche einen Namen geben. Ich rate Ihnen ganz dringend, den von Access gemachten Vorschlag der Form »Befehlxxx« nicht zu übernehmen, sondern der Schaltfläche einen eigenen, **aussagekräftigen** Namen zu geben. In der obigen Tabelle sehen Sie, dass ich dafür wieder die von mir nachdrücklich empfohlene Namenskonvention benutzt habe. Später, wenn wir uns mit VBA beschäftigen, werden Sie diese aussagekräftigen Namen schätzen lernen.

 Sie finden die Namenskonvention aus Anhang B auch als PDF-Datei zum Ausdrucken im Internet (Adresse in der Einleitung, dort im Ordner \KapA).

 Bei dieser Aktion kann es passieren, dass die Fehlermeldung *Mehrdeutiger Name …* angezeigt wird.

Das passiert, wenn Sie Schaltflächen mehrfach anlegen und wieder löschen. Dann wird nämlich nur die Schaltfläche gelöscht – nicht aber der vom Assistenten generierte VBA-Code. Wenn Sie also z. B. die Schaltfläche *neu* anlegen, löschen und wieder anlegen, dann ist der VBA-Code *cmdNeu_Click()* zweimal vorhanden.

Was können Sie tun?

1. Merken Sie sich den Namen des Formulars, bei dem der Fehler aufgetreten ist, und den angezeigten mehrdeutigen Namen – z. B. *cmdNeu_Click()*.

2. Öffnen Sie mit ⌈Alt⌉+⌈F11⌉ das VBA-Fenster und doppelklicken Sie links auf den Formularnamen, den Sie sich gemerkt hatten.

3. Suchen Sie rechts im VBA-Code nach der Prozedur mit dem mehrdeutigen Namen (z. B. *cmdNeu_Click()*). Achtung: Wenn Sie viel herumprobiert haben, kann es auch sein, dass es mehr als zwei Prozeduren mit diesem Namen gibt!

4. Löschen Sie alle Prozeduren mit diesem Namen bis auf eine. Achten Sie darauf, dass Sie jeweils die gesamte Prozedur von der ersten Zeile *Private Sub ...* bis einschließlich *End Sub* löschen müssen!

5. Schließen Sie das VBA-Fenster. Der Fehler sollte jetzt nicht mehr auftreten – es sei denn, es gibt noch eine weitere mehrfach auftauchende Prozedur.

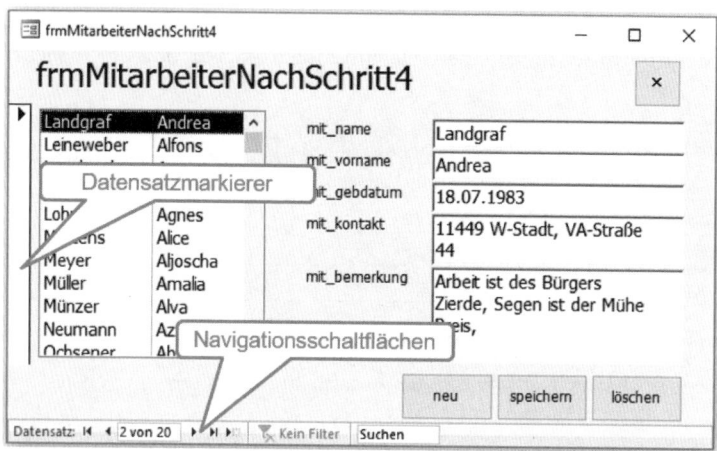

Abbildung 3.10: Die wichtigsten Schaltflächen sind neu, speichern *und* löschen.

Warum sich die Schaltfläche *schließen* oben statt unten befindet, habe ich schon in Kapitel 1 erläutert: Der Benutzer ist es einfach so gewohnt – ein Fenster wird rechts oben geschlossen.

Beim Anklicken der Schaltfläche *löschen* werden Sie feststellen, dass viele Mitarbeiter gar nicht gelöscht werden können. Es erscheint nämlich die Fehlermeldung: *Der Datensatz kann nicht gelöscht oder geändert werden, da die Tabelle 'tblKauf_Mit' in Beziehung stehende Datensätze enthält.* Diese etwas kryptisch formulierte Information bezieht sich wieder mal auf eine Verletzung der referentiellen Integrität. Sie bedeutet nämlich, dass es in der Tabelle *tblKauf_Mit* noch Fremdschlüssel gibt, die auf den zu löschenden Mitarbeiter verweisen. Würde man den Mitarbeiter jetzt löschen, würden diese Fremdschlüssel auf nicht mehr vorhandene Primärschlüssel verweisen. Das lässt eine Datenbank bekanntermaßen aber nicht zu.

Hier ist also wieder Nacharbeit per VBA-Programmierung angesagt. Ich erläutere das im Abschnitt »Standardlösungen« in Kapitel 8.

Schritt 5: Standardbedienelemente entfernen

Die Standardbedienelemente *Navigationsschaltflächen* und *Datensatzmarkierer* werden jetzt nicht mehr benötigt. Wir wollen sie also entfernen.

Dazu öffnen Sie in der Entwurfsansicht die Eigenschaften des Formulars. Dort setzen Sie auf der Registerkarte *Format*

- *Datensatzmarkierer,*
- *Navigationsschaltflächen,*
- *Trennlinien* und
- *Bildlaufleisten*

auf *Nein*. Für das Umschalten von *Ja* auf *Nein* brauchen Sie übrigens das Kombinationsfeld gar nicht erst zu öffnen – es reicht ein Doppelklick auf das Wort *Nein*!

Schritt 6: VBA-Code ergänzen

Jetzt können Sie sich zufrieden zurücklehnen und stolz behaupten, das erste Access-Formular erstellt zu haben. Die Freude währt aber nur kurz, denn beim sorgfältigen Ausprobieren aller Funktionen stellt sich heraus, dass das Formular so noch nicht 100%ig brauchbar ist. Die Übeltäter sind die beiden Schaltflächen *speichern* und *löschen.*

Probieren Sie es einmal selbst aus: Wenn Sie den Namen eines Mitarbeiters ändern und auf *speichern* klicken, erscheint der geänderte Name nicht sofort im Listenfeld. Das ist erst der Fall, wenn Sie im Listenfeld auf den Namen eines anderen Mitarbeiters klicken.

Und wenn Sie einen neuen Mitarbeiter hinzufügen und auf *speichern* klicken, erscheint der neue Name überhaupt nicht im Listenfeld, sondern erst, wenn Sie das Formular schließen und erneut öffnen.

Um das erfolgreiche Löschen auszuprobieren, sollten Sie zunächst einen neuen Mitarbeiter anlegen und ihn dann wieder löschen, denn fast alle in der Beispieldatenbank vorhandenen Mitarbeiter können nicht gelöscht werden (siehe dazu die Erläuterung im Abschnitt »Schritt 4: Schaltflächen hinzufügen« weiter oben).

Beim Löschen passiert dann nämlich Folgendes: Der gelöschte Mitarbeiter verschwindet nicht aus dem Listenfeld. Aber wenn Sie nach dem Löschen einen anderen Mitarbeiter in der Liste auswählen, erscheint anstelle des gelöschten Namens der Text *#Gelöscht.*

 Diese Effekte sind kein Hinweis auf »falsche Daten«. Es ist alles völlig korrekt. Aber ein Formular, das in der beschriebenen Weise reagiert, verhält sich nicht erwartungsgemäß und verwirrt damit den Benutzer.

Die Ursache für dieses Verhalten habe ich bereits in Kapitel 1 erläutert. Das Formular ist Bestandteil der Benutzeroberfläche. Als solches fordert es Daten per SQL beim DBMS an und stellt sie auf dem Bildschirm dar. Die Anforderung von Daten beim DBMS erfolgt einmal beim Öffnen des Formulars und dann wieder jedes Mal, wenn im Listenfeld ein neuer Mitarbeiter ausgewählt wird. Sie erfolgt aber offenbar **nicht** beim Klicken auf die Schaltflächen *speichern* und *löschen*. Um das zu ändern, müssen wir in den Code eingreifen, der beim Klick auf diese Schaltflächen ausgeführt wird.

Beim Stichwort »in den Code eingreifen« ergibt sich ein neues Problem:

Leider ist es mit der 2007er-Version von Access eingeführt worden, dass die Schaltflächen-Assistenten keinen VBA-Code mehr generieren. Stattdessen werden Sie auf der Registerkarte *Ereignis* des Eigenschaftsblatts den Eintrag *[Eingebettetes Makro]* finden. Das geht natürlich auch – aber: Ich halte es nicht für sinnvoll, einen Teil des Programmcodes in VBA zu schreiben und einen anderen Teil als Makro. Das mag für fortgeschrittene Programmierer Vorteile haben, für Anfänger ist es einfach nur verwirrend.

Das war auch der Grund für meinen auf den ersten Blick anachronistischen Rat ganz am Anfang dieses Kapitels, zunächst mit dem 2003er-Datenbankformat zu arbeiten. Dann erzeugen die Assistenten nämlich VBA-Code statt Makros!

Wenn Sie Ihre Access-Anwendung bereits mit eingebetteten Makros »verseucht« haben, rate ich Ihnen, sie durch selbst geschriebenen VBA-Code zu ersetzen. Wie das geht, steht in Kapitel 8 im Abschnitt »Standardlösungen/VBA-Code in Formularentwürfen ergänzen«.

So – was machen wir jetzt? Ohne eine kleine Änderung an dem VBA-Code, den der Assistent generiert hat, wird Ihre Anwendung beim Speichern und Löschen nicht richtig funktionieren. Das Thema »VBA« kommt aber erst weiter hinten im Buch. Daher gebe ich Ihnen jetzt eine Art Kochrezept an die Hand, nach dem Sie vorgehen können, ohne wirklich verstehen zu müssen, was Sie da tun.

Machen Sie einfach Folgendes:

1. Öffnen Sie das Formular in der Entwurfsansicht, klicken Sie mit der rechten Maustaste auf die Befehlsschaltfläche *speichern* und wählen Sie *Eigenschaften*.

2. Auf dem Eigenschaftsblatt wählen Sie das Register *Ereignis*. Dort sehen Sie in der Zeile *Beim Klicken* den Eintrag *[Ereignisprozedur]*. Dahinter verbirgt sich der vom Assistenten generierte VBA-Code, den wir jetzt um einen Befehl ergänzen wollen. (Wenn Sie in Ihrer eigenen Datenbank statt des Eintrags *[Ereignisprozedur]* den Eintrag *[Eingebettetes Makro]* sehen, liegt das daran, dass Sie meinen Rat nicht befolgt haben, die Datenbank im 2003er-Format anzulegen. Dann geht es hier leider nicht weiter, und Sie müssen noch einmal ganz von vorne beginnen.)

3. Klicken Sie rechts neben dem Eintrag *[Ereignisprozedur]* auf die Schaltfläche mit den drei Punkten. Daraufhin öffnet sich das VBA-Fenster. Die Einfügemarke steht unterhalb der Zeile *Private Sub cmdSpeichern_Click()*.

4. Unmittelbar hinter der Codezeile *DoCmd.RunCommand acCmdSaveRecord* fügen Sie die folgende Zeile ein: *Liste5.Requery*. Achtung, die Liste wird bei Ihnen wahrscheinlich eine andere Nummer als 5 haben. Welche das ist, bekommen Sie heraus, wenn Sie im VBA-Fenster etwas nach oben oder unten scrollen und nach der Zeile *Private Sub Liste5_AfterUpdate()* suchen. Dort steht bei Ihnen dann eventuell *Private Sub Liste17_AfterUpdate()* – oder auch irgendeine andere Zahl. In diesem Fall müssen Sie natürlich *Liste17.Requery* statt *Liste5.Requery* schreiben.

5. Schließen Sie das VBA-Fenster. Das Formular ist nach wie vor in der Entwurfsansicht geöffnet. Klicken Sie mit der linken Maustaste auf die Schaltfläche *löschen*.

6. Klicken Sie auf dem Eigenschaftsblatt wieder auf die Schaltfläche mit den drei Punkten rechts neben dem Eintrag *[Ereignisprozedur]* in der Zeile *Beim Klicken*. Das VBA-Fenster öffnet sich erneut.

7. Fügen Sie unmittelbar hinter der Codezeile *DoCmd.RunCommand acCmdDeleteRecord* wieder die Zeile *Liste5.Requery* ein (wegen der Nummer der Liste siehe den Hinweis aus Punkt 4!).

8. Schließen Sie das VBA-Fenster und öffnen Sie das Formular in der Formularansicht. Die Schaltflächen *speichern* und *löschen* sollten jetzt ordnungsgemäß funktionieren!

Wenn Sie bei dieser Aktion etwas falsch machen und VBA Ihnen eine Fehlermeldung anzeigt, können Sie in Kapitel 5 im Abschnitt »Fehler finden und korrigieren« nachlesen, was zu tun ist.

Schritt 7: Layout gestalten

Abschließend wird das Formular »schön gemacht«. Wir ersetzen die Feldnamen in den Bezeichnungsfeldern durch informative, benutzerfreundliche Begriffe und geben dem Formular eine Farbe ganz nach persönlichem Geschmack. Außerdem folgt auch noch die Umbenennung von *Liste5* in *lstMitarbeiter* (siehe Abschnitt »Nachträgliche Namensänderung« in Kapitel 6).

 Sie finden alle sieben Schritte der Formularentwicklung noch einmal in der endgültigen Version der Beispieldatenbank *Firma* im Internet (Adresse in der Einleitung, dort im Ordner *\Kap03*).

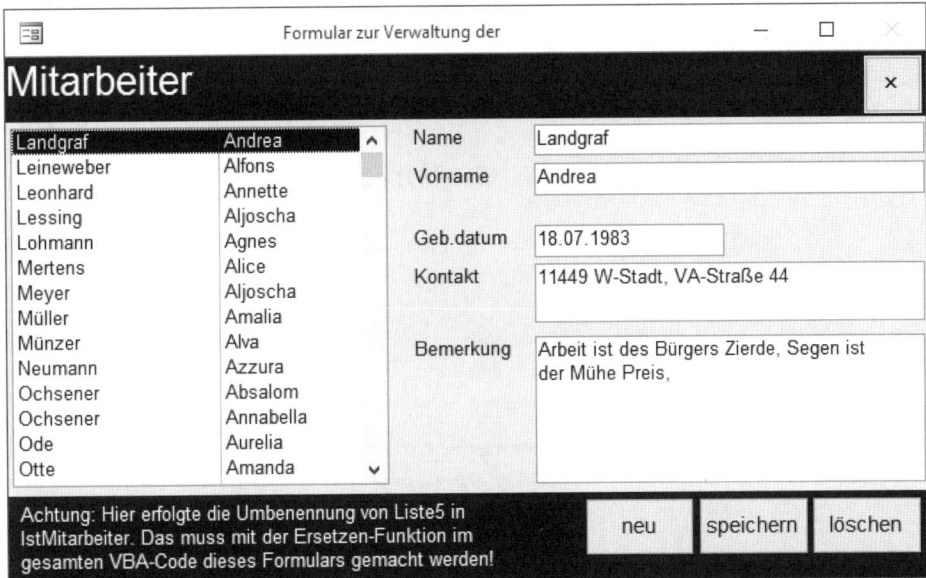

Abbildung 3.11: Das fertig gestaltete Formular.

 Zur Übung dieser sieben Schritte empfehle ich Ihnen, einmal selbstständig Stammdatenformulare für die beiden Tabellen *tblMaterialart* und *tblKunde* zu entwickeln.

Ein Formular mit Unterformular

Für die Verwaltung der Mitarbeiterdaten hätten wir Access gar nicht benötigt. Es handelt sich dabei um eine Liste, und das ist eine typische Aufgabe für Excel. Richtig nützlich wird Access erst dann, wenn es Beziehungen zwischen verschiedenen Objekten gibt, sodass deren Daten nicht mehr in Form einer einfachen Liste darstellbar sind.

In unserem Unternehmensdatenmodell gehören zu einem Kunden mehrere Kontakte und mehrere Aufträge. Die Verwaltung solcher Daten mit Excel wäre unübersichtlich (verschiedene Arten von Daten auf verschiedenen Blättern) und mit erheblicher Redundanz verbunden (derselbe Kundenname taucht bei mehreren Aufträgen dieses Kunden immer wieder auf).

In Access wird ein Kunde nur einmal gespeichert (keine Redundanz), und die Daten aus verschiedenen Tabellen erscheinen übersichtlich sortiert in Formularen auf dem Bildschirm.

Im vorherigen Abschnitt haben wir ein Formular entwickelt, das die Daten aus einer einzigen Tabelle enthält. Das ist eher untypisch, denn die Stärke einer Datenbank wie Access besteht ja gerade darin, Zusammenhänge zwischen den Daten aus unterschiedlichen Tabellen herzustellen. Darum wollen wir jetzt ein typisches Access-Formular entwickeln, das Daten aus zwei Tabellen darstellt – und zwar aus den Tabellen *tblKunde* und *tblKontakt*.

Wie in der Überschrift des Abschnitts schon angedeutet, handelt es sich dabei um ein Formular mit einem Unterformular. Das liegt daran, dass laut Datenmodell zu einem Kunden mehrere Kontakte gehören (siehe auch Abbildung 3.3). Wir brauchen also im Formular zu einem Kunden eine Liste seiner Kontakte.

Schritt 1: Mit dem Formular-Assistenten Formulare erzeugen

 Bevor Sie loslegen, sollten Sie Folgendes einstellen: Wählen Sie den Menübefehl *Datei/Optionen* (Access 2007: *Office-Schaltfläche/Access-Optionen*). Wählen Sie dann *Aktuelle Datenbank* und aktivieren Sie dort unter *Anwendungsoptionen* die Optionen *Überlappende Fenster* und *Beim Schließen komprimieren*. Anschließend müssen Sie die Datenbank schließen und erneut öffnen!

1. Dann starten Sie den Formular-Assistenten: *Erstellen/Formulare/Formular-Assistent* (Access 2007: *Erstellen/Weitere Formulare/Formular-Assistent*).

2. Unter *Tabellen/Abfragen* wählen Sie *tblKunde*.

3. Verschieben Sie mit der Schaltfläche > alle verfügbaren Felder in die Liste der ausgewählten Felder – mit Ausnahme des Primärschlüssels *kun_id*. Klicken Sie noch **nicht** auf *Weiter*!

4. Unter *Tabellen/Abfragen* wählen Sie *tblKontakt*.

5. Verschieben Sie mit der Schaltfläche > alle verfügbaren Felder in die Liste der ausgewählten Felder – mit Ausnahme des Primärschlüssels *kon_id* und der Fremdschlüssel *ktyp_id_f* und *kun_id_f*. Klicken Sie **jetzt** auf *Weiter*.

Nun kommt ein neuer Schritt des Formular-Assistenten, den Sie aus dem vorherigen Abschnitt noch nicht kennen. Access hat gemerkt, dass die von Ihnen ausgewählten Daten aus **zwei** Tabellen kommen. Sie werden daher gefragt, in welcher Form Sie die Daten im Formular darstellen möchten. Die Auswahl *nach tblKunde* bewirkt, dass das zu erstellende Formular ein Unterformular enthält, denn zu **einem** Kunden gehören **mehrere** Kontakte. Die Auswahl *nach tblKontakt* bewirkt, dass das zu erstellende Formular kein Unterformular enthält, denn zu **einem** Kontakt gehört nur **ein** Kunde. Das zu erwartende Formularlayout wird dabei im rechten Teil des Assistenten-Fensters symbolisch dargestellt.

Im vorliegenden Fall ergibt eine der beiden Optionen – nämlich die *nach tblKontakt* – keinen Sinn. Ein solches Formular könnte der Benutzer nicht gebrauchen. Das muss aber nicht immer so sein. Denken Sie nur an das Vereinsbeispiel: Dort gibt es eine 1:n-Relation zwischen *tblMitglied* und *tblTrainer*. Dann ist es durchaus sinnvoll, zwei Formulare zu entwerfen: eines *nach tblMitglied* mit dem **einen** dazugehörigen Trainer und eines *nach tblTrainer* mit der **Liste** der dazugehörigen Mitglieder.

Vielleicht fragen Sie sich noch, was die beiden Optionen *Formular mit Unterformular(en)* und *Verknüpfte Formulare* in dem gerade geöffneten Assistenten-Fenster bedeuten? Wir wollen hier immer die Option *Formular mit Unterformular(en)* benutzen. Die andere Option benötigt man nur, wenn die Formulare so viele Datenfelder enthalten, dass sie nicht mehr auf einen Bildschirm passen. Wenn Sie die Option *Verknüpfte Formulare* wählen, erzeugt Access im übergeordneten Formular eine Schaltfläche, mit der man das dazugehörige Unterformular öffnen kann. Wählen Sie diese Option (aber nur probehalber!) einmal aus. Dann wird ein Bild angezeigt, das das Prinzip illustriert.

6. Wählen Sie also jetzt *nach tblKunde* und *Formular mit Unterformular(en)* und klicken Sie auf *Weiter*:

7. Wählen Sie dann für das Layout des Unterformulars *Tabellarisch* und klicken Sie auf *Weiter*.

Jetzt schlägt Ihnen Access Namen für das Formular und das Unterformular vor: *tblKunde* und *tblKontakt Unterformular*. Diese Vorschläge sollten Sie **auf gar keinen Fall** annehmen – zum einen schon mal gar nicht, weil Formulare nicht das Präfix *tbl* haben können. Zum anderen werden Sie später in der fertigen Datenbankanwendung viele Formulare und Unterformulare haben, die im Navigationsbereich alphabetisch geordnet aufgelistet werden. Wenn Sie dann die Namensvorschläge von Access übernommen haben, geht rein optisch der Zusammenhang zwischen Formular und Unterformular verloren, und Sie versinken im Chaos. Darum empfehle ich Ihnen folgende Namen:

- für das übergeordnete Formular: *frmKunden*
- für das Unterformular: *frmKunden_ufoKontakte*

Dann erkennen Sie immer auf einen Blick, welche Unterformulare zu welchen Formularen gehören. Nach dem Klick auf *Fertig stellen* sehen Sie schließlich eine erste Rohform des gewünschten Formulars (Abbildung 3.12).

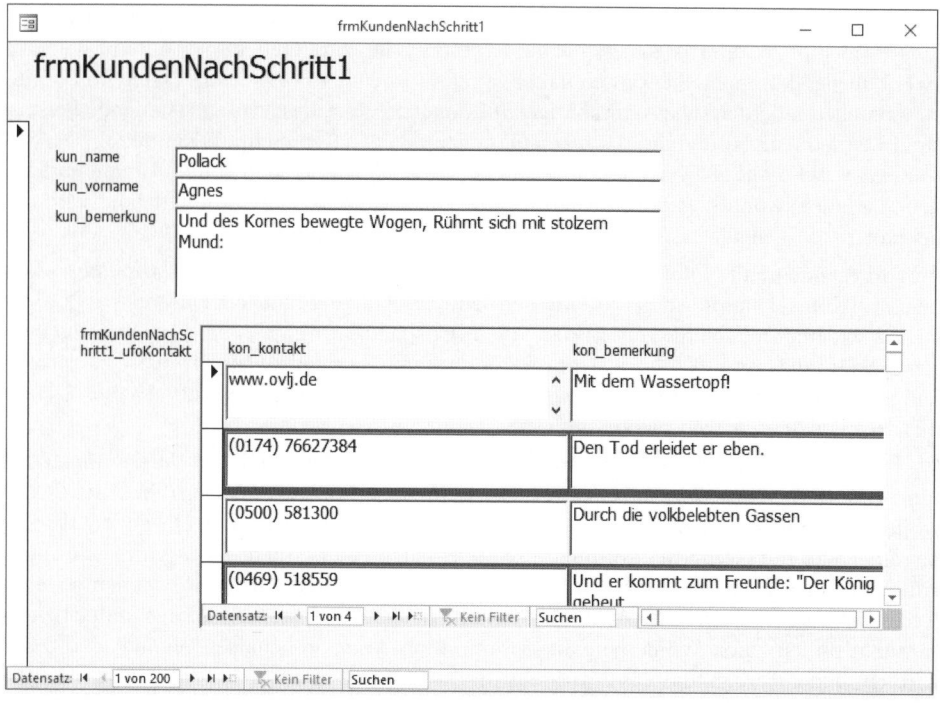

Abbildung 3.12: Ein Formular mit Unterformular in der Rohform.

Wenn Sie Access 2007, 2010, 2016 oder 2019 benutzen, müsste Ihnen in der Liste der Kontakte aufgefallen sein, dass die Zeilen abwechselnd weiß und farbig sind. Das erhöht die Übersichtlichkeit – vor allem in breiten Listen. Sie können diese Eigenschaft folgendermaßen einstellen:

1. Öffnen Sie das Unterformular *frmKunden_ufoKontakte* in der Entwurfsansicht.
2. Klicken Sie mit der rechten Maustaste in den Detailbereich. Achtung: Sie dürfen dabei kein Textfeld treffen, sondern müssen auf den Hintergrund klicken!
3. Wählen Sie im Kontextmenü den Befehl *Eigenschaften*.
4. Öffnen Sie im Eigenschaftenblatt die Registerkarte *Format*.
5. Hier können Sie die *Hintergrundfarbe* und die *Alternative Hintergrundfarbe* einstellen. In diese beiden Farben werden die Zeilen der Liste dann abwechselnd eingefärbt.

Schritt 2: Text- und Bezeichnungsfelder anordnen

Eine etwas zweckmäßigere Anordnung der Text- und Bezeichnungsfelder sieht so aus, wie in Abbildung 3.13 dargestellt.

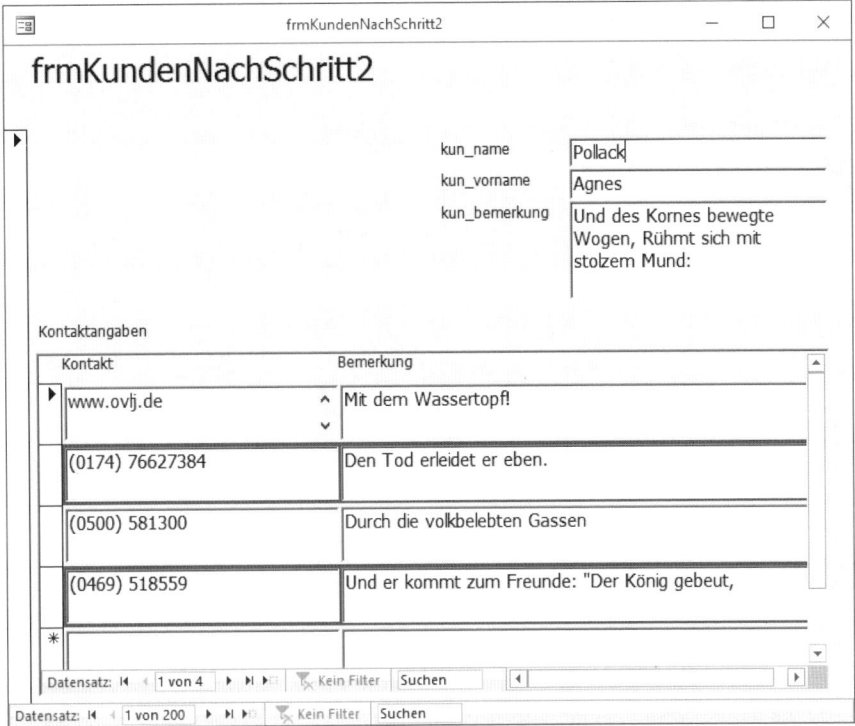

Abbildung 3.13: Das Rohformular nach optimierter Anordnung der Formularelemente.

Die Breite des Unterformulars wurde so gewählt, dass das Bemerkungsfeld nur teilweise sichtbar ist. Es kann durch horizontales Scrollen ganz sichtbar gemacht werden. Der Grund dafür ist klar: Das Bemerkungsfeld wird meist sowieso leer sein, und es ist auch nicht so wichtig, um dafür kostbaren Platz auf dem Bildschirm zu verschwenden.

 Wichtige Datenfelder sollten ohne Scrollen sichtbar sein.

Schritt 3: Listenfeld hinzufügen

Das Hinzufügen des Listenfelds zur Auswahl eines Kunden erfolgt in der gleichen Weise wie im vorherigen Abschnitt beschrieben.

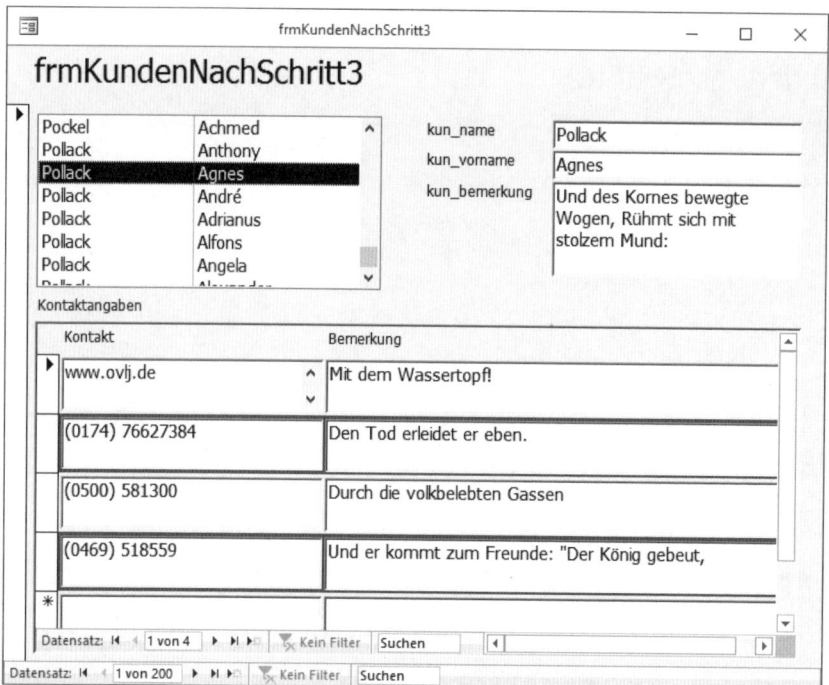

Abbildung 3.14: Im Listenfeld kann ein Kunde ausgewählt werden.

Schritt 4: Schaltflächen hinzufügen

Das Anlegen der Schaltflächen verläuft ebenfalls analog zur Beschreibung im vorherigen Abschnitt.

 Bei dieser Aktion kann es passieren, dass die Fehlermeldung *Mehrdeutiger Name…* angezeigt wird.

Wie dann zu verfahren ist, steht im Abschnitt »Ein einfaches Stammdatenformular« unter »Schritt 4«.

Sicherheitshalber noch einmal der wichtige Hinweis: Wenn Sie in der Entwurfsansicht des Formulars nachsehen, werden Sie feststellen, dass die Steuerelemente (Text- und Listenfelder, Buttons usw.) total verwerfliche Namen haben, die in keiner Weise meiner Namenskonvention entsprechen (siehe auch *Namenskonventionen.pdf* im Ordner *\KapA!*). Bitte ändern Sie die Namen der Steuerelemente jetzt aber noch nicht, weil sie dann nämlich nicht mehr funktionieren würden. Ich gehe später (im Abschnitt »Nachträgliche Namensänderung« in Kapitel 6) darauf ein.

Schritt 5: Standardbedienelemente entfernen

Das Entfernen der Standardbedienelemente im übergeordneten Formular läuft wieder so ab, wie bereits im vorherigen Abschnitt beschrieben.

Im Unterformular dagegen werden **nur** die Navigationsschaltflächen entfernt. Die Einstellungen für *Datensatzmarkierer* und *Bildlaufleisten* bleiben auf *Ja*, denn im Unterformular werden beide benötigt.

 Das Unterformular hat zweimal Eigenschaften – einmal als Formular und einmal als Unterformular!

Die Entfernung der Standardbedienelemente wird daher etwas umständlich. Wenn Sie einmal mit der linken Maustaste irgendwo in das Unterformular klicken, sehen Sie im Eigenschaftenblatt *Auswahltyp: Unterformular/-bericht*. Dort werden Sie die Standardbedienelemente unter *Format* **nicht** finden! Jetzt müssen Sie ein weiteres Mal mit der rechten Maustaste in das Unterformular klicken und im Kontextmenü *Formulareigenschaften* auswählen.

Um das Ganze noch verwirrender zu machen: Wenn Sie ohne den Linksklick gleich den Rechtsklick in das Unterformular machen und *Formulareigenschaften* auswählen, bekommen Sie nicht die Formulareigenschaften des Unterformulars, sondern des gesamten Formulars!

Also: Erst mit einem Linksklick das Unterformular auswählen, dann mit einem Rechtsklick dessen Formulareigenschaften anzeigen lassen!

Schritt 6: VBA-Code ergänzen

Für die Schaltflächen *löschen* und *speichern* gilt dasselbe wie bereits für das einfache Kundenformular: Sie sollten entweder von vornherein mit dem 2003er-Datenbankformat arbeiten oder im Nachhinein die von den Assistenten erzeugten eingebetteten Makros durch VBA-Code ersetzen.

Wegen der beiden kleinen Änderungen an der VBA-Programmierung verweise ich auf die Ausführungen in Schritt 6 im Abschnitt »Ein einfaches Stammdatenformular«.

Außerdem können Sie auch noch *löschen*-Schaltflächen in die Zeilen des Unterformulars einfügen. Damit kann dann ein einzelner Kontakt gelöscht werden. Das funktioniert zwar auch, wenn man in die betreffende Zeile klickt und die ⌐Entf⌐-Taste drückt – aber mit einer Schaltfläche ist es doch etwas benutzerfreundlicher.

Schritt 7: Layout gestalten

Nach der Gestaltung des Layouts sieht das Formular dann schließlich so aus, wie in Abbildung 3.15 dargestellt. Bitte beachten Sie, dass die Funktionen *Neuer Datensatz* und *Datensatz speichern* im Unterformular mithilfe der Standardbedienelemente realisiert werden.

Der Datensatzmarkierer zeigt

- ein Sternchen in der Zeile, in der Sie eine neue Kontaktangabe hinzufügen können, bzw.
- einen kleinen Schreibschrift in der Zeile, in der Sie Daten geändert, aber noch nicht gespeichert haben.

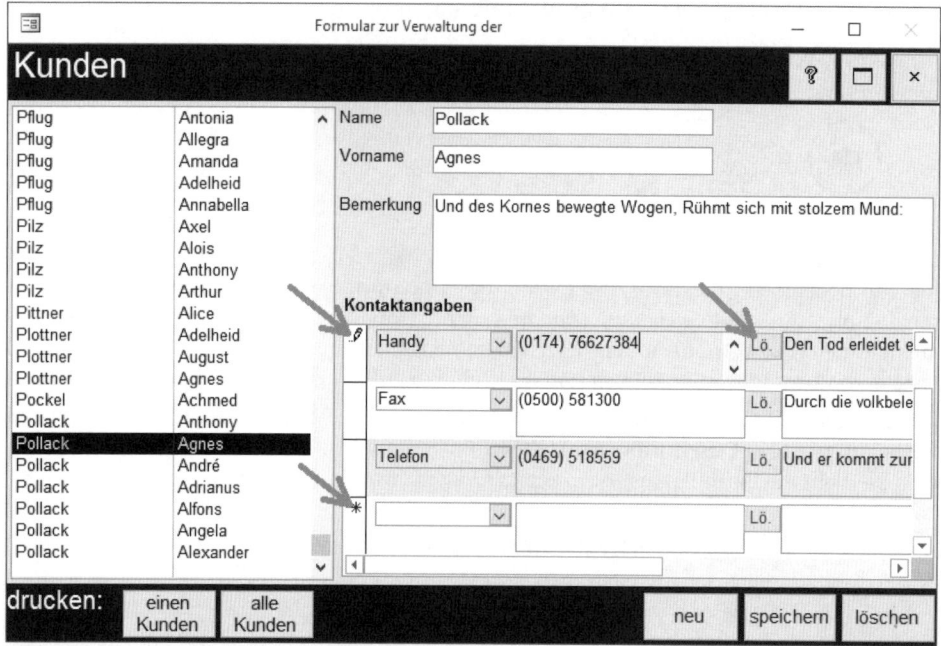

Abbildung 3.15: Das fertig gestaltete Kundenformular.

Wenn Sie Abbildung 3.15 mit Abbildung 3.14 vergleichen, wird Ihnen ein Bedienelement auffallen, das es vorher noch gar nicht gab und dessen Erstellung ich bisher auch noch nicht beschrieben habe: das Kombinationsfeld mit der Kontaktart (*Handy, Fax ...*) im Unterformular. Ich bezeichne das als »Einzelzuordnung«. Bitte lesen Sie dazu den folgenden Abschnitt und vergleichen Sie am Ende des Abschnitts die Spalte *Status* in Abbildung 3.19 mit der Spalte *Kontaktart* in Abbildung 3.15!

Einzelzuordnung

Was bedeutet diese merkwürdige Überschrift? Lassen Sie uns dazu noch einmal den vorherigen Abschnitt rekapitulieren: Wir haben ein Formular erstellt, das Daten aus den Tabellen *tblKunde* und *tblKontakt* auf den Bildschirm bringt. Zwischen diesen beiden Tabellen besteht eine 1:n-Beziehung, und das Formular stellt zu **einem** Kunden **alle** seine Kontakte dar. Ich beschreibe das so: »Das Formular blickt aus der 1er-Richtung auf die Beziehung.«

Ein Formular mit der umgekehrten Blickrichtung, das zu **einem** Kontakt **einen** dazugehörigen Kunden anzeigt, ist nicht sinnvoll. Es gibt aber in unserem Datenmodell eine andere 1:n-Beziehung, für die ein Formular mit dem Blick aus der n-Richtung durchaus sinnvoll ist – und zwar zwischen *tblKunde* und *tblKundenauftrag*. Ein entsprechendes Formular würde zu **einem** Kundenauftrag den **einen** Kunden anzeigen, der diesen Auftrag erteilt hat.

Das wäre zwar durchaus sinnvoll, würde uns aber von der Funktionalität her nicht genügen, denn es reicht nicht, den Kunden, der den Auftrag erteilt hat, nur anzuzeigen. Was wir bei der Auftragsbearbeitung vielmehr brauchen, ist Folgendes: Wir möchten einen neuen Auftrag anlegen, die Auftragsdaten eingeben und dann aus einer Liste unserer Kunden denjenigen auswählen, der diesen Auftrag erteilt hat.

Es geht also darum, in einer 1:n-Beziehung (z. B. *tblKunde – tblKundenauftrag*) aus der n-Richtung zu blicken (z. B. *tblKundenauftrag*) und dann **ein** anderes Objekt (z. B. *tblKunde*) zuzuordnen. Daher die Überschrift zu diesem Abschnitt.

Lassen Sie uns also ein Auftragsbearbeitungsformular erstellen.

Schritte 1 bis 3

Die Schritte 1 bis 3 erfolgen analog zur Vorgehensweise bei der Erstellung des einfachen Stammdatenformulars. Dabei müssen Sie unbedingt auf Folgendes achten: Wir wollen in dem Formular Daten aus den beiden Tabellen *tblKunde* und *tblKundenauftrag* anzeigen. Wir wählen aber nicht – wie im vorhergehenden Abschnitt »Ein Formular mit Unterformular« beschrieben – in Schritt 1 gleich beide Tabellen aus, sondern nur die Tabelle *tblKundenauftrag*! Danach sieht unser Formular wie das in Abbildung 3.16 aus.

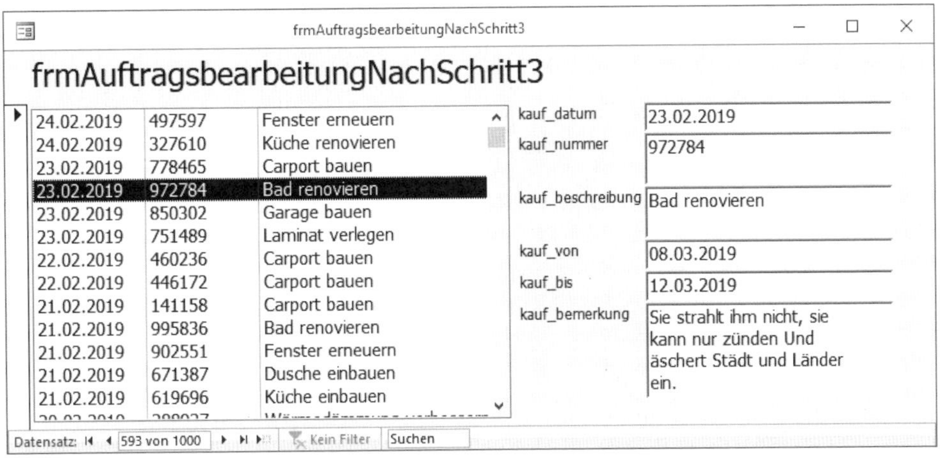

Abbildung 3.16: Das Auftragsbearbeitungsformular nach Schritt 3.

Es enthält also noch keine Angaben zu dem Kunden, der diesen Auftrag erteilt hat. Das liegt daran, dass wir in Schritt 1 bei der Auswahl der Datenquelle für das Formular nur *tblKundenauftrag* angegeben haben und nicht auch zusätzlich *tblKunde*. Hätten wir das getan, wäre uns vom Listenfeld-Assistenten nicht die dritte Option *Einen Datensatz im Formular anhand des Wertes suchen, den ich im Listenfeld ausgewählt habe* angeboten worden. Das ist genau der Fall, auf den ich schon weiter oben im Abschnitt »Ein einfaches Stammdatenformular« hingewiesen habe: Die Datenquelle des Formulars ist zu kompliziert!

Probieren Sie das ruhig einmal aus, indem Sie als Datenquelle für ein neues Formular die zwei Tabellen *tblKunde* **und** *tblKundenauftrag* angeben und dann versuchen, ein Listenfeld einzufügen. Das ist nämlich auch so ein »beliebter« Anfängerfehler!

Beachten Sie in Abbildung 3.16, dass das Listenfeld **absteigend** sortiert ist. Das ist bei Datumsangaben meistens sinnvoll, damit die neuesten Datensätze am Anfang der Liste stehen.

Schritt 4: Aktive Bedienelemente hinzufügen

Schritt 4 hieß bisher »Schaltflächen hinzufügen«. Er muss jetzt erweitert werden zu »Aktive Bedienelemente hinzufügen«, wozu auch die Schaltflächen gehören.

 Bei dieser Aktion kann es passieren, dass die Fehlermeldung *Mehrdeutiger Name ...* angezeigt wird.

Wie dann zu verfahren ist, steht im Abschnitt »Ein einfaches Stammdatenformular« unter »Schritt 4«.

Bevor wir die Zuordnung eines Kunden zu einem Auftrag realisieren, wollen wir noch einmal überlegen, was es datenbanktechnisch bedeutet, ein Objekt einem anderen zuzuweisen. Das bedeutet nämlich, den Primärschlüssel des zuzuweisenden Objekts als Fremdschlüssel bei dem anderen Objekt einzutragen. Konkret heißt das für unsere Auftragsbearbeitung, dass der Primärschlüssel *kun_id* aus der Tabelle *tblKunde* als Fremdschlüssel *kun_id_f* in der Tabelle *tblKundenauftrag* eingetragen werden muss (Abbildung 3.3).

Dazu wollen wir jetzt ein Kombinationsfeld in unserem Formular anlegen. Kontrollieren Sie bitte vorher noch einmal, ob der Steuerelement-Assistent eingeschaltet ist: in der Entwurfsansicht (!) des Formulars die Registerkarte *Entwurf* wählen und dort unter *Steuerelemente* auf *Steuerelement-Assistenten verwenden* klicken. Dann nehmen Sie das Werkzeug *Kombinationsfeld* und zeichnen damit ein Rechteck von geeigneter Größe auf Ihrem Formular. Es öffnet sich der Kombinationsfeld-Assistent:

1. Wählen Sie die oberste Option *Das Kombinationsfeld soll die Werte aus einer Tabelle oder Abfrage abrufen* (Access2007/2010: *... entnehmen*) und klicken Sie auf *Weiter*.

2. Wählen Sie *tblKunde* und klicken Sie auf *Weiter*.

3. Wählen Sie *kun_name* und *kun_vorname* aus und klicken Sie auf *Weiter*.

4. Wählen Sie *kun_name/Aufsteigend* und klicken Sie zweimal auf *Weiter*.

Jetzt kommt der entscheidende Moment! Das Kombinationsfeld, das wir gerade erstellen, soll eine Liste der Kundennamen anzeigen und die Möglichkeit bieten, durch Klick einen davon auszuwählen. Was wählen Sie aber wirklich aus? Den Namen? Nein – datenbanktechnisch wählen Sie den dazugehörigen Primärschlüssel aus!

Sie haben zwar festgelegt, dass Sie den Namen und den Vornamen des Kunden im Kombinationsfeld sehen wollen, aber Access holt sich dazu immer auch den Primärschlüssel aus der Datenbank. Wenn Sie also auf den Namen »Ostermann« klicken, haben Sie nicht *kun_name=Ostermann* ausgewählt, sondern *kun_id=4*.

Langer Rede kurzer Sinn – aus dem bisher Gesagten ergibt sich, dass Sie jetzt die Option *Wert speichern in Feld* wählen müssen und in dem Kombinationsfeld daneben den Fremdschlüssel *kun_id_f* aus der Tabelle *tblKundenauftrag*. Das bedeutet, der von Ihnen per Klick ausgewählte Primärschlüssel *kun_id* soll als Fremdschlüssel *kun_id_f* in der Tabelle *tblKundenauftrag* gespeichert werden. Damit haben Sie dem Kundenauftrag einen Kunden zugewiesen (siehe dazu auch noch einmal den Abschnitt »Datensatzherkunft und Steuerelementinhalt« im ersten Kapitel!).

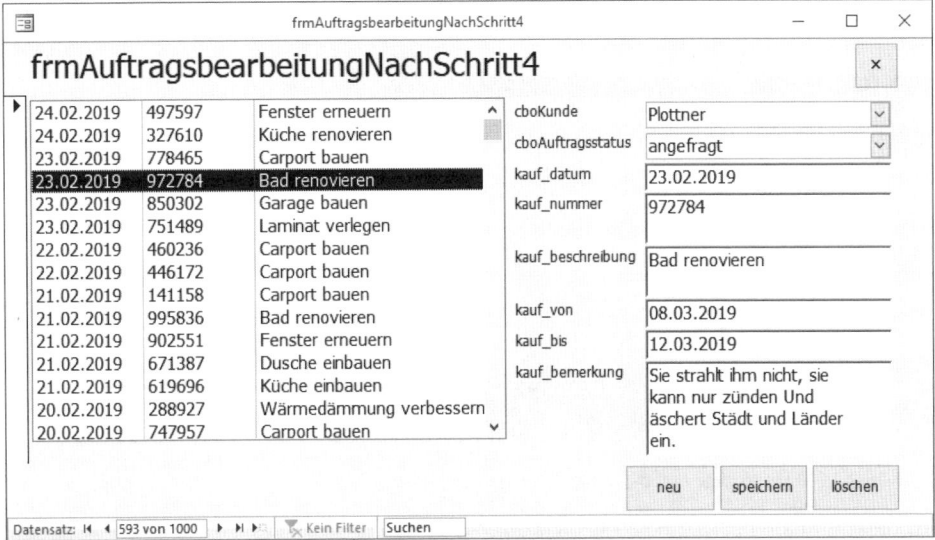

Abbildung 3.17: Das Formular zur Auftragsbearbeitung mit zwei Kombinationsfeldern für den Kunden und den Auftragsstatus.

Das Kombinationsfeld *cboKunde* erfüllt jetzt einen doppelten Zweck:

- Es zeigt den Kunden an, der den Auftrag erteilt hat, den Sie in der Liste ausgewählt haben.
- Es ermöglicht Ihnen, einem neu angelegten Auftrag einen Ihrer Kunden zuzuweisen.

Damit entsteht die Gefahr, dass ein unüberlegter Klick in das Kombinationsfeld dazu führt, dass ein Auftrag plötzlich von einem anderen Kunden kommt. Eine solche Änderung muss daher durch eine Warnmeldung wie »Wollen Sie den Auftraggeber wirklich ändern?« abgesichert werden. Die Realisierung dieser Warnmeldung durch ein kleines VBA-Programm erläutere ich in Kapitel 8 im Abschnitt »Standardlösungen/Kombinationsfelder absichern«.

Schritte 5 bis 7

Alles Weitere ist nun schon fast Routine, sodass Sie schnell ein gut aussehendes und funktionsfähiges Formular vorweisen können.

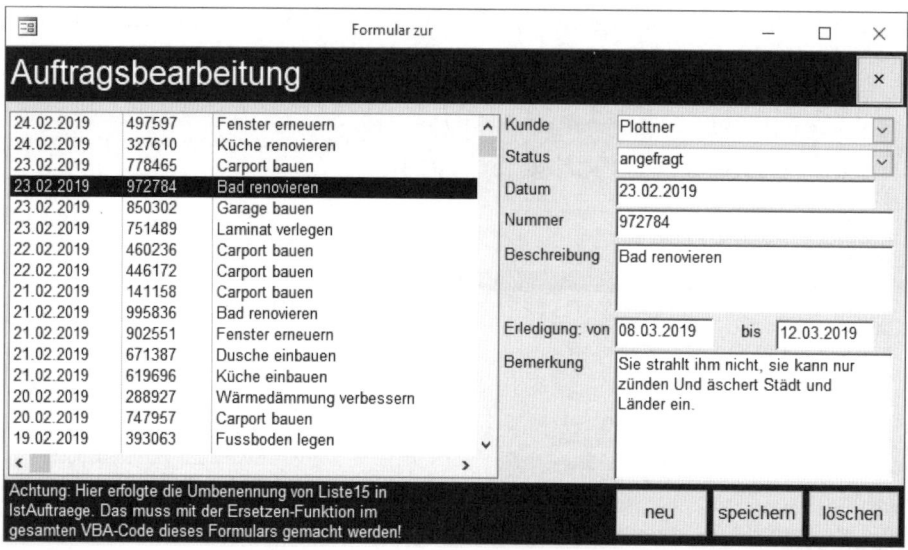

Abbildung 3.18: Das fertige Formular zur Auftragsbearbeitung.

Dieses Formular »blickt aus der n-Richtung« auf die 1:n-Beziehung zwischen *tblKunde* und *tblKundenauftrag*. Es zeigt daher zu **einem** Kundenauftrag den **einen** Kunden an, der diesen Auftrag erteilt hat. In diesem Fall ergibt die umgekehrte Blickrichtung ebenfalls Sinn – also ein Formular, das zu **einem** Kunden eine Liste **aller** seiner Aufträge anzeigt (Abbildung 3.19).

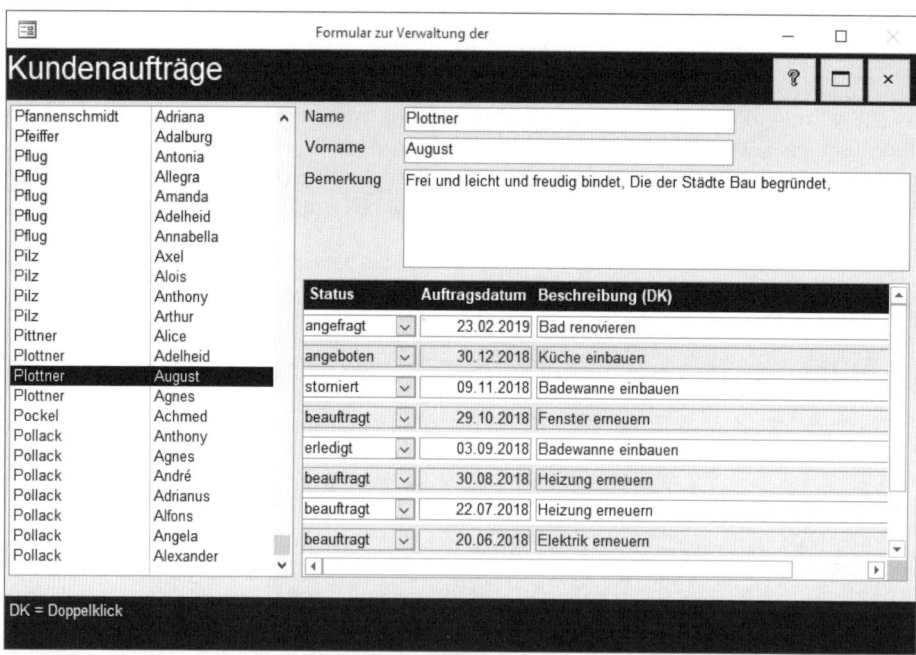

Abbildung 3.19: Dieses Formular zeigt im Vergleich zum Formular zur Auftragsbearbeitung die umgekehrte »Blickrichtung«.

In diesem Formular können keine Datenfelder bearbeitet werden. Darum gibt es auch keine Schaltflächen zum Anlegen, Speichern und Löschen von Datensätzen. Der einzige Zweck dieses Formulars besteht darin, einen Auftrag anhand des Kundennamens zu finden.

Bitte beachten Sie die Spalte *Status* im Unterformular. Auch hier handelt es sich wieder um eine Einzelzuordnung mithilfe eines Kombinationsfelds, nur dass sich das Kombinationsfeld jetzt im Unterformular befindet. Das ändert aber nichts an der Vorgehensweise zu seiner Erstellung.

Jetzt können Sie auch noch einmal zu Abbildung 3.15 zurückblättern. Ich hatte dort auf das Kombinationsfeld zur Auswahl der Kontaktart hingewiesen, ohne zu erläutern, wie es erstellt wird. Nach der Lektüre dieses Abschnitts über die Einzelzuordnung mit Kombinationsfeldern ist das bestimmt etwas klarer geworden!

Sie haben jetzt also gesehen, wie man ein Formular erstellt, das

- Daten aus einer einzigen Tabelle enthält (ein Stammdatenformular),
- aus der »1er-Richtung« auf eine 1:n-Beziehung blickt (ein Kunde mit allen seinen Aufträgen),
- aus der »n-Richtung« auf eine 1:n-Beziehung blickt (ein Auftrag mit dem Kunden, der ihn erteilt hat).

Was noch fehlt, ist ein Formular, mit dem man aus einer Liste von Objekten **mehrere** auswählen und **einem** anderen Objekt zuordnen kann – z. B. aus der Liste aller Vereinsmitglieder diejenigen, die an einem Training teilnehmen. Ich erläutere das in Kapitel 9 im Abschnitt »Eine Tabelle mit einer 1:n:1- und einer n:1-Beziehung«.

Die beiden Grundbausteine

Bevor wir weitermachen, möchte ich noch eine ganz, ganz wichtige Zwischenzusammenfassung geben. In den letzten beiden Abschnitten haben wir zwei Formulartypen entwickelt, die von grundsätzlicher Bedeutung sind.

- Im Abschnitt »Ein Formular mit Unterformular« gehörten zu einem Objekt (Kunde) **mehrere** andere Objekte (Kontakte). Infolgedessen enthielt das Formular ein Unterformular zur Anzeige der anderen Objekte (Kontakte).
- Im Abschnitt »Einzelzuordnung« gehörte zu einem Objekt (Auftrag) **ein** anderes Objekte (Kunde). Infolgedessen enthielt das Formular ein Kombinationsfeld zur Anzeige und Auswahl des anderen Objekts (Kunde).

Abbildung 3.20 zeigt das noch einmal am Beispiel der Relation zwischen Kunde und Auftrag.

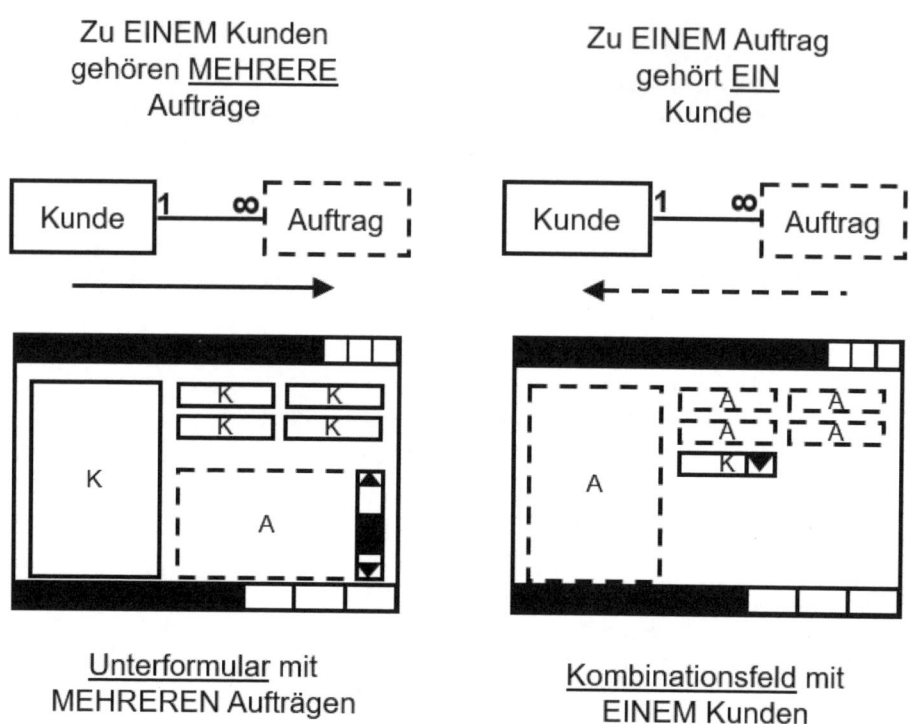

Abbildung 3.20: Zu jeder 1:n-Beziehung gibt es zwei unterschiedliche Blickrichtungen und damit zwei unterschiedliche Formularlayouts (K = Kunde, A = Auftrag).

Es gibt also grundsätzlich zwei unterschiedliche Blickrichtungen in einer 1:n-Beziehung – von der »1«-Seite zur »n«-Seite bzw. von der »n«-Seite zur »1«-Seite (fast wie bei den Menschen ;-)). Resultierend daraus enthält das Formularlayout entweder ein Unterformular zur Anzeige **mehrerer** Objekte oder ein Kombinationsfeld zur Anzeige und zur Auswahl **eines** Objekts.

Wenn Sie jetzt aber einen Blick auf Abbildung 3.3 werfen, sehen Sie, dass es außer 1:n-Beziehungen gar nichts anderes gibt. Die m:n-Beziehungen aus dem logischen Datenmodell werden ja im physischen Datenmodell in zwei 1:n-Beziehungen aufgelöst, und 1:1-Beziehungen sind zwar prinzipiell möglich, aber meistens falsch modelliert oder nutzlos (siehe »Modellbesonderheiten und -erweiterungen« in Kapitel 2).

Das bedeutet also, dass Abbildung 3.20 zwei Grundbausteine von Formularen zeigt, aus denen (fast) alle denkbaren Formulare aufgebaut sind. Sehen Sie sich zum Beispiel einmal die Abbildung 3.19 an: Zu einem Kunden gehören mehrere Aufträge. Also enthält das Formular ein Unterformular für die Aufträge. Nun gehört aber zu einem Auftrag (im Unterformular!) wiederum ein Status. Also gibt es im Unterformular in jeder Zeile mit jeweils einem Auftrag ein Kombinationsfeld zur Auswahl des Status. Hier wurden also die beiden Grundbausteine miteinander kombiniert!

Blättern Sie dazu auch mal das Kapitel 9 durch. Dort erläutere ich den Aufbau von Formularen für verschiedene Konfigurationen von 1:n-Beziehungen. In den Layouts werden Sie die beiden Grundbausteine aus Abbildung 3.20 immer wieder entdecken.

Wenn Ihnen dieses Prinzip einmal klar geworden ist, wird es Ihnen viel leichter fallen, Formulare zu entwickeln!

Das Startformular

In der Entwicklungsphase öffnen Sie die einzelnen Formulare durch Klicks im Navigationsbereich. Das ist aber natürlich keine Lösung für die spätere Alltagsarbeit mit Ihrer Datenbankanwendung. Dafür brauchen Sie einen Mechanismus, der es Ihnen ermöglicht, alle Formulare von einer zentralen Stelle aus zu öffnen. Das ist zum einen natürlich wieder eine Frage der Benutzerfreundlichkeit. Es ist aber auch eine schlichte Notwendigkeit. Wenn Sie nämlich mit der Runtime-Version arbeiten, gibt es keinen Navigationsbereich mehr (Abbildung 3.21)!

Abbildung 3.21: Das Startformular in der Runtime-Version.

Nachdem wir bereits Formulare mit Listen, Textfeldern und Unterformularen erstellt haben, ist die Entwicklung eines solchen Startformulars ein Kinderspiel. Dazu wählen Sie *Erstellen/Formulare/Formularentwurf*. Das sich öffnende Fenster zeigt ein Karomuster auf hellem Hintergrund. Das ist das noch völlig leere Startformular. Sie können es an der rechten unteren Ecke mit der linken Maustaste »anfassen« und auf die gewünschte Größe ziehen.

Dann platzieren Sie darauf Bezeichnungsfelder für den Titel Ihrer Anwendung, für die Kontaktangaben des Entwicklers (damit der Benutzer später weiß, an wen er die Blumen schicken muss ;-)) und – ganz wichtig – für eine Versionsinformation. Letztere schreiben wir erst einmal von Hand in ein entsprechendes Bezeichnungsfeld hinein – später in Kapitel 8 zeige ich Ihnen im Abschnitt »Lesen von Werten aus Tabellen«, wie Sie die Versionsnummer aus einer Datenbanktabelle herausholen.

Jetzt erstellen Sie noch für jedes Formular eine Schaltfläche mithilfe des entsprechenden Assistenten. Dazu wählen Sie im ersten Schritt des Befehlsschaltflächen-Assistenten die Kategorie *Formularoperationen* und die Aktion *Formular öffnen*. Der Rest ist selbsterklärend. Für eine zusätzliche Schaltfläche wählen Sie die Kategorie *Anwendung* und die Aktion *Anwendung beenden*.

Abschließend setzen Sie in den Formulareigenschaften auf der Registerkarte *Format* die Eigenschaften *Bildlaufleisten*, *Datensatzmarkierer* und *Navigationsschaltflächen* auf *Nein*, denn all das braucht ein Startformular nicht. .

Alle anderen Formulare bekommen – wie Sie bereits gesehen haben – eine Schaltfläche *Startformular öffnen*, sodass Sie mit zwei Mausklicks von jedem Formular aus jedes andere Formular erreichen können.

Sind wir damit fertig? Noch nicht ganz! Wir können jetzt vom Startformular aus alle anderen Formulare öffnen und brauchen dazu keinen Navigationsbereich mehr. Wie aber öffnen wir das Startformular? Das müsste sich selber öffnen! Geht das? Ja, tatsächlich! Wählen Sie *Datei/Optionen/Aktuelle Datenbank* (Access 2007: *Office-Schaltfläche/Access-Optionen/ Aktuelle Datenbank*) und stellen Sie dann unter *Anwendungsoptionen/Formular anzeigen* ein, welches Formular beim Öffnen der Access-Datei automatisch als Erstes angezeigt werden soll – nämlich *frmStart*. Fertig! So einfach ist das!

 Eine große Anzahl von Standardlösungen zur Perfektionierung Ihrer Formulare finden Sie in der Datei *Checkliste-Formulare.xls* im Internet (Adresse in der Einleitung, dort im Ordner \KapA). Hier liste ich mehr als drei Dutzend Funktionalitäten auf, die jedes Ihrer Formulare aufweisen sollte, und beschreibe gleichzeitig, wie Sie diese Funktionalitäten realisieren können.

Was ist wichtig?

1. Aktivieren Sie die Optionen *Überlappende Fenster* und *Beim Schließen komprimieren* (siehe Abschnitt »Tabellen anlegen« ab Seite 124).

2. Arbeiten Sie zunächst mit dem 2003er-Datenbankformat (*.mdb*) (siehe Abschnitt »Tabellen anlegen« ab Seite 124).

3. Primärschlüssel haben den Datentyp *AutoWert*, Fremdschlüssel *Zahl/LongInteger*. Entfernen Sie den Standardwert 0 bei Fremdschlüsseln (siehe Abschnitt »Tabellen anlegen« ab Seite 124).

4. Schalten Sie in allen Beziehungen die referentielle Integrität ein. Seien Sie vorsichtig mit der Löschweitergabe (siehe Abschnitt »Referentielle Integrität« ab Seite 128).

5. (1,1)- und (1,n)-Kardinalitäten werden in Access realisiert, indem man beim Fremd-schlüssel *Eingabe erforderlich = Ja* einstellt (siehe Abschnitt »Beziehung einer Tabelle zu sich selbst« ab Seite 129).

6. Arbeiten Sie mit Versionen Ihrer Access-Anwendung (siehe Abschnitt »Versionen« ab Seite 131).

7. Beachten Sie die erforderliche Reihenfolge bei der Eingabe von Testdaten (siehe Abschnitt »Auf die Reihenfolge achten« ab Seite 132).

8. Benutzen Sie den Formular-Assistenten für den ersten Formularentwurf. Beachten Sie bei dessen weiterer Bearbeitung den Grundsatz: Erst richtig, dann schön! (Siehe Abschnitt »Schritt 1: Mit dem Formular-Assistenten Formulare erzeugen« ab Seite 135.)

9. Verwenden Sie keine Nachschlagefelder (siehe Abschnitt »Nachschlagefelder« ab Seite 134).

10. Klicken Sie beim Listenfeld-Assistenten die dritte Option an (siehe Abschnitt »Schritt 3: Listenfeld hinzufügen« ab Seite 138).

11. Der Formular-Assistent verbindet automatisch das Unterformular mit dem übergeordne-ten Formular über den Primärschlüssel-Fremdschlüssel-Mechanismus (siehe Abschnitt »Ein Formular mit Unterformular« ab Seite 146).

12. Benutzen Sie Kombinationsfelder zur Realisierung der Einzelzuordnung (siehe Abschnitt »Schritt 4: Aktive Bedienelemente hinzufügen« ab Seite 154).

13. Vorsicht bei der nachträglichen Umbenennung von Steuerelementen, die mit dem Assis-tenten angelegt wurden (siehe Abschnitt »Schritt 3: Listenfeld hinzufügen« ab Seite 138).

14. Benutzen Sie die Checkliste-Formulare zur Perfektionierung Ihrer Formulare (im Ordner *\KapA)*.

Sie finden das Dokument *WasIstWichtig.pdf* zum Ausdrucken im Internet (Adresse in der Einleitung, dort im Ordner *\KapA*).

Kapitel 4
Daten für die Datenbank

In diesem Kapitel 164
Die Ausgangssituation 164
Datenarten 166
Generierung von Testdaten 171
Übernahme von Echtdaten 176
Was ist wichtig? 190

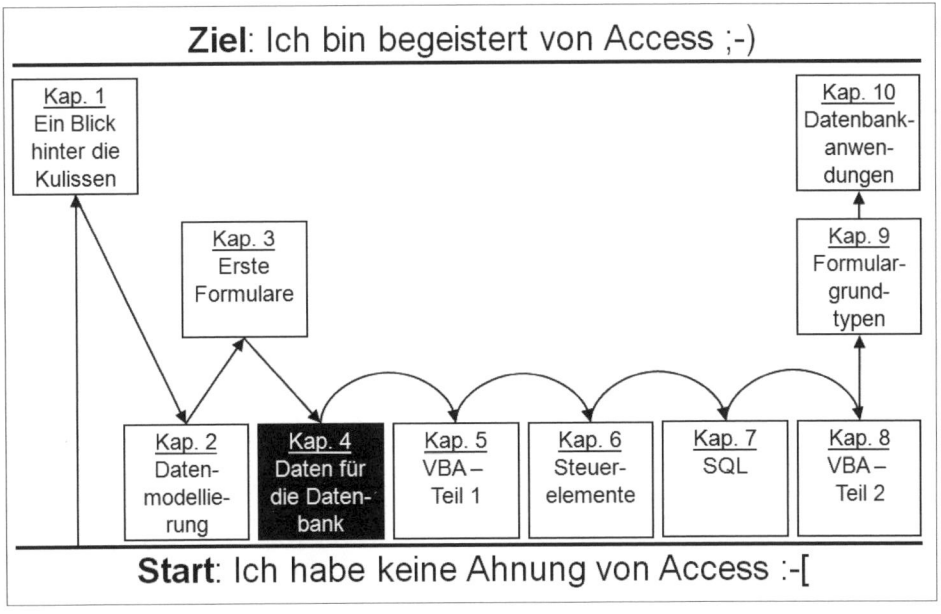

Abbildung 4.1: Das Kapitel 4, »Daten für die Datenbank«.

In diesem Kapitel

... geht es darum, die zunächst noch leere oder mit sehr wenigen Testdaten gefüllte Datenbank mit größeren Mengen von Daten zu füllen. Das können automatisch generierte (also »sinnlose«) Testdaten sein oder echte Daten, die z. B. im CSV- oder im Excel-Format vorliegen.

Die Ausgangssituation

Es gibt zwei Möglichkeiten:

- Sie haben bereits Daten in digitaler Form vorliegen, die in die Tabellen der Anwendung importiert werden müssen. Dann stellt sich die Frage: Wie können wir diesen Import realisieren?

- Sie haben noch keine Daten in digitaler Form vorliegen, möchten aber die Anwendung mit einer realistischen Anzahl von »Spieldaten« testen. Dann stellen sich zwei Fragen: Wie können wir geeignete Daten mit vertretbarem Aufwand erzeugen? Wie können wir den Import realisieren?

Zunächst einige Bemerkungen zum Thema »Datenimport«. Es scheint auf den ersten Blick völlig unproblematisch zu sein, digitale Daten in Access-Tabellen zu importieren. Das trifft auf den rein technischen Aspekt des Vorgangs auch zu – aber es gibt dabei ein großes logisches Problem: Beim Import von Daten müssen die richtigen Fremdschlüssel gesetzt werden.

Dazu schauen Sie sich bitte Abbildung 4.2 an. Sie sehen dort jeweils ein Beispiel für

- eine **CSV-Datei** (Comma Separated Values). Sie enthält Daten mit Trennzeichen dazwischen – häufig Kommata oder Semikola, es können aber auch andere Trennzeichen sein.

- eine **Excel-Liste**. Sie sieht einer Access-Tabelle auf den ersten Blick sehr ähnlich. Der Unterschied besteht aber darin, dass Daten in Excel-Listen redundant gespeichert werden. In Abbildung 4.2 sehen Sie das am Beispiel des Kunden Meyer. Im Unterschied zur Access-Tabelle erscheinen seine Daten hier mehrfach.

- **Access-Tabellen**. Hier werden die Daten in relationaler Form gespeichert, d. h. jeder Objekttyp (hier: Kunde und Auftrag) in einer separaten Tabelle mit Primärschlüssel-Fremdschlüssel-Relationen dazwischen.

Wenn Sie jetzt also Daten aus einer CSV-Datei oder einer Excel-Liste in Access importieren wollen, müssen Sie

- für jeden Objekttyp, dessen Daten in der CSV-Datei oder in der Excel-Liste stehen, eine Tabelle anlegen,

- die Daten der einzelnen Objekttypen richtig auf die verschiedenen Tabellen verteilen,

- die einzelnen Objekte mit Primärschlüsseln versehen,

- die erforderlichen Fremdschlüsselspalten anlegen und

- dort die richtigen Fremdschlüsselwerte eintragen.

Können Sie sich vorstellen, wie wahnsinnig kompliziert das Ganze wird, wenn die Datenbank bereits Daten enthält? In unserem Beispiel müsste beim Füllen der Auftragstabelle für jeden Kunden erst kontrolliert werden, ob er in der Kundentabelle schon existiert. Wenn ja, müsste sein Primärschlüssel als Fremdschlüssel in der Auftragstabelle eingetragen werden.

Wenn nein, müsste erst ein neuer Kunde angelegt werden, und sein Primärschlüssel müsste als Fremdschlüssel in der Auftragstabelle eingetragen werden.

Alle diese Tätigkeiten müssten natürlich nicht von einem Menschen, sondern von einer Software ausgeführt werden, denn sonst könnten Sie die Daten ja auch gleich abtippen. Das ist dann eine Aufgabe für Profis und weit jenseits der Thematik dieses Buchs. Ich gehe daher im Weiteren davon aus, dass Sie eine neue, noch leere Datenbank angelegt haben und in diese CSV- oder Excel-Daten importieren wollen.

CSV: eine Textdatei mit durch Semikolon voneinander getrennten Daten

06.09.2018; 164157; Wärmedämmung verbessern; Oppermann, Aurelia
28.06.2018; 505992; Dach decken; Oheim, Astrid
01.01.2019; 667244; Fussboden legen; Oheim, Astrid
23.10.2018; 595499; Dach ausbessern; Nitz, Angelus

Excel: eine Liste mit teilweise redundanten Daten (siehe Spalte "Kunde")

Datum	Nr.	Auftrag	Kunde
06.09.2018	164157	Wärmedämmung verbessern	Oppermann, Aurelia
28.06.2018	505992	Dach decken	Oheim, Astrid
01.01.2019	667244	Fussboden legen	Oheim, Astrid
23.10.2018	595499	Dach ausbessern	Nitz, Angelus

Access: zwei Tabellen mit Primär- und Fremdschlüsseln

kauf_id	kauf_datum	kauf_nummer	kauf_beschreibung	kun_id_f
39	06.09.2018	164157	Wärmedämmung verbessern	153
40	28.06.2018	505992	Dach decken	170
41	01.01.2019	667244	Fussboden legen	170
42	23.10.2018	595499	Dach ausbessern	159

kun_id	kun_name	kun_vorname
153	Oppermann	Aurelia
...		
159	Nitz	Angelus
...		
170	Oheim	Astrid

Abbildung 4.2: Die unterschiedliche Art der Datenorganisation erschwert den Import von externen Daten in Access.

Die Ursache für die Probleme beim Datenimport besteht darin, dass die Datenorganisation in CSV-Dateien und Excel-Listen einerseits und Access-Tabellen andererseits ganz unterschiedlich ist (Abbildung 4.2). Die anfangs gestellte Frage »Wie können wir diesen Import realisieren?« muss also folgendermaßen konkretisiert werden:

»Wie kann die Struktur der zu importierenden Daten so aufbereitet werden, dass sie anschließend für den Import in Access geeignet sind?«

Dabei wird uns ein anderes Microsoft Office-Produkt sehr hilfreich sein: Excel! Wir wollen aber jetzt erst einmal davon ausgehen, dass wir noch keine Daten haben, die importiert werden könnten. Wir brauchen also Techniken, um größere Mengen dieser Daten mit vertretbarem Aufwand zu erzeugen – ich betone: **mit vertretbarem Aufwand**, denn sonst könnten wir die Daten ja auch eintippen.

Datenarten

So, so, Sie möchten also Daten für Ihre Datenbank! Was hätten Sie denn gern? Ein Kilo hiervon, ein Kilo davon ... Nein, aber mal im Ernst: Welche Arten von Daten werden denn benötigt, um eine Datenbank zu füllen?

- Zahlen
- Datumsangaben
- Texte
  - Namen von Personen
  - Adressen
  - Bezeichnungen von Objekten (Materialname, Titel, Fahrzeugtyp ...)
  - Bemerkungen

Im Weiteren gehe ich immer davon aus, dass wir zur Erzeugung und Bearbeitung der Daten Excel benutzen.

Zahlen

Beginnen wir mit dem Einfachsten – den Zahlen. Irgendwelche Fantasiezahlen zu erzeugen, um damit Listenfelder zu füllen, ist gar kein Problem. Dafür gibt es in Excel die Funktion *Rnd* (von engl. »random«). Etwas geschickte Programmierung macht es sogar möglich, nicht ganz beliebige Zahlen zu erzeugen, sondern zufällige Zahlen in einem bestimmten Bereich zwischen einer unteren und einer oberen Grenze.

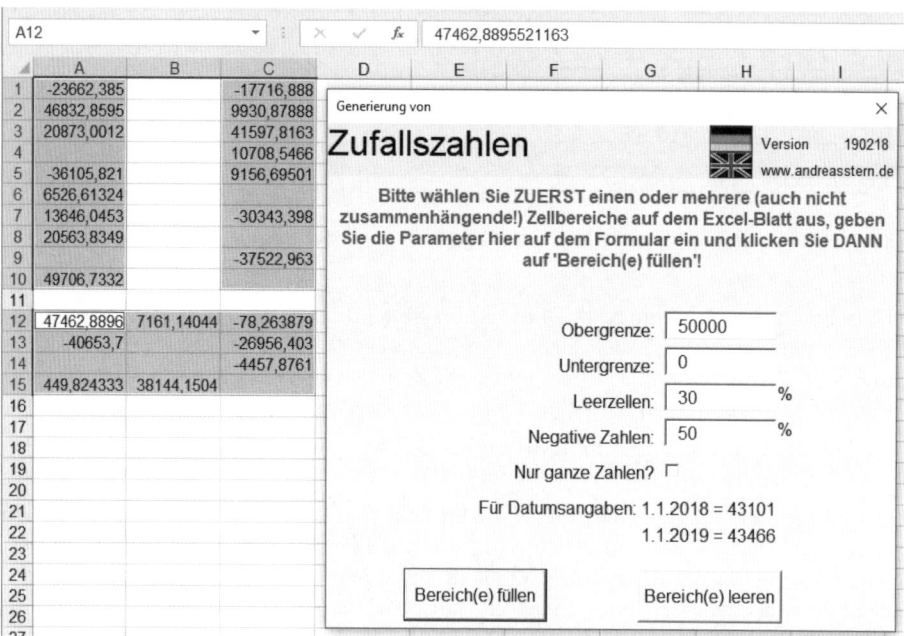

Abbildung 4.3: Ein Excel-Formular zur Generierung von Zufallszahlen.

Hierfür habe ich ein entsprechendes Hilfsmittel programmiert (Abbildung 4.3).

 Sie finden die Datei *Excel-Vorlage-AS.xlsm* im Internet (Adresse in der Einleitung, dort im Ordner \Kap04).

Damit können Sie beliebige – auch nicht zusammenhängende – Bereiche eines Excel-Blatts mit Zufallszahlen füllen. Dazu müssen Sie diese Bereiche zunächst markieren, d. h. mit gedrückter ⌈Strg⌉-Taste und gedrückter linker Maustaste darüberfahren. Wenn Sie dann die Tastenkombination ⌈Strg⌉+⌈⇧⌉+⌈Z⌉ drücken, erscheint das in Abbildung 4.3 dargestellte Formular. Sie können darin eine obere und eine untere Grenze für Ihre Zufallszahlen wählen. Sie können außerdem wählen, ob die von Ihnen markierten Bereiche

- leere Zellen,
- Zellen mit negativen Werten oder
- nur ganze Zahlen

enthalten sollen. Nach einem Klick auf die Schaltfläche *Bereiche füllen* werden die von Ihnen vorher markierten Bereiche mit entsprechenden Zufallszahlen gefüllt.

Datumsangaben

Mit Excel zufällige Datumsangaben automatisch zu erzeugen, ist ebenfalls nicht schwierig, wenn man weiß, dass Excel ein Datum nicht wirklich als Datum speichert, sondern als ganze Zahl. So wird z. B. der 1.1.2019 als Zahl 43.466 gespeichert. Wie kommt diese Merkwürdigkeit zustande? Nun, ganz einfach: Der 1.1.2010 ist der 43.466ste Tag seit dem 1.1.1900.

Daher können Sie zufällige Datumsangaben ebenfalls mit meinem Zufallszahlenformular erzeugen, indem Sie ganze Zufallszahlen im Bereich um 43.000 herum generieren lassen. Ein entsprechender Hinweis befindet sich auf dem Formular (Abbildung 4.3). Nachdem Sie diese Zufallszahlen erzeugt haben, ändern Sie einfach das Format der entsprechenden Zellen von *Zahl* auf *Datum*.

Erfreulich ist, dass beim Exportieren der Daten aus Excel dann tatsächlich ein Datum und keine Zahl exportiert wird.

Texte

Wenn es nur darum geht, beliebige sinnlose Buchstabenfolgen zu erzeugen, damit bestimmte Datenfelder nicht leer bleiben, sondern wenigstens irgendetwas enthalten, können Sie ein zweites Hilfsmittel von mir verwenden: das Zufallsbuchstabenformular.

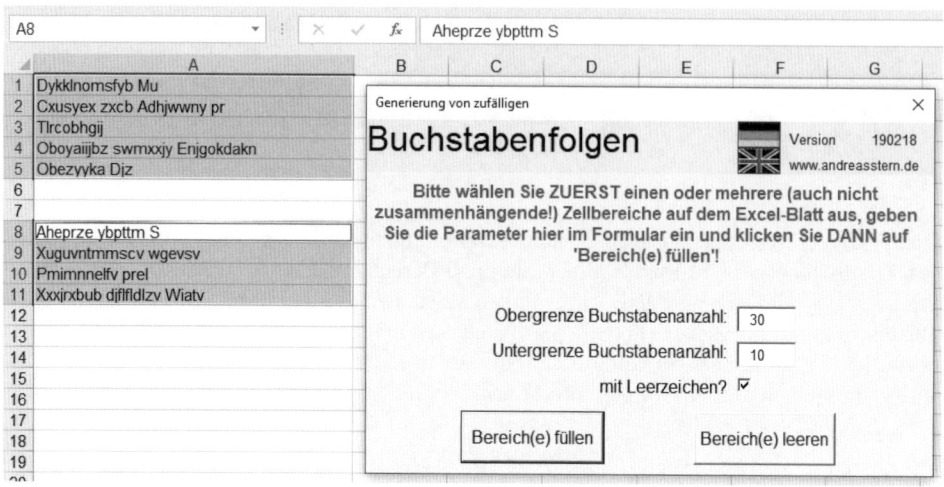

Abbildung 4.4: Ein Excel-Formular zur Generierung von zufälligen Buchstabenfolgen.

Sie nutzen dieses Formular ähnlich wie das Zufallszahlenformular: erst die zu füllenden Bereiche markieren, dann die Tastenkombination Strg + ⇧ + B drücken und die Eingabefelder des Formulars ausfüllen.

Das Kontrollkästchen *mit Leerzeichen* erfüllt dabei folgenden Zweck: Manchmal braucht man einzelne Wörter, d. h. Zeichenketten ohne Leerzeichen (z. B. um Bezeichnungen von Objekten zu simulieren), manchmal braucht man auch ganze Sätze, d. h. Zeichenketten mit Leerzeichen (z. B. um Bemerkungsfelder zu füllen).

»Aheprze ybpttm S« sieht als Name eines Kunden natürlich nicht so toll aus. Wenn Sie also Wert darauf legen, dass Namen von Personen in Ihrer Datenbank auch wirklich Namen sind und Orte wirklich Orte, müssen Sie etwas mehr Aufwand betreiben. Material dafür finden Sie natürlich jederzeit im Internet (Vorsicht bei Copyright-Fragen!). Zur Aufbereitung dieser Daten möchte ich Ihnen einige Tipps geben.

Tabellen auf Webseiten

Wenn Sie z. B. eine lange Liste von Vornamen oder Nachnamen für Ihre Datenbank benötigen, brauchen Sie bei einem Internetsuchdienst nur »Vorname« bzw. »Nachname« einzugeben, und Sie finden alles, was das Herz begehrt. Es gibt aber ein kleines Problem dabei, die Daten direkt von der Webseite in Excel zu übernehmen. Die benötigten Daten stehen häufig auf der Webseite in einer Spalte einer Tabelle, und in den anderen Spalten stehen Informationen, die Sie nicht benötigen. Nun können Sie aber auf einer Webseite nicht eine Spalte einer Tabelle markieren, wie Sie es aus Word und Excel gewöhnt sind. Wenn Sie mit gedrückter linker Maustaste über die Inhalte einer Spalte fahren, werden auch immer die Inhalte der übrigen Spalten mit markiert. Für dieses Problem habe ich zwei Lösungen.

Die erste Lösung: Speichern Sie die ganze Webseite auf Ihrem Computer und öffnen Sie sie dann mit Word. Nun können Sie die Spalte, die Sie interessiert, markieren und über die Zwischenablage nach Excel kopieren.

Die zweite Lösung: Benutzen Sie das Excel-Feature *Daten/Externe Daten abrufen/Aus dem Web*. In dem sich daraufhin öffnenden Fenster sind importierbare Bereiche der Webseite durch einen kleinen schwarzen Pfeil auf gelbem Grund gekennzeichnet. Anschließend müssen Sie nur noch die Daten, die Sie eigentlich nicht importieren wollten, in Excel löschen.

Das Formular frmSpaltenFuellen

Wenn Sie statt »Aheprze ybpttm S« lieber »Paul Meier« in der Spalte mit den Kundennamen haben möchten, habe ich auch eine Lösung für Sie: das Formular *frmSpaltenFuellen*.

 Sie finden das Formular frmSpaltenFuellen in allen drei Beispieldatenbanken (Firma, Verein, Verleih). Von dort können Sie es mittels Rechtsklick und Exportieren/Access in Ihre eigene Datenbankdatei exportieren und dann dort benutzen.

Mithilfe dieses Formulars können Sie in drei Schritten eine beliebige Spalte einer beliebigen Tabelle mit Daten füllen:

1. Sie besorgen sich die zu importierenden Daten (z. B. eine Liste mit Nachnamen oder mit Städtenamen) und speichern diese in einer Spalte einer Excel-Tabelle.

2. Sie importieren diese Liste in eine von Ihnen vorher anzulegende Tabelle mit dem Namen *tblFuelltext*. Diese Tabelle hat die beiden Spalten *fuell_id* (Datentyp *AutoWert)* und *fuell_text* (Datentyp *kurzer Text* bzw. *Text(255)* in Access 2007/2010). Die zu importierenden Daten kommen in die Spalte *fuell_text*. Die Spalte *fuell_id* wird von Access automatisch mit Werten gefüllt. (Der Import erfolgt ganz einfach mittels Rechtsklick auf den Namen der Tabelle *tblFuelltext* und *Importieren/Excel*.)

3. Sie benutzen das Formular *frmSpaltenFuellen*, um die Daten aus der Spalte *fuell_text* der Tabelle *tblFuelltext* in eine beliebige Spalte einer anderen Tabelle »umzuschaufeln«.

Dabei passiert Folgendes: Der erste Wert aus der Spalte *fuell_text* wird in die erste Zeile der Zieltabelle geschrieben, der zweite in die zweite usw. Wenn *tblFuelltext* weniger Zeilen enthält als die Zieltabelle, wird wieder von vorn begonnen. Wenn also z. B. *tblFuelltext* 200 Zeilen hat und die Zieltabelle 300, kommt in Zeile 201 der Zieltabelle der Wert aus der Zeile 1 von *tblFuelltext*, in Zeile 202 der Zieltabelle der Wert aus Zeile 2 von *tblFuelltext* usw.

Es ist also dafür gesorgt, dass die von Ihnen angegebene Spalte der Zieltabelle vollständig gefüllt wird – unabhängig davon, ob die Tabelle *tblFuelltext* mehr oder weniger Zeilen enthält als die Zieltabelle!

Bitte beachten Sie, dass mit dieser Technik keine neuen Zeilen in der Zieltabelle angelegt werden. Es werden lediglich bereits vorhandene Zeilen mit Daten gefüllt. Vor allem können Sie auf diese Weise keine leere Zieltabelle mit Daten füllen!

Bitte beachten Sie auch, dass die in der Zielspalte der Zieltabelle eventuell bereits vorhandenen Daten beim Import aus *tblFuelltext* überschrieben werden!

Excel-Funktionen zur Textbearbeitung

Häufig werden die Daten, die Sie im Internet gefunden oder als Export aus anderen Softwareanwendungen bekommen haben, nicht das richtige Format haben. Im Internet findet sich z. B. eine Liste von Städten, die man gut gebrauchen kann, die aber leider nach dem Import in Excel folgendermaßen aussieht:

* Achim 28832

* Adelebsen 37139

* Aerzen 31855

* Ahlerstedt 21702

* Alfeld (Leine) 31061

Vor jedem Ortsnamen befinden sich vier Leerzeichen, ein Sternchen und noch ein Leerzeichen. Hinter jedem Ortsnamen kommen noch einmal drei Leerzeichen und dann die fünfstellige Postleitzahl. Wir möchten aber nur die Ortsnamen haben. Für die Lösung dieses Problems bietet Ihnen Excel einige sehr zweckmäßige Textbearbeitungsfunktionen an. Sehen Sie einmal in der Excel-Hilfe unter den Stichwörtern *LINKS*, *RECHTS*, *LÄNGE* und *FINDEN* nach. Das oben genannte Problem können Sie damit folgendermaßen lösen (Abbildung 4.5). Schreiben Sie in die Spalte rechts daneben die Formel

=RECHTS(A1;LÄNGE(A1)-6)

Damit schneiden Sie die Leerzeichen und das Sternchen links neben dem Ortsnamen ab. Zur Beseitigung der Postleitzahl und der Leerzeichen rechts neben dem Ortsnamen schreiben Sie in die nächste Spalte die Formel

=LINKS(B1;LÄNGE(B1)-8)

Jetzt sehen Sie in Spalte C das gewünschte Ergebnis: nur noch die Ortsnamen ohne Leerzeichen, ohne Postleitzahl und ohne Sternchen. Wenn Sie aber jetzt die überflüssig gewordenen Spalten A und B löschen, werden Sie enttäuscht feststellen, dass auch die mühsam erzeugten Daten in Spalte C verschwinden. Das liegt daran, dass in Spalte C eine Formel steht, die sich auf Daten in Spalte B bezieht (Abbildung 4.5). Und ohne Spalte B gibt es dann auch keine Daten in Spalte C!

Sie finden die Excel-Datei *Namen-und-Orte.xlsx* im Internet (Adresse in der Einleitung; dort im Ordner \Kap04).

	A	B	C	D
1	* Achim 28832	=RECHTS(A1;LÄNGE(A1)-6)	=LINKS(B1;LÄNGE(B1)-8)	Achim
2	* Adelebsen 37139	=RECHTS(A2;LÄNGE(A2)-6)	=LINKS(B2;LÄNGE(B2)-8)	Adelebsen
3	* Aerzen 31855	=RECHTS(A3;LÄNGE(A3)-6)	=LINKS(B3;LÄNGE(B3)-8)	Aerzen
4	* Ahlerstedt 21702	=RECHTS(A4;LÄNGE(A4)-6)	=LINKS(B4;LÄNGE(B4)-8)	Ahlerstedt
5	* Alfeld (Leine) 31061	=RECHTS(A5;LÄNGE(A5)-6)	=LINKS(B5;LÄNGE(B5)-8)	Alfeld (Leine)
6	* Algermissen 31191	=RECHTS(A6;LÄNGE(A6)-6)	=LINKS(B6;LÄNGE(B6)-8)	Algermissen
7	* Aurich 26603	=RECHTS(A7;LÄNGE(A7)-6)	=LINKS(B7;LÄNGE(B7)-8)	Aurich
8	* Bad Harzburg 38667	=RECHTS(A8;LÄNGE(A8)-6)	=LINKS(B8;LÄNGE(B8)-8)	Bad Harzburg
9	* Bad Iburg 49186	=RECHTS(A9;LÄNGE(A9)-6)	=LINKS(B9;LÄNGE(B9)-8)	Bad Iburg
10	* Bad Nenndorf 31542	=RECHTS(A10;LÄNGE(A10)-6)	=LINKS(B10;LÄNGE(B10)-8)	Bad Nenndorf
11	* Bad Pyrmont 31812	=RECHTS(A11;LÄNGE(A11)-6)	=LINKS(B11;LÄNGE(B11)-8)	Bad Pyrmont
12	* Bad Zwischenahn 26160	=RECHTS(A12;LÄNGE(A12)-6)	=LINKS(B12;LÄNGE(B12)-8)	Bad Zwischenahn

Abbildung 4.5: Schritt für Schritt entsteht das gewünschte Format.

Was tun? Machen Sie eine sogenannte Wertekopie! Dazu markieren Sie die ganze Spalte C, klicken dann mit der rechten Maustaste in den markierten Bereich und wählen den Menübefehl *Kopieren*. Anschließend markieren Sie die ganze Spalte D, klicken wieder mit der rechten Maustaste in den markierten Bereich und wählen **nicht** den Menübefehl *Einfügen*, sondern *Inhalte einfügen*. Im sich öffnenden Untermenü wählen Sie die Option *Werte*. Jetzt sehen die Inhalte der beiden Spalten C und D völlig gleich aus. Es gibt aber einen wichtigen

Unterschied: »Achim« in Spalte C ist das Ergebnis einer Formel, die sich auf Spalte B bezieht; in Spalte D dagegen steht keine Formel, sondern wirklich das Wort »Achim«. Jetzt können Sie die Spalten A, B und C beruhigt löschen.

Falls Sie sich fragen, wie Abbildung 4.5 entstanden ist: *Formeln/Formelüberwachung/Formeln anzeigen.*

Generierung von Testdaten

Erzeugung der Daten in Excel

Wir wollen die soeben beschriebenen Techniken zur Generierung von Testdaten jetzt benutzen, um unsere Unternehmensdatenbank mit Daten zu füllen. Dazu legen wir in einer Excel-Datei für jede Tabelle der Datenbank ein Arbeitsblatt an.

 Sie finden die Datei *Firma-Testdaten.xlsm* im Internet (Adresse in der Einleitung, dort im Ordner \Kap04).

Diese Datei enthält neben den Blättern *Aufstatus, Kauf_Mat, Kauf_Mit* usw. noch die Blätter *z_Nachnamen, z_Orte* und *z_Vornamen.* Diese merkwürdigen Blattbezeichnungen haben folgenden Grund: Sie können mit der Tastenkombination `Strg`+`S` ein Makro starten, das die Blätter in alphabetischer Reihenfolge sortiert. Dabei sollen die zuletzt genannten Blätter ganz hinten stehen. Darum habe ich ihnen Namen gegeben, die mit »z_« anfangen.

Schauen wir uns die Blätter mit den Tabellendaten einmal genauer an. Ich habe dabei eine Reihe sehr nützlicher Excel-Funktionen verwendet, die ich aber nicht näher erläutern möchte, da es sich hier nicht um ein Buch über Excel, sondern über Access handelt. Bitte sehen Sie bei Bedarf in der Excel-Hilfe nach, um sich über die von mir verwendeten Funktionen zu informieren. Insbesondere die beiden Funktionen *SVERWEIS* und *BEREICH.VERSCHIEBEN* sind wahrscheinlich nicht allgemein bekannt.

Zuvor aber noch ein wichtiger Hinweis: Eventuell sehen Sie auf einigen Excel-Blättern keine Werte, sondern nur jede Menge *#NAME?*-Fehlermeldungen. Dann müssen Sie Folgendes machen:

- Wählen Sie *Start/Bearbeiten/Suchen und Auswählen/Ersetzen.*
- Es öffnet sich das Dialogfeld *Suchen und Ersetzen.* Wählen Sie dort die Registerkarte *Ersetzen* aus.
- Klicken Sie auf *Optionen* und wählen Sie im Kombinationsfeld *Durchsuchen* den Eintrag *Arbeitsmappe* aus.
- Geben Sie bei *Suchen nach* und bei *Ersetzen durch* jeweils ein Gleichheitszeichen ein.
- Klicken Sie auf *Alle ersetzen.*

Was soll das? Wieso ersetzen wir ein Gleichheitszeichen durch ein Gleichheitszeichen? Das ist wieder so ein Griff in die Trickkiste! Durch diese »Ersetzung« wird jede Formel in allen Zellen auf allen Blättern einmal bearbeitet. Dadurch wird erzwungen, dass sie neu berechnet wird, und somit erscheint anstelle der Fehlermeldung *#NAME?* das berechnete Ergebnis! Voilà!

Tabelle 4.1 fasst zusammen, mit welchen Methoden die verschiedenen Spaltenarten der zu importierenden Tabellen erzeugt wurden. Details zu den einzelnen Spalten finden Sie in der Excel-Datei *Firma-Testdaten* im Blatt mit dem Namen *Erläuterungen*.

Spaltenart	Wie erzeugt?
Primärschlüssel	Mit der Excel-Funktion *Listen*, d. h. »1« in der ersten Zeile eingeben, »2« in der zweiten Zeile eingeben, beide Zellen markieren und dann mit der Maus an der rechten unteren Ecke des markierten Bereichs anfassen und herunterziehen.
Fremdschlüssel	Mit der Funktion *ZUFALLSBEREICH* werden zufällige Werte aus der dazugehörigen Primärschlüsselspalte einer anderen Tabelle geholt (z. B. *kun_id_f* in Spalte C im Blatt *Kundenauftrag*).
Name	Mit der Funktion *BEREICH.VERSCHIEBEN* werden zufällige Werte von einem anderen Excel-Blatt geholt (z. B. *kun_name* in Spalte B im Blatt *Kunde*).
Datum	Mit dem Zufallszahlenformular (z. B. *kauf_datum* in Spalte D im Blatt *Kundenauftrag*) oder mit der Funktion *ZUFALLSBEREICH* aus einem anderen Datum errechnet (z. B. *kauf_von* und *kauf_bis* in den Spalten G und H im Blatt *Kundenauftrag*).
Menge	Mit dem Zufallszahlenformular (z. B. *kaufmat_menge* in Spalte D im Blatt *Kauf_Mat*).
Bezeichnung	Von Hand eingegeben (z. B. *ast_bezeichnung* in Spalte B im Blatt *Aufstatus*) oder mit dem Zufallsbuchstabenformular (z. B. *mat_name* in Spalte C im Blatt *Materialart*).
Bemerkung	Mit dem Zufallsbuchstabenformular (z. B. *kon_bemerkung* in Spalte E im Blatt *Kontakt*).

Tabelle 4.1: Verfahren zum Erzeugen der Daten für verschiedene Spaltenarten

Das sieht jetzt alles sehr schwierig aus und hört sich sehr aufwendig an. Sie können aber mit der von mir beschriebenen Technik innerhalb kurzer Zeit Tausende von Datensätzen erzeugen, die Sie in der gleichen Zeit niemals hätten eintippen können. Am wichtigsten ist dabei, dass die so erzeugten Datensätze eine **völlig fehlerfreie** Fremdverschlüsselung aufweisen. Das wäre durch Eingabe von Hand niemals zu realisieren gewesen!

Ein kleines, aber wichtiges Detail zum Abschluss des Abschnitts über die Erzeugung von Testdaten in Excel:

Ihre Tabellen in Excel müssen Spaltenüberschriften haben – und zwar **exakt** die gleichen wie die Tabellen in Access! Bitte sehen Sie sich das in der Datei *Firma-Testdaten* an.

Ihre Testdaten liegen jetzt also in Excel vor. Sie könnten auch in Form einer CSV-Datei vorliegen. Das ist häufig der Fall, wenn Sie Daten als Export aus einer anderen Software bekommen (Abbildung 4.6).

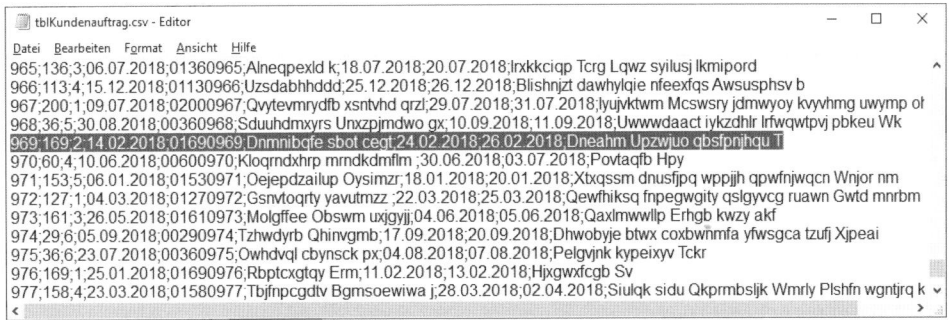

Abbildung 4.6: So sieht eine CSV-Datei aus (Comma Separated Values).

Normalerweise ist Ihr Computer aber so eingerichtet, dass ein Doppelklick auf eine CSV-Datei Excel öffnet. Am Ende läuft also sowieso immer alles auf Excel hinaus. Selbst wenn die Daten in einem anderen Format vorliegen, ist Excel immer die erste Wahl, wenn man sich die Daten ansehen und gegebenenfalls bearbeiten will. Ich gehe daher für die Beschreibung des Imports in Access davon aus, dass Ihre Daten in Excel vorliegen.

Für den Fall, dass Sie doch einmal CSV-Dateien benutzen wollen bzw. müssen, möchte ich Ihnen zwei Hinweise geben.

Erstens: Sie können ein einzelnes Excel-Blatt als CSV-Datei speichern – also nicht die ganze Excel-Datei mit mehreren Blättern darin, weil eine CSV-Datei keine Blätter kennt. Benutzen Sie dafür einfach den Excel-Befehl *Datei/Speichern unter …* mit der Einstellung *Dateityp: CSV(Trennzeichen-getrennt)* – **nicht** *CSV(MS-DOS)*!

Zweitens: Das Trennzeichen (z. B. das Semikolon in Abbildung 4.6) darf nicht in Ihren Daten vorkommen (z. B. in einer Produktbeschreibung), denn ein Trennzeichen bedeutet für den Import (sowohl in Excel als auch in Access): »Hier beginnt der Inhalt einer neuen Tabellenspalte.« Dadurch würde z. B. die Hälfte der Produktbeschreibung in die Spalte mit dem Preis verschoben, der Preis in die Spalte mit der Mengeneinheit usw.

Import der Daten in Access

Beim Datenimport in Access müssen Sie sorgfältig auf die Reihenfolge achten. Füllen Sie zuerst diejenigen Tabellen mit Daten, auf die von anderen Tabellen aus mit Fremdschlüsseln Bezug genommen wird:

- zuerst *tblAufstatus*, *tblKontakttyp*, *tblKunde*, *tblMengeneinheit* und *tblMitarbeiter*,
- dann *tblKontakt*, *tblMaterialart* und *tblKundenauftrag* und
- dann erst *tblKauf_Mat* und *tblKauf_Mit*.

Wenn Sie nämlich einen Auftrag speichern wollen, müssen vorher Auftragsstatus und Kunde existieren, denn auf beide wird in *tblKundenauftrag* mit Fremdschlüsseln Bezug genommen. (Referentielle Integrität! Sie erinnern sich!?) Wenn Sie einen Kontakt speichern wollen, müssen vorher Kontakttyp und Kunde existieren, denn auf beide wird in *tblKontakt* mit Fremdschlüsseln Bezug genommen. Und so weiter …

Für den Import brauchen Sie eine Datenbank ohne irgendwelche Daten in den Tabellen.

Sie finden eine Datenbank zum Üben des Imports unter dem Namen *Firma-leer* im Internet (Adresse in der Einleitung, dort im Ordner *\Kap04*). Am selben Ort finden Sie das Ergebnis des Imports unter dem Namen *Firma-import*.

Gehen Sie dann für den Import der Daten in die Tabelle *tblAufstatus* der Datenbank *Firma-leer* folgendermaßen vor:

1. Öffnen Sie die leere Beispieldatenbank *Firma-leer*.

2. Klicken Sie im Navigationsbereich mit der rechten Maustaste auf *tblAufstatus* und wählen Sie *Importieren/Excel*.

3. Geben Sie mithilfe der Schaltfläche *Durchsuchen* unter *Dateiname* den Namen der Excel-Datei mit den Daten ein (*Firma-Testdaten.xlsm*).

4. Wählen Sie die zweite Option *Fügen Sie eine Kopie der Datensätze an die Tabelle an* und im Kombinationsfeld rechts daneben die Tabelle *tblAufstatus*.

5. Nach dem Klick auf *OK* öffnet sich der Import-Assistent. Hier können Sie das Excel-Blatt auswählen, auf dem sich Ihre Daten befinden: *Aufstatus*. Daraufhin werden im unteren Fensterbereich die zu importierenden Daten angezeigt. In der ersten Zeile stehen dabei die Spaltennamen *ast_id*, *ast_bezeichnung* und *ast_nummer*.

6. Nach dem nächsten Klick auf *Weiter* stehen diese Spaltennamen nicht mehr in der ersten Datenzeile, sondern wirklich als Überschriften über der Tabelle.

Jetzt kann etwas ganz Merkwürdiges passieren. Wenn Sie nämlich im Import-Assistenten auf *Zurück* klicken und dann erneut auf *Weiter*, stehen die Spaltennamen in der ersten Datenzeile, und als Spaltennamen finden Sie *Feld1* und *Feld2*. Klicken Sie noch einmal auf *Zurück* und wieder auf *Weiter*, wiederholt sich das Ganze, und jetzt stehen die Spaltennamen schon in den ersten **beiden** Datenzeilen. Wenn das passiert ist, helfen nur ein Klick auf *Abbrechen* und ein Neustart des Imports mit Schritt 2!

7. Nach dem nächsten Klick auf *Weiter* wird Ihnen noch einmal angezeigt, in welche Tabelle die Daten importiert werden. Das hat nur den Zweck einer Sicherheitskontrolle, denn Sie hatten die Tabelle ja vorher schon für den Import ausgewählt. Sie können jetzt also beruhigt auf *Fertig stellen* klicken.

8. Es öffnet sich das Fenster *Importschritte speichern*. Das brauchen wir nicht und klicken daher auf *Schließen*.

9. Abschließend sollten Sie sicherheitshalber im Navigationsbereich noch einmal einen Doppelklick auf die Importtabelle *tblAufstatus* machen, um zu kontrollieren, ob auch alle Daten richtig dort angekommen sind.

Damit haben Sie eine Tabelle der Firmendatenbank erfolgreich mit Daten gefüllt. Wiederholen Sie die Schritte zwei bis neun jetzt bitte für die übrigen Tabellen in der oben genannten Reihenfolge. Aus eigener leidvoller Erfahrung möchte ich Ihnen dazu noch Folgendes mit auf den Weg geben.

Erstens: Die zu importierenden Tabellen müssen **exakt** den gleichen Aufbau haben wie die Access-Tabellen, in die sie hinein sollen; das betrifft sowohl den **Datentyp** der einzelnen Spalten als auch deren **Reihenfolge**! Denken Sie auch daran, dass die Excel-Tabellen und die Access-Tabellen exakt dieselben **Spaltennamen** haben müssen.

Zweitens: Bei dem von mir beschriebenen Verfahren werden auch Primärschlüssel importiert, und zwar jeweils beginnend mit dem Wert »1«. Diese Werte dürfen in der Importtabelle natürlich noch nicht existieren (Eindeutigkeit der Primärschlüssel!). Es kann aber durchaus passieren, dass ein Import nur teilweise gelingt. Dann befinden sich einige Primärschlüssel schon in der Importtabelle. Wenn Sie jetzt den gleichen Import erneut starten, bekommen Sie die Fehlernachricht: »Nicht alle Daten konnten von Microsoft Access an die Tabelle angefügt werden.« Dann haben Sie zwei Möglichkeiten: Sie können die unvollständig importieren Daten löschen und den Beginn der Primärschlüsselzählung wieder auf »1« zurücksetzen (suchen Sie dazu mal im Internet nach »Autowert zurücksetzen«!). Sie können aber auch die Importtabelle komplett löschen und neu anlegen. Beides ist leider mühsam und umständlich.

Drittens: Beim Import mehrerer Tabellen nacheinander bekommen Sie eventuell mehr oder weniger rätselhafte Fehlermeldungen (z. B. »Index außerhalb des gültigen Bereichs«). Dagegen hilft ein ganz einfaches Mittel: Schließen Sie die Access-Datei und öffnen Sie sie gleich danach wieder.

Viertens: Weil beim Datenimport so schrecklich viel schiefgehen kann, sollten Sie unbedingt eine Kopie der Datenbank mit den leeren Tabellen anlegen, damit Sie immer die Möglichkeit haben, noch mal ganz von vorn zu beginnen!

Wenn Sie den Import dann tatsächlich komplett geschafft haben, sieht das stolze Ergebnis aus wie das in Abbildung 4.7.

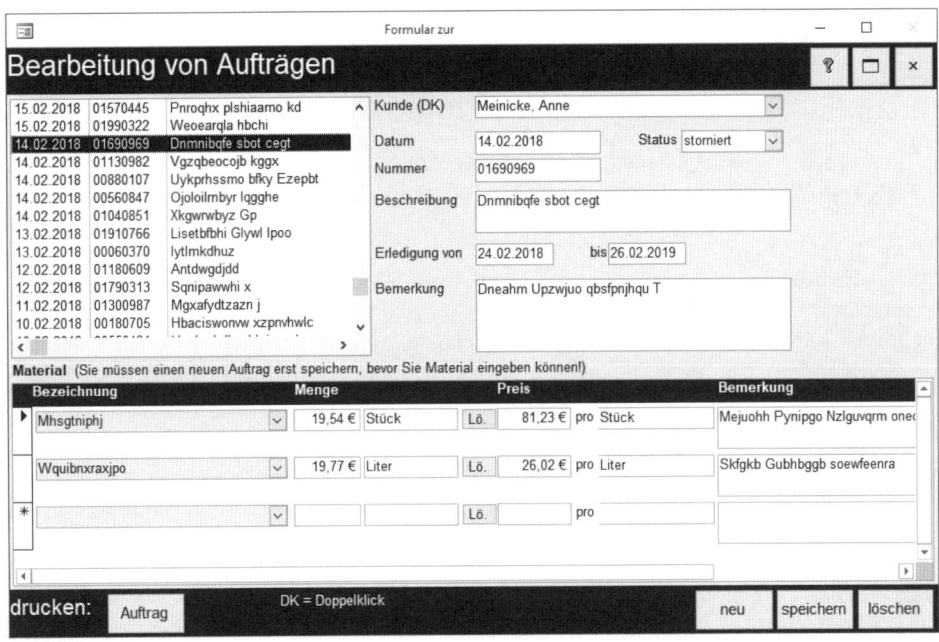

Abbildung 4.7: Die mit Excel erzeugten Testdaten sind in Access angekommen.

Bitte vergleichen Sie die Daten im Formular in Abbildung 4.7 mit der markierten Zeile der CSV-Datei in Abbildung 4.6.

Die Auftragsbeschreibung »Dnmnibqfe sbot cegt« sieht zugegebenermaßen nicht besonders toll aus. Wenn Sie in allen Tabellenspalten sinnvolle Texte haben wollen, kommen Sie leider nicht darum herum,

- entweder bereits bei der Erstellung der Daten mit Excel mehr Aufwand zu treiben und statt meines Zufallsbuchstabenformulars sinnvolle Daten zu besorgen und zu importieren oder

- nachträglich mein weiter oben in diesem Kapitel beschriebenes Access-Formular *frmSpaltenFuellen* zu benutzen. Auch dafür müssen Sie wieder sinnvolle Daten besorgen und importieren.

Übernahme von Echtdaten

Wenn Sie Ihre Datenbank nicht mit »Spieldaten« füllen wollen, sondern mit echten, bereits existierenden Daten, ist die Vorgehensweise etwas anders. Dabei kann natürlich eine Vielzahl von Problemen und Problemchen auftreten, die man unmöglich alle vorhersehen kann. Ich will aber trotzdem versuchen, etwas Systematik in die Sache zu bringen.

Die folgenden Ausführungen gehen immer davon aus, dass die Echtdaten in Form von Excel-Dateien vorliegen. Sollten sie in anderer Form vorliegen, ist es fast immer möglich, die Daten in Excel zu importieren.

 Sie finden die Datei *Firma-Echtdaten.xlsm* im Internet (Adresse in der Einleitung, dort im Ordner \Kap04).

Meine »Echtdaten« sind natürlich auch wieder mit den oben beschriebenen Techniken zur Erzeugung von Testdaten generiert worden. In der Excel-Datei mit den Echtdaten finden Sie die Blätter *Kundenliste*, *Mitarbeiterliste*, *Materialliste*, *Auftragsliste* und *Dispoplan*. Diese Daten liegen in einer Form vor, die nicht unmittelbar in unsere Firmendatenbank importierbar ist, denn sie enthalten eine ganze Menge datentechnischer »Gemeinheiten«, die uns noch einiges Kopfzerbrechen bereiten werden.

Wir arbeiten im Weiteren immer mit Kopien der Originaldaten. Die entsprechenden Blätter haben im Namen eine »(2)« am Ende. Sollte dann bei der Bearbeitung der Daten etwas schiefgehen, können wir immer noch wieder auf die Originaldaten zurückgreifen. Darüber hinaus sollten Sie natürlich als Vorbereitung auf die ultimative Katastrophe eine Kopie der Datei mit den Originaldaten erstellen!

Abbildung 4.8 zeigt den Versuch einer Systematik der Probleme, die beim Import von Daten in eine Datenbank auftreten können.

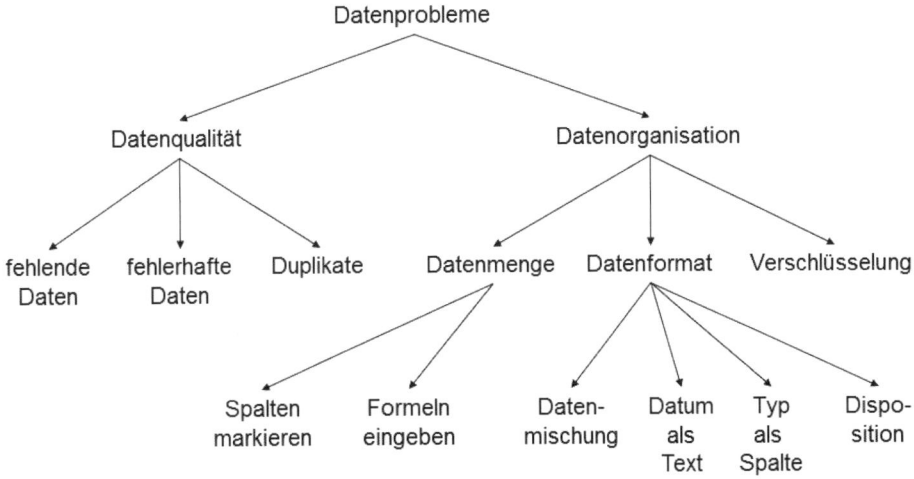

Abbildung 4.8: Systematik der Probleme bei der Übernahme von Echtdaten in die Datenbank.

Datenorganisation: Datenmenge

Beim Arbeiten mit sehr großen Datenmengen, d. h. mit Excel-Listen mit mehreren Tausend Zeilen, entstehen zum Teil ganz banale Probleme: Es kann nämlich sehr umständlich sein und ziemlich lange dauern, sehr lange Spalten zu markieren bzw. Formeln in sehr lange Spalten einzugeben.

Spalten markieren
Das Markieren einer sehr langen Listenspalte in Excel kann mit der Maus ziemlich lange dauern – darum gebe ich Ihnen folgenden Tipp:

 Um eine sehr lange Spalte komplett zu markieren, klicken Sie zuerst in die oberste Zelle der Spalte und drücken dann [Strg]+[⇧]+[↓]. Das klappt natürlich genauso mit den übrigen Pfeiltasten.

Das können Sie gleich anhand der Übertragung der Kundendaten vom Blatt *Kundenliste (2)* auf das Blatt *Kundenliste (3)* üben. Dazu klicken Sie in die Zelle A1 des Blatts *Kundenliste (2)* und drücken die Tastenkombination [Strg]+[⇧]+[↓]. Anschließend lassen Sie die [Strg]-Taste los und drücken mit nach wie vor gedrückter [⇧]-Taste die Taste [→] zweimal. Damit haben Sie sehr schnell und elegant die ersten drei Spalten *Name*, *Vorname* und *Anschrift* markiert. Wiederholen Sie das einmal mit der »klassischen Technik« (mit dem Mauszeiger die Zellen A1 bis C1001 markieren), und Sie werden den drastischen Unterschied sehr schnell feststellen! Jetzt können Sie den markierten Bereich auf das Blatt *Kundenliste (3)* kopieren – dort ab Spalte B, die Spalte A bitte noch frei lassen.

Formeln eingeben

Üblicherweise benutzt man für die Eingabe von Formeln in alle Zeilen einer Spalte die Kopierfunktion von Excel. Dafür gibt man die Formel in der ersten Zelle der Spalte ein, klickt mit der linken Maustaste auf den kleinen Punkt in der rechten unteren Ecke der Zelle – das sogenannte Ausfüllkästchen – und zieht dann das Ausfüllkästchen bis an das untere Ende der Liste.

Das Herunterziehen von der ersten bis zur letzten Zeile kann in einer sehr langen Spalte aber ziemlich lange dauern. Es gibt aber einen verblüffend einfachen Trick, mit dem das sehr viel schneller und eleganter geht. Dabei macht man sich zunutze, dass normalerweise die Spalte links oder rechts neben der Spalte, in die man die Formel eingeben will, von oben bis unten gefüllt ist. Wenn Sie nämlich die Formel in die erste Zeile eingeben und dann auf das Ausfüllkästchen in der rechten unteren Ecke der Zelle doppelklicken, macht Excel Folgendes: Es kopiert die Formel in so viele Zeilen der Spalte, wie die Spalte rechts oder links daneben Zeilen hat. Und das in Sekundenschnelle!

Bitte üben Sie das gleich einmal in der Spalte A des Blatts *Kundenliste (3)*, die wir ja vorhin schon vorsorglich frei gelassen hatten. Dazu schreiben Sie in Zelle A2 die Zahl *1* und in die Zelle A3 die Formel *=A2+1*. Nach einem Doppelklick auf das Ausfüllkästchen der Zelle A3 ist die gesamte Spalte A in Sekundenschnelle mit fortlaufenden Zahlen gefüllt.

Ein anderer Trick zur schnellen Eingabe von Formeln geht so:

1. Markieren der Zellen, in die die Formel hinein soll. Dabei sind auch nicht zusammenhängende Bereiche möglich, wenn Sie beim Markieren die ⎡Strg⎤-Taste gedrückt halten.

2. Eingabe der Formel in die erste Zelle des zuletzt markierten Bereichs (also einfach nach Abschluss der Markierung mit der Eingabe des Gleichheitszeichens fortfahren!).

3. Nicht die ⎡↵⎤-Taste drücken, sondern ⎡Strg⎤+⎡↵⎤! Die Formel wird jetzt in alle markierten Zellen hineinkopiert.

Wertekopie auf sich selbst

Bei der Importaufbereitung von Daten werden Sie häufig mit Excel-Funktionen arbeiten müssen. Dann verbirgt sich hinter dem Wort »Stück« in einer Listenzelle z. B. die Formel *RECHTS(B3;LÄNGE(B3)-FINDEN("pro ";B3)-3)* – Sie möchten aber das Wort »Stück« selbst und nicht die Formel in der Zelle stehen haben. Dann müssen Sie eine sogenannte »Wertekopie auf sich selbst« durchführen.

 Bei der Wertekopie wird anstelle des Menübefehls *Einfügen* der Menübefehl *Inhalte einfügen* mit der Option *Werte* verwendet.

Wir wollen das am Beispiel der Primärschlüsselspalte A im Blatt *Kundenliste (3)* üben. In dieser Spalte stehen nach der Übung zur Formeleingabe in sehr langen Spalten nicht wirklich die Zahlen 1, 2, 3, 4 ..., sondern Formeln der Form *=Ax+1*. Um diese durch die Werte zu ersetzen,

1. klicken Sie in die Zelle A2,

2. drücken die Tastenkombination ⎡Strg⎤+⎡⇧⎤+⎡↓⎤ zum Markieren der ganzen Spalte,

3. drücken ⎡Strg⎤+⎡Einfg⎤, um die gesamte Spalte in die Zwischenablage zu kopieren,

4. klicken mit der rechten Maustaste in den markierten Bereich,

5. wählen den Menübefehl *Inhalte einfügen* (**nicht** *Einfügen*) und

6. dann die Option *Werte*.

Wenn Sie jetzt den Inhalt der Zellen in der ersten Spalte überprüfen, werden Sie feststellen, dass darin nur noch die Zahlen 1, 2, 3, 4 ... stehen und keine Formeln mehr.

Die Wertekopie auf sich selbst ist nützlich, wenn Sie benötigte Daten mit Formeln aus Hilfsdaten erzeugen und die Hilfsdaten dann löschen wollen. In dem Fall verschwinden auch die berechneten Daten, da die Formeln keine Eingabewerte mehr haben.

Wenn Sie dieser Satz verwirrt (wovon ich ausgehe ;-)), lesen Sie bitte noch einmal etwas weiter oben in diesem Kapitel im Abschnitt »Excel-Funktionen zur Textbearbeitung« nach. Dort habe ich bereits ein entsprechendes Beispiel erläutert.

Datenqualität

Nach diesem Ausflug in das Thema »Handhabung sehr langer Listen« wollen wir die Themen aus Abbildung 4.8 systematisch von links nach rechts abarbeiten.

Grundvoraussetzung für die sinnvolle Arbeit mit der Datenbank ist natürlich, dass Sie fehlerfreie Daten importieren. Damit sind wir bei der Frage der Datenqualität, die durch folgende Probleme beeinträchtigt werden kann:

- Es fehlen Daten, die Sie in der Datenbank benötigen. Das kann bedeuten, dass z. B. Kunden komplett fehlen, es kann aber auch vorkommen, dass der Kunde in der Liste zwar existiert, dass aber seine Adresse oder sein Vorname fehlt.

- Die zu importierenden Daten können fehlerhaft sein. Dagegen können Sie im Allgemeinen gar nichts unternehmen. Eine einmal falsch eingegebene Telefonnummer steht eben falsch im Datenbestand.

- Die gleichen Datensätze können sich mehrfach in Ihren Listen befinden (»Duplikate«).

Im Folgenden wird immer davon ausgegangen, dass Sie sehr lange Datenlisten haben, die Sie nicht mehr durch bloßes Betrachten kontrollieren können, sondern nur noch automatisiert durch den Einsatz entsprechender Excel-Funktionen.

Fehlende Daten

Problem	In der Excel-Datei fehlen Daten, für die in den Datenbanktabellen aber Spalten vorgesehen sind.
Beispiel(e)	kein Geburtsdatum im Blatt *Mitarbeiterliste* kein Auftragsstatus im Blatt *Auftragsliste*

Wenn es sich dabei in der Datenbank nicht um Muss-Daten handelt, haben Sie kein Problem. Lassen Sie auf dem Excel-Blatt einfach eine Spalte leer (z. B. Spalte D für das Geburtsdatum im Blatt *tblMitarbeiter*).

Wenn es sich dabei in der Datenbank aber um Muss-Daten handelt, müssen Sie diese Daten in der Excel-Datei hinzufügen, denn sonst funktioniert der Datenimport in Access nicht.

Das bedeutet:

- Entweder Sie besorgen sich die fehlenden Daten, oder

- Sie geben statt der realen Daten einen allgemeinen oder neutralen Wert ein, den Sie später in der Datenbank wiedererkennen und nachbearbeiten können (z. B. »unbekannt« in Spalte B im Blatt *tblKundenauftrag*). Achtung: Eventuell muss der von Ihnen benutzte

Wert in der Datenbank zur Liste der erlaubten Werte hinzugefügt werden (im Beispiel: »unbekannt«, siehe Blatt *tblAufstatus*)!

Problem	In der Excel-Liste sind einzelne Zellen leer.
Beispiel(e)	einzelne fehlende Namen, Vornamen bzw. Anschriften im Blatt *Kundenliste*

Besonders »heimtückisch« ist es, wenn in einer sehr langen Liste irgendwo mittendrin einzelne Zellen einer ansonsten gefüllten Spalte leer sind. Sehen Sie sich dazu bitte das Blatt *Kundenliste (2)* an. Es enthält 1.000 Zeilen, in denen einige Vornamen und Anschriften fehlen. Sie werden merken, dass Sie diese allein durch Verwenden der Bildlaufleiste nicht finden. Selbst wenn Sie einige fehlende Angaben entdecken – es werden bestimmt nicht alle sein.

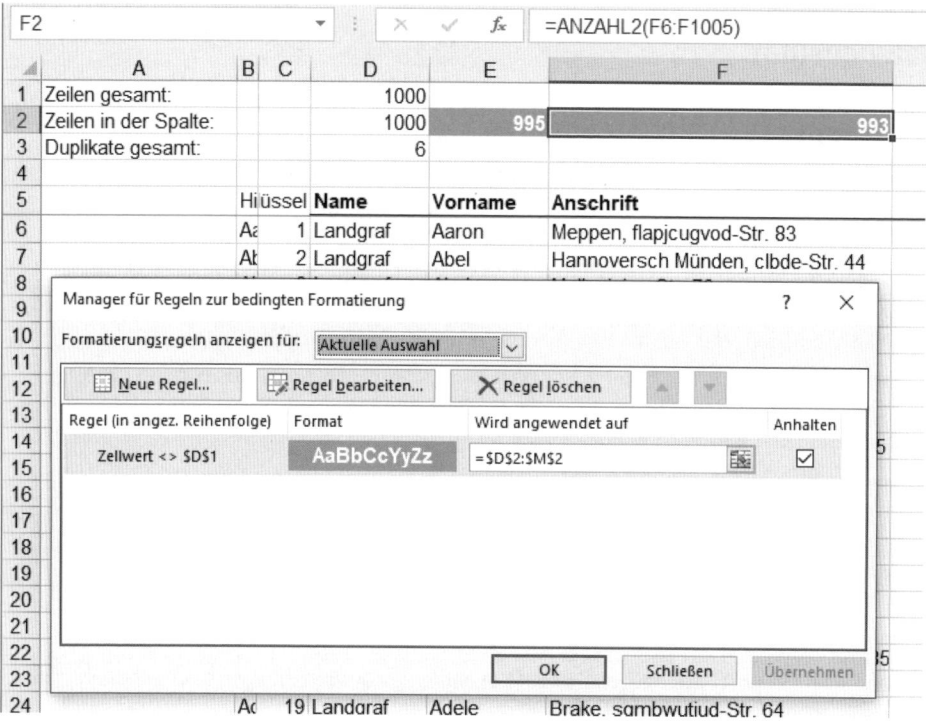

Abbildung 4.9: Automatisierte Prüfung der Anzahl leerer Zellen.

Eine automatisierte Methode, mit der mehrere Spalten gleichzeitig auf das Vorhandensein von Leerzellen getestet werden können, zeigt Abbildung 4.9 (siehe Blatt *Kundenliste (4)*):

- In Zelle D1 wird mithilfe der Excel-Funktion *ZEILEN* berechnet, wie viele Zeilen die Liste hat.

- In Zeile 2 wird mithilfe der Excel-Funktion *ANZAHL2* berechnet, wie viele nicht leere Zellen sich in einer Spalte befinden.

- Zeile 2 hat außerdem eine bedingte Formatierung, die anzeigt, wenn ein Wert in dieser Zelle sich vom Inhalt der Zelle D1 unterscheidet.

Dadurch erkennen Sie auf einen Blick, dass in den Spalten *Vorname* und *Anschrift* »etwas faul ist«: Es fehlen offenbar fünf Vornamen und sieben Anschriften.

Zum Auffinden dieser leeren Zellen können Sie dann die Methode zum Markieren sehr langer Spalten einsetzen (s. o.). Die Tastenkombination $\boxed{\text{Strg}}$+$\boxed{⇧}$+$\boxed{↓}$ markiert nämlich alle Werte in senkrechter Richtung bis zur nächsten leeren Zelle. Durch mehrmaliges Drücken dieser Tastenkombination finden Sie nacheinander alle leeren Zellen in der Spalte.

Zusätzliche Daten

Problem	Die Excel-Datei enthält zusätzliche Daten, für die in den Datenbanktabellen keine Spalten vorgesehen sind.
Beispiel(e)	die Spalte *eilig?* im Blatt *Auftragsliste*

Entweder sind diese Daten nicht so wichtig, und Sie ignorieren sie einfach, oder Sie müssen in der Datenbank in einer geeigneten Tabelle eine neue Spalte dafür anlegen.

Fehlerhafte Daten

Problem	Die Daten in den Excel-Listen sind fehlerhaft – und zwar entweder innerhalb eines Datensatzes (z. B. falsche Telefonnummer eines Kunden) oder in der Verknüpfung der Datensätze miteinander (z. B. falscher Kunde im Auftrag).
Beispiel(e)	keine

Dagegen können Sie im Allgemeinen gar nichts unternehmen, denn wo Daten sind, gibt es auch falsche Daten. Die einzige Chance, die Sie haben, ist, die Daten Zeile für Zeile und Feld für Feld mit anderen Aufzeichnungen (z. B. Originalbelegen auf Papier) zu vergleichen.

Es kann auch sein, dass Sie die Daten zweimal haben – einmal mit Fehlern und einmal fehlerfrei. Auf diesen Fall geht der nächste Abschnitt ein.

Duplikate (Kundenliste)

Problem	In einer Liste tauchen Zeilen mehrfach auf.
Beispiel(e)	Blatt *Kundenliste*

Dieses Problem tritt z. B. auf, wenn Stammdaten irrtümlicherweise mehrfach erfasst oder aus mehreren Quellen zusammenkopiert werden. Erschwerend kann auch noch hinzukommen, dass bei einer dieser Erfassungen einzelne Daten falsch eingegeben werden. Dann sind die Zeilen zwar überwiegend gleich, aber nicht vollständig identisch. Zur Lösung dieses Problems sind zwei Aufgaben zu erledigen:

- Sie müssen die Duplikate finden – also diejenigen Zeilen, die identisch oder wenigstens überwiegend gleich sind, z. B. Kunden mit gleichen Namen und Anschriften, aber etwa Zahlendrehern in den Telefonnummern.
- Sie müssen eine Liste erstellen, die jeden Datensatz nur ein einziges Mal enthält, also frei von Duplikaten ist, denn diese sollen ja nicht mit in die Datenbank importiert werden.

Für das Entfernen von Duplikaten gibt es seit der Excel-Version 2007 die sehr komfortable Funktion *Duplikate entfernen* im Menü *Daten*. Nach dem Aufruf dieser Funktion erscheint ein Dialogfeld, in dem Sie eingeben können, welche Felder auf Gleichheit untersucht werden sollen – z. B. Name, Vorname und Anschrift in der Kundenliste (Abbildung 4.10). Wenn also zwei Kunden denselben Namen, denselben Vornamen und dieselbe Anschrift haben, kann man mit ziemlicher Sicherheit davon ausgehen, dass es sich um ein und denselben Kunden handelt, der zweimal in der Liste auftaucht. Anschließend können Sie dann die Duplikate löschen.

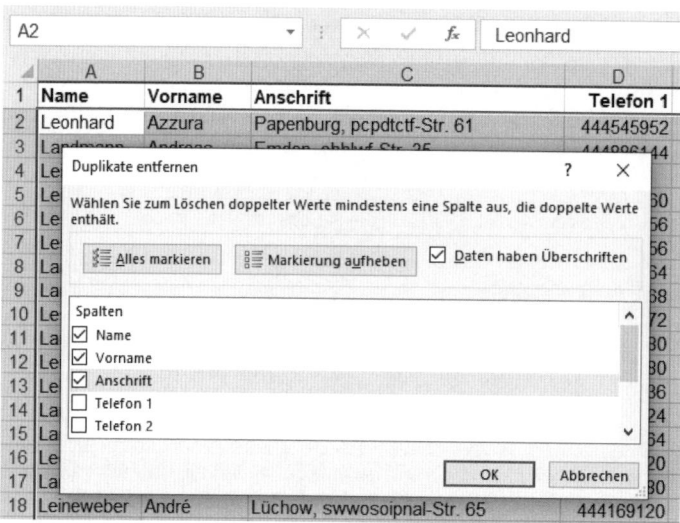

Abbildung 4.10: Für das Entfernen von Duplikaten müssen Sie angeben, welche Listenspalten auf Gleichheit untersucht werden sollen.

Diese Vorgehensweise ist, wie gesagt, sehr komfortabel – hat aber drei schwerwiegende Nachteile, denn die von Excel als Duplikate »enttarnten« Tabellenzeilen werden ohne weitere Nachfrage einfach gelöscht:

1. Sie haben also keine Chance, zu überprüfen, ob es sich wirklich um Duplikate handelt – oder einfach nur um zwei Personen, die rein zufällig gleich heißen und auch noch dieselbe Adresse haben.

2. Sie wissen dann hinterher auch nicht, welche Zeilen gelöscht wurden. Wenn Sie nichts weiter wollten, als die Duplikate loszuwerden, ist das in Ordnung. Wenn Sie aber herausbekommen möchten, warum diese Duplikate überhaupt da waren und wie sie entstanden sind – haben Sie Pech gehabt. Sie bekommen von Excel lediglich die Meldung: »Es wurden soundsoviel doppelte Werte gefunden und entfernt. Soundsoviel eindeutige Werte bleiben erhalten.«

3. Sie können nicht beeinflussen, **welche** der doppelt vorkommenden Zeilen gelöscht wird! Wenn Sie also z. B. dieselbe Person einmal mit und einmal ohne Telefonnummer in Ihrer Liste haben, kann es passieren, dass ausgerechnet die Zeile mit der Telefonnummer gelöscht wird!

Lange Rede – kurzer Sinn: Wenn Sie die 100%ige Kontrolle über Ihre Duplikate haben wollen, müssen Sie sich selbst etwas »stricken«. Hier kommt ein Lösungsansatz (siehe Blatt *Kundenliste (4)*):

- Sortieren Sie die Liste nach den Kriterien, mit denen Sie Duplikate »enttarnen« können (z. B. Name, Vorname und Anschrift).

- Jetzt stehen die Duplikate direkt untereinander in der Liste – wir müssen sie nur noch finden.

- Testen Sie mit der Excel-Funktion *WENN*, ob der Inhalt von Zellen identisch ist mit dem Inhalt der direkt darunter befindlichen Zellen (Abbildung 4.11).

- Wenn ja, schreiben Sie die Zahl »1« in eine extra dafür angelegte Spalte.

- Jetzt enthalten alle Zeilen mit einer »1« in dieser Spalte Duplikate der darunter befindlichen Zeile.
- Diese Zeilen können Sie in Ruhe untersuchen und dann gegebenenfalls löschen.

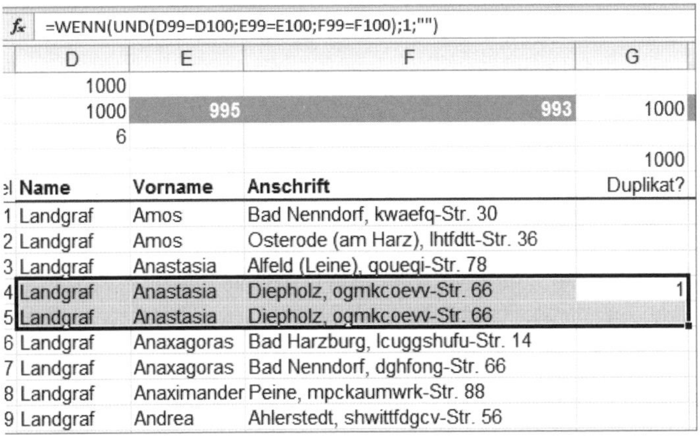

fx	=WENN(UND(D99=D100;E99=E100;F99=F100);1;"")		
D	**E**	**F**	**G**
1000			
1000	995	993	1000
6			
			1000
el **Name**	**Vorname**	**Anschrift**	**Duplikat?**
1 Landgraf	Amos	Bad Nenndorf, kwaefq-Str. 30	
2 Landgraf	Amos	Osterode (am Harz), lhtfdtt-Str. 36	
3 Landgraf	Anastasia	Alfeld (Leine), qoueqi-Str. 78	
4 Landgraf	Anastasia	Diepholz, ogmkcoevv-Str. 66	1
5 Landgraf	Anastasia	Diepholz, ogmkcoevv-Str. 66	
6 Landgraf	Anaxagoras	Bad Harzburg, lcuggshufu-Str. 14	
7 Landgraf	Anaxagoras	Bad Nenndorf, dghfong-Str. 66	
8 Landgraf	Anaximander	Peine, mpckaumwrk-Str. 88	
9 Landgraf	Andrea	Ahlerstedt, shwittfdgcv-Str. 56	

Abbildung 4.11: Mit der WENN-Funktion können Duplikate »enttarnt« werden.

Man könnte jetzt auf die scheinbar geniale Idee kommen, die Liste nach der Spalte mit den Einsen darin (Spalte G in Abbildung 4.11) zu sortieren, sodass alle Duplikate direkt untereinander stehen. Das wird aber nicht funktionieren, weil die Existenz der Einsen sich ja gerade aus einer **anderen** Sortierung (z. B. nach Name, Vorname und Anschrift) ergibt. Wenn Sie die Liste also umsortieren, verschwinden alle Einsen.

Die Lösung ist hier wieder die Wertekopie! Machen Sie eine Wertekopie der Spalte G auf sich selbst. Dann sind die *WENN*-Formeln darin verschwunden, und Sie können die Liste nach Spalte G aufsteigend sortieren. Anschließend stehen alle Duplikate am Anfang der Liste.

Duplikate (Aufträge)

Problem	In einer Liste tauchen Zeilen mehrfach auf.
Beispiel(e)	Spalte *Kunde* im Blatt *Auftragsliste*

Die Spalte *Kunde* im Blatt *Auftragsliste* demonstriert ein weiteres typisches Beispiel für Duplikate: Erteilt derselbe Kunde mehrere Aufträge, erscheinen seine Daten auch in mehreren Zeilen des Blatts *Auftragsliste*. Das ist ein Problem, das Sie häufig in der Praxis antreffen, denn wenn die Daten nicht relational organisiert sind wie in einer Datenbank, werden dieselben Daten eben mehrfach eingetippt.

Die Beseitigung dieser Duplikate erfolgt mithilfe der gerade beschriebenen Technik in den Blättern *Mehrfachkunden (1)* und *Mehrfachkunden (2)*.

Duplikate (Kundenliste, Aufträge)

Problem	Die gleichen Daten stehen – unter Umständen auch mehrfach – in *verschiedenen* Listen. Sie brauchen jeden Datensatz aber nur ein einziges Mal in der Datenbank.
Beispiel(e)	das Blatt *Kundenliste* und die Spalte *Kunde* im Blatt *Auftragsliste*

Die Lösung ist natürlich denkbar einfach:

1. Formen Sie eine oder beide Listen mithilfe der weiter unten beschriebenen Techniken (siehe »Datenmischung«) so um, dass sie das gleiche Format haben. Im obigen Beispiel bedeutet das, dass Sie die Werte aus der Spalte *Kunde* im Blatt *Auftragsliste* aufteilen in *Name*, *Vorname* und *Anschrift* (siehe Blatt *Mehrfachkunden (3)*).

2. Kopieren Sie beide Listen in eine einzige neue Liste und untersuchen Sie diese mithilfe der oben beschriebenen Techniken auf Duplikate.

Noch einmal: Datenorganisation

Datenformat

Sie können Daten nur dann in eine Access-Tabelle importieren, wenn sie exakt in die Tabelle hineinpassen. Das bedeutet, dass die Daten in der zu importierenden Datei genau in der gleichen Reihenfolge stehen müssen wie die Spalten in der Zieltabelle. Hat diese z. B. die Spalten *kun_id*, *kun_name*, *kun_vorname* und *kun_bemerkung*, müssen in jeder Zeile der zu importierenden Datei ein Primärschlüssel, ein Nachname, ein Vorname und eine Bemerkung stehen. Zwischen diesen Datenelementen sind Trennzeichen erforderlich, sodass Access z. B. weiß, wo der Nachname endet und der Vorname beginnt (siehe dazu auch Abbildung 4.6).

In dieser Form liegen die zu importierenden Daten aber natürlich in den seltensten Fällen vor. Sie müssen also für den Import in die Datenbank erst umsortiert und umformatiert werden.

Auf folgende Probleme mit dem Format von Echtdaten möchte ich Sie anhand unseres Beispiels exemplarisch hinweisen.

Datenmischung

Problem	Eine Zelle der Liste enthält Daten, die in mehrere verschiedene Felder einer oder sogar mehrerer Datenbanktabellen gehören.
Beispiel(e)	Spalte *Kunde* im Blatt *Auftragsliste*, Spalte *Anschrift* im Blatt *Kundenliste*, Spalte *Preis* im Blatt *Materialliste*

Das ist ein in der Praxis sehr verbreitetes Problem, denn häufig stammen die Echtdaten aus Softwareanwendungen, bei deren Entwicklung nicht so viel Wert auf eine strikte Trennung unterschiedlicher Daten gelegt wurde.

Dieses Problem können Sie schnell und elegant mit den Excel-Funktionen *LINKS*, *RECHTS*, *LÄNGE* und *FINDEN* lösen, wenn die Zellen bestimmte charakteristische Zeichen zwischen den einzelnen Datenbestandteilen enthalten – im obigen Beispiel ist das ein Komma zwischen dem Namen und dem Ort sowie zwischen dem Ort und der Straße. Ist das nicht der Fall, haben Sie kaum eine Chance, die Echtdaten importgerecht aufzubereiten. Sie sollten sich dann darum bemühen, besser formatierte Daten zu besorgen.

Im Blatt *Materialliste (2)* können Sie z. B. die Angabe »66,04 € pro Sack« in Zelle B2 folgendermaßen in ihre Bestandteile zerlegen:

- Die Formel *WERT(LINKS(B2;FINDEN("€";B2)-1))* liefert als Ergebnis die Zahl 66,04 in Spalte G. Wichtig ist dabei, auf das Ergebnis der Funktion *LINKS* noch einmal die Funktion *WERT* anzuwenden. Ansonsten wäre das Ergebnis keine Zahl, sondern ein Text. Das merken Sie spätestens, wenn Sie anschließend versuchen, die mit der Funktion *LINKS* ermittelten Werte in das Euro-Format umzuwandeln. Das klappt nicht, solange »66,04« das Textformat hat. (Bitte ausprobieren!)

- Die Formel *RECHTS(B2;LÄNGE(B2)-FINDEN("pro ";B2)-3)* liefert als Ergebnis den Text »Sack« in Spalte H.

Abschließend machen Sie Wertekopien der Spalten G und H in die Spalten D und E. Dann können Sie die Spalten C, D, E und F in die Spalten B, C, D und E des Blatts *tblMaterialart* kopieren. In Spalte A fügen Sie mithilfe der Excel-Listenfunktion Primärschlüssel hinzu. Fertig!

Ein weiteres Beispiel finden Sie im Blatt *Mehrfachkunden (3)*. Dort werden die Daten aus der Spalte *Kunde* des Blatts *Auftragsliste* in ihre Bestandteile zerlegt:

Spalte	Formel	Ergebnis
C	=RECHTS(A1;LÄNGE(A1)-FINDEN(",";A1)-1)	Stadt – Komma – Straße
D	=LINKS(C1;FINDEN(",";C1)-1)	Stadt
E	=RECHTS(C1;LÄNGE(C1)-FINDEN(",";C1)-1)	Straße
F	=LINKS(A1;FINDEN(",";A1)-1)	Vorname – Leerzeichen – Nachname
G	=RECHTS(F1;LÄNGE(F1)-FINDEN(" ";F1))	Nachname
H	=LINKS(F1;FINDEN(" ";F1)-1)	Vorname

Das mag auf den ersten Blick verwirrend aussehen, das Prinzip ist aber immer das gleiche:

- Die für die Anwendung der Funktion *LINKS* notwendige Zeichenanzahl bekommen Sie direkt mit der Funktion *FINDEN* heraus, indem Sie nach dem Komma suchen.
- Die für die Anwendung der Funktion *RECHTS* notwendige Zeichenanzahl bekommen Sie heraus, wenn Sie von der Gesamtlänge der Zeichenkette die Anzahl der Zeichen abziehen, die sich links des Kommas befinden. Die zusätzliche *-1* ergibt sich daraus, dass sich rechts vom Komma immer noch ein Leerzeichen befindet.

Abschließend machen Sie dann noch Wertekopien der Spalten D, E, G und H in die Spalten K, L, I und J. Das sind jetzt die Spalten, die für den Import in unsere Unternehmensdatenbank geeignet sind.

Datum als Text

Problem	Die Liste enthält Datumsangaben oder Zahlen im Textformat – eventuell auch gemischt mit anderen Daten.
Beispiel(e)	Spalte *geplante Erledigung* im Blatt *Auftragsliste*, Spalte *Preis* im Blatt *Materialliste*

Wie bei dem Formatproblem »Datenmischung« müssen Sie auch hier zunächst die einzelnen Datenbestandteile mithilfe der Excel-Funktionen *LINKS*, *RECHTS*, *LÄNGE* und *FINDEN* voneinander trennen. Sehen wir uns als Beispiel die Spalte *geplante Erledigung* im Blatt *Auftragsliste (2)* an:

- Mithilfe der Formel *LINKS(G2;FINDEN(" - ";G2))* erhalten Sie den Wert für *kauf_von*.
- Mithilfe der Formel *RECHTS(G2;LÄNGE(G2)-FINDEN(" - ";G2)-2)* erhalten Sie den Wert für *kauf_bis*.

Aber Achtung: Datumsangaben sind immer eine schwierige Sache. Jetzt steht zwar in einer Zelle »7.6.2013«, und das sieht auch aus wie ein Datum, es ist aber kein Datum, sondern ein Text. Das erkennen Sie, wenn Sie versuchen, die Zellformatierung auf ein anderes Datumsformat – z. B. »7. Jun. 13« – zu ändern. Es wird nicht gelingen. Für das, was wir vorhaben, macht das nichts, denn beim Export in eine CSV-Datei werden sowieso alle Formate zu Texten. Wenn Sie aber in Excel wirklich ein Datumsfeld haben wollen, müssen Sie auf das

Ergebnis der *RECHTS*-Funktion noch die Funktion *DATWERT* anwenden. Diese wandelt ein als Text angegebenes Datum in eine ganze Zahl um, die die Anzahl der Tage angibt, die seit dem 1.1.1900 vergangen sind. (Das ist ja bekanntlich die Excel-interne Datumsrechnung.) Anschließend können Sie das Format dieser Spalte dann in *Datum* ändern. Der Unterschied zum »Textdatum« ist daran zu erkennen, dass es jetzt »07.06.2013« statt »7.6.2013« heißt.

Typ als Spalte

Problem	Mehrere Spalten in einem Excel-Blatt enthaltenen Daten, für die in der Datenbank nur ein einzelnes Feld vorgesehen ist, das aber in einer anderen Spalte mithilfe eines Typs näher charakterisiert wird.
Beispiel(e)	Spalten *Anschrift, Telefon 1, Telefon 2, Fax, Handy, Email* im Blatt *Kundenliste*

Ich gebe zu, die Problembeschreibung klingt etwas verworren. Vielleicht erkennen Sie aber anhand des Beispiels, was gemeint ist. Auf dem Excel-Blatt *Kundenliste (2)* stehen sämtliche unterschiedlichen Kontaktangaben eines Kunden in einer Zeile **nebeneinander** – wie das eben für Excel typisch ist. In der Datenbank dagegen haben wir für Anschrift, Telefon, Fax, Handy und E-Mail nur das **eine** Feld *kon_kontakt* in der Tabelle *tblKontakt*. In diesem Feld kann entweder eine Anschrift oder eine Telefonnummer oder eine E-Mail-Adresse oder noch etwas anderes stehen. Was es ist, entscheidet der Eintrag im Feld *ktyp_id_f* in der gleichen Tabellenzeile (Abbildung 4.12).

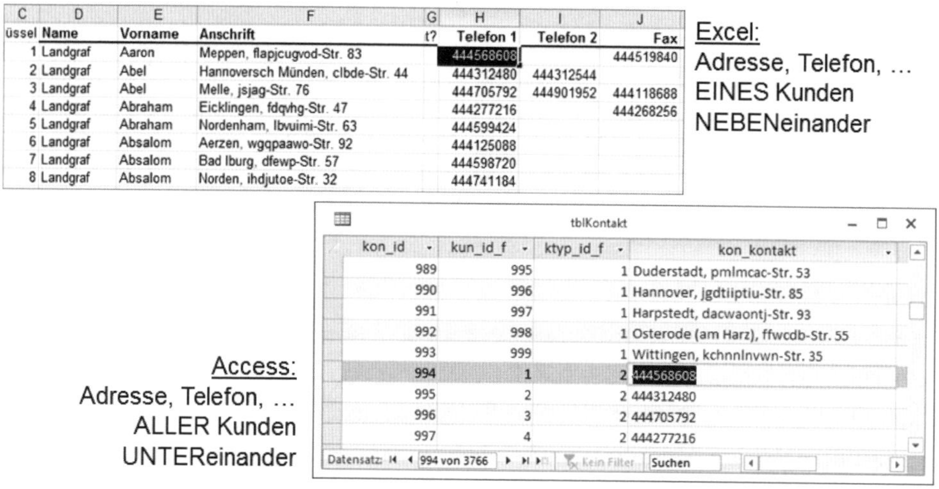

Abbildung 4.12: In Excel und Access sind die Daten wieder mal ganz unterschiedlich angeordnet.

Wir müssen also jetzt aus der Excel-Struktur (horizontale Anordnung unterschiedlicher Daten) eine Access-Struktur machen (vertikale Anordnung gleichartiger Daten). Bitte halten Sie einen Moment im Lesen inne und rekapitulieren Sie noch einmal: Excel/horizontal/unterschiedlich – Access/vertikal/gleichartig. Alles klar? Dann kann es weitergehen.

Diesen Import hinzukriegen, wird jetzt eine echt schwierige Fummelei! Was wir am Ende brauchen, ist ein Excel-Blatt *Kontakt*, dessen Daten in die Tabelle *tblKontakt* importiert werden können. Auf diesem Blatt muss es also vier Spalten geben: *kon_id* in Spalte A mit dem Primärschlüssel der Tabelle *tblKontakt*, *ktyp_id_f* in Spalte B mit dem Fremdschlüssel zur Tabelle *tblKontakttyp*, *kun_id_f* in Spalte C mit dem Fremdschlüssel zur Tabelle *tblKunde* und *kon_kontakt* in Spalte D mit der eigentlichen Kontaktangabe. Das Bemerkungsfeld *kon_bemerkung* gibt es in den Echtdaten nicht. Wir lassen die entsprechende Spalte also einfach leer. Und jetzt geht es los:

1. Mithilfe der Tastenkombination `Strg`+`⇧`+`↓` markieren Sie im Blatt *Kundenliste (4)* in der Spalte C sämtliche Primärschlüssel.

2. Den Inhalt dieser Spalte kopieren Sie im Blatt *Kontakt* in die Spalte B. (Sie erinnern sich sicher, dass die zweite Spalte der Tabelle *tblKontakt* den Fremdschlüssel *kun_id_f* zur Tabelle *tblKunde* enthalten muss.)

3. Jetzt holen Sie mit der Formel *SVERWEIS(B1;'Kundenliste (4)'!$C$6:$L$1005;4; FALSCH)* die Anschriften vom Blatt *Kundenliste (4)* in die Spalte D. (Denken Sie dabei wieder an die oben beschriebene Technik zur Eingabe von Formeln in sehr lange Spalten!)

4. Schreiben Sie in die Zelle C1 das Wort »Anschrift« und kopieren Sie es durch einen Doppelklick auf das Ausfüllkästchen herunter bis in Zeile 1000.

5. Kopieren Sie jetzt ein zweites Mal alle Primärschlüssel vom Blatt *Kundenliste (4)* auf das Blatt *Kontakt* – und zwar in Spalte B ab Zeile 1001 direkt unterhalb der bereits vorhandenen Daten.

6. Kopieren Sie die *SVERWEIS*-Formel aus Zelle D1000 herunter in Zelle D1001, ändern Sie darin das dritte Argument von »4« auf »6« und kopieren Sie die Formel mit einem Doppelklick auf das Ausfüllkästchen herunter bis in Zeile 2000.

7. Schreiben Sie in Zelle C1001 das Wort »Telefon« und kopieren Sie es durch einen Doppelklick auf das Ausfüllkästchen herunter bis in Zeile 2000.

8. Wiederholen Sie diese Prozedur noch viermal für die zweite Telefonnummer sowie für Fax, Handy und E-Mail-Adresse. Letzten Endes haben Sie dann 6.000 Zeilen im Blatt *Kontakt*.

Erkennen Sie das Prinzip? Der *SVERWEIS* holt die Daten immer aus dem gleichen Suchbereich *'Kundenliste (4)'!$C$6:$L$1005* – wir geben nur jedes Mal eine andere Spalte darin an. Letzten Endes haben wir dann in Spalte B sechsmal untereinander die Liste der Kunden-Primärschlüssel und rechts daneben in Spalte D die jeweiligen Kontaktangaben: von Zeile 1 bis 1000 die Anschriften, von Zeile 1001 bis 2000 die Telefonnummern usw.

Sie finden diesen Bearbeitungsstand im Blatt *Kontakt (1)*.

Nun wird Ihnen allerdings auffallen, dass in Spalte D etliche Nullen stehen. Das liegt daran, dass der *SVERWEIS* dieses Ergebnis liefert, wenn er im Suchbereich keinen Wert findet. Diese Nullen können wir aber für den Import in die Datenbank nicht gebrauchen und wollen sie daher beseitigen:

9. Schreiben Sie in Zelle E1 die Formel *WENN(D1=0;"";D1)* und kopieren Sie sie durch einen Doppelklick auf das Ausfüllkästchen herunter bis in Zeile 6000. Damit sind in Spalte E die Nullen verschwunden. Sie finden diesen Bearbeitungsstand im Blatt *Kontakt (2)*.

10. Durch das Herunterkopieren sind jetzt sämtliche Daten in Spalte E bereits markiert. (Wenn das nicht mehr der Fall ist, weil Sie bereits in eine andere Zelle geklickt haben, klicken Sie einfach in Zelle E1 und drücken die Tastenkombination `Strg`+`⇧`+`↓` zur schnellen Markierung einer langen Spalte.) Kopieren Sie sie mit `Strg`+`Einfg` in die Zwischenablage.

11. Führen Sie jetzt eine Wertekopie der Spalte E in die Spalte D aus (Rechtsklick in Zelle D1 und *Inhalte einfügen/Werte*).

12. Die Daten in Spalte E sind jetzt nicht mehr erforderlich, und Sie können sie löschen.

Sie finden diesen Bearbeitungsstand im Blatt *Kontakt (3)*.

Dieses Verfahren hat allerdings den Nachteil, dass viele Zellen in Spalte D leer bleiben, weil es entsprechende Kontaktangaben im Blatt *Kundenliste (4)* nicht gibt. Vor dem Import in die Datenbank müssen die Zeilen mit Leerzellen in Spalte D gelöscht werden. Da das von Hand in einer so langen Liste natürlich nicht zu machen ist, habe ich dafür ein Formular vorbereitet, das solche Zeilen automatisch löscht. Sie können es in der Excel-Datei *Firma-Echtdaten* mit der Tastenkombination Strg + ⇧ + L aufrufen.

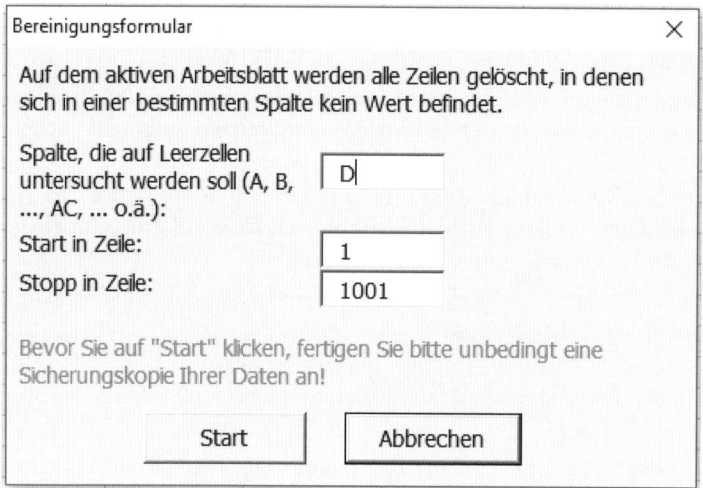

Abbildung 4.13: Mit diesem Formular können Zeilen mit Leerzellen schnell gelöscht werden.

Sie finden diesen Bearbeitungsstand im Blatt *Kontakt (4)*. Leider sind wir damit aber immer noch nicht ganz fertig. Der Rest geht jedoch schnell:

13. Schreiben Sie in Zelle A1 die Formel *SVERWEIS(C1;Kontakttyp!$A$1:$B$6;2;FALSCH)* und kopieren Sie sie durch einen Doppelklick auf das Ausfüllkästchen nach unten.

14. Führen Sie eine Wertekopie der Spalte A in die Spalte C durch. Damit haben wir jetzt in Spalte C die richtigen Werte für den Fremdschlüssel *ktyp_id_f*.

15. Abschließend füllen Sie mithilfe der Excel-Listenfunktion die Spalte A mit fortlaufenden Werten 1, 2, 3 ... 3766 (= Primärschlüssel *kon_id*).

Sie finden diesen Bearbeitungsstand im Blatt *Kontakt (5)*. Uff – geschafft! Ich habe die Vorgehensweise zur Generierung der Daten für die Tabelle *tblKontakt* absichtlich sehr ausführlich dargestellt, weil ich denke, dass Sie daran viel Grundsätzliches lernen können.

 Es geht ja immer darum, **viele** Daten **schnell** und **fehlerfrei** zu generieren bzw. zu bearbeiten. Die Schnelligkeit erreichen Sie durch die Techniken zur schnellen Daten- und Formeleingabe in sehr langen Spalten und die Fehlerfreiheit durch die *SVERWEISe* auf existierende (fehlerfreie!) Daten.

Verschlüsselung

Mit der Überschrift dieses Abschnitts ist nicht der Begriff aus der Datensicherheit gemeint, sondern die Aufgabe, die Echtdaten mit Primär- und Fremdschlüsseln zu versehen. Das ist ein Problem, das beim Import von Daten in Datenbanken **immer** auftritt.

Die Primärschlüssel hinzuzufügen, ist dabei noch die leichteste Übung. In kurzen Listen ist das mit der Listenfunktion von Excel überhaupt kein Problem. Schreiben Sie »1« in die erste Zeile und »2« in die zweite Zeile, markieren Sie beide Zellen, klicken Sie mit der linken Maustaste auf die rechte untere Ecke des markierten Bereichs (das Ausfüllkästchen) und ziehen Sie dann den markierten Bereich bis an das untere Ende der Liste. Die Vorgehensweise für sehr lange Listen habe ich bereits weiter oben im Abschnitt über das Mengenproblem beschrieben.

In nicht relationalen Datensammlungen gibt es keine Fremdschlüssel. Vergleichen Sie dazu bitte unsere Übungsdatei: Dort stehen im Blatt *Auftragsliste* in jeder Zeile die kompletten Kundendaten. Wir müssen diese Kundendaten also jetzt dort heraus in eine eigene Liste kopieren, sie in dieser Liste mit Primärschlüsseln versehen und dann die Kundendaten in den Aufträgen durch Fremdschlüssel ersetzen. Das ist mithilfe der Excel-Funktion *SVERWEIS* einfacher, als es sich anhört.

Die Fremdschlüssel

- *ast_id_f* in *tblKundenauftrag*,
- *ktyp_id_f* in *tblKontakt* und
- *kun_id_f* in *tblKontakt*

haben wir in den bisherigen Übungen dieses Kapitels so ganz nebenbei schon angelegt.

Es verbleiben also noch die Fremdschlüssel

- *mat_id_f* und *kauf_id_f* in *tblKauf_Mat*,
- *mit_id_f* und *kauf_id_f* in *tblKauf_Mit* und
- *kun_id_f* in *tblKundenauftrag*.

Beginnen wir mit *kun_id_f* in *tblKundenauftrag*: Wir holen ihn einfach mit einem *SVERWEIS* vom Blatt *Kundenliste (4)* ins Blatt *Auftragsliste (3)* (siehe dort Spalte E). Vom Blatt *Auftragsliste (3)* transportieren wir den Fremdschlüssel *kun_id_f* per Wertekopie in das Blatt *tblKundenauftrag* (siehe dort Spalte C). So einfach ist das, wenn man weiß, wie es geht.

Die Erstellung von Fremdschlüsseln in Zwischentabellen erfordert ein besonders trickreiches Vorgehen. Ich möchte das am Beispiel der Tabelle *tblKauf_Mit* demonstrieren.

Disposition

Problem	Es liegt eine rechteckige Anordnung von Daten vor, mit der zwei unterschiedliche Arten von Objekten einander wechselseitig zugeordnet werden.
Beispiel(e)	das Blatt *Dispoplan*

Das Wort »disponieren« stammt aus der Logistik. In einer Spedition ist der Disponent derjenige, der entscheidet, welcher Fahrer mit welchem Fahrzeug wann welche Waren transportiert. Dabei werden nicht nur zwei, sondern gleich mehrere Objekte einander zugeordnet, und diese Zuordnung wird mit weiteren Daten versehen (z. B. das geplante und das tatsächliche Transportdatum).

Eine solche Vorgehensweise ist aber nicht auf das Transportgewerbe beschränkt. Sie finden sie überall! Im Sportverein wird überlegt, wer wann auf welchem Platz trainiert. Beim

Handwerker wird festgelegt, welcher Mitarbeiter wann welchen Auftrag erledigt. In der Schule wird geplant, welcher Lehrer wann welches Fach unterrichtet. Und so weiter…

Das Ergebnis ist dann immer eine solche rechteckige Anordnung von Daten, wie Sie sie im Blatt *Dispoplan* sehen: Wer erledigt wann welchen Auftrag? Dabei kann **ein** Auftrag von **mehreren** Mitarbeitern erledigt werden (= eine Zeile), und **ein** Mitarbeiter kann an **mehreren** Aufträgen mitarbeiten (= eine Spalte). Erinnern Sie sich an Kapitel 2? Hier handelt es sich also ganz offenbar um eine typische m:n-Beziehung zwischen Mitarbeiter und Auftrag. Und wie wird die im Datenmodell abgebildet? Durch eine Zwischentabelle mit zwei Fremdschlüsseln zu den beiden Objekten, die miteinander verknüpft werden sollen!

Unser Ziel besteht also nun darin, die Struktur der Daten im Blatt *Dispoplan* so lange umzuformen, bis die letztendlich entstandene Tabelle in die Access-Tabelle *tblKauf_Mit* importiert werden kann.

Aus Platzgründen möchte ich die entsprechende Vorgehensweise hier nicht beschreiben. Sie finden dazu ausführliche Erläuterungen direkt in der Datei *Firma-Echtdaten.xlsm*. Ich empfehle Ihnen sehr, das gesamte Verfahren einmal nachzuvollziehen, denn auch daraus können Sie wieder eine Menge für Ihre eigenen Vorhaben lernen.

Was ist wichtig?

1. Daten in Textdateien bzw. in Excel-Listen haben eine ganz andere logische Struktur als die Daten in der Access-Datenbank (siehe Abschnitt »Die Ausgangssituation« ab Seite 164).

2. Bereiten Sie die zu importierenden Daten in Excel so auf, dass sie eins zu eins in die Zieltabellen passen, d. h., erzeugen Sie in Excel genau die gleichen Spalten in genau der gleichen Reihenfolge wie in den Datenbanktabellen (siehe Abschnitt »Generierung von Testdaten« ab Seite 171).

3. Setzen Sie dabei Excel-Textbearbeitungsfunktionen wie *LINKS*, *RECHTS*, *LÄNGE* und *FINDEN* ein (siehe Abschnitt »Excel-Funktionen zur Textbearbeitung« ab Seite 169).

4. Machen Sie sich mit den Techniken zum schnellen Markieren, Kopieren und Erstellen von Formeln in sehr langen Spalten vertraut (siehe Abschnitt »Datenorganisation: Datenmenge« ab Seite 177).

5. Benutzen Sie meine Excel-Datei *Excel-Vorlage-AS.xlsm* mit den darin enthaltenen Formularen zur Generierung von Zufallsdaten bzw. das in allen Access-Beispieldateien enthaltene Formular *frmSpaltenFuellen*, um einzelne Tabellenspalten mit Daten zu füllen (siehe Abschnitt »Datenarten« ab Seite 166).

6. Setzen Sie die Excel-Funktionen *BEREICH.VERSCHIEBEN* und *SVERWEIS* ein, um Daten von einem Excel-Blatt auf ein anderes zu kopieren bzw. um Bezüge zu Daten auf anderen Excel-Blättern herzustellen (Generierung von Fremdschlüsseln, siehe Abschnitt »Generierung von Testdaten« ab Seite 171).

7. Überprüfen Sie Echtdaten vor ihrem Import in die Datenbank auf ihre Datenqualität (siehe Abschnitt »Datenqualität« ab Seite 179).

 Sie finden das Dokument *WasIstWichtig.pdf* zum Ausdrucken im Internet (Adresse in der Einleitung, dort im Ordner \KapA).

Kapitel 5
VBA – Grundlagen

In diesem Kapitel 192
Programmieren – muss das sein? 192
Fehler finden und korrigieren 194
Die Entwicklungsumgebung 202
Programmierbefehle 209
Laufzeitfehler verhindern 224
Was ist wichtig? 229

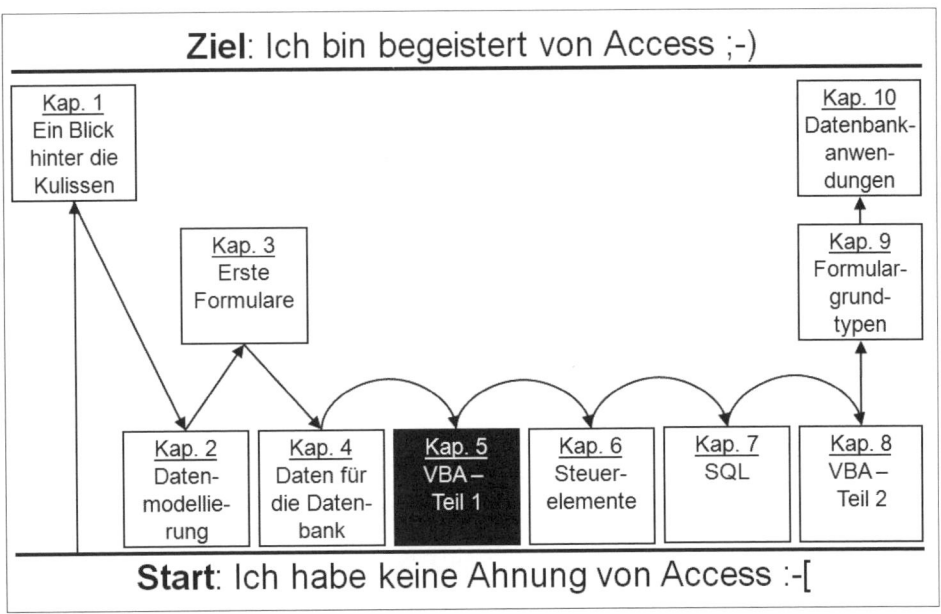

Abbildung 5.1: Das Kapitel 5, »VBA – Teil 1«.

In diesem Kapitel

... versuche ich, Ihnen das Allernotwendigste zum Thema »Programmieren« zu erläutern. Ich gehe dabei nur so weit, dass Sie einfache, unbedingt notwendige Programmieraktionen selbstständig ausführen können. Dabei geht es zunächst nur um ganz allgemeine Programmierbefehle, die es in jeder Programmiersprache gibt, die also noch nichts mit einer Datenbank zu tun haben. Das wird Gegenstand eines späteren Kapitels sein.

Ach ja: »VBA« heißt übrigens »Visual Basic for Applications«. Das ist eine Programmiersprache, die Sie in allen Office-Produkten verwenden können – also nicht nur in Access, sondern auch in Word, PowerPoint und Excel.

Programmieren – muss das sein?

Die Antwort auf die in der Überschrift gestellte Frage lautet: Ja! Man kann Bücher über Word und PowerPoint schreiben, ohne auf Programmierung einzugehen. Man kann sogar hervorragende Bücher über Excel schreiben, ohne auf Programmierung einzugehen. Man kann aber – das ist jedenfalls meine Meinung – kein Buch über Access schreiben, ohne auf Programmierung einzugehen. Und das ist sicherlich auch ein Grund dafür, dass Access solch ein Nischendasein in der Office-Suite fristet: Die meisten Benutzer möchten mit Programmierung nichts zu tun haben.

Warum eigentlich? Weil es so schwer ist? Weil es so eine geheimnisvolle Kunst der »Hacker« ist? Vielleicht darum: Programmieren zwingt zum absolut logischen und folgerichtigen Denken. Denn – wie Sie ja sicher schon öfter gehört haben – der Computer ist eigentlich dumm. Er macht immer nur genau das, was ihm gesagt wird. Von wem? Vom Programmierer!

Dafür schreibt der Programmierer ein Programm in einer Programmiersprache. Das Programm enthält Dutzende, Hunderte oder gar Tausende Zeilen mit Befehlen, die der Computer nacheinander ausführen soll. Dafür muss der Programmierer das Problem, das von dem Programm bearbeitet werden soll, vorher analysiert haben und sich einen Lösungsweg ausgedacht haben.

Habe ich »Problem« gesagt? Das klingt schon wieder so kompliziert. Aber meist sind es ganz banale Dinge, deren Erledigung der Programmierer mithilfe eines Programms organisieren muss.

Ein Beispiel

Obwohl dies ein Buch über Access ist, erläutere ich in diesem Abschnitt den Grundgedanken des Programmierens an einem Excel-Beispiel, weil ich denke, dass Excel Ihnen im Moment vielleicht noch vertrauter ist als Access.

Das Beispiel: Die Anzahl der Namen in einer Kundenliste soll gezählt werden. Für Sie als Mensch gar kein Problem: Sie schauen mit den Augen auf die erste Zeile der Liste, beginnen gedanklich mit »1«, schauen auf die nächste Zeile, denken »2« usw. Sie hören auf zu zählen, wenn Sie mit den Augen auf eine leere Zeile treffen.

Der Computer hat (noch?) keine Augen und kann (noch?) nicht denken. Also muss der Programmierer ihm mithilfe eines Programms Folgendes beibringen:

- Reserviere Speicherplatz für das Zählen der Zeilen.
- Speichere dort erst mal eine »1« ab.
- Merke dir diese Stelle im Programm.
- Versuche, die nächste Zeile in der Liste zu lesen.
- Wenn dort etwas steht, erhöhe die Zahl in dem Speicherplatz um eins und gehe im Programm zurück an die Stelle, die du dir gemerkt hast.
- Wenn dort nichts steht, bist du fertig.

Das meinte ich weiter vorn mit dem Zwang zum logischen Denken: Selbst banalste Dinge, die wir Menschen völlig unbewusst machen, müssen dem Computer Schritt für Schritt wie einem Kleinkind gesagt werden. Und das Nachdenken darüber, welche Schritte in welcher Reihenfolge gemacht werden müssen, nennt man »Programmieren«. Dafür benötigen Sie – ebenso wie für das Sprechen mit dem Kleinkind (»Jetzt aber schön heia machen!«) – eine spezielle Sprache, die der Computer versteht. In der Sprache VBA sieht die obige Schrittfolge in Excel dann so aus:

```
1   Dim intKundenanzahl As Integer
2   intKundenanzahl = 1
3   Do While Cells(intKundenanzahl, 2) <> ""
4       intKundenanzahl = intKundenanzahl + 1
5   Loop
6   intKundenanzahl = intKundenanzahl - 1
```

In Zeile 1 wird ein Speicherplatz (= eine »Variable«) für das Zählen der Zeilen reserviert (*Dim* = Dimension, *Integer* = ganzzahlig). Dort wird zunächst eine »1« abgelegt (Zeile 2). Die Programmzeile 3 besagt: Solange die Excel-Zelle in der Zeile *intKundenanzahl* und der Spalte 2 nicht leer ist (<> ""), führe alle Befehle zwischen *Do While* und *Loop* aus. Dort steht in Zeile 4 nur ein einziger Befehl, der die Kundenanzahl um eins erhöht. Wenn die erste leere Excel-Zelle gefunden wird, bricht die *While*-Schleife ab, und der darauffolgende Befehl in Zeile 6 wird ausgeführt: Die Kundenanzahl wird um eins reduziert, weil mit dem obigen Algorithmus immer ein Kunde zu viel gezählt wird, denn das Programm »merkt« erst in der ersten Leerzeile nach dem Ende der Liste, dass die Liste zu Ende ist.

»Hackermentalität«

Wie gesagt – beim Programmieren müssen Sie eine Problemlösung bis herunter auf die elementarsten Einzelschritte durchdenken und aufschreiben: »reserviere einen Speicherplatz«, »addiere eine Eins«, »prüfe, ob der Inhalt einer Zelle leer ist«. Das macht das Programmieren aus der Sicht vieler Menschen so mühsam und unakzeptabel. Für andere wiederum ist es die eigentlich Hohe Schule der Computernutzung – sie wollen nicht nur auf bunten Bildchen herumklicken, sondern dem Computer mithilfe eines selbst geschriebenen Programms ihren Willen aufzwingen, bis er endlich das macht, was sie sich ausgedacht haben! Es ist immer wieder ein erhebender Augenblick, wenn ein Programm endlich funktioniert!

Sie sind dann nicht mehr darauf angewiesen, ein Programm ausschließlich so zu benutzen, wie Sie es bekommen haben. Sie können das Aussehen der Fenster und die Funktionen nach eigenem Ermessen verändern und das Programm ganz Ihren Wünschen anpassen! Sollte das Programm Fehler machen, können Sie diese selbst beseitigen und müssen nicht auf ein Update warten oder sich ein anderes Programm besorgen!

Wenn Sie diese »Hackermentalität« in keiner Weise nachempfinden können, haben Sie dieses Buch eventuell vergebens gekauft. Aber treffen Sie bitte jetzt noch keine Entscheidung und werfen Sie das Buch noch nicht in die Ecke – ich will erst versuchen, Ihnen das Programmieren in VBA ein wenig schmackhaft zu machen.

Fehler finden und korrigieren

So frustrierend es für den Anfänger klingen mag – aber jeder, der schon mal programmiert hat, weiß:

Programmieren heißt: Fehler machen, finden und korrigieren!

Ein Programmierfehler ist schnell gemacht: Aus »End« wird »Endr«, weil der Fingernagel zu lang ist und beim Druck auf »d« das »r« mit erwischt. Oder: Sie denken, die Variable heißt »adresse« – sie muss aber »anschrift« heißen. Viele Funktionen haben eine ganze Reihe von Parametern, von denen man schon mal einen vergessen kann. Meist ist auch die Reihenfolge von Befehlen entscheidend. Und so weiter, und so weiter! Es gibt zahllose Gelegenheiten, Programmierfehler zu machen.

Man kann sogar absichtlich Fehler machen – und zwar so: Angenommen, es gibt zwei oder drei mögliche Arten, einen Programmierbefehl zu schreiben und Sie haben gerade vergessen, welche davon die richtige ist. Dann dauert es viel zu lange, erst irgendwo nachzuschlagen. Probieren Sie einfach die verschiedenen Möglichkeiten nacheinander aus, und Sie werden schon merken, welche die richtige ist. Bei den falschen erhalten Sie nämlich eine Fehlermeldung von Ihrem Computer!

Es ist nun schwierig, etwas über Fehler beim Programmieren zu schreiben, wenn der Leser noch gar nicht programmieren kann. Andererseits können Sie das Programmieren nur lernen, wenn Sie es tun – und dabei werden Sie unweigerlich Fehler machen und müssen dann wissen, was zu tun ist. Da haben wir also das übliche »Henne-Ei-Problem«!

Ich will versuchen, dieses Dilemma zu lösen, indem ich Ihnen zunächst ohne VBA-Vorkenntnisse erläutere, welche Arten von Programmierfehlern es gibt, wie Sie sie finden und was Sie dagegen tun können. Dazu benutzen wir den VBA-Code aus der Beispielanwendung *Verein*.

Sie finden die Datei *Verein.accdb* im Internet (Adresse in der Einleitung, dort im Ordner *\Kap01*). Übrigens finden Sie Anhang A (»Wichtige Standardaktionen durchführen«) auch als PDF-Datei im Ordner *\KapA*, die ich Ihnen zum Ausdrucken als Arbeitshilfe sehr empfehle.

Das VBA-Fenster

Um die folgenden Erläuterungen zu den verschiedenen Arten von Programmierfehlern direkt am Computer nachvollziehen zu können, öffnen Sie bitte die Beispielanwendung *Verein* und drücken die Tastenkombination [Alt]+[F11]. Daraufhin öffnet sich das VBA-Fenster (Abbildung 5.2).

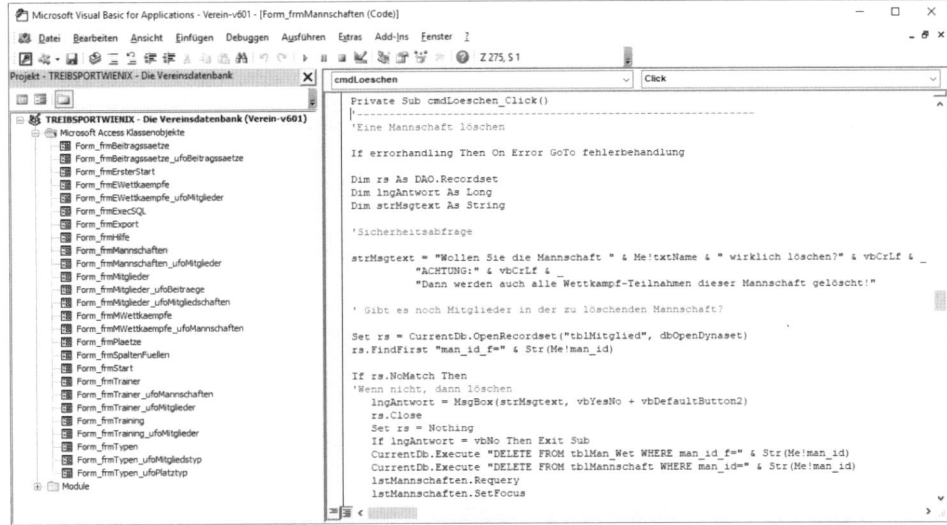

Abbildung 5.2: Die Tastenkombination [Alt] + [F11] *öffnet das VBA-Fenster.*

Sollte das VBA-Fenster bei Ihnen nicht genau so aussehen wie in Abbildung 5.2, machen Sie bitte einen Doppelklick auf *frmMannschaften* in der linken Fensterhälfte und scrollen in der rechten Fensterhälfte ungefähr bis zur Mitte.

Eventuell ist der linke schmale Teil des Fensters bei Ihnen noch einmal unterteilt. Den unteren Teil davon (*Eigenschaften*) können Sie durch einen Klick auf die *Schließen*-Schaltfläche erst einmal schließen. Sollten Sie den linken Teil des VBA-Fensters (den Projekt-Explorer) aus Versehen geschlossen haben, können Sie ihn mit *Ansicht/Projekt-Explorer* wieder öffnen.

Bitte lassen Sie sich jetzt nicht schocken von dem unverständlichen »Chinesisch rückwärts« in der rechten Fensterhälfte. Dort sehen Sie nämlich den Text von VBA-Programmen (die Sie bald selbst schreiben werden!). Diese Programme werden ausgeführt, wenn

- in einem bestimmten Formular (z. B. *frmMannschaften*)
- auf einem bestimmten Objekt (z. B. Schaltfläche *cmdLoeschen*)
- ein bestimmtes Ereignis stattfindet (z. B. *Click*).

In der linken Fensterhälfte sehen Sie die Liste der Formulare, die Sie schon aus vorangegangenen Kapiteln kennen. Nach einem Doppelklick auf einen Formularnamen erscheinen in der rechten Fensterhälfte die zu diesem Formular gehörigen VBA-Programme. Am Namen des jeweiligen Programms (das ist die Zeile, die mit *Private Sub* beginnt) erkennen Sie, welches Ereignis (meistens ein Mausklick – also *Click*) auf welchem Objekt des Formulars (häufig Schaltflächen) den Start des Programms auslöst.

Man nennt das »ereignisorientierte Programmierung«, d. h., VBA »lauert« auf das Stattfinden von Ereignissen (Mausbewegungen, Mausklicks, Tastendrücken) und reagiert darauf mit dem Start von bestimmten Programmen. Sie können als Programmierer also entscheiden, was passieren soll, wenn der Benutzer eine bestimmte Aktion an einer bestimmten Stelle in einem bestimmten Fenster ausführt – oder anders ausgedrückt: wenn er dort ein Ereignis auslöst.

Die folgenden Ausführungen zu Programmierfehlern beziehen sich alle auf das Programm *Private Sub cmdLoeschen_Click()*. Wenn Ihr VBA-Fenster also so aussieht, wie in Abbildung 5.2 dargestellt, können Sie die von mir diskutierten Fehler dort einbauen und die einzelnen Aktionen zum Auffinden und Korrigieren der Fehler nachvollziehen.

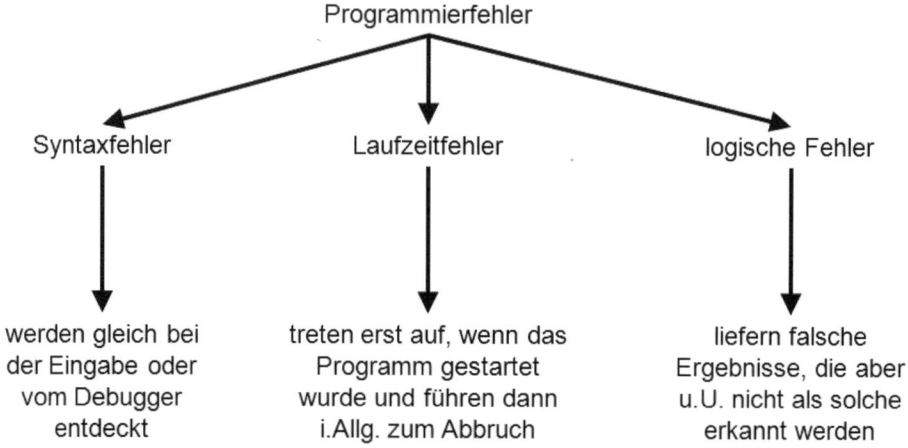

Abbildung 5.3: Die logischen Fehler sind am gemeinsten!

Syntaxfehler

Beim Programmieren benutzen Sie eine Programmiersprache, die – wie jede andere Sprache auch – bestimmten Regeln gehorcht. Es gibt bestimmte Wörter, die in einer wohldefinierten Weise zu schreiben sind und die man auch in bestimmter Weise aneinanderreihen muss, damit sie alle zusammen einen Sinn ergeben. Machen Sie dabei etwas falsch, spricht man von einem Syntaxfehler. Das ist genau so, als würden Sie im Englischen »Leike you windos?« statt »Do you like Windows?« schreiben.

Ihr Computer reagiert unmittelbar nach der Eingabe des falschen Worts mit einer Fehlermeldung (Abbildung 5.4). Die Zeile, in der der Fehler gefunden wurde, wird rot dargestellt, und die Stelle innerhalb der Zeile, an der der Fehler vermutet wird, wird blau hinterlegt.

 Die blau hinterlegte Stelle muss nicht mit dem Fehler identisch sein; es ist nur die Stelle, an der VBA den Fehler bemerkt hat!

Im Beispiel in Abbildung 5.4 wurde das VBA-Schlüsselwort *Dim* falsch geschrieben. (Es bedeutet *Dimension* und dient der Definition von Variablen.) VBA merkt aber erst beim Wort *As*, dass da etwas faul ist, und markiert dieses Wort. Sie können sich daher nicht darauf verlassen, dass die blau markierte Stelle den Fehler enthält. Sie müssen immer in der ganzen Zeile suchen!

Auch auf die bei *Erwartet* von VBA vorgeschlagene Lösung des Problems können Sie sich nicht unbedingt verlassen, da die Ursache manchmal falsch lokalisiert wird.

```
Private Sub cmdLoeschen_Click()
'------------------------------------------------------------
'Eine Mannschaft löschen

If errorhandling Then On Error GoTo fehlerbehandlung

Dim rs As DAO.Recordset
Dim lngAntwort As Long
Dimk strMsgtext As String

'Sicherheitsabfrage

strMsgtext = "Wollen Sie die                              wi
            "ACHTUNG:" & vbCrL
            "Dann werden auch                             r

' Gibt es noch Mitglieder i
```

Microsoft Visual Basic for Applications ✕

! Fehler beim Kompilieren:

Erwartet: Anweisungsende

OK   Hilfe

Abbildung 5.4: Das VBA-Schlüsselwort Dim *wurde falsch geschrieben.*

Im Gegensatz zu einer Umgangssprache wie Englisch oder Deutsch gibt es aber in einer Programmiersprache nicht nur die fest vordefinierten Wörter (»Schlüsselwörter«). Sie können als Programmierer eigene Wörter hinzudefinieren – z. B. *lngAntwort* oder *strMsgText*. Dafür gibt es einen speziellen Programmierbefehl – nämlich das in Abbildung 5.4 falsch geschriebene Wort *Dim*. In Abbildung 5.5 wird auf diese Weise das Wort *strMsgtext* definiert. Dieses Wort können Sie dann im darauffolgenden Programmtext benutzen.

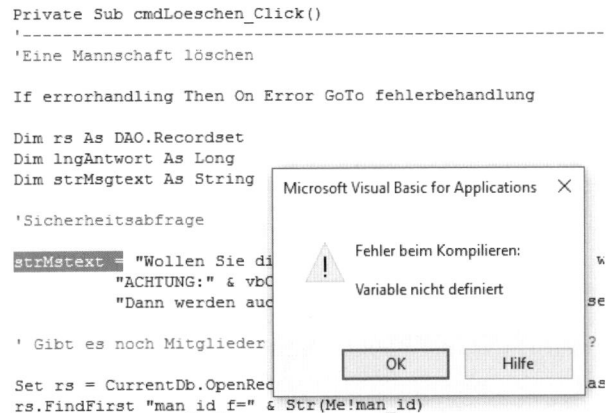

```
Private Sub cmdLoeschen_Click()
'------------------------------------------------------------
'Eine Mannschaft löschen

If errorhandling Then On Error GoTo fehlerbehandlung

Dim rs As DAO.Recordset
Dim lngAntwort As Long
Dim strMsgtext As String

'Sicherheitsabfrage

strMstext = "Wollen Sie di                    w
           "ACHTUNG:" & vbC
           "Dann werden au                    se

' Gibt es noch Mitglieder                     ?

Set rs = CurrentDb.OpenReq                    as
rs.FindFirst "man_id_f=" & Str(Me!man_id)
```

Microsoft Visual Basic for Applications ✕

! Fehler beim Kompilieren:

Variable nicht definiert

OK   Hilfe

Abbildung 5.5: Der selbst definierte Variablenname strMsgtext *wurde falsch geschrieben.*

Wenn Sie es aber nicht so schreiben, wie Sie es vorher selbst definiert haben (siehe Abbildung 5.5), entsteht wieder ein Syntaxfehler. Dieser wird aber im Unterschied zu vorher nicht sofort beim Eintippen bemerkt, sondern erst nach dem Start des Programms. Damit müsste es eigentlich ein Laufzeitfehler sein (siehe Abbildung 5.3 und den nächsten Abschnitt). Aber: Sie können diese Art von Fehlern auch entdecken, ohne das Programm zu starten – und zwar mithilfe des sogenannten Debuggers. Das englische Wort »bug« heißt auf Deutsch einerseits »Laus«, andererseits aber auch »Programmierfehler«. Mit »debug« meint man also entweder »entlausen« oder »Programmierfehler suchen und beseitigen«.

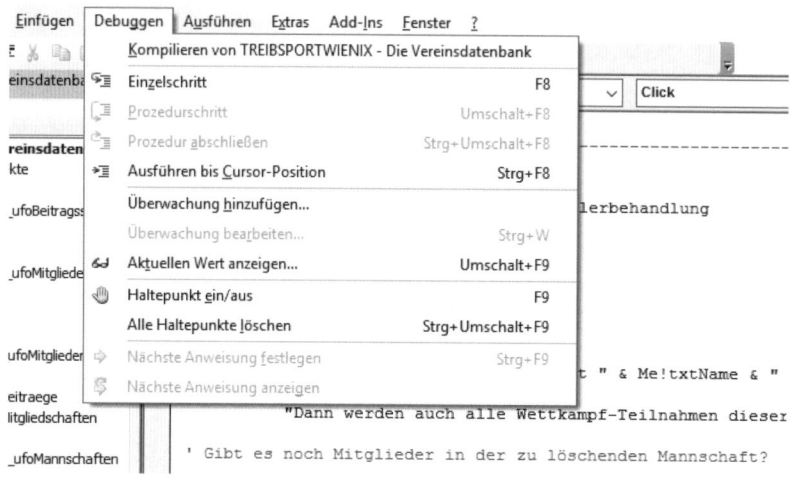

Abbildung 5.6: So »entlausen« Sie Ihr VBA-Programm.

Dafür gibt es dann auch ein entsprechendes Menü im VBA-Fenster (Abbildung 5.6). Mit einem Klick auf *Kompilieren von TREIBSPORTWIENIX – Die Vereinsdatenbank* starten Sie den Debugger. Er überprüft Ihr Programm auf syntaktische Richtigkeit und zeigt gegebenenfalls eine Fehlermeldung wie die in Abbildung 5.5.

Der Debugger hört auf zu suchen, nachdem er den ersten Fehler gefunden hat! Wenn Sie diesen Fehler behoben haben, sollten Sie den Debugger also noch einmal starten, um gegebenenfalls den nächsten Fehler zu finden. Das müssen Sie so lange wiederholen, bis der Debugger keine Syntaxfehler mehr meldet.

Abschließend noch eine Bemerkung zur Ehrenrettung von VBA. Ich hatte weiter oben gesagt, dass VBA in der Zeile *Dimk strMsgtext As String* erst beim Wort *As* merkt, dass etwas faul ist. Da haben Sie vielleicht gedacht: »Na toll! Warum sagt man mir nicht gleich, dass ich *Dim* falsch geschrieben habe?«

Jaaa nun, es könnte ja sein, dass *Dimk* ein von Ihnen selbst definiertes Wort ist! Das kann VBA natürlich nicht wissen! Wenn es aber ein selbst definiertes Wort wäre, dürfte es nicht in der Zusammenstellung *Dimk strMsgtext As String* benutzt werden. Und das merkt VBA eben genau an der Stelle, an der der von Ihnen geschriebene Text die Syntaxregeln der Programmiersprache verletzt.

Die Fehlermeldung in Abbildung 5.4 müsste also eigentlich so gelesen werden: »Wenn *Dimk* und *strMsgtext* von Ihnen selbst definierte Wörter sind, müsste die Anweisung hier (also bei *As*) zu Ende sein. Wenn nicht, liegt der Fehler woanders.«

Laufzeitfehler

Wenn Ihr Programm syntaktisch richtig ist, muss es noch lange nicht so funktionieren, wie Sie sich das gedacht haben. Das ist ähnlich wie in einer Umgangssprache: Der Satz »Would you please give me the fork?« ist syntaktisch richtig, und Sie merken erst, dass Sie eigentlich ein Messer haben wollten, wenn Sie den Satz als Aufforderung an Ihr Gegenüber richten und es Ihnen die Gabel reicht.

Der Fehler tritt also erst bei Ausführung des Programms – zur Laufzeit – in Erscheinung. Er macht sich dann mit einem Warnfenster, wie in Abbildung 5.7 dargestellt, bemerkbar. Gleichzeitig wird die Ausführung des Programms angehalten.

Sie haben dann die Möglichkeit,

- auf *Beenden* zu klicken und damit die Programmausführung abzubrechen oder

- auf *Debuggen* zu klicken. Damit wird die Programmausführung auch abgebrochen; zusätzlich öffnet sich aber das VBA-Fenster, und die Stelle, an der sich der Fehler vermutlich befindet, wird farbig markiert (siehe Abbildung 5.8).

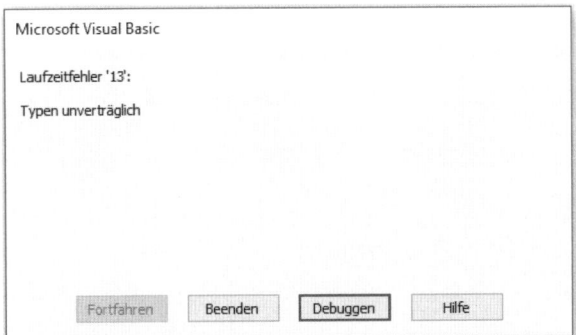

Abbildung 5.7: Nach dem Start des Programms wird ein Laufzeitfehler gemeldet.

Ich habe vorsichtshalber »vermutlich« geschrieben, denn auch hier gilt wieder das weiter oben bereits Gesagte: Eventuell merkt VBA erst eine oder sogar mehrere Zeilen nach der Zeile mit dem Fehler, dass etwas faul ist. Die farbig markierte Zeile ist also nur ein Hinweis darauf, dass sich der Fehler in dieser Zeile oder in einer Zeile davor befindet. Dadurch kann das Finden des Fehlers zu einer ziemlich kniffligen Aufgabe werden. Dazu jedoch später mehr!

In diesem Fall befindet sich der Fehler allerdings direkt in der farbig markierten Zeile: Mittendrin fehlen zwei Kommata.

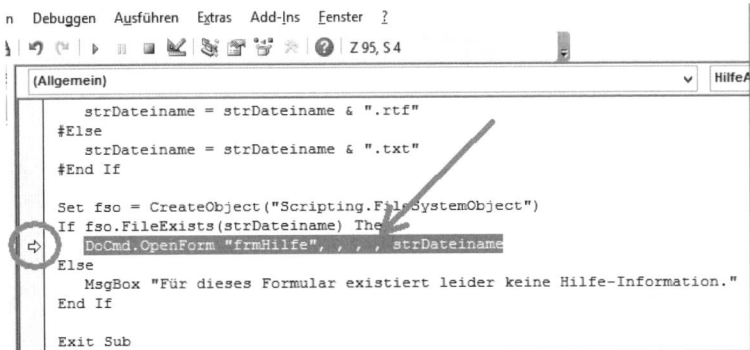

Abbildung 5.8: Die Stelle mit der (möglichen!) Ursache für den Laufzeitfehler wird markiert.

Sie können den in Abbildung 5.8 dargestellten Laufzeitfehler nachvollziehen, indem Sie in der farbig markierten Zeile zwei Kommata löschen, zu Access wechseln, dort das Formular *frmMannschaften* öffnen und auf die Schaltfläche *Hilfe* (rechts oben mit dem Fragezeichen) klicken. Daraufhin erscheint die Meldung eines Laufzeitfehlers (siehe Abbildung 5.7). Die zu bearbeitende Codezeile befindet sich übrigens in *VBA/Module/Hilfsprozeduren* in der Prozedur *Public Sub HilfeAnzeigen(strObjektname As String)*.

Um die in Abbildung 5.8 farbig markierte Programmzeile zu finden, benutzen Sie am besten die Suchfunktion (Aufruf mit Strg + F, *Suchen nach: frmHilfe, Suchen in: aktuellem Projekt*).

Wenn Ihr VBA-Fenster so aussieht, wie in Abbildung 5.8 dargestellt, können Sie in Access nichts mehr tun, was die Ausführung von VBA-Code erfordert, d.h., Sie können z.B. keine Schaltflächen auf Ihren Formularen mehr anklicken!

Um in Access wieder ungehindert arbeiten zu können, müssen Sie den Debugger anhalten, indem Sie im VBA-Fenster (**nicht** in Access!) auf die Schaltfläche *Zurücksetzen* klicken (Abbildung 5.9).

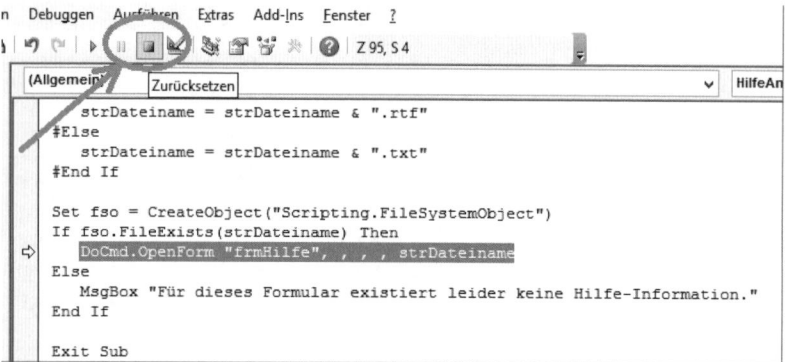

Abbildung 5.9: Durch Anklicken der Schaltfläche Zurücksetzen *wird der Debugger angehalten.*

Wenn auf dem Bildschirm ein Fenster wie das in Abbildung 5.7 erscheint, ist das für den Benutzer der Datenbankanwendung sehr unerfreulich. Eine Meldung der Art »Laufzeitfehler 13: Typen unverträglich« ist unverständlich, und der Benutzer weiß nicht, was er tun soll. Letzten Endes ist er unzufrieden mit der gesamten Anwendung, und das fällt auf Sie als Entwickler zurück.

Nun werden Sie vielleicht sagen: »Ich entwickle ja für mich selbst!« Trotzdem bleibt eine solche Fehlermeldung unerfreulich, denn Sie müssen sich nun erst mal um die Fehlerbehebung statt um Ihre eigentliche Arbeit kümmern. Deshalb ist es außerordentlich wichtig, schon bei der Entwicklung der Datenbankanwendung darauf zu achten, dass Laufzeitfehler möglichst gar nicht erst auftreten können. Und wenn es doch einmal passiert, sollte die Anwendung wenigstens nicht »abstürzen«.

Was Sie als Programmierer dafür tun können, erläutere ich weiter unten in diesem Kapitel im Abschnitt »Laufzeitfehler verhindern«.

Logische Fehler

Das sind die gemeinsten Fehler! Scheinbar ist alles in Ordnung: Der Debugger meldet keine Syntaxfehler, und es treten keine Laufzeitfehler auf. Alles funktioniert!

Alles funktioniert? Wenn damit gemeint ist, dass sich auf Wunsch Fenster öffnen, dass in den Listen Zahlen stehen, dass Sie in Textfeldern Daten eingeben können, dass die Schaltflächen Reaktionen zeigen – dann ja. Aber das ist nur das technische Funktionieren. Es müssen sich auch die **richtigen** Fenster öffnen. Es müssen in den Listen auch die **richtigen** Zahlen stehen. Die Schaltflächen müssen auch die **richtigen** Reaktionen zeigen.

Ein Beispiel: Angenommen, Sie hätten sich, wie in Abbildung 5.10 dargestellt, vertippt.

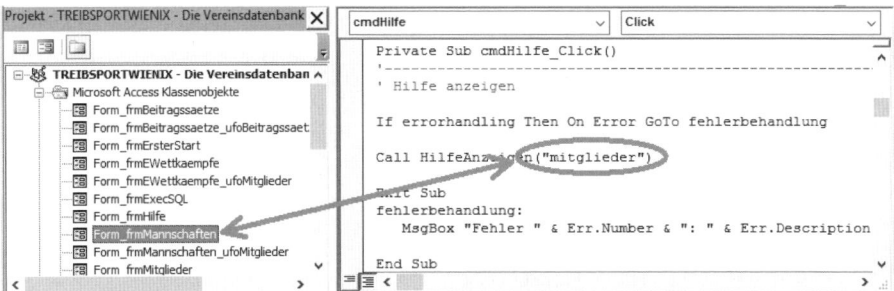

Abbildung 5.10: Logischer Fehler durch eine syntaktisch richtige, aber logisch falsche Programmzeile.

Das VBA-Programm, das nach einem Mausklick auf die Schaltfläche *cmdHilfe* im Formular *frmMannschaften* startet, öffnet also statt der Hilfe zu diesem Formular den Hilfetext zum Formular *frmMitglieder*. Syntaktisch ist alles richtig, und es tritt natürlich auch kein Laufzeitfehler auf – aber das falsche Fenster öffnet sich. In diesem Fall merken Sie das natürlich sofort. Es gibt aber auch ganz gemeine Fälle, in denen der Fehler nur schwer zu entdecken ist.

Nehmen wir mal an, Sie hätten sich bei der Mehrwertsteuer vertippt und würden mit 16 % rechnen (schön wär's ja ...). Das fällt sicher nicht sofort auf.

Oder: Sie haben in einer Datenbanktabelle Telefon- und Faxnummern von Kunden oder Bekannten gespeichert und vertauschen diese beim Drucken einer Kontaktliste.

Oder: Sie haben in einer Berechnung plus, minus, mal und geteilt durch so »geschickt« vertauscht, dass falsche Ergebnisse herauskommen, die aber zufällig die richtige Größenordnung haben. Es kommt also statt 120,45 zwar nicht 538.298,76 heraus – aber vielleicht 125,87.

Oder: Sie zählen in einer Liste von Einträgen immer einen Eintrag zu viel (siehe Codebeispiel ganz am Anfang dieses Kapitels).

Oder, oder, oder ...

In allen genannten Fällen haben Sie die richtigen Daten in Ihren Datenbanktabellen, und Ihre Anwendung zeigt auch rein technisch gesehen die richtige Reaktion. Es tritt kein auf den ersten Blick sichtbarer Fehler auf.

Was kann man dagegen tun? Da hilft eigentlich nur:

- Definieren Sie einen oder mehrere Sätze von Testdaten.
- Lassen Sie Ihre Datenbankanwendung aus diesen Testdaten Ergebnisse errechnen und/oder zusammenstellen.

- Erstellen oder berechnen Sie die Ergebnisse parallel dazu ohne Ihre Datenbankanwendung – zur Not mit Bleistift und Papier.
- Vergleichen Sie die von Hand erzielten Ergebnisse mit den Ergebnissen der Datenbankanwendung.

Wichtig ist dabei, **alle** nur denkbaren Fälle für die Testdaten zu überprüfen:

- Kann es ganz große oder ganz kleine Zahlen geben?
- Kann es negative Zahlen oder Nullen geben?
- Kann es keine, sehr wenige oder sehr viele Daten geben?
- Können die Daten besondere Zeichen enthalten? (z.B. Klammern oder Schrägstriche in Telefonnummern, Tausenderpunkte in Zahlen, Länderkennzeichen in Postleitzahlen ...)
- Können sich scheinbar feste Werte doch ändern? (z.B. Mehrwertsteuersatz)
- Welche Maßeinheiten können Daten haben? (Meter oder Fuß, Kilogramm oder Pfund, Liter oder Gallone ...)
- Bestehen Abhängigkeiten zwischen den Daten? (z.B. Beginn vor Ende, netto kleiner als brutto)

Die Entwicklungsumgebung

So, jetzt wollen wir also loslegen mit dem Programmieren. Da stelle ich mir gleich ganz erschrocken die Frage: VBA auf einigen Dutzend Seiten? Geht das überhaupt? Nein, das geht nicht! Zu dem Thema werden sehr dicke Bücher geschrieben, und in denen steht noch immer nicht alles drin, was man dazu sagen könnte. Dieses Buch heißt aber »Keine Angst vor Microsoft Access«, und in diesem Sinne möchte ich Ihnen anhand von Beispielen erläutern, wie VBA funktioniert. Wenn Sie ernsthaft auf diesem Gebiet weitermachen möchten, brauchen Sie ein oder mehrere weitere Bücher mit Details.

 Sie finden die Übungsdatei *VBAlernen.accdb* im Internet (Adresse in der Einleitung, dort im Ordner *\Kap05*).

Es soll aber nicht so sein, dass Sie nach der Lektüre dieses Buchs zwar etwas mehr wissen und vielleicht auch den Mut gefasst haben, sich vertieft mit VBA zu beschäftigen – aber immer noch hilflos sind, wenn es um das Schreiben von VBA-Programmen geht. Nein, Sie sollen schon in gewissen Grenzen arbeitsfähig sein!

Dazu müssen wir uns als Erstes die Werkzeuge ansehen. Die nennen sich in diesem Fall »Entwicklungsumgebung« – ein etwas sperriges Wort, das eine Software beschreibt, die Sie in vielerlei Hinsicht beim Programmieren unterstützt.

So wie Sie mit Word einen Brief schreiben, so wollen Sie auch das VBA-Programm schreiben. Dafür gibt es in der Entwicklungsumgebung den Editor.

Wenn Sie Ihr Programm geschrieben haben, wollen Sie es auf Syntaxfehler untersuchen lassen. Dafür gibt es in der Entwicklungsumgebung den Debugger.

Der Editor

Beides haben wir in diesem Kapitel schon benutzt. Trotzdem kommt hier noch einmal eine kleine Wiederholung: Sie beginnen mit dem Start von Access und bearbeiten damit Ihre Tabellen und Formulare. Durch die Tastenkombination Alt+F11 starten Sie parallel dazu VBA. Es öffnet sich das VBA-Fenster (Abbildung 5.2), in dem Sie auf der rechten Seite den Editor zum Schreiben der Programme sehen. Diese Programme gehören jeweils zu einem bestimmten Formular. Deshalb sehen Sie auf der linken Seite des VBA-Fensters die Liste der Formulare. Durch einen Doppelklick auf einen Formularnamen wechselt der Inhalt des Editors und zeigt Ihnen die Programme an, die zu dem angeklickten Formular gehören.

Der Editor selbst ist im Grunde genommen ein einfaches Textverarbeitungsprogramm. Wenn Sie über *Start/Programme/Zubehör/Editor* schon mal Notepad gestartet haben, wissen Sie, was ich meine. Mit dem Editor können Sie unformatierten Text schreiben, d.h., es gibt im Unterschied zu Word kein *fett*, *kursiv*, *rechtsbündig* usw. Aber das brauchen Sie auch gar nicht. Beim Programmieren kommt es nur auf eine saubere Logik an – weniger aufs schöne Aussehen!

Das heißt, ein ganz klein wenig »schön« macht der Editor den von Ihnen geschriebenen Programmtext schon: Er färbt Schlüsselwörter (also von der Programmiersprache definierte Begriffe) blau und Kommentare (die mit einem Apostroph beginnen) grün. Alles andere bleibt schwarz.

Beim Schreiben Ihrer Programme sollten Sie sich unbedingt Folgendes angewöhnen:

* Alles kleinschreiben!
* In den Namen von Variablen und Programmen keine Umlaute wie ä, ö, ü, kein ß und keine Leerzeichen verwenden!

Warum alles klein? Fast alle Schlüsselwörter enthalten eine Mischung aus Groß- und Kleinbuchstaben (z.B. *If, Then, MsgBox*). Wenn Sie das Wort kleinschreiben (also *msgbox* statt *MsgBox*), wandelt der Editor nach dem Drücken der Leertaste automatisch die großzuschreibenden Buchstaben um. Tut er das nicht, erkennen Sie sofort, dass Sie sich verschrieben haben.

Der Editor erkennt sofort beim Schreiben Syntaxfehler in Schlüsselwörtern (siehe oben).

Warum sollen Sie keine Umlaute verwenden? Programmiert wird schon seit Urzeiten auf Englisch – und da gibt es nun mal keine Umlaute. Wenn Sie jetzt sagen: »Mir doch egal! Ich schreibe deutsch!«, rate ich Ihnen dringend, trotzdem auf Umlaute zu verzichten. Irgendwann bekommen Sie deswegen Probleme beim Programmieren. Glauben Sie's mir!

Und noch einige Dinge sollten Sie sich angewöhnen:

* Strukturieren Sie Ihren Programmtext durch Einrückungen. Was ich damit meine, sehen Sie sich am besten in meinen Beispieldatenbanken an. Die Programme werden dadurch sehr viel übersichtlicher!
* Versehen Sie Ihre Programme mit möglichst vielen und ausführlichen Kommentaren. Sie glauben gar nicht, wie schnell Sie selbst vergessen haben, wie Ihr eigenes Programm funktioniert! Und was soll da erst jemand anderes sagen, der Ihr Programm vielleicht weiterbearbeiten will oder muss?
* Wenn Sie beim Programmieren bemerken, dass eine bestimmte Lösung so nicht funktioniert, löschen Sie die betreffenden Programmzeilen nicht einfach weg. Lassen Sie sie stehen und verwandeln Sie sie durch vorangestellte Apostrophe in Kommentare. Schreiben Sie außerdem dazu, warum das nicht funktioniert. Sie sparen sich damit später viel

Zeit! Wie oft habe ich schon gedacht: »Das müsste doch auch so gehen ...« – um dann frustriert festzustellen, dass ich in dieser Sackgasse schon mal gewesen bin!

 Wenn eine Codezeile einmal zu lang wird und Sie sie auf mehrere Textzeilen verteilen möchten, schreiben Sie am Ende der fortzusetzenden Zeile ein Leerzeichen und einen Unterstrich (aufpassen – das Leerzeichen ist wichtig!).

Aber Achtung – so funktioniert es **nicht**:

```
MsgBox "Bitte geben Sie in dem Feld Enddatum einen Wert ein, sonst kann _
       die Transportzeit nicht berechnet werden."
```

Sie müssen die fortzusetzende Zeile mit einem Operatorzeichen (&, +, -, *, /) oder einem Komma beenden:

```
MsgBox "Bitte geben Sie in dem Feld Enddatum einen Wert ein, sonst " & _
       " kann die Transportzeit nicht berechnet werden."
```

Und noch ein kleiner Service unterscheidet den VBA-Editor von einem Textverarbeitungsprogramm à la Notepad. Er unterstützt Sie bei der Eingabe von VBA-Schlüsselwörtern auf zweierlei Arten:

- **QuickInfo**   Wenn Sie einen Funktionsnamen wie z. B. *MsgBox* eintippen, erscheint in dem Augenblick, in dem Sie die öffnende Klammer hinter dem Funktionsnamen tippen, ein hellgelbes Informationsfeld direkt unterhalb der Einfügemarke. Es zeigt Ihnen, welche Parameter diese Funktion in welcher Reihenfolge erfordert. Beim Weitertippen wird jeweils der gerade von Ihnen eingetippte Parameter fett dargestellt, sodass Sie immer wissen, wo Sie gerade sind.

  Probieren Sie das bitte gleich einmal aus, indem Sie an einer beliebigen Stelle in einem VBA-Programm *msgbox(* eintippen – einschließlich der öffnenden runden Klammer.

  Wenn Sie die Funktion bereits fertig getippt haben, können Sie die QuickInfo auch über einen Rechtsklick auf den Funktionsnamen aufrufen. In dem sich öffnenden Kontextmenü wählen Sie den Befehl *QuickInfo*.

- **Wort vervollständigen**   Beim Eintippen bestimmter VBA-Schlüsselwörter öffnet sich nach den ersten Buchstaben automatisch ein Listenfeld, in dem Ihnen verschiedene Möglichkeiten für die Vervollständigung des Worts angeboten werden.

  Beispiel: Lassen Sie sich einmal im VBA-Fenster (Abbildung 5.12) durch einen Doppelklick auf den Formularnamen *S6_EnabledVisibleLocked* den Programmcode für dieses Formular anzeigen. Dort tippen Sie direkt unter der Zeile, die mit *Private Sub ...* beginnt, Folgendes ein: *chkKontrollkaestchen.vi*. Bereits nach dem Punkt erscheint das Listenfeld. Sowie Sie das »v« eintippen, wird die Zeile *ValidationRule* markiert. Nach Eingabe des *i* wird *Visible* markiert. Jetzt brauchen Sie nur noch die ↵-Taste zu drücken, und der Editor ergänzt Ihre Eingabe zu *chkKontrollkaestchen.Visible*.

Zwischen den beiden Fenstern, die Sie jetzt geöffnet haben – eines mit Access und eines mit VBA –, besteht eine Vielzahl von Wechselbeziehungen. Sie werden sich ab jetzt an eine Arbeitsweise gewöhnen müssen, die Ihnen vielleicht neu ist: Sie müssen gleichzeitig in zwei Fenstern mit zwei ganz unterschiedlichen Programmen arbeiten und ständig zwischen diesen beiden Fenstern hin- und herwechseln. (Da ist es **sehr** hilfreich, wenn man sich den Luxus erlauben kann, mit zwei Bildschirmen zu arbeiten!)

Der Zusammenhang zwischen Access und VBA entsteht über die Ereignisse, die auf den Objekten der Formulare stattfinden.

Objekte und Ereignisse

Wir arbeiten weiterhin mit der Beispielanwendung *VBAlernen*. Öffnen Sie einmal das Formular *S2_Listenfeld* **in der Entwurfsansicht**, klicken Sie mit der rechten Maustaste auf das Listenfeld und wählen Sie im sich öffnenden Kontextmenü den Befehl *Eigenschaften*. Es erscheint das Eigenschaftenblatt (siehe Abbildung 5.11). Bitte wählen Sie dort die Registerkarte *Ereignis*.

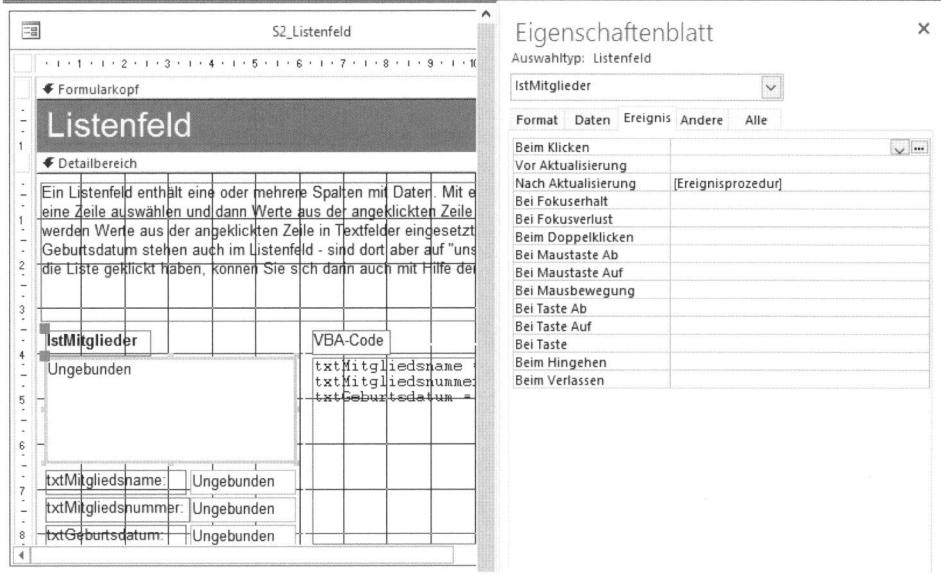

Abbildung 5.11: Auf einem Listenfeld können viele verschiedene Ereignisse stattfinden.

Dort sehen Sie, was auf dem Listenfeld alles passieren kann: Sie können mit der Maus einfach oder doppelt darauf klicken, Sie können die Maus auch nur ohne zu klicken darüber bewegen, Sie können eine Taste auf der Tastatur drücken, während sich die Einfügemarke im Listenfeld befindet, usw. Alles das sind Ereignisse, die auf dem Objekt *lstMitglieder* vom Typ *Listenfeld* stattfinden können.

Und jetzt kommt es: Jedes dieser Ereignisse kann den Start eines VBA-Programms auslösen! Wenn also ein bestimmtes Ereignis auf einem bestimmten Objekt eines Formulars stattfindet, startet ein bestimmtes VBA-Programm. Das bedeutet, Sie können als Programmierer detailliert festlegen, was bei bestimmten Aktionen des Benutzers passieren soll. Klickt er auf eine Schaltfläche, öffnet sich ein neues Formular. Klickt er in ein Listenfeld, werden die Daten des angeklickten Kunden angezeigt. Klickt er auf eine andere Schaltfläche, wird ein neuer Datensatz angelegt usw.

In dem in Abbildung 5.11 dargestellten Fall passiert etwas bei dem Ereignis *Nach Aktualisierung*, denn rechts daneben steht *Ereignisprozedur*. Damit ist ein VBA-Programm gemeint.

Dieses Programm startet, wenn das Ereignis *Nach Aktualisierung* auf dem Listenfeld statt-findet, d. h., wenn der Benutzer einen neuen Eintrag in der Liste gewählt hat – sei es durch Mausklick oder durch Drücken der Taste ⏉ oder ⏉. Wollte man Letzteres ausschlie-ßen, hätte man das Ereignis *Beim Klicken* wählen müssen.

Wenn Sie jetzt wissen wollen, was für ein VBA-Programm denn ausgeführt wird, müssen Sie auf die kleine Schaltfläche mit den drei Punkten am rechten Rand klicken. Achtung: Diese Schaltfläche ist nur sichtbar, wenn die Einfügemarke in der Zeile *Nach Aktualisierung* steht! Daraufhin öffnet sich das VBA-Fenster (Abbildung 5.12) – womit wir wieder bei dem Zu-sammenhang zwischen Access und VBA sind!

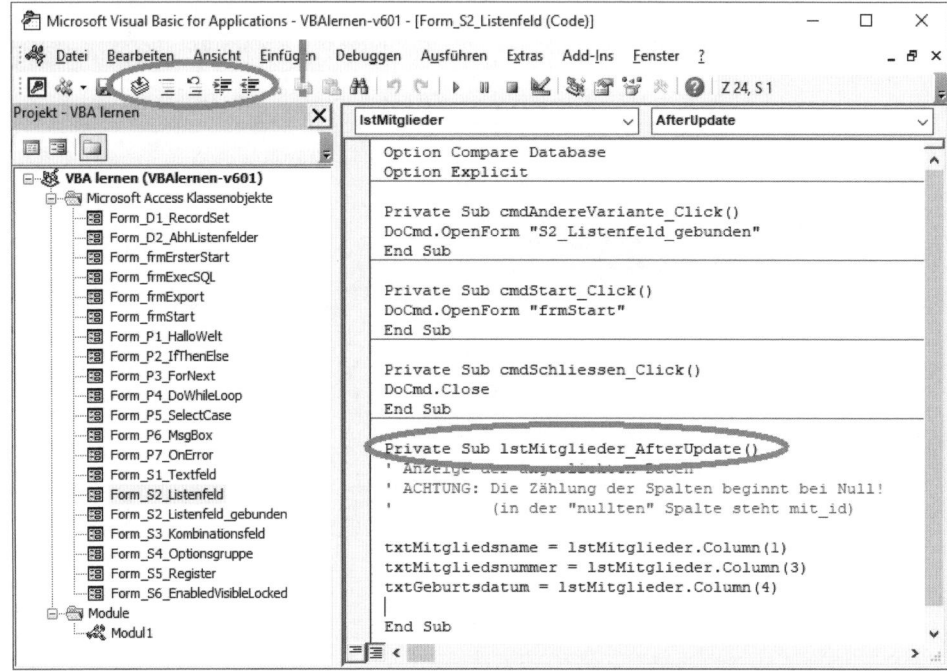

Abbildung 5.12: VBA-Code für das Ereignis AfterUpdate auf dem Objekt lstMitglieder des Formulars Form_S2_Listenfeld.

Das jetzt angezeigte VBA-Programm heißt *lstMitglieder_AfterUpdate*. Das ist ganz wichtig, denn so werden die Programmnamen generell gebildet: zuerst der Name des Objekts, dann ein Unterstrich und dann der Name des Ereignisses.

Dazu gleich wieder ein wichtiger Tipp:

 Sollte einmal bei einem bestimmten Ereignis gar nichts passieren oder nicht das, was Sie wollten, vergleichen Sie den Namen des Objekts mit dem Namen des Programms, das ausgeführt werden sollte. Häufig ist es nämlich so, dass man **nur einen von beiden** geändert hat, und dann startet die Prozedur nicht mehr, weil der Name des Objekts nicht mit dem Namen der Prozedur über-einstimmt. (Den Namen eines Objekts finden Sie im Eigenschaftenblatt auf der Registerkarte *Andere*.)

Ganz oben im VBA-Fenster sehen Sie zwei Kombinationsfelder, in denen in Abbildung 5.12 *lstMitglieder* bzw. *AfterUpdate* steht. Wenn Sie diese Kombinationsfelder einmal aufklappen, sehen Sie darin links die Namen aller Objekte des ausgewählten Formulars (in Abbildung 5.12 ist das *S2_Listenfeld*) bzw. rechts die Bezeichnungen aller Ereignisse, die auf dem ausgewählten Objekt möglich sind. Das ist eine weitere Hilfe, die der Editor Ihnen bietet: Wollen Sie ein bestimmtes Programm schreiben, wählen Sie im linken Kombinationsfeld das Objekt und rechts das Ereignis auf diesem Objekt. Anschließend bildet der Editor Ihnen daraus die Titelzeile des entsprechenden Programms. Wenn ein solches Programm schon existiert, wandert die Einfügemarke an diese Stelle.

Abschließend noch einmal der wichtige Hinweis auf den Zusammenhang zwischen Access und VBA:

In Access entwickeln Sie Formulare. Auf den Formularen gibt es Objekte, auf denen Maus- und Tastaturereignisse stattfinden können. Daraufhin kann ein VBA-Programm starten, dessen Name sich aus dem Namen des Objekts und dem Namen des Ereignisses zusammensetzt.

Bitte sehen Sie sich zur Übung einmal den VBA-Code für verschiedene Ereignisse auf verschiedenen Objekten an und schalten Sie dabei jeweils zwischen Access und VBA hin und her.

Der Debugger

Über den Debugger hatte ich weiter oben im Abschnitt über die Programmierfehler schon einiges gesagt. Er ist Teil der VBA-Entwicklungsumgebung und unterstützt Sie beim Finden und Korrigieren von Syntax- und Laufzeitfehlern in Ihrem Programm.

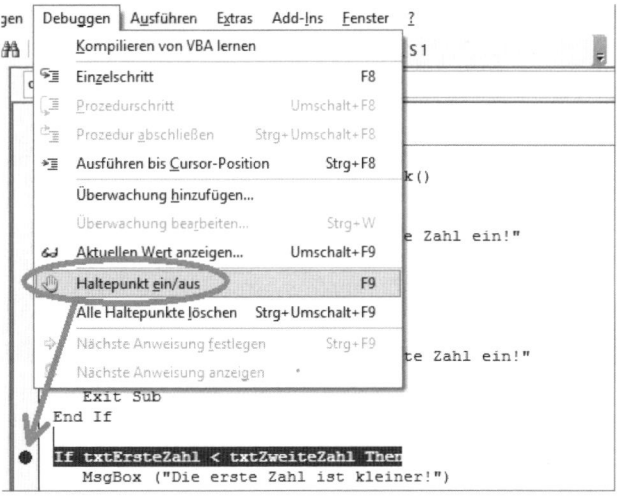

Abbildung 5.13: Mit dem Debugger können Sie Fehler in Ihrem VBA-Programm finden und korrigieren.

Mit dem Debugger können Sie Ihr Programm auch Zeile für Zeile testen (Befehl *Einzelschritt* im Menü *Debuggen*) oder nur bis zu einer bestimmten Stelle laufen lassen – z.B. weil Sie den

Rest dahinter noch nicht ganz fertig haben und erst mal den ersten Teil testen wollen. Dazu müssen Sie an der entsprechenden Stelle einen sogenannten Haltepunkt setzen – entweder über den entsprechenden Befehl im Menü *Debuggen* oder indem Sie einfach mit der Maus in den grauen Streifen links neben dem VBA-Code klicken (in Abbildung 5.13 dunkel hinterlegt mit einem Punkt links daneben). Gelöscht wird der Haltepunkt durch einen erneuten Klick auf dieselbe Stelle.

An dieser Stelle möchte ich noch einmal an meine Ausführungen zu der Frage »Findet der Debugger immer die Stelle mit dem Fehler?« erinnern. Ich hatte weiter oben schon gesagt, dass er das gar nicht immer kann. Sie müssen also immer auch vor der vom Debugger markierten Fehlerstelle suchen. Wenn Sie durch Ansehen des VBA-Codes den Fehler nicht entdecken, hilft nur die schrittweise Programmausführung und genaue Beobachtung: »In welcher Zeile beginnt das Fehlverhalten?«

Ich habe auch schon in ganz verzweifelten Situationen Zeile für Zeile bereits geschriebenen VBA-Code wieder weggelöscht und dabei vor mich hin gemurmelt: »Verd..., es ging doch schon mal!« Plötzlich geht es dann wirklich wieder, und damit hat man die verantwortliche Zeile gefunden!

Symbolleiste anpassen

Bei der Entwicklung von VBA-Prozeduren werden Sie so arbeiten: Code schreiben – kompilieren (d.h. Syntaxfehler suchen) – gegebenenfalls Fehler korrigieren – noch einmal kompilieren – speichern – Wechsel zu Access und Prozedur ausprobieren – Wechsel zu VBA und nicht funktionierenden Code probehalber auskommentieren (nicht löschen, sonst müssen Sie ihn nachher eventuell neu eintippen!) – kompilieren – speichern – usw. – usw.

Sie brauchen also ständig die Editorfunktionen *Speichern*, *Kompilieren*, *Code in Kommentar umwandeln* und *Kommentar in Code umwandeln*. Diese Funktionen sollten Sie sich daher in der Symbolleiste des VBA-Fensters zurechtlegen. Das spart Zeit und Nerven!

Wie das geht, wissen Sie vielleicht schon aus anderen Microsoft Office-Anwendungen: Wählen Sie im VBA-Fenster im Menü *Ansicht* die Option *Symbolleisten/Anpassen/Befehle*. Dann wählen Sie die Kategorie *Bearbeiten* aus und ziehen die Befehle *Block auskommentieren* und *Auskommentierung des Blocks aufheben* per Drag-and-drop in die Symbolleiste rechts neben das Symbol für *Speichern*. Das Gleiche wiederholen Sie noch einmal mit der Kategorie *Debuggen* und dem Befehl *Projekt kompilieren*. Anschließend sieht die Symbolleiste so aus wie die in Abbildung 5.12 und Abbildung 5.14 .

Jetzt haben Sie vier wichtige Befehle für die Programmierarbeit übersichtlich beieinander in der VBA-Symbolleiste. Vielleicht finden Sie auch noch mehr Symbole für Befehle, die Sie ständig brauchen. Sie wissen jetzt ja, wie Sie sich die Symbolleiste ganz nach Belieben selbst einrichten können!

Übrigens: Sie können Symbole auch auf dem umgekehrten Weg wieder aus der Symbolleiste entfernen. Dazu müssen Sie einfach das entsprechende Symbol per Drag-and-drop aus der Symbolleiste in das geöffnete *Anpassen*-Fenster ziehen.

Programmierbefehle

Nun sind wir eigentlich immer noch nicht beim »richtigen« Programmieren angekommen. Jetzt aber!

Um mit VBA in Access programmieren zu können, müssen Sie dreierlei wissen bzw. können:

- Sie müssen einige grundlegende Programmierbefehle kennen, die es in jeder Programmiersprache gibt und die erst einmal gar nichts mit Access zu tun haben. Dem ist dieses Kapitel gewidmet.

- Sie müssen die Steuerelemente kennen, die benötigt werden, um Formulare zu erstellen. Darum geht es im nächsten Kapitel.

- Sie müssen spezielle Programmiertechniken kennen, mit denen man den Inhalt von Datenbanktabellen lesen und auf dem Formular darstellen kann bzw. – umgekehrt – mit denen man die Benutzereingaben aus dem Formular lesen und in die Datenbanktabellen eintragen kann. Darum geht es in Kapitel 8.

Das Drumherum

Mit Abbildung 5.14 werfen wir schon mal einen Blick voraus auf den ersten Programmierbefehl, der erst später besprochen werden soll. Zunächst wollen wir uns aber nur für das Drumherum interessieren.

Ganz oben steht *Option Compare Database*. Das steht immer automatisch da, und wir wollen das jetzt einfach mal so hinnehmen, denn die Erläuterung würde Sie momentan nur verwirren und von Wichtigerem ablenken.

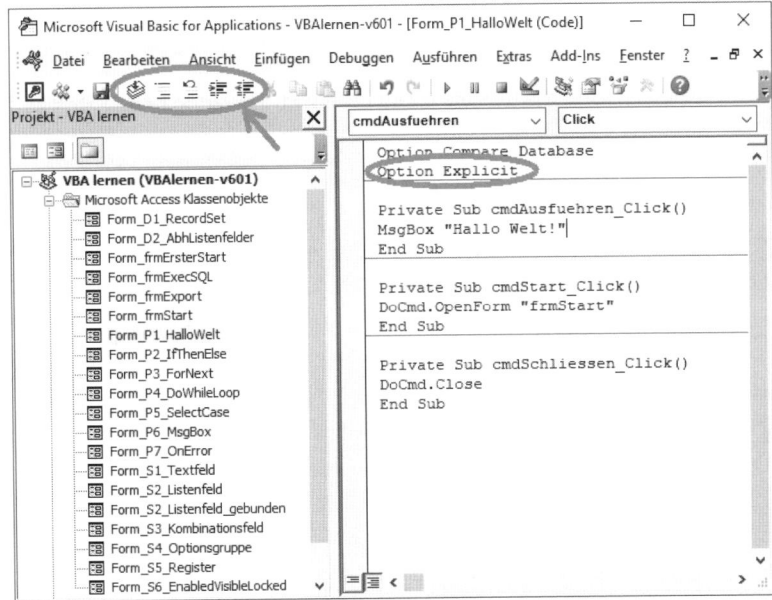

Abbildung 5.14: VBA-Code für das Ereignis Click auf dem Objekt cmdAusfuehren des Formulars P1-HalloWelt.

Das *Option Explicit* in der nächsten Zeile steht zunächst einmal nicht automatisch da, und ich empfehle Ihnen dringend, es immer als zweite Zeile einzugeben, also oberhalb aller VBA-Programme. Und was bedeutet das? Ich hatte weiter oben in diesem Kapitel im Abschnitt über die Syntaxfehler gesagt, dass der Debugger es merkt, wenn Sie mithilfe der *Dim*-Anweisung selbst definierte Variablennamen falsch schreiben. Das tut er aber genau genommen nur, wenn Sie ihn mittels *Option Explicit* dazu auffordern. Damit ist also gemeint: Variablen müssen explizit definiert werden. Das Gegenteil dazu wäre eine implizite Variablendefinition, bei der Sie einfach ohne vorheriges *Dim strVorname As String* schreiben: *strVorname = "Paul"*.

Die explizite Variablendefinition mit der *Dim*-Anweisung ist unbedingt vorzuziehen, weil falsch geschriebene Variablennamen sonst nicht als Syntaxfehler entdeckt werden.

Ein Beispiel dafür, was passieren kann, wenn Sie das *Option Explicit* weglassen und dann einen Variablennamen falsch schreiben, zeige ich Ihnen später im Abschnitt über die *While*-Anweisung.

Zwei Absätze weiter oben hatte ich geschrieben, dass *Option Explicit* **zunächst** einmal nicht automatisch dasteht. Sie können aber dafür sorgen, dass das automatisch immer dann geschieht, wenn Sie ein neues Modul anlegen. Dazu wählen Sie im VBA-Fenster im Menü *Extras* die Option *Optionen/Editor* und aktivieren dann die Option *Variablendeklaration erforderlich*. Das wirkt sich **nicht** auf bereits vorhandene Module aus, sondern nur auf neu anzulegende.

Kommen wir zur nächsten Zeile in Abbildung 5.14, die mit *Private Sub* beginnt. Das ist die erste Zeile eines VBA-Programms. Wir wollen dieses ab jetzt fachgerecht »Prozedur« nennen! Eine Prozedur beginnt also mit *Private Sub* und endet mit *End Sub* – dazwischen steht dann das von Ihnen geschriebene VBA-Programm. Beide Zeilen **brauchen** Sie nicht von Hand einzugeben, und das **sollten** Sie auch nicht tun, um Tippfehlern erst gar keine Chance zu geben.

Es gibt zwei Arten, diese beiden Zeilen automatisch zu erzeugen. Die erste hatte ich weiter oben im Abschnitt über Objekte und Ereignisse schon beschrieben:

1. Sie öffnen ein Formular in Access in der Entwurfsansicht,
2. erstellen ein Steuerelement (z. B. eine Schaltfläche),
3. klicken mit der rechten Maustaste darauf,
4. wählen im Kontextmenü den Befehl *Eigenschaften*,
5. wählen in dem sich öffnenden Eigenschaftsblatt die Registerkarte *Ereignis*,
6. klicken mit der linken Maustaste in die Zeile mit dem Ereignis, das Ihre VBA-Prozedur auslösen soll (z. B. *Beim Klicken*), und
7. klicken dann schließlich auf die kleine Schaltfläche mit den drei Punkten.

Daraufhin öffnet sich das VBA-Fenster, und die beiden gewünschten Zeilen stehen da! Jetzt können Sie damit beginnen, Ihren VBA-Code einzugeben.

Sie können aber auch anders vorgehen, um die beiden Codezeilen *Private Sub ...* und *End Sub* zu erzeugen:

1. Öffnen Sie das **linke** der beiden Kombinationsfelder am oberen Rand des VBA-Editors (in Abbildung 5.14 steht dort *cmdAusfuehren*) und
2. wählen Sie darin ein Objekt Ihres Formulars aus (z. B. *Bezeichnungsfeld1*).

Daraufhin wird automatisch der Rahmen für eine VBA-Prozedur für das Klicken auf dieses Objekt erzeugt (z. B. *Private Sub Bezeichnungsfeld1_Click()*).

3. Wenn Sie aber gar keine Prozedur schreiben wollten, die mit einem Mausklick ausgelöst wird, öffnen Sie das **rechte** der beiden Kombinationsfelder am oberen Rand des VBA-Editors (in Abbildung 5.14 steht darin *Click*) und

4. wählen das gewünschte Ereignis aus (z. B. *MouseMove*).

Daraufhin wird ein weiterer Rahmen für eine andere VBA-Prozedur erzeugt, die startet, wenn sich der Mauszeiger (ohne zu klicken!) nur über das ausgewählte Objekt hinwegbewegt. Die von VBA in übereifriger Dienstbereitschaft erzeugte Click-Prozedur können Sie jetzt wieder löschen. Sie wird übrigens auch automatisch gelöscht, wenn Sie den Code kompilieren.

Zur Übung sollten Sie die in den vorangegangenen Zeilen bei »z. B.« genannten Aktionen einmal ausführen. Dann werden Sie sehen, dass die erste Zeile für die *MouseMove*-Prozedur so aussieht:

```
Private Sub Bezeichnungsfeld1_MouseMove(Button As Integer, Shift As Integer,
X As Single, Y As Single)
```

Das ist ein weiteres Argument dafür, diese Codezeilen nicht selbst einzutippen, sondern automatisch erzeugen zu lassen. Einige Ereignisse erfordern nämlich die Angabe einer ganzen Reihe von Parametern, die Sie sonst sicher erst nachschlagen müssten.

Wenn Sie jetzt

```
MsgBox "Hallo!"
```

in die Leerzeile zwischen *Private Sub* und *End Sub* schreiben, können Sie die so erzeugte Prozedur auch gleich ausprobieren. Dazu wechseln Sie zu Access, lassen das Formular *P1_HalloWelt* in der Formularansicht anzeigen und bewegen die Maus ohne zu klicken über die Formularüberschrift *Hallo-Welt*. Sie werden erleben, dass sich daraufhin ein Meldungsfeld öffnet!

Sehr lehrreich für den wechselseitigen Zusammenhang zwischen Access und VBA ist es jetzt, wenn Sie das Formular *P1_HalloWelt* in der Entwurfsansicht anzeigen lassen und sich die Registerkarte *Ereignis* im Eigenschaftsblatt der Formulartitelzeile anschauen. Dann werden Sie nämlich entdecken, dass dort in der Zeile *Bei Mausbewegung* der Eintrag *Ereignisprozedur* steht. Access hat also gemerkt, dass Sie ihm per VBA eine Ereignisprozedur untergejubelt haben!

Hallo Welt!

So, jetzt haben wir endlich alles Wissen beisammen, um wirklich mit dem Programmieren beginnen zu können. Da seit Urzeiten jeder Programmierkurs damit beginnt, die fröhliche Botschaft »Hallo Welt!« auf den Bildschirm zu zaubern, wollen wir es auch so halten.

Wie das geht, habe ich schon mit Abbildung 5.14 verraten. Na ja, es ist auch nicht so überaus schwierig!

Bitte probieren Sie zunächst die fertige Prozedur in der Beispielanwendung *VBAlernen* aus und erzeugen Sie dann zur Übung eine weitere Schaltfläche auf dem Formular, die eine andere wichtige Botschaft verkündet! Ist es nicht ein schöner Erfolg, wenn das erste Miniprogramm funktioniert? (Siehe weiter oben in diesem Kapitel unter »Hackermentalität«!)

If-Then-Else

Nach dem endlos langen Vorlauf geht's nun zügig weiter mit dem Programmieren. Als Nächstes lernen Sie einen ganz wichtigen Programmierbefehl kennen: die Entscheidung – im Hackerjargon »If-Then-Else«. Ich denke, es ist unmittelbar klar, was dieser Befehl bewirkt. Schauen Sie sich dazu bitte das Beispiel in *VBAlernen* an, klicken Sie im Startformular auf die Schaltfläche *If-Then-Else*, geben Sie zwei Zahlen ein und klicken Sie dann auf *ungesicherte Ausführung* bzw. auf *gesicherte Ausführung*.

 Normalerweise würde man ein Textfeld in einem Formular nicht »txtErsteZahl« nennen, sondern »erste Zahl«. Ich habe das hier nur aus didaktischen Gründen getan, damit Sie den Zusammenhang zwischen Access (Name des Textfelds) und VBA (gleichlautender Name einer Variablen) besser erkennen!

Sehen wir uns dazu zunächst den Code für die ungesicherte Ausführung an:

```
If txtErsteZahl < txtZweiteZahl Then
   MsgBox ("Die erste Zahl ist kleiner!")
Else
   MsgBox ("Die zweite Zahl ist kleiner oder gleich der ersten!")
End If
```

Sie müssten sich jetzt die Frage stellen: Warum gibt es trotz *Option Explicit* keine *Dim*-Anweisung für die beiden Variablen *txtErsteZahl* und *txtZweiteZahl*? Damit sind wir wieder einmal bei dem Zusammenhang zwischen Access und VBA: Diese beiden Variablen werden nicht in VBA definiert, sondern in Access. Es sind nämlich die Namen der beiden Textfelder auf dem Formular *P2_IfThenElse* (Abbildung 5.15)! Das bedeutet: Die Namen von Formularobjekten können in VBA als Variablen verwendet werden!

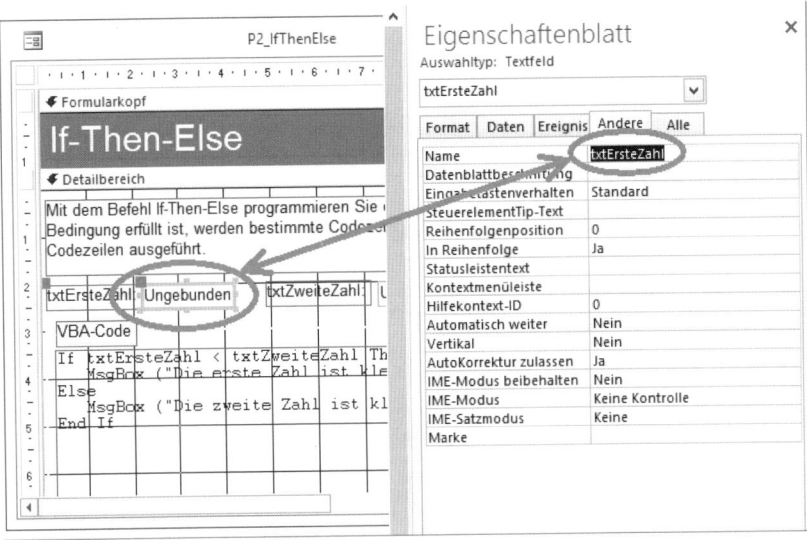

Abbildung 5.15: Die Namen von Formularobjekten können als Variablen in VBA verwendet werden!

Damit wird es ganz einfach,

- Benutzereingaben auf dem Formular in VBA-Prozeduren zu verwenden: Wenn der Benutzer in ein Textfeld mit dem Namen *txtErsteZahl* einen Wert eingibt, können Sie diesen Wert in Ihrer VBA-Prozedur einfach über den Namen des Textfelds für *If-Then-Else*-Vergleiche, für Berechnungen oder für irgendetwas anderes benutzen.

- Ergebnisse aus VBA-Prozeduren auf dem Formular darzustellen: Sie können einer Variablen mit dem Namen des Textfelds einfach einen Wert zuweisen – z. B. *txtErsteZahl* = 5. Probieren Sie das doch einfach mal aus, indem Sie auf dem Formular *P2_IfThenElse* ein Textfeld mit dem Namen *txtKleinereZahl* erstellen und dort mithilfe der Prozedur *cmdAusfuehrenUnsicher_Click()* die kleinere der beiden Zahlen *txtErsteZahl* und *txtZweiteZahl* hineinschreiben!

Ich hoffe, jetzt stellt sich langsam das »Hackerfeeling« bei Ihnen ein ...!? Und: **txt**ErsteZahl, **cmd**AusfuehrenUnsicher ... wie war das noch? Richtig! Die Namenskonvention!

 Sie finden die Namenskonvention aus Anhang B auch im Internet (Adresse in der Einleitung, dort im Ordner \KapA) als PDF-Datei zum Ausdrucken.

Aber schauen wir uns einmal den Code der Prozedur *cmdAusfuehrenSicher_Click()* an. Dort sehen Sie vor dem eigentlichen *If-Then-Else* mit dem Vergleich der beiden vom Benutzer eingegebenen Zahlen noch zwei weitere *If-Then-Else*-Anweisungen:

```
If IsNull(txtErsteZahl) Then
    MsgBox "Bitte geben Sie eine erste Zahl ein!"
    txtErsteZahl.SetFocus
    Exit Sub
End If
```

```
If IsNull(txtZweiteZahl) Then
    MsgBox "Bitte geben Sie eine zweite Zahl ein!"
    txtZweiteZahl.SetFocus
    Exit Sub
End If
```

Diese beiden Anweisungen überprüfen, ob der Benutzer überhaupt eine Zahl eingegeben hat. Das ist ein ganz wichtiger Punkt, auf den ich vorher schon mehrfach hingewiesen habe:

Als Programmierer müssen Sie immer vorausdenken: »Was könnte der Benutzer meines Programms alles falsch machen?« Dann müssen Sie durch geschicktes Programmieren dafür sorgen, dass sich fehlerhafte Bedienungen durch den Benutzer nicht schädlich auf die Programmausführung auswirken.

In diesem Fall bedeutet das: Der Vergleich zwischen zwei Zahlen kann nur stattfinden, wenn auch zwei Zahlen vorliegen. Das klingt ungeheuer banal – aber genau so funktioniert das Programmieren: Sie müssen als Programmierer **alles** vorausdenken, was passieren kann – auch ganz primitive und scheinbar unsinnige Sachen!

Was tun wir also, wenn der Benutzer keine Zahl eingegeben hat? Wir weisen ihn in verständlicher Form darauf hin (also nicht etwa »Eingabefehler!« oder »Fehler 135: Fragen Sie Ihren Systemadministrator!«), wir setzen die Einfügemarke in das Feld, in dem noch keine Zahl steht *(SetFocus)* und beenden das Programm *(Exit Sub),* denn wenn eine der beiden Zahlen fehlt, ergibt ein Vergleich der beiden Zahlen keinen Sinn.

Sind das jetzt alle Fehler, die der Benutzer machen kann? Überlegen Sie mal! Richtig – er könnte ja statt einer Zahl auch etwas anderes eingeben: einen Buchstaben oder drei Fragezeichen. Das würde dann ebenfalls zu einem Laufzeitfehler führen, denn zwischen einem Buchstaben und einer Zahl können Sie keinen Größer-kleiner-Vergleich durchführen. Geben Sie doch mal in eines der beiden Eingabefelder einen Buchstaben ein und beobachten Sie, was passiert.

Sowohl bei der gesicherten als auch bei der ungesicherten Ausführung kommt die Meldung: »Sie haben einen Wert eingegeben, der für dieses Feld nicht gültig ist.« Diese Meldung müssen Sie nicht selbst programmieren, das macht Access automatisch. Aber woher weiß Access, dass eine Zahl und kein Buchstabe eingegeben werden soll?

Dazu öffnen Sie bitte das Formular *P2_If_Then_Else* in der Entwurfsansicht und schauen sich die Registerkarte *Format* im Eigenschaftenblatt des Textfelds *txtErsteZahl* an. Dort steht unter *Format: Allgemeine Zahl.* Sie können also schon beim Anlegen des Textfelds festlegen, dass es nur mit Zahlen gefüllt werden darf. Wenn Sie einmal das Kombinationsfeld in der Zeile *Format* öffnen, sehen Sie, dass Sie hier noch eine Reihe weiterer Festlegungen treffen können: *Datum, Zeit, Euro* usw.

An dieser Stelle können wir wieder ein lehrreiches Experiment durchführen. Dazu löschen Sie bitte den Eintrag *Allgemeine Zahl* auf den Eigenschaftenblättern beider Textfelder und öffnen das Formular dann in der Formularansicht. Jetzt können Sie in die Textfelder beliebige Zeichen eingeben, z. B. auch *txtErsteZahl = a* und *txtZweiteZahl = b.* Das führt dann zu dem Ergebnis: »Die erste Zahl ist kleiner!« Jetzt werden nämlich nicht Zahlen, sondern Zeichenketten miteinander verglichen. Das ist dann wie im Telefonbuch, in dem »Neumann« vor »Schulz« kommt.

Wenn Sie jetzt allerdings *txtErsteZahl* = 11 und *txtZweiteZahl* = 5 eingeben, führt das zu dem überraschenden Ergebnis: »Die erste Zahl ist kleiner!« Und das stimmt sogar! Die Zeichenkette »11« kommt nämlich vor der Zeichenkette »5«. Sie können sich sicherlich vorstellen, dass so etwas zu schwer aufzufindenden Fehlern im Programm führen kann. Sie denken die ganze Zeit, dass Sie mit der Zahl »11« operieren – in Wirklichkeit arbeitet Access aber mit der Zeichenkette »11«. Darum:

Legen Sie bei Textfeldern für die Eingabe von Daten immer den einzugebenden Datentyp fest (Eigenschaft *Format* im Eigenschaftenblatt). So verhindern Sie, dass der Benutzer z.B. Buchstaben statt Zahlen oder Eurobeträge statt Prozentangaben eingibt.

Ein weiteres Experiment: Geben Sie mal für die zweite Zahl nichts ein und für die erste irgendeine positive Zahl – z.B. »55«. Wenn Sie jetzt auf die Schaltfläche *ungesicherte Ausführung* klicken, erhalten Sie die Auskunft: »Die zweite Zahl ist kleiner oder gleich der ersten!« Ändern Sie die erste Zahl auf »-55«, meint Access wieder: »Die zweite Zahl ist kleiner oder gleich der ersten!« »Nichts« ist also kleiner als jede beliebige Zahl? Dann wäre »nichts« so etwas wie »minus unendlich«?

Nein – es ist so: Nach dem *If* kommt eine Frage, die mit *Ja* oder *Nein* zu beantworten ist. Wird sie mit *Ja* beantwortet, werden die Anweisungen zwischen *Then* und *Else* ausgeführt – andernfalls die Anweisungen zwischen *Else* und *End If*. Unser letztes Experiment hat uns darüber hinaus gezeigt: Kann die Frage gar nicht beantwortet werden, gilt das als *Nein*. Auch das kann wieder zu schwer auffindbaren Programmierfehlern führen.

Ich erläutere diesen einfachen Programmierbefehl *If-Then-Else* so ausführlich, weil ich Sie zu eigenen Experimenten anregen will.

Probieren Sie einfach alles aus, was Ihnen einfällt! Machen Sie dabei doch auch mal ganz »blöde« Sachen, die eigentlich gar nicht vorkommen dürften! Dann beobachten Sie, was passiert, und versuchen herauszubekommen, **warum** es passiert.

Die dabei gewonnenen Erkenntnisse sollten Sie schriftlich in einem kleinen Programmiertagebuch festhalten (natürlich auf dem Computer und nicht mit Füller und Büttenpapier!). Das hilft dann im Notfall eventuell schneller als aufwendiges Nachschlagen in Büchern und in der Onlinehilfe! Und es hilft auch dem Programmieranfänger, ein Gefühl fürs Hacken zu bekommen!

Ganz wichtig: Bei solchen Experimenten sollten Sie immer mit einem Absturz von Access bzw. sogar von Windows rechnen – also vorher alle anderen auf dem Computer laufenden Programme beenden und die Testdatenbank unter einem anderen Namen sichern. Eventuell geht Ihr Experiment nämlich so extrem schief, dass Sie die Testdatenbank hinterher gar nicht mehr öffnen können!

Wenn nach dem *Then* nur **eine einzige** Anweisung kommt, können Sie diese direkt dahinter in **dieselbe** Zeile schreiben und auf das *End If* verzichten:

```
If (Bedingung) Then (Anweisung)
```

Wenn nach dem *Then* **mehrere** Anweisungen folgen, müssen Sie diese in jeweils eine **neue** Zeile schreiben und mit *End If* abschließen. Dabei können Sie – wenn es keine Alternative gibt – auf das *Else* verzichten:

```
If (Bedingung) Then
    (Anweisung)
    (Anweisung)
    (Anweisung)
End If
```

Wenn Sie das *Else* jedoch benutzen, muss es ganz allein in einer Zeile stehen!

Abschließend zu *If-Then-Else* möchte ich Ihnen noch eine besondere Variante dieses Programmierbefehls zeigen. So können Sie aus drei oder mehr Alternativen statt nur aus zweien auswählen:

```
If (Bedingung) Then
        (Anweisungen)
ElseIf (Bedingung) Then
        (Anweisungen)
ElseIf (Bedingung) Then
        (Anweisungen)
ElseIf (Bedingung) Then
        (Anweisungen)
Else
        (Anweisungen)
EndIf
```

Eleganter ist jedoch die *Select-Case*-Anweisung (siehe weiter unten).

For-Next

Kommen wir jetzt zum nächsten elementaren Programmierbefehl, den es in jeder Programmiersprache gibt: die Schleife, d.h. die wiederholte Ausführung von Befehlen. Schauen Sie sich dazu bitte das Beispiel in *VBAlernen* an, klicken Sie im Startformular auf die Schaltfläche *For-Next*, geben Sie drei Zahlen ein und klicken Sie dann auf *ungesicherte Ausführung* bzw. auf *gesicherte Ausführung*.

 Wählen Sie dabei den Abstand zwischen der ersten und der letzten Zahl nicht zu groß, sonst sind Sie ziemlich lange mit dem Wegklicken der Meldungsfelder beschäftigt und kommen nicht mehr zum Lesen!

Sehen wir uns zunächst wieder den Code für die ungesicherte Ausführung an:

```
Dim lngLaufzahl As Long
For lngLaufzahl = txtErsteZahl To txtLetzteZahl Step txtSchrittweite
    MsgBox "Jetzt bin ich bei " & Str(lngLaufzahl) & " !"
Next lngLaufzahl
```

Es wird eine Variable *lngLaufzahl* definiert, die in der *For*-Anweisung zunächst den Wert von *txtErsteZahl* bekommt (z. B. »1«). Dann werden die Anweisungen zwischen *For* und *Next* ausgeführt, und beim Erreichen der *Next*-Anweisung wird der Wert von *txtSchrittweite* (z. B. »5«) zu *lngLaufzahl* hinzuaddiert (z. B. »6«). Daraufhin kehrt die Programmausführung zur Zeile mit der *For*-Anweisung zurück. Jetzt wird überprüft, ob der Wert von *lngLaufzahl* größer als *txtLetzteZahl* (z. B. »20«) ist. Ist das nicht der Fall, werden die Anweisungen zwischen *For* und *Next* erneut ausgeführt. Durch das ständige Erhöhen von *lngLaufzahl* um *txtSchrittweite* ist *lngLaufzahl* aber irgendwann gleich oder größer als *txtLetzteZahl*. In dem Fall werden die Anweisungen zwischen *For* und *Next* nicht mehr ausgeführt – das Programm setzt stattdessen mit der Anweisung hinter *Next* fort. So einfach ist das!

Experimente:

- Was passiert bei ungesicherter Ausführung, wenn die erste Zahl größer als die letzte Zahl ist?
- Was passiert, wenn die Schrittweite größer als der Abstand zwischen erster und letzter Zahl ist?
- Was passiert, wenn die Schrittweite negativ ist?

Im Code für die gesicherte Ausführung finden Sie mehrere *If-Then-Else*-Anweisungen. Sie bedürfen keiner weiteren Erläuterung – bis auf die letzte. Sie setzt für die Schrittweite einen Standardwert ein, wenn der Benutzer keine Angabe gemacht hat. Sie können diesen Effekt beobachten, wenn Sie für die erste und die letzte Zahl etwas eingeben, für die Schrittweite aber nichts. Wenn Sie dann auf *gesicherte Ausführung* klicken, erscheint im Textfeld *txtSchrittweite* eine »1«.

Do-While-Loop

Mit *Do-While-Loop* wird ebenfalls eine Schleife definiert – im Unterschied zu *For-Next* steht aber nicht von vornherein fest, wie oft die Schleife durchlaufen wird. Stattdessen wird nach jedem Schleifendurchlauf eine Bedingung getestet. Ist die Bedingung erfüllt, wird die Schleife erneut durchlaufen, andernfalls setzt die Programmausführung mit der Anweisung fort, die nach *Loop* steht.

Schauen Sie sich dazu bitte das Beispiel in *VBAlernen* an, klicken Sie im Startformular auf die Schaltfläche *Do-While-Loop*, geben Sie eine Zahl für den Entscheidungswert ein und klicken Sie dann auf *ungesicherte Ausführung* bzw. auf *gesicherte Ausführung*.

 Wählen Sie dabei den Entscheidungswert nicht zu groß, sonst sind Sie ziemlich lang mit dem Wegklicken der Meldungsfelder beschäftigt!

Sehen wir uns wieder den Code für die ungesicherte Ausführung an:

```
Dim lngLaufvariable As Long
lngLaufvariable = 1
Do While lngLaufvariable < txtEntscheidungswert
   MsgBox "Jetzt bin ich bei " & Str(lngLaufvariable) & " !"
   lngLaufvariable = lngLaufvariable + 1
Loop
```

Hier sind zwei Dinge wichtig:

- Sie müssen für die Laufvariable einen Startwert festlegen. Das habe ich hier einfach im Programm mit der Zeile *lngLaufvariable = 1* getan. Der Wert könnte natürlich auch berechnet oder aus einem Textfeld des Formulars entnommen werden.

- Sie müssen den Wert der Laufvariablen innerhalb der Schleife – also zwischen *Do While* und *Loop* – ändern, und zwar so, dass irgendwann die Bedingung in der *Do While*-Zeile nicht mehr erfüllt ist. Sonst entsteht eine der gefürchteten Endlosschleifen!

Wenn Sie mathematisch ein wenig interessiert sind, wird Ihnen vielleicht die Zeile *lngLaufvariable = lngLaufvariable + 1* sauer aufstoßen. Kann das überhaupt sein? Was folgt denn mathematisch aus x = x + 1? 0 = 1!

Auflösung des Preisrätsels: Sie dürfen diesen Befehl nicht mathematisch deuten. Es handelt sich um eine Programmiertechnik, die den Computer anweist: »Nimm den Inhalt des Speicherbereichs mit dem Namen *lngLaufvariable* (darum der *Dim*-Befehl, damit wird ein Speicherbereich mit diesem Namen reserviert!), erhöhe ihn um eins und speichere das Ergebnis wieder im Speicherbereich mit dem Namen *lngLaufvariable* ab.«

Experimente

Jetzt kommen Experimente, in denen Endlosschleifen produziert werden. Da kommen Sie nur wieder raus, indem Sie Access gewaltsam über den Task-Manager abbrechen. Es könnte auch sein, dass Access oder sogar Windows abstürzt – also bitte vorher alle anderen auf dem Computer laufenden Programme beenden und die Testdatenbank unter einem anderen Namen sichern.

Wir wollen uns jetzt das typische Problem einer Schleife ansehen – dass sie nämlich nicht beendet wird, sondern endlos weiterläuft. Dazu brauchen Sie als Entscheidungswert nur einen Buchstaben statt einer Zahl einzugeben und dann die ungesicherte Ausführung zu starten. Aus dem Abschnitt über *If-Then-Else* wissen Sie schon, dass die Bedingung *lngLaufvariable < txtEntscheidungswert* dann nicht auswertbar ist, was von Access als *Nein* interpretiert wird. Da die Bedingung also nie erfüllt wird, läuft die *While*-Schleife endlos weiter. Damit das funktioniert, habe ich im Eigenschaftsblatt des Eingabefelds für den Entscheidungswert das Format diesmal nicht auf *Allgemeine Zahl* gesetzt. Es ist also möglich, in dieses Feld irgendwelche Zeichen einzugeben.

Im VBA-Code für die gesicherte Ausführung steht deshalb:

```
If Not (IsNumeric(txtEntscheidungswert)) Then
   MsgBox "Bitte geben Sie eine Zahl ein!"
   txtEntscheidungswert = ""
```

```
    txtEntscheidungswert.SetFocus
    Exit Sub
End If
```

Ich hoffe, Sie haben vor dem Start Ihres Experiments alle Vorsichtsmaßnahmen getroffen. Sie müssten nun eine endlose Folge von »Jetzt bin ich bei ...«-Meldungsfeldern sehen. Ihre VBA-Prozedur läuft und läuft und läuft ...

Rettung bringt jetzt nur noch der Task-Manager, den Sie mit der Tastenkombination [Strg]+[Alt]+[Entf] aufrufen. Dort sehen Sie auf der Registerkarte *Anwendungen* in der Liste den Eintrag *Microsoft Access*. Den klicken Sie einmal an und klicken dann auf die Schaltfläche *Task beenden*. Damit müsste der Spuk vorbei sein. Sollte sich bei Ihnen etwas Schlimmeres ereignet haben (ein Access- oder sogar Windows-Absturz), sollten Sie Ihren Computer jetzt neu starten.

> Wenn Ihnen ein solches Experiment zu gefährlich ist, können Sie folgender-
> maßen eine »Notbremse« einbauen:
>
> ```
> If lngLaufvariable > 50 Then Exit Sub
> ```
>
> Geben Sie diese Zeile zwischen *Do While* und *Loop* ein. Dann kann Ihre Lauf-
> variable nicht größer als 50 werden.

Ein weiteres Experiment:

Ich hatte im Abschnitt »Das Drumherum« die *Option Explicit* erwähnt, die den Debugger zwingt, zu untersuchen, ob alle Variablen mittels *Dim*-Anweisung deklariert wurden. Was kann passieren, wenn Sie das nicht tun?

Dazu doppelklicken Sie bitte auf *Form_P4_DoWhileLoop* in der linken Hälfte des VBA-Fensters und löschen dann in der rechten Hälfte ganz oben die Zeile *Option Explicit*. Anschließend ändern Sie in der Prozedur *cmdAusfuehrenUnsicher_Click()* die Zeile *lngLaufvariable = lngLaufvariable + 1* in *lngLaufvariable = lngLauvariable + 1*. Wir simulieren damit also einen Tippfehler. Dieser wird jetzt vom Debugger nicht mehr bemerkt, und die Prozedur startet beim Klick auf die entsprechende Schaltfläche trotz Syntaxfehler. Das führt dann zu einem Laufzeitfehler in Form einer Endlosschleife. Sie sehen endlos oft die Meldung »Jetzt bin ich bei 1!«. Wegen Rettung siehe oben.

Select-Case

Ich hatte weiter oben im Abschnitt über *If-Then-Else* bereits erläutert, wie Sie eine Auswahl aus mehr als zwei Alternativen programmieren können. Eleganter geht es aber mit der *Select-Case*-Anweisung. Dazu klicken Sie im Startformular unserer Beispielanwendung *VBA-lernen* auf die Schaltfläche *Select-Case*, geben ein beliebiges Zeichen ein und klicken dann auf *ungesicherte Ausführung* bzw. auf *gesicherte Ausführung*.

Für die *Case*-Zeilen sind mehrere verschiedene Formen zugelassen – sowohl für Zahlen als auch für Texte:

```
Select Case lngZahl              Select Case strText
   Case 1,2,3                       Case "Alles"
      (Anweisungen)                    (Anweisungen)
   Case 4 To 10                     Case "Nüsse" To "Suppe"
      (Anweisungen)                    (Anweisungen)
   Case Is > 11                     Case Testtext
      (Anweisungen)                    (Anweisungen)
   Case Else                        Case Else
      (Anweisungen)                    (Anweisungen)
End Select                       End Select
```

Was Sie sicherheitshalber immer tun sollten – auch wenn es Ihnen ganz und gar unmöglich erscheint, dass der zu testende Ausdruck (hinter *Select Case*) andere Werte annimmt, als von Ihnen in den einzelnen *Case*-Zeilen vorgesehen: Schreiben Sie Anweisungen hinter *Case Else* für den Fall, dass es doch passiert. Und es wird passieren! Das ist durch Murphys Gesetz garantiert!

MsgBox

Erinnern Sie sich? Die Messagebox war einer der ersten Programmierbefehle, den Sie kennengelernt haben. (Einer meiner Studenten hat übrigens mal in einer Klausur »Massagebox« geschrieben. Auch eine nette Idee!) Die Messagebox hat uns die Botschaft »Hallo Welt!« auf den Bildschirm gezaubert. Aber das war nur die allereinfachste Form der Messagebox. Sie hat lediglich eine einzige Schaltfläche *(OK)*; wenn man sie anklickt, schließt sich die Messagebox wieder. Das war's!

Eingabeparameter
Von der Benutzung der verschiedensten Windows-Programme her kennen Sie aber bestimmt noch andere Messageboxen mit mehr als einer Schaltfläche. Wenn Sie z.B. eine Datei unter einem Namen speichern wollen, den es schon gibt, erscheint sicherheitshalber eine Messagebox mit den beiden Schaltflächen *Ja* und *Nein* und der Frage, ob Sie die vorhandene Datei ersetzen wollen. In anderen Fällen gibt es noch eine dritte Wahlmöglichkeit: *Abbrechen*. Alles das kann auch die VBA-Funktion *MsgBox*. Dazu muss man sie nur statt so:

```
MsgBox "Hier kommt eine Nachricht!"
```

so schreiben:

```
Dim lngAntwort As Long
lngAntwort = MsgBox ("Wollen Sie wirklich löschen?", vbYesNo)
If lngAntwort = vbYes Then
   …
Else
   …
End If
```

Das ist sicherlich erklärungsbedürftig. Also: Die Funktion *MsgBox* kann nicht nur eine Information auf dem Bildschirm anzeigen, sie liefert auch einen Ergebniswert in Form einer ganzen Zahl. Das müssen Sie sich ähnlich vorstellen wie bei der Funktion *WURZEL*. Wenn Sie diese Funktion auf die Zahl 25 anwenden, liefert sie als Ergebnis die Zahl 5: *WURZEL(25)=5*. Eine Funktion bekommt also einen oder mehrere Parameter und berechnet daraus ein Ergebnis. Das ist im Fall der Quadratwurzelberechnung völlig klar, bei der Funktion *MsgBox* für den Programmieranfänger aber erst einmal gewöhnungsbedürftig.

Die Funktion *MsgBox* bekommt also im oben genannten Beispiel die beiden Parameter »Wollen Sie wirklich löschen?« und *vbYesNo*. Was macht sie damit? Sie erzeugt ein kleines Fenster auf dem Bildschirm mit der Frage »Wollen Sie wirklich löschen?« und mit zwei Schaltflächen, die mit *Ja* und *Nein* beschriftet sind. Letzteres legt der zweite Parameter *vbYesNo* fest. Das ist eigentlich eine Zahl, nämlich die 4. Wenn Sie also der Funktion *MsgBox* als zweiten Parameter eine »4« mitgeben, hat die auf dem Bildschirm erscheinende Messagebox die beiden Schaltflächen *Ja* und *Nein*. Hätten Sie als zweiten Parameter »5« gewählt, wären die beiden Schaltflächen mit *Wiederholen* und *Abbrechen* beschriftet worden. Da sich diese ganzen Zahlen aber niemand merken kann, stellt VBA dafür entsprechende Namen zur Verfügung: *vbYesNo*, *vbRetryCancel* usw. Eine vollständige Liste aller möglichen Parameter finden Sie in der VBA-Hilfe unter dem Stichwort *MsgBox*. Dort können Sie auch nachlesen, dass die Funktion *MsgBox* noch drei weitere Parameter hat, auf die ich hier aber nicht näher eingehen möchte.

Antwortwert

Jetzt müssen Sie als Entwickler noch dafür sorgen, dass die Benutzeraktion richtig ausgewertet wird. Das bedeutet, dass das Programm unterschiedlich fortfahren muss, und zwar abhängig davon, ob der Benutzer die *Ja*-Schaltfläche oder die *Nein*-Schaltfläche angeklickt hat. Woher wissen Sie, was der Benutzer angeklickt hat? Vom Wert der Funktion *MsgBox* nach dem Klick! Dieser Wert wird im obigen Beispiel in der Variablen *lngAntwort* gespeichert, die anschließend mit einem *If-Then-Else*-Befehl ausgewertet wird. Auch dieser Antwortwert ist eigentlich wieder eine Zahl, für die es eine Reihe von definierten Werten gibt: 6 bedeutet z.B. *Ja* und 7 *Nein*. Die Bedeutung der übrigen Werte zwischen 1 und 5 können Sie wiederum der VBA-Hilfe zum Stichwort *MsgBox* entnehmen.

Bitte schauen Sie sich in der Beispielanwendung *VBAlernen* jetzt das Formular *P6_MsgBox* und den dazugehörigen VBA-Code an (Abbildung 5.16). Da eine Messagebox auch mehr als zwei Schaltflächen haben kann, erfolgt die Auswertung der Benutzeraktion dort nicht mit *If-Then-Else* (nur zwei Alternativen), sondern mit *Select-Case* (beliebig viele Alternativen).

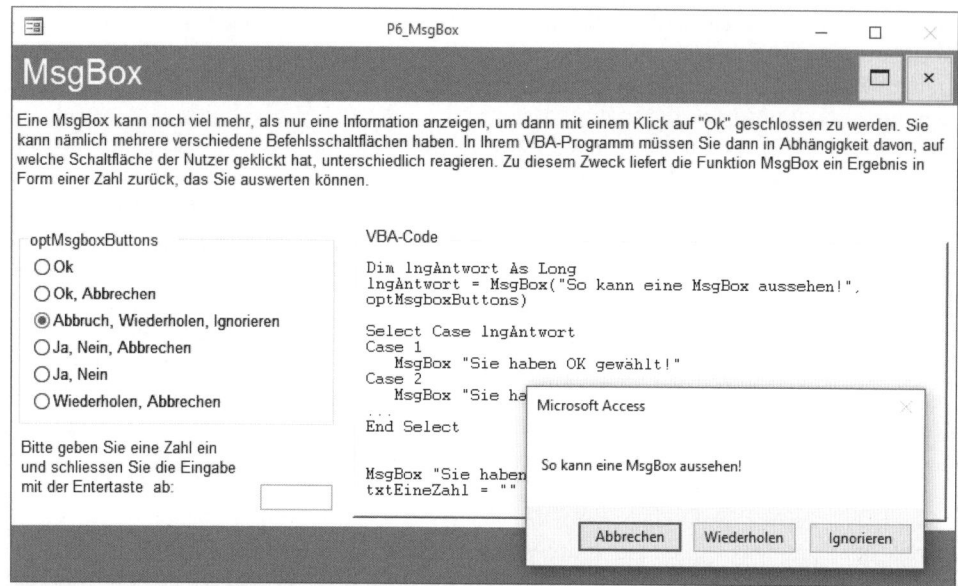

Abbildung 5.16: Eine Messagebox kann mit verschiedenen Schaltflächen programmiert werden.

Daten anzeigen

Ich erläutere die *MsgBox* hier so ausführlich, weil sie für vielerlei Zwecke eingesetzt werden kann – unter anderem auch, um Daten anzuzeigen. Dazu müssen die Daten (z. B. Zahlen) allerdings in das Textformat umgewandelt werden. Das geschieht mit dem VBA-Befehl *Str(…)* – von engl. »string«.

Der VBA-Befehl *Str(…)* fügt **vor** die in einen Text umzuwandelnden Zeichen ein zusätzliches Leerzeichen ein. Wenn Sie das nicht wollen, müssen Sie *Trim(Str(…))* schreiben oder die Funktion *Format(…)* verwenden.

Außerdem muss der gesamte auszugebende Text in **einem** Parameter enthalten sein. Das ist aber ganz einfach, weil Texte wie Zahlen addiert werden können: *"Paul"&" Meier"="Paul Meier"*. Theoretisch könnten Sie für die Textaddition auch das Zeichen »+« benutzen – üblicherweise nimmt man aber das »&«-Zeichen.

Im Formular *P6_MsgBox* wird dafür z. B. der Befehl

```
MsgBox "Sie haben eine " & Str(txtEineZahl) & " eingegeben!"
```

verwendet, um die Eingabe des Benutzers in das Textfeld *txtEineZahl* wieder auszugeben.

Wenn Sie die MsgBox nur in ihrer einfachsten Form für die Ausgabe einer Information verwenden wollen, können Sie den ersten Parameter einfach hinter das Schlüsselwort *MsgBox* schreiben. Möchten Sie dagegen den Klick des Benutzers auf eine der Schaltflächen auswerten, müssen Sie die beiden Parameter in runde Klammern setzen und den Ausgabewert der Funktion *MsgBox* einer Variablen zuweisen.

Noch einmal: Eingabeparameter

Ich hatte weiter oben schon beschrieben, dass der zweite Eingabeparameter der Funktion *MsgBox* darüber entscheidet, wie viele und welche Schaltflächen die Messagebox hat. Mit der richtigen Wahl dieses Parameters können Sie aber noch viel mehr erreichen: In der VBA-Hilfe zum Stichwort *MsgBox* finden Sie unter anderem die Auskunft »16 (= *vbCritical*) = Meldung mit Stopp-Symbol anzeigen«.

Und wie stellen Sie es nun an, wenn Sie die drei Schaltflächen *Abbrechen*, *Wiederholen* und *Ignorieren* (=*vbAbortRetryIgnore*=2) in der Messagebox haben wollen und **zusätzlich** das Stopp-Symbol (=*vbCritical*=16)? Ganz einfach: Sie geben als zweiten Parameter *18 (=16+2)* ein! Dann sieht die Messagebox nicht wie in Abbildung 5.16 aus, sondern so:

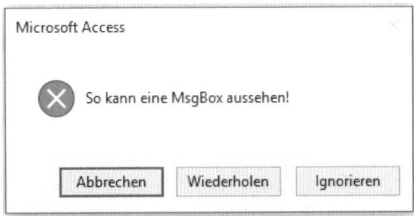

Abbildung 5.17: Eine Messagebox mit dem zweiten Parameter = 18.

Experimentieren Sie ruhig einmal etwas mit dieser Technik herum, d.h., ändern Sie in der Beispielanwendung *VBAlernen* in der VBA-Prozedur *Private Sub optMsgboxButtons_Click()* die dritte Zeile etwa folgendermaßen:

```
lngAntwort = MsgBox("So kann eine MsgBox aussehen!", & _
                optMsgboxButtons + vbCritical)
```

Dabei bezeichnet *optMsgboxButtons* den Namen der sogenannten Optionsgruppe mit den verschiedenen Möglichkeiten für die Art und Anzahl der Schaltflächen in einer Messagebox (links in Abbildung 5.16).

Zeilenumbruch

Wenn Sie in dem von der Messagebox angezeigten Text einen Zeilenumbruch haben möchten, programmieren Sie

```
MsgBox "Bitte geben Sie in dem Feld Enddatum einen Wert ein," & vbCrLf & _
        "sonst kann die Transportzeit nicht berechnet werden."
```

Die merkwürdige Abkürzung *vbCrLf* kommt noch aus der Schreibmaschinenzeit: *Cr* bedeutet »Carriage Return« (Wagenrücklauf – also zurück an den Anfang der Zeile), und *Lf* bedeutet »Line Feed« (Zeilenvorschub – also weiter in der nächsten Zeile). Das bedeutet dann zusammengefasst: »Am Anfang der nächsten Zeile geht es weiter.«

Schauen Sie sich dazu einmal die ⏎-Taste auf Ihrer Tastatur an. Darauf sehen Sie das Symbol eines Pfeils, der von oben nach unten und dann nach links zeigt. Das ist *CrLf*!

So, damit haben wir die wichtigsten Programmierbefehle erst einmal abgearbeitet. Noch mehr Seiten zu diesem Thema würden den Rahmen dieses kleinen Buchs sprengen. Es ging mir einerseits darum, dass Sie als Programmierneuling die Denkweise eines Programmierers (»Hackermentalität«) nachempfinden können. Andererseits möchte ich Sie aber auch befähigen, selbst erste VBA-Programme zu schreiben. Die Benutzung weiterer Programmierbefehle können Sie sich bei Bedarf mithilfe eines anderen Buchs oder unter Benutzung der integrierten VBA-Hilfe erarbeiten.

Laufzeitfehler verhindern

Aber damit ist dieses Kapitel noch nicht zu Ende. Ich hatte es mit dem Thema »Programmierfehler« begonnen und möchte es damit auch beenden. Sie können nämlich bei der VBA-Programmierung

- durch geeignete Befehle verhindern, dass später Laufzeitfehler auftreten, und
- bewirken, dass Ihr Programm sich bei Auftreten eines Laufzeitfehlers benutzerfreundlich verhält, d.h., der Benutzer wird in verständlicher Form über die Art des aufgetretenen Laufzeitfehlers informiert, und das Programm stürzt nicht ab.

Benutzereingaben prüfen

Es gibt kaum ein Programm, in dem der Benutzer nicht aufgefordert wird, Informationen einzugeben. Entweder tippt er sie selbst in Textfelder ein, oder er wählt sie aus Listen-, Kombinations- oder Optionsfeldern aus. Diese Informationen verwendet das Programm dann als Grundlage für seine Aktionen. Eine ganz wichtige Aufgabe zur Vermeidung von Laufzeitfehlern besteht daher darin, die Benutzereingaben zu überprüfen.

Was kann der Benutzer denn alles falsch machen?

Benutzerfehler	Codebeispiel

Absichtlich oder unabsichtlich Eingabefelder leer gelassen.	Aus *P2_IfThenElse*:
	
	```If IsNull(txtErsteZahl) Then```
	``` MsgBox "Bitte geben Sie eine erste Zahl ein!"```
	``` txtErsteZahl.SetFocus```
	``` Exit Sub```
	```End If```

Einen falschen Datentyp eingegeben (z.B. Buchstaben statt Zahlen).	Aus *P4_DoWhileLoop*:
	
	```If Not (IsNumeric(txtEntscheidungswert)) Then```
	``` MsgBox "Bitte geben Sie eine Zahl ein!"```
	``` txtEntscheidungswert = ""```
	``` txtEntscheidungswert.SetFocus```
	``` Exit Sub```
	```End If```
	
	Bemerkung: Es gibt außerdem noch die Funktion *IsDate*.

Widersprüchliche oder unplausible Daten eingegeben (z.B. ein Enddatum, das zeitlich vor dem Anfangsdatum liegt).	Aus *P3_ForNext*:
	
	```If txtErsteZahl >= txtLetzteZahl Then```
	``` MsgBox "Die erste Zahl muss kleiner als " & _```
	``` "die letzte Zahl sein!"```
	``` txtErsteZahl.SetFocus```
	``` Exit Sub```
	```End If```

Tabelle 5.1: Möglichkeiten zur Überprüfung der Benutzereingaben

Benutzerfehler	Codebeispiel

Falsche Daten eingegeben.
 	
Das ist natürlich im Allgemeinen schwer oder gar nicht zu erkennen, denn ob jemand Meier oder Maier heißt, kann das Programm nicht wissen. Wenn aber ein Geburtsdatum im 22. Jahrhundert eingegeben wird, ist das sicherlich falsch.
	``
	If txtGeburtsdatum > Now() Then
	    MsgBox "Das Geburtsdatum liegt in der Zukunft!"
	    txtGeburtsdatum = ""
	    txtGeburtsdatum.SetFocus
	    Exit Sub
	End If
	``

Tabelle 5.1: Möglichkeiten zur Überprüfung der Benutzereingaben (Fortsetzung)

In fast allen Codebeispielen in Tabelle 5.1 sehen Sie wieder zwei kleine Beiträge zur Benutzerfreundlichkeit:

- Der falsch eingegebene Wert wird gelöscht, damit der Benutzer das nicht selbst machen muss.

- Die Einfügemarke wird mit dem Befehl *SetFocus* in das Feld gesetzt, in dem eine neue Eingabe erwartet wird, sodass der Benutzer gleich losschreiben kann, ohne erst zur Maus greifen zu müssen.

Bedienreihenfolge erzwingen

Ein weiterer »beliebter« Benutzerfehler besteht darin, die Steuerelemente – vorzugsweise die Schaltflächen – in der falschen Reihenfolge zu bedienen. Schon allein für die drei Schaltflächen *Neuen Datensatz einfügen*, *Datensatz speichern* und *Datensatz löschen* gibt es viele Fehlermöglichkeiten: Der Benutzer könnte z. B.

- **dieselbe Schaltfläche zweimal nacheinander anklicken.**

  Dann müssen Sie dafür sorgen, dass das ungefährlich ist. Hat der Benutzer z. B. *Neuen Datensatz einfügen* angeklickt, Daten eingegeben und dann erneut auf *Neuen Datensatz einfügen* geklickt, muss zunächst der erste eingegebene Datensatz gespeichert werden, und dann erst darf der Nutzer die Möglichkeit haben, den nächsten neuen Datensatz einzugeben.

- *Datensatz speichern* **anklicken, obwohl er gar keine Daten eingegeben hat.**

  Daher müssen Sie vor dem Speichern überprüfen, ob die Eingabefelder nicht leer sind (*If IsNull()*).

- *Datensatz löschen* **anklicken, obwohl er gar keinen zu löschenden Datensatz ausgewählt hat.**

  Vor dem Löschen müssen Sie überprüfen, ob der Benutzer einen Datensatz im Listenfeld angeklickt hat.

- *Neuen Datensatz einfügen* **anklicken und unmittelbar darauf** *Datensatz speichern* **oder** *Datensatz löschen.*

  Hier greifen die bereits in den vorangegangenen beiden Punkten erläuterten Sicherheitsmaßnahmen.

- **einen neuen Datensatz eingeben und dann das Formular schließen, ohne auf** *Datensatz speichern* **zu klicken.**

  Programmieren Sie einen *Speichern*-Befehl in der Prozedur *Form_Close* oder deaktivieren Sie die Standard-*Schließen*-Schaltfläche (die Schaltfläche mit dem X ganz rechts oben) und programmieren Sie im VBA-Code Ihrer *Formular schließen*-Schaltfläche einen *Speichern*-Befehl.

Ein weiteres sehr nützliches Hilfsmittel zum Erzwingen einer bestimmten Bedienreihenfolge sind die Eigenschaften *Locked*, *Enabled* und *Visible*. Damit können Sie programmieren, dass nach der Bedienung bestimmter Steuerelemente andere Steuerelemente gesperrt oder sogar unsichtbar werden. Sie werden dann erst wieder freigegeben bzw. sichtbar, wenn der Benutzer die von Ihnen gewünschte Aktion ausführt.

Beispiel: In den VBA-Code zu der Schaltfläche *Neuen Datensatz einfügen* schreiben Sie die Zeile

```
cmdSpeichern.Enabled = False
```

und in den VBA-Code für die Änderung eines Textfelds (z.B. *txtName_AfterUpdate()*) schreiben Sie die Zeile

```
cmdSpeichern.Enabled = True
```

Dann wird die *Speichern*-Schaltfläche nach dem Klick auf *Neuen Datensatz einfügen* zunächst deaktiviert und erst wieder freigegeben, wenn der Benutzer einen Kundennamen eingegeben hat.

Bitte sehen Sie sich zu diesem Thema auch die Beispieldatenbanken noch einmal aufmerksam an. Ich mache dort von dieser Technik – gerade nicht benötigte Steuerelemente zu deaktivieren – intensiv Gebrauch!

Fehlfunktionen vorhersehen

Wenn die Benutzereingaben alle überprüft und für richtig bzw. wenigstens für plausibel befunden wurden, kommt die nächste Hürde. Jetzt kann es nämlich passieren, dass mit den richtigen Daten falsch gearbeitet wird. Als Programmierer ist es Ihre Aufgabe, solche möglichen Fehlfunktionen vorherzusehen.

Division durch null

Wenn in Ihrem Programm Berechnungen durchgeführt werden, ist sicherlich aus der Mathematik bekannt, dass dabei nicht durch null dividiert werden darf. Bitte öffnen Sie das Formular *P7_OnError* aus der Beispielanwendung *VBAlernen*. Wenn Sie dort als zweite Zahl eine Null eingeben und dann auf die Schaltfläche *ungesicherte Ausführung* klicken, erhalten Sie den Laufzeitfehler 11, »Division durch null«. Dem kann man natürlich so vorbeugen:

```
If txtZweiteZahl = 0 Then
    MsgBox "Bitte geben Sie als zweite Zahl keine Null ein!"
    txtZweiteZahl = ""
    txtZweiteZahl.SetFocus
    Exit Sub
End If
```

Bitte beachten Sie den Unterschied zwischen *txtZweiteZahl = 0* und *IsNull (txtZweiteZahl)*! Ersteres bedeutet, dass in dem Textfeld *txtZweiteZahl* eine Null steht, Letzteres dagegen bedeutet, dass in dem Textfeld *txtZweiteZahl* **nichts** steht.

Nicht existierende Daten

Ein weiteres Beispiel für eine vorhersehbare Fehlfunktion während der Programmausführung: Es wird ja nicht nur mit Daten gearbeitet, die der Benutzer eingegeben hat, sondern auch mit Daten, die aus den Tabellen der Datenbank stammen. Hierfür gibt es spezielle VBA-Befehle, die die richtigen Daten aus den richtigen Tabellen herausholen und für die weitere Nutzung in Form von Variablen zur Verfügung stellen. Darauf werde ich in Kapitel 8, »VBA – Teil 2«, noch näher eingehen.

Sie können sich aber sicherlich auch so schon vorstellen, dass es passieren kann, dass die gesuchten Daten in der Datenbank gar nicht existieren. Daher müssen Sie als Programmierer dafür sorgen, dass Ihr Programm gar nicht erst versucht, mit nicht vorhandenen Daten weiterzuarbeiten. Wie das konkret funktioniert, kann ich jetzt noch nicht darstellen. Dafür muss ich in einem späteren Kapitel erst ein Beispiel entwickeln, an dem wir uns solche Probleme dann klarmachen werden.

OnError

Auch wenn Sie sich als Programmierer noch so viel Mühe geben – Sie werden nie alle möglichen Fehler voraussehen können. Glücklicherweise gibt es aber in VBA einen Befehl, mit dem sich auch unvorhersehbare Fehlfunktionen behandeln lassen. Dazu schauen Sie sich bitte einmal die Prozedur *cmdAusfuehrenSicher_Click()* des Formulars *P7_OnError* an. Dort wurden **keine** speziellen Vorkehrungen getroffen, um eine Division durch null zu verhindern. Stattdessen steht in der zweiten Zeile der Prozedur:

```
On Error GoTo fehlerbehandlung
```

Das bedeutet: Wenn bei der Ausführung der Prozedur in einer bestimmten Zeile ein (jetzt noch nicht näher definierbarer) Fehler auftritt, soll die Ausführung unterbrochen werden. Anschließend soll hinter der Zeile, in der *fehlerbehandlung* steht, weitergemacht werden:

```
Exit Sub
fehlerbehandlung:
   txtErgebnis = ""
   MsgBox "Es ist ein Fehler aufgetreten!" & vbCrLf & _
          "Beschreibung:" & vbCrLf & Err.Description
```

In unserem Beispiel besteht die Fehlerbehandlung aus zwei Aktionen:

- Das Textfeld, das eigentlich das Ergebnis anzeigen sollte, wird geleert. Das ist wichtig, denn dort könnte ja noch das Ergebnis einer vorangegangenen Berechnung stehen, das jetzt falsch wäre.
- Es wird eine einfache Messagebox erzeugt, die die Beschreibung des Fehlers (*Err.Description*) anzeigt.

Wichtig ist, dass **vor** der Zeile, in der die Fehlerbehandlung beginnt, der Befehl *Exit Sub* steht. Ansonsten würde die Fehlerbehandlung auch durchgeführt werden, wenn gar kein Fehler aufgetreten ist.

Sie können die im Fall eines Fehlers in der Messagebox angezeigten Informationen natürlich auch wesentlich umfangreicher gestalten.

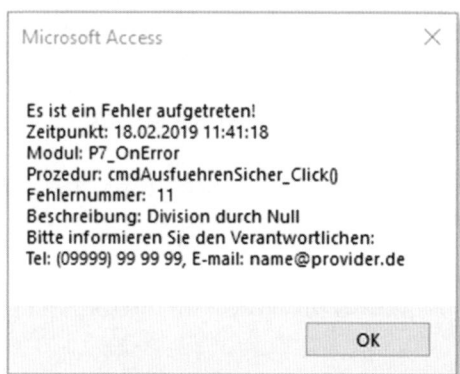

Abbildung 5.18: Damit können Benutzer und Entwickler etwas anfangen!

Abbildung 5.18 zeigt eine Fehlerinformation, mit der beide etwas anfangen können: Der Benutzer weiß, wo er Hilfe bekommt, und der Entwickler weiß ganz genau, wann an welcher Stelle in welcher Prozedur welcher Fehler aufgetreten ist.

 Die Behandlung unvorhersehbarer Fehlfunktionen mit dem VBA-Befehl *OnError* sollte in keiner Ihrer Prozeduren fehlen!

Aber: Die Messagebox mit der Fehlerbeschreibung ist für den Endnutzer gedacht. Er soll nicht mit einem Sprung in den Quellcode und dem Anspringen des Debuggers konfrontiert werden.

Genau umgekehrt ist es für den Entwickler: Er möchte während der Programmentwicklung beim Auftreten eines Fehlers sofort an die richtige Stelle im Quellcode geführt werden, um den Fehler beheben zu können. Für ihn ist die Messagebox mit der Fehlerbeschreibung daher eher eine Behinderung!

Also sollte man die VBA-Prozeduren erst einmal ohne Fehlerbehandlung schreiben und diese dann später hinzufügen? Wer glaubt, dass er das dann nach Abschluss der Entwicklung wirklich noch macht, glaubt auch an den Weihnachtsmann! Üblicherweise wird der Termindruck gegen Ende der Entwicklung immer größer, während gleichzeitig die Lust sinkt, sich noch weiter damit zu beschäftigen. Daher sollten Sie besser gleich in jede Prozedur, die Sie neu anlegen, als Erstes die Zeilen für die Fehlerbehandlung hineinkopieren. Anschließend können Sie die Fehlerbehandlung für den Zeitraum der Entwicklung auf einfache Weise wieder ausschalten.

Dazu verwandeln Sie alle Programmzeilen

```
On Error GoTo fehlerbehandlung
```

mithilfe der Suchen-und-Ersetzen-Funktion in

```
If errorhandling Then On Error GoTo fehlerbehandlung
```

Dabei ist *errorhandling* die folgende Funktion:

```
Public Function errorhandling() As Boolean
errorhandling = False
End Function
```

Diesen kleinen Dreizeiler speichern Sie unter *Module* ab, und wenn Sie Ihre Entwicklungsarbeit beendet haben, ersetzen Sie einfach *False* durch *True* – schon ist die Fehlerbehandlung eingeschaltet!

Eine große Anzahl von VBA-Standardlösungen finden Sie in der Datei *Checkliste-Formulare.xlsx* im Internet (Adresse in der Einleitung, dort im Ordner *\KapA*). Dort liste ich mehr als drei Dutzend Funktionalitäten auf, die jedes Ihrer Formulare aufweisen sollte, und beschreibe, wie sie realisiert werden können.

Was ist wichtig?

1. Finden Sie Syntaxfehler mit dem Debugger, beugen Sie Laufzeitfehlern durch entsprechende Programmierung vor und testen Sie Ihren Code mit Beispieldaten auf logische Fehler (siehe Abschnitt »Fehler finden und korrigieren« ab Seite 194 und Abschnitt »Laufzeitfehler verhindern« ab Seite 224).

2. Wenn Ihr Programm nicht mehr auf Mausklicks reagiert, könnte es sein, dass der Debugger läuft (siehe Abschnitt »Laufzeitfehler« ab Seite 198).

3. Tippen Sie die erste Zeile einer Prozedur niemals selbst ein, sondern lassen Sie sie von Access bzw. VBA automatisch generieren (siehe Abschnitt »Das Drumherum« ab Seite 209).

4. Finden Sie hartnäckige Programmierfehler durch schrittweise Programmausführung bzw. durch das Setzen von Haltepunkten (siehe Abschnitt »Der Debugger« ab Seite 207).

5. Passen Sie die VBA-Symbolleiste an, indem Sie ihr Symbole für häufig benötigte Befehle hinzufügen (siehe Abschnitt »Symbolleiste anpassen« ab Seite 208).

6. Zwingen Sie sich durch die Einstellung *Option Explicit* immer selbst zur expliziten Variablendeklaration (siehe Abschnitt »Das Drumherum« ab Seite 209 und Abschnitt »Experimente« ab Seite 218).

7. Benutzen Sie beim Testen Ihres Programms die Messagebox für die Ausgabe von Zwischenergebnissen (siehe Abschnitt »MsgBox« ab Seite 220).

8. Sehen Sie mit *OnError* auch Reaktionen auf nicht vorhersehbare Fehler vor und schalten Sie diese Fehlerbehandlung erst nach der Übergabe der Access-Anwendung an den Benutzer ein (siehe Abschnitt »OnError« ab Seite 227).

9. Benutzen Sie meine Standardlösungen aus *Checkliste-Formulare.xlsx* (im Ordner *\Buch\KapA)*.

 Sie finden das Dokument *WasIstWichtig.pdf* zum Ausdrucken im Internet (Adresse in der Einleitung, dort im Ordner *\KapA*).

Kapitel 6
Steuerelemente

In diesem Kapitel 232

Eigenschaften von Steuerelementen 232

Bezeichnungsfeld 233

Textfeld 234

Schaltfläche 239

Listenfeld und Kombinationsfeld 242

Optionsgruppe 247

Registerkarten 249

Enabled, Visible und Locked 252

Exakte Platzierung 253

Das eigene Menüband 255

Was ist wichtig? 264

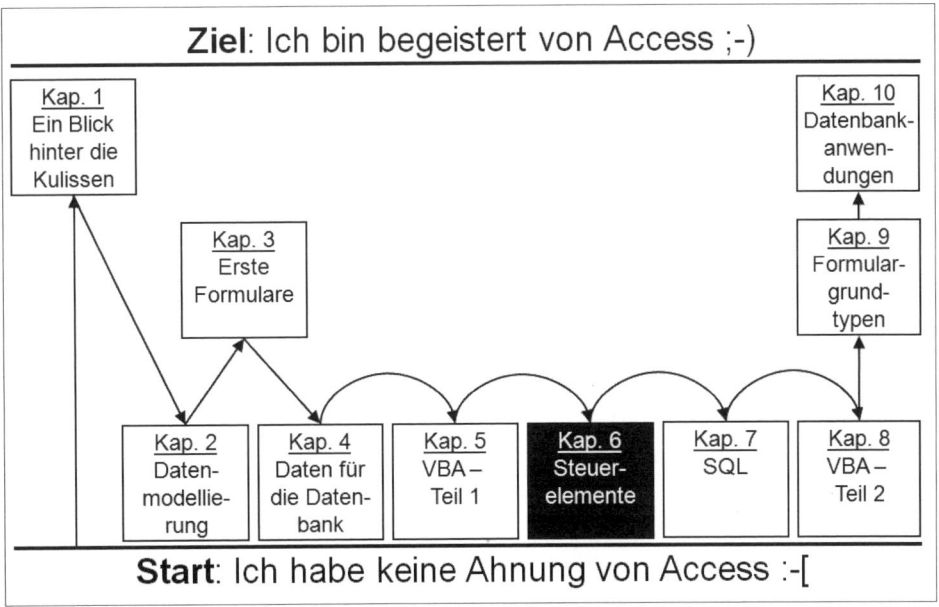

Abbildung 6.1: Das Kapitel 6, »Steuerelemente«.

In diesem Kapitel

... werden die wichtigsten Steuerelemente erläutert, die Sie bei der Entwicklung von Access-Formularen benötigen. Mithilfe dieser Steuerelemente können Daten angezeigt und bearbeitet bzw. Aktionen wie Speichern, Löschen, Berechnen usw. gestartet werden.

Eigenschaften von Steuerelementen

Im vorigen Kapitel über die Programmierbefehle habe ich immer wieder die Wechselbeziehungen zwischen Access und VBA betont. Wir sind beim Ausprobieren der Befehle ständig zwischen beiden Fenstern hin- und hergesprungen. Dieses Kapitel spielt sich jetzt zwar vorrangig im Access-Fenster ab, aber viele Steuerelemente brauchen dazugehörigen VBA-Code, um zu funktionieren.

Es geht hier also um die Objekte, die Sie mithilfe entsprechender Werkzeuge auf einem Formular platzieren können (Abbildung 6.2 für Access 2013/2016/2019). Drei davon haben wir schon kennengelernt: Bezeichnungsfeld, Textfeld und Schaltfläche. Das sind die am häufigsten verwendeten Steuerelemente.

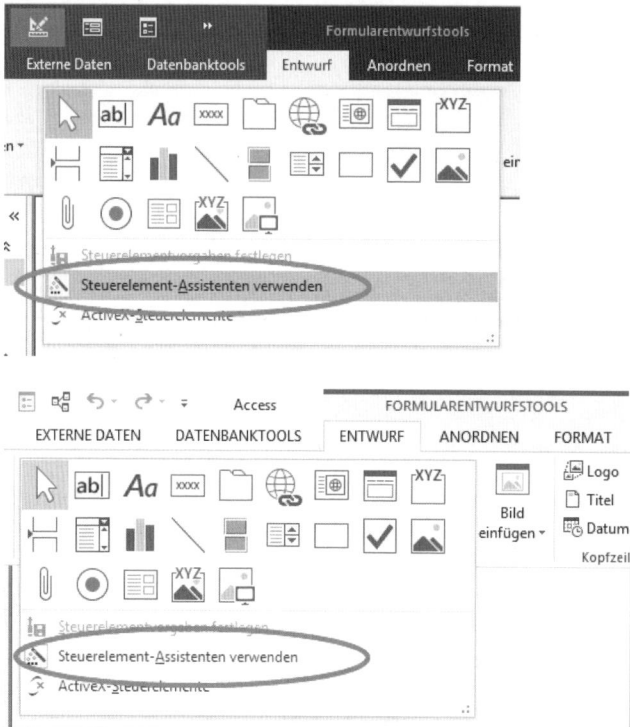

Abbildung 6.2: Die Steuerelement-Werkzeuge im Menüband (oben: Access 2016/19, unten: Access 2013).

Achten Sie unbedingt darauf, dass der Steuerelement-Assistent aktiviert ist – das ist die Schaltfläche mit dem Zauberstab. Er unterstützt Sie sehr wirkungsvoll beim Einfügen von Steuerelementen!

Die folgenden Abschnitte enthalten jeweils eine Tabelle mit den wichtigsten Eigenschaften des jeweiligen Steuerelements. Zugriff auf diese Eigenschaften haben Sie in der Entwurfsansicht des Formulars. Wenn Sie mit der rechten Maustaste auf ein beliebiges Steuerelement des Formulars klicken (**nicht** auf die Titelzeile des Fensters mit dem Formular!) und dann im Kontextmenü den Befehl *Eigenschaften* wählen, öffnet sich das Eigenschaftenblatt. Es enthält eine Reihe von Registerkarten mit sehr vielen Eigenschaften. Die meisten davon sind selbsterklärend, und viele werden Sie selten oder nie brauchen.

Wenn das Eigenschaftenblatt einmal geöffnet ist, brauchen Sie nur mit der linken Maustaste auf ein anderes Steuerelement zu klicken, um dessen Eigenschaften zu sehen. Sofern Ihr Bildschirm groß genug ist, lassen Sie das Eigenschaftenblatt für die Formularentwicklung also am besten immer geöffnet.

Im Eigenschaftenblatt erscheinen in der rechten Hälfte in einigen Zeilen zwei Bedienelemente (Abbildung 6.5):

- ein Kombinationsfeld, das Sie öffnen können, um aus der Liste einen Wert für die Eigenschaft auszuwählen, und/oder
- eine Schaltfläche mit drei Punkten, die ein weiteres Fenster öffnet, mit dessen Hilfe die Eigenschaft festgelegt werden kann.

Damit diese Bedienelemente sichtbar werden, müssen Sie mit der linken Maustaste in die Zeile mit der betreffenden Eigenschaft klicken.

Bitte beachten Sie im Eigenschaftenblatt insbesondere die Registerkarte *Ereignis*. Dort finden Sie für jedes Steuerelement eine unterschiedliche Zahl von Ereignissen. Für jedes dieser Ereignisse können Sie mithilfe einer entsprechenden VBA-Prozedur definieren, was passieren soll, wenn dieses Ereignis auf dem Steuerelement eintritt – z. B. das Ereignis *Beim Klicken* auf einem Steuerelement vom Typ *Schaltfläche*. Damit haben wir wieder eine Wechselbeziehung zwischen Access und VBA.

Bezeichnungsfeld

Das Bezeichnungsfeld ist das einfachste Steuerelement. Es hat im Allgemeinen keine aktive Funktion und dient nur dazu, Text auf dem Formular anzuzeigen. Schriftart, -größe, -farbe usw. können Sie so ändern, wie Sie es aus Word, PowerPoint und Excel gewohnt sind.

Sie können sämtliche Eigenschaften eines Steuerelements in seinem Eigenschaftenblatt einstellen – Sie können das aber auch per VBA-Befehl tun. Und dazu habe ich leider eine ganz schlechte Nachricht: Die Eigenschaften haben im Eigenschaftenblatt deutsche Namen, in VBA aber englische. Sie müssen sich also für jede Eigenschaft zwei Bezeichnungen merken.

Registerkarte	Eigenschaft	Bemerkung
Format	Beschriftung	Enthält den im Steuerelement angezeigten Text.
Andere	Name	Bei allen anderen Steuerelementen empfehle ich Ihnen, den standardmäßig von Access vergebenen Namen zugunsten eines aussagekräftigen Namens zu ändern (z. B. *cmdSchliessen* statt *Befehl15*). Hier ist das nicht unbedingt notwendig – es sei denn, Sie wollen den Text im Steuerelement per VBA-Befehl ändern (Beispiel: Formular *S5_Register*).

Tabelle 6.1: Einige wichtige Eigenschaften des Bezeichnungsfelds

 Sie finden die Datei *VBAlernen.accdb* mit den Beispielen zu diesem Kapitel im Internet (Adresse in der Einleitung, dort im Ordner \Kap05).

Ein Beispiel: Sie wollen den Text in einem Bezeichnungsfeld nicht fest einstellen, sondern verschiedene Texte anzeigen – in Abhängigkeit davon, was der Benutzer gerade angeklickt hat. Schauen Sie sich dazu bitte das Formular *S5_Register* an. Je nachdem, ob Sie die Registerkarte *Mitglieder* oder *Mannschaften* angeklickt haben, erscheint rechts daneben ein anderer Text. Wenn Sie sich jetzt die Prozedur *regMitgliederMannschaften_Change()* des Formulars *S5_Register* ansehen, steht dort:

```
txtVbaCode.Caption = …
```

txtVbaCode ist der Name des Bezeichnungsfelds, und *Caption* ist in VBA das, was im Eigenschaftenblatt *Beschriftung* heißt. Einmal englisch, einmal deutsch! So verwirrend ist das leider!

Gleichzeitig haben wir hier auch wieder mal ein Beispiel für die Wechselbeziehung zwischen Access und VBA: Eigenschaften von Steuerelementen können mithilfe des Eigenschaftenblatts in Access festgelegt und dann später in VBA ganz nach Bedarf geändert werden. Dort erhalten Sie den Zugriff auf die gewünschte Eigenschaft durch die Namenskonstruktion »Name des Steuerelements – Punkt – Name der Eigenschaft (auf Englisch!)«, z. B. *txtVba-Code.Caption*.

Textfeld

Textfelder haben wir bis hierhin schon an vielen Stellen benutzt; öffnen Sie jetzt bitte als Übungsbeispiel das Formular *S1_Textfeld*, indem Sie im Hauptformular auf die Schaltfläche *Textfeld* klicken. Lassen Sie uns zunächst ein wenig auf dem Formular herumklicken.

Wenn Sie in eines der beiden Textfelder mit den Bezeichnungen *txtStartdatum* oder *txtEndedatum* klicken, erscheint rechts daneben ein kleines Kalendersymbol (Abbildung 6.3). Das ist sehr praktisch! Damit können Sie ein Datum per Mausklick eingeben und brauchen es nicht einzutippen.

Ein Klick auf die Schaltfläche *ungesicherte Ausführung* bzw. *gesicherte Ausführung* liefert als Ergebnis in einem entsprechenden Textfeld die Dauer in Tagen zwischen Start- und Enddatum. Der dazugehörige VBA-Code ist denkbar einfach, denn Sie können Datumsangaben einfach voneinander abziehen.

Normalerweise würde man ein Textfeld in einem Formular nicht »txtStartdatum« nennen, sondern »Startdatum«. Ich habe das hier nur aus didaktischen Gründen getan, damit Sie den Zusammenhang zwischen Access (Name des Textfelds) und VBA (gleichlautender Name einer Variablen) besser erkennen!

Beachten Sie bitte ein wichtiges Detail: Sobald das Start- oder das Enddatum geändert wird, verschwindet der Inhalt des Textfelds *txtDauer.* Das ist wichtig, denn wenn der Benutzer eine der beiden Datumsangaben ändert und vergisst, eine der beiden Schaltflächen *Ausführung* anzuklicken, stimmt die Angabe der Dauer nicht mehr! Dieses Verhalten stellt sich nicht automatisch ein, sondern muss programmiert werden. Bitte schauen Sie sich dazu den VBA-Code zum Formular *S1_Textfeld* an. Sie finden dort die beiden einzeiligen Prozeduren *txtStartdatum_Change()* und *txtEndedatum_Change().*

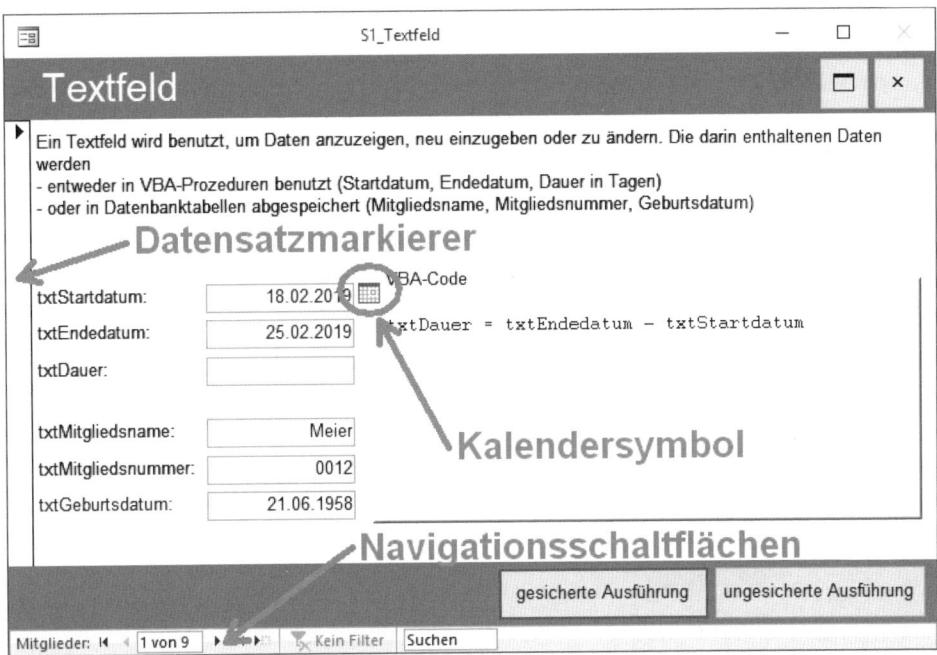

Abbildung 6.3: Ein Beispielformular mit Textfeldern.

Die übrigen drei Textfelder zeigen Daten aus der Tabelle *tblMitglied* an. Mithilfe der etwas unscheinbaren Schaltflächen am linken unteren Formularrand (der *Navigationsschaltflächen*) können Sie sich das nächste, das vorige, das erste oder das letzte Mitglied anzeigen lassen. Die ganz rechte Schaltfläche ermöglicht es Ihnen auch, ein neues Mitglied anzulegen. Haben Sie am Namen, an der Nummer oder am Geburtsdatum etwas geändert, verwandelt sich das kleine schwarze Dreieck am linken oberen Formularrand in einen Schreibstift. Das weist Sie darauf hin, dass die Daten zwar im Formular geändert sind, aber noch nicht in der Datenbanktabelle gespeichert wurden. Da der ganze Balken am linken Formularrand eigentlich eine Schaltfläche ist (*Datensatzmarkierer*), können Sie durch einen Klick darauf die Speicherung durchführen. Daraufhin verwandelt sich der Stift wieder in das kleine schwarze Dreieck.

Soweit zur Funktionalität des Formulars. Jetzt wollen wir uns das Ganze in der Entwurfsansicht ansehen (Abbildung 6.4).

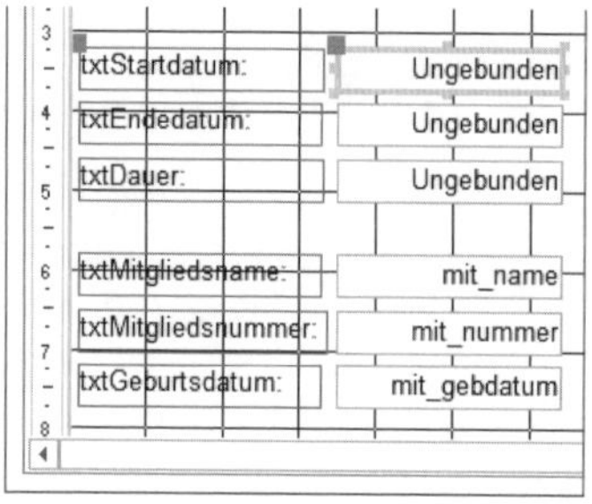

Abbildung 6.4: Gebundene und ungebundene Textfelder in der Entwurfsansicht.

In den Textfeldern hinter *txtStartdatum, txtEndedatum* und *txtDauer* steht *Ungebunden*, d. h., es gibt keinen Zusammenhang mit irgendwelchen Daten in der Datenbank. Der Inhalt dieser Textfelder kann aber in einer VBA-Prozedur benutzt werden. Wir haben bereits gesehen, dass damit die Berechnung der Dauer in Tagen erfolgt. Sehen Sie sich dazu bitte die VBA-Prozeduren *cmdAusfuehrenUnsicher_Click()* und *cmdAusfuehrenSicher_Click()* des Formulars *S1_Textfeld* an.

In den übrigen drei Textfeldern steht *mit_name, mit_nummer* bzw. *mit_gebdatum*. Diese Textfelder sind also an die entsprechenden Felder der Tabelle *tblMitglied* gebunden. Das stellen Sie im Eigenschaftenblatt auf der Registerkarte *Daten* unter *Steuerelementinhalt* ein. Das Kombinationsfeld, das sich dort öffnet, bietet Ihnen alle Felder der Tabelle *tblMitglied* zur Auswahl an (Abbildung 6.5).

Abbildung 6.5: Über die Eigenschaft Steuerelementinhalt kann eine Verbindung zur Spalte mit_name *der Tabelle* tblMitglied *hergestellt werden.*

Auch das ist leider nicht selbstverständlich, sondern muss vorher eingestellt werden. Dazu müssen Sie im Eigenschaftenblatt in dem Kombinationsfeld, in dem bis jetzt *txtMitgliedsname* stand (Abbildung 6.5), den Eintrag *Formular* auswählen (Abbildung 6.6). Das Eigenschaftenblatt zeigt dann die Eigenschaften des Formulars als Ganzes an und nicht mehr die Eigenschaften eines einzelnen Steuerelements auf dem Formular.

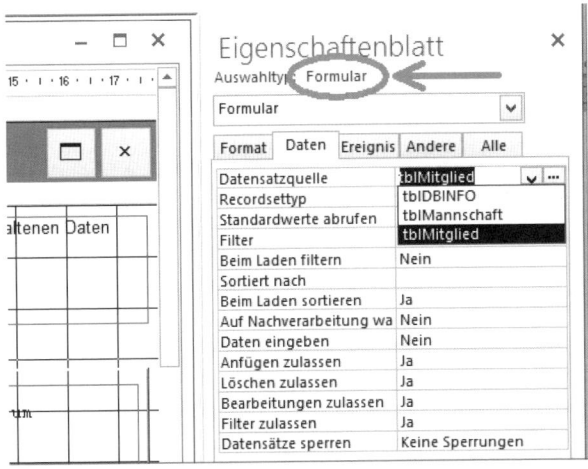

Abbildung 6.6: Das Formular »kennt« jetzt die Daten der Tabelle tblMitglied.

Bitte beachten Sie, dass im Eigenschaftenblatt unter *Auswahltyp* jetzt *Formular* steht. In Abbildung 6.5 stand dort *Textfeld*. Daran erkennen Sie, welches Steuerelement gerade seine Eigenschaften im Eigenschaftenblatt anzeigt. Es kann nämlich bei der Suche nach einer bestimmten Eigenschaft leicht zu Verwirrungen führen, wenn man im Eigenschaftenblatt des falschen Steuerelements sucht.

Sobald Sie dann auf der Registerkarte *Daten* das Kombinationsfeld rechts neben *Datensatzquelle* öffnen, sehen Sie darin eine Liste aller Tabellen Ihrer Datenbank (Abbildung 6.6). Wenn Sie hier eine Tabelle auswählen, kennt das Formular anschließend alle Daten dieser Tabelle, und Sie können Textfelder des Formulars so an diese binden: Eigenschaftenblatt des Textfelds/Registerkarte *Daten*/Eigenschaft *Steuerelementinhalt*.

Ein Formular »kennt« nicht automatisch alle Daten der Datenbank, sondern immer nur diejenigen, die Sie ihm über die Eigenschaft *Datensatzquelle* auf der Registerkarte *Daten* des Eigenschaftenblatts des Formulars bekannt machen.

Sie können einem Formular auch die Daten mehrerer Tabellen bekannt machen. Dazu müssen Sie rechts neben dem Kombinationsfeld auf die kleine Schaltfläche mit den drei Punkten klicken (Abbildung 6.6), um den Abfrage-Generator zu starten.

Die Bedienelemente für die gebundenen Textfelder (Datensatzmarkierer und Navigationsschaltflächen, siehe Abbildung 6.3) sind im Formular nur sichtbar, wenn Sie im Eigenschaftenblatt des Formulars auf der Registerkarte *Format* die Eigenschaften *Datensatzmarkierer* und *Navigationsschaltflächen* auf *Ja* stellen.

Registerkarte	Eigenschaft	Bemerkung
Format	Format	Mit dieser Eigenschaft können Sie festlegen, welche Art von Daten in dem Textfeld dargestellt werden kann. Das sollten Sie zur Vermeidung von Eingabefehlern auch tun!
	Datumsauswahl anzeigen	Das ist sehr praktisch! Wenn Sie hier *Für Datumsangaben* einstellen, erscheint neben Textfeldern mit Datumsangaben (Einstellung über *Format*) ein kleines Kalendersymbol. Damit können Sie ein Datum per Mausklick eingeben und brauchen es nicht einzutippen.
	Bildlaufleisten	Hier sollten Sie – vor allem bei Bemerkungsfeldern – *Vertikal* einstellen.
	Ist Hyperlink Als Hyperlink anzeigen	… sollte klar sein!
Daten	Steuerelementinhalt	Hiermit können Sie das Textfeld an ein Datenbankfeld binden (nähere Erläuterung siehe im Text über dieser Tabelle).
Ereignis	Beim Doppelklicken	Es wird eher selten erforderlich sein, dass Sie mithilfe eines Ereignisses auf einem Textfeld eine VBA-Prozedur starten. Ausnahme: Wir werden diese Funktionalität später nutzen, um von einem Formular aus ein anderes Formular zu öffnen. Wenn Sie sich z. B. ein Auftragsformular ansehen, kann es nützlich sein, dass ein Doppelklick in das Textfeld mit dem Kundennamen das Kundenformular öffnet, auf dem sich detaillierte Informationen zu dem Kunden befinden, von dem dieser Auftrag ist.
Andere	Name	Geben Sie dem Textfeld einen aussagekräftigen Namen entsprechend der Namenskonvention (z. B. »txtErsteZahl« statt »Text16«), damit Sie später in VBA-Prozeduren erkennen, welches Textfeld gemeint ist. Verwenden Sie dabei weder die Umlaute ä, ö und ü noch Leerzeichen noch das ß!
	In Reihenfolge Reihenfolgeposition	Damit der Benutzer später mit der Tab -Taste von Steuerelement zu Steuerelement springen kann, muss die Eigenschaft *In Reihenfolge* auf *Ja* stehen. In welcher Reihenfolge die Steuerelemente nacheinander angesprungen werden, bestimmt die Eigenschaft *Reihenfolgeposition*. Achtung: Beginn bei null! Nochmal Achtung: Was passiert, wenn Sie nach dem letzten Steuerelement in der Reihenfolge wieder auf die Tab -Taste drücken, wird durch die Formulareigenschaft *Zyklus* festgelegt. Hier sollte *Aktueller Datensatz* eingestellt sein!
	Eingabetastenverhalten	Hier wird festgelegt, was nach dem Drücken der ↵ -Taste passieren soll. In mehrzeiligen Textfeldern (z. B. für Bemerkungen) sollten Sie *Neue Zeile* einstellen. Achtung: In einzeiligen Textfeldern kann das aber zu **starker Verwirrung** des Nutzers führen, weil der eingegebene Text nach dem Drücken der ↵ -Taste verschwindet!

Tabelle 6.2: Einige wichtige Eigenschaften des Textfelds

Textfelder treten immer in Kombination mit einem Bezeichnungsfeld auf. Das hat in den allermeisten Fällen ja auch seinen Sinn, denn der Benutzer soll erkennen, welche Information in dem Textfeld steht bzw. welche Information er dort eingeben soll. Sie können das Bezeichnungsfeld aber bei Bedarf auch einfach anklicken und dann mit der Entf -Taste löschen. Wenn Sie eines der beiden Felder mit der Maus verschieben, macht das andere Feld diese Bewegung mit. Auch das hat seinen Sinn, denn die beiden Felder sollen ja zusammenbleiben. Wollen Sie sie aber trotzdem einmal einzeln bewegen (z. B. um sie zusammen- oder auseinanderzurücken), müssen Sie mit der Maus auf das etwas größere Quadrat an der jeweiligen linken oberen Ecke klicken (Abbildung 6.4).

 Achten Sie unbedingt darauf, für alle Felder, die längere Texte enthalten können (vor allem die Bemerkungsfelder), die Eigenschaft *Bildlaufleisten* im Eigenschaftsblatt auf der Registerkarte *Format* auf *Vertikal* zu stellen.

Schaltfläche

Dieses Steuerelement kennen Sie schon aus anderen Windows-Programmen. Man klickt darauf, um bestimmte Aktionen zu starten. Das bedeutet: Es wird eine VBA-Prozedur gestartet, die die gewünschten Aktionen durchführt. Bei der Verwendung von Schaltflächen auf Ihrem Formular kommen Sie also eigentlich um die Programmierung nicht herum.

Der Befehlsschaltflächen-Assistent

Warum »eigentlich«? Weil es für die Erstellung einer ganzen Reihe von Standardschaltflächen einen sehr hilfreichen Assistenten gibt (Abbildung 6.7).

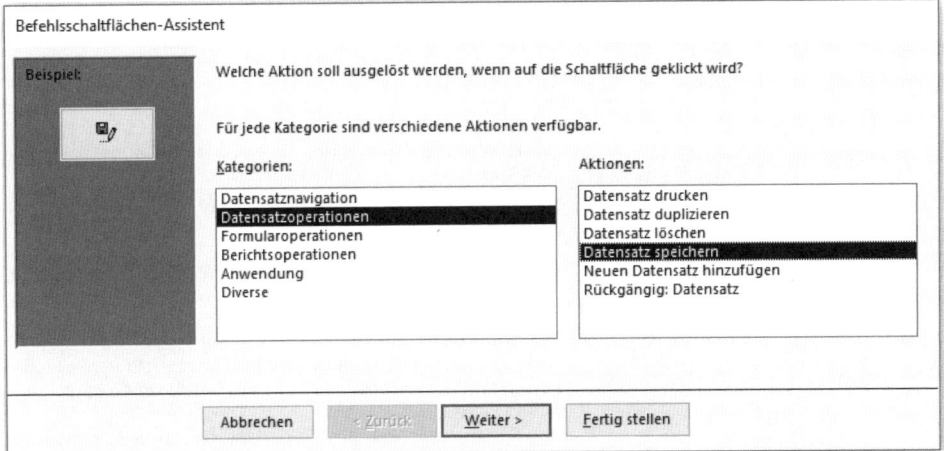

Abbildung 6.7: Viele Standardschaltflächen können mit dem Assistenten automatisch erstellt werden.

Fällt Ihnen etwas auf? Im Menüband unter *Steuerelemente* heißt es *Schaltfläche* (wie der Name dieses Kapitels) – der Assistent heißt aber *Befehlsschaltflächen-Assistent* (wie dieser Abschnitt), und im Befehlsschaltflächen-Assistent heißt es wieder ..., *wenn auf die Schaltfläche geklickt wird?*. So verwirrend ist das manchmal.

An dieser Stelle ist auch noch einmal folgender Hinweis wichtig:

 Achten Sie unbedingt darauf, dass der Steuerelement-Assistent aktiviert ist – das ist die Schaltfläche mit dem Zauberstab (siehe Abbildung 6.2).

Wenn Sie dann das Werkzeug *Schaltfläche* nehmen (Abbildung 6.2) und damit in der Entwurfsansicht ein Rechteck auf Ihrem Formular zeichnen, startet der Befehlsschaltflächen-Assistent (Abbildung 6.7). Mit ihm können Sie eine ganze Reihe von Standardschaltflächen automatisch erzeugen. Dazu wählen Sie im ersten Schritt zunächst die gewünschte Aktion aus und klicken dann auf *Weiter*. Anschließend können Sie im zweiten Schritt auswählen, ob auf der Schaltfläche ein Bild oder ein Text angezeigt werden soll. Nach einem erneuten Klick auf *Weiter* können Sie im dritten Schritt der Schaltfläche noch einen Namen geben. Dieser Name sollte möglichst aussagekräftig sein, d. h., er sollte später in den VBA-

Prozeduren erkennen lassen, um was für einen Typ von Steuerelement es sich handelt und welche Aktion damit ausgelöst wird. Die Schaltfläche zum Schließen des Formulars nenne ich also *cmdSchliessen*, die Schaltfläche zum Speichern nenne ich *cmdSpeichern* usw.

 Sie finden die Namenskonvention aus Anhang B auch als PDF-Datei zum Ausdrucken im Internet (Adresse in der Einleitung, dort im Ordner *KapA*).

Mit dem Namen der Schaltfläche wird dann auch automatisch der Name der auszuführenden VBA-Prozedur gebildet. Das startende Ereignis ist dabei üblicherweise der einfache Klick mit der linken Maustaste. Die VBA-Prozedur heißt dann also beispielsweise *cmdSchliessen_Click()* oder *cmdSpeichern_Click()*.

Registerkarte	Eigenschaft	Bemerkung
Format	Beschriftung	Der Text, den Sie hier hineinschreiben, steht dann als Beschriftung auf der Schaltfläche.
	Bild	Nach einem Klick in diese Zeile erscheint in der rechten Spalte eine Schaltfläche mit drei Punkten. Ein weiterer Klick darauf öffnet eine Auswahl verschiedener Bildchen für die Schaltfläche. Wenn Sie ein Bild entfernen möchten, müssen Sie das Wort *(Bitmap)* löschen; dann erscheint statt des Bilds wieder die Beschriftung.
	Schriftart, Schriftgrad, Ausrichtung, Schriftbreite	Hier bestimmen Sie, wie der Text aussehen soll, den Sie unter *Beschriftung* eingeben.
Ereignis	Beim Klicken	Bei einer **mit** dem Assistenten erzeugten Schaltfläche steht hier bereits *Ereignisprozedur*. Mit einem Klick auf die Schaltfläche mit den drei Punkten rechts daneben wechseln Sie zum VBA-Fenster und können sich dort die zu der Schaltfläche gehörige VBA-Prozedur anschauen. Wenn Sie eine Schaltfläche **ohne** die Hilfe des Assistenten erzeugen wollen, müssen Sie zunächst das Kombinationsfeld öffnen und *Ereignisprozedur* auswählen. Anschließend können Sie wieder mit einem Klick auf die Schaltfläche mit den drei Punkten zum VBA-Fenster wechseln und dort Ihre eigene Prozedur schreiben.
Andere	Name	Der Name sollte möglichst aussagekräftig sein, d. h., er sollte später in den VBA-Prozeduren erkennen lassen, um was für einen Typ von Steuerelement es sich handelt und welche Aktion damit ausgelöst wird, z. B. *cmdSchliessen* oder *cmdSpeichern*. Verwenden Sie dabei nicht die Umlaute ä, ö und ü, keine Leerzeichen und kein ß!
	Standard	Wenn Sie hier *Ja* auswählen, wird die Schaltfläche zur Standardschaltfläche. Das ist in der Formularansicht daran zu erkennen, dass sie einen etwas stärkeren Rand hat. »Standardschaltfläche« bedeutet, dass das Drücken der ⏎-Taste diese Schaltfläche so aktiviert, als hätte der Benutzer mit der linken Maustaste darauf geklickt. Das ist eine Frage der Sicherheit und der Benutzerfreundlichkeit. Machen Sie also immer die ungefährlichste bzw. die meistgenutzte Schaltfläche zur Standardschaltfläche.
	In Reihenfolge Reihenfolgeposition	Damit der Benutzer später mit der ⇥-Taste von Steuerelement zu Steuerelement springen kann, muss die Eigenschaft *In Reihenfolge* auf *Ja* stehen. In welcher Reihenfolge die Steuerelemente nacheinander angesprungen werden, bestimmt die Eigenschaft *Reihenfolgeposition*. **Achtung:** Beginn bei null!

Tabelle 6.3: Einige wichtige Eigenschaften der Schaltfläche

Programmierung der Schaltfläche

Wann wird für eine Schaltfläche VBA-Programmierung notwendig? Dafür gibt es zwei Fälle:

- Sie haben eine Schaltfläche mithilfe des Assistenten erzeugt und möchten den automatisch generierten VBA-Code ändern oder ergänzen (Achtung: VBA-Code wird nur erzeugt, wenn Sie mit dem 2003er-Format der Datenbank arbeiten; ansonsten werden eingebettete Makros erzeugt, was ich Ihnen **nicht** empfehle!).

- Sie haben sofort nach dem Start des Assistenten auf die Schaltfläche *Abbrechen* geklickt, weil Sie keine Standardschaltfläche erzeugen wollen.

In beiden Fällen müssen Sie im Eigenschaftenblatt der Schaltfläche auf der Registerkarte *Ereignis* in der Zeile *Beim Klicken* im Kombinationsfeld *Ereignisprozedur* auswählen, dann auf die kleine Schaltfläche mit den drei Punkten klicken und damit zum VBA-Fenster wechseln. Die Einfügemarke steht automatisch in der ersten Zeile der richtigen Prozedur. Jetzt können Sie entweder eine vorhandene Prozedur ändern oder eine neue Prozedur schreiben. Bevor Sie damit anfangen, kontrollieren Sie sicherheitshalber noch einmal den Namen der Prozedur.

- Haben Sie der Schaltfläche einen aussagekräftigen Namen gegeben?
- Wird die Prozedur mit dem richtigen Ereignis *(Click)* gestartet?

Leider ist mit der 2007er-Version von Access eingeführt worden, dass die Befehlsschaltflächen-Assistenten keinen VBA-Code mehr generieren. Stattdessen werden Sie auf der Registerkarte *Ereignis* des Eigenschaftenblatts den Eintrag *[Eingebettetes Makro]* finden. Das geht natürlich auch – aber: Ich halte es nicht für sinnvoll, einen Teil des Programmcodes in VBA zu schreiben und einen anderen Teil als Makro. Das mag für fortgeschrittene Programmierer seine Vorteile haben, für Anfänger ist es aber einfach nur verwirrend.

Darum empfehle ich Ihnen, die eingebetteten Makros durch selbst geschriebenen VBA-Code zu ersetzen. Wie das geht, steht in Kapitel 8, »VBA – Teil 2«.

Nachträgliche Namensänderung

 Wenn Sie den Namen der Schaltfläche ändern, **nachdem** Sie bereits die Prozedur geschrieben haben, wird der Name der Prozedur nicht automatisch mit geändert!

Welche Auswirkungen hat das? Ihre Schaltfläche heißt beispielsweise *Befehl43*, die zugehörige Prozedur folglich *Befehl43_Click()*. Wenn Sie jetzt den Namen der Schaltfläche auf *cmdSpeichern* ändern, erwartet VBA dazu eine Prozedur mit dem Namen *cmdSpeichern_Click()*. Ihre Prozedur heißt aber nach wie vor *Befehl43_Click()*. Das bedeutet: Nach einem Klick auf diese Schaltfläche erfolgt keine Reaktion mehr.

Was müssen Sie tun? Sie müssen durch einen Klick auf die Schaltfläche mit den drei Punkten in der Zeile *Beim Klicken* einen neuen Prozedurrahmen

```
Private Sub cmdSpeichern_Click()
…
End Sub
```

erzeugen und den gesamten Inhalt der alten Prozedur *Befehl43_Click()* dort hineinkopieren. Anschließend können Sie die alte Prozedur *Befehl43_Click()* löschen.

Oder umgekehrt (und besser!): Sie geben **zuerst** in Access der Schaltfläche den neuen Namen *cmdSpeichern*, benennen **dann** in VBA die vorhandene Prozedur *Befehl43_Click()* in *cmdSpeichern_Click()* um und klicken **anschließend** in Access auf die Schaltfläche mit den drei Punkten. Nun erkennt Access die Prozedur mit dem neuen Namen richtig!

 Die Problematik der nachträglichen Namensänderung erzeugt nach meiner Erfahrung einen der häufigsten Anfängerfehler bei der Formularentwicklung!

Wenn Sie sich also wundern, warum ein Steuerelement (nicht nur eine Schaltfläche – das gilt für alle Steuerelemente) nicht die gewünschte Reaktion zeigt, liegt das in den allermeisten Fällen an einer nachträglichen Namensänderung!

Bitte üben Sie jetzt die in diesem Abschnitt beschriebenen Vorgehensweisen durch eigene Experimente mit Schaltflächen! Als Reaktion auf die Aktivierung einer selbst programmierten Schaltfläche könnten Sie z. B. eine Messagebox erscheinen lassen.

Listenfeld und Kombinationsfeld

Listenfelder und Kombinationsfelder werden in Datenbankanwendungen häufig benutzt, um einen Datensatz aus einer größeren Anzahl von Datensätzen auszuwählen – z. B. einen bestimmten Kunden oder ein bestimmtes Vereinsmitglied. Dabei zeigt das Listen- bzw. Kombinationsfeld nur die wichtigsten Daten an, die für die Auswahl des Datensatzes erforderlich sind – z. B. den Nachnamen und den Vornamen. Nach dem Klick in eine Zeile des Listenfelds bzw. des aufgeklappten Kombinationsfelds werden dann weitere Daten in Textfeldern angezeigt.

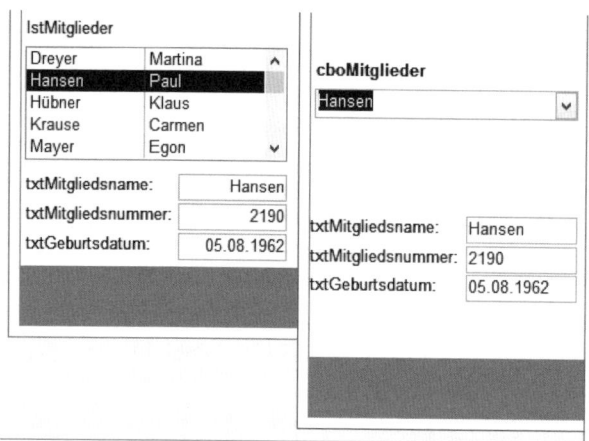

Abbildung 6.8: Listenfelder sind immer vollständig sichtbar, Kombinationsfelder werden bei Bedarf aufgeklappt.

Unsichtbare Spalten

Mit dieser Technik sind Sie eventuell schon aus anderen Windows-Anwendungen vertraut. Aber öffnen Sie trotzdem einmal die beiden Formulare *S2_Listenfeld* und *S3_Kombinationsfeld* aus unserer Beispielanwendung *VBAlernen*. Klicken Sie einfach etwas auf diesen beiden Formularen herum und sehen Sie sich dann auch den dazugehörigen VBA-Code an. Dort steht z. B. in der Prozedur *lstMitglieder_AfterUpdate()*:

```
txtMitgliedsname = lstMitglieder.Column(1)
txtMitgliedsnummer = lstMitglieder.Column(3)
txtGgeburtsdatum = lstMitglieder.Column(4)
```

txtMitgliedsname, *txtMitgliedsnummer* und *txtGeburtsdatum* sind die Namen der entsprechenden Textfelder für die Anzeige der Daten. Indem wir diesen Namen in der VBA-Prozedur Werte zuweisen, können wir diese Werte in den Textfeldern des Formulars anzeigen. Das kennen wir schon. Aber was bedeutet *lstMitglieder.Column(1)*, *lstMitglieder.-Column(3)* und *lstMitglieder.Column(4)*? Die Namensliste hat doch nur zwei Spalten?

Das ist ein Trick, der darin besteht, dass die dritte und vierte Spalte eine Breite von 0 cm haben. Das können Sie über die Eigenschaften *Format/Spaltenanzahl* und *Format/Spaltenbreiten* einstellen. Auf diese Weise können Sie über die im Listenfeld angezeigten Daten hinaus weitere Daten aus der Datenbank holen und für weitere Bearbeitungsschritte nutzen.

Bei den Formateigenschaften des Listenfelds gibt es keine Bildlaufleisten. Die vertikale Bildlaufleiste entsteht vielmehr automatisch, wenn die Liste mehr Zeilen hat, als das Listenfeld aufgrund seiner Höhe anzeigen kann. Auch eine horizontale Bildlaufleiste entsteht automatisch, wenn die Summe der Spaltenbreiten größer ist als die Breite der Liste selbst.

Gebundene Spalte

Eine der Spalten des Listen- bzw. Kombinationsfelds – standardmäßig die erste – wird *gebundene Spalte* genannt. Das bedeutet »an den Namen des Listen- bzw. Kombinationsfelds gebunden«. Üblicherweise ist das der Primärschlüssel des in der Liste ausgewählten Datensatzes – im vorliegenden Beispiel *mit_id*.

Welche Spalte die gebundene Spalte sein soll, können Sie im Eigenschaftenblatt auf der Registerkarte *Daten* unter *Gebundene Spalte* einstellen.

Welchen Nutzen bringt das? Es ist möglich, im VBA-Code einfach den Namen des Listen- bzw. Kombinationsfelds zu benutzen, wenn der Inhalt der gebundenen Spalte gebraucht wird. Sie können also einfach *lstMitglieder* schreiben statt *lstMitglieder.Column(0)*.

Spaltennummerierung

 Die Nummerierung der Spalten beginnt mit null!

Wenn Sie sich das obige Beispiel (Abbildung 6.8) genauer ansehen, fällt Ihnen auf, dass in den Spalten eins bis vier des Listenfelds der Nachname, der Vorname, die Mitgliedsnummer und das Geburtsdatum stehen. Aber was steht dann in Spalte null? Dort steht der Primärschlüssel *mit_id*! Sie können das überprüfen, indem Sie auf dem Formular ein Textfeld mit dem Namen *txtMitId* erzeugen und dann in der Prozedur *lstMitglieder_AfterUpdate()* die Zeile

```
txtMitId = lstMitglieder.Column(0)
```

ergänzen. Nach dem, was ich im vorherigen Absatz »Gebundene Spalte« geschrieben habe, funktioniert auch

```
txtMitId = lstMitglieder
```

weil hier in unserem Beispiel die erste (»nullte«) Spalte die gebundene Spalte ist.

Registerkarte	Eigenschaft	Bemerkung
Format	Spaltenanzahl	Die Anzahl der Spalten richtet sich danach, was Sie unter *Datensatzherkunft* festgelegt haben, d.h., wenn Sie dort z. B. festlegen, dass Sie vier Spalten aus einer bestimmten Tabelle anzeigen wollen, müssen Sie auch unter *Spaltenanzahl* eine »4« eintragen: **Achtung:** Die Angabe, die Sie hier machen, muss mit den Festlegungen in der Eigenschaft *Datensatzherkunft* übereinstimmen!
	Spaltenbreiten	Die einzelnen Spaltenbreiten werden in cm angegeben und durch Semikola voneinander getrennt. Durch die Angabe »0 cm« können Sie eine Spalte unsichtbar machen.
	Zeilenanzahl (nur beim Kombinationsfeld)	Hier legen Sie fest, wie viele Zeilen das Kombinationsfeld im aufgeklappten Zustand haben soll. Sehen Sie sich dazu das Layout Ihres Formulars an: Es sollten so viele Zeilen sein, dass man genügend Daten gleichzeitig im Blick hat, um eine Auswahl treffen zu können – aber auch wieder nicht zu viele, um im aufgeklappten Zustand nicht zu viel Fläche vom Formular zu verdecken.
Daten	Datensatzherkunft	Hier legen Sie fest, aus welchen Spalten welcher Tabelle die im Listenfeld angezeigten Daten kommen sollen. Das geschieht mittels SQL. Sie brauchen den SQL-Befehl jedoch nicht zu schreiben, sondern können ihn sich »zusammenklicken«. **Achtung:** Die Festlegungen, die Sie hier treffen, müssen mit der Angabe in der Eigenschaft *Spaltenanzahl* übereinstimmen! Sie können mehr Spalten aus den Datenbanktabellen heraussuchen, als Sie im Listen- bzw. Kombinationsfeld anzeigen wollen (siehe Eigenschaft *Spaltenbreiten*).
	Gebundene Spalte	Eine der unter *Spaltenanzahl* festgelegten Spalten ist die gebundene Spalte. Damit ist gemeint: »an den Namen des Listenfelds gebunden«. Das bedeutet, dass Sie in Ihrer VBA-Prozedur mithilfe des Namens des Listenfelds auf die ausgewählte Zeile Bezug nehmen können.

Tabelle 6.4: Einige wichtige Eigenschaften des Listenfelds und des Kombinationsfelds

Registerkarte	Eigenschaft	Bemerkung
Ereignis	Nach Aktualisierung	Statt *Beim Klicken* sollten Sie besser *Nach Aktualisierung* verwenden. Das ermöglicht dem Benutzer nach einem Klick in das Listenfeld, sich darin auch mit den Pfeiltasten auf und ab zu bewegen.
Andere	Name	Geben Sie Ihrem Listenfeld einen aussagekräftigen Namen (z. B. *lstKunden*), damit Sie später in den VBA-Prozeduren erkennen, welches Listenfeld gemeint ist.
	In Reihenfolge Reihenfolgeposition	Damit der Benutzer später mit der ⭾-Taste von Steuerelement zu Steuerelement springen kann, muss die Eigenschaft *In Reihenfolge* auf *Ja* stehen. In welcher Reihenfolge die Steuerelemente nacheinander angesprungen werden, bestimmt die Eigenschaft *Reihenfolgeposition*. **Achtung:** Beginn bei null!

Tabelle 6.4: Einige wichtige Eigenschaften des Listenfelds und des Kombinationsfelds (Fortsetzung)

Verwenden der Assistenten ...

Auch bei der Erstellung von Listen- und Kombinationsfeldern sollten Sie sich unbedingt von den sehr hilfreichen Assistenten unterstützen lassen. Die im Einzelnen durchzuführenden Schritte unterscheiden sich aber etwas – je nachdem, ob es sich um gebundene oder um ungebundene Formulare handelt.

... in ungebundenen Formularen

Die Formulare *S2_Listenfeld* und *S3_Kombinationsfeld*, die wir in diesem Kapitel bereits kennengelernt haben, sind ungebunden. Das bedeutet, dass sie in der Eigenschaft *Datensatzquelle* keine Angabe enthalten (Abbildung 6.9). Damit »kennen« die Formulare selbst keine Daten aus der Datenbank.

Abbildung 6.9: Ein ungebundenes Formular enthält keine Angabe in der Eigenschaft Datensatzquelle.

Trotzdem werden in dem Listen- bzw. dem Kombinationsfeld Daten aus der Datenbank aufgelistet. In deren Eigenschaft *Daten/Datensatzherkunft* steht nämlich:

```
SELECT tblMitglied.mit_id, tblMitglied.mit_name, tblMitglied.mit_vorname,
tblMitglied.mit_nummer, tblMitglied.mit_gebdatum FROM tblMitglied;
```

Auch wenn wir die Datenbank-Programmiersprache SQL erst in einem späteren Kapitel besprechen, erkennen Sie sicherlich sofort, dass hier bestimmte Daten aus der Tabelle *tblMitglied* geholt werden.

Das erscheint also sehr widersprüchlich: Einerseits sind die Formulare *S2_Listenfeld* und *S3_Kombinationsfeld* selbst ungebunden und kennen keine Daten aus der Datenbank. Andererseits holt sich aber das Listenfeld *lstMitglieder* bzw. das Kombinationsfeld *cboMitglieder* in diesen Formularen Daten aus der Datenbank und stellt sie auf dem Bildschirm dar. Was soll man dazu sagen? Es ist eben einfach technisch möglich, so etwas zu programmieren. Wenn in einem Formular Daten aus der Datenbank dargestellt werden sollen, ist es aber normalerweise auch sinnvoll, ein gebundenes Formular zu verwenden. Das sehen wir uns im nächsten Abschnitt an.

Zur Nutzung des Listenfeld- bzw. Kombinationsfeld-Assistenten in ungebundenen Formularen ist nicht mehr sehr viel zu sagen. Die sechs dabei durchzuführenden Schritte sind vollkommen selbsterklärend. Probieren Sie es einfach mal aus und beachten Sie dabei folgendes Detail: Im dritten Schritt müssen Sie festlegen, welche Felder der ausgewählten Tabelle in dem Listen- bzw. Kombinationsfeld dargestellt werden sollen. Wenn Sie hier z. B. *mit_name* und *mit_vorname* wählen, zum vierten Schritt übergehen und dann noch einmal zurück zum dritten Schritt gehen, werden Sie feststellen, dass *mit_id* automatisch mit hinzugenommen wurde. Damit haben wir auch das Geheimnis der nullten Spalte in Listen- und Kombinationsfeldern abschließend gelöst!

... in gebundenen Formularen

Ein gebundenes Formular hatten wir im Abschnitt »Textfeld« dieses Kapitels bereits kennengelernt. Es enthält in seiner Eigenschaft *Datensatzquelle* einen Eintrag – z. B. den Namen einer Tabelle (Abbildung 6.6). Damit »kennt« also das Formular als Ganzes bestimmte Daten. Infolgedessen bietet der Listenfeld-Assistent im ersten Schritt eine dritte Option an: *Einen Datensatz im Formular anhand des Werts suchen, den ich im Listenfeld ausgewählt habe* (Abbildung 6.10). Damit sind wir bei der am Anfang dieses Absatzes über Listen- und Kombinationsfelder erwähnten Hauptaufgabe dieser Steuerelemente: das Heraussuchen eines einzelnen Datensatzes aus einer Liste von Datensätzen.

Der Listenfeld-Assistent bietet die dritte Option nur an, wenn es sich um ein gebundenes Formular handelt!

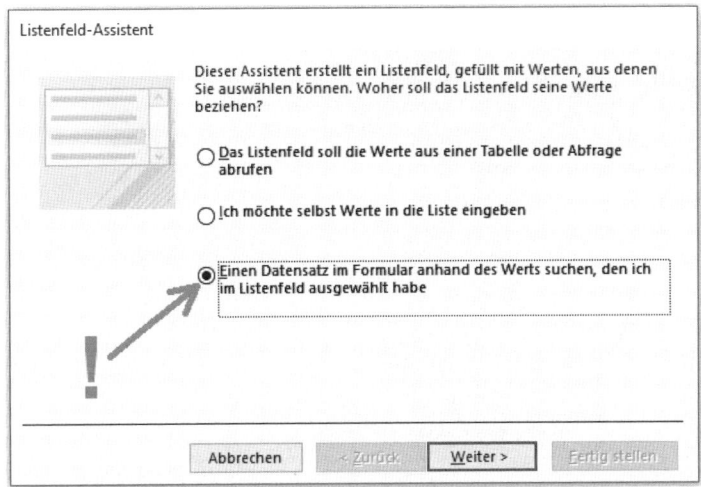

Abbildung 6.10: Die dritte Option bietet der Listenfeld-Assistent nur in gebundenen Formularen an.

Der vom ungebundenen Formular her bekannte zweite Schritt (Auswahl der zugrunde zu legenden Tabelle) entfällt hier, da einfach auf alle dem gesamten Formular bekannten Daten (Formulareigenschaft *Datensatzquelle*) zugegriffen werden kann. Auch der vierte Schritt (Sortierung der Daten) entfällt, da dies über die Formulareigenschaft *Datensatzquelle* steuerbar ist. Am Ende sieht alles genauso aus wie im ungebundenen Formular – es funktioniert nur ganz anders.

Im ungebundenen Formular werden die in den Textfeldern darzustellenden Daten »heimlich« mithilfe von unsichtbaren Spalten mit herausgesucht und dann per VBA-Befehl in die Textfelder kopiert.

Im gebundenen Formular dagegen wird durch den Klick in das Listenfeld ein sogenannter *Datensatzzeiger* auf einen bestimmten Datensatz gestellt, was automatisch zur Anzeige der entsprechenden Daten in den gebundenen Textfeldern führt. Das ist so, als würde man eine Pappschablone mit ausgeschnittenen Fensterchen von oben nach unten über eine Papierliste schieben. Wenn man dann z. B. in der 17. Zeile der Papierliste ist, bekommt man in dem Fenster bestimmte Daten aus dieser Zeile angezeigt. Die Nummer der Zeile – das ist der Datensatzzeiger, die Fensterchen – das sind die Textfelder.

Bitte üben Sie jetzt einmal die Erstellung eines Listenfelds in einem gebundenen Formular am Beispiel der Tabelle *tblMitglied*. Das Ergebnis finden Sie in der Beispielanwendung *VBA-lernen* unter dem Namen *S2_Listenfeld_gebunden*.

Damit haben wir diejenigen Steuerelemente, die für das ordnungsgemäße Funktionieren eines Formulars unbedingt notwendig sind, erledigt und kommen jetzt zu den netten Beigaben.

Optionsgruppe

Mit einer Optionsgruppe können Sie aus einer Reihe von Alternativen einfach durch Anklicken eine auswählen. Die innerhalb der Gruppe anzuklickenden Steuerelemente können Optionsfelder (kreisförmig), Kontrollkästchen (quadratisch) oder Umschaltflächen sein (Abbildung 6.11).

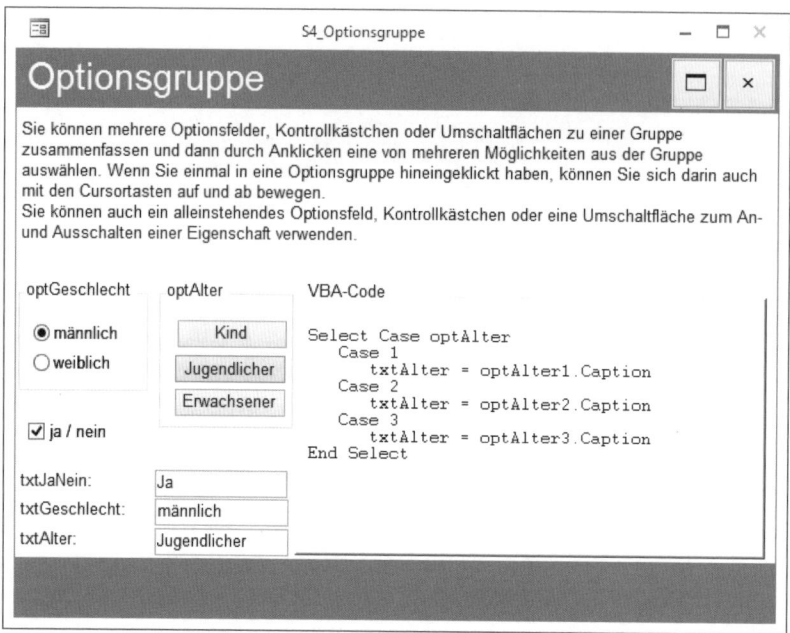

Abbildung 6.11: Die Optionsgruppe kann Optionsfelder, Kontrollkästchen oder Umschaltflächen enthalten.

Ich möchte an dieser Stelle noch einmal ausdrücklich darauf hinweisen, dass die Bezeichnung der Steuerelemente auf dem Formular (»optGeschlecht«, »optAlter« usw.) rein didaktische Gründe hat, damit Sie den über den Namen hergestellten Zusammenhang zwischen Access und VBA deutlich erkennen. Normalerweise würde man natürlich »Geschlecht« statt »optGeschlecht« und »Alter« statt »optAlter« schreiben!

Registerkarte	Eigenschaft	Bemerkung
Ereignis	Nach Aktualisierung	Statt *Beim Klicken* sollten Sie besser *Nach Aktualisierung* verwenden. Das ermöglicht dem Benutzer nach einem Klick in das Optionsfeld, sich darin auch mit den Pfeiltasten auf und ab zu bewegen.
Andere	Name	Geben Sie Ihrem Optionsfeld einen aussagekräftigen Namen (z. B. *optAlter)*, damit Sie später in den VBA-Prozeduren erkennen, welches Optionsfeld gemeint ist.
	In Reihenfolge Reihenfolgeposition	Damit der Benutzer später mit der ⇥-Taste von Steuerelement zu Steuerelement springen kann, muss die Eigenschaft *In Reihenfolge* auf *Ja* stehen. In welcher Reihenfolge die Steuerelemente nacheinander angesprungen werden, bestimmt die Eigenschaft *Reihenfolgeposition*. **Achtung:** Beginn bei null!

Tabelle 6.5: Einige wichtige Eigenschaften der Optionsgruppe

In Ihrer VBA-Prozedur müssen Sie natürlich wieder auswerten, was der Benutzer angeklickt hat, um entsprechend darauf reagieren zu können. Dafür benötigen Sie zwei Eigenschaften: den Namen der Optionsgruppe (Abbildung 6.12) und den Optionswert des Optionsfelds (Abbildung 6.13).

Abbildung 6.12: Die Optionsgruppe
hat den Namen optAlter.

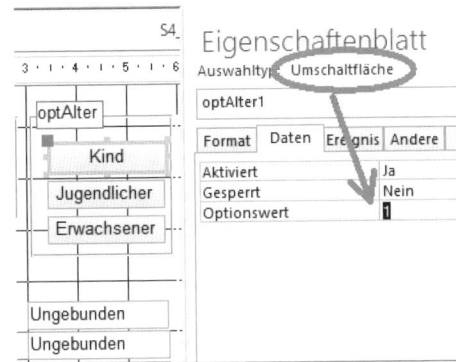

Abbildung 6.13: Das Optionsfeld optAlter1 (mit der
Beschriftung Kind) hat den Optionswert 1.

Wie diese beiden Eigenschaften verwendet werden, erkennen Sie, wenn Sie sich den VBA-Code zum Formular *S4_Optionsgruppe* ansehen. Dort werden *Select-Case*-Befehle (bei mehr als zwei Alternativen) bzw. *If-Then-Else*-Befehle (bei nur zwei Alternativen) eingesetzt, um herauszubekommen, welchen Wert eine Variable mit dem Namen der Optionsgruppe hat. Das ist dann nämlich genau der Optionswert des angeklickten Optionsfelds. Hat der Benutzer also z. B. die Umschaltfläche *Jugendlicher* angeklickt, hat die Variable *optAlter* den Wert »2«.

Eine Optionsgruppe zu erstellen, ist ganz einfach. Der entsprechende Assistent führt Sie in fünf Schritten durch diesen Prozess. Diese Schritte sind alle selbsterklärend.

Registerkarten

Das Registersteuerelement ist Ihnen sicherlich von anderen Softwareprodukten – insbesondere auch von Microsoft Office – bekannt. Wenn Sie z. B. im VBA-Fenster im Menü *Extras* den Befehl *Optionen* wählen, erscheint auf dem Bildschirm ein Fenster mit vier Registerkarten. Diese können benutzt werden, um

- thematisch zusammengehörige Steuerelemente auf den Registerkarten zu Gruppen zusammenzufassen oder um
- sehr viele Steuerelemente, die auf der Fläche eines Bildschirms keinen Platz hätten, trotzdem unterzubringen.

Ein Registersteuerelement zu erstellen, ist sehr einfach; Sie brauchen dafür nicht einmal einen Assistenten. Sie nehmen einfach das Werkzeug *Registersteuerelement* aus dem Menüband (Abbildung 6.2) und zeichnen ein Rechteck in der gewünschten Größe. Dieses enthält anfangs zwei Registerkarten. Nach einem Rechtsklick auf eine beliebige Registerkarte erscheint ein Kontextmenü mit Befehlen zum Einfügen neuer Karten, zum Löschen vorhandener Karten und zum Ändern der Reihenfolge der bereits vorhandenen Karten.

Eine kleine Merkwürdigkeit am Rande: Die Registerkarten heißen in diesem Kontextmenü »Seiten«. Dann wollen wir sie jetzt auch so nennen!

Ähnlich wie bei der Optionsgruppe

- hat auch hier das Register als Ganzes einen Namen (auf der Registerseite *Andere* des Eigenschaftenblatts **des Registers**),
- haben auch hier die einzelnen Registerseiten eine Nummer (Eigenschaft *Seitenindex* auf der Registerseite *Format* des Eigenschaftenblatts **der Registerseite**. Achtung: Beginn bei null!).

 Wenn Sie das Eigenschaftenblatt des Registers öffnen wollen, müssen Sie in der Entwurfsansicht des Formulars in den weißen Bereich rechts neben der letzten Registerseite klicken.
Die Eigenschaftenblätter der einzelnen Registerseiten öffnen Sie, indem Sie den Reiter der gewünschten Registerseite anklicken.

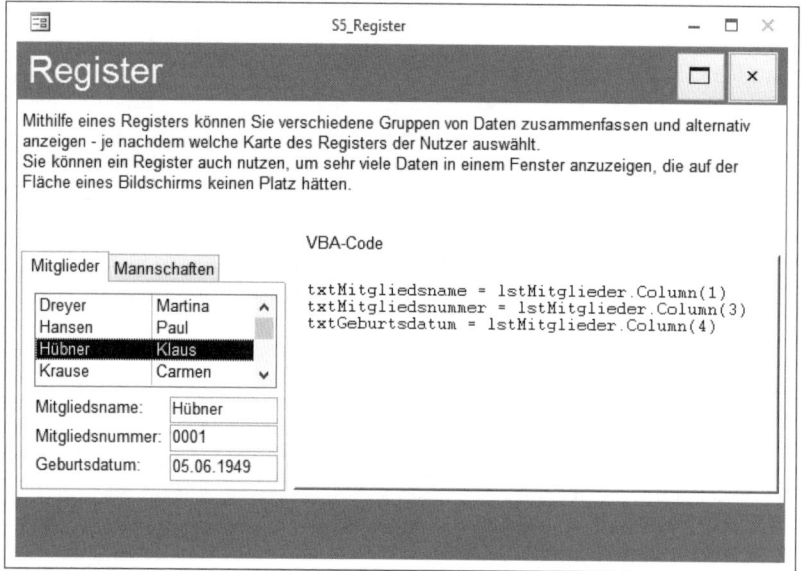

Abbildung 6.14: Ein Register enthält mehrere hintereinanderliegende Seiten, die durch Anklicken sichtbar gemacht werden können.

Registerkarte	Eigenschaft	Bemerkung
Format	Beschriftung	Das ist der Text, der auf dem Registerreiter auf dem Bildschirm erscheint. **Achtung:** Nicht mit der Eigenschaft *Name* verwechseln! Der Name dient nur der Verwendung in VBA-Prozeduren und erscheint **nicht** auf dem Bildschirm.
Ereignis	Bei Änderung	Wenn Sie für dieses Ereignis eine Prozedur schreiben, startet sie jedes Mal, wenn der Benutzer eine andere Registerseite angeklickt hat. Sie können dann über die Nummer (**Achtung:** Beginn bei null!) oder den Namen des Registers auswerten, welche Registerseite angeklickt wurde, und entsprechend reagieren (siehe Codebeispiele nach dieser Tabelle).
Andere	Name	Geben Sie Ihrem Register einen aussagekräftigen Namen (z. B. *regMannschaftenMitglieder*), damit Sie später in den VBA-Prozeduren erkennen, welches Register gemeint ist. Mithilfe dieses Namens können Sie dann auch herausfinden, welche Registerseite der Benutzer angeklickt hat. Sehen Sie sich dazu bitte die Prozedur *regMitgliederMannschaften_Change()* des Formulars *S5_Register* an.

Tabelle 6.6: Einige wichtige Eigenschaften des Registers

Das folgende Codebeispiel zeigt, wie Sie herausbekommen, welche Registerseite der Benutzer angeklickt hat. Dabei ist *regMitgliederMannschaften* der Name des Registers, und die beiden Registerseiten *Mitglieder* und *Mannschaften* haben die Seitenindizes null und eins:

```
Private Sub regMitgliederMannschaften_Change()
If regMitgliederMannschaften = 0 Then
    txtVbaCode.Caption = & _
            "txtMitgliedsname = lstMitglieder.Column(1)" & vbCrLf & _
            "txtMitgliedsnummer = lstMitglieder.Column(3)" & vbCrLf & _
            "txtGeburtsdatum = lstMitglieder.Column(4)"
Else
    txtVbaCode.Caption = "txtBemerkung = lstMannschaften.Column(2)"
End If
End Sub
```

Listing 6.1: Auswahl der Registerseiten über deren Nummer

Die Auswahl der Registerseiten kann statt über ihren Seitenindex auch über ihren Namen erfolgen. Beides hat seine Vor- und Nachteile. Bei der Anwendungsentwicklung kann es nämlich durchaus vorkommen, dass Sie die Registerseiten umsortieren, weil es Ihnen anders sinnvoller erscheint. Dann wird aus der Seite mit dem Seitenindex 1 (das ist die zweite Seite) die Seite mit dem Seitenindex 2 (das ist die dritte Seite) und umgekehrt. Wenn Sie so programmiert haben wie in Listing 6.1, stimmt hinterher aber Ihr VBA-Code nicht mehr, denn Sie beziehen sich jetzt über die Seitenindizes auf die falschen Registerseiten.

Dem können Sie vorbeugen, wenn Sie so programmieren wie in Listing 6.2. Dort erfolgt der Bezug auf die Registerseiten über deren Namen.

```
Private Sub regMitgliederMannschaften_Change()
Dim lngPageNr As Long
lngPageNr = regMitgliederMannschaften
If regMitgliederMannschaften.Pages(lngPageNr).Name = "seite_mitglieder" Then
    txtVbaCode.Caption = & _
            "txtMitgliedsname = lstMitglieder.Column(1)" & vbCrLf & _
            "txtMitgliedsnummer = lstMitglieder.Column(3)" & vbCrLf & _
            "txtGeburtsdatum = lstMitglieder.Column(4)"
Else
    txtVbaCode.Caption = "txtBemerkung = lstMannschaften.Column(2)"
End If
End Sub
```

Listing 6.2: Auswahl der Registerseiten über deren Namen

Damit sind Sie bei der VBA-Programmierung unabhängig von der Reihenfolge der Registerseiten. Aber auch die Methode aus Listing 6.2 hat ihren Nachteil: Wenn Ihnen jetzt einfällt, Ihre Registerseiten umzubenennen, haben Sie wieder ein Problem. Trotzdem würde ich diese zweite Variante bevorzugen, denn ein Umsortieren der Registerseiten kommt deutlich öfter vor als ein Umbenennen!

Verwechseln Sie den Namen der Registerseite (im Eigenschaftenblatt auf der Registerkarte *Andere*) nicht mit deren Beschriftung (im Eigenschaftenblatt auf der Registerkarte *Format*)! Letztere können Sie beliebig ändern – davon bleibt der Name völlig unbeeinflusst!

Zu dem Konstrukt *regMitgliederMannschaften.Pages(lngPageNr).Name* in Listing 6.2 ist sicher noch eine Erläuterung notwendig. Ein Registersteuerelement enthält eine Liste seiner Seiten (*Pages*). Die erste Registerseite ist demnach *Pages(0)*, die zweite *Pages(1)* usw. Die Nummer der gerade aktivierten Registerseite wird von VBA unter dem Namen des Registers selbst gespeichert. Davon hatten wir schon in Listing 6.1 Gebrauch gemacht. Also ist *Pages(regMitgliederMannschaften)* die gerade aktivierte Registerseite. Damit der gesamte Ausdruck nicht gar so lang wird, habe ich noch eine Variable für die Nummer der aktivierten Registerseite definiert.

Letzten Endes ist *regMitgliederMannschaften.Pages(lngPageNr).Name* also der Name der gerade aktivierten Seite des Registersteuerelements *regMitgliederMannschaften*. Uff!

Enabled, Visible und Locked

Ich weise immer wieder auf das Thema »Benutzerfreundlichkeit« hin. Dazu gehört auch, dass Sie den Benutzer vor sich selbst schützen. Er darf z. B. bestimmte Steuerelemente in bestimmten Situationen nicht bedienen. Das betrifft vor allem Schaltflächen, die erst angeklickt werden dürfen, wenn vorher die Daten eingegeben wurden, die für die durch die Schaltfläche ausgelösten Aktionen erforderlich sind. Das klingt jetzt sicher noch etwas nebulös, wir werden aber in den Beispielanwendungen immer wieder auf dieses Problem stoßen. Ich möchte hier zunächst nur die erforderliche Technik erläutern.

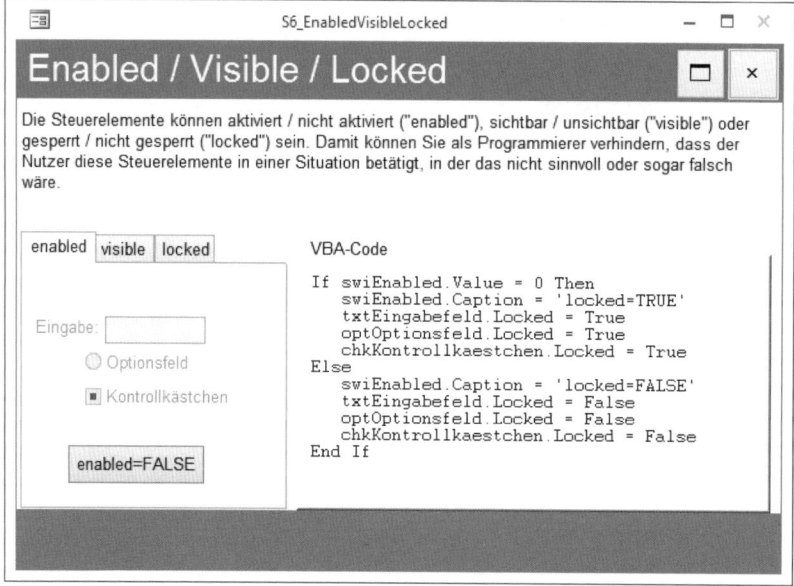

Abbildung 6.15: Durch verschiedene Maßnahmen können Sie verhindern, dass Steuerelemente bedient werden können.

Das heißt – zu erläutern ist da eigentlich gar nicht so viel. Schauen Sie sich einfach das Formular *S6_EnabledVisibleLocked* an!

- Wenn Sie die *Enabled*-Eigenschaft eines Steuerelements auf *False* setzen, wird dieses Steuerelement grau statt schwarz-weiß bzw. in Farbe auf dem Bildschirm dargestellt (siehe den Inhalt der Registerkarte *enabled* in Abbildung 6.15). Es ist dann nicht mehr möglich, dieses Steuerelement mit der Maus anzuklicken oder mit der ⇆-Taste zu erreichen. Damit können natürlich auch keine Daten mehr bearbeitet oder eingegeben werden.

- Wenn Sie die *Visible*-Eigenschaft eines Steuerelements auf *False* setzen, wird es schlicht und ergreifend unsichtbar. Was das für die Möglichkeit der Datenbearbeitung bedeutet, können Sie sich ja denken.

- Wenn Sie die *Locked*-Eigenschaft eines Steuerelements auf *True* setzen, können Sie dieses Steuerelement im Unterschied zu *Enabled = False* zwar noch mit der Maus anklicken, es sind aber keine Datenänderungen oder -eingaben mehr möglich.

Welche dieser drei Methoden Sie dann im konkreten Fall für sinnvoll halten, ist Ihre Entscheidung als Entwickler.

Exakte Platzierung

Wenn Sie damit anfangen, Ihre ersten eigenen Formulare zu entwerfen, werden Sie merken, dass es gar nicht so einfach ist, alle Steuerelemente in sinnvoller Weise darauf anzuordnen. Auch dies ist wieder eine Frage der Benutzerfreundlichkeit! Wer möchte schon ein Durcheinander von großen und kleinen Schaltflächen, von langen und kurzen Textfeldern und von kreuz und quer verteilten Kontrollkästchen, Optionsfeldern und Umschaltflächen auf dem Bildschirm haben? Nein, alle diese Steuerelemente müssen ergonomisch auf dem Formular angeordnet werden. Hierfür gibt Ihnen Access mehrere sehr nützliche Werkzeuge an die Hand (Abbildung 6.16 und Abbildung 6.17).

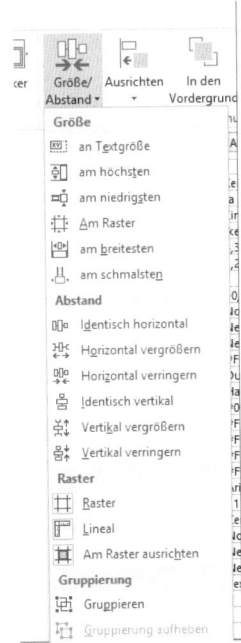

Abbildung 6.16: Auf der Registerkarte Anordnen *finden Sie nützliche Werkzeuge zur exakten Platzierung der Steuerelemente.*

Die Werkzeuge zur linksbündigen bzw. rechtsbündigen Ausrichtung und zur gleichmäßigen vertikalen bzw. horizontalen Verteilung sind Ihnen sicherlich aus Word und PowerPoint bekannt. Hier kommen jetzt aber noch vier weitere Werkzeuge hinzu: *am höchsten, am niedrigsten, am breitesten* und *am schmalsten.*

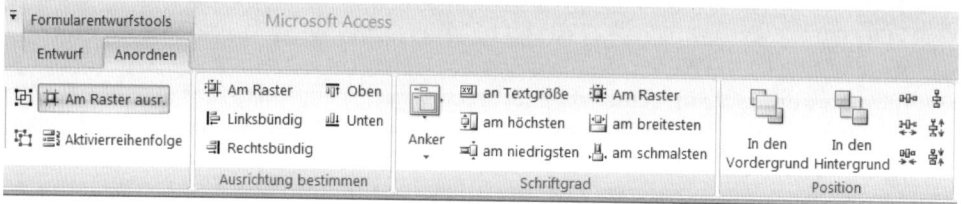

Abbildung 6.17: ... dasselbe für Access 2007.

Was bewirkt nun z. B. das Werkzeug *am höchsten?* Sie haben vielleicht mehrere Textfelder auf Ihrem Formular gezeichnet und möchten, dass sie alle so hoch sind wie das höchste von ihnen. Dann markieren Sie alle diese Textfelder mit der Maus und klicken anschließend auf *am höchsten.* Entsprechendes gilt für die übrigen drei Werkzeuge dieser Gruppe. So haben Sie also die Möglichkeit, mehrere Steuerelemente gleich breit und gleich hoch zu gestalten.

 Diejenigen Werkzeuge in Abbildung 6.16 und Abbildung 6.17, die mehrere Steuerelemente betreffen, werden erst aktiviert, wenn Sie vorher in Ihrem Formular **mehrere** Steuerelemente markiert haben.

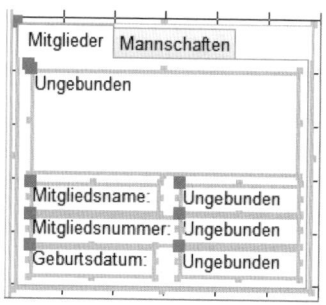

Abbildung 6.18: Manche Steuerelemente bestehen aus mehreren Teilen, die einzeln platziert werden können.

Abschließend möchte ich noch einmal daran erinnern, dass manche Steuerelemente aus mehreren Teilen bestehen. Zu einem Textfeld, Listenfeld, Kombinationsfeld oder Optionsfeld gehört z. B. immer ein Bezeichnungsfeld. Sie können beide Teile gemeinsam auf Ihrem Formular hin und her schieben, wenn Sie mit der linken Maustaste an einer beliebigen Stelle des Steuerelements »anfassen«. Möchten Sie einen Bestandteil eines Steuerelements (z. B. das Bezeichnungsfeld eines Textfelds) einzeln bewegen, müssen Sie das etwas größere Quadrat an der linken oberen Ecke zum Anklicken und Verschieben benutzen (Abbildung 6.18).

Das eigene Menüband

Sicher ist Ihnen in meinen Beispielanwendungen schon ein Bedienelement aufgefallen, über das ich bisher noch kein einziges Wort verloren habe: das Menüband am oberen Fensterrand (Abbildung 6.19), mit dem die einzelnen Formulare geöffnet werden können. Die Technik des Menübands ist von Microsoft mit Office 2007 eingeführt worden (dort hieß es noch »Multifunktionsleiste«). Ich will Ihnen hier nun zeigen, wie Sie selbst ein Menüband für Ihre Anwendung definieren können.

 Microsoft hat mit Office 2007 die Multifunktionsleiste eingeführt. Diese wurde in Office 2010 umbenannt in »Menüband«. Ich müsste jetzt also immer wieder schreiben: »Klicken Sie im Menüband (Access 2007: in der Multifunktionsleiste) auf …«. Um das zu vermeiden, möchte ich mich mit Ihnen einigen, dass ich immer »Menüband« schreibe – Access 2007-Benutzer übersetzen das bitte für sich in »Multifunktionsleiste«. Danke!

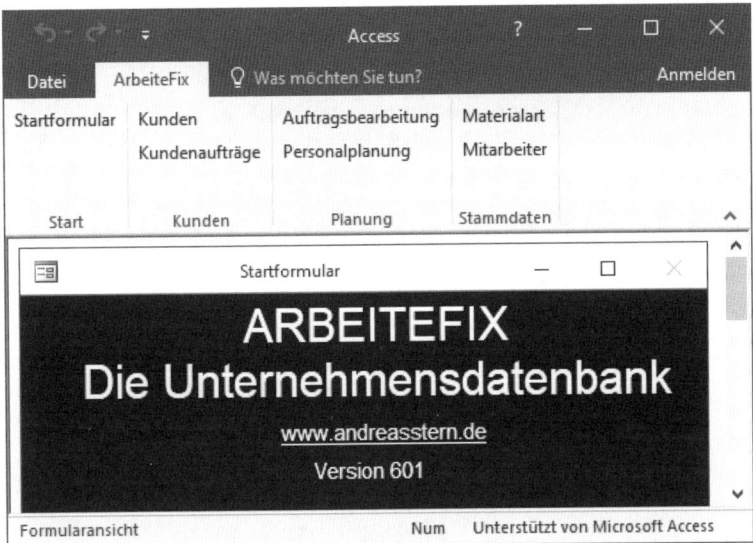

Abbildung 6.19: Beispiel für ein eigenes Menüband.

Wie geht man also vor? Lassen Sie uns erst einmal überlegen, was theoretisch alles getan werden muss, um ein eigenes Menüband auf dem Bildschirm erscheinen zu lassen, und es dann an einem Beispiel üben.

1. Schritt: Sie müssen definieren, welche Registerkarten das Menüband enthalten soll (z. B. *ArbeiteFix* in Abbildung 6.19), welche Gruppen die einzelnen Registerkarten enthalten sollen (z. B. *Planung*) und welche Befehle die einzelnen Gruppen enthalten sollen (z. B. *Auftragsbearbeitung*).

2. Schritt: Sie müssen der Anwendung mitteilen, dass es eine Definition für ein eigenes Menüband gibt und wo sie sich befindet.

3. Schritt: Sie müssen die Anwendung dazu bringen, dieses eigene Menüband auch anzuzeigen.

4. Schritt: Sie müssen programmieren, welches Formular geöffnet werden soll, wenn der Benutzer auf einen Befehl im Menüband klickt.

Weil das alles noch nicht schwierig genug ist, gibt es eine weitere Hürde auf dem Weg zum eigenen Menüband: Die Definition der Struktur in Schritt 1 erfolgt mithilfe vom XML (eXtensible Markup Language). Sie kommen daher leider nicht darum herum, nun auch noch zu lernen, was das ist.

XML in Ten Minutes

Was XML ist, kann man nur an einem Beispiel verständlich erklären. Darum sehen Sie sich bitte das folgende Listing an:

```
<buch buchautor="Andreas Stern" buchtitel="Keine Angst vor Microsoft Access!">
    <kapitelebene1 kapitelnummer="5" kapiteltitel="VBA - Teil 1">
        <Absatz>In diesem Kapitel versuche ich, Ihnen das Allernotwendigste
                zum Thema "Programmieren" zu erläutern.
        </Absatz>
        <Absatz>Ach ja: "VBA" heißt übrigens "Visual Basic for Applications".
        </Absatz>
        <kapitelebene2 kapiteltitel="Programmieren - muss das sein?">
            <Absatz>Die Antwort auf die in der Überschrift geäußerte Frage lautet:
                    Ja!
            </Absatz>
            <Absatz>Warum eigentlich? Weil es so schwer ist?
            </Absatz>
            <Absatz>Dafür schreibt der Programmierer ein Programm in einer
                    Programmiersprache.
            </Absatz>
        </kapitelebene2>
    </kapitelebene1>
    <kapitelebene1 kapitelnummer="6" kapiteltitel="Steuerelemente">
        <Absatz>In diesem Kapitel werden die wichtigsten Objekte erläutert, die
                Sie bei der Entwicklung von Access-Formularen benötigen.
        </Absatz>
        <kapitelebene2 kapiteltitel="Eigenschaften von Steuerelementen">
            <Absatz>Im vorigen Kapitel über die Programmierbefehle habe ich immer
                    wieder die Wechselbeziehungen zwischen Access und VBA betont.
            </Absatz>
            <Absatz>Die folgenden Abschnitte enthalten jeweils eine Tabelle mit den
                    wichtigsten Eigenschaften des jeweiligen Steuerelements.
            </Absatz>
            <Absatz>Bitte beachten Sie im Eigenschaftenblatt insbesondere die
                    Registerkarte Ereignis.
            </Absatz>
        </kapitelebene2>
    </kapitelebene1>
</buch>
```

Listing 6.3: Beispiel für ein XML-Dokument

Sie erkennen in Listing 6.3:

- XML ist eine »Sprache« zur Beschreibung der Struktur von Dokumenten (»Markup Language« wird als »Auszeichnungssprache« übersetzt).

- Es gibt besondere Sprachelemente (»Tags«), die in spitzen Klammern stehen. Dabei unterscheiden wir zwischen Start- und End-Tags; Letztere enthalten innerhalb der spitzen Klammer als erstes Zeichen einen Schrägstrich. Auf diese Weise wird also z. B. ausgedrückt: »Hier beginnt ein Absatz« bzw. »Hier endet ein Absatz«.

- Innerhalb eines Tags gibt es weitere Sprachelemente, die das Tag näher erläutern – z. B. *kapitelnummer=6* in *<Kapitelebene1>*. Sie werden Attribute genannt.

Die Tag-Rahmen aus Start- und End-Tag sind ineinander geschachtelt. (Kennen Sie die russische Holzpuppe »Matroschka«? Da ist auch immer eine in der nächstgrößeren drin!) Wichtig ist hier die ordnungsgemäße Schachtelung, denn die folgende Reihenfolge ist unsinnig und darum in XML verboten:

```
<kapitelebene1>
    <Absatz>…
        <kapitelebene2>
    </Absatz>
            <Absatz>…</Absatz>
        </kapitelebene2>
</kapitelebene1>
```

Listing 6.4: Beispiel für ein fehlerhaftes XML-Dokument

Start- und End-Tag müssen also immer vollständig vom Beginn und Ende eines anderen Tags umschlossen werden. (Sonst wäre ein Stück von der kleinen »Matroschka« in der großen drinnen und ein weiteres Stück draußen!)

XML lässt sich also durch folgende drei Eigenschaften charakterisieren:

- Es gibt Start- und End-Tags.
- Innerhalb der Tags gibt es Attribute.
- Tags müssen ordnungsgemäß geschachtelt sein.

XML ist universell! (Das reimt sich sogar.) Damit können Sie beliebige Dokumente beschreiben. XML wird überall in der Informationsverarbeitung genutzt – auch wenn Ihnen diese »stille Revolution« bisher noch gar nicht aufgefallen ist.

Der XML-Code für unser Menüband

Die im Folgenden beschriebene Vorgehensweise funktioniert nur, wenn Sie im VBA-Fenster unter *Extras/Verweise* die *Microsoft Office 16.0 Object Library* aktiviert haben, siehe »Technische Voraussetzungen« im ersten Kapitel (Access 2013: *Microsoft Office 15.0 Object Library*, Access 2010: *Microsoft Office 14.0 Object Library*, Access 2007: *Microsoft Office 12.0 Object Library*).

So, dieses wenige Wissen über XML, das Sie jetzt haben, reicht schon aus, um sich zu überlegen, wie wir unser Wunschmenüband damit beschreiben könnten. Auch das Menüband besteht ja aus ineinander geschachtelten Elementen:

- Ein Menüband (Ribbon) enthält mehrere Registerkarten (Tabs).
- Eine Registerkarte (Tab) enthält mehrere Gruppen (Group).
- Eine Gruppe (Group) enthält mehrere Befehle (Button).

Damit könnte die XML-Beschreibung des Menübands aus Abbildung 6.19 etwa so aussehen:

```
<ribbon>
    <tab label="ArbeiteFix">
        <group label="Hauptfenster">
            <button label="Hauptfenster"></button>
        </group>
        <group label="Kunden">
            <button label="Kunden"></button>
            <button label="Kundenaufträge"></button>
        </group>
        <group label="Planung">
            <button label="Auftragsbearbeitung"></button>
            <button label="Personalplanung"></button>
        </group>
        <group label="Stammdaten">
            <button label="Materialart"></button>
            <button label="Mitarbeiter"></button>
        </group>
    </tab>
</ribbon>
```

Listing 6.5: Erster Entwurf für die XML-Beschreibung des Menübands

Bitte vergleichen Sie aufmerksam die Struktur der XML-Datei in Listing 6.5 mit der Struktur des Menübands in Abbildung 6.19. Alles klar? Ich denke, das ist ziemlich anschaulich!

Die XML-Datei, die wir wirklich verwenden müssen, um das Menüband aus Abbildung 6.19 zu erzeugen, enthält noch einige Erweiterungen:

```
<customUI xmlns="http://schemas.microsoft.com/office/2006/01/customui">
  <ribbon startFromScratch="false">
    <tabs>
      <tab idMso="TabDatabaseTools" visible="false" />
      <tab idMso="TabCreate" visible="false" />
      <tab idMso="TabExternalData" visible="false" />
      <tab idMso="TabHomeAccess" visible="false" />
      <tab id="Tab1" label="ArbeiteFix">
        <group id="group0" label="Startfenster">
            <button id="startfenster" label="Startfenster" onAction="OnButtonClick"/>
        </group>
        <group id="group1" label="Kunden">
            <button id="kunden" label="Kunden" onAction="OnButtonClick"/>
            <button id="kundenauftraege" label="Kundenaufträge"
                                          onAction="OnButtonClick"/>
        </group>
```

```
      <group id="group2" label="Planung">
          <button id="auftragsbearbeitung" label="Auftragsbearbeitung"
                                      onAction="OnButtonClick"/>
          <button id="personalplanung" label="Personalplanung"
                                      onAction="OnButtonClick"/>
      </group>
      <group id="group3" label="Stammdaten">
          <button id="materialart" label="Materialart" onAction="OnButtonClick"/>
          <button id="mitarbeiter" label="Mitarbeiter" onAction="OnButtonClick"/>
      </group>
    </tab>
  </tabs>
 </ribbon>
</customUI>
```

Listing 6.6: Vollständiger XML-Code für das eigene Menüband

Das Attribut *startFromScratch="true"* würde bewirken, dass Access **kein** eigenes Access-Menüband anzeigt, sondern nur das in der XML-Datei definierte eigene Menüband. Das gilt auch für die Entwurfsansicht! Sie sind dann also nicht mehr in der Lage, Ihre eigene Anwendung zu bearbeiten. Das ist nur sinnvoll, wenn die Anwendung fertiggestellt ist und dem Nutzer übergeben wird.

Wenn Sie trotzdem wenigstens einige Bestandteile des Access-eigenen Menübands ausblenden wollen, müssen Sie *startFromScratch="false"* setzen und die betreffenden Bestandteile mit dem Attribut *visible="false"* unsichtbar machen. Das ist im obigen Listing 6.6 so gemacht worden. Wenn Sie das Standardmenüband beim Arbeiten und Üben mit den Beispielanwendungen benutzen möchten, brauchen Sie nur *visible="true"* in die betreffenden Zeilen von Listing 6.6 zu schreiben.

Das Listing enthält darüber hinaus noch die Attribute *onAction="OnButtonClick"*. Das ist bereits eine Vorbereitung auf den anfangs genannten Schritt 4: Access wird auf diese Weise mitgeteilt, dass der Klick des Nutzers auf diesen Befehl (*button*) eine VBA-Prozedur mit dem Namen *OnButtonClick* starten soll. Damit diese Prozedur dann auch auseinanderhalten kann, welcher Befehl (*button*) angeklickt wurde, erhält jeder Befehl ein Attribut *id*.

So, das war's. Jetzt haben wir das nötige Grundlagenwissen beieinander und können mit der Abarbeitung der vier Schritte beginnen.

1. Schritt: Definition der Struktur

Es gibt mehrere Möglichkeiten, die XML-Datei mit der Strukturbeschreibung irgendwo so abzulegen, dass Access sie findet. Ich will hier nur eine einzige beschreiben, die meines Wissens zuverlässig funktioniert, und das reicht dann ja auch erst einmal.

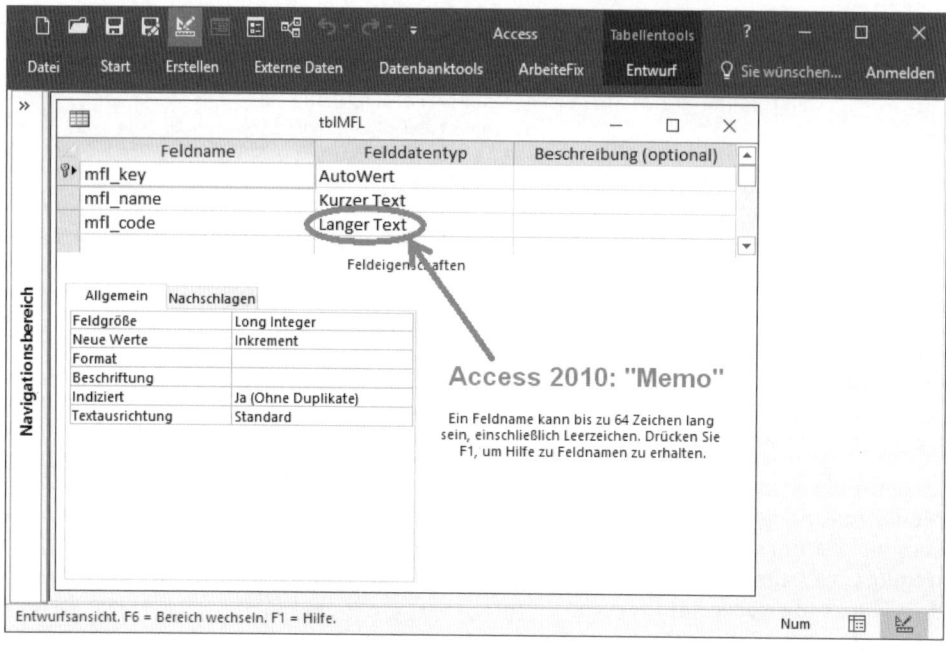

Abbildung 6.20: Definition der Tabelle tblMFL.

Legen Sie eine Tabelle *tblMFL* mit Spalten entsprechend Abbildung 6.20 an. Diese Tabelle braucht zunächst nur eine einzige Zeile zu enthalten: *mfl_key=1*, *mfl_name=eigene_MFL*, und in *mfl_code* wird der Text aus Listing 6.6 gespeichert (Abbildung 6.21).

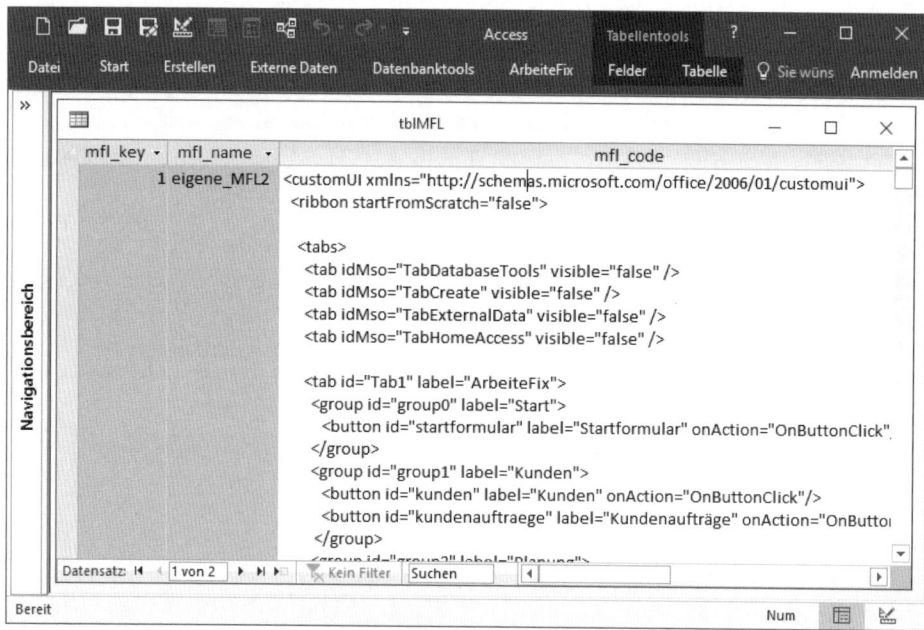

Abbildung 6.21: Die Daten in der Tabelle tblMFL.

Damit ist Schritt 1 schon abgeschlossen: Wir haben die Struktur unseres eigenen Menübands mittels XML definiert und diese Definition an einem Ort abgelegt, an dem Access sie finden kann.

2. Schritt: Bekanntmachen der Definition

Dafür muss – vor allem anderen, was sonst noch in unserer Anwendung geschieht – ein spezieller VBA-Befehl ausgeführt werden. Auch dafür gibt es wieder mehrere Möglichkeiten – ich nenne hier nur eine: das Autoexec-Makro. Wie der Name schon sagt: Dort können Sie Befehle platzieren, die automatisch unmittelbar nach dem Start der Anwendung ausgeführt werden sollen (engl. »execute«).

Bevor Sie das Makro anlegen, müssen Sie aber erst die Funktion schreiben, die es ausführen soll. Nichts leichter als das – dazu ist in VBA unter *Module* nur der folgende kleine Dreizeiler notwendig:

```
Public Function eigene_MFL_laden()
Application.LoadCustomUI "Eigene_MFL", DLookup("mfl_code", "tblMFL",
                                       "mfl_name='eigene_MFL'")
End Function
```

Listing 6.7: Funktion zum Laden des XML-Codes

Der Befehl *DLookup* holt den XML-Code aus der Tabelle *tblMFL* und stellt ihn als Parameter dem Befehl *Application.LoadCustomUI* zur Verfügung (»customized« = maßgeschneidert, »UI« = User Interface = Benutzeroberfläche).

Jetzt legen Sie noch unter Access ein neues Makro an, nennen es *Autoexec*, öffnen es in der Entwurfsansicht und wählen als ersten Befehl *AusführenCode* aus (Abbildung 6.22). Unter *Funktionsname* geben Sie *eigene_MFL_laden()* ein. Fertig! Wenn Sie nun Ihre Anwendung starten, wird als Erstes der Befehl *Application.LoadCustomUI* ausgeführt, der der Anwendung die Definition des Menübands bekannt macht.

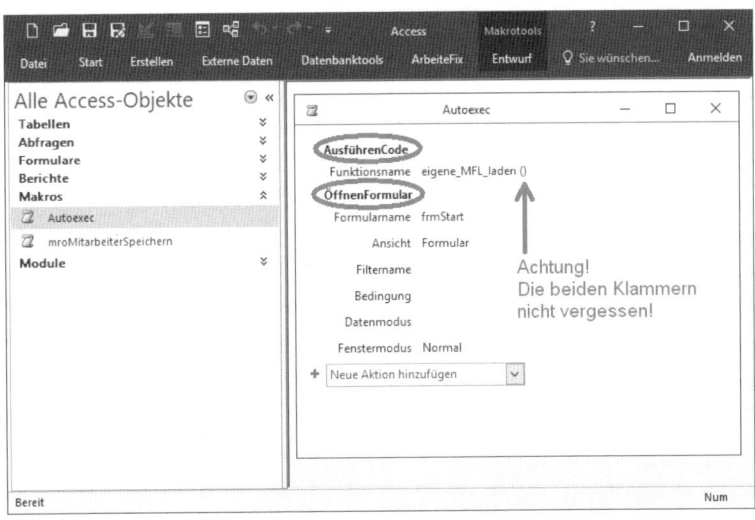

Abbildung 6.22: Das Autoexec-Makro.

In Abbildung 6.22 sehen Sie noch eine zweite Zeile im Autoexec-Makro, die das Startformular mit den Schaltflächen zum Öffnen der Formulare öffnet. Wenn das eigene Menüband erst einmal funktioniert, brauchen Sie das nicht mehr!

Bevor Sie mit Schritt 3 weitermachen, sollten Sie Ihre Anwendung einmal schließen und wieder neu starten. Warum? Na, ganz einfach: Weil wir die Bekanntmachung der Definition des Menübands über das Autoexec-Makro so organisiert haben, dass sie immer beim Start der Anwendung erfolgt. Ohne Neustart kennt Ihre Anwendung die Definition also noch nicht.

3. Schritt: Anzeige des Menübands

Wie könnte es anders sein: Auch hierfür gibt es mehrere Möglichkeiten. Ich nenne wieder nur eine: Klicken Sie bei geöffneter Anwendung auf *Datei* (Access 2007: auf die Office-Schaltfläche) und wählen Sie *Optionen* (Access 2007: *Access-Optionen*). Klicken Sie dann auf *Aktuelle Datenbank* und wählen Sie unter *Menüband- und Symbolleistenoptionen* den Namen Ihres eigenen Menübands (»eigene_MFL«) in dem Kombinationsfeld aus. Wenn Sie jetzt Ihre Anwendung noch einmal neu starten, wird Ihr eigenes Menüband angezeigt.

Sollte das nicht der Fall sein, haben Sie leider ein Problem. Access zeigt nämlich bei fehlerhafter XML-Datei keine Fehlermeldung an, sondern macht einfach gar nichts. Da hilft also nur, die XML-Definition in der Tabelle *tblMFL* sehr aufmerksam Zeile für Zeile und Zeichen für Zeichen zu kontrollieren.

Ein Tipp für den Fall, dass es gar nicht gelingen will:

Nehmen Sie eine XML-Definition, die funktioniert (z. B. aus meinen Beispielanwendungen), und ändern Sie sie in kleinen Schritten so lange ab, bis sie Ihre Gruppen und Befehle anzeigt.

4. Schritt: Programmierung der Klicks

So, wir haben es fast geschafft. Sie müssen Access jetzt nur noch beibringen, welches Formular geöffnet werden soll, wenn Sie im eigenen Menüband auf einen bestimmten Befehl klicken. In dem XML-Code stand ja schon drin, wie die entsprechende Prozedur heißt: *OnButtonClick*. Der Rest ist dann auch nicht mehr kompliziert. Schreiben Sie einfach eine VBA-Prozedur wie die in Listing 6.8 und speichern Sie sie unter *Module*:

```
Sub OnButtonClick(control As IRibbonControl)
Select Case control.id
   Case "startformular"
      DoCmd.OpenForm "frmStart"
   Case "kunden"
      DoCmd.OpenForm "frmKunden"
   Case "kundenauftraege"
      DoCmd.OpenForm "frmKundenauftraege"
   Case "auftragsbearbeitung"
      DoCmd.OpenForm "frmAuftragsbearbeitung"
   Case "personalplanung"
      DoCmd.OpenForm "frmPersonalplanung"
```

```
    Case "materialart"
        DoCmd.OpenForm "frmMaterialart"
    Case "mitarbeiter"
        DoCmd.OpenForm "frmMitarbeiter"
    Case Else
        MsgBox "OnButtonClick: Unbekannter Formularname!"
End Select
End Sub
```

Listing 6.8: VBA-Prozedur zur Auswertung der Nutzerklicks im Menüband

Das war's. Und wenn Sie das alles einmal üben wollen – im Internet (Adresse in der Einleitung) finden Sie im Ordner \Kap06

- eine Access-Datei *Firma-ohneMFL.accdb* ohne eigenes Menüband und
- eine Textdatei *Firma-Verein-Verleih-XML-Code.txt* mit dem XML-Code.

Damit können Sie die in diesem Kapitel beschriebene Vorgehensweise nachvollziehen.

Ein letztes Sahnehäubchen ...

... möchte ich aber doch noch auf die Menübandtorte draufsetzen: Sie können mithilfe des Befehls *Application.LoadCustomUI* auch **mehrere** Menübanddefinitionen laden (s. o. unter Schritt 2) – vorausgesetzt natürlich, Sie haben entsprechende Zeilen in der Tabelle *tblMFL* angelegt:

```
Application.LoadCustomUI "Eigene_MFL1", DLookup("mfl_code", "tblMFL",
                                       "mfl_name='eigene_MFL1'")
Application.LoadCustomUI "Eigene_MFL2", DLookup("mfl_code", " tblMFL ",
                                       "mfl_name='eigene_MFL2'")
Application.LoadCustomUI "Eigene_MFL3", DLookup("mfl_code", " tblMFL ",
                                       "mfl_name='eigene_MFL3'")
usw.
```

Listing 6.9: Mehrere Menübanddefinitionen laden

Dann sollten Sie aber nicht wie oben in Schritt 3 weitermachen, denn Sie können nun die Anzeige der verschiedenen Menübänder für jedes Formular einzeln regeln. Dazu öffnen Sie das Formular in der Entwurfsansicht und wählen im Eigenschaftsblatt auf der Registerkarte *Andere* des Formulars unter *Name des Menübandes* dasjenige Menüband aus, das erscheinen soll, wenn das Formular geöffnet wird.

Bevor das funktioniert, müssen Sie die Anwendung wieder erst beenden und neu starten, damit die Definitionen beim Start geladen werden!

Und noch einmal:

Sie müssen den Namen des Menübands auch in den Eigenschaftenblättern der Unterformulare festlegen, denn wenn Sie nachher bei der Nutzung Ihrer Anwendung in das Unterformular klicken, wird dessen Menüband angezeigt! Wenn dann dort nichts festgelegt wurde, verschwindet das im übergeordneten Formular festgelegte Menüband!

Was ist wichtig?

1. Aktivieren Sie den Steuerelement-Assistenten (siehe Abschnitt »Eigenschaften von Steuerelementen« ab Seite 232).

2. Die wichtigsten Steuerelemente sind Bezeichnungsfelder, Textfelder, Schaltflächen, Listenfelder und Kombinationsfelder. Zusätzlich nützlich sind auch Optionsgruppen und Register.

3. Ein Formular kennt nicht automatisch alle Tabellen und ihre Spalten. Sie müssen sie ihm über die Eigenschaft *Datensatzquelle* bekannt machen (siehe Abschnitt »Textfeld« ab Seite 234).

4. Beachten Sie die Unterschiede in der Programmierung von gebundenen und ungebundenen Formularen und Steuerelementen (siehe Abschnitt »Verwenden der Assistenten ...« ab Seite 245).

5. Halten Sie sich bei der Namensgebung für Steuerelemente an die Namenskonvention, (siehe *Namenskonventionen.pdf* im Ordner \KapA).

6. Benutzen Sie für Ihre ersten Übungen das 2003er-Datenbankformat (.*mdb*), weil die Steuerelement-Assistenten dann VBA-Prozeduren statt eingebetteter Makros erzeugen (siehe Abschnitt »Programmierung der Schaltfläche« ab Seite 241).

7. Wenn eines Ihrer Steuerelemente absolut nicht tut, was es soll, ist in den allermeisten Fällen eine nachträgliche Namensänderung der Grund dafür (siehe Abschnitt »Nachträgliche Namensänderung« ab Seite 241).

8. Mit den Einstellungen *Enabled*, *Visible* und *Locked* können Sie einstellen, dass der Benutzer bestimmte Steuerelemente in bestimmten Situationen nicht bedienen darf (siehe Abschnitt »Enabled, Visible und Locked« ab Seite 252).

9. Access bietet Ihnen eine Reihe von Hilfestellungen zur exakten Platzierung von Steuerelementen auf dem Formular an (siehe Abschnitt »Exakte Platzierung« ab Seite 253).

10. Machen Sie sich mit den Grundlagen von XML vertraut und programmieren Sie damit ein eigenes Menüband (siehe Abschnitt »Das eigene Menüband« ab Seite 255).

Sie finden das Dokument *WasIstWichtig.pdf* zum Ausdrucken im Internet (Adresse in der Einleitung, dort im Ordner \KapA).

Kapitel 7
SQL

In diesem Kapitel 266
Wofür SQL? 266
CREATE, INSERT, UPDATE, DELETE 268
SELECT 272
Outer Join 278
Schnell soll es gehen! 284
Was fehlt noch? 288
Was ist wichtig? 292

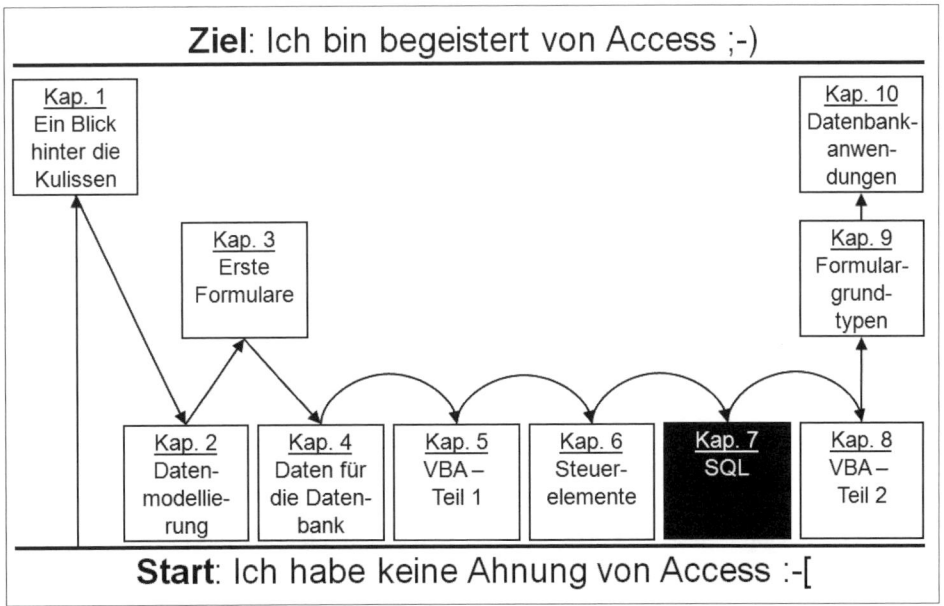

Abbildung 7.1: Das Kapitel 7, »SQL«.

In diesem Kapitel

... geht es wieder mal um eine Programmiersprache – nämlich um die *Structured Query Language*, abgekürzt SQL. Damit können Sie in einer Datenbank Tabellen anlegen und anschließend Daten einfügen, ändern, heraussuchen und löschen. Von dieser Programmiersprache sollten Sie unbedingt einige Grundkenntnisse haben, wenn Sie erfolgreich mit Access arbeiten wollen.

Wofür SQL?

Mit der folgenden Abbildung möchte ich Sie noch einmal an den Aufbau einer Datenbankanwendung erinnern: Der Benutzer arbeitet mit einer Software, die manchmal *Graphical User Interface* (GUI), manchmal auch *Client* genannt wird. Diese Software kommuniziert mit einer anderen Software, die *Data Base Management System* (DBMS) – oder manchmal auch einfach *Datenbankserver* – genannt wird. In Access bilden diese beiden Teile ein Ganzes und sind für den Benutzer nicht mehr getrennt voneinander zu erkennen.

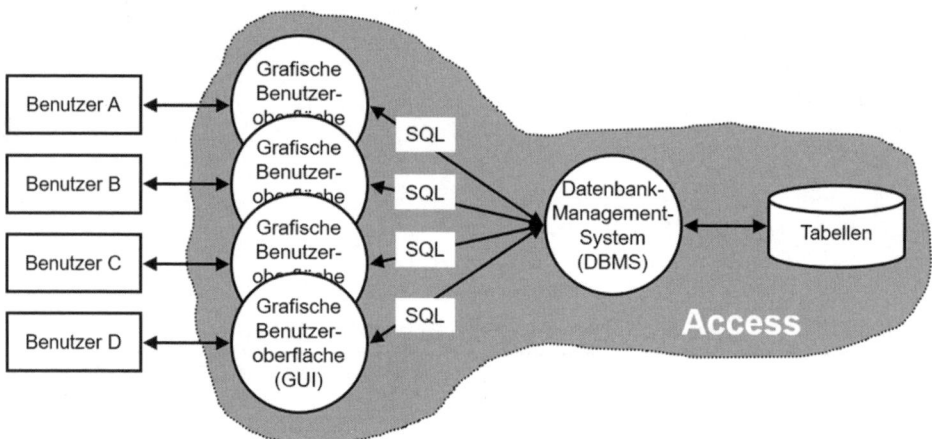

Abbildung 7.2: Komponenten einer Datenbankanwendung.

Die Sprache, in der beide miteinander »reden« – das ist SQL! Was will die GUI vom DBMS? Worüber »spricht« sie mit ihm? Sie sagt: »Füge neue Daten ein!« (*INSERT*), »Ändere vorhandene Daten!« (*UPDATE*), »Lösche vorhandene Daten!« (*DELETE*) und »Suche bestimmte Daten heraus!« (*SELECT*).

Für den Benutzer (das sind Sie!) gibt es im Wesentlichen zwei Anwendungsbereiche für SQL:

- Sie brauchen SQL, um die Datenquellen der Formulare und Steuerelemente zu definieren. Damit haben wir uns in den vorangegangenen Kapiteln schon mehrfach beschäftigt. Erinnern Sie sich? Ich hatte immer wieder betont, dass ein Formular nicht automatisch alle Daten aller Tabellen kennt. Sie müssen ihm bestimmte Tabellenspalten über die Eigenschaft *Datensatzquelle* bekannt machen!

- Sie brauchen SQL, um Abfragen (engl. »Queries«) zu formulieren. Damit können Sie solche Fragen beantworten: »Welche Materialien und wie viel davon haben wir im letzten Quartal für Meier verbaut?« (Firma), »An welchen Meisterschaften haben die Alten Herren in den letzten fünf Jahren teilgenommen, und wie viele Punkte haben sie dabei geholt?« (Verein), »Welche Bücher aus dem Sachgebiet Science-Fiction haben wir im letzten Jahr am häufigsten verliehen?« (Verleih).

Ich werde mich hier in diesem Kapitel auf den ersten Anwendungsbereich konzentrieren – alles andere würde den Umfang dieses Buchs sprengen. Das bedeutet nicht, dass der zweite Anwendungsbereich nicht wichtig wäre. Im Gegenteil! Das Zusammenstellen von Daten mithilfe von Abfragen ist einer der Hauptgründe, warum man überhaupt Datenbanken einsetzt.

Ganz gleich, ob Sie Ihre Datenbankanwendung selbst entwickelt haben oder ob Sie sie haben entwickeln lassen – die Abfragen müssen Sie in jedem Fall eigenhändig formulieren. Warum? Weil der Wunsch, bestimmte Daten in einer bestimmten Zusammenstellung zu haben, meist spontan aus einer bestimmten Situation heraus entsteht. Und dann können Sie im Allgemeinen nicht erst den Spezialisten anrufen. Das sollten Sie dann selber können.

Also: Erstens sollten Sie sich über das hier Gesagte hinaus mit dem Thema »Abfragen erstellen« beschäftigen. Und zweitens sollten Sie diejenigen, für die Sie eine Datenbankanwendung entwickeln, dazu anhalten, sich ebenfalls mit dem Thema zu beschäftigen!

Die Übungsdatenbank

In diesem Kapitel möchte ich wieder einmal eine neue Übungsdatenbank verwenden. Es geht dabei darum, Stundenpläne für Lehrveranstaltungen zu erstellen und zu verwalten. In Abbildung 7.3 erkennen Sie, dass *tblPlanstunde* die zentrale Tabelle ist.

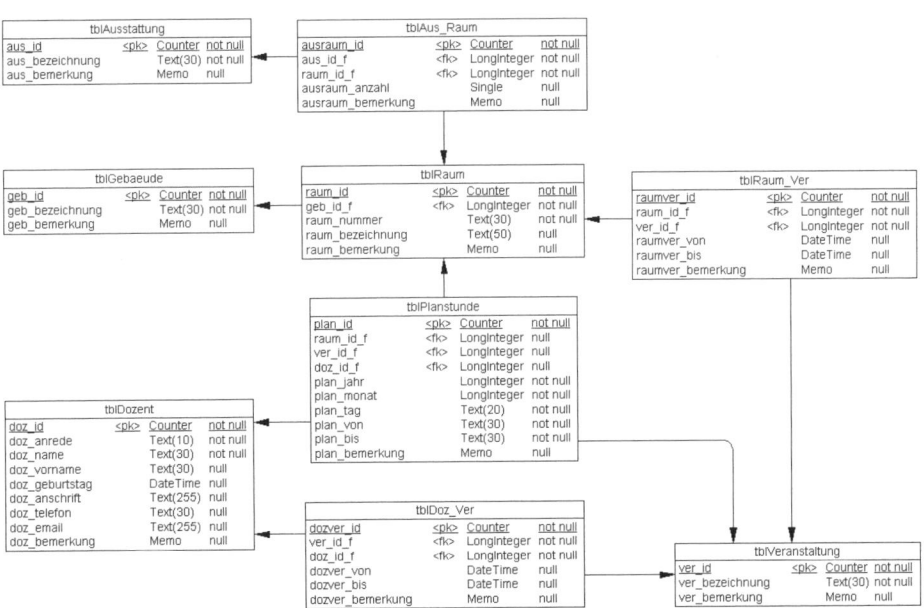

Abbildung 7.3: Das physische Modell der Übungsdatenbank Stundenplan.

Wie der Name schon sagt – damit ist die zu planende Stunde gemeint. Ihr müssen ein Raum, ein Dozent und eine Veranstaltung zugeordnet werden. An den Spalten der Tabelle *tblPlanstunde* erkennen Sie, dass ich dabei davon ausgehe, dass sich der Stundenplan zumindest über einen Monat hinweg nicht ändert. Sie können also in dieser Datenbank Informationen der folgenden Art speichern:

»Im September 2018 unterrichtet Herr Müller montags von 8:00 bis 9:30 Uhr Mathematik in Raum 101.«

Das ist die Hauptaufgabe dieser Datenbank. Hinzu kommt noch Folgendes:

- Mithilfe der Tabelle *tblDoz_Ver* kann festgehalten werden, welcher Dozent von wann bis wann welche Lehrveranstaltung gelehrt hat oder lehren soll.

- Mithilfe der Tabelle *tblRaum_Ver* kann festgehalten werden, welche Lehrveranstaltung in welchem Raum stattfinden soll, weil diese Lehrveranstaltung z. B. spezielle Anforderungen an die Ausstattung des Raums stellt.

- Mithilfe der Tabellen *tblAusstattung* und *tblAus_Raum* kann gespeichert werden, über welche Ausstattung jeder einzelne Raum verfügt.

- Die Tabelle *tblGebaeude* schließlich hält fest, in welchem Gebäude sich ein bestimmter Raum befindet.

Sie finden die Übungsdatenbank *Stundenplan.accdb* im Internet (Adresse in der Einleitung, dort im Ordner *Kap07*). Sie enthält – im Unterschied zu den anderen Übungsdatenbanken – keine Formulare, sondern nur Tabellen zum Üben der Programmiersprache SQL. Am selben Ort finden Sie auch das logische und das physische Datenmodell als GIF-Datei. Letzteres sollten Sie sich ausdrucken und beim Durcharbeiten dieses Kapitels immer zur Hand haben.

CREATE, INSERT, UPDATE, DELETE

Kommen wir nun zur Programmiersprache SQL. Die gute Nachricht ist: Sie ist nicht so kompliziert wie VBA. Es gibt nur relativ wenige und ziemlich einfache Befehle, die Sie bereits dann verstehen können, wenn Sie ein wenig Englisch beherrschen.

Wirklich **notwendig** für die Arbeit mit Access ist nur ein einziger dieser Befehle: SELECT. Trotzdem möchte ich einige weitere Befehle zumindest nennen und an Beispielen ganz kurz erläutern, damit Sie etwas mehr Hintergrundwissen haben und das Gesamtkonzept von SQL besser verstehen.

CREATE TABLE

Mit dem SQL-Befehl CREATE TABLE wird eine Tabelle in einer Datenbank angelegt. Sie enthält also anschließend noch keine Daten.

Dabei wird festgelegt, wie die Spalten der Tabelle heißen, welche Art von Daten (»Datentypen«) in den einzelnen Spalten gespeichert werden soll und ob es sich dabei um Kann- oder Muss-Daten handelt (*null/not null*).

Beispiel:

```
CREATE TABLE tblVeranstaltung (
    ver_id          COUNTER NOT NULL  CONSTRAINT pk_ver PRIMARY KEY,
    ver_bezeichnung TEXT(30) NOT NULL,
    ver_bemerkung   MEMO
)
```

Bitte vergleichen Sie diesen CREATE TABLE-Befehl mit den Angaben zur Tabelle *tblVeranstaltung* im physischen Datenmodell (Abbildung 7.3). (Haben Sie – wie von mir empfohlen – das ausgedruckte Datenmodell bereitgelegt?)

Enthält die Tabelle Fremdschlüssel, gibt es eine spezielle Syntax des CREATE TABLE-Befehls, die die *referentielle Integrität* in der Datenbank sicherstellt. Das bedeutet, dass vom Datenbank-Management-System überwacht wird, dass der Fremdschlüssel in der einen Tabelle nur solche Werte annehmen kann, die es in einer anderen Tabelle als Primärschlüssel gibt. Wenn es in der Datenbank also z. B. drei Gebäude mit den Primärschlüsseln *geb_id* von 1 bis 3 gibt, kann es in der Tabelle *tblRaum* in der Fremdschlüsselspalte *geb_id_f* keinen Eintrag »5« geben.

Beispiel:

```
CREATE TABLE tblRaum (
    raum_id          COUNTER NOT NULL CONSTRAINT pk_raum PRIMARY KEY,
    geb_id_f         LONG    NOT NULL,
    raum_nummer      TEXT(30) NOT NULL,
    raum_bezeichnung TEXT(30) NULL,
    raum_bemerkung   MEMO    NULL,
    CONSTRAINT fk_raum_geb FOREIGN KEY (geb_id_f) REFERENCES tblGebaeude (geb_id))
```

Bitte vergleichen Sie diesen CREATE TABLE-Befehl mit den Festlegungen zur Tabelle *tblRaum* im physischen Datenmodell (Abbildung 7.3). »Constraint« bedeutet auf Deutsch »Bedingung«, »Beschränkung« oder »Einschränkung«. Der Name dieser Bedingung lautet *fk_raum_geb*. Hierfür können Sie eine beliebige Bezeichnung wählen, die es aber in Ihrer Datenbank jeweils nur ein einziges Mal geben darf. Der Name des Constraints muss also eindeutig sein. Der Rest ist wohl selbsterklärend.

INSERT INTO

Mit dem SQL-Befehl INSERT INTO werden neue Daten in eine Tabelle eingefügt. Primärschlüsselfelder brauchen dabei nicht mit aufgeführt zu werden; sie werden von Access automatisch mit fortlaufenden Werten gefüllt.

Beispiel:

```
INSERT INTO tblRaum (geb_id_f, raum_nummer)
VALUES (2, "212")
```

Mit diesem SQL-Befehl wird ein neuer Raum angelegt, und es wird auch gleich festgelegt, in welchem Gebäude sich dieser Raum befindet. Vergleichen Sie auch diesen SQL-Befehl mit Abbildung 7.3 und beachten Sie, dass die dort mit *not null* markierten Spalten mit Daten gefüllt werden müssen!

UPDATE

Mit dem SQL-Befehl UPDATE werden Daten in Tabellen geändert.

Beispiel:

```
UPDATE  tblRaum
SET     raum_bezeichnung = "Mehrzweckraum"
WHERE   raum_id = 5
```

DELETE FROM

Mit dem SQL-Befehl DELETE FROM werden Daten aus Tabellen gelöscht.

Beispiel:

```
DELETE FROM tblDozent WHERE doz_id = 2
```

Ausprobieren?

Wie gesagt: Sie brauchen die bisher vorgestellten SQL-Befehle für die Arbeit mit Access nicht, weil es in Access dafür andere Techniken gibt. Neue Tabellen erzeugen Sie statt über den SQL-Befehl CREATE TABLE mit dem Befehl *Tabelle* auf der Registerkarte *Erstellen*. Die Eingabe, Änderung und Löschung von Daten erfolgt mithilfe von Formularen statt mit SQL-Befehlen.

Für diejenigen, die CREATE, INSERT, UPDATE und DELETE trotzdem einmal ausprobieren möchten, habe ich in der Übungsdatenbank *Stundenplan-leer* das Formular *ExecSQL* vorbereitet. In diesem Formular gibt es ein Textfeld, in das Sie einen SQL-Befehl eingeben können – indem Sie ihn eintippen oder indem Sie ihn mit Copy-and-paste hineinkopieren. Anschließend können Sie den Befehl durch einen Klick auf die entsprechende Schaltfläche ausführen. Ob die Ausführung erfolgreich war oder nicht, erfahren Sie über eine entsprechende Messagebox.

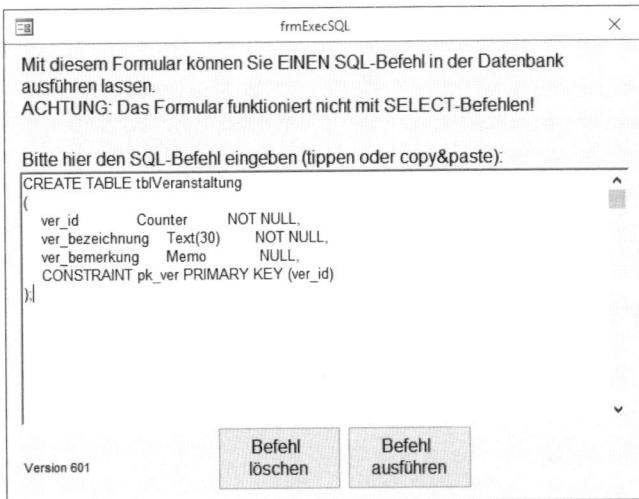

Abbildung 7.4: Mit diesem Formular können Sie die SQL-Befehle CREATE, INSERT, UPDATE und DELETE testen.

 Sie können in das Textfeld immer nur **einen einzigen** SQL-Befehl eingeben und ausführen lassen. Bevor Sie den nächsten Befehl eingeben, müssen Sie den Befehl, der dort bereits steht, erst löschen.

Da wir uns in diesem Buch ja auch intensiv mit der Erstellung von Formularen beschäftigen, empfehle ich Ihnen, sich einmal den VBA-Code anzuschauen, der sich hinter der Schaltfläche *Befehl ausführen* verbirgt.

 Beim »Herumspielen« mit SQL-Befehlen können Sie schnell einiges in der Datenbank zerstören. Deshalb sollten Sie sich vorher eine »Spielkopie« anlegen. Zur Not können Sie sich die Originaldatenbank ja noch einmal aus dem Internet herunterladen.

 Damit Sie beim Üben nicht allzu viel tippen müssen, finden Sie sämtliche CREATE TABLE-Befehle sowie alle SQL-Übungen aus diesem Kapitel in der Datei *Stundenplan-SQL.txt* im Internet (Adresse in der Einleitung, dort im Ordner \Kap07). Von dort können Sie die einzelnen Befehle per Copy-and-paste in das Formular *ExecSQL* hineinkopieren.

SELECT

Nach dem rein informativen Abschnitt über CREATE, INSERT, UPDATE und DELETE kommt jetzt der wirklich wichtige Teil über den SQL-Befehl SELECT. Wissen darüber wird an vielen Stellen bei der Entwicklung von Access-Anwendungen benötigt.

Mit dem SQL-Befehl SELECT FROM werden Daten aus den Tabellen herausgesucht, die bestimmte Bedingungen erfüllen.

Daten aus einer Tabelle abrufen

Um die Nummer des Chemieraums herauszusuchen, nutzen Sie:

```
SELECT raum_nummer FROM tblRaum
WHERE raum_bezeichnung = "Chemieraum"
```

Und zum Heraussuchen von Namen, Vornamen und Telefonnummern aller Bremer Dozenten:

```
SELECT doz_name, doz_vorname, doz_telefon FROM tblDozent
WHERE doz_anschrift like "*Bremen*"
```

Welcher Dozent an einem bestimmten Tag Geburtstag hat, wird hiermit herausgesucht:

```
SELECT doz_name, doz_vorname FROM tblDozent
WHERE doz_geburtstag = #7/28/1960#
```

 Datumsangaben müssen in der Form *#monat/tag/jahr#* gemacht werden!

Daten aus mehreren Tabellen abrufen

Etwas komplizierter gestaltet sich die Syntax des SELECT-Befehls, wenn es darum geht, Daten aus **mehreren** Tabellen herauszusuchen. Fangen wir mit einem ganz einfachen Beispiel an. Angenommen, wir wollen herausbekommen, in welchem Gebäude sich welche Räume befinden. Das sieht dann so aus:

```
SELECT geb_bezeichnung, raum_nummer, raum_bezeichnung
FROM tblGebaeude, tblRaum
WHERE tblGebaeude.geb_id = tblRaum.geb_id_f
```

Listing 7.1: SELECT tblRaum-tblGebaeude in Standard-SQL-Syntax

Hier zeigt sich wieder die besondere Bedeutung der Fremdschlüssel, denn sie bestimmen, in welcher Form die Daten zusammenhängen. Ohne die Fremdschlüssel hätten wir nur zwei völlig wertlose Listen: eine Liste der Gebäude und eine Liste der Räume, ohne zu wissen, in welchem Gebäude sich die Räume befinden. Das wird erst durch den Fremdschlüssel *geb_id_f* in der Tabelle *tblRaum* möglich (Abbildung 7.5).

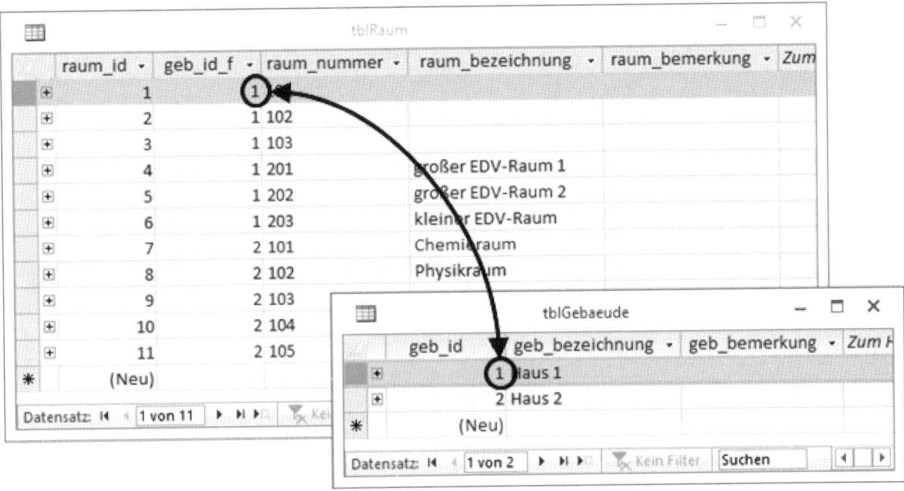

Abbildung 7.5: Die Primärschlüssel-Fremdschlüssel-Beziehung zwischen den Tabellen tblRaum *und* tblGebaeude.

Ein weiteres Beispiel: Angenommen, wir wollen herausbekommen, welcher Dozent welche Lehrveranstaltungen hält. Die beiden Tabellen *tblDozent* und *tblVeranstaltung* hängen aber nicht direkt über eine Primärschlüssel-Fremdschlüssel-Beziehung zusammen, sondern über die Zwischentabelle *tblDoz_Ver* (Abbildung 7.6).

Erinnern Sie sich noch an die Sache mit den Zwischentabellen aus dem ersten und zweiten Kapitel? Die Ursache dafür war eine m:n-Beziehung zwischen den beteiligten Entitäten – in unserem Fall also zwischen *Dozent* und *Veranstaltung*:

- **Ein** Dozent ist für **mehrere** Veranstaltungen zuständig.

- **Eine** Veranstaltung wird von **mehreren** Dozenten unterrichtet. (Natürlich nicht gleichzeitig – aber wohl in verschiedenen Jahren.)

In Kapitel 2 über die Datenmodellierung hatten wir gesehen, dass in einem solchen Fall eine Zwischentabelle erforderlich ist. In dieser Zwischentabelle können wir dann auch gleichzeitig festhalten, von wann bis wann der Dozent für die Veranstaltung zuständig war. Letzten Endes sieht das dann so aus, wie in Abbildung 7.6 dargestellt:

- Der Fremdschlüssel *doz_id_f* in der Zwischentabelle *tblDoz_Ver* verweist auf den Primärschlüssel *doz_id* in der Tabelle *tblDozent*, und

- der Fremdschlüssel *ver_id_f* in der Zwischentabelle *tblDoz_Ver* verweist auf den Primärschlüssel *ver_id* in der Tabelle *tblVeranstaltung*.

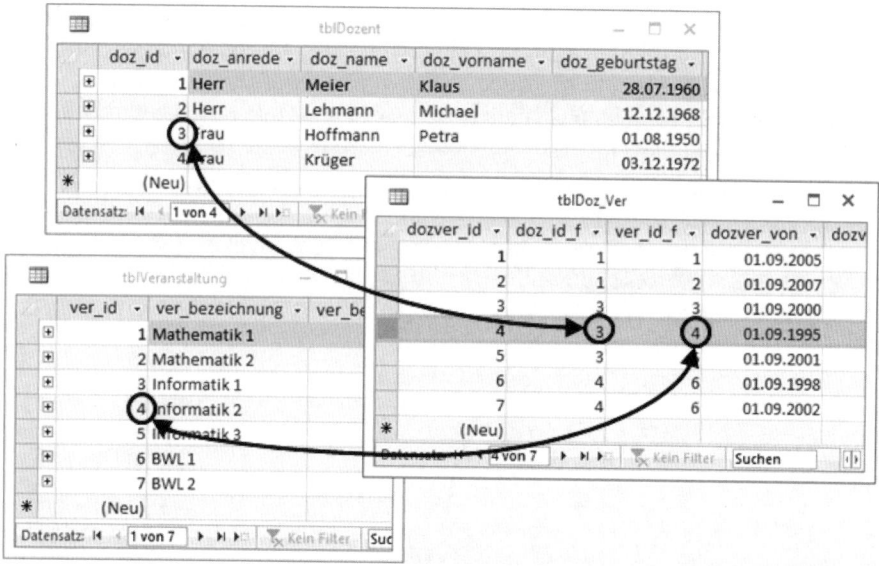

Abbildung 7.6: Die m:n-Beziehung zwischen den Tabellen tblDozent *und* tblVeranstaltung.

Somit lautet also der SQL-Befehl, mit dem wir herausbekommen, welcher Dozent welche Veranstaltung unterrichtet:

```
SELECT doz_name, doz_vorname, ver_bezeichnung
FROM tblDozent, tblDoz_Ver, tblVeranstaltung
WHERE tblDozent.doz_id = tblDoz_Ver.doz_id_f
AND tblDoz_Ver.ver_id_f = tblVeranstaltung.ver_id
```

Listing 7.2: SELECT tblDozent-tblVeranstaltung in Standard-SQL-Syntax

Ausprobieren!

Hinter der Überschrift steht – im Unterschied zu vorher bei CREATE, INSERT, UPDATE und DELETE – ein Ausrufezeichen. Sie sollten es also wirklich tun!

Jetzt brauchen Sie kein extra programmiertes Hilfsmittel (wie das Formular *ExecSQL*) mehr, denn die Ausführung von SELECT-Befehlen ist eine der Hauptaufgaben von Access. Sie werden hier *Abfragen* genannt. Um Abfragen mithilfe von SQL zu erstellen, gehen Sie folgendermaßen vor:

1. Öffnen Sie die Übungsdatenbank *Stundenplan* und lassen Sie links im Navigationsbereich *Alle Access-Objekte* anzeigen. Sie sehen dann die Liste aller Tabellen, einige bereits von mir vorbereitete Abfragen, das Formular *ExecSQL* und den Bericht *Beziehungen für Stundenplan*. Letzteren sollten Sie sich einmal anschauen und gegebenenfalls ausdrucken.

2. Wechseln Sie im Menüband zur Registerkarte *Erstellen* und wählen Sie dort den Befehl *Abfrageentwurf*.

3. Schließen Sie das Fenster *Tabelle anzeigen*.

4. Wählen Sie auf der Registerkarte *Entwurf* ganz links den Befehl *SQL-Ansicht*.

5. Jetzt erscheint ein Fenster, in dem nur das Wort SELECT steht, gefolgt von einem Semikolon. Hier können Sie nun Ihren SQL-Befehl eingeben – entweder tippen oder per Copy-and-paste hineinkopieren. Achtung: Das Semikolon ist nicht unbedingt erforderlich, wenn Sie es aber benutzen, muss es **am Ende** des gesamten SQL-Befehls stehen.

6. Wählen Sie im Menüband auf der Registerkarte *Entwurf* ganz links den Befehl *Datenblatt-Ansicht*.

7. Jetzt sehen Sie in Form einer Tabelle die Daten, die Ihr SQL-Befehl aus der Datenbank herausgesucht hat. Wenn diese Tabelle leer ist, also keine einzige Zeile mit Daten anzeigt, haben Sie entweder einen **logischen Fehler** bei der Erstellung Ihres SQL-Befehls gemacht, oder es gibt in der Datenbank keine Daten der von Ihnen gewünschten Art.

8. Sollten Sie bei der Erstellung Ihres SQL-Befehls einen **Syntaxfehler** gemacht haben, wird Ihnen das mit einer entsprechenden Meldung angezeigt.

So – und jetzt probieren Sie bitte die beiden von mir bereits formulierten SELECT-Befehle aus.

 Damit Sie beim Üben nicht allzu viel tippen müssen, finden Sie alle SQL-Übungen aus diesem Kapitel in der Datei *Stundenplan-SQL.txt* im Internet (Adresse in der Einleitung, dort im Ordner *\Kap07*). Von dort können Sie die einzelnen Befehle per Copy-and-paste in das Abfrage-Entwurfsfenster hineinkopieren (in der SQL-Ansicht!).

Darüber hinaus könnten Sie z. B. noch für folgende Fragestellungen SQL-Befehle formulieren:

- Welcher Dozent ist wann in welchem Raum?
- Welche Veranstaltung findet wann in welchem Raum statt?
- Welcher Raum hat welche Ausstattung?
- Welche Veranstaltung kann welche Ausstattung benutzen (da sie in einem bestimmten Raum stattfindet)?
- Welcher Dozent ist wann in welchem Gebäude?

Inner Join

Leider kennt die Programmiersprache SQL unterschiedliche Dialekte, die von den verschiedenen Datenbankprodukten »gesprochen« werden – das ist so wie mit Deutsch, Plattdeutsch, Bayerisch, Schwäbisch usw. Das, was Sie bisher kennengelernt haben, war gewissermaßen die »hochdeutsche« SQL-Variante.

Access bietet Ihnen eine sehr komfortable Möglichkeit an, Daten aus der Datenbank herauszusuchen. Sie brauchen dafür keine SQL-Befehle einzutippen. Stattdessen können Sie sich Ihre Abfrage mit der Maus zusammenklicken. Access interpretiert Ihre Klicks und stellt daraus einen SQL-Befehl zusammen. Sie können sich diesen Befehl durch einen Wechsel aus der Entwurfsansicht in die SQL-Ansicht anschauen. Sie können das aber auch lassen und damit den Kontakt mit SQL völlig vermeiden.

Der von Access automatisch erstellte SQL-Befehl »spricht« nun einen anderen Dialekt und hat daher auch eine etwas andere Syntax als die, die ich Ihnen bisher gezeigt habe. Lassen Sie uns das Ganze einmal praktisch durchführen, damit es verständlich wird. Dazu nehmen wir uns wieder die beiden Beispielfragestellungen vor. Zunächst die einfachere Variante: Welche Räume befinden sich in welchen Gebäuden? Um diese Abfrage jetzt interaktiv mit Access zu erstellen, gehen Sie bitte folgendermaßen vor:

1. Öffnen Sie die Übungsdatenbank *Stundenplan* und lassen Sie im Navigationsbereich *Alle Access-Objekte* anzeigen. Sie sehen dann die Liste aller Tabellen, einige bereits von mir vorbereitete Abfragen, das Formular *ExecSQL* und den Bericht *Beziehungen für Stundenplan*.

2. Wechseln Sie im Menüband zur Registerkarte *Erstellen* und wählen Sie dort den Befehl *Abfrageentwurf*. Es öffnet sich das Abfrage-Entwurfsfenster und darüber das Fenster *Tabelle anzeigen*.

3. Mithilfe des Fensters *Tabelle anzeigen* fügen Sie die Tabellen *tblRaum* und *tblGebaeude* hinzu. Dann schließen Sie das Fenster *Tabelle anzeigen*.

4. Jetzt sehen Sie das Abfrage-Entwurfsfenster. Ziehen Sie per Drag-and-drop *geb_bezeichnung* in das erste Feld der ersten Spalte in der Tabelle im unteren Bereich des Abfrage-Entwurfsfensters.

5. Ziehen Sie dann auch *raum_nummer* und *raum_bezeichnung* per Drag-and-drop in die beiden Felder rechts daneben (siehe Abbildung 7.7).

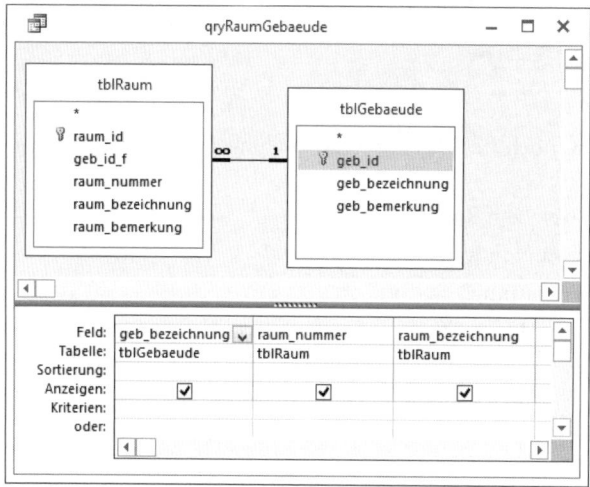

Abbildung 7.7: Grafisch-interaktive Erstellung von SELECT-Befehlen (Abfrageentwurf).

6. Wählen Sie jetzt auf der Registerkarte *Entwurf* des Menübands unter *Ansicht* die *Datenblattansicht*. Sie sehen als Ergebnis Ihrer Abfrage eine Liste aller Räume mit den dazugehörigen Gebäuden. So weit okay – das wollten wir auch haben!

7. Wählen Sie nun aber auf der Registerkarte *Entwurf* des Menübands unter *Ansicht* die *SQL-Ansicht*.

Jetzt sehen Sie den von Access automatisch erzeugten SELECT-Befehl:

```
SELECT tblGebaeude.geb_bezeichnung, tblRaum.raum_nummer, tblRaum.raum_bezeichnung
FROM tblGebaeude INNER JOIN tblRaum
ON tblGebaeude.geb_id = tblRaum.geb_id_f;
```

Listing 7.3: SELECT tblRaum-tblGebaeude in Access-SQL-Syntax

Diese Syntax unterscheidet sich deutlich von dem, was wir bisher kennengelernt haben. Es gibt keine WHERE-Zeile mehr, in der die Gleichheit von Fremd- und Primärschlüssel gefordert wird. Stattdessen gibt es die Schlüsselwörter INNER JOIN und ON, deren Bedeutung sich aus Listing 7.3 wohl selbst erklärt.

Wenn Sie das Listing 7.3 (Access-SQL-Syntax) mit dem Listing 7.1 (Standard-SQL-Syntax) vergleichen, werden Sie sicher mit mir übereinstimmen, dass die Standard-SQL-Syntax verständlicher ist. Das gilt erst recht, wenn sich der SELECT-Befehl über mehr als zwei Tabellen erstreckt:

```
SELECT tblDozent.doz_name, tblDozent.doz_vorname, tblVeranstaltung.ver_bezeichnung
FROM tblVeranstaltung INNER JOIN (tblDozent INNER JOIN tblDoz_Ver ON tblDozent.doz_id
= tblDoz_Ver.doz_id_f) ON tblVeranstaltung.ver_id = tblDoz_Ver.ver_id_f;
```

Listing 7.4: SELECT tblDozent-tblVeranstaltung in Access-SQL-Syntax

Der SQL-Code ist nun gänzlich unübersichtlich. Es handelt sich dabei um einen sogenannten »Join« (= SELECT-Befehl) zwischen einer Tabelle (*tblVeranstaltung*) und einem Join (zwischen *tblDozent* und *tblDoz_Ver*).

Um das Ganze auf die Spitze zu treiben, zeige ich Ihnen hier einmal die Access-SQL-Syntax für die Beantwortung der Frage: »Welche Veranstaltung hat in welchem Raum welche Ausstattung zur Verfügung?«:

```
SELECT tblVeranstaltung.ver_bezeichnung, tblRaum.raum_nummer,
tblAus_Raum.ausraum_anzahl, tblAusstattung.aus_bezeichnung
FROM tblVeranstaltung INNER JOIN ((tblRaum INNER JOIN (tblAusstattung INNER JOIN
tblAus_Raum ON tblAusstattung.asu_id =
tblAus_Raum.aus_id_f) ON tblRaum.raum_id = tblAus_Raum.raum_id_f) INNER JOIN
tblRaum_Ver ON tblRaum.raum_id =
tblRaum_Ver.raum_id_f) ON tblVeranstaltung.ver_id = tblRaum_Ver.ver_id_f;
```

Listing 7.5: SELECT tblVeranstaltung-tblAusstattung in Access-SQL-Syntax

Das hätte in Standard-SQL-Syntax so ausgesehen:

```
SELECT ver_bezeichnung, raum_nummer, ausraum_anzahl, aus_bezeichnung
FROM tblVeranstaltung, tblRaum_VER, tblRaum, tblAus_Raum, tblAusstattung
WHERE tblVeranstaltung.ver_id = tblRaum_Ver.ver_id_f
AND tblRaum_Ver.raum_id_f = tblRaum.raum_id
AND tblRaum.raum_id = tblAus_Raum.raum_id_f
AND tblAus_Raum.aus_id_f = tblAusstattung.aus_id
```

Listing 7.6: SELECT tblVeranstaltung-tblAusstattung in Standard-SQL-Syntax

Das ist zwar ein wenig übersichtlicher, aber immer noch erschreckend, oder? Aber keine Angst, solche Codemonster werden Sie nicht eintippen müssen. Dafür gibt es in Access ja Gott sei Dank die grafisch-interaktive Unterstützung bei der Abfrageerstellung (Abbildung 7.7). Trotzdem müssen Sie mir jetzt einfach glauben, dass es später bei der Erstellung von Formularen und bei der VBA-Programmierung sehr hilfreich ist, die Syntax von SELECT-Befehlen zu kennen.

Outer Join

Wenn Sie sich die Access-SQL-Syntax eines SELECT-Befehls genauer ansehen (Listing 7.5), wird Ihnen auffallen, dass dort nicht nur einfach JOIN steht, sondern INNER JOIN. Das legt die Vermutung nahe, dass es auch einen OUTER JOIN gibt. Und das ist tatsächlich der Fall!

Um zu verstehen, was ein OUTER JOIN ist, sehen wir uns die Beziehung zwischen *tblRaum* und *tblPlanstunde* an. Das ist eine 1:n-Beziehung: Zu einem Raum können mehrere Planstunden gehören, zu einer Planstunde aber nur ein Raum. Der Prozess der Planung bringt es jedoch mit sich, dass der Datenbestand unvollständig ist. Das bedeutet, bis zur endgültigen Fertigstellung des Stundenplans gibt es Räume ohne Planstunden und Planstunden ohne Räume (Abbildung 7.8).

So steht etwa in unserem Beispiel noch nicht fest, in welchem Raum die Planstunde am Montag um 14:45 Uhr *(plan_id=5)* stattfinden soll. Andererseits ist Raum 101 in Gebäude 2 *(raum_id=7)* bisher noch gar nicht verplant.

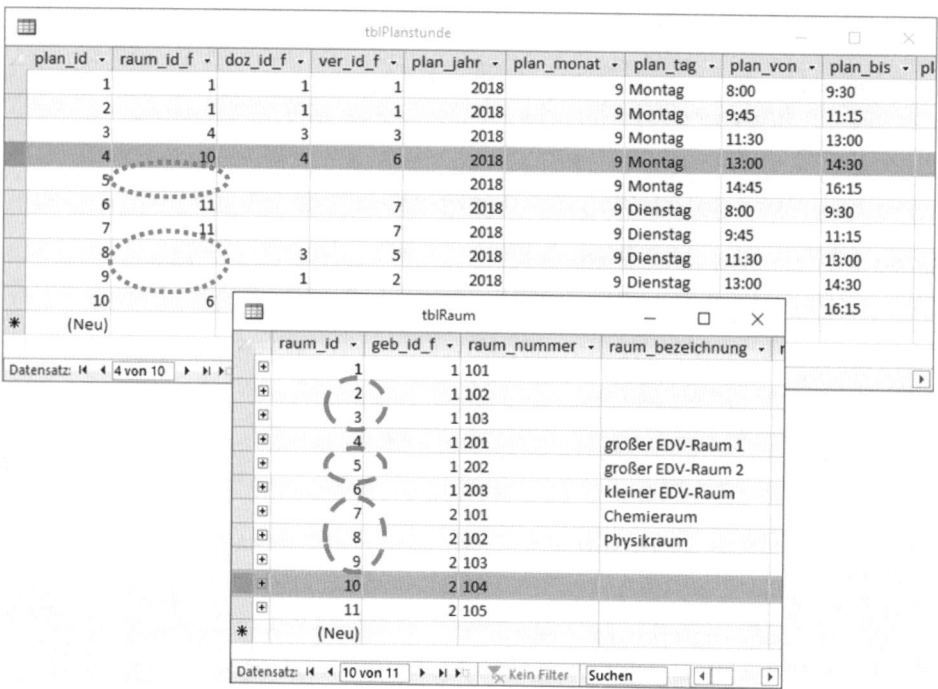

Abbildung 7.8: Es gibt Planstunden ohne Räume (gepunktet) und Räume ohne Planstunden (gestrichelt).

Angenommen, Sie möchten jetzt eine Übersicht über den Stand der Stundenplanung mit allen Planstunden und Räumen haben. Dafür erstellen Sie eine »normale« Abfrage (INNER JOIN) über die beiden Tabellen *tblRaum* und *tblPlanstunde* (Abbildung 7.9).

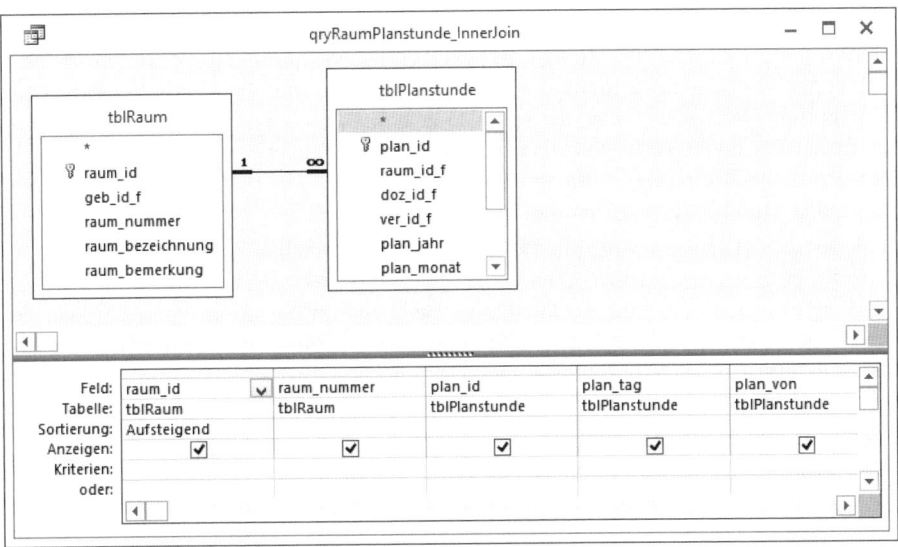

Abbildung 7.9: INNER JOIN zwischen tblRaum und tblPlanstunde: Entwurf.

Hinter der Abfrage in Abbildung 7.9 verbirgt sich folgender SQL-Befehl:

```
SELECT tblRaum.raum_id, tblRaum.raum_nummer, tblPlanstunde.plan_id,
tblPlanstunde.plan_tag, tblPlanstunde.plan_von
FROM tblRaum INNER JOIN tblPlanstunde
ON tblRaum.raum_id = tblPlanstunde.raum_id_f
ORDER BY tblRaum.raum_id;
```

Listing 7.7: SELECT tblRaum-tblPlanstunde in Access-SQL-Syntax

Bitte beachten Sie in Abbildung 7.9 auch die grafische Symbolik der Beziehung zwischen *tblRaum* und *tblPlanstunde*. Sie sehen dort links und rechts jeweils einen etwas dickeren kleinen Strich, auf dem eine 1 bzw. das Unendlich-Symbol steht. Das bedeutet »normaler« INNER JOIN.

Das Ergebnis der Abfrage (oder des INNER JOIN) sieht aus wie in Abbildung 7.10 dargestellt.

raum_id ▾	raum_nummer ▾	plan_id ▾	plan_tag ▾	plan_von ▾
1	101	2	Montag	9:45
1	101	1	Montag	8:00
4	201	3	Montag	11:30
6	203	10	Dienstag	14:45
10	104	4	Montag	13:00
11	105	7	Dienstag	9:45
11	105	6	Dienstag	8:00
(Neu)		(Neu)		

Abbildung 7.10: INNER JOIN zwischen tblRaum und tblPlanstunde: Ergebnis.

Jetzt vergleichen Sie bitte einmal Abbildung 7.10 mit Abbildung 7.8. Der INNER JOIN in Abbildung 7.10 enthält alle Planstunden, für die bereits ein Raum eingeplant wurde. Oder mit datenbanktechnischen Begriffen: Er enthält alle Zeilen aus der Tabelle *tblPlanstunde*, die in der Fremdschlüsselspalte *raum_id_f* einen Eintrag haben (Abbildung 7.8). Die Stunden aus den Zeilen 5, 8 und 9 der Tabelle *tblPlanstunde* sind im Ergebnis des INNER JOIN nicht enthalten, weil die Bedingung *tblRaum.raum_id = tblPlanstunde.raum_id_f* nicht erfüllbar ist, denn *tblPlanstunde.raum_id_f* enthält **keinen** Wert.

Wenn Sie also eine Übersicht über alle Planstunden haben möchten – ganz gleich, ob ihnen schon ein Raum zugewiesen wurde oder nicht –, hilft Ihnen der INNER JOIN nicht weiter! Er zeigt Ihnen nur die »erledigten« Daten, aber nicht die noch »unerledigten«. Genau das Gleiche gilt übrigens auch für die Beziehungen zwischen *tblPlanstunde* und *tblDozent* sowie zwischen *tblPlanstunde* und *tblVeranstaltung*. Das bedeutet also, dass es mithilfe des »normalen« SELECT (= INNER JOIN) nicht möglich ist, die für die Stundenplanung erforderlichen Daten auf den Bildschirm zu bringen!

Solche Probleme sind gar nicht so selten – denken Sie nur an eine Beziehung zwischen *tblAuftrag* und *tblRechnung* in einer Unternehmensdatenbank. Mithilfe des INNER JOIN werden Sie immer nur die bereits abgerechneten Aufträge zu sehen bekommen, aber nicht die offenen. Das darf jedoch nicht sein – oder!?

Und genau darum brauchen wir den OUTER JOIN! Dafür erstellen Sie bitte noch einmal eine neue Abfrage zwischen *tblRaum* und *tblPlanstunde*, so wie weiter oben im Abschnitt »INNER JOIN« beschrieben. Das sieht dann zunächst genauso aus, wie in Abbildung 7.9 dargestellt. Jetzt doppelklicken Sie mit der linken Maustaste auf die Verbindungslinie zwischen *tblRaum* und *tblPlanstunde*. Es erscheint das in Abbildung 7.11 dargestellte Dialogfeld *Verknüpfungseigenschaften*.

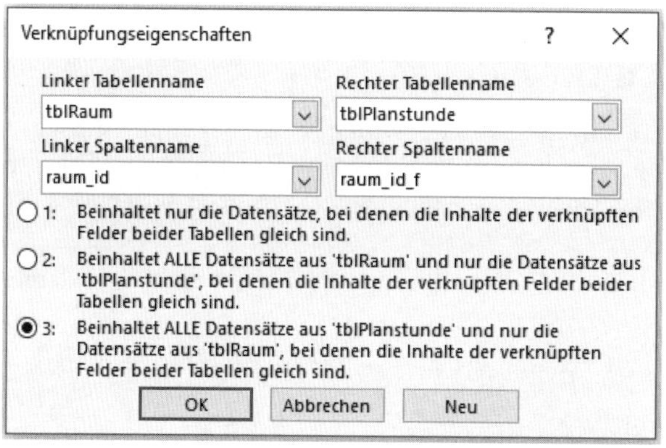

Abbildung 7.11: Definition eines RIGHT OUTER JOIN.

Bitte lesen Sie sich die drei Optionen sehr aufmerksam durch. Der Text der ersten Option beschreibt genau das, was Sie bisher unter INNER JOIN verstanden haben: Es werden alle Datensätze herausgesucht, die in den verknüpften Feldern – also in *tblRaum.raum_id* und in *tblPlanstunde.raum_id_f* – den **gleichen** Inhalt haben, folglich alle bereits mit einem Raum versehenen Planstunden. Aber das wollen wir jetzt ja gar nicht haben! Sehen wir uns daher die dritte Option an.

Das ist genau das, was wir brauchen: Es werden **alle** Zeilen der Tabelle *tblPlanstunde* angezeigt, unabhängig davon, ob ihnen bereits ein Raum zugeordnet wurde oder nicht. Wenn ihnen bereits ein Raum zugeordnet wurde, wird dieser angezeigt, ansonsten wird eben nichts angezeigt.

Wenn Sie jetzt im Dialogfeld *Verknüpfungseigenschaften* (Abbildung 7.11) die dritte Option wählen und anschließend auf die *OK*-Schaltfläche klicken, sehen Sie das Abfrage-Entwurfsfenster aus Abbildung 7.12.

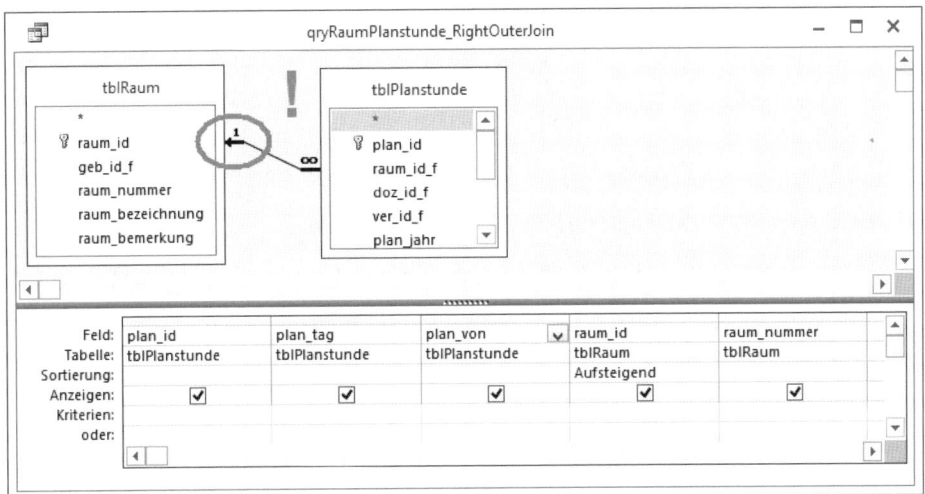

Abbildung 7.12: RIGHT OUTER JOIN zwischen tblRaum und tblPlanstunde: Entwurf.

Auf den ersten Blick hat sich gar nichts verändert. Aber wenn Sie genauer hinschauen, entdecken Sie auf der linken Seite der Verbindungslinie zwischen *tblRaum* und *tblPlanstunde* einen kleinen Pfeil. Dieser symbolisiert einen OUTER JOIN – und zwar einen **RIGHT OUTER JOIN**! Er wird so genannt, weil er **alle** Datensätze der **rechten** Tabelle enthält und aus der linken Tabelle nur die zugeordneten Datensätze. Das sieht dann in SQL wieder so aus:

```
SELECT tblPlanstunde.plan_id, tblPlanstunde.plan_tag, tblPlanstunde.plan_von,
tblRaum.raum_id, tblRaum.raum_nummer
FROM tblRaum RIGHT JOIN tblPlanstunde
ON tblRaum.raum_id = tblPlanstunde.raum_id_f
ORDER BY tblPlanstunde.plan_id;
```

Listing 7.8: RIGHT OUTER JOIN zwischen tblRaum und tblPlanstunde: SQL

Das Ergebnis dieser Abfrage ist in Abbildung 7.13 dargestellt.

plan_id	plan_tag	plan_von	raum_id	raum_nummer
1	Montag	8:00	1	101
2	Montag	9:45	1	101
3	Montag	11:30	4	201
4	Montag	13:00	10	104
5	Montag	14:45		
6	Dienstag	8:00	11	105
7	Dienstag	9:45	11	105
8	Dienstag	11:30		
9	Dienstag	13:00		
10	Dienstag	14:45	6	203

qryRaumPlanstunde_RightOuterJoin

Datensatz: 1 von 10 — Kein Filter — Suchen

Abbildung 7.13: RIGHT OUTER JOIN zwischen tblRaum und tblPlanstunde: Ergebnis.

Das ist genau das, was wir haben wollten: eine vollständige Liste aller Planstunden, unabhängig davon, ob ihnen bereits ein Raum zugeteilt wurde oder nicht.

Also bitte unbedingt merken:

Wenn es in Ihrer Datenbank eine Tabelle A gibt, zu der jeweils eine oder keine Zeile aus einer Tabelle B gehört (z. B. *tblPlanstunde – tblRaum* oder *tblAuftrag – tblRechnung*), und Sie wollen eine vollständige Liste der Tabelle A haben, müssen Sie einen OUTER JOIN verwenden, ansonsten fehlen in Ihrer Liste diejenigen Zeilen aus A, denen noch keine Zeile aus B zugeordnet wurde.
Und das sind häufig ja gerade die wichtigen, die noch nicht bearbeiteten Daten!

Jetzt habe ich den RIGHT OUTER JOIN erläutert, da will ich Ihnen der Vollständigkeit halber auch noch den LEFT OUTER JOIN zeigen. Die Aufgabenstellung lautet jetzt: Zeige mir eine Liste **aller** Räume, unabhängig davon, ob sie bereits einer Planstunde zugeordnet wurden oder nicht.

Die Vorgehensweise ist wieder die gleiche wie beim RIGHT OUTER JOIN, nur dass wir jetzt im Dialogfeld *Verknüpfungseigenschaften* (Abbildung 7.11) die zweite Option wählen. Dann erzeugt uns der Abfrage-Generator folgenden SQL-Code:

```
SELECT tblRaum.raum_id, tblRaum.raum_nummer, tblPlanstunde.plan_id,
tblPlanstunde.plan_tag, tblPlanstunde.plan_von
FROM tblRaum LEFT JOIN tblPlanstunde
ON tblRaum.raum_id = tblPlanstunde.raum_id_f
ORDER BY tblRaum.raum_id;
```

Listing 7.9: LEFT OUTER JOIN zwischen tblRaum und tblPlanstunde: SQL

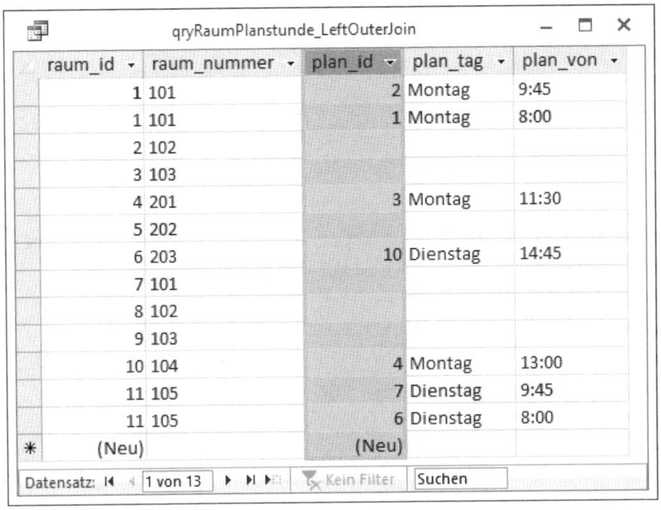

raum_id	raum_nummer	plan_id	plan_tag	plan_von
1	101	2	Montag	9:45
1	101	1	Montag	8:00
2	102			
3	103			
4	201	3	Montag	11:30
5	202			
6	203	10	Dienstag	14:45
7	101			
8	102			
9	103			
10	104	4	Montag	13:00
11	105	7	Dienstag	9:45
11	105	6	Dienstag	8:00
(Neu)		(Neu)		

Abbildung 7.14: LEFT OUTER JOIN zwischen tblRaum und tblPlanstunde: Ergebnis.

Das Ergebnis zeigt schließlich Abbildung 7.14: eine Liste **aller** Räume, von denen einige bereits verplant sind – zum Teil auch mehrfach zu verschiedenen Zeiten.

Zum Üben des neu erworbenen Wissens über OUTER JOINs könnten Sie ja mal entsprechende Abfragen für die Beziehungen zwischen *tblPlanstunde* und *tblDozent* sowie zwischen *tblPlanstunde* und *tblVeranstaltung* konstruieren. Schließlich wäre auch eine große Abfrage über alle vier Tabellen *tblPlanstunde*, *tblRaum*, *tblDozent* und *tblVeranstaltung* zu erstellen. Das Ergebnis würde dann so aussehen wie das in Abbildung 7.15.

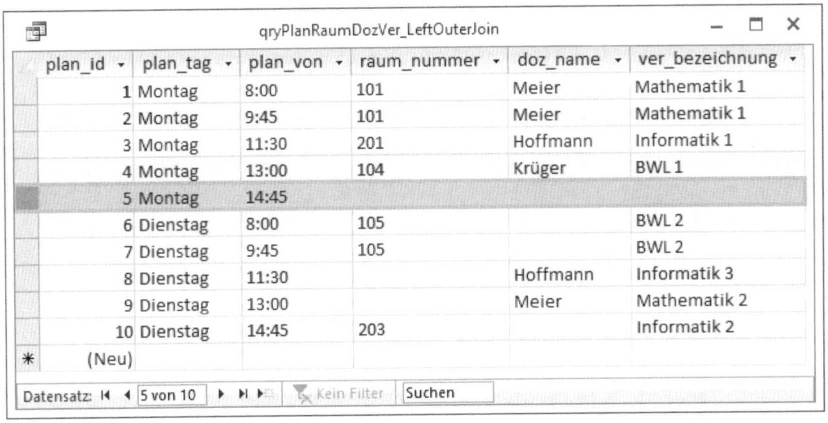

plan_id	plan_tag	plan_von	raum_nummer	doz_name	ver_bezeichnung
1	Montag	8:00	101	Meier	Mathematik 1
2	Montag	9:45	101	Meier	Mathematik 1
3	Montag	11:30	201	Hoffmann	Informatik 1
4	Montag	13:00	104	Krüger	BWL 1
5	Montag	14:45			
6	Dienstag	8:00	105		BWL 2
7	Dienstag	9:45	105		BWL 2
8	Dienstag	11:30		Hoffmann	Informatik 3
9	Dienstag	13:00		Meier	Mathematik 2
10	Dienstag	14:45	203		Informatik 2
(Neu)					

Abbildung 7.15: LEFT OUTER JOIN zwischen tblPlanstunde, tblRaum, tblDozent und tblVeranstaltung: Ergebnis.

Beim näheren Betrachten entdecken Sie noch einiges, was fehlt. In Zeile fünf wurde noch gar nichts zugeordnet, in den Zeilen sechs und sieben fehlen noch die Dozenten, und in den Zeilen acht und neun fehlen die Räume. Eine solche Übersicht wäre ohne OUTER JOINs gar nicht möglich!

Bitte sehen Sie sich aufmerksam die Datensatzquellen der Berichte in meinen Beispielanwendungen an (Eigenschaften/Daten/Datensatzquelle)! Sie bestehen fast immer aus OUTER JOINs. Ansonsten könnte man Autoren ohne Bücher (Beispiel Verleih), Mannschaften ohne Mitglieder (Beispiel Verein) und Kunden ohne Kontaktangaben (Beispiel Firma) nicht drucken.

Zum Abschluss dieser ausführlichen Darstellung der wichtigen OUTER JOINs kommt noch ein Griff in die Trick-17-Kiste. Vielleicht möchten Sie ja nicht **alle** Planstunden heraussuchen **einschließlich** derjenigen, denen noch kein Raum zugewiesen wurde, sondern die Planstunden **ohne** Letztere? Das geht dann ganz einfach so:

```
SELECT plan_id, plan_jahr, plan_monat, plan_tag, plan_von
FROM tblPlanstunde
WHERE raum_id_f Is Null;
```

Schnell soll es gehen!

Eine Datenbankanwendung soll natürlich schnell sein, d. h., die Zeit, die die Software benötigt, um auf Benutzeraktionen zu reagieren, soll sehr kurz sein – am besten deutlich unter einer Sekunde. Nun sind heutige Computer so schnell, dass die für die meisten Verarbeitungsprozesse benötigte Zeit – z. B. für die Darstellung auf dem Bildschirm – kaum noch ins Gewicht fällt. Der einzige Engpass ist die Zeit, die das Datenbank-Management-System braucht, um die benötigten Daten mittels SQL aus den richtigen Tabellen herauszusuchen.

Um Ihnen eine ungefähre Vorstellung davon zu geben, was Access geschwindigkeitsmäßig zu leisten vermag, habe ich eine entsprechende Testdatenbank entwickelt. Sie enthält acht Tabellen mit den Namen *A* bis *H*, die kettenförmig über m:n-Beziehungen miteinander verbunden sind. Wie wir bereits wissen, entstehen daraus sieben Zwischentabellen *(A_B, B_C* usw.), sodass die Datenbank dann insgesamt 15 Tabellen enthält (Abbildung 7.16).

Diese 15 Tabellen habe ich mit der hier in diesem Buch beschriebenen Technik (Kapitel 4, »Daten für die Datenbank«) mit Testdaten gefüllt. Wenn Sie einmal in die Tabellen hineinschauen, werden Sie sehen, dass das völlig sinnlose Buchstabenkombinationen sind. Das spielt aber weiter keine Rolle – Hauptsache, die Primär- und Fremdschlüssel sind richtig gesetzt.

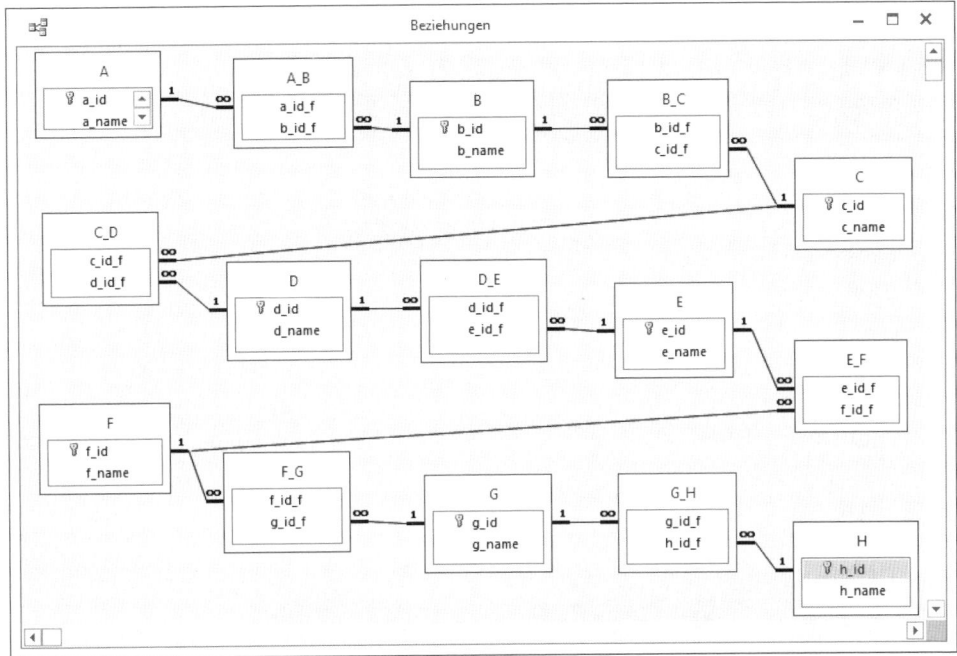

Abbildung 7.16: Die Datenbank für den Geschwindigkeitstest enthält 15 verknüpfte Tabellen.

 Sie finden die Datenbanken für den Geschwindigkeitstest unter den Namen *Geschwindigkeitstest050000* und *Geschwindigkeitstest100000* im Internet (Adresse in der Einleitung, dort im Ordner *\Kap07*).

Beide Datenbankanwendungen enthalten jeweils ein einziges Formular mit einigen Schaltflächen, die es Ihnen erlauben, Joins über 3, 5, 7 bis 15 Tabellen auszuführen. Die dafür erforderliche Zeit wird gestoppt und im Formular angezeigt.

Abbildung 7.17 zeigt das Ergebnis für Tabellen mit je 50.000 Datensätzen auf einem Intel Core i5-2500 CPU (2 mal 3.3 GHz) mit 8 GB RAM unter Windows 10, 64 Bit. Wie Sie dort sehen, überschreiten erst Joins über neun Tabellen die »magische« Grenze von einer Sekunde Ausführungszeit. Bei 50.000 Datensätzen pro Tabelle schafft Access selbst einen Join über 15 Tabellen noch relativ locker. Das dürfte aber in der Praxis kaum von Bedeutung sein.

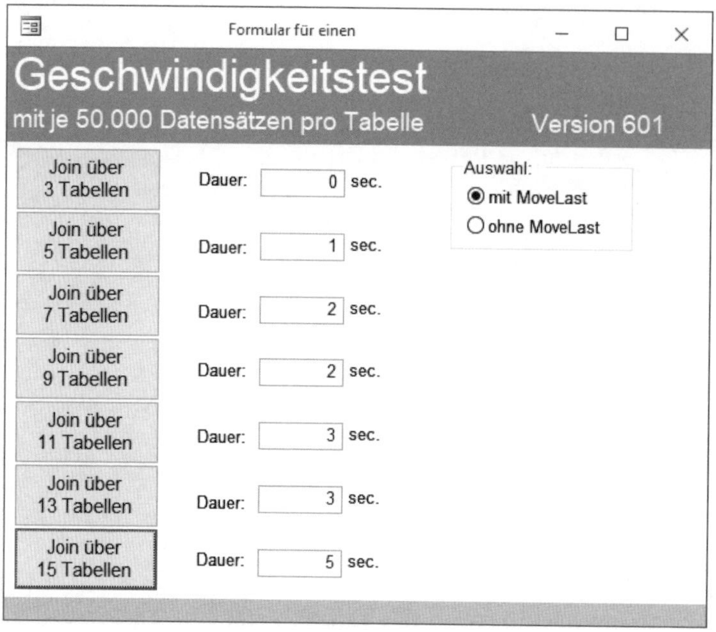

Abbildung 7.17: Schon ab sieben Tabellen wird Access deutlich langsamer.

Die folgende VBA-Prozedur verbirgt sich z. B. hinter der Schaltfläche *Join über elf Tabellen*:

```
Private Sub cmd11tabellen_Click()
Dim datZeit1 As Date
Dim datZeit2 As Date
Dim rs As DAO.Recordset

datZeit1 = Now()

DoCmd.Hourglass True
Set rs = CurrentDb.OpenRecordset("qry11Tabellen", dbOpenDynaset)
If optMoveLast = 1 Then
      rs.MoveFirst
      rs.MoveLast
End If
datZeit2 = Now()
DoCmd.Hourglass False
txtDauer11 = (datZeit2 - datZeit1) * 24 * 60 * 60
cmd13tabellen.SetFocus
rs.Close

End Sub
```

Listing 7.10: Stoppen der Zeit für das »Durchstöbern« des gesamten Recordsets

Darin wird ein sogenanntes *Recordset* (engl. für »Datensatzgruppe«) geöffnet. Es enthält alle Datensätze, die die Abfrage *qry11Tabellen* liefert. (Was ein Recordset genau ist, erfahren Sie im nächsten Kapitel.) Diese Abfrage ist aber nichts anderes als ein Join über elf Tabellen. Sie können sich das anschauen, indem Sie im Navigationsbereich mit der rechten Maustaste auf die Abfrage *qry11Tabellen* klicken und dann im Kontextmenü den Befehl *Entwurfsansicht* wählen.

Bevor das Recordset geöffnet wird, speichere ich die aktuelle Zeit (*datZeit1=Now()*). Dann bewege ich mich mit dem Befehl *rs.MoveFirst* innerhalb des Recordsets an die Position des ersten Datensatzes, anschließend mit dem Befehl *rs.MoveLast* an die Position des letzten Datensatzes und speichere dann wieder die aktuelle Zeit ab (*datZeit2=Now()*). Die Differenz aus diesen beiden Zeiten gibt mir einen ungefähren Anhaltspunkt dafür, wie lange die Datenbankanwendung benötigt, um ein Recordset zu öffnen und alle seine Datensätze nach bestimmten gesuchten Daten zu »durchstöbern«.

Warum multipliziere ich die Zeitdifferenz mit 24 * 60 * 60? Nun – Sie kennen das vielleicht von Excel: Access speichert genau wie die Tabellenkalkulation aus dem Hause Microsoft Datumsangaben in Form von Zahlen ab. Diese Zahl gibt an, wie viele Tage seit dem 1.1.1900 vergangen sind. Der 1.1.2016 wird also als 42.370 gespeichert, weil seit dem 1.1.1900 bis zu diesem Tag 42.370 Tage vergangen sind. Auch Stunden und Minuten werden zusammen mit dieser Zahl abgespeichert. Zwölf Uhr mittags am 1.1.2016 sieht dann so aus: 42.370,5 – zu den 42.370 Tagen seit dem 1.1.1900 kommt ein weiterer halber Tag hinzu. 15:32 Uhr am 1.1.2016 ist also 42.370,6472222222.

Die Zeitdifferenz *datZeit2 – datZeit1* gibt daher den Bruchteil eines Tages an, der zwischen *datZeit1* und *datZeit2* vergangen ist. Wenn ich diesen Bruchteil mit der Anzahl der Sekunden eines Tages multipliziere, erhalte ich die Anzahl von Sekunden, die zwischen *datZeit1* und *datZeit2* vergangen sind.

Sie werden sich vielleicht fragen, welchen Zweck die beiden unmittelbar aufeinanderfolgenden Befehle *rs.MoveFirst* und *rs.MoveLast* haben. Darauf bin ich durch folgende Erfahrung gekommen: Ich habe zunächst nur die Zeit für das reine Öffnen des Recordsets gestoppt – also ohne *rs.MoveFirst/rs.MoveLast* (mit *optMoveLast* = 2, siehe Listing 7.10).

Das lieferte das folgende auf den ersten Blick verblüffende Ergebnis:

Abbildung 7.18: Zeit für das Öffnen des Recordsets ohne MoveLast.

Überraschenderweise ist die für das Öffnen des Recordsets benötigte Zeit bei 13 und 15 Tabellen kürzer als bei 11 Tabellen. Das bedeutet offenbar, dass Access große Recordsets nicht sofort komplett öffnet, sondern zunächst nur einen Teil der darin enthaltenen Datensätze einliest. Bei Bedarf werden dann später weitere Datensätze nachgeladen. Der Befehl *rs.MoveLast* in Listing 7.10 zwingt Access aber, **alle** Datensätze des Recordsets einzulesen.

Abschließend zu diesem Thema zeigt Abbildung 7.19 noch den absoluten Härtetest. Nach einer Verdopplung der Anzahl der Datensätze pro Tabelle auf 100.000 ist die Leistungsgrenze von Access offenbar erreicht – zumindest auf dem oben beschriebenen Computer.

Abbildung 7.19: Hier ist die Leistungsgrenze von Access erreicht.

Was fehlt noch?

Ich hatte ganz am Anfang dieses Kapitels schon geschrieben, dass ich mich hier auf einen Teilaspekt des Themas »SQL« konzentrieren möchte. Ich wollte Ihnen das Hintergrundwissen vermitteln, das Sie benötigen, um die Datenquellen der Formulare und der Steuerelemente zu definieren. Wie machen Sie das? Die *Datensatzquelle* eines Formulars bzw. die *Datensatzherkunft* eines Steuerelements (z. B. eines Listenfelds) definieren Sie auf der Registerkarte *Daten* des Eigenschaftsblatts. Wenn Sie dort in der Zeile *Datensatzquelle* (beim Formular) bzw. *Datensatzherkunft* (bei einem Steuerelement) auf die kleine Schaltfläche mit den drei Punkten klicken, öffnet sich der Abfrage-Generator, den Sie in der hier beschriebenen Weise benutzen können, um sich einen SELECT-Befehl »zusammmmenzuklicken«.

Abfragen!

Die gleiche Technik benötigen Sie auch, um Abfragen zu entwickeln, mit denen Sie Daten aus mehreren Tabellen zu einer neuen Ergebnistabelle zusammenfassen können. Einen ganz kleinen Vorgeschmack auf die vielfältigen Möglichkeiten der Datenauswertung mit Abfragen gibt Ihnen Abbildung 7.20.

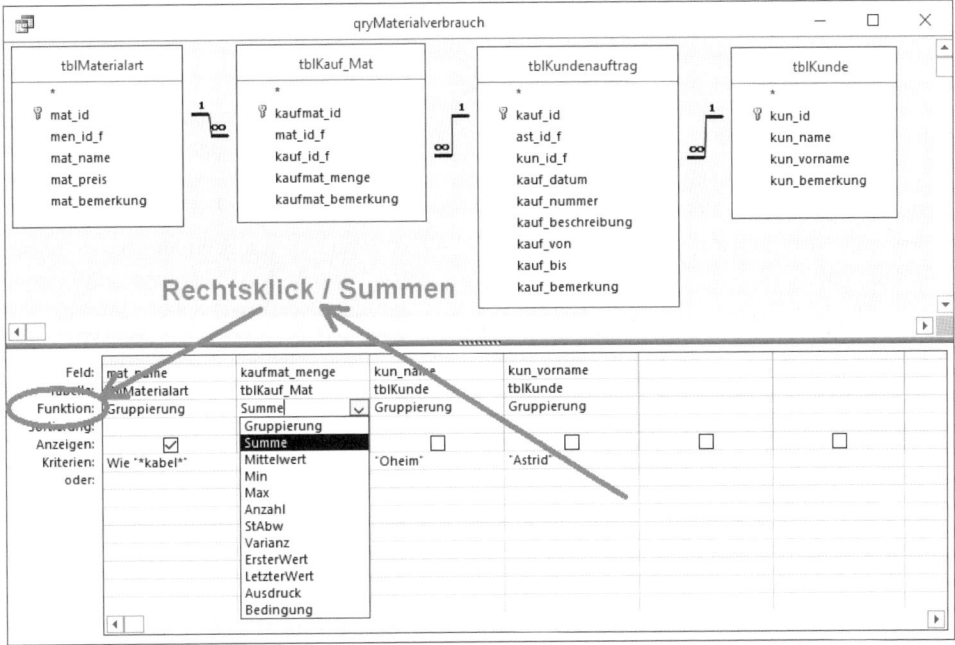

Abbildung 7.20: Bei der Erstellung von Abfragen haben Sie vielfältige Möglichkeiten der Datenauswertung.

Dazu wählen Sie auf der Registerkarte *Erstellen* den Befehl *Abfrageentwurf* und lassen sich dann die benötigten Tabellen anzeigen. Alles Weitere funktioniert so, wie Sie es schon vom Abfrage-Generator kennen.

Mit der Abfrage *qryMaterialverbrauch* wird die Frage beantwortet: »Wie viel Kabel haben wir schon für die Aufträge von Frau Oheim verbraucht?« Damit die Zeile *Funktion* sichtbar wird, müssen Sie übrigens nach einem Rechtsklick in den unteren Teil des in Abbildung 7.20 dargestellten Fensters die Option *Summen* auswählen.

In der SQL-Ansicht lautet diese Abfrage so:

```
SELECT tblMaterialart.mat_name, Sum(tblKauf_Mat.kaufmat_menge) AS
     Summevonkaufmat_menge

FROM tblMaterialart INNER JOIN ((tblKunde INNER JOIN tblKundenauftrag
    ON tblKunde.kun_id = tblKundenauftrag.kun_id_f)
    INNER JOIN tblKauf_Mat ON tblKundenauftrag.kauf_id = tblKauf_Mat.kauf_id_f)
    ON tblMaterialart.mat_id = tblKauf_Mat.mat_id_f
```

```
GROUP BY tblMaterialart.mat_name, tblKunde.kun_name, tblKunde.kun_vorname

HAVING tblMaterialart.mat_name Like "*kabel*"
    AND tblKunde.kun_name="Oheim"
    AND tblKunde.kun_vorname="Astrid";
```

Listing 7.11: Wie viel Kabel haben wir schon für die Aufträge von Frau Oheim verbraucht?

Aus Platzgründen kann ich diese recht komplexe Abfrage leider nicht in der erforderlichen Gründlichkeit erläutern. Für Excel-Kenner sei daher nur gesagt, dass es sich um die Realisierung der Excel-Funktion *Teilergebnis* mithilfe von SQL handelt. Mit *GROUP BY ... HAVING ...* sortieren wir die Daten so, dass alle Zeilen mit *kun_name="Oheim"*, *kun_vorname="Astrid"* und mit der Buchstabenfolge »kabel« in *mat_name* untereinanderstehen. Dann summieren wir für diese Zeilen die Werte in der Spalte *kaufmat_menge* auf (*Sum(tblKauf_Mat.kaufmat_menge)*). Und genau so funktioniert auch *Teilergebnis* in Excel!

Eine solche Abfrage können Sie in vielfältiger Weise variieren – z. B. indem Sie *"*kabel*"* durch *"*stein*"*, *"Oheim"* durch *"Landgraf"* und *"Astrid"* durch *"Karl"* ersetzen, um herauszubekommen, wie viele Steine Sie schon für Herrn Landgraf verarbeitet haben. Ihrem Erfindungsreichtum beim Formulieren eigener Abfragen sind kaum Grenzen gesetzt! Probieren Sie es ruhig aus!

Beziehungen in Abfragen

Im Zusammenhang mit der Erstellung von Abfragen möchte ich noch vor einer Falle warnen, in die Anfänger »gern« tappen. Dazu konstruiere ich mal folgendes Beispiel:

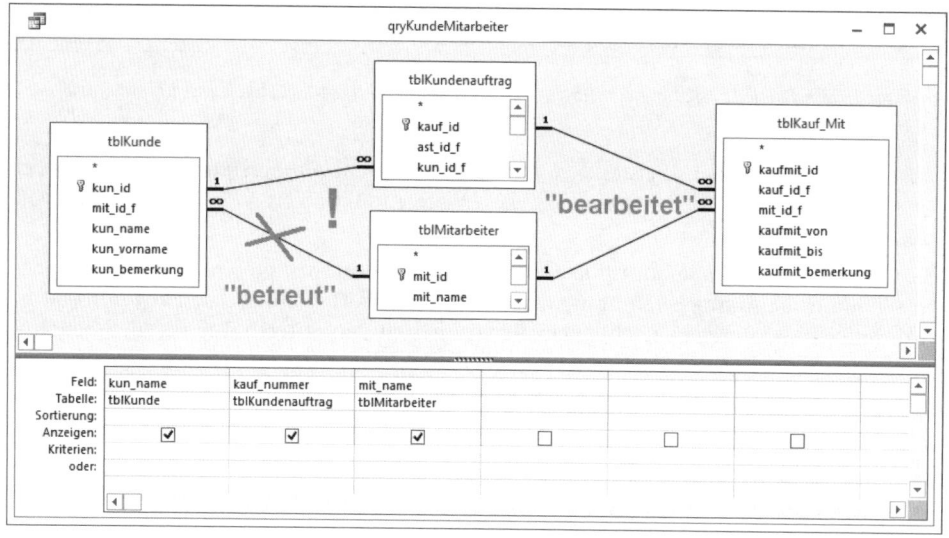

Abbildung 7.21: Bei der Definition einer Abfrage müssen unter Umständen »überflüssige« Beziehungen gelöscht werden.

Angenommen, Sie wollen sich in der Beispielanwendung *Firma* zusätzlich merken, dass ein Kunde immer von einem Mitarbeiter betreut wird. Dazu erstellen Sie eine 1:n-Beziehung zwischen *tblKunde* (Fremdschlüssel *mit_id_f*) und *tblMitarbeiter* (Primärschlüssel *mit_id*).

Damit entsteht ein in sich geschlossener Kreis von Beziehungen: *tblKunde – tblKundenauftrag – tblKauf_Mit – tblMitarbeiter – tblKunde* (siehe Abbildung 7.21).

Die über die Zwischentabelle *tblKauf_Mit* hergestellte m:n-Beziehung zwischen *tblKundenauftrag* und *tblMitarbeiter* beschreibt, dass ein Mitarbeiter mehrere Kundenaufträge bearbeitet. Die über den Fremdschlüssel *mit_id_f* in *tblKunde* hergestellte 1:n-Beziehung zwischen *tblKunde* und *tblMitarbeiter* beschreibt, dass ein Mitarbeiter mehrere Kunden betreut.

Das brauchen wir aber nicht beides gleichzeitig, denn wir wollen mithilfe einer Abfrage

- **entweder** herausbekommen, welcher Mitarbeiter für welchen Kunden gearbeitet hat *(tblKunde – tblKundenauftrag – tblKauf_Mit – tblMitarbeiter)*
- **oder** welcher Mitarbeiter welchen Kunden betreut *(tblKunde – tblMitarbeiter)*.

Aber nicht beides gleichzeitig!

Wenn Sie sich die betreffenden Tabellen aber im Abfrage-Generator anzeigen lassen, werden **alle** bereits definierten Beziehungen angezeigt (Abbildung 7.21).

 Betrachten Sie diese Beziehungen bitte nur als ein **Angebot**, das Access Ihnen macht, weil es diese Beziehungen schon »kennt«!

Sie können im Abfrage-Generator ganz nach Belieben auch andere Beziehungen definieren. Das ergibt natürlich in den allermeisten Fällen keinen Sinn, denn alle aus Sicht des Datenmodells notwendigen Beziehungen haben Sie ja schon im Beziehungsfenster definiert – und das sind genau die Beziehungen, die der Abfrage-Generator Ihnen anbietet.

Aber: Es kann sich jetzt bei der Definition der Abfrage herausstellen, dass einzelne der bereits definierten Beziehungen für die Abfrage überflüssig sind! Wenn Sie im obigen Beispiel herausbekommen wollen, welcher Mitarbeiter für welchen Kunden gearbeitet hat, ist die 1:n-Beziehung zwischen *tblKunde* und *tblMitarbeiter* für diesen konkreten Zweck überflüssig, und Sie sollten sie im Abfrage-Generator löschen.

Das können Sie bedenkenlos tun, denn die unter *Datenbanktools/Beziehungen* definierten Beziehungen werden davon **nicht** beeinflusst!

Weil es so wichtig ist …

… wiederhole ich abschließend noch einmal meinen Hinweis vom Anfang dieses Kapitels:

Ganz gleich, ob Sie Ihre Datenbankanwendung selbst entwickelt haben oder ob Sie sie haben entwickeln lassen – die Abfragen müssen Sie in jedem Fall eigenhändig formulieren. Warum? Weil der Wunsch, bestimmte Daten in einer bestimmten Zusammenstellung zu haben, meist spontan aus der Situation heraus entsteht. Und dann können Sie normalerweise nicht erst den Spezialisten anrufen. Das sollten Sie dann selber können.

Deshalb: Erstens sollten Sie sich über das hier Gesagte hinaus mit dem Thema »Abfragen erstellen« beschäftigen. Und zweitens sollten Sie diejenigen, für die Sie eine Datenbankanwendung entwickeln, dazu anhalten, sich ebenfalls mit dem Thema zu beschäftigen!

VBA, SQL – und was noch?

Nachdem Sie jetzt SQL kennengelernt haben und bevor es mit VBA weitergeht, möchte ich beide Programmiersprachen noch einmal in ihrem Gesamtzusammenhang darstellen (siehe Abbildung 7.22).

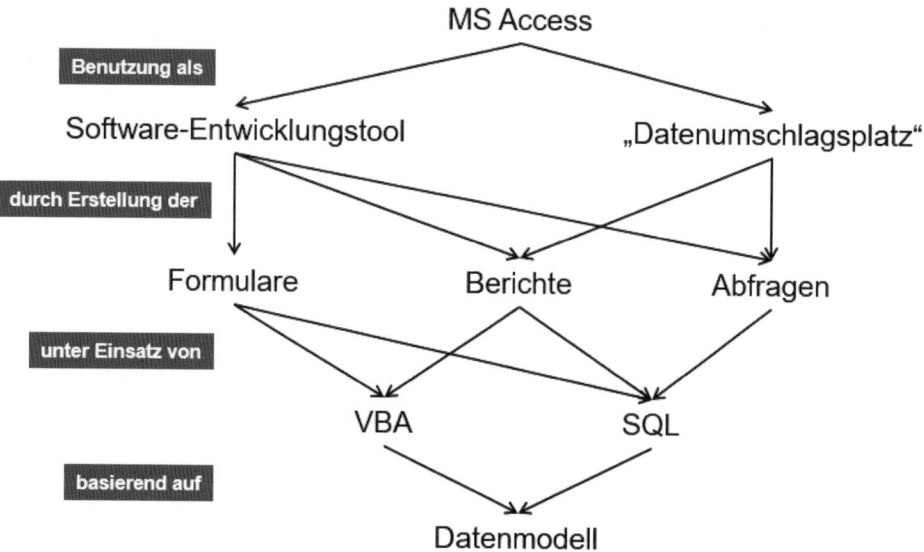

Abbildung 7.22: Aufbauend auf dem Datenmodell, sind VBA und SQL die Basis für alles Weitere.

Ich behandle hier in diesem Buch Access vorrangig als Softwareentwicklungstool und gehe daher intensiv auf das Thema »Formulare« ein, für deren Erstellung man unter anderem auch Abfragen braucht. Wie man die Daten dann in Form von Berichten zu Papier bringt, habe ich aus Platzgründen weggelassen.

Sie können Access aber auch völlig ohne Formulare als reinen »Datenumschlagplatz« benutzen, indem Sie Daten importieren (siehe Kapitel 4), in Access mithilfe von Abfragen neu zusammenstellen und wieder exportieren oder in Form von Berichten drucken.

In jedem Fall basiert letzten Endes alles auf dem Datenmodell, dem ich hier in diesem Buch viele Seiten widme – übrigens im Unterschied zu den meisten anderen Access-Büchern!

Was ist wichtig?

1. Das GUI (Graphical User Interface) spricht SQL mit dem DBMS (Data Base Management System, siehe Abschnitt »Wofür SQL?« ab Seite 266).

2. Sie als Access-Entwickler brauchen den SQL-Befehl SELECT FROM für die Definition von Datensatzquellen in Formularen und für die Formulierung von Abfragen (siehe Abschnitt »SELECT« ab Seite 272).

3. Eine Sonderform des SELECT-Befehls ist der OUTER JOIN, den Sie immer dann benötigen, wenn den Zeilen einer Tabelle auch **keine** Zeilen einer anderen Tabelle zugeordnet sein können (siehe Abschnitt »Outer Join« ab Seite 278).

4. Auf moderner Hardware kann Access Tabellen mit ca. 50.000 Datensätzen (Stand Anfang 2019) auch noch mit sehr großen Joins relativ zügig bearbeiten (siehe Abschnitt »Schnell soll es gehen!« ab Seite 284).

5. Der SELECT-Befehl kann noch sehr viel mehr als hier dargestellt wurde. Sie sollten sich daher selbst mit dieser Thematik beschäftigen und auch Ihre Kunden dazu anhalten (siehe Abschnitt »Abfragen!« ab Seite 289).

6. Betrachten Sie die im Abfrage-Generator dargestellten Beziehungen nur als ein Angebot von Access. Gegebenenfalls müssen Sie einige davon für die Erstellung einer Abfrage im Abfrage-Generator löschen (siehe Abschnitt »Beziehungen in Abfragen« ab Seite 290).

 Sie finden das Dokument *WasIstWichtig.pdf* zum Ausdrucken im Internet (Adresse in der Einleitung, dort im Ordner *KapA*).

Kapitel 8
VBA – Anwendungen

In diesem Kapitel 296
Die Datenbank 296
»Handgeschnitzte« Kommunikation 300
Speichern der Formularinhalte 304
Exkurs: Das Objektmodell 309
Lesen von Werten aus Tabellen 311
Neue Datensätze in Tabellen anlegen 313
Löschen von Werten in Tabellen 314
Standardlösungen 317
Was ist wichtig? 336

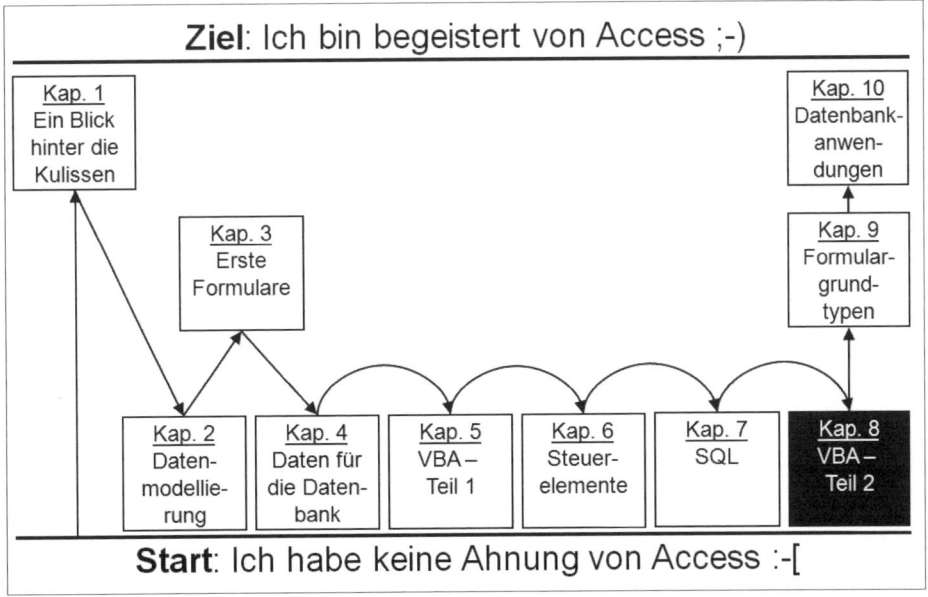

Abbildung 8.1: Das Kapitel 8, »VBA – Teil 2«.

In diesem Kapitel

... geht es um spezielle VBA-Befehle, die Sie brauchen, um lesend und schreibend auf die Daten in den Tabellen der Datenbank zugreifen zu können. Es geht also um die Kommunikation zwischen dem Datenbank-Client und dem Datenbank-Management-System (DBMS).

Die Datenbank

Die Erläuterungen dieses Kapitels erfolgen wieder am Beispiel einer konkreten Datenbank. Es geht dabei um die Verwaltung einer privaten Büchersammlung.

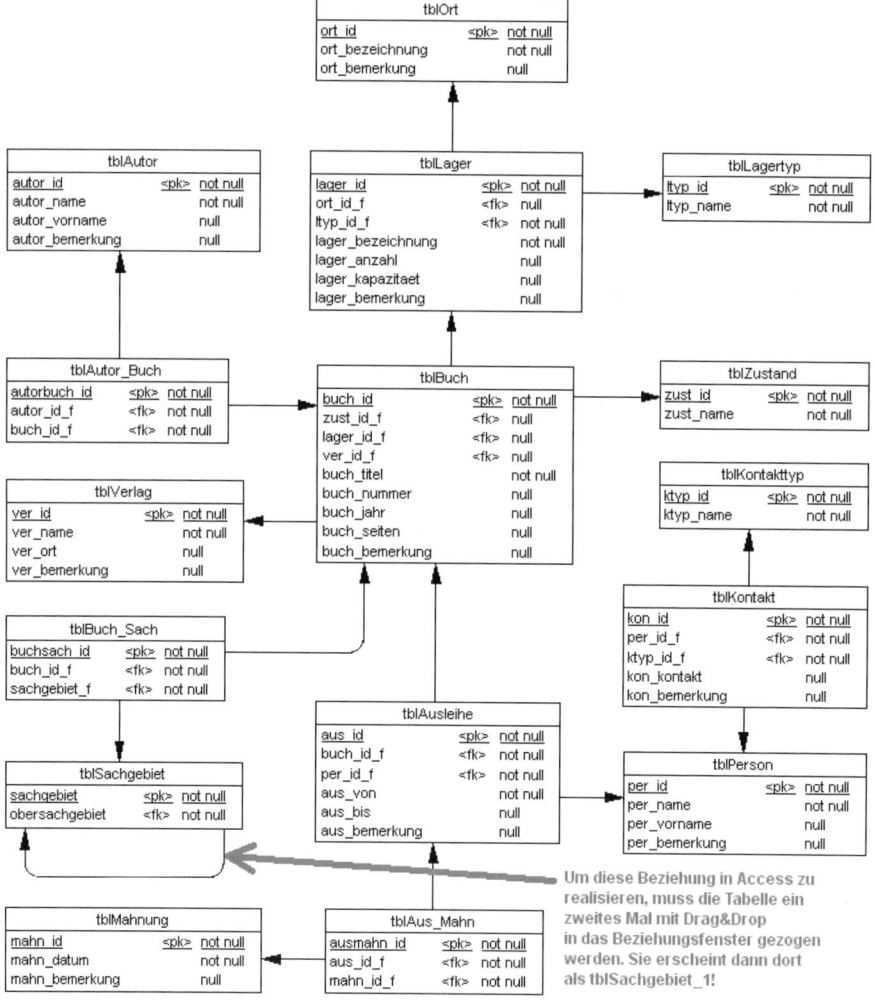

Abbildung 8.2: Das physische Datenmodell der Datenbank Verleih.

In Abbildung 8.2 sehen Sie das physische Datenmodell: Bücher haben Autoren und Verlage, sind Sachgebieten zugeordnet, befinden sich in Lagern an bestimmten Orten und werden an Personen ausgeliehen, die mehrere Kontaktangaben haben können. Es ist dasselbe Datenmodell, das bereits in Kapitel 2 vorgestellt und diskutiert wurde.

Sie finden die Beispielanwendung *Verleih* im Internet (Adresse in der Einleitung, dort im Ordner *\Kap08*). An gleicher Stelle finden Sie auch die Datei *Verleih-VBA-Code.txt*. Sie enthält den gesamten VBA-Code der Anwendung. Diese Datei können Sie als kleines Nachschlagewerk benutzen, da darin sehr viele nützliche VBA-Techniken enthalten sind.

Gebundene und ungebundene Formulare

Die Access-Formulare, mit denen wir uns nun schon längere Zeit beschäftigen, sind das, was man in der Softwaretechnik als grafische Benutzeroberfläche (engl. GUI) bezeichnet. Dahinter verbirgt sich eine bestimmte Software, die per SQL mit einer anderen Software – dem Datenbank-Management-System (DBMS) – kommuniziert (siehe Abbildung 8.3).

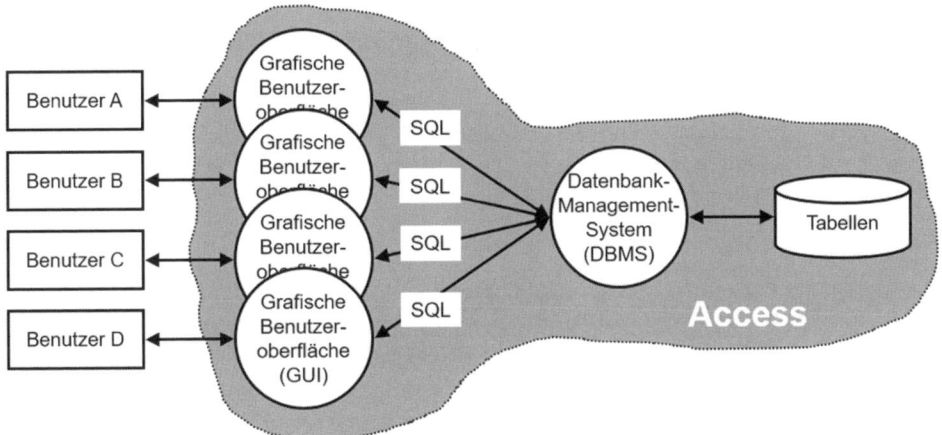

Abbildung 8.3: Die Formulare der GUI kommunizieren per SQL mit dem DBMS.

Der Benutzer gibt Daten in Formulare ein, diese werden mit dem SQL-Befehl INSERT bzw. UPDATE an das DBMS geschickt und von diesem in den Tabellen abgelegt. Und andersherum: Der Benutzer fordert mithilfe eines Formulars bestimmte Daten an. Dieses sendet einen SELECT-Befehl an das DBMS, das die gewünschten Daten aus den Tabellen heraussucht und an das Formular zwecks Darstellung auf dem Bildschirm zurückschickt.

Sie müssen sich dabei immer darüber im Klaren sein, dass das Wort »Formular« eigentlich für eine bestimmte Software steht, die mit einer anderen Software kommuniziert. Diese Kommunikation wird in der VBA-Programmierung mit zwei verschiedenen Techniken realisiert. Sehen wir uns dazu als Beispiel das Formular *frmAusleihe* an (siehe Abbildung 8.4).

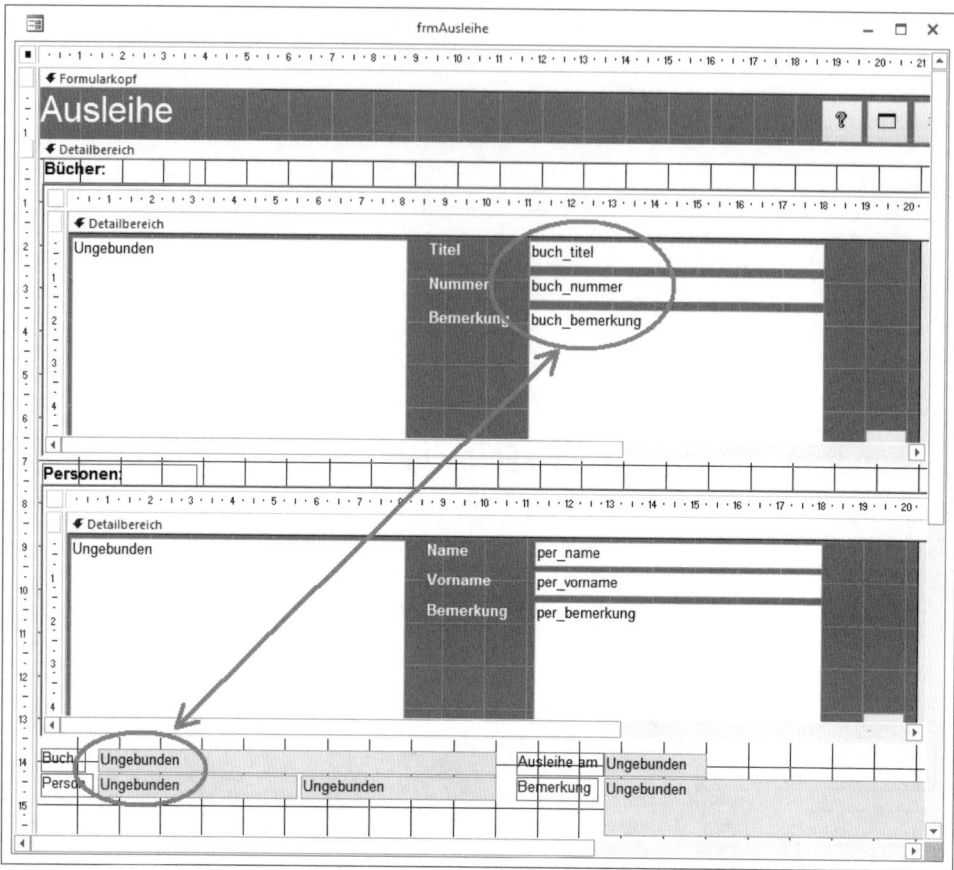

Abbildung 8.4: In Formularen kann es gebundene und ungebundene Felder geben.

In Abbildung 8.4 sehen Sie, dass es zwei unterschiedliche Arten von Textfeldern gibt: In einigen stehen die Namen von Tabellenfeldern (z. B. *buch _titel*), in einigen steht *Ungebunden*. Erstere sind an die entsprechenden Tabellenfelder gebunden. Das bedeutet, Sie blicken praktisch mithilfe des Formulars direkt in die Datenbanktabellen hinein. Das können Sie sich so vorstellen, als hätten Sie eine Pappschablone mit ausgeschnittenen Rechtecken, die Sie senkrecht über eine ausgedruckte Tabelle schieben. Immer wenn Sie die Schablone weiterschieben, sehen Sie neue Daten in den ausgeschnittenen Feldern. Das Gleiche geschieht in Ihrem Formular: Sie können mit entsprechenden VBA-Befehlen den nächsten, den vorigen, den ersten oder den letzten Datensatz anzeigen lassen. Und was ganz wichtig ist: Wenn Sie Änderungen an den Daten vornehmen, werden diese direkt in die Datenbanktabellen übernommen!

Die Bindung eines Formulars an eine Tabelle bzw. eines Textfelds an ein Tabellenfeld können Sie über die Registerkarte *Daten* des Eigenschaftenblatts definieren. Abbildung 8.5 und Abbildung 8.6 zeigen die entsprechenden Einstellungen für das Unterformular *frmAusleihe_ufoBuecher (Datensatzquelle)* bzw. für das Textfeld mit der Buchnummer *(Steuerelementinhalt)* in diesem Unterformular.

Im Unterschied dazu zeigen Abbildung 8.7 und Abbildung 8.8, dass das übergeordnete Formular *frmAusleihe* sowie das darin enthaltene Textfeld *txtAusVon* ungebunden sind.

Es gibt dort nämlich auf der Registerkarte *Daten* **keine** Einträge unter *Datensatzquelle* und *Steuerelementinhalt* (vgl. dazu auch noch einmal Abbildung 8.4).

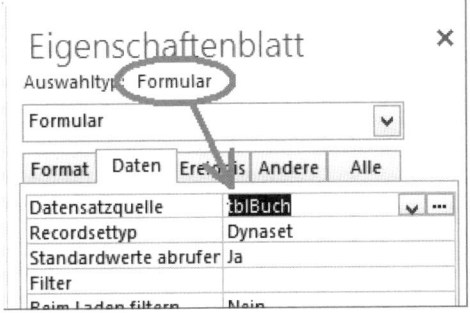

Abbildung 8.5: Das Unterformular frmAus-
leihe_ufoBuecher *des Formulars* frmAusleihe *ist
ein an die Tabelle* tblBuch *gebundenes Formular.*

Abbildung 8.6: Das Textfeld mit der Buchnummer
im Unterformular frmAusleihe_ufoBuecher *ist an
das Tabellenfeld* buch_nummer *gebunden.*

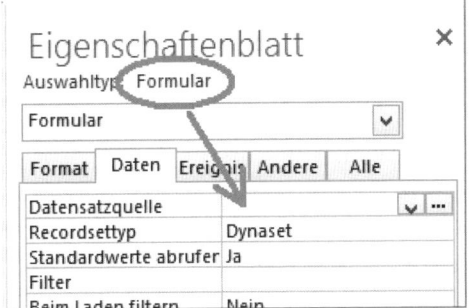

Abbildung 8.7: Das Formular frmAusleihe
ist ein ungebundenes Formular.

Abbildung 8.8: Das Textfeld mit dem Ausleihdatum
(txtAusVon) *ist ein ungebundenes Textfeld.*

Aus der Tatsache, dass es ungebundene Textfelder bzw. sogar komplette ungebundene Formulare gibt, ergibt sich für Sie als Programmierer folgende Schlussfolgerung: Sie müssen durch geeignete VBA-Befehle selbst dafür sorgen, dass

- in diesen ungebundenen Textfeldern bestimmte Daten angezeigt werden und dass
- Änderungen dieser Daten anschließend auch in der richtigen Spalte der richtigen Tabelle der Datenbank landen.

Beide Funktionen werden in gebundenen Formularen und Textfeldern automatisch von Access für Sie erledigt. Daher werden Sie bei der Entwicklung von Formularen auch überwiegend mit gebundenen Formularen arbeiten. Sie legen ein neues Formular an, weisen diesem eine Datensatzquelle zu, erzeugen dann Textfelder, Listenfelder, Kombinationsfelder usw. auf dem Formular und weisen diesen Steuerelementinhalte zu. (Alles das macht übrigens auch der Formular-Assistent für Sie!) Um die Kommunikation zwischen Ihrem Formular und dem DBMS brauchen Sie sich dann nicht mehr zu kümmern.

Wenn in gebundenen Formularen alles so viel einfacher ist – warum gibt es dann überhaupt ungebundene Formulare? Die Antwort auf diese berechtigte Frage ist nicht so einfach.

Lassen Sie mich das etwas verschwommen so formulieren: In manchen Situationen ist es einfach praktisch oder sogar notwendig, die Kommunikation zwischen Formular und DBMS selbst zu organisieren. Manchmal ist es auch einfach nur eine Frage der persönlichen Vorliebe des Programmierers.

»Handgeschnitzte« Kommunikation

Für die Programmierung der Kommunikation zwischen Formular und DBMS in ungebundenen Formularen gibt es wieder zwei Möglichkeiten: *Recordsets* und *SQL*. Letztere ist ganz einfach – sie wird im nächsten Abschnitt beschrieben. Jetzt habe ich erst einmal die undankbare Aufgabe, zu erläutern, was ein Recordset ist.

Die deutsche Übersetzung des Worts »Recordset« lautet übrigens »Datensatzgruppe«.

Recordsets

Also – das ist so: Mithilfe des VBA-Befehls

```
Set rs = CurrentDb.OpenRecordset("tblAutor", dbOpenDynaset)
```

bewirken Sie, dass Access eine temporäre Kopie von bestimmten Daten aus der Datenbank anlegt – im Beispiel von der Tabelle *tblAutor* (siehe Abbildung 8.9). »Temporär« bedeutet dabei, dass diese Kopie nur so lange existiert, wie Sie damit arbeiten, und anschließend wieder gelöscht wird.

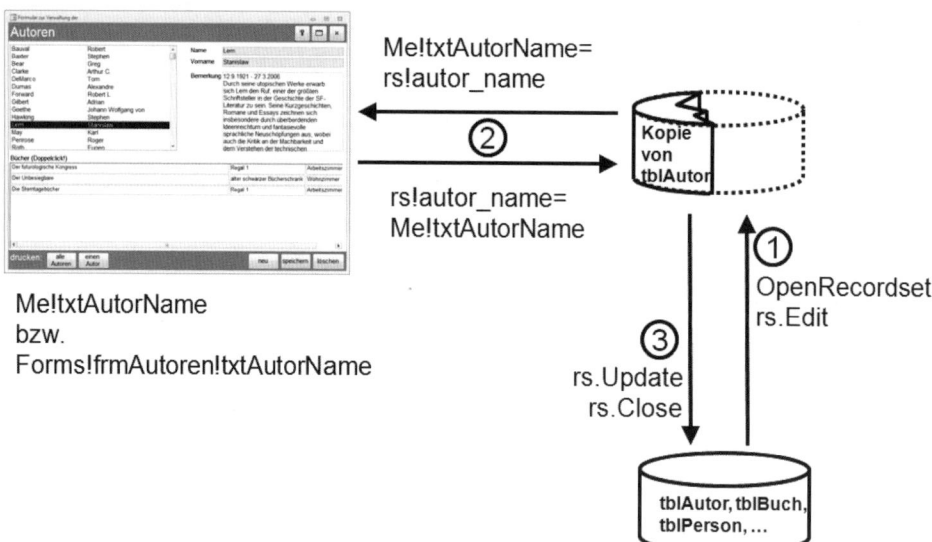

Abbildung 8.9: Ein Recordset ist eine temporäre Kopie eines Teils der Daten in der Datenbank.

Mit dem VBA-Befehl *rs.Edit* legen Sie fest, dass die Daten in diesem Recordset bearbeitet (editiert) werden dürfen. Sie können dann mit bestimmten VBA-Befehlen Daten aus dieser Kopie herauslesen und in Textfeldern des Formulars darstellen (z. B. *Me!txtAutorName = rs!autor_name*) – und umgekehrt die Inhalte von Textfeldern des Formulars in den Tabellenfeldern der Kopie speichern (z. B. *rs!autor_name = Me!txtAutorName*). Das ist dann die von mir immer wieder beschworene Kommunikation zwischen Formular und DBMS. Aber Sie arbeiten immer mit einer **Kopie** der Originaldaten! Änderungen daran wirken sich zunächst nicht auf die Originaldaten in den Datenbanktabellen aus. Dafür gibt es den VBA-Befehl *rs.Update*. Er bewirkt, dass die Inhalte der Kopie in die Datenbanktabellen zurückgeschrieben werden und dort die Originaldaten überschreiben. Damit ist die Änderung, die Sie zunächst an der Kopie vorgenommen haben, in der Datenbanktabelle angekommen. Nun wird die Kopie nicht mehr benötigt und kann mit *rs.Close* beseitigt werden.

Warum ist das Ganze so aufwendig und umständlich? Das hat im Wesentlichen zwei Gründe:

- **Sicherheit** Wenn bei der Bearbeitung der Daten etwas schiefgeht, sind davon nicht die Originaldaten betroffen, sondern nur eine Kopie. Diese kann notfalls verworfen werden, und die Originaldaten bleiben unbeschädigt erhalten.

- **Mehrbenutzerfähigkeit** Datenbankanwendungen sind im Allgemeinen dafür gedacht, dass nicht nur einer, sondern mehrere Benutzer gleichzeitig mit ihnen arbeiten. Dann können Sie sich vorstellen, dass Konflikte beim Zugriff auf die Daten entstehen – nämlich wenn zwei oder mehr Benutzer gleichzeitig die gleichen Daten bearbeiten wollen. Daher bekommen alle eine eigene Kopie; einer von ihnen darf diese Kopie bearbeiten, die anderen dürfen sie nur betrachten. Erst wenn der Bearbeiter fertig ist, wird die nächste Kopie zur Bearbeitung freigegeben.

Recordsets können nicht nur die Daten einer einzigen Tabelle umfassen. Sie können beliebige SELECT-Anweisungen definieren, die Daten aus verschiedenen Tabellen heraussuchen und zu einem Recordset zusammenfassen – z. B.:

```
Dim rs As DAO.Recordset
Dim strSQL As String
strSQL = "SELECT tblBuch.buch_titel, tblVerlag.ver_name, tblLager.lager_bezeichnung " & _
            "FROM tblLager INNER JOIN (tblVerlag INNER JOIN tblBuch ON " & _
            "tblVerlag.ver_id = tblBuch.ver_id_f) " & _
            "ON tblLager.lager_id = tblBuch.lager_id_f"
' MsgBox strSQL
Set rs = CurrentDb.OpenRecordset(strSQL, dbOpenDynaset)
```

Im obigen Listing sehen Sie die durch ein einfaches Anführungszeichen auskommentierte Programmzeile *MsgBox strSQL*. Das ist wieder ein heißer Tipp von mir für Sie als Programmierer:

 Lassen Sie sich den SQL-Text zunächst in einer Messagebox anzeigen und kontrollieren Sie ihn auf syntaktische Richtigkeit! Andernfalls könnte es beim Versuch, das Recordset zu öffnen, zu einer Fehlermeldung kommen.

Direktzugriff mit SQL

Die zweite Variante der »handgeschnitzten« Kommunikation zwischen Formular und DBMS funktioniert mithilfe des VBA-Befehls *CurrentDb.Execute*. Damit können Sie in der aktuellen Datenbank (*CurrentDb*) einen SQL-Befehl ausführen (*Execute*). Diesen SQL-Befehl können Sie direkt in Klammern hinter *CurrentDb.Execute* schreiben. Ich empfehle Ihnen aber auch hier wieder **dringend**, zunächst eine Textvariable zu definieren, die den SQL-Befehl enthält, und sich diese Textvariable mithilfe einer Messagebox anzeigen zu lassen.

Codebeispiel aus *Verleih, Form_frmAusleihe*, Prozedur *cmdSpeichern_Click()*:

```
Dim strSQL As String
strSQL = "INSERT INTO tblAusleihe (buch_id_f, per_id_f, aus_von, aus_bemerkung) " & _
         "VALUES (" & Str(lngBuchId) & "," & Str(lngPerId) & _
         ",'" & Str(txtAusVon) & "','" & Nz(txtBemerkung) & "')"
'MsgBox strSQL
CurrentDb.Execute (strSQL)
```

Wie Sie im obigen Listing sehen, kann die Formulierung des SQL-Befehls in VBA äußerst knifflig werden. Dabei können schon mal Syntaxfehler vorkommen, die dann bei der Ausführung des SQL-Befehls mit *CurrentDb.Execute* zu Fehlermeldungen führen. Daher ist es immer besser, sich den SQL-Befehl vorher testweise mit einer Messagebox anzeigen zu lassen, um ihn auf Syntaxfehler zu kontrollieren.

Manchmal reicht auch die Sichtkontrolle nicht. Der SQL-Befehl »sieht gut aus«, funktioniert aber trotzdem nicht wie beabsichtigt.

Dann sollten Sie *Debug.Print strSQL* schreiben statt *MsgBox strSQL*.

Das bewirkt, dass der SQL-Befehl im sogenannten Direktfenster angezeigt wird (*Ansicht/Direktfenster* oder Strg+G). Das hat gegenüber der *MsgBox* den großen Vorteil, dass Sie den SQL-Befehl per Copy-and-paste aus dem VBA-Fenster in ein Access-Abfrage-Entwurfsfenster transportieren und dort testen können! (wenn es ein SELECT-Befehl ist – bei INSERT-, UPDATE- und DELETE-Befehlen geht das natürlich nicht. Dafür können Sie aber das Formular *ExecSQL* aus der Übungsdatenbank *Stundenplan* benutzen, indem Sie es per Copy-and-paste aus der Übungsdatenbank in Ihre eigene Datenbank hinüberkopieren!).

Bitte beachten Sie, dass der SQL-Befehl ein fortlaufender Text ist, den Sie aus einzelnen Bestandteilen zusammenbauen müssen. Darin vorkommende Zahlen werden mit der Funktion *Str()* in Text umgewandelt (z. B. *lngBuchId* im obigen Listing).

Wenn der SQL-Befehl Texte oder Datumsangaben enthält, müssen diese in einfache Anführungsstriche gesetzt werden.

Im obigen Listing ist z. B. die Spalte *aus_von* der Tabelle *tblAusleihe* als Datum definiert. Also muss *Str(txtAusVon)* in einfache Anführungsstriche gesetzt werden. Das ist im obigen Listing auf den ersten Blick nicht zu erkennen. Daher zählen Sie bitte mal in der dritten Zeile des SQL-Befehls die einzelnen Striche bei dem Anführungszeichen. Dann wird Ihnen auffallen, dass da noch einfache Anführungszeichen zwischen den doppelten Anführungszeichen sind!

Weitere Beispiele für den direkten Zugriff auf das DBMS mittels SQL folgen weiter unten in diesem Kapitel.

Eingebettetes Makro vs. Ereignisprozedur

Im Folgenden will ich darstellen, wie die Standardoperationen

- neue Daten anlegen (SQL: INSERT),
- vorhandene Daten lesen (SQL: SELECT),
- geänderte Daten speichern (SQL: UPDATE) und
- vorhandene Daten löschen (SQL: DELETE)

mittels VBA umgesetzt werden. Für diese Operationen können Sie mithilfe der entsprechenden Assistenten Listenfelder und Kombinationsfelder (SELECT) bzw. Schaltflächen (INSERT, UPDATE, DELETE) anlegen.

Leider ist aber mit der 2007er-Version von Access eingeführt worden, dass diese Assistenten keinen VBA-Code mehr generieren. Stattdessen werden Sie auf der Registerkarte *Ereignis* des Eigenschaftenblatts den Eintrag *[Eingebettetes Makro]* finden. Das geht natürlich auch – aber: Ich halte es nicht für sinnvoll, einen Teil des Programmcodes in VBA zu schreiben und einen anderen Teil als Makro. Das mag für fortgeschrittene Programmierer seine Vorteile haben, für Anfänger ist das aber einfach nur verwirrend.

Wenn Sie statt eines Makros VBA-Code schreiben wollen, klicken Sie auf der Registerkarte *Ereignis* des Eigenschaftenblatts einmal mit der linken Maustaste auf den Eintrag *[Eingebettetes Makro]*, öffnen das Kombinationsfeld und wählen stattdessen den Eintrag *[Ereignisprozedur]*. Wenn Sie jetzt auf die kleine Schaltfläche mit den drei Punkten klicken, öffnet sich der VBA-Editor, und Sie können statt eines Makros VBA-Code eingeben.

Welcher Code jeweils erforderlich ist, will ich in den nächsten Abschnitten dieses Kapitels erläutern.

Auf den ersten Blick scheint es so zu sein, als könne man die automatische Generierung von eingebetteten Makros generell abschalten, indem man auf *Start* klickt (Access 2007: auf die *Office-Schaltfläche*) und unter *Optionen* (Access 2007: *Access-Optionen*) die Option *Objekt-Designer* wählt. Anschließend kann man unter *Entwurfsansicht für Formulare/Berichte* die Option *Immer Ereignisprozeduren verwenden* aktivieren. Das funktioniert aber **nicht** für die bereits erwähnten eingebetteten Makros! Diese müssen Sie von Hand »beseitigen«.

Trotzdem gibt es einen Trick, um die Generierung von eingebetteten Makros zu verhindern: Erstellen Sie ganz am Anfang Ihre neue Datenbank nicht im Format ab Access 2007 (Dateityp *.accdb*), sondern im 2003er-Format (Dateityp *.mdb*).

Das hat dann natürlich den Nachteil, dass Sie neue Funktionalitäten ab Access 2007, die es in Access 2003 noch nicht gab, nicht nutzen können. Aber Sie können Ihre Datenbank ja später immer noch mit *Datei/Speichern unter* im *.accdb*-Format speichern!

Speichern der Formularinhalte

In gebundenen Formularen ist das Speichern der Formularinhalte völlig unproblematisch. Wenn Sie einen Datensatz bearbeitet haben und dann zu einem anderen Datensatz wechseln (z. B. durch einen Klick in ein Listenfeld), geschieht das Speichern sogar automatisch. Ansonsten können Sie es durch den Befehl *DoCmd.RunCommand acCmdSaveRecord* erzwingen.

Codebeispiel aus *Verleih*, *Form_frmAutoren*, Prozedur *cmdSpeichern_Click()*:

```
If Nz(txtName)= "" Then
    MsgBox "Bitte geben Sie einen Nachnamen ein!"
    txtName.SetFocus
    Exit Sub
End If
DoCmd.RunCommand acCmdSaveRecord
```

Vor dem Speichern sollten Sie immer überprüfen, ob der Benutzer auch alle erforderlichen Daten eingegeben hat. Dazu erhalten Sie noch ausführlichere Erläuterungen weiter unten in diesem Kapitel im Abschnitt »Muss-Felder überprüfen«.

Mit einem Recordset

In ungebundenen Formularen öffnen Sie zunächst ein Recordset und suchen dann mithilfe des Befehls *rs.FindFirst* den zu bearbeitenden Datensatz. Für den Fall, dass er nicht gefunden wird (*rs.NoMatch*), müssen Sie für eine entsprechende Fehlerbehandlung sorgen. Wird er gefunden, geben Sie ihn mithilfe des Befehls *rs.Edit* für die Bearbeitung frei.

Codebeispiel aus *Verleih*, *Form_frmSachgebiete*, Prozedur *cmdSpeichern_Click()*:

```
Set rs = CurrentDb.OpenRecordset("tblSachgebiet", dbOpenDynaset)
rs.FindFirst "sachgebiet='" & txtNeuesUntersachgebiet & "'"
If rs.NoMatch Then
    …
Else
    rs.Edit    ' Freigabe für die Bearbeitung
    rs!obersachgebiet = Me!txtSachgebiet    ' Bearbeitung des Recordsets
    rs.Update    ' Speichern des Recordsets
    rs.Close    ' Ende der Bearbeitung
    Set rs = Nothing    ' Löschen des Recordsets
End If
Forms!frmSachgebiete.Requery
```

Anschließend können Sie Daten aus dem Formular (*Me!txtSachgebiet*) in das Recordset schreiben (*rs!obersachgebiet*), das Recordset in die Datenbank zurückspeichern (*rs.Update*) und dann löschen (*Set rs = Nothing*).

In dem obigen Codebeispiel tritt zum ersten Mal eine Schreibweise auf, die erklärungsbedürftig ist: Wann wird bei der Bildung von Objektbezeichnern wie *Me!txtSachgebiet* oder *Forms!frmSachgebiete.Requery* ein Ausrufezeichen und wann ein Punkt verwendet? Das ist so festgelegt:

- Vor Begriffen, die Sie als Benutzer selbst definiert haben (z. B. *frmSachgebiete* als Name eines Formulars), wird ein Ausrufezeichen gesetzt.
- Vor Begriffen, die die VBA-Sprachbeschreibung vorschreibt (z. B. *Requery*), wird ein Punkt gesetzt.

Selbst definierte Begriffe, die Leerzeichen enthalten, müssen in eckige Klammern gesetzt werden – z. B. *Forms![Ausleihe_ufoBuecher]*. (Aber Leerzeichen sollen Sie meiner Namenskonvention zufolge ja sowieso nicht verwenden ;-).) Bei Begriffen ohne Leerzeichen können die eckigen Klammern wegfallen – ihre Verwendung schadet aber nicht. *Forms![frmSachgebiete].Requery* statt *Forms!frmSachgebiete.Requery* würde also auch funktionieren.

Mit SQL

Der Zugriff auf die Daten der Datenbank mithilfe eines SQL-Befehls erfolgt über den VBA-Befehl *CurrentDb.Execute*.

Codebeispiel aus *Verleih*, *Form_Ausleihe*, Prozedur *cmdSpeichern_Click()*:

```
Dim strSQL As String

strSQL = "INSERT INTO tblAusleihe (buch_id_f, per_id_f, aus_von, aus_bemerkung) " & _
         "VALUES (" & Str(lngBuchId) & "," & Str(lngPerId) & ",'" & _
         Str(txtAusVon) & "','" & txtBemerkung & "')"
'MsgBox strSQL
CurrentDb.Execute (strSQL)
```

Beachten Sie bitte wieder

- die im Listing auf den ersten Blick nicht zu erkennenden einfachen Anführungszeichen, die für Datumsangaben und Texte verwendet werden müssen, und
- den auskommentierten Befehl *MsgBox* zur Kontrollanzeige des SQL-Befehls.

Implizites Speichern

Access speichert auch Daten, wenn Sie das nicht ausdrücklich (»explizit«) durch entsprechenden Programmcode fordern! Ich habe das daher »implizites« Speichern genannt.

Das kennen Sie bereits von der Eingabe von Daten direkt in die **Tabellen**. Wenn Sie beginnen, in einer Tabellenzeile Daten einzugeben, erscheint links daneben ein kleiner Schreibstift, der anzeigt: »Diese Daten sind noch nicht gespeichert.« Das Speichern erfolgt durch einen Klick auf den kleinen Schreibstift (explizites Speichern) oder durch einen Wechsel zu einer anderen Tabellenzeile (implizites Speichern). Das können Sie auch im Formular beobachten, wenn Sie in den Formulareigenschaften auf der Registerkarte *Format* in der Zeile *Datensatzmarkierer* das *Ja* einschalten. Dann erscheint im Formular am linken Rand ebenfalls der kleine Schreibstift.

Auch hier können Sie wieder das explizite Speichern durch einen Klick auf den Schreibstift auslösen oder durch eine der beiden von mir gerade beschriebenen Methoden (Recordset oder SQL). Das implizite Speichern lösen Sie auch im Formular durch den Wechsel zu einem anderen Datensatz aus – z. B. durch einen Klick in ein entsprechendes Listenfeld.

Dieses implizite Speichern kann eine Reihe von verzwickten Problemen bei der Formularentwicklung verursachen. Mein Rat für Sie ist daher:

> Lassen Sie während der Entwicklungszeit den Datensatzmarkierer immer eingeschaltet. Er sagt Ihnen: »Jetzt haben Sie gerade begonnen, einen Datensatz zu bearbeiten.«

Das ist einem nämlich bei der Formularentwicklung durchaus nicht immer klar und kann einen wichtigen Hinweis auf eine mögliche Fehlerquelle geben!

Wenn das Formular fertig ist, sollten Sie den Datensatzmarkierer natürlich wieder abschalten (*Formulareigenschaften/Format/Datensatzmarkierer = Nein*).

Muss-Felder überprüfen

Bestimmte Objekte müssen bestimmte Daten haben. Einen Kunden ohne Namen oder einen Auftrag ohne Nummer darf es in der Datenbank nicht geben. Darum haben wir schon bei der Definition der Tabellen für einige Felder (Tabellenspalten) festgelegt: *Eingabe erforderlich = Ja*. Erinnern Sie sich bitte auch an die Verschärfung dieser Forderung durch die Einstellung *Leere Zeichenfolge = Nein*!

Wir könnten uns jetzt auf diese Tabellendefinition verlassen. Access wird sich schon melden, wenn wir in einem Formular bei der Dateneingabe ein Muss-Feld leer lassen. Access tut das auch – allerdings mit einer Meldung, die für den Nutzer verwirrend bis unverständlich sein dürfte, z. B.: »Sie müssen in das Feld *tblAutor.autor_name* einen Wert eingeben.«

Es ist daher besser, wenn Sie selbst Vorkehrungen gegen das Leerlassen von Muss-Feldern treffen, die dem Nutzer verständlich erklären, was er tun soll.

Der Nutzer kann bei zwei unterschiedlichen Gelegenheiten Muss-Felder leer lassen: bei der Eingabe neuer Daten oder bei der Bearbeitung vorhandener Daten (indem er den vorhandenen Inhalt eines Muss-Felds löscht und dann zu speichern versucht). Daraus ergibt sich die Notwendigkeit, am Anfang jeder *Speichern*-Prozedur solchen Code einzufügen:

```
If Nz(txtName) = "" Then
    MsgBox "Bitte geben Sie einen Namen ein!"
    txtName.SetFocus
    Exit Sub
End If
```

Warum benutze ich die Funktion *Nz*, anstatt einfach *If txtName = " "* zu schreiben? Weil es zwei verschiedene Varianten gibt, um zu testen, ob ein Eingabefeld leer ist: *If txtName = " "* und *If IsNull(txtName)*. Leider funktionieren nicht beide Varianten in jedem Fall, und es ist ein wenig kompliziert, auseinanderzuhalten, wann man welche Variante benutzen muss. *If Nz(txtName) = ""* funktioniert jedoch immer! (Bitte informieren Sie sich in der VBA-Hilfe über die Funktion *Nz()*!)

Nun haben wir also die *Speichern*-Prozedur gegen das Leerlassen von Muss-Feldern abgesichert – das reicht aber leider noch nicht. Wenn Sie schon in der Tabellendefinition für ein Feld (Tabellenspalte) *Eingabe erforderlich = Ja* und *Leere Zeichenfolge = Nein* festlegen, meldet sich Access auch mit seiner etwas unverständlichen Fehlermeldung, wenn Sie das entsprechende Textfeld im Formular leer lassen und zum nächsten Textfeld wechseln – **ohne** auf *Speichern* geklickt zu haben!

Dagegen können Sie sich so absichern:

```
Private Sub txtName_BeforeUpdate(Cancel As Integer)
If Nz(txtName) = "" Then
    MsgBox "Bitte geben Sie einen Namen ein oder drücken Sie die Esc-Taste!"
    Cancel = True    ' Abbruch des Updates
End If
End Sub
```

Bitte sehen Sie sich den VBA-Code meiner drei Beispielanwendungen *Firma*, *Verleih* und *Verein* daraufhin einmal an!

»Geisterdaten«

Das ist auch solch ein »beliebter« Anfängerfehler, dessen Besprechung gut hierher passt, weil er etwas mit Muss-Daten zu tun hat. Damit Sie wissen, was ich meine, öffnen Sie bitte einmal das Formular *frmVerlage2* in der Beispieldatenbank *Verleih*. Sie finden für dieses Formular keinen Button auf dem Startformular; stattdessen müssen Sie es mit einem Doppelklick im Navigationsbereich öffnen. Was dann zu tun ist, steht direkt auf dem Formular.

Die Ursache für diesen merkwürdigen Effekt ist, dass die Tabelle *tblVerlag2*, auf der dieses Formular basiert, kein einziges Muss-Feld hat. Infolgedessen können Sie in dieser Tabelle komplett leere Zeilen abspeichern! Und das resultiert dann in einer leeren »Geisterzeile« in der Liste der Verlage im Formular.

Also – Schlussfolgerung: Jede Tabelle sollte mindestens ein Muss-Feld haben, bei dem es sich idealerweise um dasjenige Feld handelt, das in der Liste des Formulars angezeigt wird. Andernfalls droht das Phänomen der »Geisterdaten«!

Datenauswahl mit Listenfeldern

In den meisten Formularen müssen Sie den zu bearbeitenden Datensatz erst einmal aus einer Liste der verfügbaren Datensätze heraussuchen. Dafür benutzen wir das Steuerelement *Listenfeld*, das ich standardmäßig im linken oberen Bereich des Formulars positioniere – siehe die Formulare *frmAutoren*, *frmVerlage*, *frmSachgebiete* usw.

Wenn Sie das Listenfeld mit dem Listenfeld-Assistenten erstellen, bietet er Ihnen als Erstes Folgendes an:

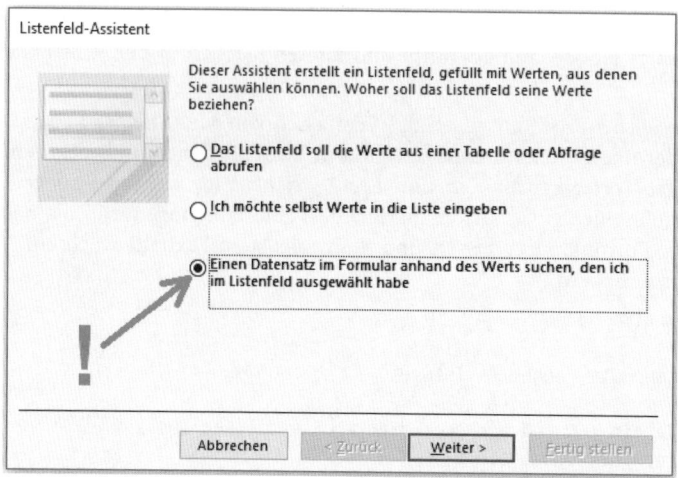

Abbildung 8.10: Sie können das Listenfeld benutzen, um einen bestimmten Datensatz zu suchen.

Manchmal wird Ihnen die dritte Option nicht angeboten. Das liegt dann daran, dass die Datenquelle des Formulars zu komplex ist, d. h. aus mehr als einer Tabelle besteht.

Die dritte Option ist genau das, was wir brauchen. Das vom Assistenten erzeugte eingebettete Makro ersetzen wir wieder durch VBA-Code.

Codebeispiel aus *Verleih, Form_frmAutoren*, Prozedur *lstAutoren_AfterUpdate()*:

```
Private Sub lstAutoren_AfterUpdate()
Me.Recordset.FindFirst "autor_id=" & Str(Me!lstAutoren)
End Sub
```

Wenn Sie diesen Codebaustein in Ihrer eigenen Anwendung benutzen wollen, müssen Sie natürlich *autor_id* und *lstAutoren* durch die entsprechenden Bezeichnungen Ihres Formulars ersetzen.

Was bedeutet *Str(Me!lstAutoren)* im obigen Listing? Das Listenfeld *lstAutoren* enthält eine unsichtbare erste Spalte *autor_id*. Diese ist gleichzeitig die gebundene Spalte des Listenfelds. Sie können daher den Primärschlüssel des angeklickten Autors einfach über den Namen des Listenfelds erreichen.

Wenn Sie sich den VBA-Code meiner Beispielanwendungen ansehen, werden Sie feststellen, dass alle *AfterUpdate*-Prozeduren für Listenfelder nach dem obigen Schema programmiert wurden.

Exkurs: Das Objektmodell

Im VBA-Code der Beispieldatenbanken und auch im Text dieses Kapitels finden Sie jede Menge Ausdrücke der Form *Forms!frmSachgebiete.Requery, rs.Update, Me.Recordset.Clone, Me!txtSachgebiet, Err.Number, Me!lstAutoren.RowSource*. Ich habe diese Ausdrücke bisher einfach so benutzt, ohne zu erläutern, welches Konzept sich dahinter verbirgt: das Objektmodell.

Es handelt sich dabei um ein in der Softwareentwicklung sehr verbreitetes Konzept, das gewissermaßen menschliche Eigenschaften auf Programmcode überträgt. Das klingt fantastisch, nicht wahr? Menschen

- haben Eigenschaften: Sie sind dick, klug, schnell, blond usw.
- können etwas tun: Sie laufen, sprechen, schlafen usw.

Das hat man auf die Softwareentwicklung übertragen, indem man nicht mehr einfach Codezeile an Codezeile reiht, sondern **Objekte** programmiert, die **Eigenschaften** und **Methoden** haben. Sehen wir uns das Beispiel des Listenfelds *lstAutoren* an:

- *lstAutoren* hat z. B. die Eigenschaft *RowSource*, die angibt, woher die Zeilen der Liste kommen (siehe z. B. in der Prozedur *Private Sub lstBuecher_AfterUpdate()* in der Beispieldatenbank *Verleih*).
- *lstAutoren* hat z. B. die Methode *Requery*, mit der die darzustellenden Zeilen aus der Datenbank geholt werden (siehe z. B. in der Prozedur *Private Sub cmdLoeschen_Click()* in der Beispieldatenbank *Verleih*).

Beim Programmieren mit VBA hängt man dann einfach die Bezeichnung der Eigenschaft bzw. Methode mit einem Punkt hinter den Objektnamen. Auf diese Weise kann man

- die Methode ausführen (z. B. *lstAutoren.Requery*),
- der Eigenschaft einen Wert geben (z. B. *lstAutoren.RowSource="SELECT ..."*) bzw.
- den Wert der Eigenschaft abfragen (z. B. *If lstAutoren.ListCount <>0 Then ...*).

Für einen Überblick über sämtliche Eigenschaften und Methoden sämtlicher Objekte wählen Sie im VBA-Fenster im Menü *Ansicht* den Befehl *Objektkatalog* (Abbildung 8.11).

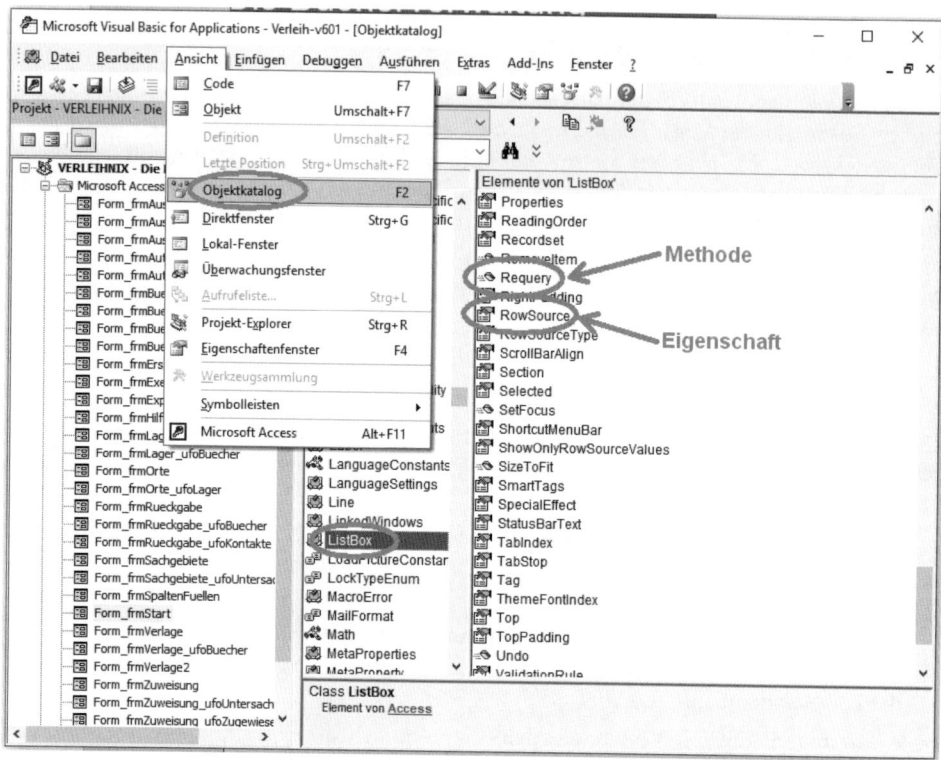

Abbildung 8.11: Im Objektkatalog finden Sie alle Eigenschaften und Methoden aller Objekte.

Es wird Sie sicher nicht überraschen, wenn ich Ihnen sage, dass das ganze Thema »Objekte, Eigenschaften und Methoden« ziemlich unübersichtlich ist – und zwar leider nicht nur für Anfänger. Also braucht man eine Hilfe, in der man nachschlagen kann, welche Eigenschaften und Methoden die einzelnen Objekte haben – ja sogar, welche Objekte es überhaupt gibt!

Dafür gab es früher mal eine lokale Hilfe, die zusammen mit Access auf Ihrem Computer installiert wurde. Jetzt funktioniert das nur noch online über das Internet. Dazu klicken Sie mit der rechten Maustaste auf die Methode bzw. Eigenschaft (Abbildung 8.11) und wählen dann im Kontextmenü das Fragezeichen aus. Daraufhin öffnet sich eine Webseite von Microsoft mit Hilfeinformationen zu dem angeklickten Thema (Abbildung 8.12).

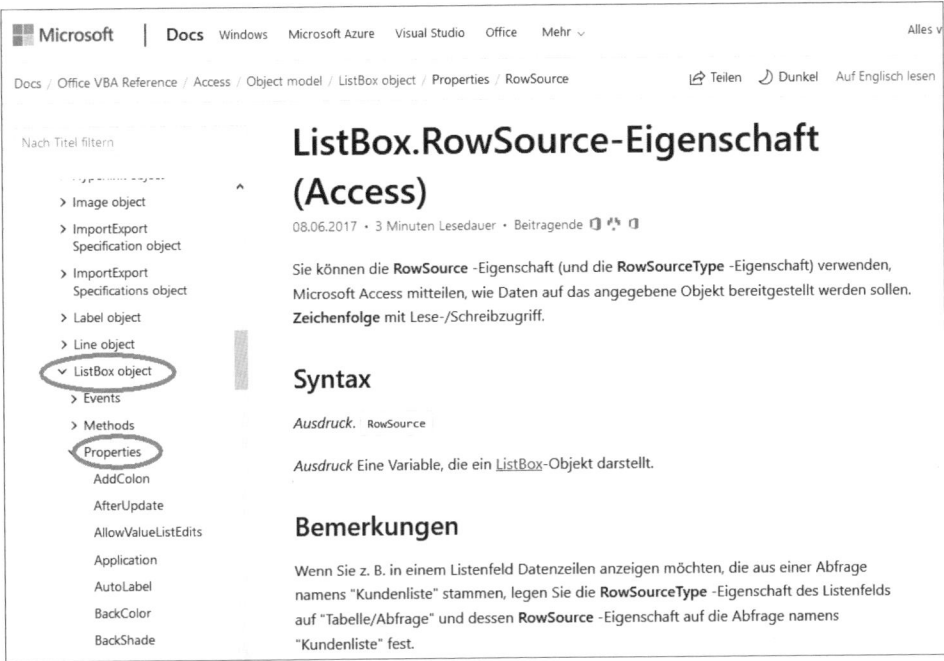

Abbildung 8.12: Die Onlinehilfe zu VBA.

Lesen von Werten aus Tabellen

In gebundenen Formularen brauchen Sie sich um das Lesen von Werten aus Tabellen überhaupt nicht zu kümmern. Die Textfelder, Listenfelder und Kombinationsfelder sind ja an Datenbankfelder gebunden und zeigen deren Inhalt automatisch an.

Mit einem Recordset

Ungebundene Textfelder können Sie mithilfe eines Recordsets mit Daten füllen.

Codebeispiel aus *Verleih*, *Form_Start*, Prozedur *Form_Open*:

```
Dim rs As DAO.Recordset

Set rs = CurrentDb.OpenRecordset("tblDBINFO", dbOpenDynaset)
rs.FindFirst "dbi_name='version'"

If rs.NoMatch Then
  lblVersion.Caption = ""
Else
  lblVersion.Caption = rs!dbi_wert
End If

rs.Close
Set rs = Nothing
```

Das obige Listing zeigt, wie im Startformular einer Datenbankanwendung die Versionsnummer aus der Tabelle *tblDBINFO* ausgelesen wird. Diese Tabelle hat die beiden Spalten *dbi_name* und *dbi_wert*, sodass darin also beliebige Informationen gespeichert werden können. Zum Beispiel könnte man dort auch *dbi_name='autor'* und *dbi_wert='Stern'* oder *dbi_name='kontakt'* und *dbi_wert='www.andreasstern.de'* ablegen.

Sicherheitshalber sollten Sie immer auch Vorkehrungen für den Fall treffen, dass die gesuchte Information nicht gefunden wird. Im obigen Beispiel wird das Bezeichnungsfeld *lblVersion* dann mit einem Leerstring gefüllt.

Mit SQL

Um mithilfe von SQL einen einzelnen Wert aus der Datenbank auszulesen, können Sie den VBA-Befehl *DLookup* verwenden. Das ist ein Vertreter aus der Gruppe der äußerst nützlichen D-Befehle:

- *DCount* zählt die Anzahl der Datensätze, die eine bestimmte Bedingung erfüllen.
- *DMin* und *DMax* finden den kleinsten bzw. größten Wert in einer Spalte einer Tabelle.
- *DSum* berechnet die Summe über die Werte einer Spalte einer Tabelle.
- *DAvg* berechnet den Mittelwert über die Werte einer Spalte einer Tabelle.

Außerdem gibt es noch *DFirst*, *DLast*, *DStDev*, *DVar* und *DVarP*. Näheres zu diesen Befehlen können Sie in der VBA-Hilfe nachlesen.

Codebeispiel aus *Verleih*, *Form_Buechersuche*, Prozedur *lstBuecher_AfterUpdate()*:

```
txtVerlag = DLookup("ver_name", "qryBuch", "buch_id=" & Str(lstBuecher))
txtJahr = DLookup("buch_jahr", "qryBuch ", "buch_id =" & Str(lstBuecher))
txtZustand = DLookup("zust_name", "qryBuch ", "buch_id =" & Str(lstBuecher))
txtNummer = DLookup("buch_nummer", "qryBuch ", "buch_id =" & Str(lstBuecher))
txtLager = DLookup("lager_bezeichnung", "qryBuch ", "buch_id =" & Str(lstBuecher))
txtOrt = DLookup("ort_bezeichnung", "qryBuch ", "buch_id =" & Str(lstBuecher))
txtBemerkung = DLookup("buch_bemerkung", "qryBuch ", "buch_id =" & Str(lstBuecher))
```

Was bedeutet *Str(lstBuecher)* im obigen Listing? Das Listenfeld *lstBuecher* enthält eine unsichtbare erste Spalte *buch_id*. Diese ist gleichzeitig die gebundene Spalte des Listenfelds. Sie können daher den Primärschlüssel des angeklickten Buchs einfach über den Namen des Listenfelds erreichen.

Der Befehl *DLookup* benötigt die folgenden drei Parameter:

- den Namen des gesuchten Tabellenfelds,
- den Namen der Tabelle oder Abfrage, in der sich dieses Feld befindet,
- die Bedingung, die der gesuchte Datensatz erfüllen muss (das ist identisch mit dem WHERE-Teil eines SELECT-Befehls).

Hinter der ersten Zeile im obigen Listing verbirgt sich also folgender SELECT-Befehl:

```
SELECT ver_name FROM qryBuch WHERE buch_id = Str(lstBuecher)
```

Neue Datensätze in Tabellen anlegen

In gebundenen Formularen ist das Anlegen neuer Datensätze wieder völlig unproblematisch. Sie geben einfach den Befehl, den Datensatzzeiger auf die erste Position hinter dem letzten Datensatz zu stellen.

Codebeispiel aus *Verleih*, *Form_Autoren*, Prozedur *cmdNeu_Click()*:

```
DoCmd.GoToRecord , , acNewRec
txtName.SetFocus
```

Anschließend sollten Sie zur Verbesserung der Benutzerfreundlichkeit Ihres Programms die Einfügemarke in das erste einzugebende Textfeld setzen, sodass der Benutzer nicht erst mit der Maus dorthin klicken muss, sondern sofort mit der Dateneingabe beginnen kann.

Wenn das Formular eine Suchliste enthält – im obigen Beispiel *lstAutoren* –, sollten Sie als Vorsichtsmaßnahme noch folgende Zeile einfügen:

```
lstAutoren = Null
```

Diese kurze, unscheinbare Codezeile bedarf einer längeren Erläuterung.

- **Was bewirkt dieser VBA-Befehl?** Eine Suchliste enthält eine oder mehrere sichtbare Spalten (z. B. Name des Autors), die Sie als Benutzer benötigen, um einen Datensatz auszuwählen. Sie enthält aber auch eine erste unsichtbare Spalte mit dem Primärschlüssel des Datensatzes (*autor_id*). Mit einem Mausklick in die Suchliste wählen Sie also nicht *autor_name = "Meyer"*, sondern *autor_id =4*. Diese Spalte wird *gebundene Spalte* genannt. Im VBA-Programm können Sie sie über eine Variable mit dem Namen der Liste benutzen: *lstAutoren=4* bedeutet also, es wurde der Autor mit dem Primärschlüssel *autor_id=4* ausgewählt. Entsprechend bedeutet *lstAutoren=Null*: »Es wurde **kein** Autor ausgewählt.«

- **Warum sollten Sie diese Zeile einfügen?** Dafür gibt es zwei Gründe: Zum einen sollte nach einem Klick auf die Schaltfläche *Neu* kein Datensatz mehr in der Suchliste markiert sein, denn es ist ja kein vorhandener Datensatz mehr ausgewählt, weil ein neuer angelegt werden soll. Zum anderen könnte es sein, dass der Benutzer unmittelbar nach dem Anklicken der Schaltfläche *Neu* auf die Schaltfläche *Löschen* klickt. Auch dann darf kein Datensatz mehr in der Suchliste markiert sein, sonst wird eventuell irrtümlich ein Datensatz gelöscht.

Mit einem Recordset

Nach dem Anlegen des Recordsets sollten Sie mit *rs.FindFirst* zunächst testen, ob die neu einzugebenden Daten eventuell schon existieren. Wenn nicht, können Sie mit *rs.AddNew* einen neuen Datensatz anlegen und ihn mit Daten füllen. Ansonsten sollten Sie für eine entsprechende Fehlerbehandlung sorgen – also Ausgabe einer Information für den Benutzer und Abbruch der Prozedur.

Codebeispiel aus *Verleih*, *Form_frmSachgebiete*, Prozedur *cmdSpeichern_Click()*:

```
Set rs = CurrentDb.OpenRecordset("tblSachgebiet", dbOpenDynaset)
rs.FindFirst "sachgebiet='" & txtNeuesUntersachgebiet & "'"
```

```
If rs.NoMatch Then
    rs.AddNew
    rs!sachgebiet = Me!txtNeuesUntersachgebiet
    rs!obersachgebiet = Me!txtSachgebiet
    rs.Update
    rs.Close
    Set rs = Nothing
Else
    …
End If
Forms!frmSachgebiete.Requery
```

Mit SQL

Mithilfe des SQL-Befehls INSERT INTO können Sie neue Daten in Tabellen einfügen.

Codebeispiel aus *Verleih*, *Form_frmBuecher*, Prozedur *cmdRueber_Click()*:

```
Dim strSQL As String
strSQL = "INSERT INTO tblAutor_Buch (buch_id_f, autor_id_f) " & _
         "VALUES (" & Str(Me!buch_id) & "," & Str(lstAutoren) & ")"
'MsgBox strSQL
CurrentDb.Execute strSQL
Forms!frmBuecher!frmBuecher_ufoAutoren.Requery
```

Löschen von Werten in Tabellen

In gebundenen Formularen können Sie einzelne Werte aus Tabellen löschen, indem Sie einfach den Inhalt des entsprechenden Textfelds auf Ihrem Formular löschen und anschließend den Datensatz speichern. Dann ist der Wert auch aus der Datenbank verschwunden.

Ganze Datensätze können Sie mit folgendem VBA-Befehl löschen:

```
DoCmd.RunCommand acCmdDeleteRecord
```

Das Formular *frmRueckgabe* in der Beispielanwendung *Verleih* bietet eine Menge Lehrreiches zum Thema Löschen. Zu einer Person gehören mehrere Kontakte und mehrere ausgeliehene Bücher. Darum enthält das Formular zwei entsprechende Unterformulare vom Format *Endlosformular*. In diesen Unterformularen sehen Sie jeweils am linken Rand den sogenannten Datensatzmarkierer. Er enthält ein Dreieck in der gerade angeklickten Zeile, einen Schreibstift in der gerade bearbeiteten Zeile und ein Sternchen in der Zeile, in der neue Daten eingegeben werden können. In beiden Unterformularen habe ich Schaltflächen zum Löschen programmiert. Man kann es sich aber einfacher machen: Der Benutzer kann nämlich auch Daten löschen, indem er den Datensatzmarkierer anklickt und anschließend die [Entf]-Taste drückt.

Testen Sie das einmal in der Liste der ausgeliehenen Bücher. Sie werden erleben, dass Access Sie warnt: »Sie sind dabei, 1 Datensätze zu löschen.« Mal ganz abgesehen von der grammatikalischen Zweifelhaftigkeit dieser Aussage, klingt es nicht besonders informativ. Sie sollten daher eine eigene Löschwarnung programmieren, so wie ich es im Unterformular *frmRueckgabe_ufoKontakte* getan habe (bitte ausprobieren!):

```
Private Sub Form_Delete(Cancel As Integer)
' Diese Prozedur wird ausgeführt, wenn im Formular ein Datensatz ausgewählt und
' "Entf." gedrückt wird - aber noch BEVOR das eigentliche Löschen erfolgt.
' Indem man den Parameter "Cancel" auf True setzt, kann man das Löschen verhindern.

If MsgBox("Wollen Sie den Kontakt wirklich löschen?", vbYesNo + _
          vbDefaultButton2) = vbNo Then Cancel = True
End Sub
```

Damit aber nicht zusätzlich zur selbst programmierten Löschwarnung auch noch die Access-Standardwarnung erscheint und den Benutzer unnötig verwirrt, sind drei weitere Zeilen VBA-Code erforderlich:

```
Private Sub Form_BeforeDelConfirm(Cancel As Integer, Response As Integer)
Response = acDataErrContinue
End Sub
```

Mit einem Recordset

Das Recordset wird geöffnet, der zu löschende Datensatz wird mit *rs.FindFirst* gesucht und anschließend mit *rs.Delete* gelöscht. So einfach ist das! Die Frage an den Benutzer, ob er den Datensatz wirklich löschen will, darf natürlich auch hier nicht fehlen.

Im folgenden Codebeispiel werden in Vorbereitung auf die Löschung einer Ausleihe erst einmal alle Mahnungen gelöscht, die zu dieser Ausleihe gehören. Erst dann kann die Ausleihe selbst gelöscht werden. Um aber die Mahnungen löschen zu können, müssen wiederum zuerst die Zeilen in der Zwischentabelle *tblAus_Mahn* gelöscht werden, die sich per Fremdschlüssel auf die zu löschenden Mahnungen beziehen. Sehen Sie sich das ruhig noch einmal im Datenmodell an (Abbildung 8.2)!

Codebeispiel aus *Verleih, Form_frmRueckgabe_ufoBuecher*, Prozedur *cmdLoeschen_Click()*:

```
Dim rs As DAO.Recordset
strSQL = "SELECT mahn_id_f FROM tblAus_Mahn WHERE aus_id_f = " & Str(Me!aus_id)
Set rs = CurrentDb.OpenRecordset(strSQL, dbOpenDynaset)
Do Until rs.EOF   ' Löschen aller Mahnungen, die zu der zu
                  ' löschenden Ausleihe gehören
  lngMahnId = rs!mahn_id_f
  rs.Delete     ' Löschen der Zeile in tblAus_Mahn, dann erst Löschen
                ' der Mahnung!
  CurrentDb.Execute ("DELETE FROM tblMahnung WHERE mahn_id = " & Str(lngMahnId))
  rs.MoveNext
Loop
CurrentDb.Execute ("DELETE FROM tblAusleihe WHERE aus_id=" & Str(Me!aus_id))
rs.Close
Set rs = Nothing
```

Mit SQL

Das Löschen einzelner Daten oder ganzer Datensätze geschieht am einfachsten mit dem SQL-Befehl DELETE. Vorher sind aber – wie das folgende Beispiel zeigt – diverse Sicherheitsvorkehrungen zu treffen.

Der Benutzer muss im Listenfeld des Formulars einen zu löschenden Datensatz ausgewählt haben, und er darf nicht unmittelbar vor dem Löschen die Schaltfläche *Neu* angeklickt haben, denn dann gäbe es nichts zu löschen.

Sie müssen den Benutzer sicherheitshalber fragen, ob er den Datensatz wirklich löschen will, und Sie müssen überprüfen, ob es noch in anderen Tabellen Datensätze gibt, die in Beziehung zu dem zu löschenden Datensatz stehen. Letzteres würde eine Verletzung der referentiellen Integrität bedeuten, denn dann gäbe es in einer anderen Tabelle einen Fremdschlüssel, der sich nach dem Löschen auf einen nicht mehr existierenden Primärschlüssel bezieht.

Codebeispiel aus *Verleih, Form_frmBuecher*, Prozedur *cmdLoeschen_Click()*:

```
If IsNull(lstBuecher) Then
    MsgBox "Bitte wählen Sie das zu löschende Buch aus der Liste!"
    lstBuecher.SetFocus
    Exit Sub
End If

strMsgtext = "Wollen Sie das Buch " & vbCrLf & Me![txtTitel] & vbCrLf & _
             " wirklich löschen?"
Set rs = CurrentDb.OpenRecordset("tblAusleihe", dbOpenDynaset)
rs.FindFirst "buch_id=" & Str(Me!buch_id)

If rs.NoMatch Then    ' Das Buch ist nicht ausgeliehen
    lngAntwort = MsgBox(strMsgtext, vbYesNo + vbDefaultButton2)
    If lngAntwort = vbYes Then    ' Das Buch soll gelöscht werden
        CurrentDb.Execute "DELETE FROM tblAutor_Buch WHERE buch_id_f=" & _
                          Str(Me!buch_id)
        CurrentDb.Execute "DELETE FROM tblBuch_Sach WHERE buch_id_f=" & _
                          Str(Me!buch_id)
        CurrentDb.Execute "DELETE FROM tblBuch WHERE buch_id=" & Str(Me!buch_id)
    Requery
        lstBuecher.Requery
        lstBuecher = Me!buch_id
    End If
Else    ' Das Buch ist ausgeliehen
    MsgBox "Dieses Buch kann nicht gelöscht werden," & vbCrLf & _
           "weil es noch ausgeliehen ist!"
End If
rs.Close
Set rs = Nothing
```

Die eigentliche Löschaktion betrifft dann nicht nur den zu löschenden Datensatz selbst, sondern auch Datensätze in anderen Tabellen, die sich auf den zu löschenden Datensatz beziehen. Das klingt etwas verwirrend, darum schauen Sie sich bitte das obige Listing genau an.

Dort soll ein Datensatz aus der Tabelle *tblBuch* gelöscht werden. Es gibt aber in den Tabellen *tblAutor_Buch* und *tblBuch_Sach* Fremdschlüssel, die auf den Primärschlüssel des zu löschenden Buchs verweisen (siehe Abbildung 8.2!). Die entsprechenden Datensätze in diesen beiden Tabellen müssen daher **zuerst** gelöscht werden, damit keine Verweise auf das zu löschende Buch mehr existieren, wenn das Buch gelöscht wird. Dann erst kann in der Tabelle *tblBuch* ein Datensatz gelöscht werden. Umgekehrt würde es nicht funktionieren, denn dann gäbe es in den Tabellenspalten *tblAutor_Buch.buch_id_f* und *tblBuch_Sach.buch_id_f* Verweise auf einen nicht mehr existierenden Primärschlüssel in *tblBuch.buch_id* (Verletzung der referentiellen Integrität!).

Löschen rückgängig machen?

Sind die gelöschten Daten denn nun endgültig weg? Kann ich sie zur Not wieder zurückholen? Nein, wenn Sie sie mit dem Befehl *Delete* gelöscht haben, geht das leider nicht. Darum sollten Sie ja auch unbedingt vor der Ausführung dieses Befehls eine Sicherheitsabfrage programmieren (»Wollen Sie wirklich ...?«).

Aber es gibt natürlich trotzdem eine Lösung!

Sie besteht darin, dass Sie Daten nicht wirklich löschen, sondern nur als gelöscht markieren. Dazu legen Sie z.B. in der Tabelle *tblAuftrag* eine Spalte *auf_geloescht* an. Das »Löschen« besteht dann darin, in diese Spalte etwas einzutragen. Ich schreibe bewusst »etwas«, weil der erste Gedanke sein könnte, dort »ja« einzutragen. Noch mehr Informationen haben Sie aber, wenn Sie in der Spalte *auf_geloescht* das aktuelle Datum zum Zeitpunkt des »Löschens« eintragen. Dann wissen Sie nicht nur, **dass** der Auftrag gelöscht wurde, sondern auch noch, **wann**! Darüber hinaus haben Sie dann die Möglichkeit, »gelöschte« Daten wiederherzustellen, indem Sie den Eintrag in der Spalte *auf_geloescht* wieder löschen.

Achtung: Sie müssen dann natürlich dafür sorgen, dass »gelöschte« Daten im Formular nicht angezeigt werden. Das geht aber ganz einfach, indem Sie in der Datensatzquelle der Auswahlliste und des Formulars *WHERE IsNull(auf_geloescht)* hinzufügen.

Standardlösungen

Nachdem Sie nun wissen, wie Sie mit VBA-Befehlen Datensätze neu anlegen, finden, bearbeiten und löschen können, folgt in diesem Abschnitt noch eine Reihe nützlicher Standardlösungen, die Sie für die Entwicklung von Datenbankanwendungen gut gebrauchen können.

Ich bin dabei folgendermaßen vorgegangen:

- Ich habe drei Datenbankanwendungen für eine Firma, für einen Verein und für eine private Büchersammlung entwickelt (die Sie alle auf der Downloadseite im Internet finden),
- habe diese Anwendungen so praxistauglich und benutzerfreundlich wie möglich gemacht und
- habe dann nachgeschaut, welche VBA-Techniken ich dabei eigentlich benutzt habe.

Dabei stellte sich heraus, dass man mit einer begrenzten Anzahl von Standardlösungen schon recht gute Datenbankanwendungen entwickeln kann. Diese Lösungen möchte ich Ihnen daher in diesem Abschnitt präsentieren.

Die Codebeispiele stammen überwiegend aus der Anwendung *Verleih*. Dadurch stehen sie nicht isoliert für sich, sondern lassen erkennen, wie sie sich in den Gesamtzusammenhang einer Datenbankanwendung einfügen. Zu jedem Codebeispiel wird der genaue Ursprungsort genannt. Ich empfehle Ihnen daher, sich einmal dorthin zu begeben und sich die Codezeilen im Zusammenhang anzuschauen.

Eine große Anzahl von Standardlösungen finden Sie in der Datei *Checkliste-Formulare.xls* im Internet (Adresse in der Einleitung, dort im Ordner *\KapA*). Darin liste ich mehr als drei Dutzend Funktionalitäten auf, die jedes Ihrer Formulare aufweisen sollte, und beschreibe gleichzeitig, wie diese Funktionalitäten in VBA umgesetzt werden können.

VBA-Code in Formularentwürfen ergänzen (»Schritt 6«)

Problemstellung Sie haben mit dem Formular-Assistenten ein Formular erstellt, aber neue Datensätze werden nicht im Listenfeld angezeigt, gelöschte Datensätze bleiben im Listenfeld stehen, und die Schaltflächen *neu, speichern, löschen* und *schließen* funktionieren mit eingebetteten Makros statt mit VBA. (Erinnern Sie sich an Schritt 6 der Formularentwicklung im dritten Kapitel?)

Lösung An dieser Stelle möchte ich mein Versprechen aus Kapitel 3 einlösen und Ihnen sagen, was zu tun ist, nachdem Sie Formulare mit dem Assistenten angelegt haben. Dafür benutzen wir – wie in Kapitel 3 – die Beispielanwendung *Firma*. Wir beginnen mit dem Mitarbeiterformular nach Schritt 5. Darin müssen wir fünf eingebettete Makros durch VBA ersetzen: *lstMitarbeiter/Nach Aktualisierung, cmdNeu/Beim Klicken, cmdSpeichern/Beim Klicken, cmdLoeschen/Beim Klicken* und *cmdSchliessen/Beim Klicken*.

Beginnen wir mit dem Einfachsten. Zum Schließen des Formulars brauchen Sie nur eine einzige Zeile VBA-Code:

Codebeispiel aus *Firma, Form_frmMitarbeiterNachSchritt6*:

```
Private Sub cmdSchliessen_Click()
DoCmd.Close
End Sub
```

Dazu ist nichts weiter zu sagen. Auch die Anzeige des im Listenfeld angeklickten Mitarbeiters erfordert nur eine einzige Programmzeile:

Codebeispiel aus *Firma, Form_frmMitarbeiterNachSchritt6*:

```
Private Sub lstMitarbeiter_AfterUpdate()
Me.Recordset.FindFirst "mit_id=" & Me!lstMitarbeiter
End Sub
```

Dieser VBA-Befehl bedeutet: Das Formular (*Me*) sucht in seiner Datensatzquelle (*Recordset*) den ersten Datensatz (*FindFirst*), dessen Primärschlüssel *mit_id* gleich dem Wert in der gebundenen Spalte des Listenfelds *lstMitarbeiter* ist, und zeigt diesen an. Das ist genau das, was wir brauchen: Sie klicken (*AfterUpdate*) in die Liste der Mitarbeiter und bekommen die Daten des angeklickten Mitarbeiters angezeigt.

Auch das Anlegen eines neuen Mitarbeiters ist ganz einfach (wenn man weiß, wie's geht ;-)):

Codebeispiel aus *Firma, Form_frmMitarbeiterNachSchritt6*:

```
Private Sub cmdNeu_Click()
lstMitarbeiter = Null
DoCmd.GoToRecord , , acNewRec
txtName.SetFocus
End Sub
```

Eigentlich erfordert auch diese Aktion nur eine einzige Zeile VBA-Code. Aus Gründen der Benutzerfreundlichkeit machen wir aber noch zwei weitere Dinge. Zunächst wird dafür gesorgt, dass im Listenfeld *lstMitarbeiter* keine Zeile markiert ist, denn das wäre für den Benutzer verwirrend: Er will »Meier« eingeben, und in der Liste ist »Krause« markiert. Außerdem wird nach dem Sprung zum neuen Datensatz *(GoToRecord)* die Einfügemarke in das erste Textfeld gesetzt *(SetFocus)*, sodass der Nutzer gleich mit dem Schreiben loslegen kann.

Auch das Speichern erfordert eigentlich nur einen einzigen VBA-Befehl:

Codebeispiel aus *Firma, Form_frmMitarbeiterNachSchritt6*:

```
Private Sub cmdSpeichern_Click()
Dim lngMitId As Long
' Sicherheitsfrage
…
DoCmd.RunCommand (acCmdSaveRecord)   ' Speichern
lngMitId = Me!mit_id        ' Speichern des Primärschlüssels des
                            ' gerade gespeicherten Datensatzes
lstMitarbeiter.Requery      ' AKTUALISIEREN DER MITARBEITERLISTE!
lstMitarbeiter.SetFocus
lstMitarbeiter = lngMitId    ' Markieren des gerade gespeicherten Datensatzes
                            ' in der Liste
End Sub
```

Aber auch hier kommt noch einiges zum eigentlichen Speichern hinzu: Es muss überprüft werden, ob der Nutzer die Muss-Daten eingegeben hat (Sicherheitsfrage, hier aus Platzgründen nicht abgedruckt – bitte im VBA-Code der Beispielanwendung *Firma* nachschauen!). Außerdem muss dafür gesorgt werden, dass nach dem Speichern des Datensatzes genau dieser Datensatz in der Liste markiert ist. Alles andere würde den Nutzer wieder nur verwirren. (Übung: Kommentieren Sie einmal die Zeile *lstMitarbeiter = lngMitId* mit einem vorangesetzten einfachen Anführungszeichen aus und überprüfen Sie, wie das Formular dann funktioniert!)

 Im obigen Listing ist der Befehl *lstMitarbeiter.Requery* besonders wichtig. Er sorgt dafür, dass der Inhalt der Mitarbeiterliste aktualisiert wird, sodass der gerade gespeicherte Mitarbeiter darin auch wirklich angezeigt wird.

Last, but not least das Schwierigste: das Löschen. Aus Platzgründen wird der VBA-Code der Löschprozedur hier nicht abgedruckt. Bitte sehen Sie sich das in der Beispielanwendung *Firma* im Modul *Form_frmMitarbeiterNachSchritt6* an. Dort finden Sie erläuternde Kommentare direkt im Code.

Das Problem beim Löschen ist die referentielle Integrität, d. h., Sie können z. B. einen Kunden mit dem Primärschlüssel *kun_id=12* nicht löschen, wenn es noch Aufträge von ihm gibt – also Zeilen in der Tabelle *tblKundenauftrag* mit *kun_f=12*! Wäre dieser Kunde nämlich gelöscht, wäre die referentielle Integrität verletzt, denn der Fremdschlüssel *kun_id_f=12* in *tblKundenauftrag* verwiese dann auf einen nicht mehr existierenden Primärschlüssel *kun_id=12* in *tblKunde*!

Bitte probieren Sie das einmal aus, indem Sie in der Beispielanwendung *Firma* das Formular *NachSchritt5* statt *NachSchritt6* zum Löschen eines Mitarbeiters benutzen. In Schritt 5 ist nämlich das Löschen noch nicht programmiert, und Access weigert sich bei den meisten Mitarbeitern, sie aufgrund der Verletzung der referentiellen Integrität zu löschen. Und womit? Mit Recht!

Die für die Lösung dieses Problems erforderliche Programmierung finden Sie direkt im VBA-Code der Beispielanwendung *Firma* in den Löschprozeduren der einzelnen Module.

 Sie können die in diesem Abschnitt vorgestellten Musterlösungen eins zu eins auf Ihre Datenbank übertragen, wenn Sie meine Formular-, Tabellen- und Spaltennamen durch Ihre Formular-, Tabellen- und Spaltennamen ersetzen.

Kombinationsfelder absichern (»Einzelzuordnung, Schritt 4«)

Problemstellung Sie haben mit dem Kombinationsfeld-Assistenten ein Kombinationsfeld erstellt, mit dem Sie einem Objekt A ein Objekt B zuordnen können – z. B. einem Auftrag einen Kunden oder einem Buch einen Verlag. Dieses Kombinationsfeld muss immer die aktuelle Liste der verfügbaren Daten anzeigen und gegen versehentliche Änderung der Zuordnung geschützt werden. (Erinnern Sie sich an Schritt 4 der Formularentwicklung mit »Einzelzuordnung« im dritten Kapitel?)

Lösung Es gibt drei »Gefahren«, vor denen ein Kombinationsfeld abgesichert werden muss. Ich möchte das am Beispiel des Kombinationsfelds *cboVerlag* im Formular *frmBuecher* erläutern.

Erstens kann bei geöffnetem Formular *frmBuecher* im Formular *frmVerlage* ein neuer Verlag eingegeben werden. Dieser soll dann natürlich auch sofort im Kombinationsfeld *cboVerlag* im Formular *frmBuecher* zur Verfügung stehen. Das geht so:

Codebeispiel aus *Verleih*, *Form_frmBuecher*:

```
Private Sub cboVerlag_GotFocus()
cboVerlag.Requery
End Sub
```

Zweitens kann es passieren, dass der Nutzer das Kombinationsfeld versehentlich öffnet und dadurch einem Buch einen anderen Verlag zuordnet. Das kann aber auch Absicht sein. Darum muss der Nutzer gefragt werden:

Codebeispiel aus *Verleih*, *Form_frmBuecher*:

```
Private Sub cboVerlag_Dirty(Cancel As Integer)
' "Dirty" = "Bei Geändert"
If IsNull(cboVerlag.OldValue) Then Exit Sub
If MsgBox("Wollen Sie den Verlag wirklich ändern?", _
          vbYesNo + vbDefaultButton2) = vbNo Then
   Cancel = True        ' Abbruch der Bearbeitung
   SendKeys ("{ESC}") ' Schließen der Combobox
End If
End Sub
```

Drittens wird durch die Änderung des Werts in einem Kombinationsfeld eine Transaktion (Änderung von Daten in der Datenbank) begonnen (erkennbar am Schreibstift im Datensatzmarkierer!). Da eine nicht ordnungsgemäß beendete Transaktion zu Fehlern führen kann, wird die gerade begonnene Transaktion auch sofort wieder durch einen *Speichern*-Befehl beendet:

Codebeispiel aus *Verleih*, *Form_frmBuecher*:

```
Private Sub cboVerlag_AfterUpdate()
DoCmd.RunCommand (acCmdSaveRecord)
End Sub
```

Auch hier gilt wieder:

Sie können die in diesem Abschnitt vorgestellten Musterlösungen eins zu eins auf Ihre Datenbank übertragen, wenn Sie meine Formular-, Tabellen- und Spaltennamen durch Ihre Formular-, Tabellen- und Spaltennamen ersetzen.

Erste Zeile eines Listenfelds anzeigen

Problemstellung   Sie möchten, dass ein Formular sofort beim Öffnen denjenigen Datensatz anzeigt, der zu der ersten Zeile des darin enthaltenen Listenfelds gehört.

Lösung   Codebeispiel aus *Verleih*, *Form_frmBuecher*, Prozedur *Form_Open*:

```
If Nz(lstBuecher.ListCount) > 0 Then
   Me!lstBuecher = Me!lstBuecher.ItemData(0)
   Call lstBuecher_AfterUpdate
End If
```

Sub-Prozeduren

Problemstellung   Sie haben in Ihrem VBA-Code eine bestimmte Folge von Programmzeilen, die in mehreren Prozeduren völlig identisch auftaucht. Sie möchten diese Zeilen daher nicht mehrfach schreiben, sondern nur ein einziges Mal.

Einen solchen Fall haben wir in der Beispielanwendung *Verleih* im Formular *frmBuechersuche*: Dort müssen bei Klicks auf mehrere verschiedene Steuerelemente die Buch- und Autorendaten gelöscht werden. Wenn Sie nämlich ein Sachgebiet anklicken (sowohl in der ganz linken Liste als auch im Unterformular rechts daneben), zu dem es **keine** Bücher gibt, dürfen auch keine Autoren und keine Buchdaten angezeigt werden. Jetzt müsste man das Leeren der Autorenliste und der Textfelder mit den Buchdaten an vier verschiedenen Stellen programmieren: beim Klick in die beiden bereits genannten Listen und beim Klick auf die Schaltflächen *Obersachgebiet* und *oberstes Sachgebiet*.

Lösung Stattdessen habe ich im Modul *Form_frmBuechersuche* eine Prozedur *Public_BuchdatenLoeschen* geschrieben, die an den vier genannten Stellen aufgerufen wird:

```
Public Sub Public_BuchdatenLoeschen()
Me!lstAutoren.RowSourceType = "Table/Query"
Me!lstAutoren.RowSource = ""
txtVerlag = ""
txtJahr = ""
txtZustand = ""
txtNummer = ""
txtLager = ""
txtOrt = ""
txtBemerkung = ""
End Sub
```

In der Prozedur *lstSachgebiete_AfterUpdate* steht dann:

```
If Nz(lstBuecher.ListCount) > 0 Then
    Me!lstBuecher = Me!lstBuecher.ItemData(0)
    Call lstBuecher_AfterUpdate
Else
    Call Public_BuchdatenLoeschen
End If
```

Das heißt: Wenn die Liste der Bücher leer ist, werden die Buch- und Autorendaten gelöscht.

 Die Löschprozedur hat nicht den Typ *Private Sub*, sondern den Typ **Public** *Sub!*

Das ist erforderlich, weil die Prozedur auch vom Unterformular *frmBuechersuche_ufo-Untersachgebiete* aus aufgerufen werden soll – also von einem anderen Modul aus. *Private Sub*-Prozeduren können aber nur innerhalb des Moduls aufgerufen werden, in dem sie definiert wurden!

 Bitte sehen Sie sich zum Thema Sub-Prozeduren auch die Umsetzung des Befehls *cmdHilfe_Click* in allen meinen Beispielanwendungen an! Er ruft eine Sub-Prozedur *HilfeAnzeigen* auf, die als Parameter den Namen des aufrufenden Formulars mitbekommt. Dadurch kann in der Sub-Prozedur die dazu passende Hilfedatei geöffnet werden.

Sie finden diese Sub-Prozedur *HilfeAnzeigen* übrigens im VBA-Projekt-Explorer ganz unten im Ordner *Module* unter *Hilfsprozeduren*.

Text in ein Bezeichnungsfeld schreiben

Problemstellung Sie wollen einen Text in ein Bezeichnungsfeld schreiben.

Normalerweise ist der Text in einem Bezeichnungsfeld unveränderlich und wird beim Formularentwurf einmalig auf der Registerkarte *Format* des Eigenschaftenblatts unter *Beschriftung* festgelegt. Es gibt aber auch Fälle, in denen Sie diesen Text in Abhängigkeit von einer bestimmten Benutzeraktion ändern möchten.

Lösung Im Formular *frmRueckgabe* z. B. soll die Anzeige im Unterformular *frmRueckgabe_ufoBuecher* geändert werden – je nachdem, ob der Benutzer *nur offene Ausleihen anzeigen* oder *alle Ausleihen anzeigen* angeklickt hat (bitte nachschauen!).

Codebeispiel aus *Verleih, Form_frmRueckgabe_ufoBuecher*, Prozedur *tggAlleOffene_Click()*:

```
If tggAlleOffene = 0 Then
    tggAlleOffene.Caption = "alle Ausleihen anzeigen"
    lblInfotext.Caption = "Sie können jetzt das Datum der Rückgabe eingeben!"
    …
    lblVon.Caption = "seit:"
    lblBis.Caption = "rück:"
    …
Else
    tggAlleOffene.Caption = "nur offene Ausleihen anzeigen"
    lblInfotext.Caption = "Nur zur Ansicht!"
    …
    lblVon.Caption = "von:"
    lblBis.Caption = "bis:"
    …
End If in
```

Im obigen Listing wird auch die Beschriftung der Umschaltfläche (engl. Toggle Button) *tggAlleOffene.Caption* geändert, sodass sie immer anzeigt, was passiert, wenn sie angeklickt wird.

Prüfen, ob ein bestimmter Datensatz existiert

Problemstellung Sie möchten überprüfen, ob ein bestimmter Datensatz schon existiert.

Lösung Bevor Sie Daten aus einem Formular in einer Tabelle speichern, ist es in vielen Fällen sinnvoll, zu überprüfen, ob diese Daten dort schon existieren. Im Formular *frmAusleihe* ist es z. B. nicht sinnvoll, dieselbe Ausleihe zweimal zu speichern. Deshalb wird vor dem Speichern überprüft, ob es die zu speichernde Ausleihe in der Tabelle schon gibt.

Codebeispiel aus *Verleih, Form_frmAusleihe*, Prozedur *cmdSpeichern_Click()*:

```
lngBuchId = Me!frmAusleihe_ufoBuecher!buch_id
lngPerId = Me!frmAusleihe_ufoPersonen!per_id
lngGibtsSchon = DCount("buch_id_f", "tblAusleihe", "buch_id_f=" & Str(lngBuchId) & _
                       " AND per_id_f=" & Str(lngPerId) & _
                       " AND aus_bis IS NULL")
```

```
If lngGibtsSchon > 0 Then
   MsgBox "Diese Ausleihe wurde bereits eingetragen!"
   Exit Sub
End If
```

Dafür wird wieder ein *D*-Befehl benutzt: *DCount*. Er benötigt die folgenden drei Parameter:

- den Namen des gesuchten Tabellenfelds,

- den Namen der Tabelle oder Abfrage, in der sich dieses Feld befindet,

- die Bedingung, die der gesuchte Datensatz erfüllen muss (das ist identisch mit dem WHERE-Teil eines SELECT-Befehls).

Disponieren

Problemstellung Sie möchten disponieren, d. h. zwei einzelne Objekte aus zwei Listen auswählen und einander zuordnen.

Bevor ich die Lösung beschreibe, möchte ich zunächst erläutern, worum es eigentlich geht. Betrachten wir dazu das Formular *frmAusleihe* in Abbildung 8.13. Dieses Formular enthält die beiden Unterformulare *frmAusleihe_ufoBuecher* und *frmAusleihe_ufoPersonen*, die, jedes für sich, den typischen Aufbau eines einfachen Formulars haben: Links befindet sich die Liste der verfügbaren Datensätze, in die Sie klicken können, um sich rechts daneben die Einzelheiten zu dem angeklickten Datensatz anzuschauen. Sie können also zunächst einmal zwei verschiedene Objekte aus zwei getrennten Listen auswählen.

Wie hängen diese beiden Objekte zusammen? Ein Blick in das physische Datenmodell (Abbildung 8.2) zeigt uns, dass sich zwischen den Tabellen *tblBuch* und *tblPerson* die Tabelle *tblAusleihe* befindet. Aus dem Kapitel über die Datenmodellierung wissen Sie, dass diese Zwischentabelle aus einer m:n-Beziehung zwischen den Entitäten *Buch* und *Person* hervorgegangen ist. Ursprünglich hieß es nämlich: »Ein Buch kann an **mehrere** Personen ausgeliehen werden.« und »Eine Person kann **mehrere** Bücher ausleihen.«. Aus dem Wunsch, auch festzuhalten, **wann** die Person das Buch ausgeliehen hat, ergab sich dann die Notwendigkeit, die m:n-Beziehung in zwei 1:n-Beziehungen mit einer Zwischentabelle *tblAusleihe* umzuwandeln. Diese Zwischentabelle müsste nach meiner Namenskonvention eigentlich *tblBuch_Per* heißen – aus naheliegenden Gründen bietet es sich aber an, sie *tblAusleihe* zu nennen.

Und das ist genau das, was ich »disponieren« nenne: Zwei Objekte werden einander zugeordnet (»Person X hat Buch Y ausgeliehen«), und die Zuordnung selbst ist auch noch einmal durch bestimmte Daten gekennzeichnet (»Die Ausleihe erfolgte vom ... bis ...«).

Das Wort »disponieren« stammt aus der Logistik. In einer Spedition ist der Disponent derjenige, der entscheidet, welcher Fahrer mit welchem Fahrzeug wann welche Waren transportiert. Dabei werden nicht nur zwei, sondern gleich mehrere Objekte einander zugeordnet, und diese Zuordnung wird mit weiteren Daten versehen (z. B. das geplante und das tatsächliche Transportdatum).

Die Tätigkeit des Disponierens wird in Datenbankanwendungen häufig benötigt. Wenn Sie sich meine Beispielanwendung für einen Verein anschauen, sehen Sie, dass dort Mitglieder und Wettkämpfe bzw. Mannschaften und Wettkämpfe einander zugeordnet werden. Die jeweiligen Zuordnungen erhalten dann wieder eigene Daten (Punkte, Platz, Bemerkung).

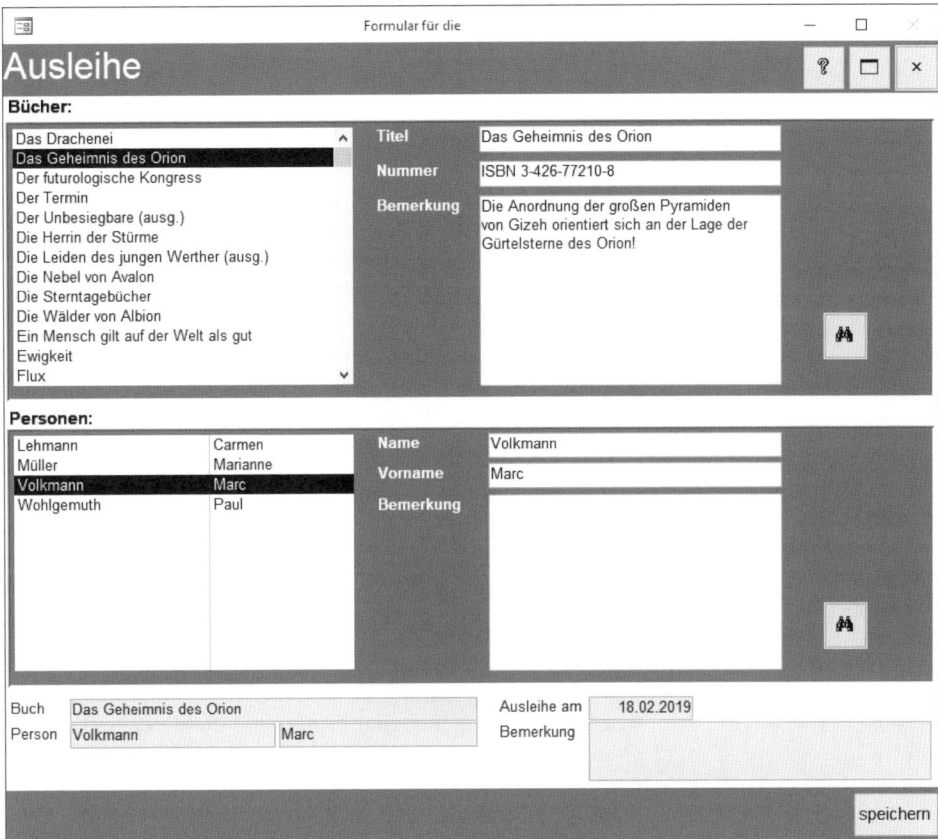

Abbildung 8.13: Hier wird disponiert, d. h., zwei Objekte aus zwei Listen werden einander zugeordnet.

Auch in der Unternehmensdatenbank finden Sie das Disponieren: In der Personalplanung werden Mitarbeiter und Aufträge einander zugeordnet. Das Datum, an dem der Mitarbeiter für diesen Auftrag arbeitet, ist eine zusätzliche Eigenschaft dieser Zuordnung.

Überall wird also disponiert, und wir wollen uns jetzt anschauen, wie das programmiert wird.

Lösung Die Lösung ist verblüffend einfach. Sie entwickeln zunächst zwei ganz gewöhnliche Standardformulare für die beiden Objekte, die einander zugeordnet werden sollen. Diese Formulare enthalten links die Liste der verfügbaren Objekte und rechts daneben die Textfelder zur Anzeige der Details. Dann fügen Sie diese beiden Formulare als Unterformulare in ein drittes Formular ein. Dieses dritte Formular müsste ein gebundenes Formular sein, das an die Zwischentabelle (in diesem Fall *tblAusleihe*) gebunden ist. Es enthielte dann Textfelder, in denen sich die Daten der Zwischentabelle befinden (*aus_von, aus_bis* und *aus_bemerkung*).

In unserem Beispiel habe ich aber ein ungebundenes Formular gewählt, um Ihnen auch einmal zu zeigen, wie das funktioniert (Abbildung 8.4). Klicks in die Bücherliste bzw. in die Personenliste in den entsprechenden Unterformularen befördern die angeklickten Daten zwecks Anzeige in den entsprechenden Textfeldern ins übergeordnete Formular (= *Parent*).

Codebeispiel aus *Verleih*, *Form_frmAusleihe_ufoBuecher*, Prozedur *lstBuecher_AfterUpdate()*:

```
Parent!txtBuchtitel = Me!txtTitel
```

Codebeispiel aus *Verleih*, *Form_frmAusleihe_ufoPersonen*, Prozedur *lstPersonen_AfterUpdate()*:

```
Parent!txtNachname = Me!txtName
Parent!txtVorname = Me!txtVorname
```

Im übergeordneten Formular *frmAusleihe* können Sie noch das Ausleihdatum und eine Bemerkung eingeben. Ein Klick auf die Schaltfläche *speichern* führt zur Ausführung eines INSERT in die Tabelle *tblAusleihe*.

Codebeispiel aus *Verleih*, *Form_frmAusleihe*, Prozedur *cmdSpeichern_Click()*:

```
lngBuchId = Me!frmAusleihe_ufoBuecher!buch_id    ' im UFO ausgewähltes Buch
lngPerId = Me!frmAusleihe_ufoPersonen!per_id      ' im UFO ausgewählte Person
strSQL = "INSERT INTO tblAusleihe (buch_id_f, per_id_f, aus_von, aus_bemerkung) " & _
          "VALUES (" & Str(lngBuchId) & "," & Str(lngPerId) & ",'" & _
          Str(txtAusVon) & "','" & txtBemerkung & "')"
'MsgBox strSQL
CurrentDb.Execute (strSQL)
```

Das ganze Geheimnis des Disponierens besteht also eigentlich nur darin, die beiden Primärschlüssel *buch_id* und *per_id* der beiden ausgewählten Objekte als Fremdschlüsselpaar (*buch_id_f*, *per_id_f*) in die Zwischentabelle einzutragen. Damit sind diese beiden Objekte einander zugeordnet worden. Oder – wie ich es nenne: Es ist disponiert worden.

Bearbeiteten Datensatz nach Requery wieder anzeigen

Problemstellung   Sie möchten nach einem *Requery* zurück zum ursprünglich angezeigten Datensatz.

Die Problematik ist folgende: Sie lassen sich in einem Formular einen bestimmten Datensatz anzeigen, um ihn zu bearbeiten. Dann führen Sie im Code der *speichern*-Schaltfläche den VBA-Befehl *Requery* aus, damit die bearbeiteten Daten auch auf dem Bildschirm sichtbar werden. Anschließend zeigt das Formular aber nicht mehr den ursprünglich angezeigten Datensatz an, sondern den ersten Datensatz der Datensatzquelle des Formulars. Sie möchten aber natürlich den Datensatz sehen, den Sie gerade bearbeitet haben.

Lösung   Codebeispiel aus *Verleih*, *Form_frmRueckgabe*, Prozedur *cmdSpeichern_Click()*:

```
DoCmd.RunCommand acCmdSaveRecord    ' Speichern des bearbeiteten Datensatzes
lngPerId = Me!per_id                ' Primärschlüssel merken
lstPersonen.Requery                 ' Refresh der Auswahlliste

lstPersonen.SetFocus
lstPersonen = lngPerId              ' Anzeige des gespeicherten Datensatzes
Call lstPersonen_AfterUpdate        ' Trick 17: Klick-Simulation!!
```

Der Trick besteht hier darin, sich **vor** dem *Requery* den Primärschlüssel des geänderten Datensatzes zu merken und die Auswahlliste **nach** dem *Requery* auf diesen Wert zurückzustellen. Anschließend ruft man die Prozedur auf, die ein Klick auf diesen Eintrag in die Auswahlliste aufgerufen **hätte** (*lstPersonen_AfterUpdate()*). Auf diese Weise simulieren Sie einen Klick in die Auswahlliste! Das führt dazu, dass der in der Liste ausgewählte Datensatz im Formular auch angezeigt wird.

Formular von einem anderen Formular aus öffnen

Problemstellung Sie möchten durch einen Klick oder Doppelklick in ein Textfeld oder eine Liste ein anderes Formular öffnen und dort Daten anzeigen, die zu dem angeklickten Wert gehören.

Lösung Hierfür gibt es den VBA-Befehl *DoCmd.OpenForm*. Er hat insgesamt sieben Parameter – zu Details verweise ich Sie auf die VBA-Hilfe. Die meisten dieser Parameter brauchen Sie nicht anzugeben; wichtig sind im Allgemeinen nur der erste und der letzte Parameter.

Der erste Parameter ist der Name des zu öffnenden Formulars. Das ist einfach. Mit dem letzten Parameter wird es wieder etwas komplizierter. Er enthält die sogenannten Öffnungsargumente (engl. *Opening Arguments*, abgekürzt *OpenArgs*). Das ist eine Textvariable, die an das zu öffnende Formular übergeben wird und dort unter dem Namen *OpenArgs* benutzt werden kann.

Im folgenden Codebeispiel soll vom Formular *frmBuecher* aus das Formular *frmZuweisung* geöffnet werden, um einem Buch Sachgebiete zuzuweisen. Dabei soll im Formular *frmZuweisung* angezeigt werden, um welches Buch es sich handelt. Darum wird beim Öffnen dieses Formulars der entsprechende Primärschlüssel *buch_id* als Öffnungsargument übergeben. (Achtung, mit *Str()* in einen Text umwandeln, denn Öffnungsargumente sind immer vom Datentyp String!)

Codebeispiel aus *Verleih*, *Form_frmBuecher*, Prozedur *cmdSachgebiete_Click()*:

```
DoCmd.OpenForm "frmZuweisung", , , , , , Str(Me!buch_id)
```

Er kann dann im Formular *frmZuweisung* benutzt werden, um gleich beim Öffnen mit *DLookup* den Buchtitel zu ermitteln und anzuzeigen. (Achtung: Auf *OpenArgs* braucht die Funktion *Str()* **nicht** angewendet zu werden, denn *OpenArgs* ist bereits vom Datentyp *String*!)

Codebeispiel aus *Verleih*, *Form_frmZuweisung*, Prozedur *Form_Open*:

```
txtBuchtitel = DLookup("buch_titel", "tblBuch", "buch_id=" & OpenArgs)
```

In meinen Beispielanwendungen wird auch vielfach von der Möglichkeit Gebrauch gemacht, mit einem Doppelklick in ein Textfeld direkt zu einem anderen Formular zu wechseln und dort dann die angeklickten Daten anzuzeigen.

Codebeispiel aus *Verleih*, *Form_frmAutoren_ufoBuecher*, Prozedur *txtBuch_DblClick*:

```
DoCmd.OpenForm "frmBuecher", , , , , , Me!buch_id
```

Mit diesem Befehl wird wieder der Primärschlüssel *buch_id* als Öffnungsargument an das Formular *frmBuecher* übergeben. Dort muss dann anhand von *OpenArgs* unterschieden werden, ob das Formular direkt oder über einen Doppelklick aus einem anderen Formular heraus geöffnet wurde:

Codebeispiel aus *Verleih*, *Form_frmBuecher*, Prozedur *Form_Open*:

```
If IsNull(OpenArgs) Then    ' Anzeige des ersten Buchs in der Liste
   If Nz(lstBuecher.ListCount) > 0 Then
      Me!lstBuecher = Me!lstBuecher.ItemData(0)
      Call lstBuecher_AfterUpdate
   End If
Else    ' Anzeige des in einem anderen Formular angeklickten Buchs
   Me!lstBuecher = OpenArgs
   Call lstBuecher_AfterUpdate
End If
```

Dialogfeld für die Datensuche öffnen

Problemstellung   Sie möchten das Dialogfeld für die Datensuche öffnen.

Lösung   Es ist natürlich ganz wichtig, in großen Datenbeständen die richtigen Daten schnell zu finden. Das könnten Sie selbst programmieren – einfacher ist es aber, sich auf eine Standardtechnik zu verlassen und dafür den in Access ohnehin vorhandenen Suchdialog zu verwenden. Er wird mithilfe des folgenden Befehls aufgerufen:

Codebeispiel aus *Verleih*, *Form_frmAusleihe_ufoBuecher*, Prozedur *cmdBuchsuchen_Click()*:

```
Screen.PreviousControl.SetFocus
DoCmd.RunCommand acCmdFind
```

 Bei der Benutzung des Suchdialogfelds ist auf Folgendes zu achten: **Bevor** Sie auf die Schaltfläche klicken, die den Suchdialog öffnet, müssen Sie in Ihrem Formular die Einfügemarke in das Textfeld stellen, nach dem Sie suchen wollen!

Wenn Sie also z. B. im Formular *frmAusleihe* nach einem bestimmten Buch suchen wollen, müssen Sie vorher einmal mit der Maus in das Textfeld *Titel* geklickt haben.

Achtung: Sie werden das Buch »Der Termin« nicht finden, wenn Sie nach »Termin« suchen. Stattdessen müssen Sie im Suchfeld »*Termin*« eingeben (ohne die Anführungszeichen).

Beachten Sie bitte auch Folgendes: Wenn Sie im geöffneten Suchdialog des oberen Unterformulars (Bücher) auf *Weitersuchen* klicken, wird der Treffer nicht nur in den Textfeldern des Formulars angezeigt, sondern auch im Listenfeld markiert. Das erscheint völlig selbstverständlich – ist es aber leider ganz und gar nicht. Das muss nämlich extra programmiert werden.

Codebeispiel aus *Verleih*, *Form_frmAusleihe_ufoBuecher*, Prozedur *Form_Current()*:

```
Private Sub Form_Current()
Me!lstBuecher = Me!buch_id
End Sub
```

Dieser schlichte Dreizeiler bewirkt Folgendes: Das Ereignis *Current* tritt ein, wenn ein neuer Datensatz zum aktuellen Datensatz wird. Das ist genau dann der Fall, wenn man im Suchdialog auf *Weitersuchen* klickt. In dem Moment wird durch *Me!lstBuecher = Me!buch_id* die aktuelle Zeile des Listenfelds neu festgelegt. Es ist dann nämlich genau die Zeile, die den im Formular angezeigten aktuellen Datensatz enthält!

Im unteren Unterformular *frmAusleihe_ufoPersonen* habe ich das übrigens nicht programmiert. Dort wird das Listenfeld also beim Suchen nicht aktualisiert.

 Eine weitere nützliche und relativ leicht zu programmierende Variante für die Suche nach Daten in einem Formular finden Sie im Formular *frmMaterialarten* der Beispielanwendung *Firma*.

Alle Datensätze eines Recordsets bearbeiten

Problemstellung Sie möchten alle Datensätze eines Recordsets durchlaufen und bearbeiten.

Lösung Dafür gibt es die einfache Formulierung *Do Until rs.EOF* – wobei *EOF End of File* bedeutet. Die auf diesen Befehl folgenden Codezeilen werden also so lange ausgeführt, bis das Ende des Recordsets erreicht ist.

Codebeispiel aus *Verleih, Form_frmRueckgabe_ufoBuecher*, Prozedur *cmdLoeschen_Click()*:

```
strSQL = "SELECT mahn_id_f FROM tblAus_Mahn WHERE aus_id_f = " & Str(Me!aus_id)
Set rs = CurrentDb.OpenRecordset(strSQL, dbOpenDynaset)
Do Until rs.EOF   ' Löschen aller Mahnungen, die zur zu löschenden Ausleihe gehören
    lngMahnIdf = rs!mahn_id_f
    rs.Delete   ' Löschen in der Zwischentabelle tblAus_Mahn (=Recordset!)
    CurrentDb.Execute ("DELETE FROM tblMahnung WHERE mahn_id = " & Str(lngMahnIdf))
    rs.MoveNext
Loop
rs.Close
Set rs = Nothing
CurrentDb.Execute ("DELETE FROM tblAusleihe WHERE aus_id=" & Str(Me!aus_id))
Requery
```

Bevor eine Ausleihe gelöscht werden kann, müssen erst alle Mahnungen zu dieser Ausleihe gelöscht werden. Dazu geht die obige *Do-Loop*-Schleife alle Einträge in der Tabelle *tblAus_Mahn* (siehe Abbildung 8.2!) durch, die in der Spalte *aus_id_f* den zum Löschen ausgewählten Wert haben (*Me!aus_id*). Innerhalb der Do-Loop-Schleife wird der dazugehörige *mahn_id_f* zunächst gespeichert (*lngMahnIdf*), der Eintrag in *tblAus_Mahn* wird gelöscht (*rs.Delete*), die dazugehörige Mahnung wird gelöscht (*CurrentDb.Execute ...*), und dann rückt der Datensatzzeiger eins weiter (*rs.MoveNext*), bis das Ende des Recordsets erreicht ist (*rs.EOF*). Damit ist die Schleife abgearbeitet, und das Recordset wird geschlossen (*rs.Close*).

Alle Textfelder leeren (For Each ...)

Problemstellung Sie möchten alle Textfelder eines Formulars leeren.

Lösung   Wenn Sie ein Dutzend Textfelder in Ihrem Formular haben und alle Inhalte daraus entfernen wollen, brauchen Sie nicht entsprechend viele einzelne Codezeilen zu schreiben. Für diese Operation gibt es eine sehr elegante Abkürzung:

```
Dim ctl As Control
For Each ctl In Me.Controls
   If TypeName(ctl) = "TextBox" Then ctl.Value = ""
Next ctl
```

Mit einer ähnlichen Konstruktion können Sie auch alle **gerade geöffneten** Formulare durchgehen:

```
Dim frm As Form
For Each frm In Forms
   …
Next frm
```

Alle Formulare – egal ob gerade geöffnet oder nicht – bezeichnet man übrigens mit *AllForms*. Der Code sieht dann allerdings etwas anders aus:

```
Dim obj As AccessObject
For Each obj In Application.CurrentProject.AllForms
   …
Next obj
```

Auf das übergeordnete Formular zugreifen (Parent)

Problemstellung   Sie möchten aus einem Unterformular heraus auf ein Steuerelement im übergeordneten Formular zugreifen.

Lösung   Wenn Sie von einem Formular aus auf ein Steuerelement eines anderen Formulars zugreifen wollen, lautet die vollständige Adressierung:

Forms![*Formularname*]![*Unterformularname*]!*Steuerelementname*

Die verkürzte Formulierung *Parent* können Sie einsetzen, wenn Sie von einem Unterformular aus auf ein Steuerelement des übergeordneten Formulars zugreifen wollen.

Codebeispiel aus *Verleih*, *Form_frmAusleihe_ufoPersonen*, Prozedur *lstPersonen_AfterUpdate()*:

```
Parent!txtNachname = Me!txtName
Parent!txtVorname = Me!txtVorname
```

Auf das Formular, in dem Sie sich gerade befinden, verweisen Sie übrigens mit *Me*.

Abhängige Listen- und Kombinationsfelder (RowSource)

Problemstellung   Sie möchten in einem Listenfeld nicht immer die gleichen Werte anzeigen, sondern unterschiedliche Datenlisten – in Abhängigkeit davon, welche Auswahl der Benutzer in einem **anderen** Steuerelement (z. B. in einem anderen Listenfeld) getroffen hat.

Bevor ich die Lösung präsentiere, möchte ich zunächst verdeutlichen, worin das Problem eigentlich besteht. Schauen wir uns dazu das Formular *frmBuechersuche* an (Abbildung 8.14). Es enthält links eine Liste der Sachgebiete und rechts eine Liste der dazu passenden Bücher. Je nachdem, welches Sachgebiet Sie in der linken Liste anklicken, werden in der rechten Liste andere Bücher angezeigt. Der Inhalt in der Bücherliste ist also **nicht** auf dem Eigenschaftenblatt unter *Daten/Datensatzherkunft* festgelegt (nachschauen!). Stattdessen wird in Abhängigkeit davon, welches Sachgebiet Sie in der linken Liste angeklickt haben, per VBA-Befehl festgelegt, welche Bücher in der rechten Liste angezeigt werden.

Diese Technik bezeichnet man auch als »abhängige Listenfelder«. Das funktioniert für Kombinationsfelder in gleicher Weise.

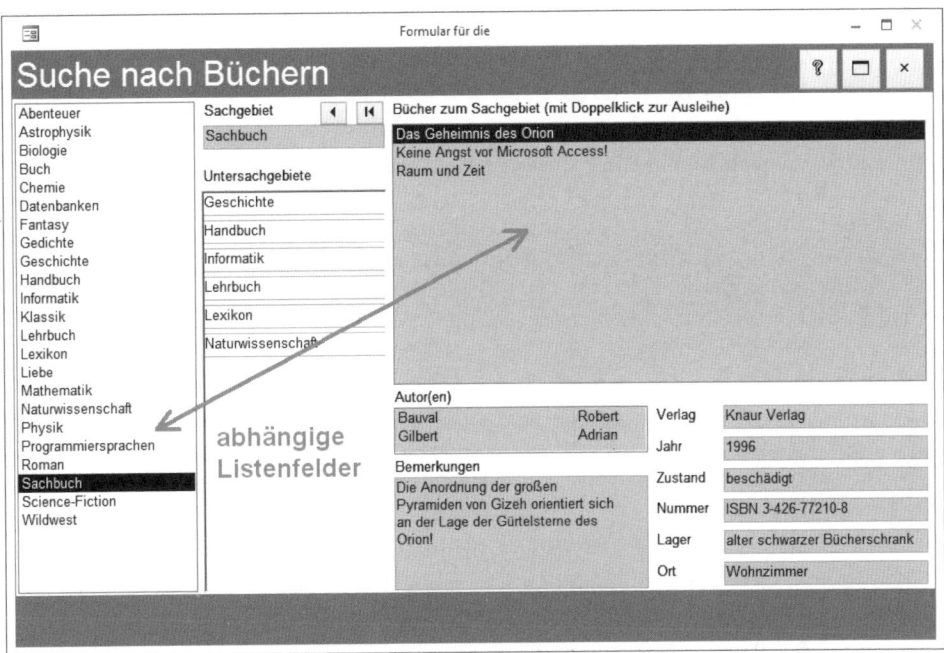

Abbildung 8.14: Nach dem Klick auf ein Sachgebiet in der linken Liste werden rechts die dazu passenden Bücher angezeigt.

Lösung Um diese Funktionalität zu programmieren, definieren Sie zunächst eine SELECT-Anweisung und wenden diese dann mit der Eigenschaft *RowSource* auf die Bücherliste an. Das ist die VBA-Bezeichnung für das, was auf der Registerkarte *Daten* des Eigenschaftenblatts *Datensatzherkunft* heißt.

Codebeispiel aus *Verleih*, *Form_frmBuechersuche*, Prozedur *lstSachgebiete_AfterUpdate()*:

```
strSQL = "SELECT tblBuch.buch_id, tblBuch.buch_titel " & _
         "FROM tblBuch_Sach INNER JOIN tblBuch " & _
         "ON tblBuch.buch_id = tblBuch_Sach.buch_id_f " & _
         "WHERE tblBuch_Sach.sachgebiet ='" & txtAktuellesSachgebiet & "'" & _
         " ORDER BY tblBuch.buch_titel"
lstBuecher.RowSourceType = "Table/Query"
lstBuecher.RowSource = strSQL
```

Im Formular *frmBuechersuche* wird diese Technik sogar zweimal angewandt. Sie können jetzt nämlich wieder ein Buch in der Bücherliste anklicken und erhalten daraufhin eine dritte Liste mit den Autoren des angeklickten Buchs (Abbildung 8.14).

Codebeispiel aus *Verleih*, *Form_frmBuechersuche*, Prozedur *lstBuecher_AfterUpdate()*:

```
strSQL = "SELECT tblAutor.autor_id, tblAutor.autor_name, tblAutor.autor_vorname " & _
        "FROM tblAutor INNER JOIN tblAutor_Buch " & _
        "ON tblAutor.autor_id = tblAutor_Buch.autor_id_f " & _
        "WHERE tblAutor_Buch.buch_id_f = " & Str(lstBuecher)
lstAutoren.RowSourceType = "Table/Query"
lstAutoren.RowSource = strSQL
```

Was bedeutet *Str(lstBuecher)* im obigen Listing? Das Listenfeld *lstBuecher* enthält eine unsichtbare erste Spalte *buch_id*. Dies ist gleichzeitig die gebundene Spalte des Listenfelds. Sie können daher den Primärschlüssel des angeklickten Buchs einfach über den Namen des Listenfelds erreichen.

Bitte werfen Sie noch einmal einen Blick auf das physische Datenmodell in Abbildung 8.2. Dort erkennen Sie: Zu einem Sachgebiet gehören mehrere Bücher, und zu einem Buch gehören wieder mehrere Autoren. Verallgemeinernd ausgedrückt, bedeutet das: Sie können die in diesem Abschnitt beschriebene Technik immer dann anwenden, wenn in Ihrer Datenbank zu einem A mehrere B und zu einem B wiederum mehrere C gehören. Dann können Sie auf Ihrem Formular drei miteinander verknüpfte Listenfelder anlegen.

Eine weitere nützliche Variante für abhängige Listen- und Kombinationsfelder finden Sie im Formular *frmTraining* der Beispielanwendung Verein. Hier können Sie in einem Kombinationsfeld den Platz auswählen und bekommen daraufhin in einem Listenfeld alle dort stattfindenden Trainingseinheiten angezeigt.

Zwischen verschiedenen Anzeigemodi umschalten (Umschaltfläche)

Problemstellung Sie wollen mithilfe einer Umschaltfläche zwischen zwei verschiedenen Anzeigemodi hin- und herschalten.

Um die Problematik noch einmal zu verdeutlichen, schauen Sie sich bitte Abbildung 8.15 an. Sie zeigt einen Ausschnitt aus dem Formular *frmRueckgabe* in zwei verschiedenen Situationen – einmal vor und einmal nach dem Anklicken der Umschaltfläche rechts oben. Sie sehen, dass dies vier verschiedene Auswirkungen hat:

- Der grau hinterlegte Informationstext ändert sich.
- Die Beschriftung der Umschaltfläche selbst ändert sich.
- Es werden einmal mehr, einmal weniger Datensätze angezeigt.
- Die Beschriftung der Datumsangaben ändert sich *(seit/rück – von/bis)*.

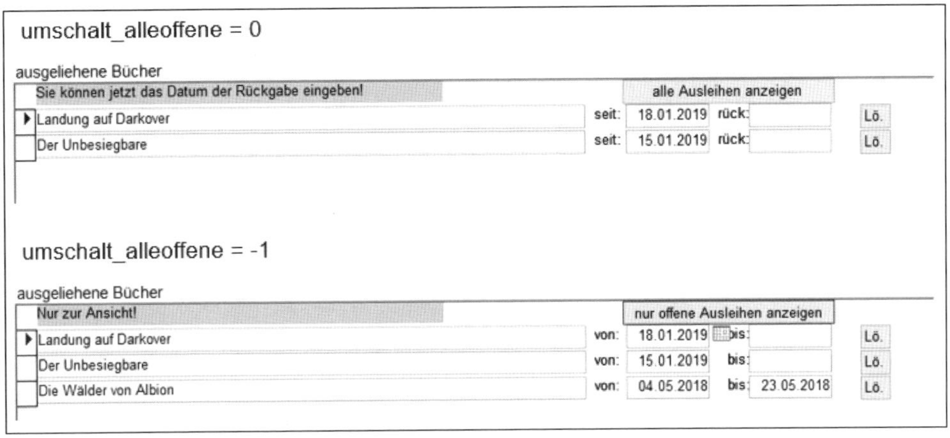

Abbildung 8.15: Die Umschaltfläche schaltet zwischen »alle Ausleihen« und »nur offene Ausleihen« hin und her.

Lösung Den VBA-Code, der dieses Verhalten realisiert, zeigt das folgende Codebeispiel. Dazu müssen Sie wissen, dass die Variable mit dem Namen der Umschaltfläche (engl. Toggle Button) *tggAlleOffene* den Wert 0 annimmt, wenn die Umschaltfläche oben ist, und den Wert −1, wenn sie angeklickt wurde.

Codebeispiel aus *Verleih*, *Form_frmRueckgabe_ufoBuecher*, Prozedur *tggAlleOffene_Click()*:

```
Me.Filter = "tblAusleihe.aus_bis IS NULL"
If tggAlleOffene = 0 Then    ' Das bedeutet, es werden nur die
                             ' offenen Ausleihen angezeigt.
tggAlleOffene.Caption = "alle Ausleihen anzeigen"
    lblInfotext.Caption = "Sie können jetzt das Datum der Rückgabe eingeben!"
    txtAusVon.Locked = True
    txtAusBis.Locked = False
    lblVon.Caption = "seit:"
    lblBis.Caption = "rück:"
    Me.FilterOn = True
Else    'Das bedeutet, es werden alle Ausleihen angezeigt.
    tggAlleOffene.Caption = "nur offene Ausleihen anzeigen"
    lblInfotext.Caption = "Nur zur Ansicht!"
    txtAusVon.Locked = True
    txtAusBis.Locked = True
    lblVon.Caption = "von:"
    lblBis.Caption = "bis:"
    Me.FilterOn = False
End If
```

Die Umschaltung zwischen *alle Ausleihen anzeigen* und *nur offene Ausleihen anzeigen* erfolgt einfach durch Ein- und Ausschalten des Filters *tblAusleihe.aus_bis IS NULL*.

Mehrere Werte aus einer Liste zuordnen

Problemstellung Sie möchten mehrere Objekte aus einer Liste auswählen und einem anderen Objekt zuordnen.

Zur Veranschaulichung dieser abstrakten Problembeschreibung sehen wir uns wieder ein Beispiel an (Abbildung 8.16). Bei der Erfassung von Büchern müssen die Autoren des Buchs festgelegt werden. Dafür gibt es eine Liste der in der Tabelle *tblAutor* verfügbaren Autoren. Aus dieser Liste möchten Sie einzelne Autoren per Mausklick auswählen und dem Buch zuordnen. Sollten Sie sich dabei einmal verklickt haben, möchten Sie diese Zuordnung auch wieder rückgängig machen können.

Ein Blick in den Hintergrund, d. h. auf das physische Datenmodell (Abbildung 8.2), zeigt, dass sich dahinter eine m:n-Beziehung zwischen *tblBuch* und *tblAutor* verbirgt. Damit ist diese Problematik dem weiter oben in diesem Kapitel beschriebenen Disponieren sehr ähnlich. Allerdings hat die Zwischentabelle *tblBuch_Autor* außer den beiden Fremdschlüsseln *buch_id_f* und *autor_id_f* keine weiteren Spalten.

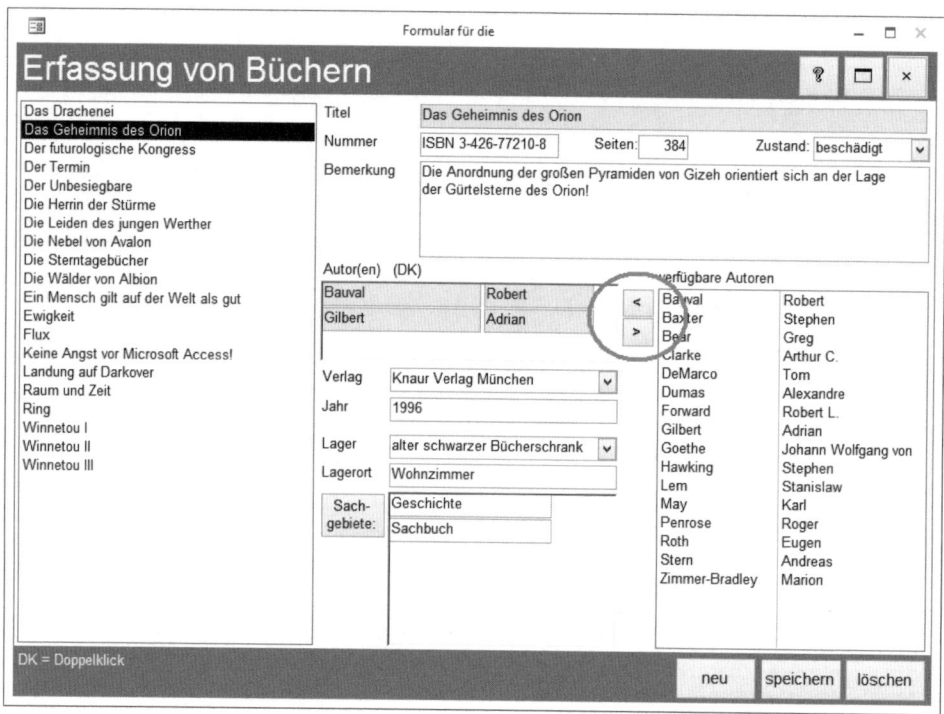

Abbildung 8.16: Die Autoren des Buchs werden in der Liste der verfügbaren Autoren ausgewählt.

Lösung   Sie erstellen zunächst wieder ein ganz normales Formular basierend auf den Tabellen *tblAutor*, *tblAutor_ Buch* und *tblBuch*. Dafür können Sie den Formular-Assistenten benutzen. Im Ergebnis erhalten Sie ein Formular mit einer Bücherliste sowie Textfeldern für die Details zu dem angeklickten Buch und einem Unterformular mit der Liste der Autoren des Buchs (Abbildung 8.16). In das übergeordnete Formular fügen Sie ein Listenfeld ein, das alle verfügbaren Autoren anzeigt. Nun brauchen Sie nur noch zwei Schaltflächen, die dafür sorgen, dass

- der in der Liste der verfügbaren Autoren angeklickte Autor in das Unterformular mit den Autoren des Buchs übernommen wird bzw. dass

- der im Unterformular mit den Autoren des Buchs angeklickte Autor daraus entfernt wird.

Das ist einfacher, als Sie glauben! Denn was bedeutet es denn, dass ein Autor in der Liste der Autoren des angeklickten Buchs auftaucht? Das bedeutet lediglich, dass es einen Datensatz (autor_id_f, buch_id_f) in der Tabelle *tblAutor_Buch* gibt (siehe Abbildung 8.2)! Wenn Sie also einen Autor einem Buch zuordnen wollen, brauchen Sie nichts anderes zu tun, als die beiden Primärschlüssel des Buchs und des Autors in die Tabelle *tblAutor_Buch* einzutragen. Entsprechend bedeutet die Entfernung eines Autors von einem Buch, dass Sie das Paar (autor_id_f, buch_id_f) aus der Tabelle *tblAutor_Buch* löschen.

Der VBA-Code, der das realisiert, ist denkbar einfach:

Codebeispiel aus *Verleih*, *Form_frmBuecher*, Prozedur *cmdRueber_Click()*:

```
strSQL = "INSERT INTO tblAutor_Buch (buch_id_f, autor_id_f) " & _
         "VALUES (" & Str(Me!buch_id) & "," & Str(lstAutoren) & ")"
'MsgBox strSQL
CurrentDb.Execute strSQL
Forms!frmBuecher!frmBuecher_ufoAutoren.Requery
```

Codebeispiel aus *Verleih*, *Form_frmBuecher*, Prozedur *cmdZurueck_Click()*:

```
lngAutorId = Forms!frmBuecher!frmBuecher_ufoAutoren!autor_id
CurrentDb.Execute "DELETE FROM tblAutor_Buch WHERE " & _
                  "autor_id_f=" & Str(lngAutorId) & " AND " & _
                  "buch_id_f=" & Str(Me!buch_id)
Forms!frmBuecher!frmBuecher_ufoAutoren.Requery
```

Im obigen Listing gibt es wieder eine kleine Besonderheit. Die Schaltfläche *cmdZurueck* befindet sich im Formular *frmBuecher*. Der für den SQL-Befehl erforderliche Primärschlüssel *autor_id* muss aber aus dem Unterformular *frmBuecher_ufoAutoren* geholt werden, denn dort wurde der zu entfernende Autor angeklickt. Um nun die ziemlich lange Adresse *Forms!frmBuecher!...* nicht in den SQL-Befehl hineinschreiben zu müssen, definiere ich vorher eine Variable *lngAutorId*.

Mehrere Spalten in einem Kombinationsfeld anzeigen

Problemstellung   Sie möchten mehrere Tabellenspalten nebeneinander in einem Kombinationsfeld anzeigen.

Sehen Sie sich dazu bitte Abbildung 8.16 an: Dort gibt es ein Kombinationsfeld zur Anzeige bzw. Eingabe des Verlags. Es zeigt den Namen des Verlags **und** den Ort an, was – wie leider so vieles – schon mal wieder nicht selbstverständlich ist. Ein Kombinationsfeld kann nämlich eigentlich nur den Inhalt **einer** Tabellenspalte anzeigen.

Lösung   Wählen Sie im Eigenschaftenblatt des Kombinationsfelds die Registerkarte *Daten* und dort die Eigenschaft *Datensatzherkunft*. Wenn Sie rechts daneben auf die kleine Schaltfläche mit den drei Punkten klicken, öffnet sich der Abfrage-Generator. Dort können Sie einstellen, welche Daten das Kombinationsfeld anzeigen soll – genauer gesagt: welche Spalten der unter *Datensatzherkunft* angegebenen Tabelle(n). Sie können hier neben der gebundenen Spalte mit der Breite 0 cm noch weitere Spalten angeben. Diese werden im **aufgeklappten** Zustand alle angezeigt – im **zugeklappten** Zustand wird aber nur die **erste** Spalte nach der gebundenen Spalte angezeigt. Das gilt ganz allgemein – auch wenn Sie in der Datensatzherkunft drei oder vier oder noch mehr Spalten angeben.

Durch einen Trick können Sie aber erreichen, dass das Kombinationsfeld auch im zuge-klappten Zustand mehr als eine Spalte anzeigt:

```
SELECT tblVerlag.ver_id, tblVerlag.ver_name & " " & tblVerlag.ver_ort
FROM tblVerlag
ORDER BY tblVerlag.ver_name;
```

Der Stringverknüpfungsoperator & bewirkt, dass die Inhalte der beiden Spalten *ver_name* und *ver_ort* miteinander verknüpft und wie ein einziger Wert behandelt werden. Außerdem sorgt der obige Code dafür, dass zwischen dem Verlagsnamen und dem Ort ein Leerzeichen erscheint.

Was ist wichtig?

1. In ungebundenen Formularen müssen Sie durch geeignete VBA-Programmierung selbst dafür sorgen, dass die richtigen Daten angezeigt und bearbeitet werden (siehe Abschnitt »Gebundene und ungebundene Formulare« ab Seite 297).

2. Für die Kommunikation zwischen GUI und DBMS können Sie Recordsets oder SQL be-nutzen (siehe Abschnitt »Handgeschnitzte Kommunikation« ab Seite 300).

3. Ein Recordset (eine Datensatzgruppe) ist eine temporäre Kopie eines Teils der Daten aus der Datenbank (siehe Abschnitt »Recordsets« ab Seite 300).

4. Benutzen Sie den *Debug.Print*-Befehl, um SELECT-Befehle von VBA aus in das Direkt-fenster zu schreiben! Von dort kann der SELECT-Befehl in den Abfrageentwurf kopiert und auf richtige Funktion getestet werden (siehe Abschnitt »Direktzugriff mit SQL« ab Seite 302).

5. Ersetzen Sie die von Access automatisch erzeugten eingebetteten Makros durch VBA-Code (siehe Abschnitt »Eingebettetes Makro vs. Ereignisprozedur« ab Seite 303).

6. Bedenken Sie beim Programmieren des Speicherns immer, dass Access auch implizit speichert und dass das zu ungewollten Nebenwirkungen führen kann (siehe Abschnitt »Implizites Speichern« ab Seite 305).

7. Alle Objekte (Steuerelemente), die Sie auf Formularen platzieren können, haben eine Fülle von Eigenschaften und Methoden. Darüber können Sie sich im Objektkatalog ei-nen Überblick verschaffen (siehe Abschnitt »Exkurs: Das Objektmodell« ab Seite 309).

8. Bedenken Sie beim Löschen von Daten, dass es fast immer erforderlich ist, zuerst noch andere Daten zu löschen, die mit den zu löschenden Daten über Fremdschlüssel ver-bunden sind (siehe Abschnitt »Löschen von Werten in Tabellen« ab Seite 314).

9. Benutzen Sie in Ihrer eigenen Anwendung ausgiebig die hier von mir vorgestellten Stan-dardlösungen (siehe Abschnitt »Standardlösungen« ab Seite 317).

 Sie finden das Dokument *WasIstWichtig.pdf* zum Ausdrucken im Internet (Adresse in der Einleitung, dort im Ordner \KapA).

Kapitel 9
Formulargrundtypen

In diesem Kapitel 338
Eine Tabelle 338
Eine Tabelle mit einer 1:n-Beziehung 339
Eine Tabelle mit einer n:1-Beziehung 342
Eine Tabelle mit einer 1:n:1- und einer n:1-Beziehung 344
Eine Tabelle mit zwei n:1-Beziehungen 348
Eine Tabelle mit einer 1:m:n- und einer 1:n:1-Beziehung 350
Eine Tabelle mit einer 1:n- und einer n:1-Beziehung.. 351
Eine Tabelle mit zwei 1:n:1-Beziehungen 353
Eine Tabelle mit zwei 1:n- und zwei n:1-Beziehungen.. 354
Was ist wichtig? 356

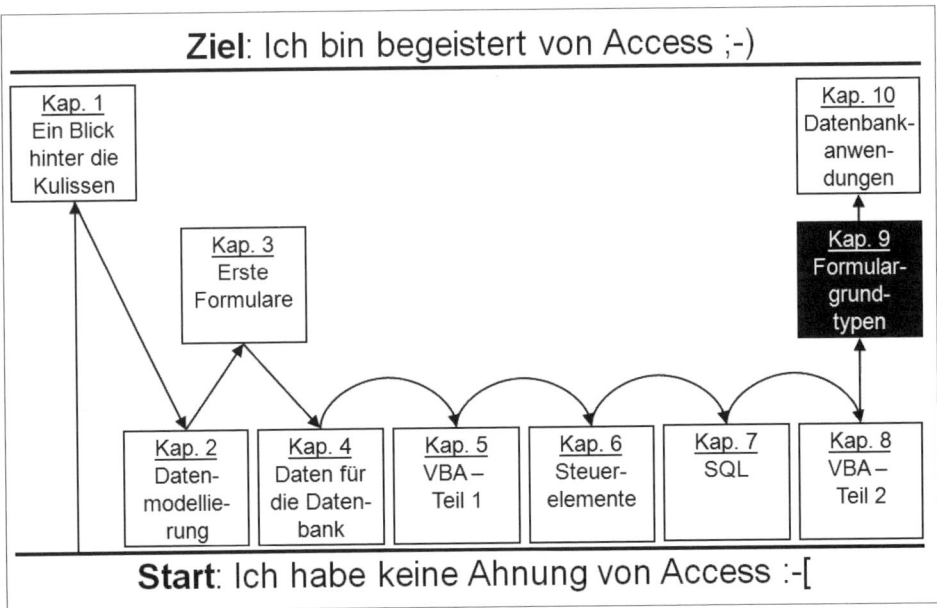

Abbildung 9.1: Das Kapitel 9, »Formulargrundtypen«.

In diesem Kapitel

... möchte ich Ihnen einige Formulargrundtypen vorstellen, die Sie in meinen drei Beispieldatenbanken *Firma*, *Verein* und *Verleih* finden und die Sie auch bei der Entwicklung Ihrer eigenen Anwendungen gut gebrauchen können.

Eine Tabelle

Beispiele: *frmMitarbeiter* in *Firma*; *frmDatentypen* in *Verein*

Sie finden im Internet (Adresse in der Einleitung)

- die Datenbankanwendung Verein im Ordner *Kap01,*
- die Datenbankanwendung *Firma* im Ordner *Kap03,*
- die Datenbankanwendung *Verleih* im Ordner *Kap08.*

Dies ist der einfachste Formulartyp, den es gibt. Er enthält nur Daten aus einer einzigen Tabelle. Solche Formulare können Sie ruck, zuck mit dem Formular-Assistenten erstellen. Wenn Sie anschließend noch die Standardnavigationselemente entfernen und das Formulardesign etwas gestalten, sind Sie schon fertig.

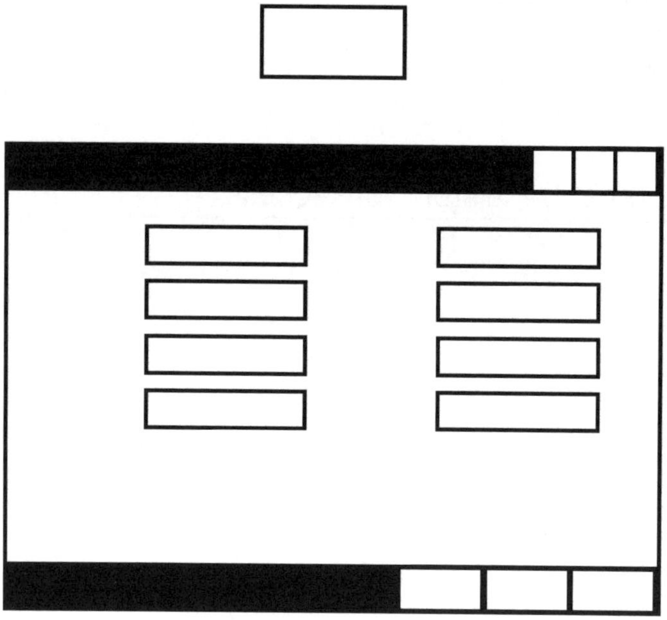

Abbildung 9.2: Grundtyp »Eine Tabelle«.

Die schematische Darstellung dieses Formulartyps in Abbildung 9.2 ist folgendermaßen zu verstehen: Das kleine Rechteck ganz oben in der Abbildung symbolisiert die Tabelle, auf der das Formular beruht. Das große Rechteck im unteren Bereich soll stark vereinfacht das Formular darstellen – mit Schaltflächen im Kopf- und Fußbereich (oben und unten) und mit Textfeldern im Detailbereich (in der Mitte). Ein konkretes Beispiel für diesen Formulartyp zeigt Abbildung 9.3: das Formular *frmMitarbeiter* aus der Datenbank *Firma*.

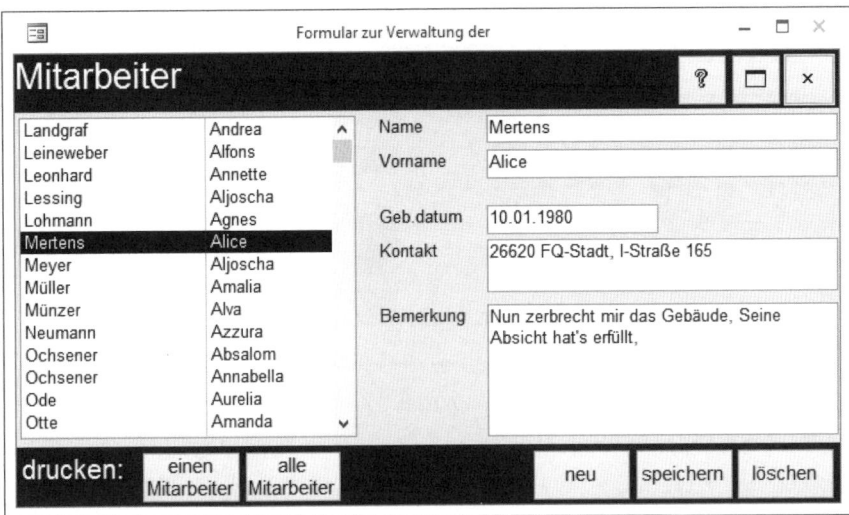

Abbildung 9.3: Beispiel zum Grundtyp »Eine Tabelle«.

Es enthält links eine Liste aller Mitarbeiter. Klickt man in diese Liste, werden rechts daneben die Einzelheiten zu dem ausgewählten Mitarbeiter angezeigt.

Eine Tabelle mit einer 1:n-Beziehung

Beispiele: *frmBeitragssaetze, frmEinzelwettkaempfe, frmMannschaftswettkaempfe* in *Verein*; *frmSachgebiete, frmVerlage, frmOrte* in *Verleih*; *frmKunden, frmKundenauftraege* in *Firma*

Bei diesem Formulartyp gehören zu einem ausgewählten Objekt mehrere andere Objekte – z. B. mehrere Bücher zu einem Verlag (Abbildung 9.5).

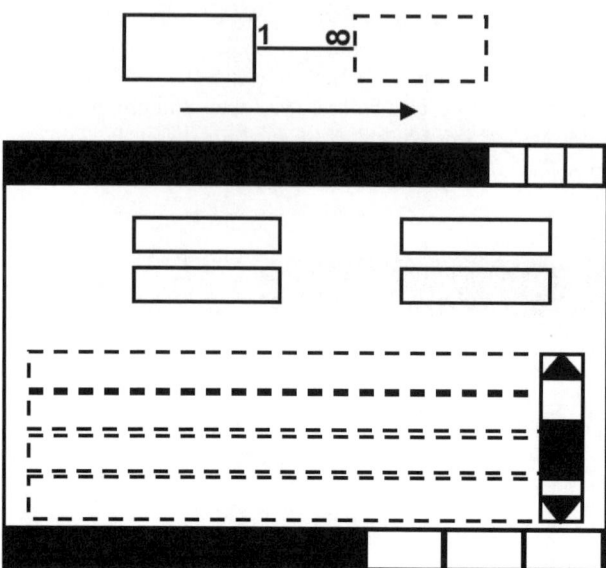

Abbildung 9.4: Grundtyp »Eine Tabelle mit einer 1:n-Beziehung«.

Die schematische Darstellung in Abbildung 9.4 ist folgendermaßen zu verstehen: Im oberen Teil befinden sich die Symbole für zwei Tabellen, die durch eine 1:n-Beziehung miteinander verbunden sind. Diese Beziehung wird durch eine Linie sowie die beiden Zeichen »1« und die liegende 8 für »unendlich« dargestellt – so wie das auch in Access unter *Datenbanktools/Beziehungen* üblich ist. Der Pfeil deutet an, dass diese Beziehung aus einer bestimmten Richtung gesehen wird. Im Formular werden nämlich die Daten **eines** Objekts (linke Tabelle, durchgezogene Linie) angezeigt sowie die Daten **mehrerer** dazugehöriger anderer Objekte (rechte Tabelle, gestrichelte Linie). Die mit durchgezogenen bzw. gestrichelten Linien gezeichneten Formularobjekte (Textfelder im oberen Bereich und eine Liste im unteren) stellen die Daten aus den entsprechenden Tabellen dar.

Ein Beispiel für diesen Formulartyp zeigt Abbildung 9.5: Zu einem Verlag gehören mehrere Bücher.

Das folgende Formular enthält ein Unterformular, in dem alle Bücher des im übergeordneten Formular ausgewählten Verlags angezeigt werden. Sie können es schnell und einfach mit dem Formular-Assistenten erstellen.

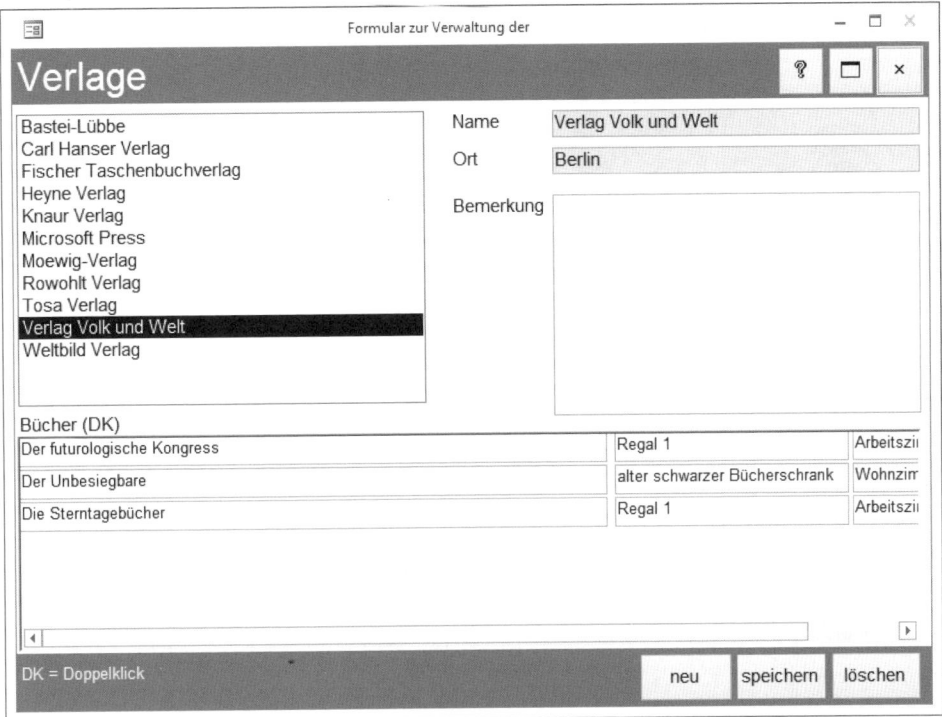

Abbildung 9.5: Beispiel zum Grundtyp »Eine Tabelle mit einer 1:n-Beziehung«.

Damit im Unterformular auch wirklich die richtigen Bücher angezeigt werden, ist es wichtig, im Eigenschaftenblatt des Unterformulars auf der Registerkarte *Daten* Folgendes einzustellen:

- Verknüpfen nach: *tblVerlag.ver_id*
- Verknüpfen von: *tblBuch.ver_id_f*

Das bedeutet: Im Unterformular sollen genau diejenigen Bücher angezeigt werden, für die in *ver_id_f* in *tblBuch* der gleiche Wert steht wie in *ver_id* in *tblVerlag* im übergeordneten Formular (Primärschlüssel-Fremdschlüssel-Verknüpfung). Wenn Sie das Formular mit dem Formular-Assistenten erstellen, erfolgt diese Einstellung automatisch.

Das in Abbildung 9.5 dargestellte Formular weist noch folgende Besonderheit auf: Das Unterformular basiert nicht nur auf einer einzigen Tabelle, sondern auf einer Abfrage (SQL: SELECT) über mehrere Tabellen. Der Grund dafür ist, dass der Benutzer in der Liste der Bücher auch sehen möchte, wo sich diese Bücher befinden. Daher werden neben Daten aus der Tabelle *tblBuch* auch Daten aus den Tabellen *tblOrt* und *tblLager* benötigt.

Dieser Formulartyp ist nur zur Information des Benutzers gedacht. Er zeigt lediglich an, welche Objekte (z.B. Bücher) zu einem anderen Objekt (z.B. Verlag) gehören, ermöglicht es aber nicht, dass der Benutzer aus einer Liste von Objekten (z.B. Bücher) diejenigen auswählt, die er einem anderen Objekt (z.B. Verlag) zuordnen möchte. Es wäre nämlich unnötig kompliziert, wenn man eine solche Zuordnung in dieser Form realisieren würde.

Die Zuordnung der Objekte zueinander erfolgt vielmehr im umgekehrten Formular, in dem zu einem Objekt (Buch) **ein** anderes Objekt (Verlag) gehört (siehe nächsten Abschnitt). Das ist technisch einfacher und auch inhaltlich logischer.

Wichtig ist daher, dass Sie im Eigenschaftenblatt des Unterformulars (im obigen Beispiel *frmVerlage_ufoBuecher*) auf der Registerkarte *Daten* bei *Daten eingeben*, *Anfügen zulassen*, *Löschen zulassen* und *Bearbeiten zulassen* jeweils *Nein* festlegen.

Ich beschreibe in diesem Kapitel nur, **was** für die Entwicklung der einzelnen Formulartypen getan werden muss – aber nicht mehr im Detail, **wie** das zu geschehen hat. Dafür verweise ich auf alle vorherigen Kapitel und auf die Beispieldatenbanken, in denen Sie sich alles detailliert anschauen können.

Eine Tabelle mit einer n:1-Beziehung

Beispiele: *frmPlaetze* in *Verein*; *frmMaterialart* in *Firma*; *frmLager* in *Verleih*

Dieser Formulartyp stellt die Umkehrung des Typs aus dem vorangegangenen Abschnitt dar: Jetzt werden auf dem Formular die Daten eines Objekts angezeigt sowie die dazugehörigen Daten **eines** anderen Objekts. Abbildung 9.6 stellt diesen Fall symbolisch dar. Es gibt wieder zwei Tabellen mit einer 1:n-Beziehung dazwischen. Das Formular blickt aber jetzt von der n-Seite her auf diese Beziehung. Der Pfeil in Abbildung 9.6 soll diese Blickrichtung andeuten.

Die durchgezogenen bzw. gestrichelten Umrandungen der Textfelder in Abbildung 9.6 sollen wieder die Herkunft der darin angezeigten Daten symbolisieren: von der linken bzw. rechten Seite der 1:n-Beziehung.

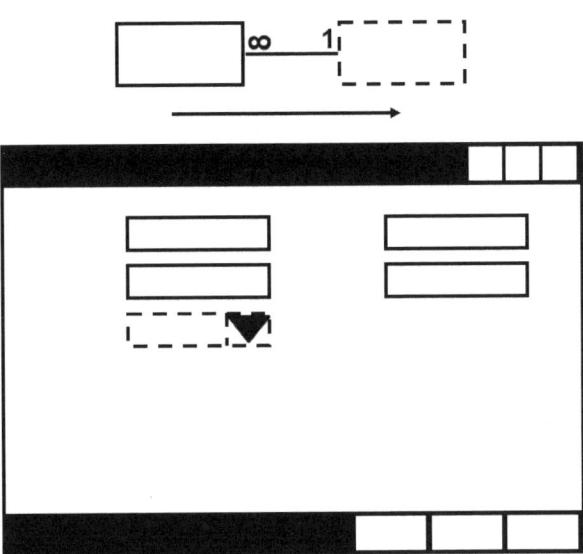

Abbildung 9.6: Grundtyp »Eine Tabelle mit einer n:1-Beziehung«.

Das Formular enthält jetzt natürlich kein Unterformular, denn zu dem angezeigten Objekt gehören ja nicht mehrere, sondern nur **ein** anderes Objekt. Abbildung 9.7 zeigt das Beispiel: »Zu einem Platz gehört ein Platztyp.« Das Formularfeld, in dem der Platztyp angezeigt wird, ist aber kein normales Textfeld, sondern ein Kombinationsfeld. Warum? Weil Sie als Benutzer den Platztyp nicht nur sehen, sondern auch in einer Liste auswählen und auf einen bestimmten Wert einstellen möchten.

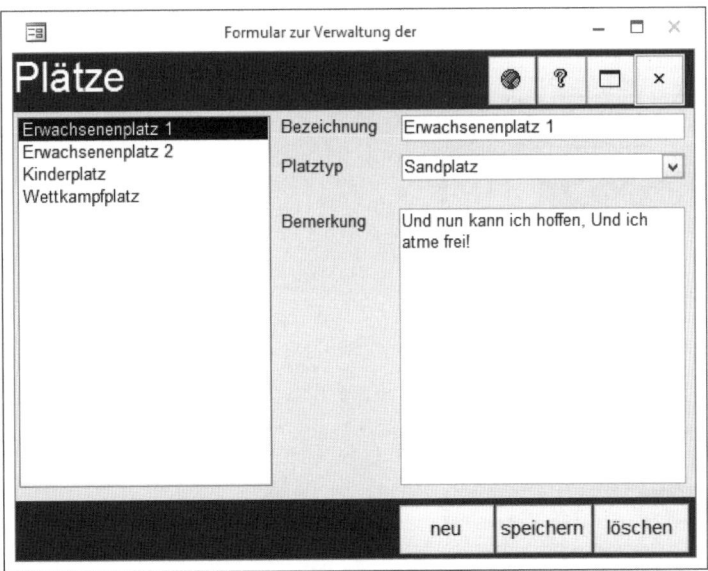

Abbildung 9.7: Beispiel zum Grundtyp »Eine Tabelle mit einer n:1-Beziehung«.

Auch dieses Formular können Sie zunächst wieder mit dem Formular-Assistenten erstellen. Das Kombinationsfeld für den Platztyp müssen Sie aber anschließend selbst hinzufügen. Dafür gibt es ebenfalls einen Assistenten: den Kombinationsfeld-Assistenten. Er sorgt dafür, dass in dem Kombinationsfeld die Daten aus der Tabelle *tblPlatztyp* angezeigt werden. Wichtig ist, dass Sie im letzten Fenster des Assistenten festlegen, dass der Primärschlüssel *ptyp_id* aus der Tabelle *tblPlatztyp* im Fremdschlüssel *ptyp_id_f* der Tabelle *tblPlatz* gespeichert wird. Das führt dann dazu, dass im Eigenschaftsblatt des Kombinationsfelds auf der Registerkarte *Daten* unter *Steuerelementinhalt* der Eintrag *ptyp_id_f* steht. Das bedeutet: Der Inhalt des Kombinationsfelds kommt aus der Tabelle *tblPlatztyp*, und der vom Benutzer ausgewählte Wert *ptyp_id* wird als Fremdschlüssel in der Spalte *ptyp_id_f* der Tabelle *tblPlatz* gespeichert.

Wenn Ihnen das alles zu verwirrend klingt, was zugegebenermaßen sehr wahrscheinlich ist, sehen Sie es sich bitte live in der Beispieldatenbank *Verein* an!

Eine Tabelle mit einer 1:n:1- und einer n:1-Beziehung

Nur Fremdschlüssel in der Zwischentabelle

Beispiele: *frmTraining* in *Verein*; *frmBuecher* in *Verleih*

Der datenbanktechnische Hintergrund zu diesem Formulartyp sieht so aus, wie in Abbildung 9.8 gezeigt:

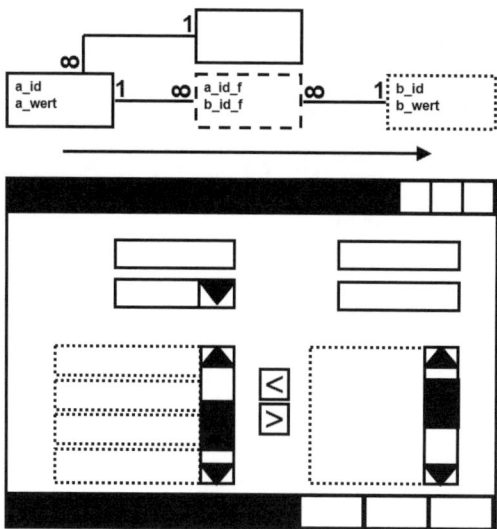

Abbildung 9.8: Grundtyp »Eine Tabelle mit einer 1:n:1- und einer n:1-Beziehung«.

Tabelle A steht in einer m:n-Beziehung zu einer anderen Tabelle B. Das wird in der Datenbank über eine Zwischentabelle A_B realisiert, die die beiden Fremdschlüssel *a_id_f* und *b_id_f* enthält. Da sie darüber hinaus keine weiteren Daten enthält, hat sie eine rein technische Funktion, und wir können sie bei der Formularentwicklung völlig vernachlässigen. Das erkennen Sie daran, dass im unteren Teil von Abbildung 9.8 keine gestrichelten Symbole auftauchen, also keine Formularfelder, die ihren Ursprung in der Zwischentabelle haben.

Abbildung 9.9 zeigt ein entsprechendes Beispiel aus der Datenbank *Verein*: »An einem Training nehmen mehrere Mitglieder teil.« und »Ein Mitglied nimmt an mehreren Trainings teil.«. Da haben wir also eine m:n-Beziehung zwischen *tblTraining* und *tblMitglied*, die über die Zwischentabelle *tblMit_Training* realisiert wird. Diese enthält außer den beiden Fremdschlüsseln *training_id_f* und *mit_id_f* keine weiteren Spalten.

Um das Ganze noch etwas komplizierter zu machen, hat Tabelle A (im Beispiel *tblMitglied*) noch eine n:1-Beziehung zu mindestens einer weiteren Tabelle – im Beispiel sind es sogar drei: *tblPlatztyp*, *tblTrainer* und *tblMitglied*. Die Zuordnung dieser Einzelobjekte erfolgt wieder in bewährter Weise über entsprechende Kombinationsfelder. Darin wählt der Benutzer ein Objekt aus, und das Kombinationsfeld sorgt selbst dafür, dass der Primärschlüssel des ausgewählten Objekts als Fremdschlüssel in der Tabelle *tblTraining* gespeichert wird (siehe vorigen Abschnitt).

Neu bei diesem Formulartyp ist aber, dass der Benutzer die Möglichkeit haben muss, aus einer Liste der B-Objekte (im Beispiel Mitglieder) **mehrere** auszuwählen und sie einem A-Objekt (im Beispiel Training) zuzuordnen.

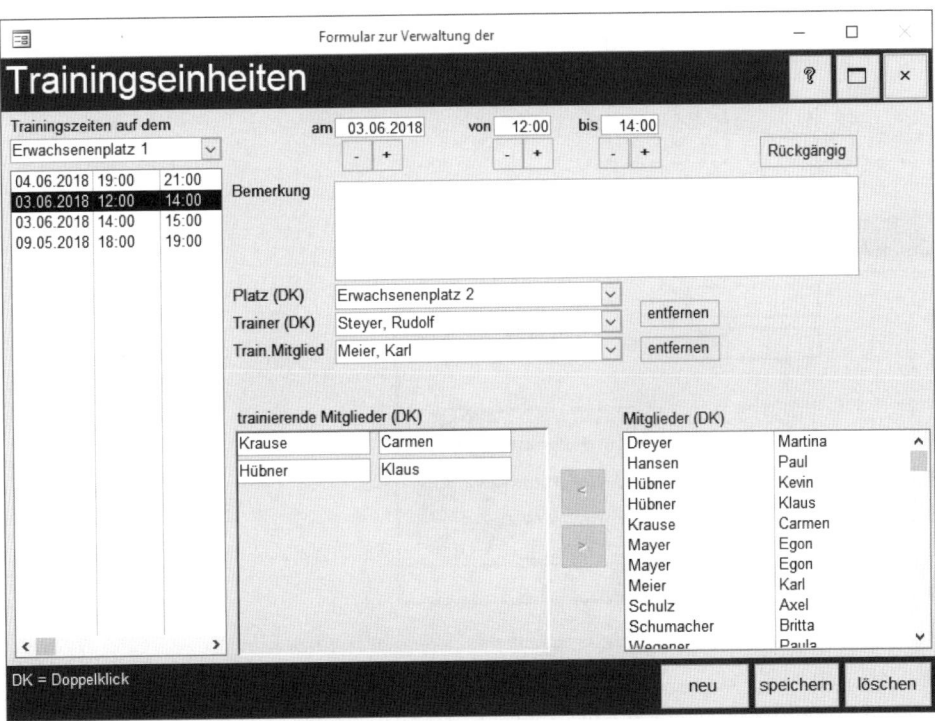

Abbildung 9.9: Beispiel zum Grundtyp »Eine Tabelle mit einer 1:n:1- und einer n:1-Beziehung«.

Für die Entwicklung eines solchen Formulars können Sie wieder den Assistenten verwenden und ein übergeordnetes Formular für Tabelle A (z. B. *frmTraining*) mit einem Unterformular für Tabelle B (z. B. *frmTraining_ufoMitglieder*) erstellen. Anschließend fügen Sie die erforderliche Anzahl von Kombinationsfeldern für die Umsetzung der n:1-Beziehungen hinzu

(z. B. *cboPlatz*, *cboTrainer* und *cboTrainmitglied*). Der Benutzer kann eine solche Zuordnung wieder aufheben, indem er den Eintrag im Kombinationsfeld löscht. Sie machen es ihm aber einfacher, wenn Sie eine entsprechende Schaltfläche hinzufügen (Abbildung 9.9).

Jetzt müssen Sie noch die Zuordnung mehrerer B-Objekte (z. B. Mitglieder) zu einem A-Objekt (z. B. Training) realisieren. Dazu fügen Sie ein Listenfeld und zwei Schaltflächen mit den Beschriftungen < und > ein, die Sie mit dem entsprechenden VBA-Code versehen, der nichts weiter tut, als die beiden Primärschlüssel *training_id* und *mit_id* als Fremdschlüsselpaar *training_id_f* und *mit_id_f* in die Zwischentabelle *tblMit_Training* einzutragen (Schaltfläche <) bzw. wieder daraus zu löschen (Schaltfläche >).

Daten in der Zwischentabelle

Beispiele: *frmKunden*, *frmKundenauftraege*, *frmAuftragsbearbeitung* in *Firma*

Auf den ersten Blick sieht die Konfiguration der Tabellen und Beziehungen genauso aus wie im vorherigen Abschnitt (vgl. Abbildung 9.10 mit Abbildung 9.8) – mit dem kleinen, aber sehr wichtigen Unterschied, dass die Zwischentabelle jetzt außer den beiden Fremdschlüsseln noch weitere Spalten enthält. Das wirkt sich so aus, dass sich das Formulardesign völlig von dem aus dem vorherigen Abschnitt unterscheidet.

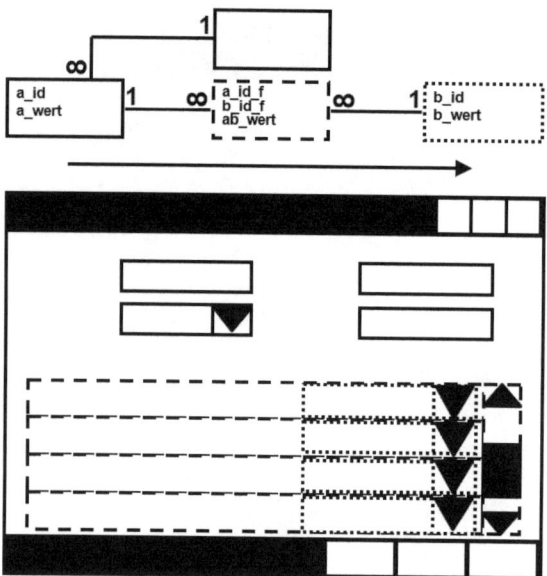

Abbildung 9.10: Grundtyp »Eine Tabelle mit einer 1:n:1- und einer n:1-Beziehung«.

Wir haben jetzt vordergründig erst einmal eine 1:n-Beziehung zwischen den Tabellen A und A_B. Das resultiert in einem übergeordneten Formular für die Tabelle A mit einem Unterformular für die dazugehörigen B-Objekte.

Zusätzlich haben wir noch zwei n:1-Beziehungen, die an den Tabellen A und A_B »dranhängen«. Das bedeutet wieder, dass wir entsprechende Kombinationsfelder brauchen – und zwar einmal im übergeordneten Formular, aber darüber hinaus auch **in jeder einzelnen Zeile** des Unterformulars!

Abbildung 9.11 zeigt ein Beispiel für eine solche Situation: Zu einem Kundenauftrag gehören mehrere Materialarten. Dazwischen befindet sich die Tabelle *tblKauf_Mat*, in der die Materialmenge, die Mengeneinheit sowie eine Bemerkung gespeichert werden. Außerdem gehört zu einem Kundenauftrag noch ein Kunde.

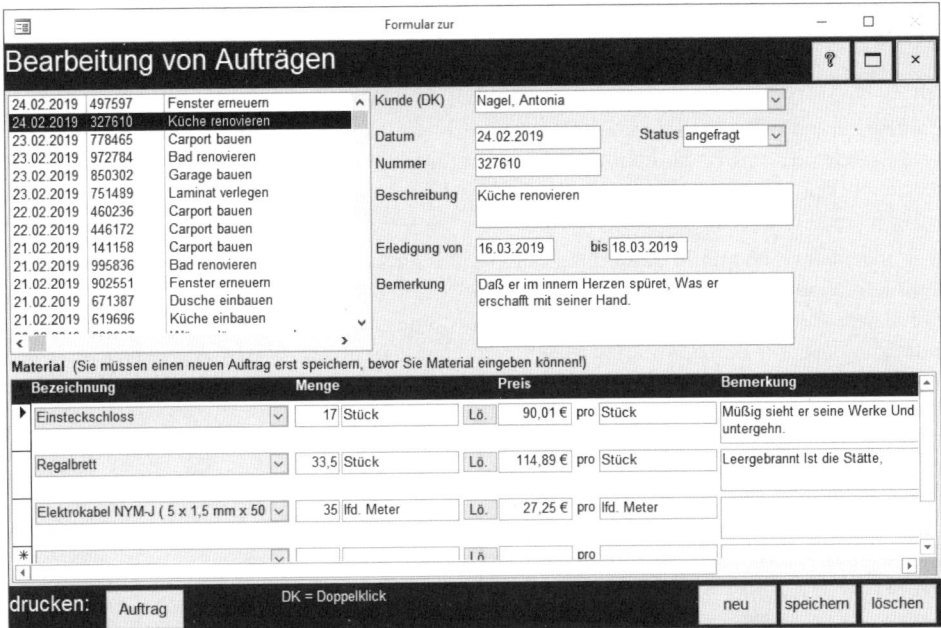

Abbildung 9.11: Beispiel zum Grundtyp »Eine Tabelle mit einer 1:n:1- und einer n:1-Beziehung«.

Das entsprechende Formular baut auf einem übergeordneten Formular für die Tabelle *tblKundenauftrag* auf. Darin befindet sich ein Unterformular für die Tabelle *tblKauf_Mat*.

 Beachten Sie, dass Sie für dieses Unterformular im Eigenschaftenblatt auf der Registerkarte *Format* unter *Standardansicht* die Option *Endlosformular* auswählen müssen!

Jetzt brauchen Sie noch zwei Kombinationsfelder einzufügen:

- eines auf dem übergeordneten Formular, um den Auftrag einem Kunden zuordnen zu können, und
- eines im Unterformular, um der Menge eine Materialart zuordnen zu können.

Letzteres klingt für den gesunden Menschenverstand völlig verkehrt herum – man ordnet doch nicht einer Menge eine Materialart zu, sondern umgekehrt einer Materialart eine Menge. Datenbanktechnisch gesehen ist es aber genau andersherum: Zu **einer** Zeile in der Tabelle *tblKundenauftrag* gehören **mehrere** Zeilen in der Tabelle *tblKauf_Mat*, und zu **einer** Zeile in der Tabelle *tblKauf_Mat* gehört wieder **eine** Zeile in der Tabelle *tblMaterialart*.

In dieser Reihenfolge müssen Sie auch das Formular entwerfen: zuerst ein übergeordnetes Formular für einen Kundenauftrag, dann ein Unterformular für mehrere dazugehörige Materialmengen und zuletzt ein Kombinationsfeld im Unterformular für den Namen des Materials. Darum ist es ja auch so wichtig, bei der Formularentwicklung das Datenmodell stets vor sich liegen zu haben, denn Sie müssen dabei immer in datenbanktechnischen Kategorien denken.

Eine Tabelle mit zwei n:1-Beziehungen

Beispiele: *frmPersonalplanung* in *Firma*; *frmAusleihe* in *Verleih*

Damit sind wir beim typischen Dispositionsproblem: Es gibt eine m:n-Beziehung zwischen zwei Tabellen A und B, die über eine Zwischentabelle A_B realisiert wird. Diese Zwischentabelle enthält neben den beiden Fremdschlüsseln *a_id_f* und *b_id_f* weitere Daten – meistens Mengen- und Zeitangaben.

Das allgemeine Schema in Abbildung 9.12 lässt sich an einem Beispiel anschaulich erläutern. Betrachten wir deshalb zusammen mit Abbildung 9.12 die Abbildung 9.13: Dort geht es um eine Personalplanung, also um die Zuordnung zwischen Mitarbeitern und Kundenaufträgen. Die m:n-Beziehung dazwischen wird über die Tabelle *tblKauf_Mit* realisiert, in der festgehalten wird, von wann bis wann der Mitarbeiter für den Kundenauftrag gearbeitet hat.

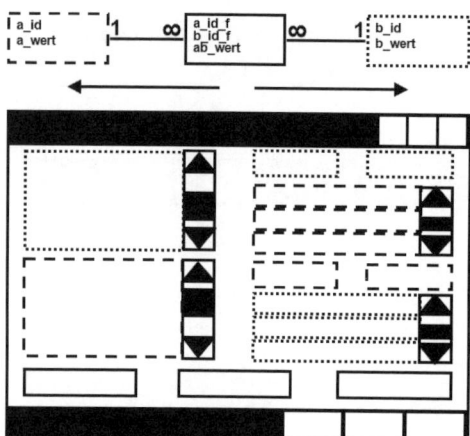

Abbildung 9.12: Grundtyp »Eine Tabelle mit zwei n:1-Beziehungen«.

Für seine Arbeit benötigt der Benutzer viele Informationen auf einen Blick:

- Er braucht zum einen eine Liste der Aufträge, aus der er einen Auftrag auswählen kann, um sich anzuschauen, welche Mitarbeiter für diesen Auftrag bereits eingeteilt sind.

- Er braucht zum anderen eine Liste der Mitarbeiter, aus der er einen Mitarbeiter auswählen kann, um sich anzuschauen, für welche Aufträge dieser Mitarbeiter bereits eingeteilt ist.

Nur wenn er diese Informationen hat, kann der Benutzer letztendlich entscheiden, welche Mitarbeiter er für einen bestimmten Auftrag einteilt.

Bevor Sie also das Formular aus Abbildung 9.13 erstellen können, müssen Sie zwei komplette Unterformulare vom Grundtyp »Eine Tabelle mit einer 1:n-Beziehung« erstellen. Das ist ziemlich einfach und kann mit dem Formular-Assistenten bequem erledigt werden. Anschließend erzeugen Sie ein drittes Formular, in das Sie diese beiden Formulare als Unterformulare einfügen.

Das übergeordnete Formular können Sie als ein an die Zwischenabelle *tblKauf_Mit* gebundenes Formular oder auch als ungebundenes Formular anlegen. In jedem Fall muss es Textfelder für die Eingabe der Daten enthalten, die in der Zwischentabelle gespeichert werden sollen – im obigen Beispiel sind das *kaufmit_von*, *kaufmit_bis* und *kaufmit_bemerkung*. Für die Ausführung des Speicherns sorgt eine entsprechende Schaltfläche.

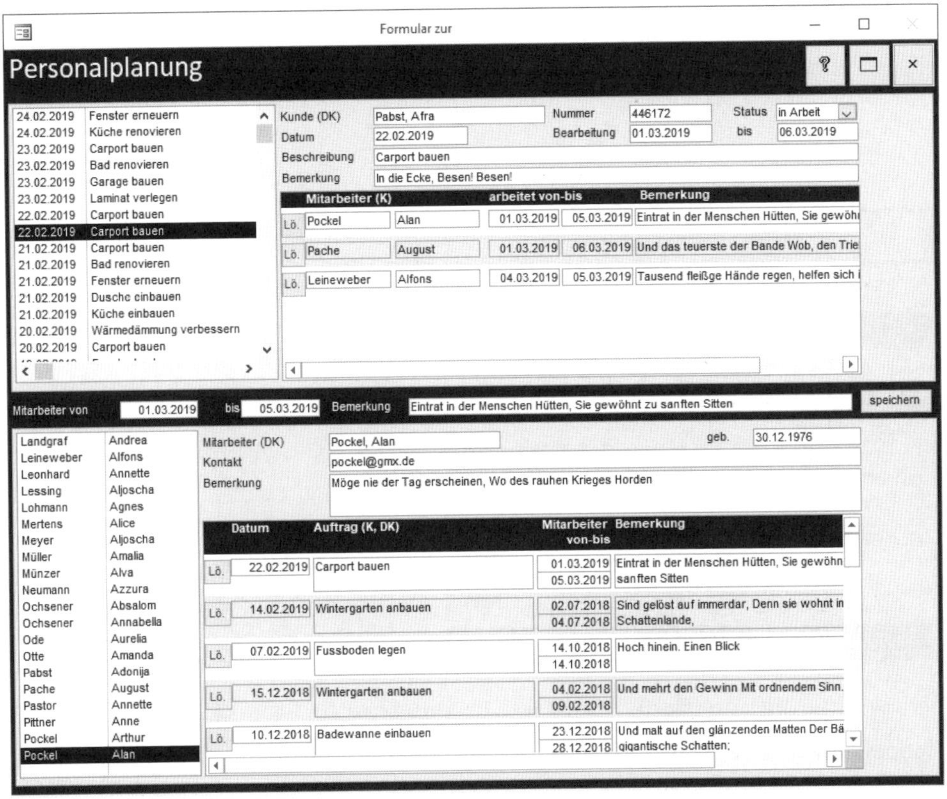

Abbildung 9.13: Beispiel zum Grundtyp »Eine Tabelle mit zwei n:1-Beziehungen«.

Nun kann es aber vorkommen, dass Sie eine einmal getroffene Zuordnung wieder aufheben möchten. Die dafür erforderlichen *Löschen*-Schaltflächen platzieren wir in den beiden Unter-Unterformularen. Mit der entsprechenden VBA-Programmierung dieser Schaltflächen (bitte nachschauen!) sorgen wir dafür, dass eine gelöschte Zuordnung aus **beiden** Unterformularen verschwindet.

Beachten Sie, dass Sie für die Unterformulare der Unterformulare in den jeweiligen Eigenschaftenblättern auf der Registerkarte *Format* unter *Standardansicht* die Option *Endlosformular* auswählen müssen! Dann taucht die **einmal** eingefügte *Löschen*-Schaltfläche anschließend in **jeder** einzelnen Zeile auf.

Eine Tabelle mit einer 1:m:n- und einer 1:n:1-Beziehung

Beispiel: *frmBuechersuche* in *Verleih*

Das ist wieder eine ganz neue Problemklasse: Zu einem Objekt A gehören mehrere Objekte B, und zu jedem dieser Objekte B gehören wieder mehrere Objekte C. Das heißt, wir müssten zu einem A eine Liste von B haben und in jeder einzelnen Zeile dieser Liste wieder eine Liste von C. Das wäre aber nicht der große Hit in puncto Benutzerfreundlichkeit!

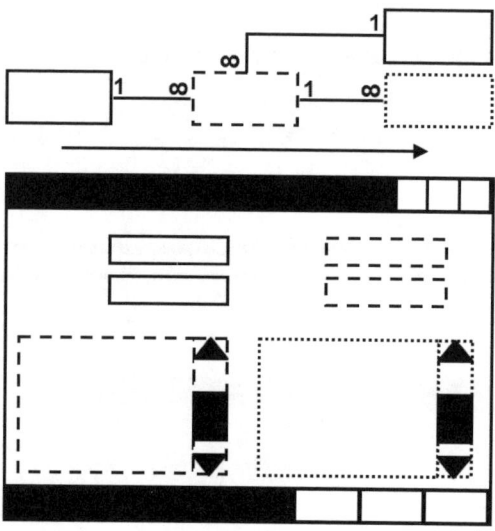

Abbildung 9.14: Grundtyp »Eine Tabelle mit einer 1:m:n- und einer 1:n:1-Beziehung«.

Stattdessen planen wir unser Formular folgendermaßen (Abbildung 9.14): Es basiert auf Tabelle A und hat ein Listenfeld mit den dazugehörigen B. Daneben gibt es ein weiteres Listenfeld, das auf Tabelle C basiert. Es zeigt immer diejenigen C an, die zu einem in dem anderen Listenfeld angeklickten B gehören.

Ein Beispiel macht das anschaulicher. In Abbildung 9.15 sehen Sie ein Formular mit einer Liste der Sachgebiete. Ein Klick in diese Liste führt dazu, dass im Listenfeld rechts oben alle Bücher angezeigt werden, die zu diesem Sachgebiet gehören. Ein weiterer Klick in die Liste der Bücher lässt schließlich in einem zweiten Listenfeld alle Autoren des angeklickten Buchs erscheinen. Dahinter verbirgt sich das Datenmodell »Zu einem Sachgebiet gehören mehrere Bücher.« und »Zu einem Buch gehören mehrere Autoren.«. VBA-technisch wird das so realisiert, dass bei einem Klick in das erste Listenfeld die Eigenschaft *RowSource* des zweiten Listenfelds mithilfe eines entsprechenden SQL-Befehls geändert wird.

Darüber hinaus gehört zu einem Buch noch ein Verlag. Damit haben wir die in Abbildung 9.14 bereits dargestellte zusätzliche n:1-Beziehung. Sie wird im Formular in Abbildung 9.15 durch ein entsprechendes Textfeld realisiert und nicht durch ein Kombinationsfeld, weil der Verlag in diesem Formular ja nicht zugewiesen, sondern nur angezeigt werden soll!

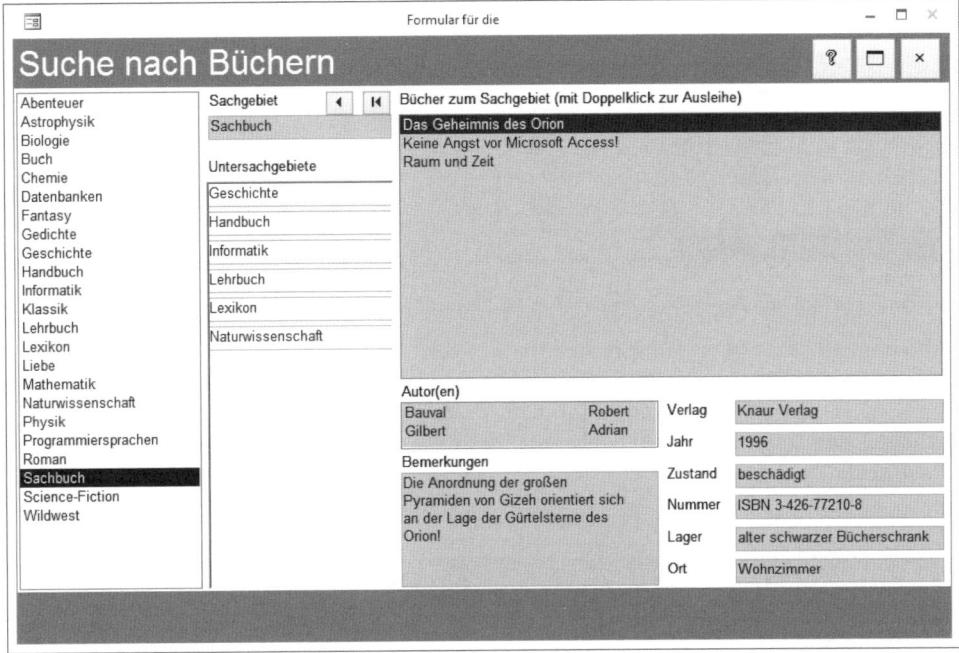

Abbildung 9.15: Beispiel zum Grundtyp »Eine Tabelle mit einer 1:m:n- und einer 1:n:1-Beziehung«.

Eine Tabelle mit einer 1:n- und einer n:1-Beziehung

Beispiele: *frmMannschaften* in *Verein*; *frmAuftragsbearbeitung* in *Firma*; *frmLager* in *Verleih*

Dieser Formulartyp ist eine Kombination aus den beiden Grundtypen »Eine Tabelle mit einer 1:n-Beziehung« und »Eine Tabelle mit einer n:1-Beziehung«. Infolgedessen enthält das Formular ein Kombinationsfeld zur Realisierung der n:1-Beziehung sowie ein Unterformular zur Realisierung der 1:n-Beziehung (Abbildung 9.16).

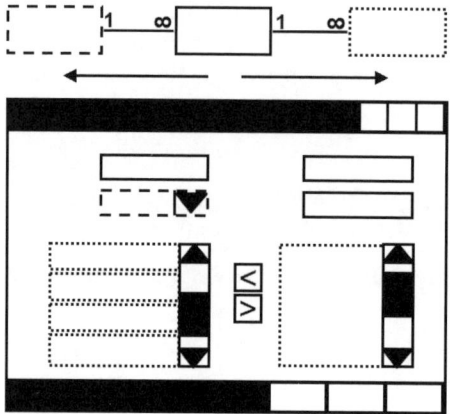

Abbildung 9.16: Grundtyp »Eine Tabelle mit einer 1:n- und einer n:1-Beziehung«.

Abbildung 9.17 zeigt ein entsprechendes Beispiel: Zu einer Mannschaft gehören mehrere Mitglieder und ein Trainer. Die jeweiligen Zuordnungen erfolgen wieder mit den bereits bekannten Techniken: ein Kombinationsfeld für den Trainer sowie ein Listenfeld und zwei Schaltflächen zum Hinzufügen eines Mitglieds bzw. zum Entfernen eines Mitglieds aus der Mannschaft.

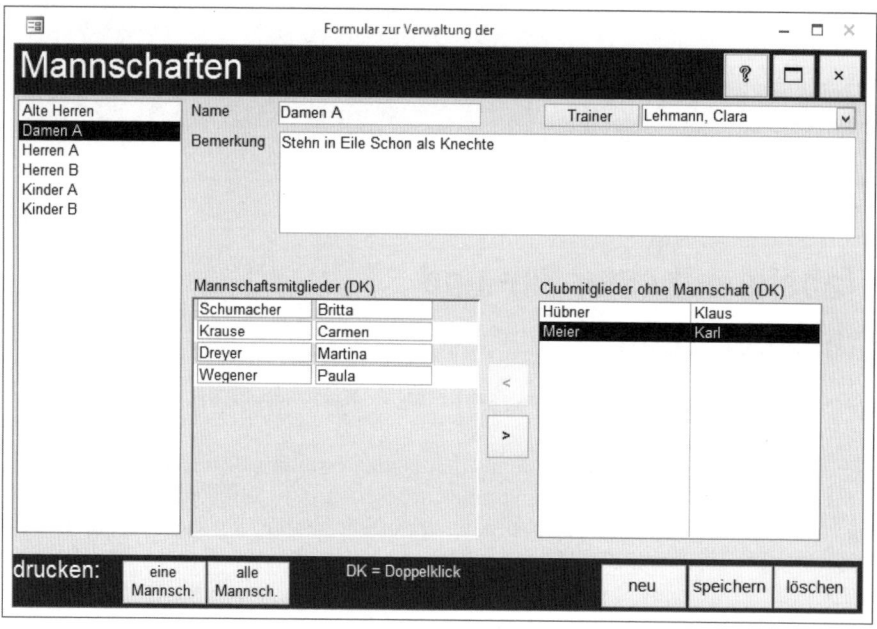

Abbildung 9.17: Beispiel zum Grundtyp »Eine Tabelle mit einer 1:n- und einer n:1-Beziehung«.

Das Listenfeld auf der rechten Seite in Abbildung 9.17 weist noch eine kleine Besonderheit auf. Es zeigt nämlich nicht einfach alle Mitglieder an, sondern nur diejenigen, die noch nicht in einer Mannschaft sind. Das wird erreicht durch die Bedingung *WHERE tblMitglied.man_id_f IS NULL* für die Datensatzherkunft des Listenfelds (Eigenschaftsblatt, Registerkarte *Daten*).

Sollte es dagegen möglich sein, dass ein Mitglied auch in mehreren Mannschaften ist, müsste man diese Bedingung weglassen und dadurch in dem Listenfeld alle Mitglieder anzeigen.

Eine Tabelle mit zwei 1:n:1-Beziehungen

Beispiele: *frmTrainer* in *Verein*; *frmRueckgabe* in *Verleih*

Die schematische Darstellung in Abbildung 9.18 zeigt, dass hier eine Tabelle über zwei 1:n:1-Beziehungen mit vier anderen Tabellen verbunden ist. Also sind zunächst einmal wieder zwei Unterformulare erforderlich. Diese sind vom Typ *Endlosformular* und enthalten in jeder Zeile ein Kombinationsfeld zwecks Zuordnung einer weiteren Tabelle.

Das Beispiel in Abbildung 9.19 ist so aufgebaut:

- Zu einer Person gehören mehrere Kontakte und zu jedem Kontakt wieder ein Kontakttyp.
- Zu einer Person gehören mehrere Ausleihen und zu einer Ausleihe wieder ein Buch.

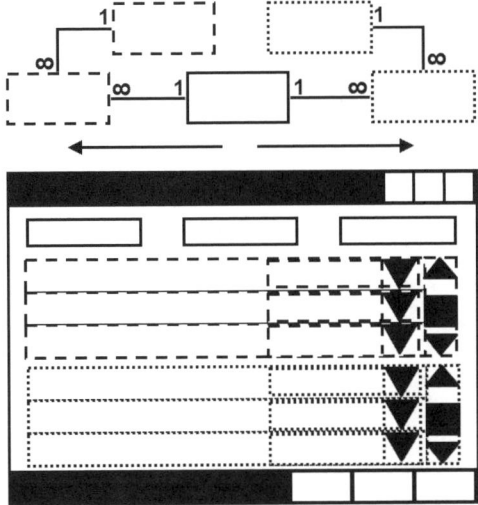

Abbildung 9.18: Grundtyp »Eine Tabelle mit zwei 1:n:1-Beziehungen«.

Zur Erstellung eines solchen Formulars legen Sie zuerst wieder die beiden Unterformulare an, in deren Eigenschaftsblatt Sie auf der Registerkarte *Format* unter *Standardansicht* die Option *Endlosformular* einstellen. Auf dem Unterformular *frmRueckgabe_ufoKontakte* legen Sie noch ein Kombinationsfeld für den Kontakttyp an, damit dieser vom Benutzer nicht nur betrachtet, sondern auch eingestellt werden kann. Anschließend erstellen Sie in beiden Unterformularen Schaltflächen zum Löschen.

Danach erst können Sie das übergeordnete Formular erzeugen, das zunächst ein ganz normales Formular, basierend auf der Tabelle *tblPerson*, ist – mit einer Suchliste und Textfeldern für die Details. In dieses Formular fügen Sie die beiden vorbereiteten Unterformulare ein. Die Verknüpfung mit dem übergeordneten Formular erfolgt wieder über die beiden Eigenschaften *Verknüpfen von* = *per_id_f* und *Verknüpfen nach* = *per_id* auf der Registerkarte *Daten* der Eigenschaftsblätter der beiden Unterformulare.

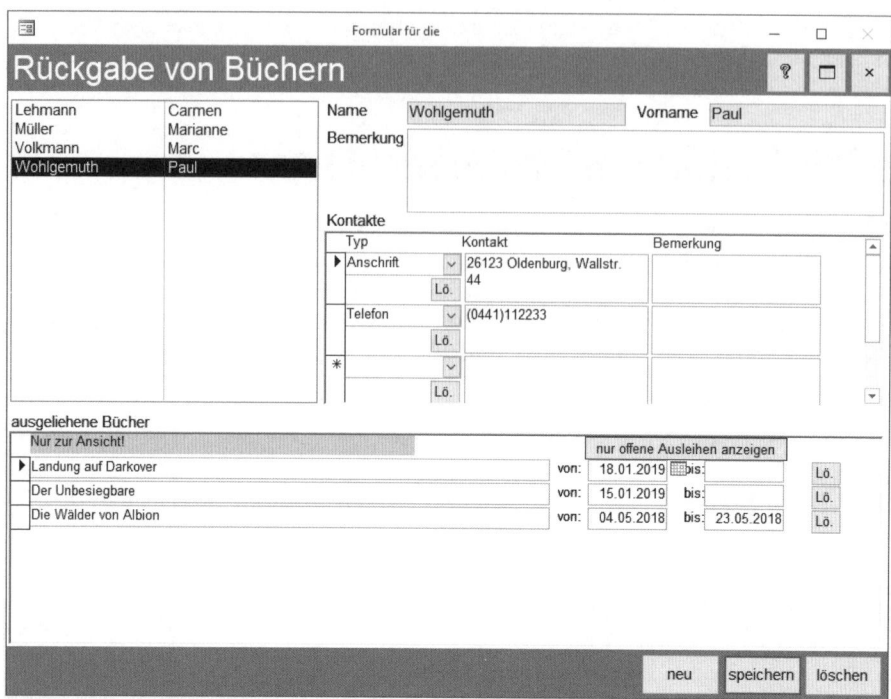

Abbildung 9.19: Beispiel für den Grundtyp »Eine Tabelle mit zwei 1:n:1-Beziehungen«.

Das Unterformular *frmRueckgabe_ufoBuecher* weist eine Besonderheit auf: Es enthält eine Umschaltfläche, mit der man die Datensatzquelle des Unterformulars verändern kann. Je nachdem, ob die Umschaltfläche angeklickt wurde oder nicht, werden in dem Unterformular nur die offenen oder alle Ausleihen angezeigt. Der Unterschied besteht datenbanktechnisch darin, dass offene Ausleihen keinen Eintrag im Tabellenfeld *aus_bis* haben. Das wird im VBA-Code der Umschaltfläche ausgenutzt, um einen Filter *(tblAusleihe.aus_bis IS NULL)* abwechselnd ein- und auszuschalten.

Eine Tabelle mit zwei 1:n- und zwei n:1-Beziehungen

Beispiele: *frmMitglieder* in *Verein*; *frmBuecher* in *Verleih*

Dieser Formulartyp enthält gegenüber dem Grundtyp »Eine Tabelle mit einer 1:n-Beziehung und einer n:1-Beziehung« nichts Neues – außer dass er noch etwas komplexer ist. Die beiden unterschiedlichen Beziehungstypen werden wieder über Kombinationsfelder bzw. Unterformulare realisiert.

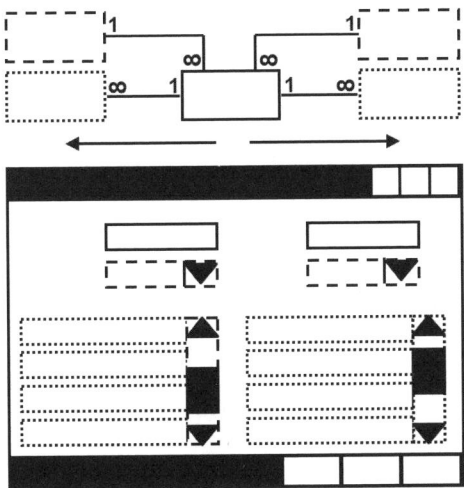

Abbildung 9.20: Grundtyp »Eine Tabelle mit zwei 1:n- und zwei n:1-Beziehungen«.

Abbildung 9.21 zeigt als Beispiel für diesen Formulartyp die Umsetzung des Datenmodells »Zu einem Mitglied gehören mehrere Beiträge, mehrere Mitgliedschaften, ein Trainer und eine Mannschaft«.

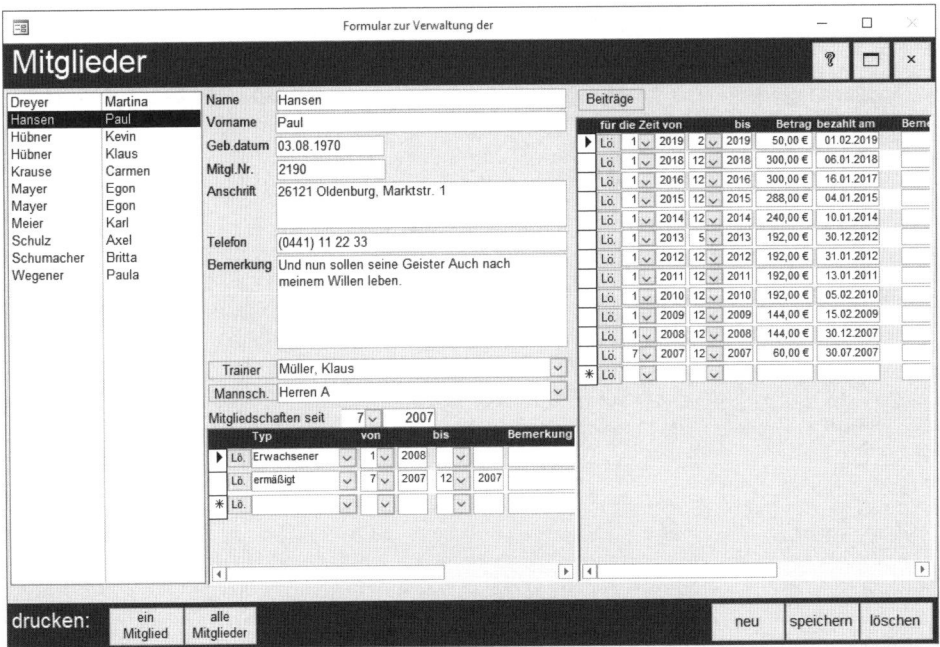

Abbildung 9.21: Beispiel für den Grundtyp »Eine Tabelle mit zwei 1:n- und zwei n:1-Beziehungen«.

Zur Erstellung dieses Formulars legen Sie erneut erst die beiden Unterformulare für die Beiträge und die Mitgliedschaften an. Beide sind wieder vom Typ *Endlosformular*, und Letzteres bekommt noch ein Kombinationsfeld für die Auswahl des Mitgliedstyps.

Anschließend erzeugen Sie das übergeordnete Formular – basierend auf der Tabelle *tblMit-glied*. Es bekommt zwei Kombinationsfelder für die Zuordnung des Trainers und der Mannschaft. Abschließend fügen Sie die beiden Unterformulare ein und verknüpfen sie über die Eigenschaften *Verknüpfen von* = *mit_id_f* und *Verknüpfen nach* = *mit_id* auf der Registerkarte *Daten* der Eigenschaftenblätter mit dem übergeordneten Formular.

Was ist wichtig?

1. Die Tabellen, deren Daten im Formular dargestellt werden sollen, können auf mehr oder weniger komplexe Weise über Beziehungen zusammenhängen. Der Grundbaustein ist aber immer eine 1:n-Beziehung zwischen zwei Tabellen.

2. Benutzen Sie das physische Datenmodell, um sich dieses Beziehungsgeflecht klarzumachen und basierend darauf das Formularlayout zu entwerfen.

3. Bei der Überlegung, welche Steuerelemente auf dem Formular eingesetzt werden sollen, ist immer zu unterscheiden, aus welcher Richtung man auf eine einzelne 1:n-Beziehung blickt.

4. Verfahren Sie bei der Umsetzung Ihres Entwurfs nach dem Grundsatz »Erst richtig, dann schön!«, sonst haben Sie nachher viel Mühe ins schöne Design gesteckt, aber es funktioniert nicht.

5. Widerstehen Sie der Versuchung, ein Superformular zu entwickeln, das alle Daten Ihrer Datenbank enthält! Sinnvoller sind separate Formulare für einzelne abgegrenzte Aufgaben.

6. Stellen Sie einen Zusammenhang zwischen all Ihren Formularen her über Buttons, die direkt von einem Formular aus ein anderes Formular öffnen, oder über ein zentrales Startformular oder über ein selbst programmiertes Menüband.

7. Werfen Sie ein Formular, das nicht richtig funktioniert, komplett weg und entwickeln Sie es neu. Das ist oft weniger aufwendig, als etwas Verpfuschtes zu reparieren.

8. Benutzen Sie die in diesem Kapitel beschriebenen Formularlayouts als Denkanstoß für Ihre eigene Entwicklung!

Sie finden das Dokument *WasIstWichtig.pdf* zum Ausdrucken im Internet (Adresse in der Einleitung, dort im Ordner *KapA*).

Kapitel 10
Datenbankanwendungen

In diesem Kapitel 358
Vorgehensweise 358
Aufteilung in Frontend und Backend 361
Schutz der Datenbank 371
Access ohne Access? 374
Wie geht's weiter? 377
Was ist wichtig? 383

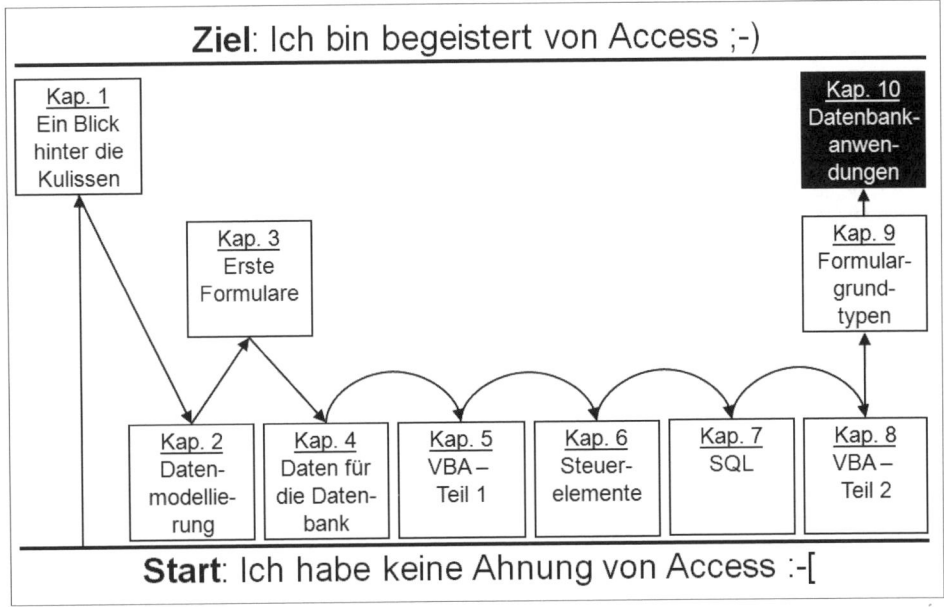

Abbildung 10.1: Das Kapitel 10, »Datenbankanwendungen«.

In diesem Kapitel

... erläutere ich abschließend die komplette Vorgehensweise bei der Erstellung von Datenbankanwendungen und gebe Hinweise auf professionelle Ergänzungen und weiterführende Themen.

Vorgehensweise

Schrittfolge

Nr.	Aktion	Beschrieben in Kapitel/Abschnitt
1	Schreiben der strukturierten Szenario-Beschreibung • Substantiv – Verb – Substantiv (Wann? Wie viel?)	2: »Die strukturierte Szenario-Beschreibung«
2	Entwicklung des logischen Datenmodells • aus Substantiven werden Entitäten, aus Verben werden Relationen • Kardinalitäten der Relationen	2: »... und seine Erstellung«
3	Mengen und Zeiten in Zwischentabellen unterbringen	2: »Mengen und Zeiten in Zwischentabellen«
4	Überführung in das physische Datenmodell • zwei Regeln für 1:n- und m:n-Beziehungen	2: »Die Überführung in das physische Modell«
5	Leere Access-Datenbank anlegen (im 2003er-Format!); Optionen: • *Aktuelle Datenbank/Anwendungsoptionen/ Dokumentfensteroptionen/Überlappende Fenster* • *Aktuelle Datenbank/Anwendungsoptionen/Beim Schließen komprimieren*	3: »Tabellen anlegen«
6	Tabellen anlegen • Datentypen inklusive Feldgröße auswählen (Primärschlüssel sind vom Typ *AutoWert*, Fremdschlüssel *Zahl/Long Integer*) • Eingabe erforderlich = ja/nein • leere Zeichenfolge = ja/nein • Tabelle *tblDBINFO* anlegen, Versionsnummer eintragen	3: »Tabellen anlegen«
7	Beziehungen definieren • mit referentieller Integrität • Kardinalitäten festlegen • Löschweitergabe einrichten	3: »Beziehungen definieren«
8	Testdaten eingeben • auf die Reihenfolge achten • keine Nachschlagefelder benutzen	3: »Testdaten eingeben« 4: »Generierung von Testdaten«

Tabelle 10.1: Schritte beim Erstellen einer Datenbankanwendung

Nr.	Aktion	Beschrieben in Kapitel/Abschnitt
9	Stammdatenformulare anlegen • Rohform mit dem Assistenten • Listenfeld und Schaltflächen hinzufügen • Standardelemente *Datensatzmarkierer, Navigationsschaltflächen, Trennlinien* und *Bildlaufleisten* entfernen • VBA-Code für das Speichern und Löschen um den Befehl *Requery* ergänzen • Layout gestalten	3: »Ein einfaches Stammdatenformular«
10	Startformular anlegen • Programmname, Versions-Nr., Autor • *Datei/Optionen/Aktuelle Datenbank/Anwendungsoptionen/ Formular anzeigen*	3: »Das Startformular«
11	Hilfedateien für die ersten Formulare anlegen • einheitliches Layout überlegen	1: »Hilfe!«
12	Weitere Formulare der verschiedenen Typen anlegen • ggf. Einzelzuordnung mit Kombinationsfeld anlegen • weitere Hilfedateien anlegen	3: »Ein Formular mit Unterformular« 3: »Einzelzuordnung« 9
13	VBA-Programmierung der einzelnen Formularfunktionen • am Anfang jedes VBA-Moduls *Option Explicit* eingeben • gebundene/ungebundene Formulare • Recordsets, SQL	5: »Das Drumherum« 8
14	Gegebenenfalls bereits existierende Daten importieren	4: »Übernahme von Echtdaten«
15	Testen der Anwendung • jeden erdenklichen, noch so »blöden« Fehler machen und kontrollieren, ob die Anwendung sinnvoll reagiert	
16	Aufteilung in Frontend- und Backend	10: »Aufteilung in Frontend und Backend«
17	*.accde*-Datei erzeugen	10: »Schutz der Datenbank«
18	*.accde*-Datei und Backend zusammen mit der Access Runtime an den Benutzer übergeben	10: »Access ohne Access?«
19	Frontend weiterentwickeln, neue *.accde*-Datei erzeugen und an den Benutzer übergeben	10: »Schutz der Datenbank«

Tabelle 10.1: Schritte beim Erstellen einer Datenbankanwendung (Fortsetzung)

Versionen

Bei der Entwicklung Ihrer Datenbankanwendung sollten Sie unbedingt darauf achten, nach jedem wichtigen Schritt eine neue Version anzulegen (Tabelle 10.2). Sollte dann im nächsten Schritt etwas schiefgehen, können Sie immer auf eine funktionsfähige Vorgängerversion zurückgreifen.

Ich mache es bisweilen so, dass ich im Laufe des Arbeitstags noch die Versionen »07a«, »07b«, »07c« usw. anlege. Dabei ist es sogar schon passiert, dass ich bei »z« angekommen bin, alle Versionen von »a« bis »w« gelöscht und wieder bei »a« begonnen habe. Das mag übertrieben klingen, mir ist aber auch noch nie ein einmal erzieltes Arbeitsergebnis verloren gegangen!

Was sind schon Goethes (angeblich) letzte Worte »Mehr Licht!« gegen den berühmten letzten Satz des Programmierers: »Das mach ich schnell noch, und dann leg ich eine neue Version an!«?

Version	Beschreibung
1	Alle Tabellen mit Feldern, Primärschlüsseln und Fremdschlüsseln sind angelegt – aber noch ohne Daten.
2	Beziehungen und Löschweitergaben sind eingerichtet.
3	Alle Tabellen sind mit einigen Testdaten gefüllt – unter Beachtung der richtigen Primärschlüssel-Fremdschlüssel-Relationen.
4	Bei der Eingabe der Testdaten entdecken Sie mit ziemlicher Sicherheit, dass noch Tabellen fehlen oder dass Tabellen überflüssig sind oder dass 1:n-Beziehungen in Wirklichkeit m:n-Beziehungen sind usw. Also ist eine neue Version mit veränderter Tabellenstruktur fällig!
5	Alle erforderlichen Stammdatenformulare wurden mit dem Formular-Assistenten in der Rohform erstellt und auf richtige Funktion getestet. (»Erst richtig – dann schön!«)
6	Die Stammdatenformulare sind ergonomisch gestaltet und wurden bereits zur Eingabe weiterer Daten benutzt. Ein Startformular wurde erstellt, von dem aus sich die anderen Formulare per Klick auf eine Schaltfläche öffnen lassen.
7	Erste komplexe Formulare sind mit dem Formular-Assistenten in der Rohform erstellt und auf richtige Funktion getestet.
8	Auch jetzt kann es sich noch einmal erweisen, dass Sie an der Tabellenstruktur etwas ändern müssen. Und wieder ist eine neue Version fällig!
9	Die ersten komplexen Formulare sind ergonomisch gestaltet und wurden bereits zur Eingabe weiterer Daten benutzt. Wenn Sie die Datenbankanwendung nicht für sich selbst, sondern für einen Auftraggeber entwickeln, wird es jetzt Zeit, sich einmal mit ihm zusammenzusetzen und ihm diese Version vorzuführen.
10, 11 ...	Ab jetzt sollten Sie jedes Mal, wenn Sie ein Formular oder einen Bericht fertiggestellt oder an der Tabellenstruktur wieder einmal etwas geändert haben, eine neue Version erstellen.

Tabelle 10.2: Eine sorgfältige Versionsverwaltung ist außerordentlich wichtig!

Für eine mittelgroße Anwendung sollten Sie bis zur Übergabe in den Echtbetrieb beim Benutzer mit mindestens 25 Versionen rechnen. Der Zeitaufwand für die Erstellung einer Version schwankt stark – die ersten Versionen können Sie in ein bis zwei Stunden fertig haben; später kann es auch schon mal drei Tage dauern.

Entwicklung für andere

Wenn Sie nicht nur für sich selbst, sondern für andere Personen entwickeln, sollten Sie diese schon sehr frühzeitig mit einbeziehen und mit ihnen unbedingt das Datenmodell besprechen. Auch später sollten Sie immer wieder neue Versionen vorführen und vom späteren Benutzer kritisieren lassen. Sonst besteht die Gefahr, dass Sie in Ihrem »stillen Kämmerlein« am Bedarf des Benutzers vorbeientwickeln.

Heben Sie alle Versionen auf – vor allem die, die Sie an Benutzer herausgegeben haben. Und merken Sie sich, wem Sie wann was gegeben haben.

Machen Sie in Ihrer Datenbankanwendung deutlich, um welche Version es sich handelt, z. B. durch eine entsprechende Angabe im Startformular, so wie in meinen Beispielanwendungen.

Wenn Sie mit einem Benutzer über Ihre Anwendung sprechen, klären Sie vorher, um welche Version es geht, damit sie nicht aneinander vorbeireden.

Lassen Sie sich vom Benutzer niemals überreden, mal eben schnell eine kleine Änderung auf seinem Computer zu machen. Dann entsteht Versionschaos! Stattdessen sammeln Sie seine Wünsche, gehen nach Hause, erstellen eine neue Version und schicken ihm diese zu.

Animieren Sie den späteren Benutzer Ihrer Anwendung möglichst frühzeitig, sich mit dem Thema »Abfragen« zu beschäftigen! Der Wunsch, bestimmte Daten in einer bestimmten Zusammenstellung zu haben, entsteht meist spontan aus einer bestimmten Situation heraus. Und dann kann er im Allgemeinen nicht erst den Spezialisten (Sie!) anrufen. Daher sollte er es besser selber können!

Voraussetzung für die Definition eigener Abfragen ist die gründliche Kenntnis des Datenmodells. Auch damit muss sich der spätere Benutzer beschäftigen. Er muss wissen, über welche Beziehungen die Tabellen zusammenhängen, um sinnvolle Abfragen entwerfen zu können.

Bevor der Benutzer eine größere Menge echter Daten eingibt, führen Sie die weiter unten beschriebene Aufteilung in Frontend und Backend durch. Nur dann können Sie ihm problemlos neue Versionen zukommen lassen, ohne dass die bereits eingegebenen Daten verloren gehen.

Machen Sie ständig Backups auf ein **anderes** Medium (zweite Festplatte, USB-Stick, CD/DVD ...), denn wenn Ihre Festplatte mal ein Problem bekommt, ist sehr viel Arbeit verloren.

Aufteilung in Frontend und Backend

Das Problem

Noch einmal zur Erinnerung: Access ist eine ziemlich komplexe Software, die aus mehreren Bestandteilen besteht:

- der Benutzeroberfläche – auch Client genannt (das sind die Formulare),
- des Datenbank-Management-Systems (DBMS) und
- der Tabellen mit den Daten.

Alle diese Bestandteile befinden sich in einer einzigen Datei mit der Endung *.accdb*. Dadurch kann jemand, der Access auf seinem Computer installiert hat,

- sowohl die Formulare und die Tabellenstruktur verändern
- als auch die Anwendung nutzen, um seine Daten zu verwalten.

Das ist so lange völlig in Ordnung, wie der Entwickler der Datenbankanwendung identisch ist mit seinem einzigen Benutzer – wenn Sie also ausschließlich für sich selbst arbeiten. Ansonsten hat diese Technik einen riesengroßen Nachteil.

Um das zu verstehen, stellen Sie sich einmal Folgendes vor: Sie haben eine Datenbankanwendung entwickelt und sie einem oder sogar mehreren Benutzern gegeben. Die Benutzer arbeiten schon eine Weile mit der Anwendung, haben viele Daten eingegeben und sind mehr oder weniger zufrieden damit. Trotzdem haben die Benutzer noch einige Änderungswünsche, und auch Ihnen als Entwickler fallen weitere Verbesserungsmöglichkeiten ein. Es entsteht also irgendwann eine neue Version Ihrer Datenbankanwendung, die Sie den Benutzern übergeben möchten – also eine neue Datei mit der Endung *.accdb*. Diese Datei enthält aber nicht die Daten, die die Benutzer inzwischen in der alten Version eingegeben haben. Die Benutzerdaten müssen also von der alten zur neuen Version übertragen werden.

Entweder lassen Sie die Benutzer mit dieser undankbaren Aufgabe allein (dann werden sie schön sauer auf Sie sein), oder Sie sagen: »Ich mache das für Sie!« Wenn Sie dafür von den Benutzern Geld verlangen, werden die sich ärgern. Wenn Sie dafür kein Geld bekommen, werden Sie sich ärgern. So geht es also nicht!

Die Lösung

Gott sei Dank gibt es aber eine Lösung für dieses Problem: die Datenbankaufteilung. Dazu öffnen Sie die aufzuteilende Datenbank und wählen im Menüband unter *Datenbank-tools/Daten verschieben* den Befehl *Access-Datenbank*. Daraufhin startet der Assistent zur Datenbankaufteilung (Abbildung 10.2).

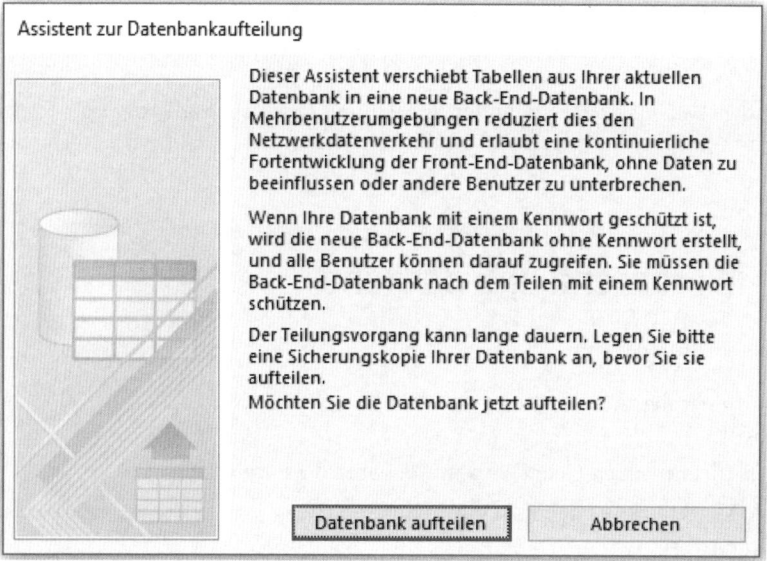

Abbildung 10.2: Die Datenbankaufteilung ermöglicht eine kontinuierliche Fortentwicklung des Frontends.

Nachdem der Assistent seine Arbeit beendet hat, sind aus der Datei *MeineDB.accdb* zwei Dateien geworden: Die eine heißt wiederum *MeineDB.accdb* und die andere *MeineDB_be.accdb*. Erstere wird als Frontend bezeichnet und enthält alle Formulare, Berichte usw. – aber **keine Tabellen** mehr. Letztere wird als Backend bezeichnet (daher der Namenszusatz *_be*) und enthält die Tabellen mit den Daten.

Zwei Dinge wurden bei der Datenbankaufteilung von Microsoft leider etwas unglücklich gelöst:

- Die Datei mit dem Frontend trägt den gleichen Namen wie die ursprüngliche Datei. Dadurch kann es leicht zu Verwechslungen kommen.

- Aufgrund dieser Namensgleichheit ist nach der Datenbankaufteilung die ursprüngliche Datei *MeineDB.accdb* nicht mehr vorhanden. Ich empfehle Ihnen daher dringend, diese vor der Datenbankaufteilung an einem anderen Ort und unter einem anderen Namen (z. B. *MeineDB_original.accdb*) zu sichern.

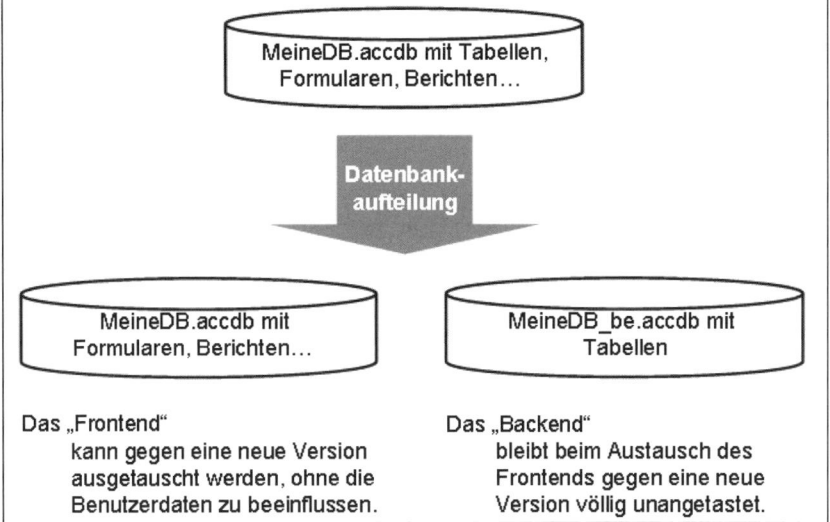

Abbildung 10.3: Die Datenbankaufteilung erzeugt zwei Dateien: MeineDB.accdb *und* MeineDB_be.accdb.

Diese Aufteilung der ursprünglichen einen Datenbankdatei in eine Frontend- und eine Backend-Datei bringt für Sie als Entwickler einen unschätzbaren Vorteil: Sie können jetzt das Frontend mit der gesamten Benutzeroberfläche (Formulare, Berichte usw.) problemlos gegen eine neue Version austauschen, ohne die Benutzerdaten dabei anzutasten, denn diese befinden sich ja in der Backend-Datei (Abbildung 10.3).

Wenn Sie also Ihre Datenbankentwicklung nicht nur für sich selbst, sondern auch für andere betreiben, kommen Sie um eine Aufteilung in Frontend und Backend überhaupt nicht herum. Ohne diese Aufteilung ist es unmöglich, dem Benutzer eine neue Version zu übergeben.

Die Datenbankanwendung kann trotz Aufteilung in Frontend und Backend weiter wie gewohnt benutzt werden, indem Sie die Frontend-Datei öffnen. Als einzigen Unterschied bemerken Sie lediglich im Navigationsbereich, dass die Tabellen mit einem kleinen blauen Pfeil gekennzeichnet sind. Das bedeutet, dass es sich um Tabellen handelt, die sich nicht innerhalb der gerade von Ihnen geöffneten Datei befinden, sondern in einer anderen Datei – der Backend-Datei. Diese Tabellen werden als *verknüpfte Tabellen* bezeichnet.

Die Formulare funktionieren nach wie vor alle genauso wie vor der Aufteilung der Datenbank.

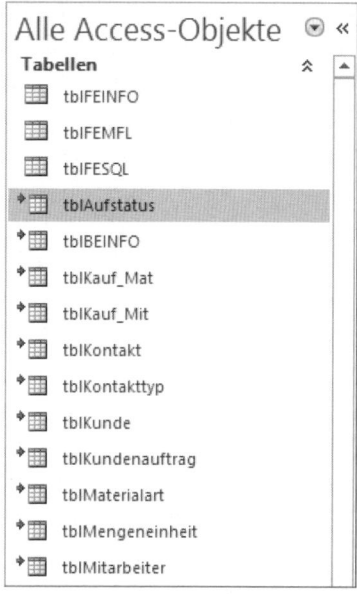

Abbildung 10.4: Verknüpfte Tabellen werden mit einem kleinen blauen Pfeil gekennzeichnet.

Wenn Sie das Frontend oder das Backend in einen anderen Ordner verschieben, kann die Verknüpfung zwischen beiden verloren gehen (»Laufzeitfehler '3024'«). Dann müssen Sie im Menüband unter *Externe Daten* den *Tabellenverknüpfungs-Manager* wählen (Access 2007: *Datenbanktools/Datenbanktools/Tabellenverknüpfungs-Manager*).

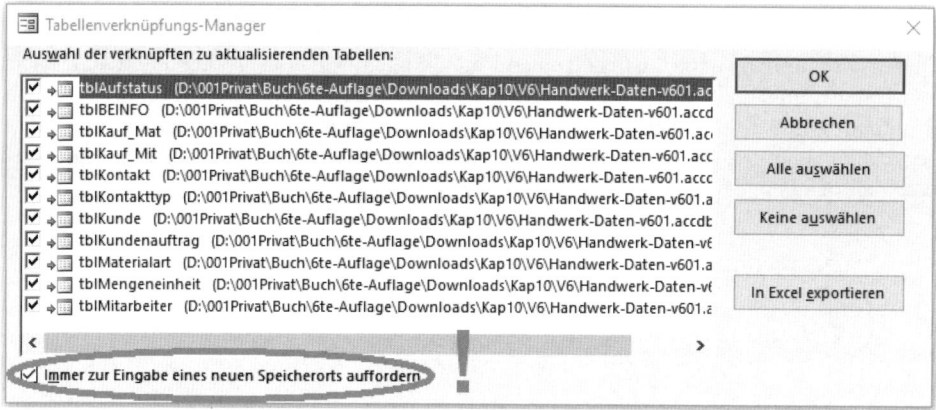

Abbildung 10.5: Mit dem Tabellenverknüpfungs-Manager kann eine Verknüpfung wiederhergestellt werden.

In dem Dialogfeld, das sich daraufhin öffnet, müssen Sie auf *Alle auswählen* klicken und das Kontrollkästchen *Immer zur Eingabe eines neuen Speicherorts auffordern* (Access 2007: *Neuen Speicherort immer bestätigen lassen*) aktivieren. Wenn Sie dann auf *OK* klicken, können Sie dem Frontend mitteilen, wo sich das Backend jetzt befindet.

Das verbleibende Problem

Haben Sie vielleicht schon bemerkt, welches Problem mit der Technik der Datenbankaufteilung weiterhin ungelöst bleibt? Was ist denn, wenn die weitere Entwicklung Ihrer Datenbankanwendung nicht darin besteht, ein Formular oder einen Bericht zu verbessern oder ein neues Formular oder einen neuen Bericht zu erstellen? Was ist denn, wenn Sie feststellen, dass in einer Tabelle eine Spalte fehlt oder dass sogar eine ganze Tabelle fehlt? Dann müssten Sie ja eine neue Backend-Datei erstellen und dem Benutzer übergeben! Und was passiert dann mit seinen Daten? Dann haben wir ja wieder das Problem, das wir bereits für gelöst hielten!

 Investieren Sie unbedingt genügend Zeit in die Überlegungen zur Datenmodellierung.

Spätestens wenn Sie die Datenbankaufteilung durchführen, muss Ihr Datenmodell ziemlich perfekt sein und alle nur denkbaren Eventualitäten bereits berücksichtigen. Aber auch für den Fall, dass es trotzdem notwendig werden sollte, die Tabellenstruktur im Backend zu ändern, gibt es eine Lösung.

Der Lösungsansatz besteht auf keinen Fall darin, dem Benutzer zuzumuten, mit einer neuen Backend-Datei zu arbeiten, denn dann entstünde wieder das Problem der Rettung der vorhandenen Daten. Sie können dem Benutzer höchstens eine neue Frontend-Datei geben. Diese muss es dann irgendwie bewerkstelligen, die Backend-Datei des Benutzers zu manipulieren, ohne die vorhandenen Daten zu beschädigen.

Und das geht tatsächlich!

Sie benötigen dafür in der Frontend-Datei eine Tabelle *tblFESQL* mit den Spalten *sql_id*, *sql_version*, *sql_lfdnr* und *sql_befehl* (Abbildung 10.6). Sie enthält – wie die Spaltennamen schon erahnen lassen – eine Liste aller SQL-Befehle, die notwendig sind, um die Backend-Datei auf den neuesten Stand zu bringen.

Beispiele für die wichtigsten Befehle:

- Anlegen einer neuen Tabelle *(tblXxx)*:

```
CREATE TABLE tblXxx (xxx_id COUNTER PRIMARY KEY,
    xxx_spalte1 VARCHAR(50),
    xxx_spalte2 DOUBLE,
    xxx_spalte3 YESNO,
    xxx_spalte4 LONG,
    xxx_spalte5 CURRENCY)
```

- Hinzufügen einer Spalte zu einer existierenden Tabelle:

```
ALTER TABLE tblXxx ADD COLUMN xxx_spalte6 MEMO
```

- Ändern einer Spalte (z. B. den Datentyp):

  ```
  ALTER TABLE tblXxx ALTER COLUMN xxx_spalte1 VARCHAR(255)
  ```

- Einfügen von Daten in eine existierende Tabelle:

  ```
  INSERT INTO tblXxx (xxx_spalte1, xxx_spalte2) VALUES ('texttext', 5.8)
  ```

- Löschen einer Tabelle bzw. einer Spalte (Achtung: Wenn Sie eine Tabelle löschen wollen, müssen Sie vorher alle ihre Beziehungen zu anderen Tabellen löschen!):

  ```
  DROP TABLE tblXxx
  ```

  ```
  ALTER TABLE tblXxx DROP COLUMN xxx_spalte1
  ```

- Herstellen einer Beziehung zwischen den Tabellen *tblXxx* (Fremdschlüssel *yyy_id_f*) und *tblYyy* (Primärschlüssel *yyy_id*). Achtung: Der Name des Constraints muss **eindeutig** sein! Üblicherweise wird er aus einer Zusammensetzung der beiden Tabellennamen gebildet.

  ```
  ALTER TABLE tblXxx Add CONSTRAINT tblXxxtblYyy FOREIGN KEY (yyy_id_f)
  REFERENCES tblYyy (yyy_id)
  ```

- Löschen einer Beziehung zwischen den Tabellen *tblXxx* (Fremdschlüssel *yyy_id_f*) und *tblYyy* (Primärschlüssel *yyy_id*). Achtung: Wenn Sie eine Tabelle löschen wollen, müssen Sie vorher alle ihre Beziehungen zu anderen Tabellen löschen!

  ```
  ALTER TABLE tblXxx DROP CONSTRAINT tblXxxtblYyy
  ```

tblFESQL

sql_id	sql_version	sql_lfdnr	sql_befehl	sql_bemerkung
20	501	9	INSERT INTO tblKontakttyp(ktyp_name) VALUES("Mobil")	Einfügen von Daten in tblKontakttyp
21	501	10	INSERT INTO tblKontakttyp(ktyp_name) VALUES("Email")	Einfügen von Daten in tblKontakttyp
22	601	11	ALTER TABLE tblMaterial DROP CONSTRAINT tblKundenauftragtblMaterial	Löschen der Beziehung zwischen tblKundenauftrag und tblMaterial
23	601	12	DROP TABLE tblMaterial	Löschen der Tabelle tblMaterial
1	601	13	CREATE TABLE tblMengeneinheit(men_id COUNTER PRIMARY KEY, men_bezeichnung VARCHAR(30))	Anlegen der Tabelle tblMengeneinheit
2	601	14	CREATE TABLE tblMaterialart(mat_id COUNTER PRIMARY KEY, men_id_f LONG, mat_name VARCHAR(255), mat_preis CURRENCY, mat_bemerkung MEMO)	Anlegen der Tabelle tblMaterialart
3	601	15	ALTER TABLE tblMaterialart ADD CONSTRAINT tblMaterialarttblMengeneinheit FOREIGN KEY (men_id_f) REFERENCES tblMengeneinheit(men_id)	Anlegen einer Beziehung zwischen tblMaterialart und tblMengeneinheit
4	601	16	CREATE TABLE tblKauf_Mat(kaufmat_id COUNTER PRIMARY KEY, mat_id_f LONG, kauf_id_f LONG, kaufmat_menge SINGLE, kaufmat_bemerkung MEMO)	Anlegen der Zwischentabelle tblKauf_Mat

Datensatz: 10 von 23 | Kein Filter | Suchen

Abbildung 10.6: Die Tabelle tblFESQL *enthält die SQL-Befehle zur Manipulierung der Tabellenstruktur des Backends (auch über mehrere Versionen hinweg!).*

Wenn Sie eine Beziehung löschen wollen, benötigen Sie den Namen des entsprechenden Constraints.

Diesen Namen finden Sie in der Spalte *szRelationship* der Systemtabelle *MSysRelationships*, die normalerweise im Navigationsbereich von Access nicht sichtbar ist. Um sie sichtbar zu machen, müssen Sie nach einem Rechtsklick auf den Titel *Alle Access-Objekte* die Option *Navigationsoptionen* und dort dann *Systemobjekte anzeigen* wählen.

Achtung: Wenn Sie die Datenbank bereits in Front- und Backend aufgeteilt haben, müssen Sie im Backend nachschauen. Die Tabelle *MSysRelationships* im Frontend ist leer!

Zu welchem Zeitpunkt müssen diese SQL-Befehle aus der Tabelle *tblFESQL* ausgeführt werden? Die Antwort ist: noch bevor die Verknüpfung zwischen Frontend und Backend hergestellt wird. Geht das? Zu diesem Zeitpunkt befinden sich ja die SQL-Befehle in einer Frontend-Tabelle, und die zu manipulierenden Tabellen befinden sich im Backend – also in zwei unterschiedlichen Access-Dateien. Ja, das geht! Man kann von einer Access-Datei aus auf eine andere zugreifen und dort die Tabellenstruktur manipulieren.

Dazu können Sie die von mir geschriebene VBA-Prozedur *backend_verbinden* benutzen, die vom Autoexec-Makro des Frontends aufgerufen wird – noch **bevor** sich das Startformular öffnet.

Im Internet (Adresse in der Einleitung) finden Sie im Ordner *Kap10* einige Dateien, mit denen Sie diese Vorgehensweise üben können:
Handwerk-v601 ist die Frontend-Datei, *Handwerk-Daten-v601* ist das dazugehörige Backend, *Handwerk-Daten-v501* und *Handwerk-Daten-v401* sind veraltete Backend-Versionen, die vom Frontend upgedatet werden können.

Bevor Sie loslegen, lesen Sie aber bitte noch den folgenden Abschnitt »Welche Version ist es denn?«!

Welche Version ist es denn?

Woher weiß denn eine neue Frontend-Version, dass es sich bei dem von ihr vorgefundenen Backend um eine alte Version handelt?

Erstellen Sie in der Frontend-Datei und in der Backend-Datei die Tabelle *tblFEINFO* bzw. *tblBEINFO* mit den beiden Spalten *fei_name* und *fei_wert* bzw. *bei_name* und *bei_wert*.

Dabei handelt es sich um »Universaltabellen«, die beliebige Informationen aufnehmen können – z. B.

- *tblBEINFO.bei_name*="*version*" und
- *tblBEINFO.bei_wert*="*601*".

Dann können Sie mit dem SQL-Befehl

```
SELECT bei_wert FROM tblBEINFO WHERE bei_name="version"
```

herausbekommen, welche Versionsnummer die Backend-Datei hat! Darauf aufbauend, können Sie dann VBA-gesteuert entscheiden, welche Veränderungen an der Tabellenstruktur der Backend-Datei eventuell erforderlich sind.

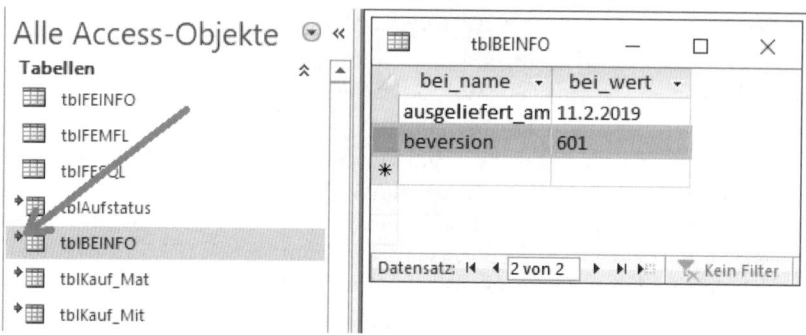

Abbildung 10.7: Die »Universaltabelle« tblBEINFO kann beliebige Informationen aufnehmen.

Die Infotabelle *tblFEINFO* der Frontend-Datei befindet sich dann natürlich auch in der Frontend-Datei. Es ist also **keine** verknüpfte Tabelle.

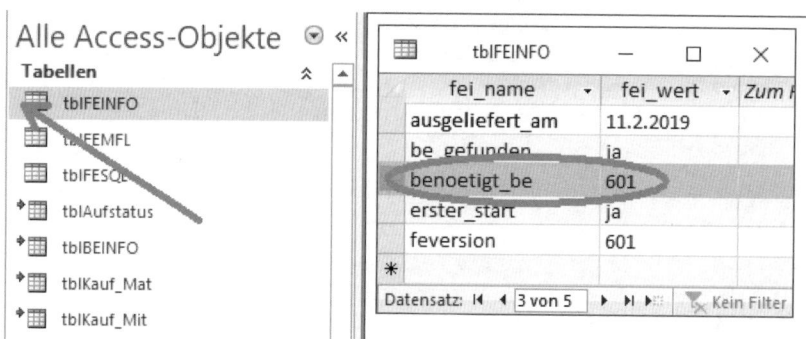

Abbildung 10.8: Die Tabelle tblFEINFO ist keine verknüpfte Tabelle.

Sie erkennen das daran, dass sich im Navigationsbereich **kein** kleiner blauer Pfeil vor dem Namen dieser Tabelle befindet (Abbildung 10.8). Ihre komplette Datenbankanwendung hat dann also zwei Versionsnummern – eine für das Frontend und eine für das Backend –, und Sie sollten sich genau notieren,

- welcher Benutzer welche Versionen von Ihnen bekommen hat und
- welche Frontend-Version mit welcher Backend-Version zusammenarbeitet.

Frontend-gesteuertes Backend-Update

So, nun haben wir alle Zutaten beisammen, um eine ziemlich professionelle Datenbankanwendung zu entwickeln. Wir können dem Benutzer jetzt jederzeit eine neue Frontend-Version geben und damit so ganz »nebenbei« auch die Tabellenstruktur des Backends aktualisieren – falls das erforderlich ist!

Weil das alles zusammen schon ganz schön kompliziert geworden ist, zeigt Abbildung 10.9 den gesamten Ablauf beim Öffnen des Frontends als Flussdiagramm.

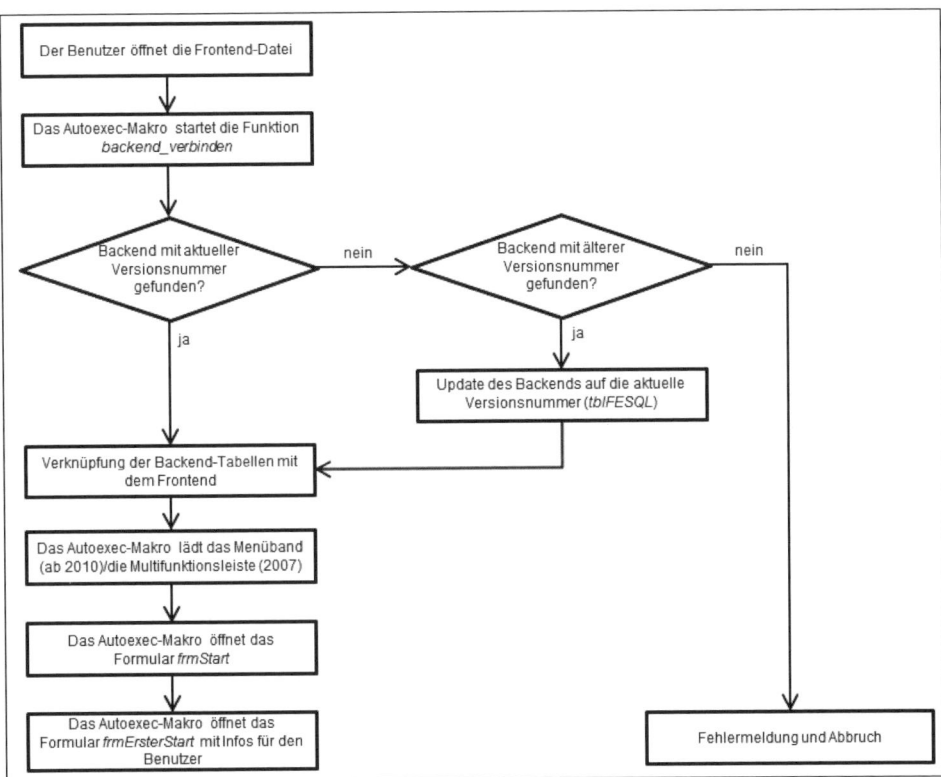

Abbildung 10.9: Der gesamte Ablauf beim Öffnen des Frontends ist mittlerweile ganz schön kompliziert geworden!

Jetzt sollten Sie den ganzen Ablauf mit den bereits erwähnten Übungsdateien einmal durchspielen. Öffnen Sie dazu bitte zunächst das Frontend und sehen Sie sich die Prozedur *backend_verbinden* (unter *Module/Hilfsprozeduren*) an! Darin befinden sich ausführliche Kommentare.

Damit Sie das Frontend-gesteuerte Backend-Update (was für eine Formulierung!) üben können, habe ich folgendes Szenario vorbereitet (Abbildung 10.10). In der Version 401 unserer Beispieldatenbank gibt es die Tabellen *tblAnschrift* und *tblMaterial*, die über 1:n-Beziehungen mit der Tabelle *tblKunde* bzw. *tblKundenauftrag* verbunden sind. In der Version 501 wird *tblAnschrift* durch *tblKontakt* ersetzt. Hinzu kommt außerdem die Tabelle *tblKontakttyp*. In der Version 601 wird *tblMaterial* durch *tblMaterialart* ersetzt. Hinzu kommt außerdem die Tabelle *tblMengeneinheit*. Die für diese Updates erforderlichen SQL-Befehle finden Sie in der Tabelle *tblFESQL* des Frontends *Handwerk-v601*. Sie finden außerdem noch einmal sämtliche SQL-Befehle in der Textdatei *Handwerk-SQL.txt*.

Damit haben Sie jetzt zwei Möglichkeiten, das Update der Version 401 zu üben:

Erste Möglichkeit: Öffnen Sie das **Backend** *Handwerk-Daten-v401* und benutzen Sie das darin enthaltene Formular *frmExecSQL*, um die SQL-Befehle aus der Textdatei *Handwerk-SQL.txt* **einzeln** nacheinander auszuführen. Bitte beobachten Sie dann jeweils die erzielte Wirkung, indem Sie *Datenbanktools/Beziehungen* aufrufen. (Achtung: Dort werden neu angelegte Tabellen nicht automatisch angezeigt. Sie müssen nach einem Rechtsklick erst *Tabelle anzeigen* ausführen.)

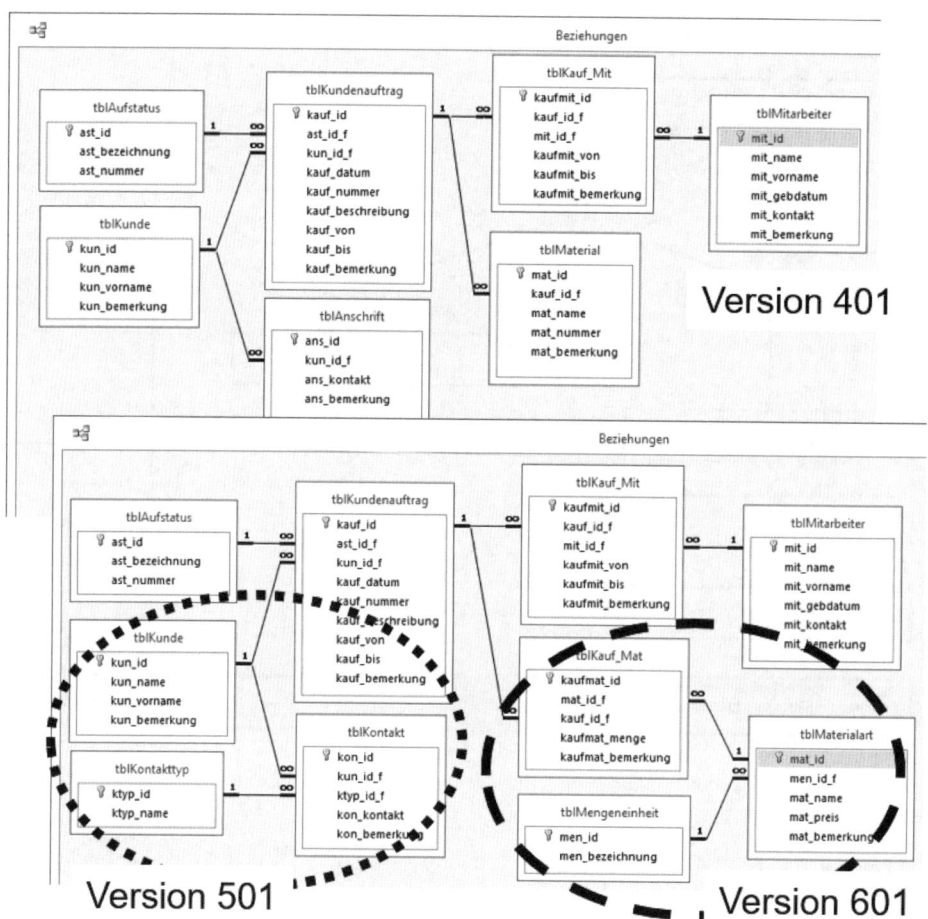

Abbildung 10.10: Im Übungsszenario wird die Backend-Version 401 zunächst zur Version 501 und dann zur Version 601 upgedatet.

Zweite Möglichkeit: Falls Sie die unter »Erste Möglichkeit« beschriebene Übung durchgeführt haben, holen Sie sich die ursprüngliche Backend-Version 401 wieder und löschen die beiden Backends mit den Versionsnummern 501 und 601 (Sie können sie ja jederzeit wieder von der Downloadseite holen). Jetzt findet das Frontend der Version 601 beim Öffnen kein Backend mit aktueller Versionsnummer mehr. Stattdessen findet es das veraltete Backend mit der Versionsnummer 401. Dieses wird anhand der SQL-Befehle in der Tabelle *tblFESQL* upgedatet und in *Handwerk-Daten-v601* umbenannt. Falls Sie dieses Update Schritt für Schritt mitgehen wollen, folgen Sie bitte dem entsprechenden Hinweis am Anfang des VBA-Codes der Prozedur *backend_verbinden*!

Nach diesen Übungen sind Sie dann vielleicht auch schon in der Lage, diese Technik in Ihre eigene Datenbankanwendung einzubauen. Sie können die Prozedur *backend_verbinden* unverändert übernehmen – müssen sich aber bei der Namensgebung Ihres Frontends und Backends an meine Vorgaben halten (siehe Erläuterungen dazu am Anfang der Prozedur *backend_verbinden*).

Schutz der Datenbank

Wenn Sie die von Ihnen entwickelte Datenbankanwendung an andere Benutzer weitergeben, gibt es zwei unterschiedliche Gründe, sie zu schützen:

- Zum einen sollen **unbefugte** Personen sie nicht benutzen dürfen und vor allem keine Möglichkeit haben, an die darin enthaltenen Daten heranzukommen.

- Zum anderen sollen **befugte** Benutzer Ihre Datenbankanwendung nicht verändern können, indem sie den VBA-Code umschreiben.

Es geht also einerseits um den Schutz der Daten und andererseits um den Schutz Ihres geistigen Eigentums.

Schutz vor unbefugten Personen

Die Vorgehensweise wird ausführlich und detailliert in dem Access-Hilfeartikel »Verschlüsseln einer Datenbank mithilfe eines Datenbankkennworts« beschrieben.

Wenn Sie ein Datenbankkennwort vergeben haben, können nur noch solche Personen die entsprechende Datei mit Access öffnen, die das Kennwort besitzen. Darüber hinaus ist auch jeder andere Zugriff auf die in der Datei enthaltenen Daten geschützt. Wenn z. B. jemand mithilfe von Excel über *Daten/Externe Daten abrufen/Aus anderen Quellen/Von Microsoft-Query* (Excel 2007: *Daten/Externe Daten importieren/Neue Abfrage erstellen*) auf Ihre Datenbankdatei zugreifen will und das Kennwort nicht kennt, erhält er folgende Aufforderung:

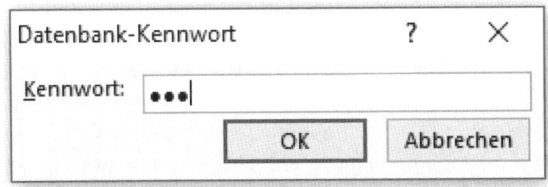

Abbildung 10.11: Ohne Kennwort kann man die Datenbankdatei auch mit anderen Programmen (z. B. Excel) nicht öffnen.

Der Rundumschutz

Jetzt wollen wir die Aufteilung der Datenbank in Frontend und Backend und den gerade beschriebenen Passwortschutz miteinander kombinieren. Dazu stellen Sie sich bitte folgendes Szenario vor:

Sie haben eine Datenbankanwendung für einen Kunden entwickelt und darum natürlich die Access-Datei in Frontend und Backend aufgeteilt, sonst könnten Sie keine Updates machen. Beim Kunden arbeiten jetzt mehrere Leute mit Ihrer Anwendung. Das ist durchaus möglich, weil man die Backend-Datei auf einem Fileserver im lokalen Netzwerk ablegen und dann von mehreren Frontends aus übers Netzwerk darauf zugreifen kann.

Nun enthält die Backend-Datei aber Daten, die nicht jeder Mitarbeiter des Kunden sehen soll. Damit jemand, der Access auf seinem Computer installiert hat, jetzt nicht einfach die Backend-Datei öffnet und sich alles anschaut, haben Sie sie mit einem Passwort geschützt. Wird das funktionieren? Nein, leider nicht, denn wenn das Frontend versucht, auf die Tabellen des Backends zuzugreifen, wird der Benutzer zur Eingabe des Passworts aufgefordert. Aber das soll er ja gerade nicht haben!

Was tun? Da ist guter Rat teuer. Für Sie nicht, denn Sie haben ja dieses Buch gekauft!

Es gibt nämlich die Möglichkeit, die Verbindung zwischen Frontend und Backend passwortgeschützt herzustellen. Dazu werfen Sie bitte noch einmal einen Blick in die Prozedur *backend_verbinden*. Darin gibt es zwei Stellen, an denen mit dem VBA-Befehl *Set dbBE = …* die Verbindung zum Backend hergestellt wird. Ich habe diese beiden Stellen im Code auffällig markiert.

Diesen Befehl können Sie wahlweise mit oder ohne Passwort benutzen. Die Variante mit Passwort habe ich durch Kommentarzeichen deaktiviert. Und jetzt kommt wieder eine Übung:

Sichern Sie mal das Backend mit einem Passwort. Wie das geht, wird – wie gesagt – im Access-Hilfeartikel »Verschlüsseln einer Datenbank mithilfe eines Datenbankkennworts« ausführlich beschrieben.

Dann schreiben Sie das Passwort für das Backend in die Prozedur *backend_verbinden* in die Zeile *strPasswort = …* ganz am Anfang der Prozedur. Zurzeit steht dort das Passwort *geheim*. Das müssten Sie durch Ihr eigenes Passwort ersetzen.

Jetzt schließen Sie das Frontend und öffnen es erneut. Wenn Sie alles richtig gemacht haben, müsste es ohne weitere Nachfrage die Verknüpfung zum **passwortgeschützten** Backend herstellen! Somit kommt nur noch jemand, der das Frontend besitzt, an die Daten im Backend heran.

Jetzt werden Sie sagen: »Jaaa … aber das Passwort steht ja im Klartext im VBA-Code des Frontends, und jeder kann es dort nachlesen!« Auch diese Hintertür schließen wir noch, indem wir das Frontend in eine *.accde*-Datei umwandeln, die keinen VBA-Code im Klartext mehr enthält (siehe weiter unten). Dann kommt niemand mehr an das Passwort für die Backend-Datei heran – und trotzdem kann jeder Benutzer mithilfe des Frontends auf das Backend zugreifen.

Super – oder !?

Schutz vor befugten Personen ...

Befugte Personen sollen Ihre Datenbankanwendung natürlich benutzen können – aber Sie müssen trotzdem verhindern,

- dass sie Ihre Datenbankanwendung verändern und dann unter ihrem eigenen Namen weitergeben oder sogar verkaufen und

- dass sie darin »herumpfuschen« und sich dann bei Ihnen melden und verlangen, dass Sie Fehler reparieren, die sie selbst verursacht haben. Das ist unter Umständen schwer nachzuweisen, und der Schwarze Peter bleibt dann bei Ihnen als Entwickler hängen.

Es geht in diesem Fall also nicht um den Schutz der Daten, denn das sind ja die Daten des befugten Benutzers, sondern um den Schutz Ihres geistigen Eigentums in Form des VBA-Codes, in dessen Entwicklung Sie viel Zeit investiert haben.

... durch ein VBA-Kennwort

Öffnen Sie aus Access heraus mit ⌈Alt⌉+⌈F11⌉ das VBA-Fenster und wählen Sie dort im Menü *Extras* den Befehl *Eigenschaften von Datenbankname*. Aktivieren Sie auf der Registerkarte *Schutz* das Kontrollkästchen *Projekt für die Anzeige sperren*, geben Sie das Kennwort zweimal ein und klicken Sie auf *OK*.

Wenn Sie jetzt die Datenbank schließen, erneut öffnen, dann wieder ⌈Alt⌉+⌈F11⌉ drücken und versuchen, sich den VBA-Code anzeigen zu lassen, werden Sie nach dem Kennwort gefragt.

Befugte Personen können also jetzt Ihre Datenbankanwendung benutzen – sich den VBA-Code aber nicht ansehen und damit auch nicht ändern oder kopieren.

... durch die Erzeugung einer .accde-Datei

Eine andere Möglichkeit, Ihren VBA-Code zu schützen, besteht darin, ihn nicht nur durch ein Kennwort zu verbergen, sondern ihn ganz und gar aus der Datenbankdatei zu entfernen. Sie meinen, dann würde die Anwendung ja nicht mehr funktionieren? Da haben Sie recht! Meine Formulierung »den Code entfernen« war auch nicht ganz exakt. Genau genommen muss es heißen: Der Quellcode (also der Code in seiner von Menschen lesbaren Form) wird in Maschinencode (also in eine von Menschen nicht mehr lesbare, aber vom Computer ausführbare Form) übersetzt und anschließend gelöscht. Danach ist nichts mehr da, was sich andere Leute anschauen und gegebenenfalls stehlen könnten.

Um diese Operation durchzuführen, öffnen Sie wie gewohnt Ihre Datenbankanwendung mit Access und wählen dann im Menüband unter *Datei/Speichern unter/Erweitert* (Access 2010: *Datei/Speichern und Veröffentlichen/Erweitert*, Access 2007: *Datenbanktools/Datenbanktools*) den Befehl *ACCDE erstellen*. Als Ergebnis erhalten Sie zusätzlich zu Ihrer *.accdb*-Datei eine *.accde*-Datei gleichen Namens. Hier bleibt also die Originaldatei erhalten – im Unterschied zur Funktionsweise der Datenbankaufteilung.

Wenn Sie jetzt die *.accde*-Datei mit Access öffnen und sich mit ⌈Alt⌉+⌈F11⌉ den VBA-Code anschauen wollen, bekommen Sie diese Information: »Projekt kann nicht angezeigt werden.«

Im Unterschied zur Verfahrensweise mit dem VBA-Kennwort können Sie nun zwar die Liste der Module sehen, es gibt aber keine Chance mehr, sie zu öffnen und sich den darin enthaltenen VBA-Code anzuschauen, obwohl er nach wie vor als Maschinencode vorhanden ist – nur nicht in einer von Menschen lesbaren Form.

Datenbankaufteilung plus .accde-Datei

Die beiden Techniken »Datenbankaufteilung« und »Erzeugung einer .*accde*-Datei« sollten Sie so kombinieren, wie in Abbildung 10.12 dargestellt:

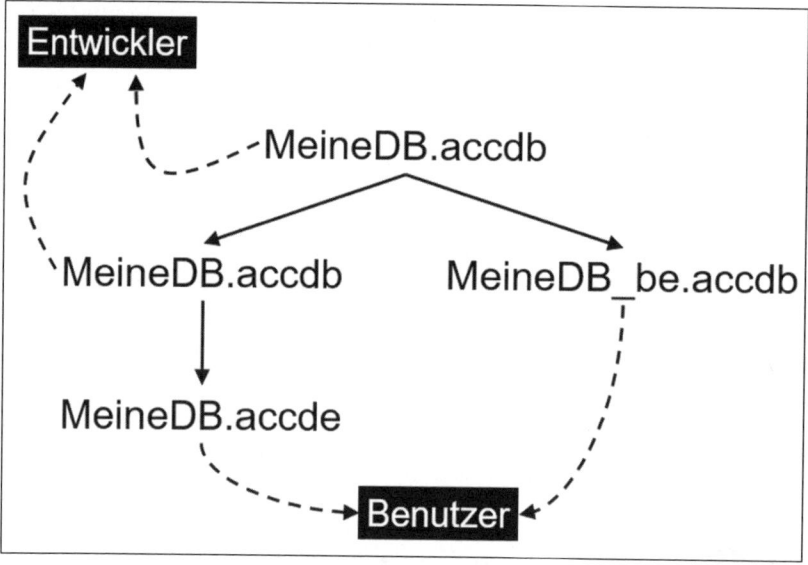

Abbildung 10.12: Nach Aufteilung und Umwandlung erhält der Benutzer die .accde-Datei und das Backend.

Der Benutzer bekommt die .*accde*-Datei ohne den VBA-Quellcode und das Backend. Sie als Entwickler behalten natürlich sicherheitshalber die noch nicht aufgeteilte Originaldatei und das Frontend mit dem VBA-Quellcode. Das Frontend wird von Ihnen weiterentwickelt, und der Benutzer bekommt von Zeit zu Zeit neue Versionen – natürlich in Form einer neuen .*accde*-Datei!

Access ohne Access?

Mit der Access-Version 2007 hat Microsoft die sogenannte Runtime-Version freigegeben, d. h., sie kann nun kostenlos heruntergeladen und benutzt werden. Da sich die Adressen von Webseiten viel zu schnell ändern, ergibt es keinen Sinn, hier die konkrete Download-adresse anzugeben. Tippen Sie einfach in einer Internetsuchmaschine »download access runtime« ein, und Sie werden ruck, zuck an der richtigen Stelle sein.

Mit der Access Runtime können auch solche Benutzer die von Ihnen entwickelte Datenbankanwendung einsetzen, die gar kein Microsoft Office – oder zumindest kein Access – auf ihrem Computer installiert haben.

Das können Sie sich vorstellen wie die bereits seit Langem bekannten Viewer für Word, Excel und PowerPoint: Damit können sich Benutzer Word-, Excel- und PowerPoint-Dateien anschauen, ohne die entsprechende Software auf ihrem Computer installiert zu haben. Die Dateien können aber natürlich mit den Viewern nicht bearbeitet werden.

Bitte verwechseln Sie das aber nicht mit einem Schutz Ihrer Dateien vor Bearbeitung oder Verfälschung. Wer Word, Excel oder PowerPoint auf seinem Computer hat, kann Ihre Datei natürlich öffnen und bearbeiten. Nur wer diese Software **nicht** hat, sondern **nur** den Viewer, kann sich Ihre Datei lediglich anschauen, aber nicht bearbeiten.

Die Viewer befinden sich auf Ihrer Microsoft Office-Installations-CD. Sie können sie legal und kostenfrei weitergeben, damit andere, die kein Microsoft Office auf ihrem Computer haben, sich Ihre Word-, Excel- und PowerPoint-Dateien anschauen können.

Genauso funktioniert auch die Access Runtime: Wenn diese Software auf einem Computer installiert ist, können Datenbankanwendungen benutzt werden, ohne dass hierzu Access selbst installiert sein muss.

Wie müssen Sie vorgehen, um die Access Runtime zu verwenden?

Schritt 1: Runtime herunterladen und installieren
Laden Sie sich Access Runtime herunter (etwa 200 MB). Es handelt sich dabei um eine ausführbare (*.exe*-)Datei, die Sie einfach mit einem Doppelklick starten können. Folgen Sie den Anweisungen auf dem Bildschirm, und nach wenigen Sekunden ist die Installation beendet.

Sie finden anschließend einen neuen Ordner auf der Festplatte Ihres Computers. Wo sich dieser Ordner befindet, hängt davon ab, ob Sie vorher bereits Microsoft Office auf Ihrem Computer installiert hatten. Angenommen, Sie hatten Microsoft Office im Ordner *C:\Programme\Microsoft Office*, dann gibt es jetzt den neuen Ordner *C:\Programme\Microsoft Office\Office16* (für die 2016er-Version und 2019er.Version). In diesem Ordner befindet sich unter anderem die Datei *MSACCESS.EXE*.

Schritt 2: Verknüpfung zur Anwendung erstellen und anpassen
Erstellen Sie jetzt eine neue Verknüpfung auf Ihrem Desktop. Dazu klicken Sie mit der rechten Maustaste auf den Bildschirmhintergrund (also ohne dass irgendein Programmfenster geöffnet ist) und wählen in dem sich öffnenden Kontextmenü den Befehl *Neu/Verknüpfung*. In dem sich öffnenden Fenster *Verknüpfung erstellen* klicken Sie auf die Schaltfläche *Durchsuchen*, suchen nach oben genannter Datei *MSACCESS.EXE* und bestätigen mit *OK*. Dann steht in dem Eingabefeld des Fensters z. B.:

```
"C:\Programme\Microsoft Office\Office16\MSACCESS.EXE"
```

Das ergänzen Sie von Hand folgendermaßen:

```
"C:\Programme\Microsoft Office\Office16\MSACCESS.EXE"
"D:\Projekte\MeineDatenbank.accdb"
```

Dabei wurde angenommen, dass Ihre Datenbankanwendung *MeineDatenbank.accdb* heißt und sich im Ordner *D:\Projekte* befindet.

Schritt 3: Anwendung starten

Wenn Sie jetzt auf die soeben erstellte Verknüpfung auf Ihrem Desktop doppelklicken, wird die Datenbankanwendung gestartet. Das sich öffnende Fenster unterscheidet sich natürlich stark von dem Ihnen bereits bekannten Access-Fenster, denn es fehlen jegliche Möglichkeiten zur Bearbeitung der Datenbankanwendung. Es handelt sich eigentlich nur um einen Rahmen, in dem die Formulare erscheinen.

 Als Entwickler der Datenbankanwendung müssen Sie ein sich automatisch per Autoexec-Makro öffnendes Startformular programmiert haben, von dem aus sich mittels Schaltflächen alle anderen Formulare öffnen lassen. Das ist notwendig, weil es in der Access Runtime keinen Navigationsbereich gibt, von dem aus man Formulare mittels Doppelklick öffnen könnte.

Auch wenn Sie Access auf Ihrem Computer installiert haben, können Sie die Benutzung der Runtime-Version simulieren, indem Sie einfach eine Kopie Ihrer Anwendung *Meine-Datenbank.accdb* unter dem Namen *MeineDatenbank.accdr* anlegen – also mit einem anderen Dateityp (*.accdr* statt *.accdb*).

 Damit Sie den Dateityp auch zu sehen bekommen, müssen Sie in den Optionen des Explorers unter *Ansicht* die Option *Erweiterungen bei bekannten Dateitypen ausblenden* **deaktivieren**!

Ein Doppelklick auf die *.accdr*-Datei startet Access im Runtime-Modus. Warum sollten Sie das tun? Dafür gibt es zwei Gründe:

- Sicherheitshalber sollten Sie vor der Weitergabe Ihrer Datenbankanwendung an Benutzer, die nur die Access Runtime haben, prüfen, ob auch alle Funktionen wie geplant funktionieren. Es gibt nämlich einige wenige Dinge, die mit der Access Runtime nicht so machbar sind wie mit der Vollversion von Access. Das sind aber überwiegend exotische Sachen, die ich in diesem Buch gar nicht besprochen habe. Wenn Sie eine Datenbankanwendung so wie hier beschrieben erstellt haben, sollte sie auch mit der Access Runtime funktionieren.

- Wenn Sie selbst Ihre eigene Datenbankanwendung benutzen wollen, ist es vielleicht gar nicht so schlecht, die Bearbeitungsfunktionen von Access auszublenden, indem Sie bewusst nicht die Vollversion starten, sondern die Runtime.

 Für die Weitergabe Ihrer Datenbankanwendungen an Benutzer mit der Access Runtime gilt dasselbe wie das oben bereits für die Word-, Excel- und PowerPoint-Viewer Gesagte: Das ist **kein Schutz** vor Eingriffen in Ihre Datei. Wer die Vollversion von Access hat, kann Ihre Datenbankdatei auch bearbeiten!

Wie Sie Ihre Datenbankanwendung davor schützen können, lesen Sie im Abschnitt »Schutz der Datenbank« weiter oben in diesem Kapitel.

Wie geht's weiter?

In diesem Buch wird bewusst kein Wert auf Vollständigkeit gelegt. Es sollte ein relativ dünnes (und preiswertes!) Buch werden und kein dicker 1000-Seiten-Wälzer, der allein schon mit seinem Umfang den Anfänger abschreckt. Trotzdem hoffe ich, dass es mir gelungen ist, Ihnen das notwendige Wissen zu vermitteln, damit Sie zwar einfache, aber komplette Datenbankanwendungen entwickeln können.

Abschließend will ich einige Themen nennen, die in diesem Buch zu kurz gekommen sind oder gar nicht erwähnt wurden. Das entsprechende Wissen sollten Sie sich mithilfe weiterer Quellen aus dem Buchladen oder aus dem Internet erarbeiten.

Die Auswahl dieser Themen ist völlig subjektiv und auch wieder nicht vollständig – sonst müsste dieses Buch einen zweiten Band haben.

Abfragen

Auf die Erstellung von Abfragen bin ich in Kapitel 7, »SQL«, kurz eingegangen. Abfragen sind im Grunde genommen SELECT-Anweisungen, die in mehr oder weniger kunstvoller Weise zusammengehörige Daten aus mehreren verschiedenen Tabellen herausholen. Ein wichtiges »Kunststück« ist dabei der Outer Join, den ich in Kapitel 7 erläutert habe. Es gibt aber noch sehr viel raffiniertere Abfragen, die z.B. gleich bei der Ausführung des SELECT-Befehls Summen oder Mittelwerte bilden, die Sie dann in entsprechenden Formularen anzeigen können.

Es gibt sogar Benutzer, die Access ausschließlich für die Erstellung von Abfragen verwenden, ohne die in diesem Buch ausführlich beschriebenen Formulare zu erstellen. Dazu importieren sie lange Datenlisten mit vielen Spalten aus anderen Anwendungen und suchen dann mit komplexen Abfragen verschiedene Zusammenstellungen von Daten heraus.

Berichte

Ein wichtiges Anliegen, das die meisten Benutzer mit dem Einsatz von Access verfolgen, ist, damit bestimmte Zusammenstellungen von Daten – insbesondere Listen – zu **drucken**. Die entsprechende Kategorie im Navigationsbereich nennt sich *Bericht*. Und obwohl Berichte so wichtig sind, habe ich darüber in diesem Buch gar nichts geschrieben. Warum?

Nun – Berichte zu entwerfen, ist nicht sooo schwierig. Wenn die richtigen Daten sich erst einmal in den richtigen Tabellen befinden und dort auch mittels Formularen verwaltet werden können, bekommt man sie auch aufs Papier. Der Entwurf eines Berichts geht ähnlich vor sich wie der Formularentwurf: Sie starten den Berichts-Assistenten, geben an, aus welchen Tabellen Sie welche Felder im Bericht haben wollen, wählen noch ein Layout – und schon erstellt Ihnen der Assistent einen Bericht. Den können Sie genau wie ein Formular noch nachbearbeiten, um das Layout Ihren Wünschen anzupassen.

Ich denke, dass Sie sich, wenn Sie sich anhand dieses Buchs gründlich mit der Erstellung von Formularen beschäftigt haben, das Erstellen von Berichten selbst beibringen können! Einige einfache Beispiele für Berichte finden Sie auch in meinen Beispieldatenbanken.

 Bitte sehen Sie sich dort aufmerksam die Datensatzquellen der Berichte an (Eigenschaften/Daten/Datensatzquelle)! Sie bestehen fast immer aus den in Kapitel 7 ausführlich beschriebenen Outer Joins. Ansonsten könnte man Autoren ohne Bücher (Beispiel Verleih), Mannschaften ohne Mitglieder (Beispiel Verein) und Kunden ohne Kontaktangaben (Beispiel Firma) nicht drucken.

Makros

Makros gibt es auch in Word, PowerPoint und Excel. Es handelt sich dabei um abgespeicherte Folgen von Befehlen – z. B. in Word:

1. »Markiere den gesamten Text.«

2. »Suche doppelte Absatzmarken.«

3. »Ersetze sie durch einfache Absatzmarken.«

Die einfachste Möglichkeit zur Erstellung von Makros ist der Makrorekorder. Der Name deutet schon an, dass er ähnlich funktioniert wie ein Videorekorder: Sie nehmen etwas auf und können es dann beliebig oft wieder abspielen.

Mit dem Makrorekorder geht das so: Sie starten ihn und führen dann die aufzunehmenden Befehle von Hand aus. Der Makrorekorder »beobachtet« Sie dabei und nimmt alles auf. Dann stoppen Sie den Makrorekorder. Anschließend können Sie die aufgenommenen Befehle durch »Abspielen« des aufgenommenen Makros wieder und wieder ausführen.

In Access gibt es keinen Makrorekorder; es ist aber trotzdem sehr einfach, ein Makro zu erstellen: Sie müssen die auszuführenden Befehle in einer Liste der Reihe nach eingeben, indem Sie sie aus Kombinationsfeldern auswählen (siehe Abbildung 10.13). Sie können damit also programmieren, ohne eine Programmiersprache zu beherrschen.

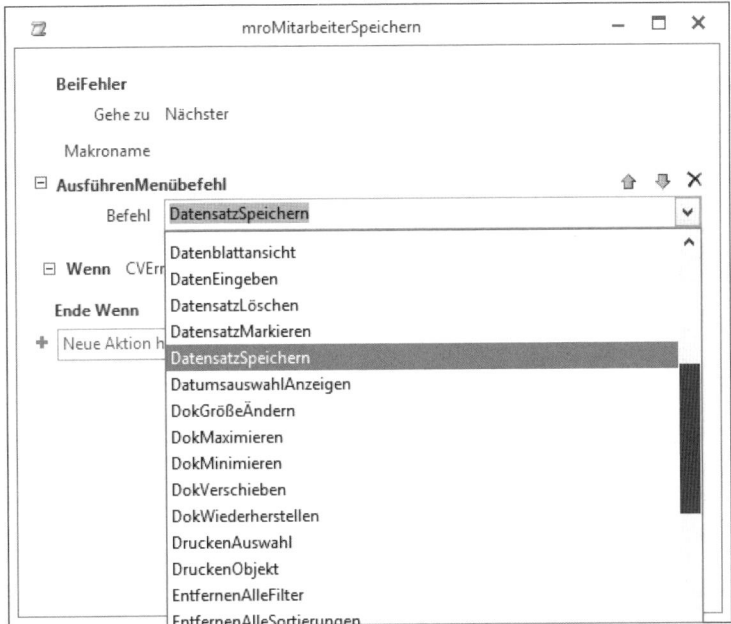

Abbildung 10.13: Ein Makro ist eine Folge von Befehlen, die automatisch nacheinander ausgeführt werden.

Die Ausführung des Makros können Sie dann wieder – genau wie bei den VBA-Ereignisprozeduren – an ein Ereignis auf einem Formularobjekt binden, z. B. an den Klick auf eine Schaltfläche (Abbildung 10.14). Dazu schreiben Sie zuerst das Makro, öffnen dann das Eigenschaftenblatt der Schaltfläche, öffnen in der Zeile *Beim Klicken* das Kombinationsfeld und wählen dort den Namen des vorher erstellten Makros aus. Fertig!

Abbildung 10.14: Ein Klick auf die Schaltfläche startet diesmal keine VBA-Prozedur, sondern ein Makro.

Dateien lesen und schreiben

Manchmal besteht die Notwendigkeit, von Access aus Daten in Textdateien zu schreiben oder aus solchen Dateien zu lesen. In den Beispielanwendungen *Verein*, *Firma* und *Verleih* werden die Hilfefenster auf diese Weise mit dem Text aus RTF-Dateien (Rich Text Format) bzw. TXT-Dateien gefüllt:

```
Private Sub Form_Open(Cancel As Integer)

Dim objFso As Object
Dim objF As Object
Dim objTs As Object
Dim lngFiletype As Long

If IsNull(Me.OpenArgs) Then Exit Sub

Select Case Right(Me.OpenArgs, 3)
   Case "txt"                        ' ab Access 2000/2003
      lngFiletype = 0
      txtHilfetext.TextFormat = acTextFormatPlain
   Case "rtf"                        ' ab Access 2007
      lngFiletype = -1
      txtHilfetext.TextFormat = acTextFormatHTMLRichText
   Case Else
      MsgBox "Unbekannter Dateityp der Hilfedatei!"
      Exit Sub
End Select

Set objFso = CreateObject("Scripting.FileSystemObject")
Set objF = objFso.GetFile(Me.OpenArgs)
Set objTs = objF.OpenAsTextStream(1, lngFiletype)

Me.txtHilfetext = objTs.ReadAll
Me!txtHilfetext.Locked = True
End Sub
```

Den Namen der zu öffnenden Datei bekommt die Prozedur mit dem Parameter *OpenArgs* übermittelt, denn im Code für den Klick auf die Hilfe-Schaltfläche steht:

```
Private Sub cmdHilfe_Click()
Call HilfeAnzeigen("kunden")
End Sub

Public Sub HilfeAnzeigen(strObjektname As String)
Dim strDateiname As String
Dim fso As Object

strDateiname = Application.CurrentProject.Path & "\hilfe-" & strObjektname

If Application.version < "12.0" Then     ' ab Access 2000/2003
   strDateiname = strDateiname & ".txt"
```

```
Else                                      ' ab Access 2007
   strDateiname = strDateiname & ".rtf"
End If

Set fso = CreateObject("Scripting.FileSystemObject")

If fso.FileExists(strDateiname) Then
   DoCmd.OpenForm "frmHilfe", , , , , , strDateiname
Else
   MsgBox "Für dieses Formular existiert leider keine Hilfe-Information."
End If

End Sub
```

Wenn Sie zu diesem Thema mehr wissen wollen, sollten Sie einmal nach Informationen zum Begriff »FileSystemObject« suchen. Dieses Objekt hat eine Reihe von Methoden, mit denen Sie die Datei als Ganzes oder zeilenweise lesen bzw. schreiben können.

Benutzerberechtigungen

Wenn mehrere Benutzer mit derselben Datenbankanwendung arbeiten, ist es häufig so, dass nicht alle die gleichen Rechte haben, denn nicht jeder darf z. B. Rechnungen drucken oder Kunden- bzw. Produktdaten ändern. In diesem Fall müssen Sie ganz zu Anfang ein Log-in-Fenster öffnen, in dem der Benutzer seinen Namen und ein Passwort eingibt.

 Dem Eingabefeld für das Passwort geben Sie im Eigenschaftsblatt, Register-karte *Daten*, das Eingabeformat *Kennwort*. Dann erscheinen bei der Eingabe nur Sternchen auf dem Bildschirm, und niemand kann das Passwort mitlesen.

Name und Passwort vergleichen Sie per VBA-Prozedur mit den Eintragungen in einer Tabelle *tblBenutzer*. Wird dort ein Eintrag gefunden, der mit den Benutzereingaben übereinstimmt, handelt es sich um einen autorisierten Benutzer. Dieser wird automatisch über eine Beziehung zu einer Tabelle *tblGruppe* einer Benutzergruppe zugeteilt. Bestimmte Gruppen dürfen bestimmte Aktionen in der Datenbank ausführen – insbesondere bestimmte Formulare öffnen, um Daten zu bearbeiten. Das müssen Sie dann jedes Mal in Ihrem VBA-Code prüfen, wenn z. B. ein Formular geöffnet oder ein Bericht gedruckt werden soll (»Darf der Benutzer x als Angehöriger der Gruppe y das?«).

Durch die Verwendung von Gruppen ersparen Sie es sich, die Rechte für jeden Benutzer einzeln festzulegen. Stattdessen definieren Sie bestimmte Gruppenrechte und ordnen dann einen Benutzer einfach einer Gruppe zu, deren Rechte er haben soll.

Mehrbenutzerzugriff

Wenn Sie die Aufteilung in Frontend und Backend vornehmen und das Backend auf einem Server ablegen, können mehrere Benutzer mit jeweils einem Frontend über das Netzwerk darauf zugreifen und so **gleichzeitig** mit demselben Datenbestand arbeiten. Sie haben sicher genügend Fantasie, um sich auszumalen, was dadurch für Probleme entstehen.

Angenommen, Benutzer A bearbeitet gerade die Daten des Kunden x, indem er dessen Adresse ändert. Gleichzeitig ändert aber Benutzer B die Telefonnummer von x. Mit dem Wort »gleichzeitig« ist allerdings kein **Zeitpunkt**, sondern eine gewisse, wenn auch kurze, aber endlich lange **Zeitdauer** gemeint, in der beide Benutzer ein entsprechendes Recordset öffnen. Jetzt hat A seine Arbeit beendet und speichert. Anschließend speichert B (Abbildung 10.15).

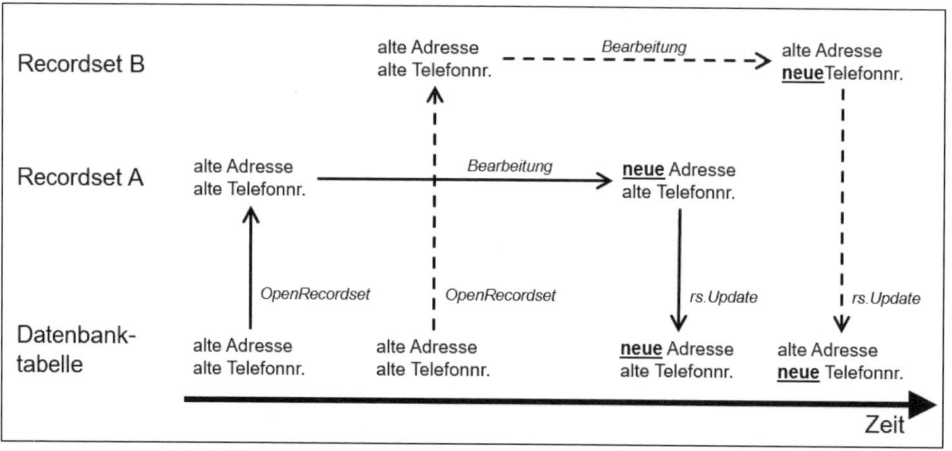

Abbildung 10.15: Nicht wer zuerst schießt, sondern wer zuletzt speichert, gewinnt!

Was ist jetzt passiert? Als B sein Recordset geöffnet hat, stand bei x noch die alte Adresse (A hatte ja noch nicht gespeichert). B speichert also den Datensatz mit der neuen Telefonnummer und der alten Adresse. A hat aber vorher schon die neue Adresse mit der alten Telefonnummer gespeichert. Das wird nun von B überschrieben. Letzten Endes stehen also die neue Telefonnummer und die alte Adresse in der Kundentabelle, denn es »gewinnt« der, der als Letzter speichert!

So könnte es passieren. Aber so **darf** es natürlich nicht passieren! Dafür treffen Datenbanken Vorsorge, indem sie in Bearbeitung befindliche Daten für andere Benutzer sperren. Diese dürfen sich dieselben Daten zwar ansehen – sie aber erst zur Bearbeitung laden, wenn der Erste gespeichert hat.

Wenn Sie die Registerkarte *Datei* öffnen, den Befehl *Optionen* wählen und dann *Clienteinstellungen/Erweitert* (Access 2007: *Office*-Schaltfläche/*Access-Optionen/Erweitert/Erweitert*), finden Sie dort die Option *Standard bei Datensatzsperrung*. Das wird wichtig, wenn Sie mit mehreren Benutzern auf demselben Backend arbeiten!

Zu diesem Thema sollten Sie sich auch mit den Begriffen »Optimistic Locking« und »Pessimistic Locking« vertraut machen!

DAO und ADO

Die VBA-Befehle aus diesem Buch, mit denen Sie den Zugriff auf die Daten in den Tabellen programmieren, entstammen einer sogenannten Bibliothek. Das ist eine gesonderte Datei, die sich im Access-Ordner auf Ihrem Computer befindet und die den Code enthält, der ausgeführt wird, wenn Sie in Ihrem Programm Befehle wie *OpenRecordset* oder *RecordsetClone* verwenden. Diese Bibliothek wird als DAO (*Data Access Objects*) bezeichnet. Sie müssen im

VBA-Fenster unter *Extras/Verweise* einstellen, dass diese Bibliothek verwendet wird. Wenn Sie das nicht tun, meldet der Debugger Syntaxfehler, weil z. B. der Begriff *Recordset* gar nicht bekannt ist. Ich habe das gleich ganz am Anfang des ersten Kapitels schon beschrieben.

Mit der 2000er- und der 2003er-Access-Version hat Microsoft versucht, DAO abzuschaffen und durch die neue Technik ADO (*ActiveX Data Objects*) zu ersetzen. Auch dafür gibt es wieder eine entsprechende Bibliothek, die in VBA über *Extras/Verweise* eingebunden werden muss. Schon in Access 2007 hat sich aber gezeigt, dass die »gute alte DAO-Bibliothek« immer noch da ist – sogar in einer neuen Version. Sie heißt jetzt »Microsoft Office 16.0 Access database engine Object Library« (bzw. »15.0« in Access 2013 und »14.0« in Access 2010).

Wenn Sie sich intensiver mit der Datenbankentwicklung mit Access beschäftigen, sollten Sie im Auge behalten, welche Technik sich in den nächsten Jahren durchsetzen wird, um nicht auf einem »absterbenden Ast« zu landen.

Was ist wichtig?

1. Orientieren Sie sich bei Ihrer eigenen Datenbankentwicklung an der von mir beschriebenen Vorgehensweise (siehe Abschnitt »Vorgehensweise« ab Seite 358).

2. Arbeiten Sie intensiv mit Versionen Ihrer Anwendung – fortlaufende Nummern für Versionen, die Sie an andere herausgeben (»01«, »02« ...) und Kleinbuchstaben dahinter für Ihre eigenen Entwicklerversionen (»02a«, »02b«) (siehe Abschnitt »Versionen« ab Seite 359).

3. Teilen Sie Ihre Anwendung vor der ersten Übergabe an den Auftraggeber (unter Umständen Sie selbst!) in Frontend und Backend auf (siehe Abschnitt »Aufteilung in Frontend und Backend« ab Seite 361).

4. Nutzen Sie die von mir beschriebene Technik des Frontend-gesteuerten Backend-Updates über eine Tabelle mit den dafür erforderlichen SQL-Befehlen (siehe Abschnitt »Frontend-gesteuertes Backend-Update« ab Seite 369).

5. Legen Sie in jeder Ihrer Datenbanken eine INFO-Tabelle an, in der Sie z. B. die Versionsnummer speichern (siehe Abschnitt »Welche Version ist es denn?« ab Seite 367).

6. Schützen Sie Ihre Anwendungen mit den von mir beschriebenen Techniken vor unbefugtem Zugriff auf die Daten bzw. den Code (siehe Abschnitt »Schutz der Datenbank« ab Seite 371).

7. Geben Sie dem Benutzer, der kein Access auf seinem Computer installiert hat, die Access Runtime-Version, damit er mit Ihrer Anwendung arbeiten kann (siehe Abschnitt »Access ohne Access?« ab Seite 374).

8. Informieren Sie sich jenseits dieses Buchs über die Themen »Abfragen«, »Berichte«, »Makros«, »Schreiben und Lesen von Textdateien«, »Benutzerberechtigungen« und »Mehrbenutzerzugriff« (siehe Abschnitt »Wie geht's weiter?« ab Seite 377).

 Sie finden das Dokument *WasIstWichtig.pdf* zum Ausdrucken im Internet (Adresse in der Einleitung, dort im Ordner \KapA).

Anhang A
Wichtige Standardaktionen durchführen

So geht es mit Access 2016/2019 386
So geht es mit Access 2013 389
So geht es mit Access 2010 393
So geht es mit Access 2007 396

In diesem Anhang wird dargestellt, wie Sie in Access 2019, 2016, 2013, 2010 bzw. 2007 verschiedene Standardaktionen durchführen. Auf Access 2003 wird nicht mehr eingegangen.

Sie finden diesen Text auch als PDF-Datei zum Ausdrucken im Internet (Adresse in der Einleitung, dort im Ordner \KapA).

Wenn Sie sich bereits an die Reihenfolge der Befehle im Menüband von Office 2007 oder 2010 gewöhnt haben oder wenn Sie eine andere Abfolge für sinnvoller halten, können Sie diese auch ändern. Dafür klicken Sie mit der rechten Maustaste auf eine beliebige Stelle im Menüband und wählen im Kontextmenü den Befehl *Menüband anpassen*. In dem sich öffnenden Dialogfeld können Sie ganz rechts die Reihenfolge der Befehle ändern und mit der Liste links daneben auch neue Befehle hinzufügen.

Um den Text dieses Anhangs kurz zu halten, wird auf die umständliche Beschreibung der einzelnen Schritte in ganzen Sätzen verzichtet und es werden stattdessen sehr knapp die erforderlichen Menüelemente, Befehle und Aktionen genannt

So geht es mit Access 2016/2019

Datenbank erstellen und öffnen

Was	Wie
Neue Datenbank anlegen	1. Access starten
	2. *Leere Desktopdatenbank* auswählen
	3. Durch Klick auf das kleine Ordnersymbol ganz rechts einen Ordner auswählen, in dem die neue Datenbank gespeichert werden soll
	4. Im Textfeld *Dateiname* einen Dateinamen eingeben
	5. Schaltfläche *Erstellen* anklicken
	Es erscheint eine Tabelle mit dem Namen *Tabelle1* in der Datenblattansicht.
Datenbank öffnen	• Auf den Dateinamen im Windows-Explorer doppelklicken
	oder
	1. Access starten
	2. *Weitere Dateien öffnen* anklicken (links unten)
	3. *Durchsuchen*
	4. Gewünschte Datenbank auswählen und *Öffnen* anklicken
Option *Überlappende Fenster* einstellen	1. *Datei/Optionen/Aktuelle Datenbank* wählen
	2. Unter *Anwendungsoptionen/Dokumentfensteroptionen* die Option *Überlappende Fenster* aktivieren
Datenbank im Exklusivmodus öffnen (z. B. für die Sicherung mit einem Kennwort)	1. Access starten
	2. *Weitere Dateien öffnen* (links unten)
	3. *Durchsuchen*
	4. Gewünschte Datenbank auswählen
	5. Auf das kleine schwarze Dreieck rechts auf der Schaltfläche *Öffnen* klicken
	6. Aus dem Menü den Befehl *Exklusiv öffnen* auswählen
Datenbank beim Schließen komprimieren	• *Datei/Optionen/Aktuelle Datenbank/Anwendungsoptionen/ Beim Schließen komprimieren*
Vertrauenswürdigen Speicherort definieren	1. *Datei/Optionen*
	2. *Trust Center/Einstellungen für das Trust Center/ Vertrauenswürdige Speicherorte/Neuen Speicherort hinzufügen/Durchsuchen*
	3. Den Ordner auswählen, der Ihre vertrauenswürdigen Dateien enthält
	4. Gegebenenfalls die Option *Unterordner dieses Speicherorts sind ebenfalls vertrauenswürdig* aktivieren
	5. Alle offenen Fenster mit *OK* schließen

Tabellen und Beziehungen

Was	Wie
Neue Tabelle anlegen	• *Erstellen/Tabellen/Tabellenentwurf* auswählen
	Die Registerkarte *Entwurf* wird geöffnet, und die Tabelle *Tabelle1* wird in der Entwurfsansicht angezeigt.
Primärschlüssel definieren	In der Entwurfsansicht:
	1. Das Feld mit dem Namen des Primärschlüssels anklicken
	2. *Entwurf/Tools/Primärschlüssel* auswählen ⇨

Was	Wie
Liste aller Tabellen anzeigen	1. Im Navigationsbereich auf die Titelleiste klicken 2. Unterhalb von *Nach Gruppe filtern* auf *Tabellen* klicken
Entwurfsansicht öffnen	1. Im Navigationsbereich Rechtsklick auf den Tabellennamen 2. *Entwurfsansicht* auswählen
Datenblattansicht öffnen	• Im Navigationsbereich auf den Tabellennamen doppelklicken
Beziehungen anzeigen	• *Datenbanktools/Beziehungen/Beziehungen* auswählen
Eine Beziehung bearbeiten	• Doppelklick auf die Beziehung
Eine Beziehung löschen	1. Beziehungen anzeigen (s. o.) 2. Rechtsklick auf die Beziehung 3. *Löschen* auswählen
Daten aus einer Textdatei importieren	1. Im Navigationsbereich Tabellennamen mit rechter Maustaste anklicken 2. *Importieren/Textdatei* auswählen

Abfragen

Was	Wie
Neue Abfrage in der Entwurfsansicht erstellen	1. *Erstellen/Abfragen/Abfrageentwurf* auswählen 2. Im Dialogfeld *Tabelle anzeigen* mit gedrückter ⎡Strg⎤-Taste auf alle Tabellen klicken, aus denen die Abfrage Daten holen soll (diese werden dadurch blau markiert), Klick auf die Schaltfläche *Hinzufügen* und dann auf *Schließen* oder: Die Tabellen mit gedrückter linker Maustaste aus dem Navigationsbereich in das Abfrage-Entwurfsfenster ziehen und dort die Maustaste loslassen (Drag-and-drop) 3. Namen der gewünschten Tabellenspalten mit gedrückter linker Maustaste nach unten in die Zeile *Feld* ziehen und dort die Maustaste loslassen (Drag-and-drop) oder: Wenn **alle** Spalten einer Tabelle in die Abfrage aufgenommen werden sollen, das Sternsymbol herunterziehen 4. In der Symbolleiste für den Schnellzugriff die Schaltfläche *Speichern* anklicken 5. Einen Namen für die Abfrage eingeben (beginnend mit *qry*) und auf *OK* klicken Die neue Abfrage erscheint im Navigationsbereich.
Neue Abfrage mit dem Assistenten erstellen	1. *Erstellen/Abfragen/Abfrage-Assistent* auswählen 2. Im Dialogfeld *Neue Abfrage* auf *OK* klicken Der Auswahlabfrage-Assistent wird geöffnet. 3. Im Kombinationsfeld *Tabellen/Abfragen* und im Listenfeld *Verfügbare Felder* die Tabellenspalten auswählen, aus denen die Abfrage Daten holen soll 4. Die ausgewählten Tabellenspalten mit der Schaltfläche > in das Listenfeld *Ausgewählte Felder* kopieren 5. Die Schaltfläche *Weiter* zweimal anklicken 6. Der Abfrage einen Namen (beginnend mit *qry*) geben und die Schaltfläche *Fertig stellen* anklicken Die Daten, die die Abfrage aus den Tabellen geholt hat, werden in Form einer Liste in einem Fenster angezeigt, und die neue Abfrage erscheint im Navigationsbereich.

Formulare

Was	Wie
Liste aller Formulare anzeigen	1. Im Navigationsbereich auf die Titelzeile klicken 2. Unterhalb von *Nach Gruppe filtern* die Option *Formulare* anklicken
Neues Formular mit dem Assistenten anlegen	● *Erstellen/Formulare/Formular-Assistent*
Zur Entwurfsansicht wechseln	1. Im Navigationsbereich den Formularnamen mit der rechten Maustaste anklicken 2. *Entwurfsansicht* auswählen
Formularelemente links, rechts, oben oder unten ausrichten	1. Mehrere Formularelemente mit der linken Maustaste markieren 2. *Anordnen/Anpassung und Anordnung/Ausrichten:* einen der Befehle *Linksbündig, Rechtsbündig, Oben* oder *Unten* auswählen
Formularelemente mit gleichem Abstand unter- oder nebeneinander positionieren	1. Mehrere Formularelemente mit der linken Maustaste markieren 2. *Anordnen/Anpassung und Anordnung/Größe/Abstand*: einen der Befehle *Identisch horizontal* oder *Identisch vertikal* auswählen
Mehrere Formularelemente gleich hoch/gleich breit machen	1. Mehrere Formularelemente mit der linken Maustaste markieren 2. *Anordnen/Anpassung und Anordnung/Größe/Abstand*: einen der Befehle *am höchsten, am niedrigsten, am schmalsten* oder *am breitesten* auswählen
Zur Formularansicht wechseln	● Im Navigationsbereich auf den Formularnamen doppelklicken
Am Raster ausrichten	● *Anordnen/Anpassung und Anordnung/Größe/Abstand/Am Raster ausrichten*
Werkzeug auswählen	● In der Entwurfsansicht: *Entwurf/Steuerelemente/Steuerelemente*: ein Werkzeug auswählen
Steuerelement-Assistenten einschalten	1. *Entwurf/Steuerelemente/Steuerelemente* 2. *Steuerelement-Assistenten verwenden* auswählen
Eigenschaften eines Formularelements anzeigen	In der Entwurfsansicht: 1. Rechtsklick auf das Formularelement 2. *Eigenschaften* auswählen
Eigenschaften des Formulars anzeigen	In der Entwurfsansicht: 1. Rechtsklick auf den hellgrauen Fensterhintergrund neben dem Formular – aber **innerhalb** des Entwurfsfensters 2. *Eigenschaften* auswählen
Datenquelle anzeigen	1. Formular in der Entwurfsansicht öffnen 2. Rechtsklick **neben** das Formular – aber **innerhalb** des Entwurfsfensters 3. *Eigenschaften/Daten* auswählen 4. Linksklick in die Zeile *Datensatzquelle* 5. Linksklick auf die daneben erscheinende Schaltfläche mit den drei Punkten
Dem Formular weitere Daten bekannt machen	1. Datenquelle anzeigen (s. o.) 2. Gegebenenfalls weitere Tabelle hinzufügen durch Rechtsklick in den oberen Fensterhintergrund und Auswahl des Menübefehls *Tabelle anzeigen* 3. Erforderliche(s) Feld(er) per Drag-and-drop nach unten in die erste Zeile der Liste ziehen 4. Abfrage-Generator schließen, Eigenschaftenblatt schließen

Makros

Was	Wie
Makro erstellen	• *Erstellen/Makros* und *Code/Makro* auswählen

VBA

Was	Wie
VBA-Editor öffnen	• Tastenkombination $\boxed{\text{Alt}}$ + $\boxed{\text{F11}}$ drücken
Code für ein bestimmtes Formular-element (z. B. eine Schaltfläche) anzeigen	In der Entwurfsansicht: 1. Steuerelement mit rechter Maustaste anklicken und *Eigenschaften* auswählen 2. Im Eigenschaftenblatt Registerkarte *Ereignis* öffnen 3. Gewünschtes Ereignis anklicken 4. Im Kombinationsfeld der rechten Spalte *Ereignisprozedur* auswählen 5. Schaltfläche mit den drei Punkten anklicken

So geht es mit Access 2013

Datenbank erstellen und öffnen

Was	Wie
Neue Datenbank anlegen	1. Access starten 2. *Leere Desktopdatenbank* auswählen 3. Durch Klick auf das kleine Ordnersymbol ganz rechts einen Ordner auswählen, in dem die neue Datenbank gespeichert werden soll 4. Im Textfeld *Dateiname* einen Dateinamen eingeben 5. Schaltfläche *Erstellen* anklicken Es erscheint eine Tabelle mit dem Namen *Tabelle1* in der Datenblattansicht.
Datenbank öffnen	• Auf den Dateinamen im Windows-Explorer doppelklicken oder 1. Access starten 2. *Weitere Dateien öffnen* anklicken (links unten) 3. *Computer/Durchsuchen* 4. Gewünschte Datenbank auswählen und *Öffnen* anklicken
Option *Überlappende Fenster* einstellen	1. *DATEI/Optionen/Aktuelle Datenbank* 2. Unter *Anwendungsoptionen/Dokumentfensteroptionen* die Option *Überlappende Fenster* aktivieren
Datenbank im Exklusivmodus öffnen (z. B. für die Sicherung mit einem Kennwort)	1. Access starten 2. *Weitere Dateien öffnen* (links unten) 3. *Computer/Durchsuchen* 4. Gewünschte Datenbank auswählen 5. Auf das kleine schwarze Dreieck rechts auf der Schaltfläche *Öffnen* klicken 6. Aus dem Menü den Befehl *Exklusiv öffnen* auswählen ⇨

Was	Wie
Datenbank beim Schließen komprimieren	• *DATEI/Optionen/Aktuelle Datenbank/Anwendungsoptionen/ Beim Schließen komprimieren*
Vertrauenswürdigen Speicherort definieren	1. *DATEI/Optionen* 2. *Trust Center/Einstellungen für das Trust Center/ Vertrauenswürdige Speicherorte/Neuen Speicherort hinzufügen/Durchsuchen* 3. Den Ordner auswählen, der Ihre vertrauenswürdigen Dateien enthält 4. Gegebenenfalls die Option *Unterordner dieses Speicherorts sind ebenfalls vertrauenswürdig* aktivieren 5. Alle offenen Fenster mit *OK* schließen

Tabellen und Beziehungen

Was	Wie
Neue Tabelle anlegen	• *ERSTELLEN/Tabellen/Tabellenentwurf* auswählen Die Registerkarte *Entwurf* wird geöffnet, und die Tabelle *Tabelle1* wird in der Entwurfsansicht angezeigt.
Primärschlüssel definieren	In der Entwurfsansicht: 1. Das Feld mit dem Namen des Primärschlüssels anklicken 2. *ENTWURF/Primärschlüssel* auswählen
Liste aller Tabellen anzeigen	1. Im Navigationsbereich auf die Titelleiste klicken 2. Unterhalb von *Nach Gruppe filtern* auf *Tabellen* klicken
Entwurfsansicht öffnen	1. Im Navigationsbereich Rechtsklick auf den Tabellennamen 2. *Entwurfsansicht* auswählen
Datenblattansicht öffnen	• Im Navigationsbereich auf den Tabellennamen doppelklicken
Beziehungen anzeigen	• *DATENBANKTOOLS/Beziehungen* auswählen
Eine Beziehung bearbeiten	• Doppelklick auf die Beziehung
Eine Beziehung löschen	1. Beziehungen anzeigen (s. o.) 2. Rechtsklick auf die Beziehung 3. *Löschen* auswählen
Daten aus einer Textdatei importieren	1. Im Navigationsbereich Tabellennamen mit rechter Maustaste anklicken 2. *Importieren/Textdatei* auswählen

Abfragen

Was	Wie
Neue Abfrage in der Entwurfsansicht erstellen	1. *ERSTELLEN/Abfragen/Abfrageentwurf* auswählen 2. Im Dialogfeld *Tabelle anzeigen* mit gedrückter ⌷Strg⌷-Taste auf alle Tabellen klicken, aus denen die Abfrage Daten holen soll (diese werden dadurch blau markiert), Klick auf die Schaltfläche *Hinzufügen* und dann auf *Schließen* oder: Die Tabellen mit gedrückter linker Maustaste aus dem Navigationsbereich in das Abfrage-Entwurfsfenster ziehen und dort die Maustaste loslassen (Drag-and-drop) 3. Namen der gewünschten Tabellenspalten mit gedrückter linker Maustaste in die Zeile *Feld* ziehen und dort die Maustaste loslassen (Drag-and-drop) ⇨

Was	Wie
	oder:
	Wenn **alle** Spalten einer Tabelle in die Abfrage aufgenommen werden sollen, das Sternsymbol herunterziehen
	4. In der Symbolleiste für den Schnellzugriff die Schaltfläche *Speichern* anklicken
	5. Einen Namen für die Abfrage eingeben (beginnend mit *qry*) und auf *OK* klicken
	Die neue Abfrage erscheint im Navigationsbereich.
Neue Abfrage mit dem Assistenten erstellen	1. *ERSTELLEN/Abfragen/Abfrage-Assistent* auswählen
	2. Im Dialogfeld *Neue Abfrage* auf *OK* klicken
	Der Auswahlabfrage-Assistent wird geöffnet.
	3. Im Kombinationsfeld *Tabellen/Abfragen* und im Listenfeld *Verfügbare Felder* die Tabellenspalten auswählen, aus denen die Abfrage Daten holen soll
	4. Die ausgewählten Tabellenspalten mit der Schaltfläche > in das Listenfeld *Ausgewählte Felder* kopieren
	5. Die Schaltfläche *Weiter* zweimal anklicken
	6. Der Abfrage einen Namen (beginnend mit *qry*) geben und die Schaltfläche *Fertig stellen* anklicken
	Die Daten, die die Abfrage aus den Tabellen geholt hat, werden in Form einer Liste in einem Fenster angezeigt, und die neue Abfrage erscheint im Navigationsbereich.

Formulare

Was	Wie
Liste aller Formulare anzeigen	1. Im Navigationsbereich auf die Titelzeile klicken
	2. Unterhalb von *Nach Gruppe filtern* die Option *Formulare* anklicken
Neues Formular mit dem Assistenten anlegen	• *ERSTELLEN/Formulare/Formular-Assistent*
Zur Entwurfsansicht wechseln	1. Im Navigationsbereich den Formularnamen mit der rechten Maustaste anklicken
	2. *Entwurfsansicht* auswählen
Formularelemente links, rechts, oben oder unten ausrichten	1. Mehrere Formularelemente mit der linken Maustaste markieren
	2. *ANORDNEN/Anpassung und Anordnung/Ausrichten*: einen der Befehle *Linksbündig, Rechtsbündig, Oben* oder *Unten* auswählen
Formularelemente mit gleichem Abstand unter- oder nebeneinander positionieren	1. Mehrere Formularelemente mit der linken Maustaste markieren
	2. *ANORDNEN/Anpassung und Anordnung/Größe/Abstand*: einen der Befehle *Identisch horizontal* oder *Identisch vertikal* auswählen
Mehrere Formularelemente gleich hoch/gleich breit machen	1. Mehrere Formularelemente mit der linken Maustaste markieren
	2. *ANORDNEN/Anpassung und Anordnung/Größe/Abstand*: einen der Befehle *am höchsten, am niedrigsten, am schmalsten* oder *am breitesten* auswählen
Zur Formularansicht wechseln	• Im Navigationsbereich auf den Formularnamen doppelklicken
Am Raster ausrichten	• *ANORDNEN/Anpassung und Anordnung/Größe/Abstand/Am Raster ausrichten*
Werkzeug auswählen	• *ENTWURF/Steuerelemente*: ein Werkzeug auswählen
Steuerelement-Assistenten einschalten	1. *ENTWURF/Steuerelemente*
	2. Das Untermenü *Steuerelemente* öffnen und dort *Steuerelement-Assistenten verwenden* auswählen ⇨

Was	Wie
Eigenschaften eines Formularelements anzeigen	In der Entwurfsansicht: 1. Rechtsklick auf das Formularelement 2. *Eigenschaften* auswählen
Eigenschaften des Formulars anzeigen	In der Entwurfsansicht: 1. Rechtsklick auf den hellgrauen Fensterhintergrund **neben** dem Formular – aber **innerhalb** des Entwurfsfensters 2. *Eigenschaften* auswählen
Datenquelle anzeigen	1. Formular in der Entwurfsansicht öffnen 2. Rechtsklick **neben** das Formular – aber **innerhalb** des Entwurfsfensters 3. *Eigenschaften/Daten* auswählen 4. Linksklick in die Zeile *Datensatzquelle* 5. Linksklick auf die daneben erscheinende Schaltfläche mit den drei Punkten
Dem Formular weitere Daten bekannt machen	1. Datenquelle anzeigen (s. o.) 2. Gegebenenfalls weitere Tabelle hinzufügen durch Rechtsklick in den oberen Fensterhintergrund und Auswahl des Menübefehls *Tabelle anzeigen* 3. Erforderliche(s) Feld(er) per Drag-and-drop in die erste Zeile der Liste ziehen 4. Abfrage-Generator schließen, Eigenschaftenblatt schließen

Makros

Was	Wie
Makro erstellen	• *ERSTELLEN/Makro und Code/Makro* auswählen

VBA

Was	Wie
VBA-Editor öffnen	• Tastenkombination [Alt] + [F11] drücken
Code für ein bestimmtes Formularelement (z. B. eine Schaltfläche) anzeigen	In der Entwurfsansicht: 1. Steuerelement mit rechter Maustaste anklicken und *Eigenschaften* auswählen 2. Im Eigenschaftenblatt Registerkarte *Ereignis* öffnen 3. Gewünschtes Ereignis anklicken 4. Im Kombinationsfeld der rechten Spalte *Ereignisprozedur* auswählen 5. Schaltfläche mit den drei Punkten anklicken

So geht es mit Access 2010

Datenbank erstellen und öffnen

Was	Wie
Neue Datenbank anlegen	1. Access starten 2. *Datei/Neu/Leere Datenbank* auswählen (ist im Allgemeinen schon ausgewählt, d. h. gelb gefärbt) 3. Durch Klick auf das kleine Ordnersymbol ganz rechts einen Ordner auswählen, in dem die neue Datenbank gespeichert werden soll 4. Im Textfeld *Dateiname* einen Dateinamen eingeben 5. Schaltfläche *Erstellen* anklicken Es erscheint eine Tabelle mit dem Namen *Tabelle1* in der Datenblattansicht. Diese bitte schließen.
Datenbank öffnen	• Auf den Dateinamen im Windows-Explorer doppelklicken oder 1. Access starten 2. *Datei/Öffnen* auswählen 3. Gewünschte Datenbank auswählen und *Öffnen* anklicken In beiden Fällen: in der Zeile *Sicherheitswarnung* die Schaltfläche *Diesen Inhalt aktivieren* anklicken
Option *Überlappende Fenster* einstellen	1. *Datei/Optionen/Aktuelle Datenbank* auswählen 2. Unter *Anwendungsoptionen/Dokumentfensteroptionen* die Option *Überlappende Fenster* aktivieren
Datenbank im Exklusivmodus öffnen (z. B. für die Sicherung mit einem Kennwort)	1. *Datei/Öffnen* auswählen 2. Die zu öffnende Datei auswählen 3. Auf das kleine schwarze Dreieck rechts auf der Schaltfläche *Öffnen* klicken 4. Aus dem Menü den Befehl *Exklusiv öffnen* auswählen
Datenbank beim Schließen komprimieren	• *Datei/Optionen/Aktuelle Datenbank/Anwendungsoptionen/ Beim Schließen komprimieren*
Vertrauenswürdigen Speicherort definieren	1. *Datei/Optionen* 2. *Sicherheitscenter/Einstellungen für das Sicherheitscenter/ Vertrauenswürdige Speicherorte/Neuen Speicherort hinzufügen/Durchsuchen* 3. Den Ordner auswählen, der Ihre vertrauenswürdigen Dateien enthält 4. Gegebenenfalls die Option *Unterordner dieses Speicherorts sind ebenfalls vertrauenswürdig* aktivieren 5. Alle offenen Fenster mit *OK* schließen

Tabellen und Beziehungen

Was	Wie
Neue Tabelle anlegen	• *Erstellen/Tabellen/Tabellenentwurf* auswählen Die Registerkarte *Entwurf* wird geöffnet, und die Tabelle *Tabelle1* wird in der Entwurfsansicht angezeigt.
Primärschlüssel definieren	In der Entwurfsansicht: 1. Das Feld mit dem Namen des Primärschlüssels anklicken 2. *Entwurf/Primärschlüssel* auswählen ⇨

Was	Wie
Liste aller Tabellen anzeigen	1. Im Navigationsbereich auf die Titelleiste klicken 2. Unterhalb von *Nach Gruppe filtern* auf *Tabellen* klicken
Entwurfsansicht öffnen	1. Im Navigationsbereich Rechtsklick auf den Tabellennamen 2. *Entwurfsansicht* auswählen
Datenblattansicht öffnen	● Im Navigationsbereich auf den Tabellennamen doppelklicken
Beziehungen anzeigen	● *Datenbanktools/Beziehungen* auswählen
Eine Beziehung bearbeiten	● Doppelklick auf die Beziehung
Eine Beziehung löschen	1. Beziehungen anzeigen (s. o.) 2. Rechtsklick auf die Beziehung 3. *Löschen* auswählen
Daten aus einer Text-datei importieren	1. Im Navigationsbereich Tabellennamen mit rechter Maustaste anklicken 2. *Importieren/Textdatei* auswählen

Abfragen

Was	Wie
Neue Abfrage in der Entwurfsansicht erstellen	1. *Erstellen/Abfragen/Abfrageentwurf* auswählen 2. Im Dialogfeld *Tabelle anzeigen* mit gedrückter `Strg`-Taste auf alle Tabellen klicken, aus denen die Abfrage Daten holen soll (diese werden dadurch blau markiert), Klick auf die Schaltfläche *Hinzufügen* und dann auf *Schließen* oder: Die Tabellen mit gedrückter linker Maustaste aus dem Navigationsbereich in das Abfrage-Entwurfsfenster ziehen und dort die Maustaste loslassen (Drag-and-drop) 3. Namen der gewünschten Tabellenspalten mit gedrückter linker Maustaste in die Zeile *Feld* ziehen und dort die Maustaste loslassen (Drag-and-drop) oder: Wenn **alle** Spalten einer Tabelle in die Abfrage aufgenommen werden sollen, das Sternsymbol herunterziehen 4. In der Symbolleiste für den Schnellzugriff die Schaltfläche *Speichern* anklicken 5. Einen Namen für die Abfrage eingeben (beginnend mit *qry*) und auf *OK* klicken Die neue Abfrage erscheint im Navigationsbereich.
Neue Abfrage mit dem Assistenten erstellen	1. *Erstellen/Abfragen/Abfrage-Assistent* auswählen 2. Im Dialogfeld *Neue Abfrage* auf *OK* klicken Der Auswahlabfrage-Assistent wird geöffnet. 3. Im Kombinationsfeld *Tabellen/Abfragen* und im Listenfeld *Verfügbare Felder* die Tabellenspalten auswählen, aus denen die Abfrage Daten holen soll 4. Die ausgewählten Tabellenspalten mit der Schaltfläche > in das Listenfeld *Ausgewählte Felder* kopieren 5. Die Schaltfläche *Weiter* zweimal anklicken 6. Der Abfrage einen Namen (beginnend mit *qry*) geben und die Schaltfläche *Fertig stellen* anklicken Die Daten, die die Abfrage aus den Tabellen geholt hat, werden in Form einer Liste in einem Fenster angezeigt, und die neue Abfrage erscheint im Navigationsbereich.

Formulare

Was	Wie
Liste aller Formulare anzeigen	1. Im Navigationsbereich auf die Titelzeile klicken
	2. Unterhalb von *Nach Gruppe filtern* die Option *Formulare* anklicken
Neues Formular mit dem Assistenten anlegen	● *Erstellen/Formulare/Formular-Assistent* auswählen
Zur Entwurfsansicht wechseln	1. Im Navigationsbereich den Formularnamen mit der rechten Maustaste anklicken
	2. *Entwurfsansicht* auswählen
Formularelemente links, rechts, oben oder unten ausrichten	1. Mehrere Formularelemente mit der linken Maustaste markieren
	2. *Anordnen/Anpassung und Anordnung/Ausrichten*: einen der Befehle *Linksbündig, Rechtsbündig, Oben* oder *Unten* auswählen
Formularelemente mit gleichem Abstand unter- oder nebeneinander positionieren	1. Mehrere Formularelemente mit der linken Maustaste markieren
	2. *Anordnen/Anpassung und Anordnung/Größe/Abstand*: einen der Befehle *Identisch horizontal* oder *Identisch vertikal* auswählen
Mehrere Formularelemente gleich hoch/gleich breit machen	1. Mehrere Formularelemente mit der linken Maustaste markieren
	2. *Anordnen/Anpassung und Anordnung/Größe/Abstand*: einen der Befehle *am höchsten, am niedrigsten, am schmalsten* oder *am breitesten* auswählen
Zur Formularansicht wechseln	● Im Navigationsbereich auf den Formularnamen doppelklicken
Am Raster ausrichten	● *Anordnen/Anpassung und Anordnung/Größe/Abstand/Am Raster ausrichten*
Werkzeug auswählen	● *Entwurf/Steuerelemente*: ein Werkzeug auswählen
Steuerelement-Assistenten einschalten	1. *Entwurf/Steuerelemente*
	2. Das Untermenü *Steuerelemente* öffnen und dort *Steuerelement-Assistenten verwenden* auswählen
Eigenschaften eines Formularelements anzeigen	In der Entwurfsansicht:
	1. Rechtsklick auf das Formularelement
	2. *Eigenschaften* auswählen
Eigenschaften des Formulars anzeigen	In der Entwurfsansicht:
	1. Rechtsklick auf den hellgrauen Fensterhintergrund **neben** dem Formular – aber **innerhalb** des Entwurfsfensters
	2. *Eigenschaften* auswählen
Datenquelle anzeigen	1. Formular in der Entwurfsansicht öffnen
	2. Rechtsklick **neben** das Formular – aber **innerhalb** des Entwurfsfensters
	3. *Eigenschaften/Daten* auswählen
	4. Linksklick in die Zeile *Datensatzquelle*
	5. Linksklick auf die daneben erscheinende Schaltfläche mit den drei Punkten
Dem Formular weitere Daten bekannt machen	1. Datenquelle anzeigen (s. o.)
	2. Gegebenenfalls weitere Tabelle hinzufügen durch Rechtsklick in den oberen Fensterhintergrund und Auswahl des Menübefehls *Tabelle anzeigen*
	3. Erforderliche(s) Feld(er) per Drag-and-drop in die erste Zeile der Liste ziehen
	4. Abfrage-Generator schließen, Eigenschaftsblatt schließen

Makros

Was	Wie
Makro erstellen	• *Erstellen/Makro* und *Code/Makro* auswählen

VBA

Was	Wie
VBA-Editor öffnen	• Tastenkombination `Alt` + `F11` drücken
Code für ein bestimmtes Formular-element (z. B. eine Schaltfläche) anzeigen	In der Entwurfsansicht: 1. Steuerelement mit rechter Maustaste anklicken und *Eigenschaften* auswählen 2. Im Eigenschaftenblatt Registerkarte *Ereignis* öffnen 3. Gewünschtes Ereignis anklicken 4. Im Kombinationsfeld der rechten Spalte *Ereignisprozedur* auswählen 5. Schaltfläche mit den drei Punkten anklicken

So geht es mit Access 2007

Datenbank erstellen und öffnen

Was	Wie
Neue Datenbank anlegen	1. Access starten 2. *Office-Schaltfläche/Neu* auswählen 3. Durch Klick auf das Ordnersymbol einen Ordner auswählen, in dem die neue Datenbank gespeichert werden soll 4. Im Textfeld *Dateiname* einen Dateinamen eingeben 5. Schaltfläche *Erstellen* anklicken Es erscheint eine Tabelle mit dem Namen *Tabelle1* in der Datenblattansicht.
Datenbank öffnen	• Auf den Dateinamen im Windows-Explorer doppelklicken oder 1. Access starten 2. *Office-Schaltfläche/Öffnen* auswählen 3. Gewünschte Datenbank auswählen und *Öffnen* anklicken In beiden Fällen: 1. In der Zeile *Sicherheitswarnung* Schaltfläche *Optionen* anklicken 2. Option *Diesen Inhalt aktivieren* wählen 3. Schaltfläche *OK* anklicken
Option *Überlappende Fenster* einstellen	1. *Office-Schaltfläche/Access-Optionen/Aktuelle Datenbank* auswählen 2. Unter *Anwendungsoptionen/Dokumentfensteroptionen* die Option *Überlappende Fenster* aktivieren
Datenbank im Exklusivmodus öffnen (z. B. für die Sicherung mit einem Kennwort)	1. *Office-Schaltfläche/Öffnen* auswählen 2. Die zu öffnende Datei auswählen 3. Auf das kleine schwarze Dreieck rechts auf der Schaltfläche *Öffnen* klicken 4. Aus dem Menü den Befehl *Exklusiv öffnen* auswählen ⇨

Was	Wie
Datenbank beim Schließen komprimieren	• *Office-Schaltfläche/Access-Optionen/Aktuelle Datenbank/ Anwendungsoptionen/Beim Schließen komprimieren*
Vertrauenswürdigen Speicherort definieren	1. *Office-Schaltfläche/Access-Optionen* 2. *Vertrauensstellungscenter/Einstellungen für das Vertrauensstellungscenter/Vertrauenswürdige Speicherorte/Neuen Speicherort hinzufügen/Durchsuchen* 3. Den Ordner auswählen, der Ihre vertrauenswürdigen Dateien enthält 4. Gegebenenfalls die Option *Unterordner dieses Speicherorts sind ebenfalls vertrauenswürdig* aktivieren 5. Alle offenen Fenster mit *OK* schließen

Tabellen und Beziehungen

Was	Wie
Neue Tabelle anlegen	• *Erstellen/Tabellen/Tabellenentwurf* auswählen Die Registerkarte *Entwurf* wird geöffnet, und die Tabelle *Tabelle1* wird in der Entwurfsansicht angezeigt.
Primärschlüssel definieren	In der Entwurfsansicht: 1. Das Feld mit dem Namen des Primärschlüssels anklicken 2. *Entwurf/Primärschlüssel* auswählen
Liste aller Tabellen anzeigen	1. Im Navigationsbereich auf die Titelleiste klicken 2. Unterhalb von *Nach Gruppe filtern* auf *Tabellen* klicken
Entwurfsansicht öffnen	1. Im Navigationsbereich Rechtsklick auf den Tabellennamen 2. *Entwurfsansicht* auswählen
Datenblattansicht öffnen	• Im Navigationsbereich auf den Tabellennamen doppelklicken
Beziehungen anzeigen	• *Datenbanktools/Beziehungen* auswählen
Eine Beziehung bearbeiten	• Doppelklick auf die Beziehung
Eine Beziehung löschen	1. Beziehungen anzeigen (s. o.) 2. Rechtsklick auf die Beziehung 3. *Löschen* auswählen
Daten aus einer Textdatei importieren	1. Im Navigationsbereich Tabellennamen mit rechter Maustaste anklicken 2. *Importieren/Textdatei* auswählen

Abfragen

Was	Wie
Neue Abfrage in der Entwurfsansicht erstellen	1. *Erstellen/Andere/Abfrageentwurf* auswählen 2. Im Dialogfeld *Tabelle anzeigen* mit gedrückter `Strg`-Taste auf alle Tabellen klicken, aus denen die Abfrage Daten holen soll (diese werden dadurch blau markiert), Klick auf die Schaltfläche *Hinzufügen* und dann auf *Schließen* oder: Die Tabellen mit gedrückter linker Maustaste aus dem Navigationsbereich in das Abfrage-Entwurfsfenster ziehen und dort die Maustaste loslassen (Drag-and-drop). 3. Namen der gewünschten Tabellenspalten mit gedrückter linker Maustaste in die Zeile *Feld* ziehen und dort die Maustaste loslassen (Drag-and-drop) ⇨

Was	Wie
	oder:
	Wenn **alle** Spalten einer Tabelle in die Abfrage aufgenommen werden sollen, das Sternsymbol herunterziehen
	4. In der Symbolleiste für den Schnellzugriff die Schaltfläche *Speichern* anklicken
	5. Einen Namen für die Abfrage eingeben (beginnend mit *qry*) und auf *OK* klicken
	Die neue Abfrage erscheint im Navigationsbereich.
Neue Abfrage mit dem Assistenten erstellen	1. *Erstellen/Andere/Abfrage-Assistent* auswählen
	2. Im Dialogfeld *Neue Abfrage* auf *OK* klicken
	Der Auswahlabfrage-Assistent wird geöffnet.
	3. Im Kombinationsfeld *Tabellen/Abfragen* und im Listenfeld *Verfügbare Felder* die Tabellenspalten auswählen, aus denen die Abfrage Daten holen soll
	4. Die ausgewählten Tabellenspalten mit der Schaltfläche > in das Listenfeld *Ausgewählte Felder* kopieren
	5. Die Schaltfläche *Weiter* zweimal anklicken
	6. Der Abfrage einen Namen geben und die Schaltfläche *Fertig stellen* anklicken
	Die Daten, die die Abfrage aus den Tabellen geholt hat, werden in Form einer Liste in einem Fenster angezeigt, und die neue Abfrage erscheint im Navigationsbereich.

Formulare

Was	Wie
Liste aller Formulare anzeigen	1. Im Navigationsbereich auf die Titelleiste klicken
	2. Unterhalb von *Nach Gruppe filtern* die Option *Formulare* anklicken
Neues Formular mit dem Assistenten anlegen	• *Erstellen/Weitere Formulare/Formular-Assistent* auswählen
Zur Entwurfsansicht wechseln	1. Im Navigationsbereich Formularnamen mit rechter Maustaste anklicken
	2. *Entwurfsansicht* auswählen
Formularelemente links, rechts, oben oder unten ausrichten	1. Mehrere Formularelemente mit der linken Maustaste markieren
	2. *Anordnen/Ausrichtung bestimmen*: einen der Befehle *Linksbündig, Rechtsbündig, Oben* oder *Unten* auswählen
Formularelemente mit gleichem Abstand unter- oder nebeneinander positionieren	1. Mehrere Formularelemente mit der linken Maustaste markieren
	2. *Anordnen/Position*: einen der Befehle *Horizontalen Abstand ausgleichen* oder *Vertikalen Abstand ausgleichen* auswählen
Mehrere Formularelemente gleich hoch/gleich breit machen	1. Mehrere Formularelemente mit der linken Maustaste markieren
	2. *Anordnen/Schriftgrad*: einen der Befehle *am höchsten, am niedrigsten, am schmalsten* oder *am breitesten* auswählen
Zur Formularansicht wechseln	• Im Navigationsbereich auf den Formularnamen doppelklicken
Am Raster ausrichten	• *Anordnen/Layout bestimmen/Am Raster ausrichten*
Werkzeug auswählen	• *Entwurf/Steuerelemente*: ein Werkzeug auswählen
Steuerelement-Assistenten einschalten	• *Entwurf/Steuerelemente/Steuerelement-Assistenten verwenden*
Eigenschaften eines Formularelements anzeigen	In der Entwurfsansicht:
	1. Rechtsklick auf das Formularelement
	2. *Eigenschaften* auswählen ⇨

Was	Wie
Eigenschaften des Formulars anzeigen	In der Entwurfsansicht: 1. Rechtsklick auf den hellblauen Fensterhintergrund **neben** dem Formular – aber **innerhalb** des Entwurfsfensters 2. *Eigenschaften* auswählen
Datenquelle anzeigen	1. Formular in der Entwurfsansicht öffnen 2. Rechtsklick **neben** das Formular – aber **innerhalb** des Entwurfsfensters 3. *Eigenschaften/Daten/Datensatzquelle* 4. Linksklick auf die daneben erscheinende Schaltfläche mit den drei Punkten
Dem Formular weitere Daten bekannt machen	1. Datenquelle anzeigen (o.) 2. Gegebenenfalls weitere Tabelle hinzufügen durch Rechtsklick in den oberen Fensterhintergrund und Auswahl des Menübefehls *Tabelle anzeigen* 3. Erforderliche(s) Feld(er) per Drag-and-drop in die erste Zeile der Liste ziehen 4. Abfrage-Generator schließen, Eigenschaftenblatt schließen

Makros

Was	Wie
Makro erstellen	• *Erstellen/Andere/Makro*

VBA

Was	Wie
VBA-Editor öffnen	• Tastenkombination $\boxed{\text{Alt}}$ + $\boxed{\text{F11}}$ drücken
Code für ein bestimmtes Formularelement (z. B. eine Schaltfläche) anzeigen	In der Entwurfsansicht: 1. Steuerelement mit rechter Maustaste anklicken und Befehl *Eigenschaften* wählen 2. Im Eigenschaftenblatt Registerkarte *Ereignis* öffnen 3. Gewünschtes Ereignis anklicken 4. Im Kombinationsfeld der rechten Spalte *Ereignisprozedur* auswählen 5. Schaltfläche mit den drei Punkten anklicken

Anhang B
Namenskonventionen

- Am Anfang eines Namens steht ein dreibuchstabiges Präfix, das Auskunft über den Typ des Objekts bzw. der Variablen gibt.
- Dann folgt – ohne Leerzeichen oder Unterstrich dazwischen – der Name des Objekts, beginnend mit einem Großbuchstaben.
- Im Namen sollten Sie keine Umlaute, keine Leerzeichen, kein ß und keine Sonderzeichen (Klammern, Striche, Doppelpunkte – vor allem kein Minuszeichen) verwenden!

Namen für Access-Objekte

Präfix	Objekt	Beispiel(e)
tbl	table (Tabelle)	tblKunde, tblAuftrag
frm	form (Formular)	frmKunden, frmBuecher
sfm	sub-form (Unterformular)	frmKunden_sfmAuftraege
qry	query (Abfrage)	qryQuartalsumsatz
rpt	report (Bericht)	rptAuftrag, rptRechnung

Namen für Steuerelemente auf dem Formular

Präfix	Objekt	Beispiel(e)
cbo	combo box (Kombinationsfeld)	cboLand, cboKunde
chk	check box (Kontrollkästchen)	chkJaNein
cmd	command button (Befehlsschaltfläche)	cmdNeu, cmdSpeichern, cmdLoeschen
img	image (Bild)	imgIcon
lbl	label (Bezeichnungsfeld)	lblKundenname, lblTelefonnummer
lst	list box (Listenfeld)	lstAuftraege, lstKunden, lstBuecher ⇨

Präfix	Objekt	Beispiel(e)
opt	option group (Optionsgruppe)	optSorte, optLieferbar
pic	picture (Bild)	picLogo
spn	spin control (Drehfeld)	spnNaechster, spnVoriger
txt	text box (Textfeld)	txtKundenname, txtTelefonnummer

Namen für Variablen im VBA-Code

Präfix	Datentyp	Erläuterung	Beispiel
bln	boolean	Ja/Nein, wahr/falsch, 0/1	blnErledigt
cur	currency	Währung	curPreis
dbl	double	doppelt genaue Kommazahl	dblGewicht
dat	date and time	Datum/Zeit	datBestelldatum
sng	single	einfach genaue Kommazahl	sngGewicht
lng	long	doppelt genaue Ganzzahl	lngAnzahl
int	integer	einfach genaue Ganzzahl	intLfdNr
str	string	Text	strVorname
vnt	variant	Universaltyp, kann alles enthalten	vntDateiname

Namen für Tabellen und Tabellenspalten

Für ganz besonders wichtig halte ich die richtige Wahl bei der Vergabe der Tabellennamen. Zum einen verhindert hier eine ungeschickte Wahl ein klares Durchdenken der Problematik und damit die Entwicklung eines guten Datenmodells, und zum anderen führt sie später unweigerlich zu Missverständnissen bei der Formularentwicklung.

Mein Grundsatz lautet: Der Name einer Tabelle bezeichnet dasjenige Objekt, das durch eine Zeile der Tabelle repräsentiert wird. Eine Tabelle mit Mitarbeitern heißt also *tblMitarbeiter* und nicht *tblPersonal*, da eine Zeile nicht ein Personal, sondern einen Mitarbeiter abbildet! Eine Tabelle mit Materialien heißt *tblMaterial* und nicht *tblMaterialliste*, denn eine Zeile ist ja nicht eine Liste, sondern ein Material usw.

- Tabellennamen in der Einzahl (also *tblKunde* statt *tblKunden*).
- Tabellenkennung (im Allgemeinen drei bis vier Buchstaben) am Anfang jedes Spaltennamens (z. B. *kun_nachname*).
- Suffix *_id* für Primärschlüssel (z. B. *kun_id*).
- Suffix *_id_f* für Fremdschlüssel (z. B. *kun_id_f*).
- Spalte *bemerkung* (Datentyp *Memo* bzw. *Langer Text*) in fast jeder Tabelle. (Das kann man später immer gebrauchen!)
- Eine Zwischentabelle zwischen den Tabellen *tblAbc* und *tblXyz* heißt *tblAbc_Xyz*. Sie hat den Primärschlüssel *abcxyz_id* und die beiden Fremdschlüssel *abc_id_f* und *xyz_id_f*.

Stichwortverzeichnis

1:1-Beziehung 99
1:n-Beziehung 52, 340, 351

A

Abfrage 289, 293, 341, 377
    Entwurfsfenster 276
    erstellen 274
Abfrage-Generator 57, 237, 291
Abhängige Listenfelder 331
.accde-Datei 359, 373
Access Runtime 359
    simulieren 376
ActiveX Data Objects *siehe* ADO
ADO 382
Alphabetische Reihenfolge 139
Alternative Hintergrundfarbe 148
ASCII-Datei 164
Aufteilung der Datenbank 361, 374, 383
Ausrichtung 137
AutoWert 48, 125, 358

B

Backend 361, 362
Bedienreihenfolge 226
Befehlsschaltflächen-Assistent 141, 239
Beispielanwendung
    Firma 83, 124
    VBAlernen 205
    Verein 28, 89, 194
    Verleih 93, 296
Benutzereingaben 224
Benutzerfehler 214, 217, 224f.
Benutzerfreundlichkeit 32, 36ff., 41, 49,
    143, 225, 252, 313
Benutzerverwaltung 108
Bericht 377

Bezeichnungsfeld 136, 148, 233, 323
Beziehung 51, 290, 293
    anzeigen 128
    bearbeiten 128
    definieren 129, 130, 358
Bildlaufleisten 143, 238

C

Caption 234, 323
Constraint 269
CrLf 223

D

DAO 382
Data Access Objects *siehe* DAO
Daten
    ändern 270
    bearbeiten 301
    einfügen 269
    eingeben 132
    fehlende 179
    löschen 32, 35, 130, 270, 314
    suchen 272
Datenbank 23
    anlegen 124, 358
    komprimieren 131, 358
    schützen 371
Datenbankaufteilung 362, 363
    Assistent zur 362
Datenbankmanagementsystem *siehe*
    DBMS
Datenimport 164
Datenmodell 53, 70, 74
    logisches 78, 90, 93, 106, 119, 358
    physisches 78, 87, 91, 95, 116, 297
Datenmodellierung 70, 119
Datenqualität 179
Datenquelle 237

Datensatz
  anzeigen 326
  auswählen 242
  bearbeiten 329
  hinzufügen 313
  löschen 315, 316, 320
  neu 319
  speichern 319
  suchen 246, 307, 328
Datensatzherkunft 62, 244, 331, 335, 352
Datensatzmarkierer 136, 143, 152, 235,
  237, 314, 359
Datensatzquelle 56, 237, 299, 354
Datensatzzeiger 247, 313
Datentyp 72
Datumsformat 185, 287
D-Befehle 312
  DAvg 312
  DCount 312, 323, 324
  DLookup 312
  DMin 312
  DSum 312
DBMS 23, 40, 44, 143, 297
Debug.Print 302
Debugger 198, 207
  anhalten 200
Dim-Anweisung 210
Direktfenster 302
Disponieren 324, 348
Division durch null 226
Do-While-Loop 217
Dreifachbeziehung 102
Duplikate 181, 183

E

Echtdaten 176
Editor 203
Eigenschaftenblatt 55, 233
Eingabehilfe 38
Eingebettetes Makro 144, 241, 303, 318
Einzelzuordnung 153, 343, 347, 352, 356
Enabled 226, 252, 264
Endlosformular 347, 349, 353, 355
Endlosschleife 218
Entität 72, 79
Entity-Relationship-Methode *siehe* ERM
Entwicklungsumgebung 26, 202, 207
Entwurfsansicht
  Formular 54
  Tabelle 46
EOF 329

Ereignis 64, 195, 205, 233
  AfterUpdate 206
  Beim Klicken 65, 206
  MouseMove 211
  Nach Aktualisierung 65, 205
Ereignisprozedur 65, 205, 303
ERM 71, 73
Erwartungskonform 33
Exakte Platzierung 253
Experiment 214, 217, 219, 242

F

Fehler 133
Fehlerbehandlung 227
Feld
  in einem Formular 47, 61
  in einer Tabelle 46
Felddatentyp 47, 125
Filter 333, 354
For Each 329
Formular 54, 297
  entwickeln 134
  gebunden 246, 298, 304, 313, 314, 349
  öffnen 327
  Rohform 135, 147
  schließen 318
  ungebunden 245, 299, 304, 325
Formularansicht 58
Formular-Assistent 135, 146
Formularfuß 137
Formulartyp 338
For-Next 216
Fortsetzungszeile 204
Fremdschlüssel 44, 46, 50, 78, 88, 127,
  154, 164, 189, 269, 273, 317
Frontend 359, 361, 362, 383
Funktionshinterlegung 106

G

Gebundene Spalte 62, 243, 308, 313, 332
Geschwindigkeitstest 285
Grafische Benutzeroberfläche *siehe* GUI
GUI 23, 44

H

Haltepunkt 208
Hierarchische Ordnung 95, 97
Hilfefenster 40, 380
Hintergrundfarbe 148

I

If-Then-Else 212
Inner Join 277
Interview 119
IsNull 213, 224, 227
IsNumeric 218, 224

K

Kalendersymbol 38, 234, 238
Kann-Daten 268
Kardinalität 72, 77, 78, 130, 358
Kennwort
   Datenbank 371
   VBA 373
Kombinationsfeld 31, 61, 154, 242, 320,
   335, 344
   -Assistent 154, 344
Kompilieren 198, 208
Komprimieren 131
Kontextmenü 55

L

Laufzeitfehler 199, 224, 229
Layout 34
Listen 107
Listenfeld 31, 63, 149, 205, 242, 307, 321,
   350
   alphabetische Reihenfolge 139
   RowSource 330
Listenfeld-Assistent 138, 307
Locked 226, 252
Logische Fehler 201
Löschen 130, 349
Löschwarnung 314
Löschweitergabe 130, 358, 360

M

m:n-Beziehung 52, 348
Makro 378
Makrorekorder 378
Me 330
Mehrbenutzerfähigkeit 301, 381
Mehrfachzuordnung 333
Modellierungswerkzeug 111
Modul 30, 31, 41, 42, 46, 47, 49, 61, 63,
   66, 68, 73
MsgBox 220, 301
   Antwortwert 221
   Parameter 221
Muss-/Kann-Eigenschaft 72
Muss-Daten 35, 268

N

n:1-Beziehung 342, 351
Nachschlagefeld 49, 358
Namenskonvention 45, 51, 53, 76
Navigationsbereich 28, 43
Navigationsschaltfläche 135
Navigationsschaltflächen 135, 143, 235,
   237, 359
not null 268
null 268
Null 313

O

Objekt 50, 205
Objektbezeichner 305
Objekteigenschaft 50
Objektkatalog 309
Objektmodell 309
Objekttyp 50, 51, 53
Öffnungsargumente 327
OnError 227
OpenArgs 327, 380
Option Explicit 210, 219
Optionen 125, 135, 146
Optionsfeld 248
Optionsgruppe 247
Optionswert 248
OUTER JOIN
   LEFT 282
   RIGHT 281

P

Parent 326, 330
Präfixe 51
Primärschlüssel 44, 45, 50, 88, 125, 164,
   189, 269
   gelöschter 46
   künstlicher 45
   natürlicher 45
Programmierfehler 194, 196, 218
Programmiersprache 192
Prozedur 66, 67, 210
Public Sub 322

Q

Quellcode 228, 373
QuickInfo 204

R

Recordset 286, 300, 304, 311
Referentielle Integrität 105, 128, 133, 269, 316
Registerseite 251
Registersteuerelement 249
Reihenfolgeposition 238
Relation **72**
Requery 67, 326, 359
Rollen 104
RowSource 350
Runtime *siehe* Access Runtime

S

Schaltfläche 140, 239
  Name 240
  Speichern 67
Schleife 216, 217
Schlüsselwörter 197, 203
Select-Case 219
SetFocus 214, 225
Sicherheitsabfrage 130
Sicherheitswarnung 28
Softwareentwicklung 27
Sortierung 140
SQL 24, 266, 302
  Access-Syntax 277
  -Dialekte 275
  Standardsyntax 277
SQL-BEFEHLE
  ausführen 271
  CREATE TABLE 268
  Datumsangaben 272
  DELETE FROM 270
  Inner Join 275
  INSERT INTO 269
  Outer Join 278
  SELECT FROM 272
  SELECT FROM 301
  UPDATE 270
Standardbedienelemente 135, 151
  entfernen 142
Startformular 159, 360, 376
Status 82, 105
Steuerelement 232
Steuerelement-Assistent 138, 233, 239
Steuerelementinhalt 61, 63, 236, 299
Steuerelement-Tipp 41
Str() 222
Structured Query Language *siehe* SQL

Strukturierte Szenario-Beschreibung *siehe* Szenario
Sub-Prozeduren 321
Suchformular 328
Symbolleiste 208
Syntaxfehler 196
Szenario 75, 86, 89, 93, 358

T

Tabelle 44
  anlegen 125, 270, 358
  anzeigen 127
  Entwurfsansicht 127
  öffnen 127
  verknüpfte 364, 368
Taskmanager 219
Testdaten 132, 171, 201, 358
Textdatei 380
Textfeld 61, 136, 213, 234
  gebunden 236, 237, 247, 298
  leeren 329
  ungebunden 236, 298, 311
Trennlinien 143

U

Umlaute 238
Umschaltfläche 323, 332, 354
Unsichtbare Spalten 243, 313
Unterformular 31, 58, 146, 330, 340
Unterformulareigenschaften 59

V

Variablendefinition 210
VBA 65, 143, 151, 296
  -Kennwort 373
VBA-Editor 203
VBA-Fenster 67, 194, 195, 203, 207 *siehe auch* VBA
vbYesNo 221
Verein 27, 344
Verknüpftes Formular 147
Verknüpfungseigenschaften 280
Verleih 318
Version 22, 131, 359, 367
Verweise 22, 383
Viewer 27, 375
Visible 226, 252, 264
Visual Basic for Applications *siehe* VBA
Voraussetzungen 22

W

Webabfrage 168
Webseite 168

Z

Zeitdifferenz 287
Zufallsbuchstaben 167
Zufallszahlen 166
Zwischentabelle 52, 84, 87, 273, 324, 346,
348, 358